Hans-J. Engelke

AutoDesk
Inventor 2025

Bauteile

Bauteil-Montage

1. Auflage 2025

© 2025 Hans-J. Engelke

Verlag: BoD · Books on Demand GmbH, In de Tarpen 42, 22848 Norderstedt, bod@bod.de

ISBN: 978-3-7693-3994-9

Druck: Libri Plureos GmbH, Friedensallee 273, 22763 Hamburg

Alle in diesem Buch enthaltenen Informationen wurden nach bestem Wissen zusammengestellt und mit Sorgfalt getestet. Dennoch sind Fehler nicht ganz auszuschließen. Aus diesem Grund sind die im vorliegenden Buch enthaltenden Informationen mit keiner Verpflichtung oder Garantie irgendeiner Art verbunden. Autor und Verlag übernehmen infolgedessen keine Verantwortung und werden keine daraus folgenden, oder sonstige Haftung übernehmen, die auf irgendeine Art aus der Benutzung dieser Informationen, oder Teilen davon, entsteht, auch nicht für die Verletzung von Patentrechten, die daraus resultieren können.

Ebenso wenig übernehmen Autor und Verlag die Gewähr dafür, dass die beschriebenen Verfahren usw. frei von Schutzrechten Dritter sind. Die Wiedergabe von Gebrauchsnamen, Handelsnamen, Warenbezeichnungen usw. in diesem Werk berechtigt also auch ohne besondere Kennzeichnung nicht zu der Annahme, dass solche Namen im Sinne der Warenzeichen- und Markenschutz-Gesetzgebung als frei zu betrachten wären und daher von jedermann benutzt werden dürften.

Bibliografische Information der Deutschen Nationalbibliothek

Die Deutsche Nationalbibliothek verzeichnet diese Publikation in der Deutschen Nationalbibliografie; detaillierte bibliografische Daten sind im Internet über dnb.d-nb.de abrufbar.

Der Autor:

Hans- J. Engelke war als Lehrkraft für die Ausbildung Technischer Produktdesigner und Technischer Zeichner zuständig, außerdem als CAD-Dozent in der Erwachsenenbildung- und Weiterbildung tätig.

Hans-J. Engelke

AutoDesk
Inventor 2025

Bauteile

Bauteil-Montage

Inhalt

FSC
www.fsc.org
MIX
Papier aus ver-
antwortungsvollen
Quellen
Paper from
responsible sources
FSC® C105338

Inhaltverzeichnis
Kapitel 1 bis 7

Die DVD zum Buch
Inhalt der Supportkapitel

"Die Geometrie ist vor der Erschaffung der Dinge,
gleich ewig wie der Geist Gottes selbst
und hat in ihm die Urbilder für die
Erschaffung der Welt geliefert."
- Johannes Kepler, Harmonices Mundi, 1619 -

"Lasst die Hände nun ruhn, ihr Mädchen vom Mahl-
stein; schlaft länger, wenn auch das Krähen des
Hans den Morgen ankündigt.
Ceres hat ihren Nymphen befohlen, eurer Hände
frühere Arbeit zu tun.
Von oben auf das Rad springen die Geister des Wassers, drehen die Achsen und mit ihr die Speichen
des Rades, das wirbelnd umläuft, dadurch die
schweren, zermalmenden Mühlsteine tanzen las-
send."
- Antipatros von Saloniki, über die Vorteile einer Wassermühle

"Jeder Körper beharrt in seinem Zustand der Ruhe
oder der gleichförmigen
Bewegung, wenn er nicht durch
einwirkende Kräfte gezwungen wird,
seinen Zustand zu ändern"
Isaac Newton, Auszug aus der „Principia" 1687

Vorwort

Dieses Buch stellt eine Sammlung von Bauteil-Montagen-Anwendungen, in Bezug auf erstellte Bauteile, dar.

Die beiden Anfangskapitel zeigen, im Einzelnen, die technischen Grundlagen und die programmtechnische Basis von AutoDesk INVENTOR 2025.

Die Baugruppen-Montage von Bauteilen wird über starre und bewegliche-Baugruppen, Lagerungs-Baugruppen und Getriebe-Baugruppen in Einzelkapiteln mit Programmschritten, Anpassungen und Befehlsfunktionen ausführlich Schritt für Schritt dargestellt und mit erläuternden Bildfolgen unterstützt, abschließend wird im Abschluss-Kapitel 15 ein Einstieg in die Erstellung von Bewegungsstudien dargestellt. Die Inhalte beziehen sich auf AutoDesk INVENTOR 2025 als Basis, sind aber im engen Maße versionsneutral.

Die Grundinstallation, die aufwendige Programmanpassung und die benötigten weiteren Anwendungs-Installationen finden einen breiten Raum im Kapitel 8 und 9 auf der Buch-DVD, weiterhin zeigt das Kapitel 10, ebenfalls auf der Buch-DVD, die Anwendung verschiedener Darstellungstechniken auf Basis einer fertigen Vorlage.

Ein Wort noch in persönlicher Sache, dies Buch erscheint wieder über BOD, da es für Fachbuchverlage nicht gewinnbringend ist, CAD Bücher in hoher Druckqualität und mit großer Seitenzahl, für einen kleineren Anwenderbereich zu verlegen.

Mit den Support-Kapiteln, die zur Erarbeitung der verschiedenen Möglichkeiten der Bauteilerstellung von AutoDesk INVENTOR 2025 unbedingt nötig sind, wird diese BOD-Seitengrenze bei Weitem überschritten, eine Reduktion, an dieser wichtigen Stelle, wollte ich nicht vornehmen, deshalb sind die zusätzlichen Seiten auf der Buch-DVD zu finden. Durch eine Umstrukturierung der Buchausgabe zu AutoDesk INVENTOR 2025, einige Kapitel gehen auf die Buch-DVD, konnte ich den Angebotspreis bei BOD deutlich senken.

Für die Käufer dieses Buches biete ich die Möglichkeit an, eine DVD gegen Vorlage der Kaufbestätigung, gratis zu bestellen.

Die Buch-DVD beinhaltet die, in den Kapiteln 2 bis 6 und Supportkapitel 8 bis 15, beschriebenen Arbeitsdateien.

Weiterhin sind das komplette Buch und die Support-Kapitel, in einer Farbausgabe im PDF-Format beigegeben, um die Nachteile der Graustufen-Ausgabe zu mildern.

Wer dem Autor einen Gefallen tun möchte, bestellt direkt bei dem BOD-Verlag:

https://www.bod.de/buchshop/

Ein besonderer Dank gilt meiner Frau Birgit, die sich wieder als Lektorin ausgezeichnet hat.

Hans-J. Engelke, im Januar 2025

1

AutoDesk
Inventor 2025
Bauteile

Bauteil-Montage

Einführungen

1   Einführungen

1.1   Geschichte der Erfindungen

1.1.1   Geschichte der Erfindungen, Altertum

Mit dem Schritt aus der Natur folgte vor ungefähr 35.000 Jahren das Anfertigen von Skulpturen und Musikinstrumenten. Vor etwa 6.000 Jahren schließlich wurde das Rad erfunden ein Meilenstein der technischen Entwicklung.

Im Zuge des Übergangs von der Steinzeit zur Bronzezeit gewannen Kriegswaffen an Bedeutung. Zeitgleich entstand mit der Keilschrifteine Möglichkeit, jedes gesprochene Wortaufzuzeichnen. Vor rund dreieinhalb tausend Jahren gelangen entscheidende Fortschritte beim Schiffbau, damit schrumpften die Entfernungen zwischen den Völkern und die Zeitabstände für technische Neuerungen. Ca. 500 v. Chr. erweiterte die Erfindung des Flaschenzugs und des Baukrans die Möglichkeiten der Architektur. Wichtige Stationen auf dem Weg zu einer effektiven Informationsverbreitung waren die Papierherstellung in China um das Jahr 100 n. Chr. und ab 1445 der Buchdruck mit beweglichen Lettern.

1.1.1.1   Geschichte der Erfindungen, die „einfachen Maschinen"

„Einfache Maschinen"

Die fünf einfachen Maschinen, mit denen man durch eine kleine Kraft eine große Last bewegen kann, sind:

Hebel (vorgeschichtlich), Flaschenzug, Winde oder Haspel, Keil (vorgeschichtlich) und Schraube.

Diese fünf mechanischen Maschinen werden von Heron von Alexandrien (1. Jahrhundert n. Chr.) und von Pappos (um 300 n. Chr.) im Zusammenhang behandelt.

Der Hebel ist das älteste mechanische Gerät überhaupt. Aristoteles (um 340 v. Chr.) stellte fest, dass beim Hebel das kleinere Gewicht den größeren Weg, die größere Last aber den kleineren Weg zurücklegt. Archimedes (um 250 v. Chr.) leitete das Hebelgesetz rein deduktiv ab.

Der einfache Flaschenzug kommt bei Aristoteles vor. Der zusammengesetzte Flaschenzug ist wohl eine Erfindung von Archimedes. Einfache Rollen gibt es bereits im 9. J ahrhundert v. Chr. bei den Assyrern an.

Die Schraube ohne Ende, die mit einem Zahnrad zusammen den Schneckentrieb ergibt, wurde von Archimedes erfunden, der auch die nach ihm benannte Schraube bekannt machte, die der Wasserförderung diente. Die Schraube in der Schraubenpresse wird von Vitruvius (25/23 v. Chr.) erwähnt.

Die direktwirkende Schraubenpresse findet man bei Heron (1. J ahrhundert n. Chr.). Dagegen erscheint die Befestigungsschraube mit Mutter erst nach 200 n. Chr. im römischen Gebiet.

Archimedes und Pappos

1.1.1.2   Geschichte der Erfindungen, Wassermühle nach Vitruvius

Das Wasserrad mit waagerechter Welle und Zahnrad-Winkelgetriebe ist eine Entwicklung der Römer des 1. Jahrhunderts v. Chr. Vitruvius gab um 25/23 v. Chr. in seinem Architekturbuch die erste Beschreibung. Dieses Wasserrad hat sich aus dem Flussschöpfrad des alten Orients entwickelt das seit dem 7./6. Jahrhundert v. Chr. vorkommt. Vom 8. bis 10. Jahrhundert n. Chr. verbreitete sich das Vitruvische Wasserrad im Europa nördlich der Alpen.

Wassermühle nach Vitruvius

1.1.1.3 Geschichte der Erfindungen, Hebezeug nach Vitruvius

Ein Flaschenzug hängt an einem leicht schräg gestellten Mast, der durch Stützen und ein Seil gehalten wird. Die Flaschen des Flaschenzugs enthalten je drei Rollen nebeneinander. Die drei Zugseile werden über Leitrollen in die waagerechte Richtung geführt. Vitruvius erwähnt auch Flaschenzüge mit Flaschen, die übereinander zwei Reihen von je drei nebeneinanderlaufenden Rollen enthalten.

1.1.1.4 Geschichte der Erfindungen, Dampfreaktionsrad nach Heron

Heron von Alexandrien, ein Meister im Apparatebau, wirkte im 1. Jahrhundert n. Chr. Seine Apparate, die zum Teil spielerischer Art sind, arbeiten mit Druck zusammen gepresster oder erwärmter Luft oder mit Wasserdampf. Bei ihnen werden gutgefertigte Heber, Ventile, Hähne, Zahnräder Schrauben und Zylinder mit einem gepasstem Kolben angewandt.

Im großen gebeizten Kessel wird Wasserdampf erzeugt, der von rechts in die Drehkugel strömt. Aus der Kugel strömt der Dampf aus zwei rechtwinkelig abgebogenen Röhrchen aus. Durch Rückstoßwirkung wird die Kugel in Drehung gebracht.

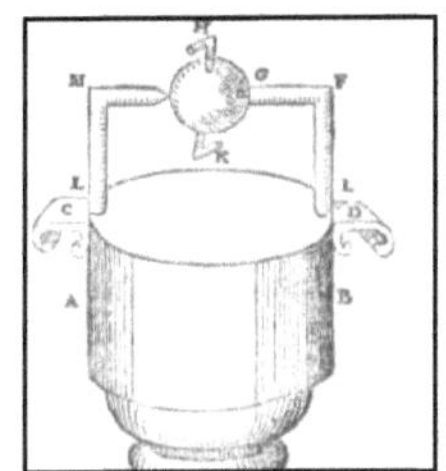

Hebezeug nach Vitruvius

Dampfreaktionsrad nach Heron

1.1.1.5 Dampfmaschinen, Entwicklungen

Nicht jede Erfindung Leonardo da Vincis wird noch zu seinen Lebzeiten Realität. Leonardo hat eine Vielzahl an Lehrlingen die seine Werke fortführen um Italiens Industriezeitalter zu bereichern. Der Schraubflieger und der Vogelgleiter bleiben für lange Zeit Theorie. 1519 entwirft Leonardo seine Schienen-Dampfkutsche. Die Schienen-Dampfkutsche ist ein Fahrzeug das sich auf Holzschienen fortbewegt Aufgrund der schlechten Straßen im 16. Jahrhundert will Leonardo die Städte Italiens mittels eines Schienennetzes verbinden. Auf diese Weise sollen Güter kreuz und quer durch das Land transportiert werden. Tatsächlich wird die Erste Schienen-Dampfkutschen Strecke 1539 eingeweiht, diese verbindet Venedig mit Verona.

Erst als der Italiener Toricelli, ein Schüler Galileis, 1643 die Schwere der atmosphärischen Luft entdeckte und damit die mit dem Vakuum verbundenen Erscheinungen erklärt hatte, war die Grundlage für die ersten Anwendungen der Dampfkraft gegeben.

Dionysius (Denis) Papin, geboren 1647 zu Blois in Frankreich, wird mit Recht als der Erfinder der Dampfmaschine bezeichnet, da von ihm die erste tatsächlich brauchbare Dampfmaschine gebaut wurde. Seine Erfindungen, von denen hier nur der Dampfkochtopf, noch heute Papinscher Topf genannt, sowie das Projekt einer Pulvermaschine erwähnt seien, machte er zum großen Teil in Marburg, wohin er aus England als Professor berufen war. Unabhängig von Papin erfand 1688 der Engländer Savery eine Vorrichtung zum Wasserheben, die wir als kolbenlose Dampfpumpe bezeichnen können, da das Heben des Wassers durch direkten Druck auf das Wasser bewirkt wurde.

Eine Verbesserung gegenüber der Maschine Papins erreichte der Engländer Newcomen dann um 1700, indem er die Kondensation des Dampfes und damit die Luftleere durch Einspritzen von kaltem Wasser in den Zylinder bewirkte, anstatt durch Entfernen der Feuerung, dadurch wurde das Kolbenspiel schneller. Zur Übertragung der Kolbenkraft benutzte er einen um eine Achse schwingenden Balken, den Balancier. Die Newcomensche Maschine war lange Zeit ohne Wettbewerb, sie wurde in vielen Exemplaren gebaut, auch auf das europäische Festland geliefert und hauptsächlich zum Heben von Wasser aus den Kohlen-und Erzgruben verwendet.

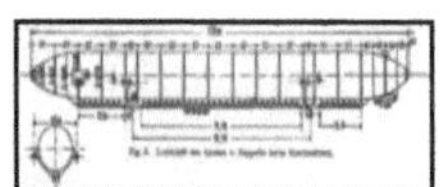

Zeppelin LZ 1

Otto Lilienthal

Daimler Kraftomnibuss

Fünfmastvollschiff Preußen

1.1.1.6 Geschichte der Erfindungen, die Jahrhundertwende

Mitte 1900 ging das Luftschiff Zeppelin LZ 1 auf seine Jungfernfahrt und krönte die Arbeit von Ferdinand Graf von Zeppelin in Friedrichshafen am Bodensee.

Den ersten Motorflug der Geschichte absolvierte Gustav Weißkopf im August 1901. Der Schlosser und Matrose war bei Otto Lilienthal in die Lehre gegangen und hatte bereits vor der Jahrhundertwende in Berlin erste Versuche mit Gleitflugzeugen durchgeführt. Das Flugzeug hatte einen selbst konstruierten Benzinmotorantrieb und besaß bereits ein Fahrwerk und einen geschlossenen Rumpf.

In den Daimler-Werken in Stuttgart lief die Produktion auf Hochtouren. Alle Fahrzeuge entstanden zunächst in reiner Handarbeit. 1908 konnte mit der Fließfertigung begonnen werden. Im November 1905 wurde in Berlin begonnen, Busse für den öffentlichen Nahverkehr einzusetzen. Die Kraftomnibusse boten 16 Sitzplätze und lösten am Tage die Pferdebusse ab.

Anfang des 20. Jahrhunderts liefen einige der größten Segelschiffe aller Zeiten vom Stapel, so im Jahre 1902 das Fünfmastvollschiff Preußen, auf der Werft von Johann G. Tecklenborg in Geestemünde (Bremerhaven). Im Jahre 1902 wurden bei der deutschen und britischen Marine die ersten Funkstationen eingerichtet, um den drahtlosen Nachrichtenverkehr mit Seeschiffen zu ermöglichen. Auf den Werften wurde das Ende der Dampfschiffe eingeläutet. 1905 wurde mit der **Carmaria** das bislang überzeugendste Modell der neuen Schiffsgeneration vom Stapel gelassen. Ein Jahr später nahm die deutsche Marine mit U 1 das erste Unterseeboot in Betrieb. Das Boot konnte 30 Meter tief abtauchen und wurde erfolgreich am Kap Skagen erprobt.

1.1.1.7 Geschichte der Erfindungen, Maschinenbau

Der Maschinenbau, auch Maschinenwesen genannt, befasst sich mit der Konstruktion und Produktion von Maschinen und Maschinenbauteilen.

In der vorindustriellen Zeit gab es bereits um 700 v. Chr. erste Maschinenbauwerke wie Schöpfwerke in Assyrien oder um 550 v. Chr. Erste Werkzeugmaschinen, wie beispielsweise eine antike Drehbank. Um ca. 340 v. Chr. definierte Aristoteles Hebel und Schrauben und bezeichnete diese als Maschine und bereits 200 v. Chr. entwarf Heron von Alexandrien die erste Wärmekraftmaschine.

Mit der industriellen Revolution, zweite Hälfte des 18. Jahrhunderts und verstärkt im 19. Jahrhundert, ausgehend von England begann sich der Maschinenbau in seiner heutigen Form zu entwickeln.

Der Beginn der modernen Maschinenbauindustrie in Deutschland geht unter anderem auf den Schlosser und Unternehmer Johann von Zimmermann (1820-1901) zurück. Er gilt als Begründer des Werkzeugmaschinenbaus, da er 1848 die erste Fabrik zum Bau von Werkzeugmaschinen in Chemnitz errichtete.

Johann von Zimmermann

1.2 Starre und bewegliche Baugruppen

1.2.1 Baugruppe, Basisbegriffe

Eine Baugruppe ist eine Zusammenstellung funktionell zusammenhängender Bauteile einer Gruppe, die sowohl als starre Einheit als auch bewegliche Einheit ausgeführt werden kann.

Bei einer Baugruppe, die auch als Gruppe bezeichnet wird, handelt es sich um einen in sich geschlossenen Gegenstand, der aus mindestens zwei Teilen oder untergeordneten Baugruppen besteht. Ein Einzelteil ist dagegen ein nicht zerlegbarer Gegenstand, der nach einem bestimmten Arbeitsablauf gefertigt wurde. Diese Definition ist in der **DIN EN ISO 10209 Technischen Produktdokumentation** festgelegt.

Eine Baugruppe kann sowohl Einzelteile als auch andere Baugruppen beinhalten. Sie wird durch Montageprozesse hergestellt. Ein weiterer Begriff für die Bezeichnung Baugruppe ist Zusammenbau. Die Komponenten einer Baugruppe werden normalerweise in einer Stückliste erfasst, wobei die Stückliste sowohl kaufmännischen als auch technischen Zwecken dient.

1.2.2 Baugruppen im Maschinenbau und Anlagenbau

Systeme und Anlagen werden aus Baugruppen zusammengesetzt und jede einzelne von ihnen ist für die korrekte Funktion des Gesamtsystems erforderlich. Deswegen werden Baugruppen im Anlagen- und Maschinenbau stets als ein Teil der gesamten Anlage betrachtet. Die Größe und Komplexität einer Baugruppe kann variieren. Sie reicht von einem einzelnen Bauteil bis zu komplexen mechanischen Modulen. Die Unterteilung von Systemen in Baugruppen im Anlagen- und Maschinenbau ist sehr verbreitet, da sie erhebliche Vorteile mit sich bringt:

Während des CAD-Entwurfs und der Konstruktion kann man jede Baugruppe für sich betrachten, ohne stets das Gesamtsystem im Blick behalten zu müssen. Dadurch bleibt das System übersichtlich und die Planung komplexer Anlagen wird erst ermöglicht.

Bei Ausfällen muss lediglich eine einzelne Baugruppe ersetzt werden, ohne die gesamte Anlage zerlegen oder gar ausmustern zu müssen.

Die Realisierung wird wesentlich vereinfacht, wenn lediglich einzelne kleinere Baugruppen montiert werden müssen, anstatt die gesamte Anlage Einzelteil für Einzelteil aufzubauen.

1.3 Lagerungs-Baugruppen

1.3.1 Lagerungs-Baugruppe, Basisbegriffe

Lager haben die Aufgabe, relativ zueinander bewegliche, insbesondere drehbewegliche Teile in Maschinen und Geräten abzustützen und zu führen und die wirkenden äußeren Kräfte aufzunehmen und auf Fundamente, Gehäuse oder ähnliche Bauteile zu übertragen. Die gestaltete Baugruppe wird als Lagerung bezeichnet.

Grundsätzlich soll eine Lagerung eine Konstruktion fixieren. Die typische Lagerungsart ist daher das Festlager welches die Konstruktion in alle Richtungen fixiert.

Da Bauteile sich jedoch ausdehnen oder mechanisch beweglich sein müssen, sind nicht im jeden Fall Festlager einsetzbar. Loslager fixieren eine Konstruktion nur in einer oder in zwei Richtungen.

1.3.2 Lagerungs-Baugruppen im Maschinenbau und Anlagenbau

Die Lagerung von Wellen ist eine der konstruktiven Standardaufgaben des Maschinenbaus. Lagerungen, im Allgemeinen aus mindestens zwei Lagern oder Führungen bestehend, beschränken die Freiheitsgrade zweier relativ zueinander bewegter Elemente. Bei der Lagerung von Wellen wird die Rotation um die eigene Längsachse bei gleichzeitiger definierter Position im Raum ermöglicht. Um diese Vorgabe zu erfüllen, gibt es eine Reihe gängiger Lagerungsanordnungen bzw. Lagerungskonzepte.

Die Lagerung von Wellen ist eine der konstruktiven Standardaufgaben des Maschinenbaus. Lagerungen, im Allgemeinen aus mindestens zwei Lagern oder Führungen bestehend, beschränken die Freiheitsgrade zweier relativ zueinander bewegter Elemente. Bei der Lagerung von Wellen wird die Rotation um die eigene Längsachse bei gleichzeitiger definierter Position im Raum ermöglicht. Um diese Vorgabe zu erfüllen, gibt es eine Reihe gängiger Lagerungsanordnungen bzw. Lagerungskonzepte. Die im vorgestellten Konzepte werden in der Praxis überwiegend mit Wälzlagern umgesetzt.

Eine Welle ist meistens horizontal positioniert und dabei wegen ihrer Länge mit zwei Radiallagern versehen. Axialkräfte sind oft klein, im Minimum wird die Welle axial gelagert, um zufällige Verschiebungen zu behindern. Von den beiden Radiallagern darf höchstens ein Lager zusätzlich als Axiallager ausgeführt sein, um thermische Längsdehnung der Welle nicht zu behindern.

1.4 Getriebe-Baugruppen

Getriebe-Baugruppen sind Maschinenelemente, mit denen die Bewegungsgrößen Drehzahl und Drehmoment sowie die Drehrichtung einer Antriebseinheit an den Bedarf des Gesamtsystems angepasst, umgewandelt und übertragen werden.

Sie bestehen immer aus den Grundelementen Antriebswelle, Abtriebswelle und Maschinengestell. Das Verhältnis zwischen Antriebsdrehzahl und Abtriebsdrehzahl ist das Übersetzungsverhältnis (Übersetzung). Bei gleichförmig übersetzenden Getrieben bleibt dieses Verhältnis konstant. Die Übersetzung bedingt jedoch immer eine Momenten-Änderung.

Getriebe können ein- bis mehrstufig sowie stufenlos sein. Bei mehrstufigen Getrieben entspricht das Gesamtübersetzungsverhältnis dem Produkt aller Einzelübersetzungen.

1.4.1 Formschlüssige Getriebe-Baugruppen

Viele Getriebe übertragen die Bewegung formschlüssig.

Zahnradgetriebe wie Stirnradgetriebe, Planetengetriebe, Kegelradgetriebe, Kronenradgetriebe, Schneckengetriebe und Zahnriemengetriebe.

1.4.2 Kraftschlüssige Getriebe-Baugruppen

Die Bewegungsübertragung ist auch per Kraftschluss und Reibschluss mit Schlupf möglich.

Riemen- und kraftschlüssige Kettengetriebe, Kegelringgetriebe, Wälzkörpergetrieben und Reibradgetriebe.

1.5　Bewegungsstudien (Buch-DVD)

1.5.1　Bewegungsstudien, Grundlagen

Die Bewegung kann in Bewegungen der Translation und Bewegungen der Rotation unterteilt werden. Die wichtigsten Bewegungsartender Translation sind die geradlinige gleichförmige Bewegung, die gleichmäßig beschleunigte Bewegung und die gleichmäßig verzögerte Bewegung.

Eine Rotation ist eine Bewegung, bei der alle Punkte des bewegten Körpers konzentrische Kreise beschreiben. Bei einer Rotation dreht sich der Körper nicht um seine eigene Achse.

Eine Translation ist eine Bewegung, bei der alle Punkte des bewegten Körpers kongruente Bahnen beschreiben. Bei einer Translationsbewegung dreht sich der Körper nicht um seine eigene Achse.

Eine Bewegung verläuft geradlinig, wenn die Richtung der Geschwindigkeit konstant ist. Wenn der Betrag der Geschwindigkeit konstant ist, so spricht man von einer gleichförmigen Bewegung.

Ändert sich die Geschwindigkeit, so ist die Beschleunigung ungleich Null. Wirkt eine konstante Beschleunigung in Richtung der Geschwindigkeit, so spricht man von einer gleichmäßig beschleunigten Bewegung. Eine Bewegung ist gleichmäßig verzögert, wenn die konstante Beschleunigung zur Geschwindigkeit in entgegengesetzter Richtung wirkt.

1.5.2　Bewegungssimulation, Studientypen

Verwenden Sie Bewegungssimulation für die Erstellung von Bewegungssimulationen, die präsentiert werden können, für Bewegungen, in denen Masse oder Schwerkraft nicht berücksichtigt werden müssen.

Verwenden Sie Basisbewegung für die Erstellung von ungefähren Bewegungssimulationen, die präsentiert werden können, für Bewegungen, in denen Masse, Kollisionen oder Schwerkraft berücksichtigt werden.

Verwenden Sie Bewegungsanalyse, um rechnerisch leistungsfähige Simulationen auszuführen, die die Physik der Baugruppenbewegung berücksichtigen. Dieses Werkzeug beansprucht unter den drei Optionen die höchste rechnerische Leistung. Je besser Ihr Verständnis der Physik der erforderlichen Bewegung ist, umso besser sind die Ergebnisse. Sie können Bewegungsanalyse verwenden, um Stoßanalysestudien auszuführen, um die Komponentenreaktion auf verschiedene Krafttypen zu verstehen zu können.

2

AutoDesk
Inventor 2025
Bauteile

Bauteil-Montage

Starre Baugruppen
Bewegliche Baugruppen
Lagerungs-Baugruppen
Getriebe-Baugruppen
Bewegungsstudien (Buch-DVD)

2 Bauteile, Bauteil-Montage

2.1 Programm-Funktionen

Die Inventor-spezifische Art, diese Möglichkeiten auszuwählen, geschieht nicht wie in vergleichbaren CAD-Programmen über einzelne Programmmodule, sondern über Vorlagendateien. Die nachfolgenden Seiten enthalten eine Übersicht zu den Voraussetzungen bei der Arbeit mit Bauteil- bzw. Zusammenbaudateien.

2.1.1 Bauteildaten

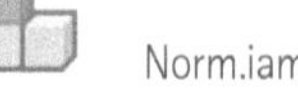

Norm.ipt

Eine Bauteildatei kann nur ein Teil enthalten. Nutzen Sie Bauteildateien, um das individuelle Design eines Einzelteiles zu steuern, die Konstruktion über eine Zeichnungsdatei zu dokumentieren, Standardbauteile zur Verwendung in Baugruppen zu erstellen, die 2D-Geometrien für Skizzen und Arbeitselemente als Basis für ein Zusammenbaulayout zu konstruieren oder Blechteile zu erstellen. Bauteildateien erhalten beim Speichern die Dateierweiterung *.IPT*. Wenn Sie eine Bauteildatei öffnen, befinden Sie sich in der Bauteilumgebung. Mit Bauteilbefehlen können Sie Skizzen, Elemente und Körper bearbeiten, die dann zu Bauteilen kombiniert werden. Sie können ein Bauteil mit einem Körper in Baugruppen einfügen und von Positionen abhängig machen, die sie bei der Fertigung einnehmen sollen. Sie können mehrere Bauteildateien aus einem Bauteil mit mehreren Körpern extrahieren. Der Entwurf der meisten Bauteile beginnt mit einer Skizze. Eine Skizze ist das Profil eines Elements und einer beliebigen Geometrie (zum Beispiel eines Sweeping-Pfads oder einer Drehungsachse), die zur Erstellung eines Elements benötigt wird. Bei einem Bauteilmodell handelt es sich um eine Zusammenstellung von Elementen. Bei Bedarf können Volumenkörper in einer Bauteildatei mit mehreren Körpern Elemente gemeinsam nutzen. Skizzenabhängigkeiten steuern geometrische Beziehungen wie z. B. parallel und lotrecht. Bemaßungen legen die Größe fest. Zusammenfassend wird diese Methode als parametrisches Modellieren bezeichnet. Sie können die Abhängigkeiten oder Bemaßungsparameter anpassen, die die Größe und Form eines Modells steuern. Das Resultat Ihrer Änderungen wird automatisch angezeigt.

2.1.2 Zusammenbaudateien, Baugruppen

Zusammenbaudateien können ein oder mehrere Bauteile bzw. Baugruppen enthalten. Sie können einer Zusammenbaudatei beliebig viele externe Bauteile und Baugruppen zuordnen. Um in einem Zusammenbau ein neues Bauteil zu erzeugen, steht die Funktion **Komponente erstellen** zur Verfügung. Nutzen Sie Zusammenbaudateien, um Zusammenstellungen und Baugruppen zu konstruieren, Bauteile in einen Zusammenbau einzufügen, die Bauteile mit Hilfe der Zusammenbauabhängigkeiten zu positionieren und adaptive Bauteile zu steuern. Zusammenbaudateien erhalten beim Speichern die Namenserweiterung. *IAM.* In Autodesk Inventor® fügen Sie Komponenten, die als einzelne funktionale Einheit agieren, in ein Baugruppendokument ein. Baugruppenabhängigkeiten legen die relative Position dieser Komponentenexemplare in Bezug zueinander fest. Ein Beispiel ist die Achse einer Welle, die mit einer Bohrung in einer anderen Komponente ausgerichtet wird. Wenn Sie eine Baugruppendatei erstellen oder öffnen, befinden Sie sich in der Baugruppenumgebung. Mit Baugruppenbefehlen können komplette Unterbaugruppen und Baugruppen bearbeitet werden. Sie können Bauteile gruppieren, die zusammen als Einheit fungieren, und dann die Unterbaugruppe in eine andere Baugruppe einfügen.

Um ein Modell zu vervollständigen, können Sie Baugruppenelemente erstellen, die sich auf mehrere Komponenten auswirken, wie Bohrungen durch mehrere Bauteile. Baugruppenelemente beschreiben oft spezifische Herstellungsprozesse wie die Nachbearbeitung.

Der Baugruppen-Browser eignet sich ideal zur Aktivierung der Komponenten, die Sie bearbeiten möchten. Verwenden Sie den Browser, um Skizzen, Elemente und Abhängigkeiten zu bearbeiten, die Komponentensichtbarkeit ein- und auszuschalten und andere Aufgaben auszuführen. In der folgenden Abbildung einer Baugruppe zeigen zwei der Komponenten ein Symbol an, das angibt, dass sie Bestandteil eines Kontaktsatzes sind. Komponenten, die zu einem Kontaktsatz gehören, verhalten sich genauso wie in der physischen Welt.

2.1.3 Zeichnungsdateien

Zeichnungsdateien enthalten die Zeichnungsansichten Ihrer Bauteile und Baugruppen, dargestellt in beliebig vielen Blättern. Sie können Zeichnungen von geöffneten Bauteil-, Zusammenbau- und Präsentationsdateien sowie von anderen Dateien ableiten, die lokal oder im Netzwerk im Zugriff sind. Nutzen Sie Zeichnungsdateien, um Ihre Konstruktionen zu dokumentieren. Zeichnungsdateien werden mit der Namenserweiterung *.IDW* gespeichert.

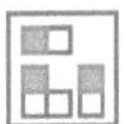
Norm.idw

Nachdem Sie ein Modell erstellt haben, können Sie eine Zeichnung zum Dokumentieren der Konstruktion erstellen. In einer Zeichnung platzieren Sie Ansichten von Modellen auf einem oder mehreren Zeichnungsblättern. Anschließend fügen Sie Bemaßungen und andere Zeichnungskommentare hinzu, um das Modell zu dokumentieren.

Eine Zeichnung, die eine Baugruppe dokumentiert, kann neben den erforderlichen Ansichten eine automatisierte Teileliste und Positionsnummern beinhalten.

Autodesk Inventor behält Verknüpfungen zwischen Komponenten und Zeichnungen bei, sodass Sie zu einem beliebigen Zeitpunkt während der Erstellung einer Komponente eine Zeichnung erstellen können. Standardmäßig wird die Zeichnung beim Bearbeiten der Komponente automatisch aktualisiert. Es ist jedoch in der Regel empfehlenswert, eine Zeichnung erst dann zu erstellen, wenn eine Komponentenkonstruktion nahezu beendet ist. Bearbeiten Sie die Details der Zeichnung, zum Hinzufügen/Löschen von Bemaßungen oder Ansichten und zum Ändern der Positionen von Anmerkungen/Positionsnummern, um die Revisionen zu übernehmen.

2.1.4 Präsentationsdateien

Präsentationsdateien enthalten Explosionsansichten oder andere Darstellungen Ihrer Zusammenbauten. Diese Ansichten werden gespeichert und können in Zeichnungsdateien zur Dokumentation Ihrer Modelle genutzt werden. Benutzen Sie den Befehl **Neu**, um eine Präsentationsdatei anzulegen. Nutzen Sie Präsentationsdateien, um Ansichten auf der Basis vorhandener, benutzerdefinierter Zusammenbauansichten, Explosionsansichten und andere Ansichten zu erstellen, Animationen der Präsentationsdateien erhalten beim Speichern die Namenserweiterung *.IPN*

Norm.ipn

2.1.5 Einfache Baugruppen, Vorbemerkungen

Beim Erstellen von Modellen werden Bauteile und Baugruppen zu einem Zusammenbau kombiniert, der wie eine Einheit funktioniert. Bauteile und Gruppen werden über die Zusammenbau-Abhängigkeiten miteinander in Beziehung gesetzt. Zusammenbau-Abhängigkeiten bestimmen, wie Komponenten innerhalb des Zusammenbaus zusammenpassen. Durch Einfügen von Zusammenbau-Abhängigkeiten werden Freiheitsgrade entfernt und somit die Bewegungsmöglichkeit von Komponenten eingeschränkt. Autodesk Inventor 2025 erlaubt Ihnen, vorhandene Bauteile oder Baugruppen in Zusammenbauten einzufügen und neue Komponenten direkt innerhalb eines Zusammenbaus zu erstellen. Falls Sie externe Komponenten ändern, werden die Änderungen von den Zusammenbauten und auch von den zugehörigen Zeichnungsdateien automatisch reflektiert. Nutzen Sie Zusammenbau-Abhängigkeiten, um die Position der Komponenten in Zusammenbauten zueinander zu definieren. z.B. zwei Flächen aus unterschiedlichen Bauteilen aneinander liegend oder eine Bohrung und eine Schraube stets konzentrisch zueinander zu setzen. Diese Abhängigkeiten „montieren" Ihre Zusammenbauten und bestimmen, wie Autodesk Inventor 2025 das Modell angleichen soll, falls sich eine der Komponenten ändert. **ADAPTIV** konstruierte Komponenten bzw. Elemente passen sich automatisch ihrer Umgebung an, sobald Sie diese in Abhängigkeit zu anderen Komponenten setzen.

2.1.6 Schlüsselbegriffe für den Zusammenbau

Die genaue Kenntnis der folgenden drei Methoden zur Erzeugung einer Baugruppe ist nicht unbedingt erforderlich, da aber diese Strategien zur Baugruppenerstellung häufig Erwähnung in der theoretischen Betrachtung von CAD-Programmen findet, soll eine kurze Erklärung folgen.

2.1.6.1 Strategien zur Baugruppenerstellung

- **TOP DOWN**

Im Modus **Top Down** beginnen Sie mit Designkriterien und der Erstellung von Komponenten, die diese Kriterien erfüllen. Designer listen alle bekannten Parameter auf und erstellen möglicherweise ein Entwicklungslayout, ein 2D-Design, das während des Designprozesses weiterentwickelt wird. Die Form und die Abmessungen der einzelnen Komponenten werden, im Allgemeinen, als bekannt vorausgesetzt, und es wird keine oder wenig Information zu benachbarten Komponenten benötigt. Zuerst werden einzelne Bauteile erstellt, anschließend daraus Unterbaugruppen erzeugt, beliebig viele Verschachtelungen ergeben die fertige Gesamtbaugruppe.

- **BOTTOM UP**

Im Modus **Bottom up** fügen Sie existierende Bauteile und Baugruppen in eine Zusammenbaudatei ein und positionieren diese Komponenten mittels Zusammenbau-Abhängigkeiten. Falls möglich, sollten die Komponenten in der Reihenfolge eingefügt werden, in der sie bei der Fertigung montiert werden. Ausgehend von einem Bauteil, noch in der Planung, sind alle anderen Komponenten noch relativ unbekannt und müssen in Abhängigkeit der gegebenen Komponente erstellt werden. Begonnen wird mit einer leeren Baugruppendatei, mit einem in Skizze vorgeplanten Modell.

- **MIDDLE OUT**

Die meisten Zusammenbau-Konstruktionen kombinieren die Strategien **Bottom Up** und Top down. Einige Bedingungen sind bekannt und können über Standardkomponenten erfüllt werden, aber auch neue Komponenten müssen erstellt werden. Diese kombinierte Strategie wird als **Midle out**- Methode bezeichnet. In einer leeren Baugruppendatei werden fertig definierte Bauteile und in Planung befindliche Modelle auf Skizzenbasis kombiniert.

2.1.7 Basisbegriffe zur Baugruppenerstellung

2.1.7.1 Zusammenbau

Als Zusammenbau bezeichnet man zwei oder mehr Komponenten (Bauteile oder Baugruppen), die ein einzelnes Modell darstellen. Ein Zusammenbau enthält üblicherweise mehrere Komponenten, die mittels Abhängigkeiten absolut und relativ zueinander positioniert sind, sowohl hinsichtlich der Größe als auch der Platzierung. Die Komponenten eines Zusammenbaus können Elemente enthalten, die direkt im Zusammenbau definiert sind. Material und Masseeigenschaften können von individuellen Bauteildateien übernommen („vererbt") werden.

2.1.7.2 Baugruppe

Eine Baugruppendatei ist eine Zusammenbaudatei, die in anderen Zusammenbauten verwendet wird. Die Baugruppe (Unterbaugruppe) verhält sich wie eine einzelne Einheit, wie z.B. ein Motor oder ein Getriebe. Die Bauteile der Baugruppe können benutzerdefiniert, OLE-Objekte oder iFeatures sein sowie aus dem Mechanical Desktop oder anderen CAD-Systemen importiert werden.

2.1.7.3 Design For Assembly

Design for Manufacture and Assembly (DFMA) ist ein Produktdesign-Überwachungsprozess, der ein sukzessives Überprüfen der Herstellbarkeit eines Produkts beinhaltet. Produktingenieure können die wissenschaftlich gesicherte DFMA-Datenbank der Montagezeiten anwenden und Messungen durchführen, um ein wettbewerbsfähiges Design zu erreichen.

2.1.7.4 Fixierte Komponente

Eine **Fixierte Komponente** ist ein Bauteil oder ein Unterzusammenbau ohne Freiheitsgrade. Es besteht eine Fixierung zum Ursprung. Ohne Referenzen lassen sich diese Komponenten zu anderen Bauteilen positionieren, da sie im Raum fixiert sind. Die erste in einem Zusammenbau platzierte Komponente wird automatisch fixiert. Diese Fixierung kann allerdings später entfernt und wenn gewünscht auch wieder aktiviert werden.

2.1.7.5 Abhängigkeit „Passend"

Passend ist eine Zusammenbau-Abhängigkeit, die Elemente anhand der Flächennormalen und einem Versatz verbindet. Die Abhängigkeit **Passend** verbindet zwei externe Bauteilflächen so miteinander, dass deren Flächennormale gegeneinander ausgerichtet sind. Es lassen sich Punkte, Linien, Kanten oder Achsen verbinden. Außerdem funktioniert auch die Adaption von unterbestimmten zylindrischen Mantelflächen.

2.1.7.6 Abhängigkeit „Fluchtend"

Fluchtend ist eine Zusammenbau-Abhängigkeit, bei der die Flächennormalen die gleiche Richtung haben. Das Platzieren der Abhängigkeit **Fluchtend** entfernt drei Freiheitsgrade, zwei rotarische und eine translatorische.

2.1.7.7 Abhängigkeit „Bewegung"

Die Abhängigkeit **Bewegung** spezifiziert Bewegung und Übersetzung zwischen Zusammenbau-Komponenten entweder bei Rotation oder Rotation und Translation. Die zuerst gewählte Komponente bewegt sich relativ zur danach gewählten Komponente.

2.1.7.8 Abhängigkeit „Übergang"

Die Abhängigkeit **Übergang** spezifiziert die Beziehungen zwischen einer zylindrischen Fläche und einem Satz benachbarter Flächen eines anderen Bauteils wie z.B. einem Nocken in einer Nut.

2.1.7.9 Abhängigkeit „Freiheitsgrad"

Mit **Freiheitsgrad** bezeichnet man die Möglichkeiten eines Objekts, sich im Raum zu bewegen. Ein frei bewegliches Bauteil ohne Abhängigkeiten besitzt drei Achsen, entlang derer es sich bewegt und drei Achsen, um die es sich drehen kann. Abhängigkeiten entfernen Freiheitsgrade und schränken die Bewegungsfreiheit des Bauteils ein.

2.1.7.10 Referenzierte Skizze

Mit einer **Referenzierte Skizze** innerhalb eines Zusammenbaus kann die Geometrie eines Bauteils auf die Skizzierebenen eines anderen Bauteils projiziert werden. Die resultierende Skizze nennt man referenzierte Skizze. Die Abmaße und die Position der referenzierten Skizze basieren auf dem Herkunftsteil.

2.1.7.11 Basis-Komponente

Basis-Komponente sind Komponente im Zusammenbau, an der sich alle anderen Komponenten mit ihren Abhängigkeiten ausrichten.

2.1.7.12 Adaptives Element

Ein **Adaptives Element** ist ein Element, das seine Geometrie durch Abhängigkeiten zu anderen Elementen anpasst. Bauteilelemente können mit den Kontextmenüs adaptiv gesetzt werden.

2.1.7.13 Abgeleitetes Bauteil

Ein **Abgeleitetes Bauteil** ist ein neues Bauteil, das als Basiselement ein bestehendes Bauteil verwendet. Sie können das abgeleitete Bauteil ändern, ohne dass die Änderung Einfluss auf das Originalbauteil hat. Sie können das abgeleitete Bauteil aktualisieren, um Änderungen am Originalbauteil zu übernehmen.

2.1.7.14 iMmates

Ein **iMmate** ist eine Abhängigkeit, die zusammen mit einem Bauteil gespeichert und später wieder verwendet wird. Durch die iMate-Technologie wird genaues Platzieren und Ersetzen von Bauteilen in Baugruppen beschleunigt. Ein zusammengesetztes iMate ist eine Sammlung einzelner iMates, die zu einem einzigen Objekt zusammengefasst wird.

2.1.7.15 iFeature

In vielen Unternehmen werden bestimmte Konstruktionsdetails mehrmals verwendet. Mit Autodesk Inventor können Sie Konstruktionselemente extrahieren und wieder verwenden. Ein **iFeature**-Dateiname hat die Erweiterung **.ide**. Ein iFeature ähnelt einer Vorlage, mit der ein Element von einem Bauteil kopiert und auf andere Bauteile übertragen wird.

2.1.7.16 iParts

Wenn Sie eine andere Variante als die definierte benötigen, können Sie eine Zeile hinzufügen, die ein neues Exemplar in der iPart-Teilefamilie darstellt. Sie können die relevanten Werte in der Zeile ändern und die Datei speichern.

2.1.8 Aufbau und Planung von Baugruppen

Eine Baugruppe beinhaltet Einzelteile und Unterbaugruppen, die darin steckende Idee ist der Baukasten. Einzelne Bauteile werden zu kleineren Baugruppen zusammengefügt, um diese dann zu einer größeren Baugruppe bzw. fertigen Gesamtkonstruktionen zu komplettieren. Dies bedeutet, das Baugruppen ineinander geschachtelt werden. Auf diese Art und Weise können Baugruppen mit mehreren tausend Teilen erzeugt werden, ohne das Autodesk Inventor 2025 Probleme mit der Integrität der Baugruppe bekommt. Autodesk Inventor 2025 erlaubt grundsätzlich zwei verschiedene Arbeitsweisen in einer Baugruppe:

2.1.8.1 Baukasten-Methode

Eine Baugruppe wird über bereits konstruierte Einzelteile zusammengesetzt. Hierbei sollten alle Einzelteile zur Verfügung stehen, welche dann über Beziehungen miteinander verbunden werden.

2.1.8.2 Die „Vor Ort erstellen", Konstruktionsart

Zuerst wird eine leere Baugruppe angelegt, danach werden Einzelteile direkt in der Baugruppe erzeugt, indem Autodesk Inventor 2025 in die Bauteilerstellung umschaltet.

2.1.9 Effizientes Arbeiten mit Baugruppen

Autodesk Inventor 2025 bietet eine ganze Reihe von Möglichkeiten zur Verbesserung der Systemleistung bei der interaktiven Erstellung von Baugruppen. Außer den entsprechenden Optionen in der Baugruppen-Umgebung von Autodesk Inventor 2025 stehen auch außerhalb des Programms Maßnahmen zur Leistungssteigerung zur Verfügung:

Verfügbarer Arbeitsspeicher, Anzeigeleistung, Ausblenden und Entladen von Teilen, Teile deaktivieren, Einstellen des Aktivierungsstatus, Anzeigekonfigurationen.

2.1.10 Anforderung an die Darstellung

Auch die Optimierung der Darstellung ist entscheidend für die schnelle Bearbeitung einer Baugruppe. Die DIN-Norm 32869 **Dreidimensionale CAD-Modelle** und VDA-Empfehlung 4953 T1 bis T3 **Vereinfachte CAD-Zeichnung** bildet eine gute Grundlage für die Baugruppen- Ausführung.

2.1.10.1 Darstellung der Achsausrichtung

Die Ausrichtung der dargestellten Elemente sollte entlang der X-Achse erfolgen, diese Achse ist bei rotationssymmetrischen Bauteilen als Symmetrieachse zu wählen. Ist ein Anlagepunkt vorhanden ist dieser der Koordinaten-Ursprungspunkt.

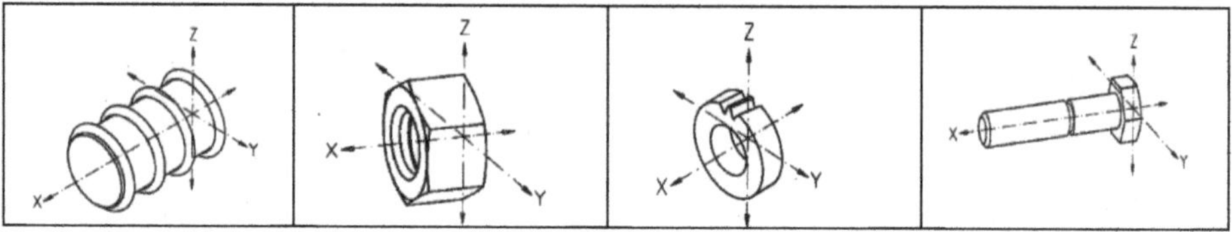

2.1.10.2 Baugruppendarstellungen

Einige Darstellungsbeispiele über Gewinde, Schrauben, Muttern, Bohrungen, Senkungen, Verzahnungen, Lager und Federn sollen nun diese Darstellungsgrade erläutern.

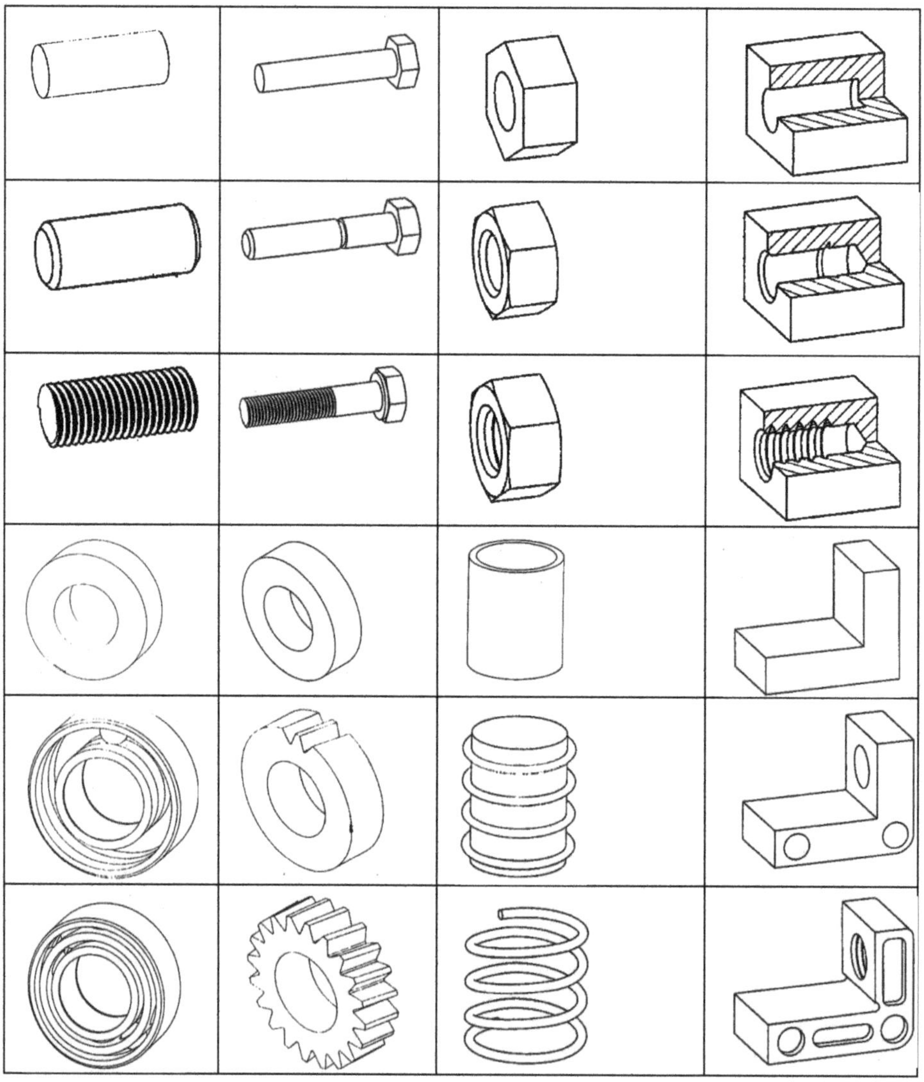

Vereinfachte Darstellung				
Standarddarstellung				
Vollständige Darstellung				
Vereinfachte Darstellung				
Standarddarstellung				
Vollständige Darstellung				

2.2 Starre Baugruppen Kapitel 3 und 11 (Support-DVD) und bewegliche Baugruppen, Kapitel 4 und 12 (Support-DVD)

2.2.1 Erstellung der Bauteile fertigungstechnisch, Vorbemerkungen

Für die Erstellung des INVENTOR 2025-Modells, als echtes Funktionsmodell, ist mit einem erfahrenen Modellbauer die Bauteilerstellung unbedingt abzusprechen. Die folgenden Erstellungsvorgaben sollen nur als Richtlinie gelten.

- Blankstahl / NE-Erzeugnisse nach DIN EN **10278**, Toleranzfeld h9.
- Die Oberflächenbearbeitung der blanken Oberflächen verbleibt im Rohzustand, die weiteren Oberflächengüten der mechanisch bearbeiteten Flächen sind in der Zeichnungsableitung funktionsgerecht festzulegen.
- Nichtangegebene Passmaße sind funktionsgerecht zu dimensionieren, Auswahl nach DIN EN ISO **286**-1/2 und Passungsauswahl DIN **7157**.
- Fehlende Maße sind sinnvoll zu ergänzen.
- Zusätzliche Oberflächenbehandlungen wie Kadmierung, Hartverchromung, Galvanisierung usw. sind bei der Passmaß / Abmaß-zu be8en.
- Zulässige Maßabweichungen nach ISO **2768**-1, Qualität Mittel, die Form / Lage-Abweichungen nach ISO **2768**-2, Qualität K.
- Genauere Form und Lagetoleranzen nach DIN EN ISO **1101** antragen.

2.2.2 Erstellung der Bauteile, Befehlsauswahl zur Erstellung

Für die Standarderstellung von Bauteilen habe ich auf eine detaillierte Befehlsablaufkette zugunsten der genauen Baugruppenmontage verzichtet. Der INVENTOR 2025-Bauteilaufbau stellt einen Vorschlag dar, auf eine gute Änderungsmöglichkeit ist aber zu achten:

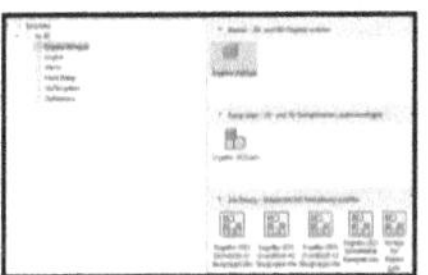

- Für die Erstellung der Bauteile ist die Vorlagendatei **Engelke-2025.ipt** auf der Buch-DVD zu verwenden, für die Erstellung der Baugruppen ist die Vorlagendatei **Engelke-2025.iam** auf der Buch-DVD zu verwenden.
- Legen Sie für jede neue Baugruppe ein eigenes Verzeichnis an.
- Verwenden Sie für Bauteil-Basiskörper die Funktion **Quader**, **Extrusion** oder **Drehung**.
- Bohrungen und Langlöcher sollen immer mit der Funktion **Bohrung** erstellt werden.
- Bohrungen, als zentrale **Bohrung** in Zylindern, werden immer, über Anwahl der Kreisfläche für den Mittelpunkt der Kreisfläche, eingebracht.
- Auf Kreisringflächen, zum Beispiel bei Buchsen, um Bohrungen mit **Extrusion** abzubilden, ist zu verzichten.
- Bei Drehteilen und Wellen ist der Aufbau aus einzelnen Zylindern mit der Grundkörper-Funktion **Zylinder** oder **Extrusion** zu favorisieren, da diese fertigungstechnisch auch so bemaßt sind, außerdem kann die Konstruktion über den **Wellengenerator** erfolgen.
- Für die Erstellung von aufwändigen Drehkörpern, mit hohlen Innenelementen, ist die Funktion **Drehung** zu favorisieren.

Quader

Extrusion

Drehung

Bohrung

Zylinder

Wellen-Generator

Rundung

Fase

Wandung

ViewCube

Runde
Anordnung

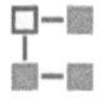
Rechteckige
Anordnung

Komponente
Spiegeln

Gewinde

Favoriten
Autodesk-Materialbibliothek
Inventor-Materialbibliothek

Anpassen

Speichern
unter

ViewCube

Orbit
Freies Drehen

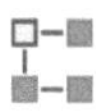
Bauteile
Spiegeln

Komponente
anordnen

Gelenktyp
Automatisch

Halbe
Schnittansicht

Inventor-
Inhaltscenter

Pack and Go

- **Fasen** und **Rundungen** werden über die entsprechenden Befehle angetragen, sollten demzufolge nicht als Skizzierelemente in der Skizze für die Rotationsbefehle verwendet werden.
- Nutzen Sie, so oft es geht, für Wandstärken die Funktion **Wandung**.
- Nutzen Sie, so oft es geht, für Lageänderung, die **ViewCube**-Funktion.
- Regelmäßig verteilte Elemente, wie Bohrungen auf einem Lochkreis, sollten einzeln erstellt und mit die Funktion **Runde Anordnung** und **Rechteckige Anordnung**, oder **Spiegeln** verteilt werden.
- Gewinde wird über die Funktion **Gewinde** erstellt.
- **Material zuweisen**:
  Weisen Sie den Bauteilen, über die Funktion **Materialzuweisung** ein Material zu.
- Datensicherung der einzelnen Bauteile über **Speichern unter**.

2.2.3 Baugruppen-Montage, Grundlagen

Nur durch eine sorgfältige Montage der Baugruppen erreicht man eine einwandfreie Funktion der Antriebe. Bei der Planung der Montagefolge der einzelnen Komponenten ist es wichtig, die Funktionsanforderungen eines Projekts zu erkennen und eventuell einen Montageplan oder eine Aufbauübersicht zu erstellen. Aus der Gesamtzeichnung zusammen mit der Stückliste können Sie Art, Stückzahl und räumliche Lage der Fertigungsteile und Normteile zueinander erkennen. Die Montage der einzelnen Bauteile und Unterbaugruppen erfolgt durch Normteile aus dem Inventor-Inhaltscenter-Toolbox. Die Auswahl der Normteile aus der Toolbox erfolgt funktionsentsprechend für die Modellerstellung, der erfahrene Modellbauer muss hier, entsprechend Aussehen und Authentizität, die Auswahl eventuell korrigieren.

2.2.4 Baugruppen-Montage, Montagehinweise

- Schalten Sie, bei Bedarf, benötigte Ursprungsebenen ein.
- Für die Montage der Bau-und Normteile ist oft ein Drehen mit der Maus, nötig, hier ist eine 3D-Maus Typ **3DConnexion** sinnvoll, als Befehl ist **Freie Drehung** anzuwenden.
- Nutzen Sie, so häufig wie möglich, die Funktion **Autodrop**, und **Automatisches Erkennen** für Bau-und Normteile.
- Bei der Montage von Normteilen, aus der Toolbox, ist oft eine Größenanpassung nötig.
- Für die Normteilmontage verwenden Sie **AutoDrop**.
- Verringern Sie die Montagearbeit durch **Komponente spiegeln** und **Komponentenmuster**.
- Verwenden Sie so oft wie möglich die Verbindung **Gelenk** und den Gelenktyp **Automatisch**.
- Wählen Sie, zur Montagekontrolle, eine **Schnittansicht**.
- Verwenden Sie, für die Montage von Normteilen, die Inventor Inhaltscenter-Toolbox.
- Normteile, die nicht in der Toolbox vorhanden sind, laden Sie bei **TracePartsOnline.net©**.
- Erzeugen Sie immer eine Datensicherung der gesamten Baugruppe über **Pack and Go**.

2.2.5   Befestigungselemente

2.2.5.1   Schrauben, Auszug

Eine **Schraube** ist ein zylindrischer Körper, in dessen Oberfläche ein Gewinde eingeschnitten oder -gewalzt ist. An einem der Enden ist ein Schraubenkopf angesetzt. Schraubverbindungen sind lösbar.

- **Sechskantschraube DIN EN ISO 4014**
- **Sechskantschrauben mit Gewinde bis Kopf ISO 4018**

Sechskantschrauben besitzen ein zylindrisches Gewinde, das in das Material geschraubt wird. Der Kopf besteht hier aus sechs Ecken und Kanten. Sechskantschrauben werden ausschließlich in Bauteile mit entsprechendem Gegengewinde eingeschraubt, dass auch Muttergewinde genannt wird.

- **Zylinderschraube mit Innensechskant DIN EN ISO 4762**

Innensechskantschrauben eignen sich gut für Schraubenverbindungen, bei denen die Schraubenköpfe konstruktionsbedingt schwer zugänglich sind. Es reicht aus, wenn der Kopf von oben erreicht werden kann, beispielsweise durch eine Bohrung, deren Durchmesser größer als das Eckenmaß des jeweiligen Schlüssels ist.

- **Senkschraube DIN EN ISO 2009**

Senkschrauben bezeichnen Schrauben, die mit dem Material bündig abschließen. Senkschrauben besitzen einen 90°-Senkkopf.

- **Zylinderschraube mit Schlitz DIN EN ISO 1580**

Die Zylinderschraube mit Schlitz ist eine metrische Schraube mit einem zylindrischen Kopf und einem Schlitzantrieb. Der Schlitzantrieb ermöglicht das Anziehen und Lösen der Schraube mit einem Schraubendreher, der in den Schlitz des Kopfes passt.

- **Stiftschraube DIN 938**

Stiftschrauben sind Schaftschrauben ohne Kopf mit Gewinde an beiden Enden. Das eine Gewinde wird als Mutternende, das andere als Einschraubende bezeichnet. Der zwischen den Gewinden liegende Schaft entspricht dem Nenndurchmesser des Gewindes und wird in der Praxis Vollschaft genannt.

- **Augenschraube DIN 444**

Eine Augenschraube ist eine besondere Art von Befestigungselement, ein Ende der Augenschraube ähnelt dem Gewindeende einer Schraube, während die andere Seite kreisförmig geschmiedet ist.

- **Flügelschraube DIN 316**

Die Flügelschraube wird als Feststellelement im Innenbereich sowie Außenbereich eingesetzt. Die Bedienung der Flügelschraube erfolgt über Daumen und Zeigefinger. Der Flügelgriff mit Innengewinde oder Außengewinde wird als manuelles Klemmelement verwendet.

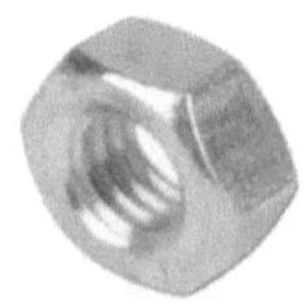

2.2.5.2 Muttern, Auszug

Die **Mutter** ist das mit einem Innengewinde versehene Gegenstück einer Schraube oder eines Gewindebolzens.

- **Sechskantmutter DIN EN ISO 4032**

Bei einer Befestigungsschraube werden durch die Mutter die Bauteile verspannt, Außenform sechskantig.

- **Kronenmutter DIN 979**

Eine Kronenmutter ist eine erweiterte Sechskantmutter, die mit Hilfe eines Splints formschlüssig gegen Drehen mit dem Schraubenschaft verbunden werden kann.

- **Hutmutter DIN 1587**

Eine Hutmutter ist einseitig geschlossen, in der das Innengewinde als Sacklochgewinde endet.

- **Flügelmutter DIN 315**

Flügelmuttern haben eine leicht konische Außenkontur, an die radial zwei die Flügel angesetzt sind.

- **Ringmutter DIN 582**

Eine Ringmutter ist eine spezielle Art von Mutter, die über einen ringförmigen Kopf verfügt. Dieser Kopf ermöglicht es, Haken oder andere Aufhängevorrichtungen anzubringen. Sie dient somit als Befestigungs- und Hebepunkt, der Lasten sicher tragen kann

2.2.5.3 Scheiben, Auszug

- **Unterlegscheibe DIN 125**

Unterlegscheiben werden verwendet, um die Kraft des Schraubenkopfes einer Schraube oder Mutter auf eine größere Fläche zu verteilen.

- **Unterlegscheibe ISO 7090**

Die ISO 7090 beschreibt die Unterlegscheiben Form B mit Fase.

- **Fächerscheibe DIN 6798** (zurückgezogen)

Die Fächerscheibe dient ausschließlich der Schraubensicherung, sie soll einem Verlust der sogenannten Vorspannung vorbeugen.

- **Federring DIN 127** (zurückgezogen)

Ein **Federring** ist eine Schraubensicherung und wird bei Schraubverbindungen genutzt, um deren ungewolltes Lockern zu verhindern.

2.3 Einsatz der Inhaltscenter-Bibliotheken

Die Inhaltscenter-Datenbank enthält über 750.000 Bauteile und deckt 18 internationale Normen ab. Inhaltscenter-Bauteile sind in Bibliotheken organisiert. Verwenden Sie den Inhaltscenter-Browser, um nach einem bestimmten Bauteil zu suchen.

Die Autodesk Inventor-Installation bietet eine Reihe von Inhaltscenter-Normbibliotheken. Sie beinhalten Normbauteile wie Schrauben, Stahlprofile, Wellenbauteile usw. Die Inhaltscenter-Elemente umfassen verschiedene geometrische Formen, wie etwa Kegel, Zylinder und Kugeln, in britischen oder metrischen Größen. Elemente werden in Autodesk Inventor-Bauteildateien eingefügt.

Das Inhaltscenter bietet zahlreiche Befehle zum Organisieren und Suchen der benötigten Bibliotheksbauteile im Inhaltscenter, in der Baugruppe und in der Bauteilumgebung. Dazu gehören die Befehle **Verlauf, Suche, Favoriten** und **Filter**. Der Zugriff auf den Befehl Favoriten erfolgt über den Modell-Browser oder im Inhaltscenter, wenn eine Baugruppen-oder Bauteildatei geöffnet ist. Alle anderen Befehle werden über die Dialogfelder des Inhaltscenters geöffnet.

Folgende Bibliotheken sind verfügbar und können mit Autodesk Inventor installiert werden:

Inventor ANSI, Inventor DIN, Inventor GOST, Inventor ISO, Inventor JIS und GB, Inventor Sonstige (beinhaltet die folgenden Normen: AFNOR, AS, BSI, CNS, CSN, IS, KS, PN, SFS, SS, STN, UNI), Inventor Feature, Inventor Parker (von Parker für Rohr-und Leitungsformstücke verwendete Normteile), Inventor Routed Systems (Normkomponenten für Kabel und Kabelbaum sowie Rohre und Leitungen) und Inventor Sheet Metal (enthält Blechschrauben (PEM-Marke)).

2.3.1 Bauteilfamilie in einer Inhaltscenter-Bibliothek

Die Autodesk Inventor Inhaltscenter-Bibliotheken stellen Inventor-Bauteile (Verbindungselemente, Stahlprofile, Wellenbauteile) und Elemente zur Verfügung, die in Baugruppen eingefügt werden können.

Zwei Typen von Bauteilen sind in der Inhaltscenter-Bibliothek enthalten: Normbauteile und benutzerdefinierte Bauteile. Für freigegebene Bauteile (Verbindungselemente, Wellenbauteile) sind alle Bauteilparameter als exakte Werte in der Parametertabelle definiert. Für benutzerdefinierte Bauteile (Stahlprofile, Nieten) wird ein beliebiger Parameter im definierten Wertebereich festgelegt.

Die Basiskomponente in einer Inhaltscenter-Bibliothek ist eine Familie (Bauteilfamilie oder Elementfamilie). Eine Familie enthält Familienvarianten mit denselben Vorlagen-und Familieneigenschaften, die Größenvariationen eines Bauteils oder Elements darstellen.

Familien sind in Kategorien und Unterkategorien angeordnet. Eine Kategorie ist eine logische Gruppierung von Bauteiltypen. Bolzen und Schrauben mit Sechskantkopf sind z. B. funktionell ähnlich und deshalb beide der Bolzenkategorie zugewiesen. Eine Kategorie kann Unterkategorien und Familien enthalten.

2.3.2 Bauteilfamilien, Beispiele und Auszüge, metrisch

2.3.2.1 Bauteilfamilie „Elemente metrisch"

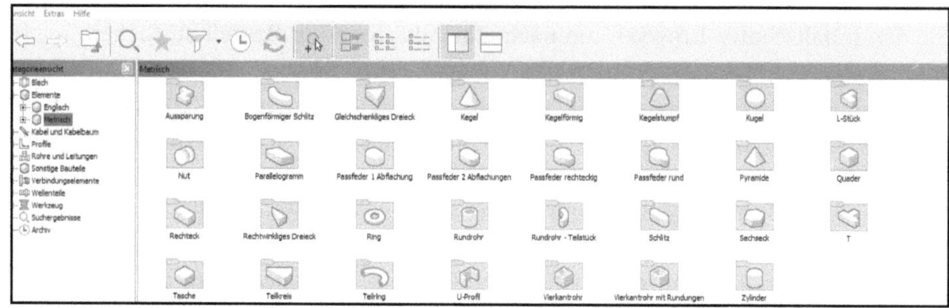

2.3.2.2 Bauteilfamilie „Profile"

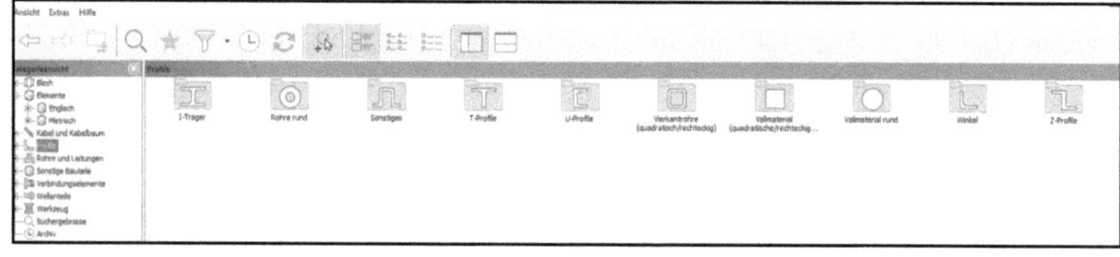

2.3.2.3 Bauteilfamilie „Rohre und Leitungen"

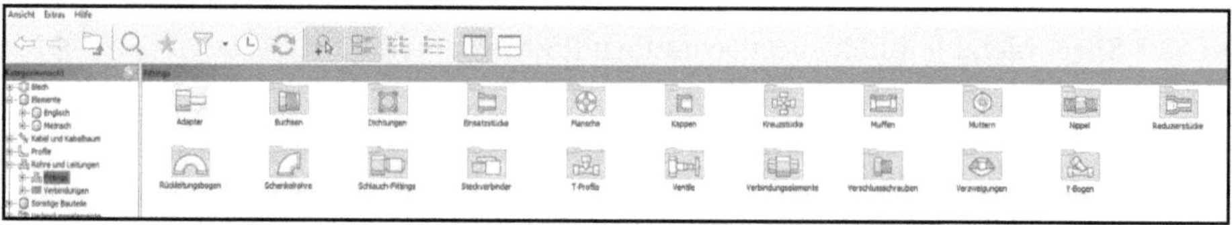

2.3.2.4 Bauteilfamilie „Sonstige Bauteile"

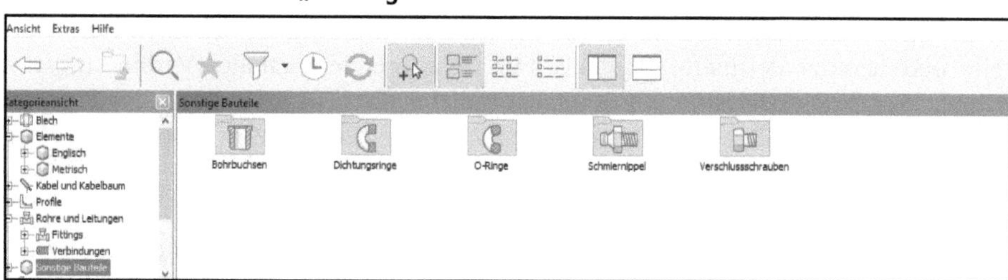

2.3.2.5 Bauteilfamilie „Werkzeuge"

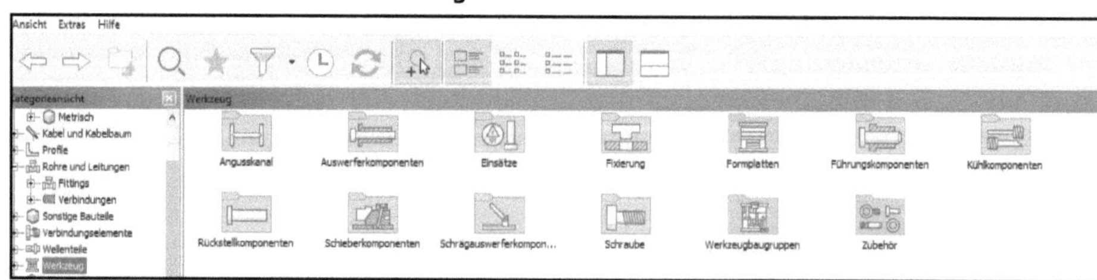

2.3.2.6 Bauteilfamilie „Verbindungselemente"

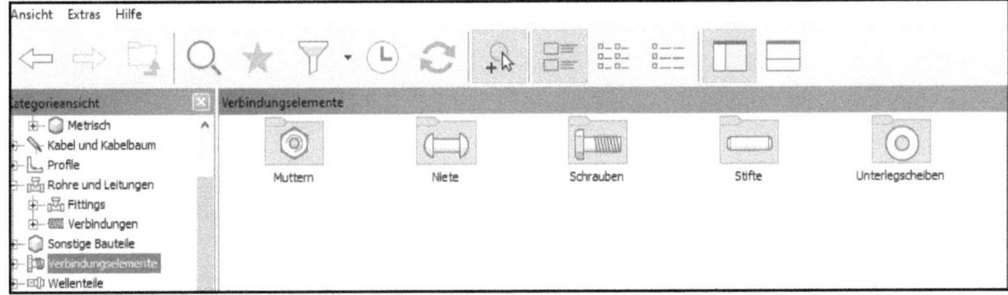

* Bauteilfamilie **Verbindungselemente** Register **Schrauben:**

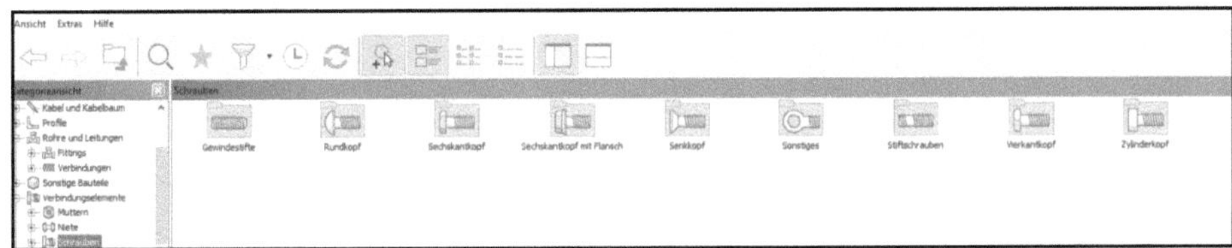

* Bauteilfamilie **Verbindungselemente** Register **Muttern:**

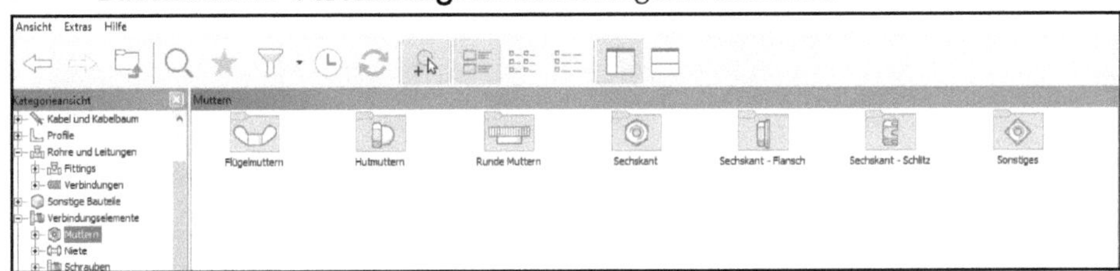

* Bauteilfamilie **Verbindungselemente** Register **Stifte:**

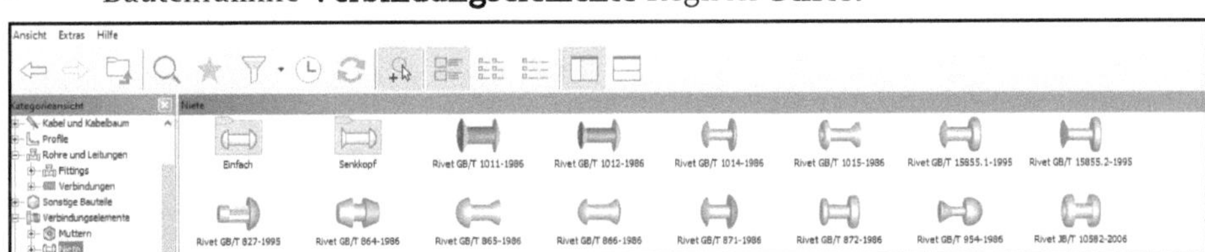

* Bauteilfamilie **Verbindungselemente** Register **Scheiben:**

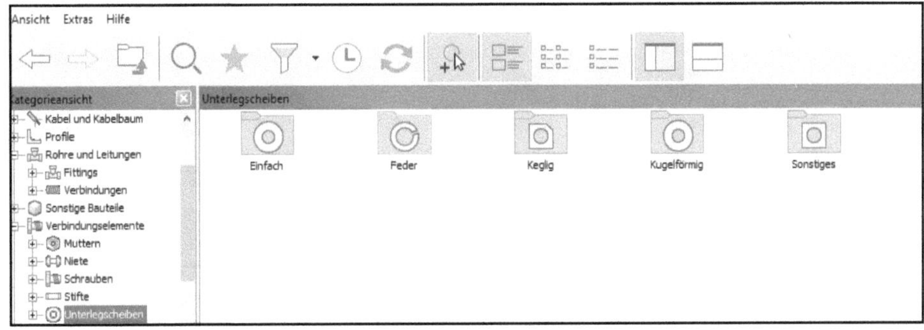

2.3.2.7   Bauteilfamilie „Wellenteile"

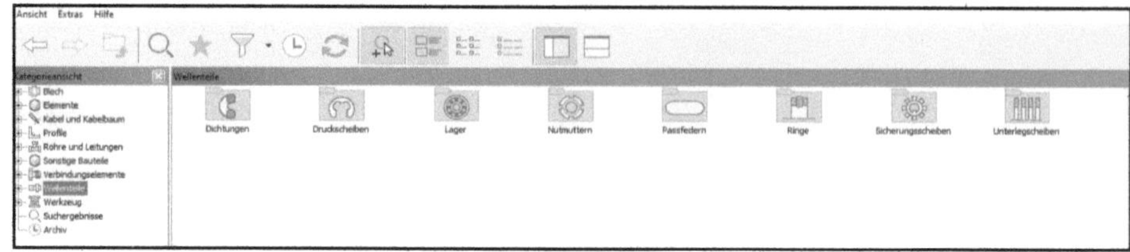

- Bauteilfamilie **Wellenteile** Auszug **Lager**:

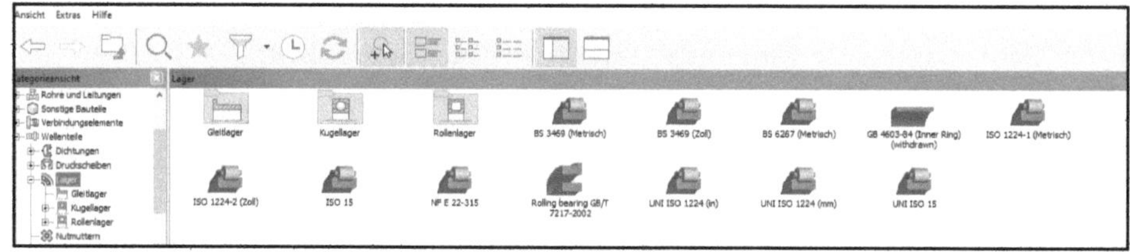

- Bauteilfamilie **Wellenteile** Auszug **Lager**,
  Untergruppe **Kugellager**:

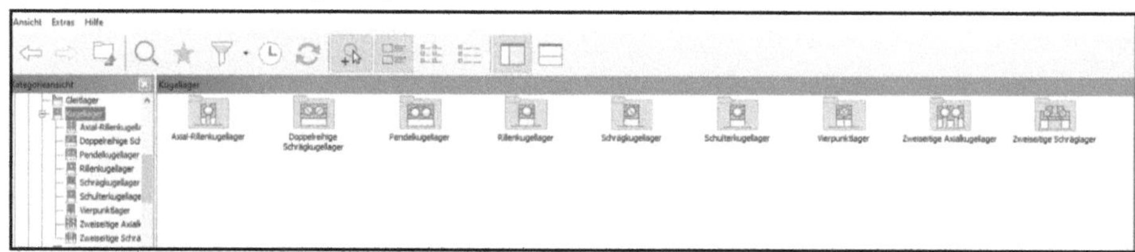

- Bauteilfamilie **Wellenteile** Auszug **Lager**,
  Untergruppe **Rollenlager**:

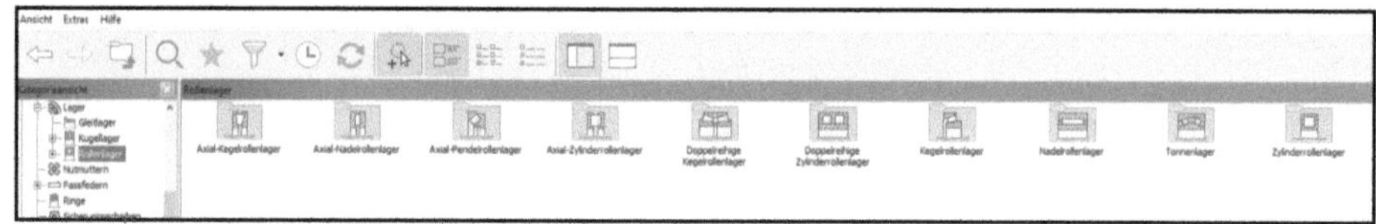

- Bauteilfamilie **Wellenteile** Auszug **Dichtungen**,
  Untergruppe **Wellendichtringe**:

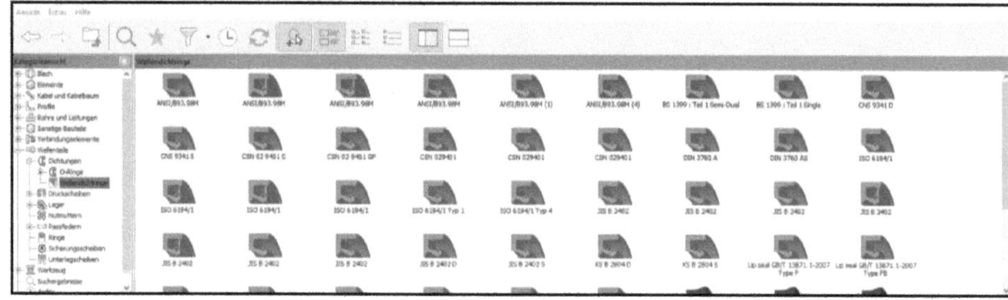

- Bauteilfamilie **Wellenteile** Auszug **Ringe**:

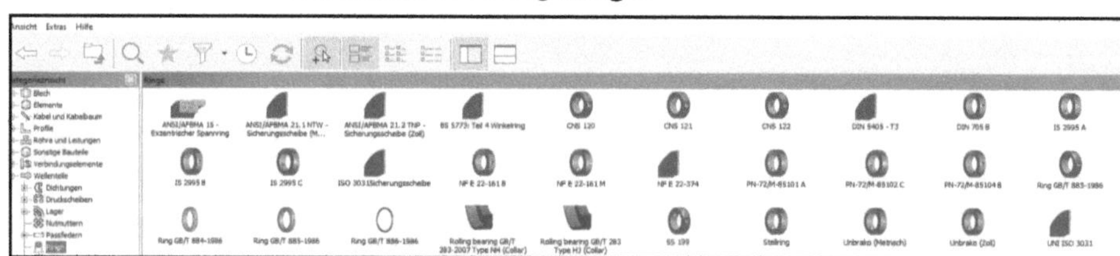

- Bauteilfamilie **Wellenteile** Auszug **Sicherungsscheiben:**

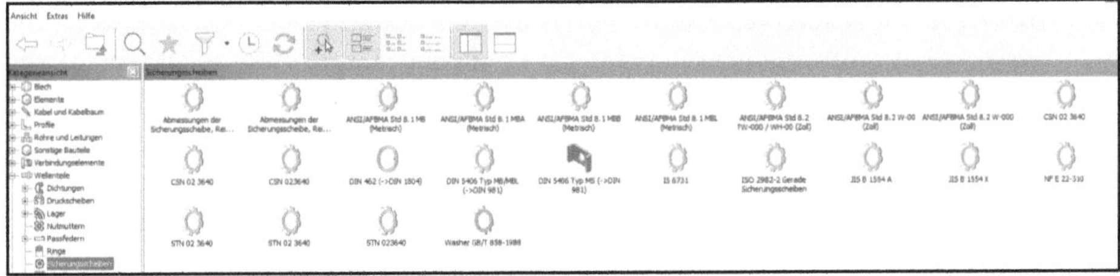

- Bauteilfamilie **Wellenteile** Auszug **Nutmuttern:**

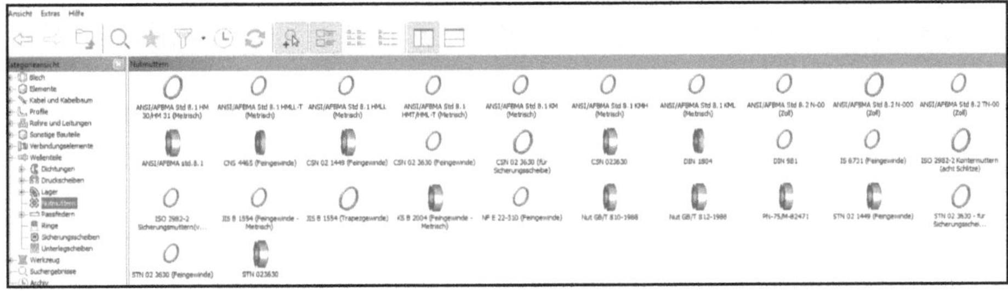

- Bauteilfamilie **Wellenteile** Auszug **Passfedern:**

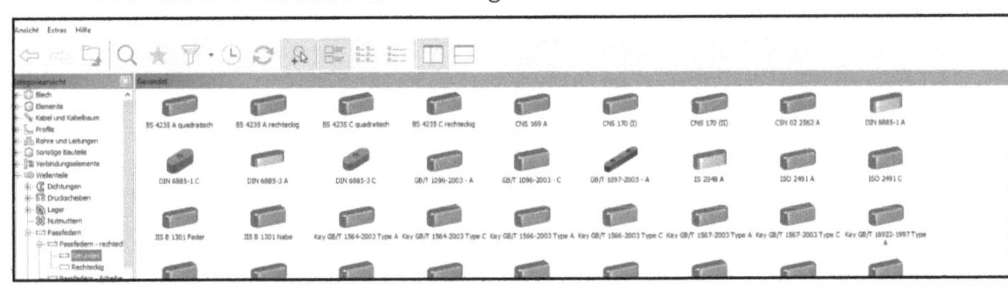

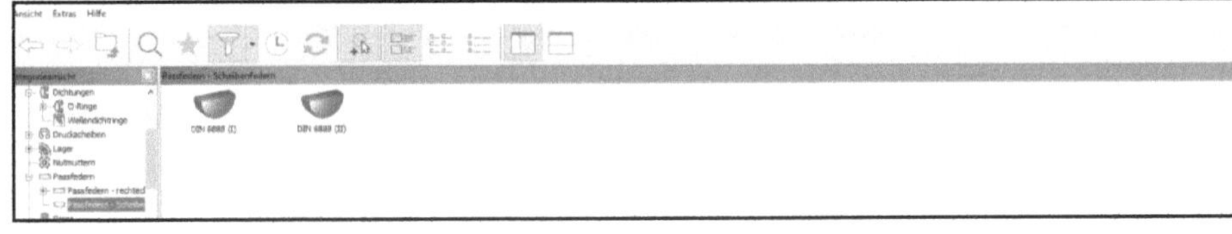

- Bauteilfamilie **Wellenteile** Auszug **Druckscheiben:**

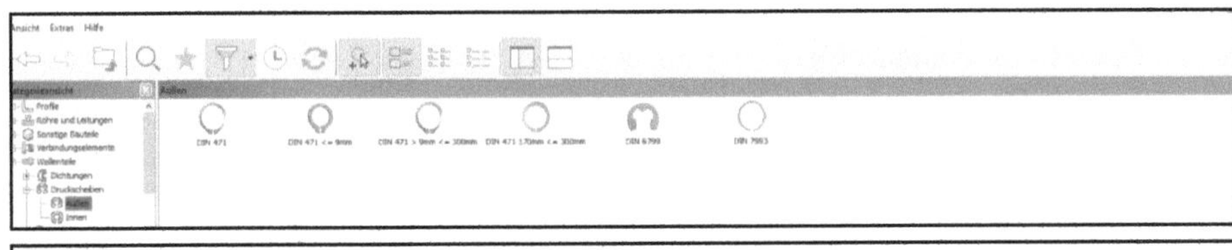

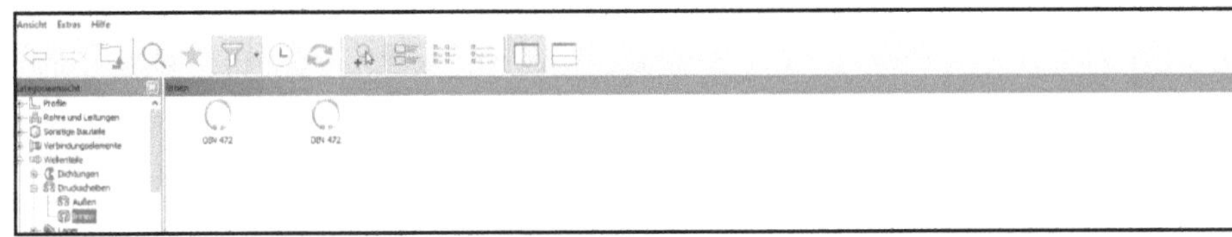

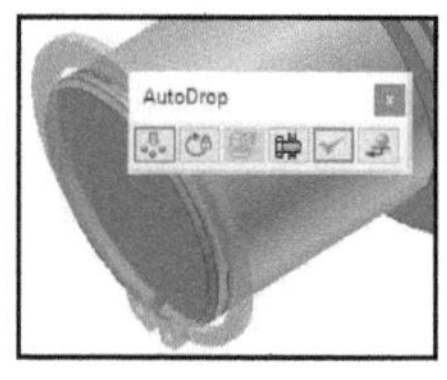

2.3.3   Autodrop-Montage mit Normteilen

Die **AutoDrop**-Funktion verbessert die Verfahren zum Ziehen und Ablegen und trägt so zu einer Automatisierung der funktionellen Konstruktion bei. **AutoDrop** prüft die Geometrie für die Platzierung und Skalierung der Größe automatisch anhand der Eigenschaften der Inhaltsfamilie.

Die für die Bauteile der gewählten Familie geeignete Geometrie wird markiert, und **AutoDrop** zeigt die empfohlene Größe und Platzierung in einer Vorschau an. Wenn Sie mit der Maus auf die einzelnen geeigneten Geometrien zeigen, wird die Vorschau so lange dynamisch aktualisiert, bis Sie eine Auswahl treffen. Verwenden Sie nach der Auswahl die verfügbaren Befehle zum Bearbeiten oder Akzeptieren der Größe.

Sie können folgende Komponenten mit **AutoDrop** platzieren:

Schrauben, mit Ausnahme der Schrauben in der Kategorie **Andere**, Muttern, Unterlegscheiben, mit Ausnahme von Kugeln, Bolzen, Lager und Sicherungsringe.

Vor der Platzierung können Sie die Größe des Bauteils mithilfe eines Griffpfeils ändern. QuickInfos stellen Informationen zu den Bemaßungen zur Verfügung. Der Griffpunkt wird nur angezeigt, wenn eine Änderung der Bauteilgröße möglich ist.

Wenn Sie beispielsweise eine Zielkante für eine Schraubenplatzierung wählen und für den jeweiligen Durchmesser ist nur eine Schraubenlänge verfügbar, wird kein Griffpunkt angezeigt.

Falls es mehrere Schrauben mit demselben Durchmesser und verschiedenen Längen gibt, wird der Längengriffpunkt eingeblendet. Bei Muttern, Unterlegscheiben und Sicherungsbügeln gibt es keinen Griffpunkt, da die einzelnen Familienvarianten über den Durchmesser definiert werden.

Bei Stiften und Schrauben wird ein Griffpunkt für die Länge angezeigt, wenn mehrere Längen zur Auswahl stehen. Bei Lagern ermöglicht der Griffpunkt die Auswahl verschiedener Lagergrößen. Falls das Lager auf einer Nabe platziert wird, können Sie mithilfe des Griffs den inneren Lagerdurchmesser angeben. Falls das Lager auf einer Welle platziert wird, können Sie mithilfe des Griffs den äußeren Lagerdurchmesser angeben.

Wenn Sie den Cursor einen Augenblick lang auf einem Ziel halten, versucht **AutoDrop**, die Bauteilgröße zu aktualisieren. Vor der Aktualisierung verwandelt sich der Cursor in ein Fragezeichen. Nach der Aktualisierung wird eine **Quickinfo** zur Angabe der Bauteilgröße angezeigt.

Bei dem Cursor handelt es sich entweder um ein Häkchen, das angibt, dass eine entsprechende Bauteilgröße gefunden wurde, oder um ein Kreuz, das angibt, dass bei der Suche nach der entsprechenden Größe ein Problem aufgetreten ist.

Wenn Sie mit der **AutoDrop**-Funktion eine Familie platzieren, die keine zur gewählten Zielgeometrie passenden Bemaßungen hat, werden sowohl die Vorschau des Bauteils als auch die **QuickInfo** rot angezeigt.

2.3.3.1 Autodrop-Kontextmenü

Fügen Sie die ausgewählte Variante aus dem Inhaltscenter ohne abgeschlossene Auswahl der Zielgeometrie mithilfe der Befehle des Kontextmenüs ein:

 **Anwenden**:

Mit diesem Befehl wird die aktuelle Einfügung beendet, und AutoDrop fährt mit der vorgegebenen Familie fort.

Sie können während eines Befehls verschiedene Größen einfügen. Die Standardvariante ist immer die zuletzt abgelegte.

 **Fertig**:

Klicken Sie, um die aktuelle Einfügung und AutoDrop zu beenden.

 **Umkehren**:

Kehrt die für die Einfügung verwendete Komponentengröße um. Verfügbar lediglich für bestimmte Lagerfamilien

 **Größe ändern**:

Wählen Sie die Variante aus, und passen Sie sie ein. Öffnet das Dialogfeld Inhaltscenter-Familie, in dem Sie eine Variante der benötigten Größe auswählen können.

Klicken Sie auf diesen Befehl, um **AutoDrop** zu beenden.

 **Schraubverbindung**:

Öffnet den Schraubenverbindungs-Generator mithilfe der ausgewählten Schraube und Platzierung entweder **Nach Bohrung** oder **Konzentrisch**, je nach Zielgeometrie.

Klicken Sie auf diesen Befehl, um **AutoDrop** zu beenden. Dieser Befehl steht in „**AutoDrop**" nur für bestimmte Schraubenkategorien zur Verfügung, die vom Schraubenverbindungs-Generator unterstützt werden.

2.3.3.2 Autodrop-Auswahl-Cursor

Mit der AutoDrop-Funktion können Sie Normteile automatisch skalieren und platzieren. Platzieren Sie die gewählte Familie mit aktivierter AutoDrop-Funktion durch Ziehen und Ablegen oder durch Doppelklicken.

Die Form des Cursors ist für verschiedene Inhaltscenter-Kategorien und - Zielgeometrien unterschiedlich. Im Allgemeinen enthält die Form des Cursors ein Symbol und ein Geometriesymbol.

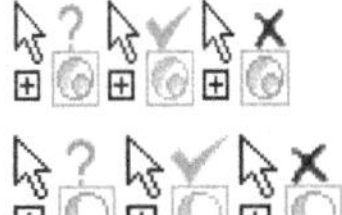 Wellenzylinder

 Kante auf Welle

Bohrungskante

Lotrechte auf ebene Fläche

 **Wählen Sie eine konische hohle Fläche**, die für eine Senkschraube verwendet wird. Der Zielkegelwinkel und der konische Schraubenkopfwinkel müssen übereinstimmen.

 **Wählen Sie einen Wellenzylinder aus**, der für Lager, Unterlegscheiben, Sicherungsringe usw. verwendet wird.

 **Wählen Sie eine Kante an einer Welle aus**, die für Lager, Unterlegscheiben, Sicherungsringe usw. verwendet wird.

 **Wählen Sie eine Kante in einem Gehäuse aus**, die für Lager verwendet wird.

 **Wählen Sie eine hohle zylindrische Fläche aus**, die für Schrauben, Pins, Lager usw. verwendet wird.

 **Wählen Sie eine Bohrungskante aus**, die für Schrauben, Muttern, Unterlegscheiben, Pins usw. verwendet wird.

 **Wählen Sie eine zylindrische Gewindefläche aus**, die für Muttern verwendet wird.

 **Wählen Sie eine normale planare Fläche aus**, die für Muttern, Schrauben, Unterlegscheiben, Lager, Pins usw. verwendet wird.

 **Wählen Sie eine Nutkante aus**.

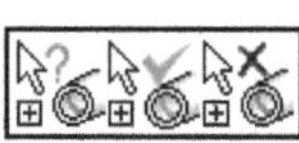 **Wählen Sie eine innere Nutkante**, die für externe und interne Sicherungsringe verwendet wird.

2.3.4 Baugruppenabhängigkeiten

Baugruppenabhängigkeiten bestimmen, wie sich Komponenten in der Baugruppe aneinander fügen. Wenn Sie Abhängigkeiten anwenden, entfernen Sie Freiheitsgrade und beschränken somit den Bewegungsspielraum der Komponenten.

Sie können Werte für Maximal-, Minimal- und Ruheposition eingeben, um den zulässigen Bewegungsbereich für eine Abhängigkeit festzulegen.

Abhängigkeiten werden erstellt, indem Sie entweder den Befehl **Abhängig machen** oder den Befehl **Zusammenfügen** verwenden.

2.3.4.1 Befehl „Abhängig machen"

Wählen Sie einen Abhängigkeitstyp, um das Dialogfeld Abhängigkeit platzieren zu aktualisieren, und wählen Sie dann die Objekte aus, die Sie mit einer Abhängigkeit versehen wollen. Zusätzlich zum Erstellen der Abhängigkeit können Sie den Namen des Browsers ändern und Grenzwerte anwenden.

Abhängig machen

Als Hilfe zur korrekten Positionierung von Komponenten können Sie die Auswirkungen einer Abhängigkeit in einer Vorschau anzeigen, bevor die Abhängigkeit angewendet wird. Nachdem Sie den Typ der Abhängigkeit und die zwei Komponenten ausgewählt sowie den Winkel oder Versatz bestimmt haben, werden die Komponenten an ihre festgelegte Position verschoben. Sie können die Einstellungen nach Bedarf anpassen und anschließend anwenden.

2.3.4.2 Befehl „Zusammenfügen"

Wählen Sie die Objekte aus, die Sie mit einer Abhängigkeit versehen wollen, und wählen Sie die Art der Abhängigkeit aus. Ein kleiner Werkzeugkasten wird im Grafikfenster anstelle eines Dialogfelds angezeigt. **Zusammenfügen** wählt automatisch gültige Abhängigkeitstypen basierend auf Ihren Geometrieauswahlen aus. Wenn Sie beispielsweise planare Flächen auswählen, werden nur die Abhängigkeitstypen **Fläche-Passend**, **Fläche-Fluchtend** und **Winkel-Gerichtet** in der Liste angezeigt. Wenn Ihre erste Auswahl eine kreisförmige Kante ist, werden nur die Abhängigkeiten Einfügen-Entgegengesetzt und Einfügen-Ausgerichtet aufgelistet, und Ihre zweite Auswahl ist auf eine kreisförmige Kante beschränkt.

Zusammenfügen

Der Befehl **Zusammenfügen** verschiebt immer die zuerst ausgewählte Komponente in die zweite Auswahl. Falls erforderlich, werden vorhandene Abhängigkeiten oder der Status **Fixiert** gelockert, um die erste Komponente zu verschieben. Wenn Sie den Befehl **Zusammenfügen** beenden, werden alle neuen und vorhandenen Abhängigkeiten berechnet. Wenn ein Konflikt vorliegt, wird das Dialogfeld **Abhängigkeitsverwaltung für Baugruppenerstellung** angezeigt, sodass Sie die Abhängigkeiten unterdrücken oder löschen können. Verwenden Sie diesen Arbeitsablauf zum Ändern der Position einer Komponente, wenn Sie ihre Abhängigkeit nicht kennen. Sie können die Position der Komponente ändern und dann jegliche Abhängigkeitskonflikte auflösen.

Einige Abhängigkeitstypen, wie **Bewegung, Translation, Winkel-Ungeleitet** und **Winkel-Expliziter Referenzvektor,** werden im Befehl **Zusammenfügen** nicht unterstützt. Sie können außerdem den Namen der Abhängigkeit nicht ändern oder Grenzwerte anwenden. Sie können die Abhängigkeit nach der Erstellung bearbeiten, um diese Einstellungen zu ändern.

2.3.4.3 Baugruppenabhängigkeiten, Registerkarte „Baugruppe"

Durch Baugruppenabhängigkeiten werden Freiheitsgrade zwischen ausgewählten Komponenten beseitigt. Adaptive Komponenten können ihre Größe oder Form ändern, wenn Abhängigkeiten angewendet werden.

Abhängigkeit Passend

Die Abhängigkeit **Passend** positioniert Komponenten Fläche an Fläche oder nebeneinander liegend mit fluchtenden Flächen. Dabei werden ein Grad linearer Translation und zwei Grade der Winkeldrehung zwischen planaren Flächen entfernt.

Die Option **Passend** positioniert ausgewählte Flächen normal zueinander mit koinzidenten Flächen.

Die Option **Fluchtend** Komponenten aneinander angrenzend aus mit fluchtenden Flächen. Dabei werden die ausgewählten Flächen, Kurven oder Punkte so positioniert, dass sie auf Flächennormalen ausgerichtet werden, die in dieselbe Richtung zeigen.

Abhängigkeit Winkel

Eine Abhängigkeit **Winkel** positioniert Kanten oder planare Flächen unter Beachtung eines bestimmten Winkels auf zwei Komponenten, um einen Drehpunkt zu definieren. Dabei werden ein Freiheitsgrad der Drehung und zwei Grade der Winkeldrehung zwischen planaren Flächen entfernt.

Bei der Option **Gerichteter Winkel** wird immer die Rechte-Hand-Regel angewendet.

Die Option **Ungeleiteter Winkel** ermöglicht jede Ausrichtung und somit das Auflösen von Situationen, in denen die Komponentenausrichtung beim Bewegen oder Ziehen einer Abhängigkeit umgekehrt wird.

Mit der Option **Expliziter Referenzvektor** wird die Richtung des Z-Achsenvektors explizit definiert, indem dem Auswahlprozess um eine dritte Auswahl hinzugefügt wird. Dies verringert die Tendenz der Winkelabhängigkeit, beim Bewegen oder Ziehen einer Abhängigkeit zu einem alternativen Modus zu wechseln.

Abhängigkeit Tangential

Mit der Abhängigkeit **Tangential** wird zwischen Flächen, Ebenen, Zylindern, Kugeln oder Kegeln eine Berührung am Tangentialpunkt festgelegt. Die Berührung kann innerhalb oder außerhalb einer Kurve erfolgen, abhängig von der Richtung der ausgewählten Flächennormalen. Die Abhängigkeit entfernt einen Grad linearer Translation. Zwischen einem Zylinder und einer Ebene entfernt diese einen linearen Freiheitsgrad und einen Drehungsfreiheitsgrad.

Die Option **Innerhalb** positioniert das erste ausgewählte Bauteil innerhalb des zweiten ausgewählten Bauteils am Tangentialpunkt.

Die Option **Außerhalb** positioniert das erste ausgewählte Bauteil außerhalb des zweiten ausgewählten Bauteils am Tangentialpunkt. Außerhalb ist der Standardmodus.

Die Abhängigkeit **Einfügen** ist eine Kombination der Flächenabhängigkeit (gegenüberliegend) zwischen planaren Flächen und der Flächenabhängigkeit zwischen den Achsen der beiden Komponenten. Die Abhängigkeit **Einfügen** positioniert einen Bolzen-schaft in einer Bohrung. Der Schaft wird mit der Bohrung ausgerichtet und die Unterseite des Bolzenkopfs in die planare Fläche eingepasst. Ein Freiheitsgrad der Drehung bleibt offen.

Abhängigkeit Einfügen

Die Option **Entgegengesetzt** kehrt die Passungsrichtung der ersten ausgewählten Komponente um.

Die Option **Ausgerichtet** kehrt die Passungsrichtung der zweiten ausgewählten Komponente um.

2.3.4.4 Baugruppenabhängigkeit „Symmetrie"

Mit einer Abhängigkeit **Symmetrie** werden zwei Objekte symmetrisch zu einer Ebene oder planaren Fläche positioniert. Die Abhängigkeit **Symmetrie** ist im Dialogfeld **Abhängigkeit platzieren** verfügbar.

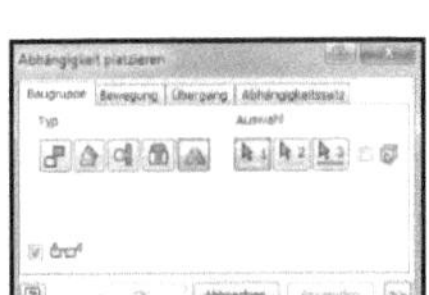

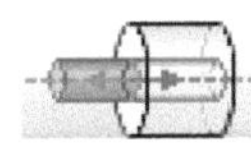

Abhängigkeit
Symmetrie

Wählen Sie die erste mit Abhängigkeiten zu versehende Geometrie aus.

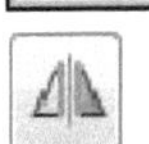

Abhängigkeit Symmetrie

Wählen Sie die zweite Geometrie aus, die von der ersten Auswahl abhängig sein soll.

Wählen Sie die Symmetrieebene aus.

2.3.5 Baugruppenabhängigkeiten, Registerkarte „Bewegung"

2.3.5.1 Abhängigkeit „Drehung"

Bewegungsabhängigkeiten dienen zum Angeben beabsichtigter Bewegungsverhältnisse zwischen Baugruppenkomponenten. Da sie nur offene Freiheitsgrade betreffen, treten keine Konflikte mit Positionsabhängigkeiten, mit der Größenänderung adaptiver Bauteile oder mit der Verschiebung von fixierten Komponenten auf.

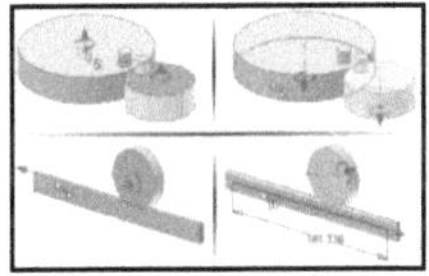

Die Abhängigkeit **Drehung** gibt an, dass sich das erste ausgewählte Bauteil im angegebenen Verhältnis relativ zu einem anderen Bauteil dreht. Wird meist für Lager, Zahnräder und Riemenscheiben verwendet.

Abhängigkeit Drehung

Klicken Sie im Feld **Modus** auf **Vorwärts** oder **Umkehren**, um die Richtung zu ändern.

2.3.5.1 Abhängigkeit „Drehung-Translation"

Abhängigkeit
Drehung-
Translation

Die Abhängigkeit **Drehung-Translation** gibt an, dass sich das erste ausgewählte Bauteil um den angegebenen Abstand relativ zur Translation eines anderen Bauteils dreht. Wird meist zur Anzeige ebener Bewegung, z. B. bei Zahnstange und Ritzel, verwendet.

Klicken Sie im Feld **Modus** auf **Vorwärts** oder **Umkehren**, um die Richtung zu ändern.

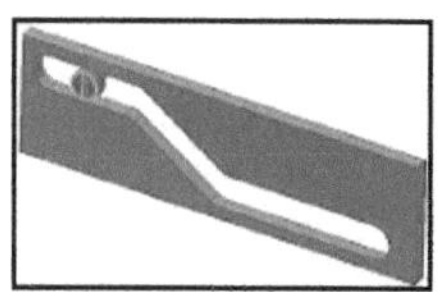

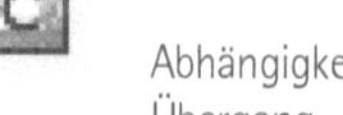

Abhängigkeit
Übergang

2.3.6 Baugruppenabhängigkeiten, Registerkarte „Übergang"

Durch eine Übergangsabhängigkeit wird die beabsichtigte Beziehung zwischen (normalerweise) einer zylindrischen Bauteilfläche und einem angrenzenden Flächensatz eines anderen Bauteils festgelegt, z. B. eine Nocke in einer Nut.

Durch eine Übergangsabhängigkeit wird der Kontakt zwischen den Oberflächen beibehalten, während die Komponente innerhalb verfügbarer Freiheitsgrade entlang gleitet.

Erste Auswahl Bewegende Fläche
Wählt die erste Komponente aus.

Zweite Auswahl Übergangsfläche
Wählt die zweite Komponente aus. Um an der ersten Komponente andere Geometrie auszuwählen, klicken Sie auf „**Erste Auswahl**", und nehmen Sie eine neue Auswahl vor.

2.3.7 Baugruppenabhängigkeiten, Registerkarte „Abhängigkeitssatz"

Auf der Registerkarte „**Abhängigkeitssatz**" können Sie zwei BKS als voneinander abhängig definieren. Sie können das BKS in der Bauteil- oder Baugruppendatei auswählen.

Abhängigkeit
Abhängigkeits-
satz

Verwenden Sie den Befehl **Abhängigkeitssatz**, um zwei BKS voneinander abhängig zu machen. Der Abhängigkeitssatz erstellt drei fluchtende Abhängigkeiten auf den Ursprungsebenen jedes BKS, was die beiden BKS vollständig abhängig machen.

Erstes BKS
Wählen Sie das erste BKS aus.

Zweites BKS
Wählen Sie das zweite BKS aus. Klicken Sie zum Auswählen eines anderen ersten BKS auf Erstes BKS, und ändern Sie die Auswahl.

2.3.8 Baugruppen-Verbindung, „Gelenk erstellen"

Jeder Gelenktyp definiert die Position und die Bewegung der ausgewählten Komponenten vollständig. Zur Definition eines Gelenks können Sie End- und Mittelpunktgeometrie auswählen. Mit Sperren und Schützen können Sie auch die Bedingungen der Gelenkbeziehung festlegen. Der häufigste Gelenktyp ist **Starr**, der eine Komponente positioniert und alle Freiheitsgrade entfernt. Schweiß- und Schraubverbindungen sind zum Beispiel starre Verbindungen.

 Verbindung **Gelenk**
Über den Befehl werden Beziehungen erstellt, über die Position und Bewegung kontrolliert werden. Zur Erstellung von Beziehungen können Sie Endpunkte und Mittelpunkte auswählen. Baugruppengelenke positionieren Komponenten und definieren den Freiheitsgrad vollständig.

 Gelenktyp **Automatisch**
Die Auswahl des Ursprungspunkts wird verwendet, um einen Gelenktyp zu bestimmen.

 Gelenktyp **Starr**
Positioniert eine Komponente und entfernt alle Freiheitsgrade.

 Gelenktyp **Drehung**
Positioniert eine Komponente und legt einen Drehfreiheitsgrad fest.

 Gelenktyp **Schieber**
Positioniert eine Komponente und legt einen Übersetzungsfreiheitsgrad fest.

 Gelenktyp **Zylindrisch**
Positioniert eine Komponente und legt einen Translations- und einen Drehfreiheitsgrad fest.

 Gelenktyp **Planar**
Positioniert eine Komponente und legt zwei Translations- und einen Drehfreiheitsgrad lotrecht zum Linear fest.

 Gelenktyp **Kugel**
Positioniert eine Komponente und legt drei Drehfreiheitsgrade fest.

 **Abstandswert**
Gibt den Abstand an, um den verbundene Komponenten voneinander versetzt werden.

 **Erster Ursprung**
Wählt Endpunkte und Mittelpunkte auf der ersten Komponente aus.

 **Zweiter Ursprung**
Wählt Endpunkte und Mittelpunkte auf der zweiten Komponente aus.

 **Komponente umkehren**
Kehrt die Richtung der Komponente um.

 **Erste Ausrichtung**
Wählt den Richtungsvektor von Flächen oder Kanten auf der ersten Komponente aus.

 **Zweite Ausrichtung**
Wählt den Richtungsvektor von Flächen oder Kanten auf der zweiten Komponente aus.

 **Ausrichtung umkehren**
Kehrt die Richtung der Ausrichtung um.

Zusammen-
fügen

2.3.9 Erstellen von Baugruppenabhängigkeiten mit „Zusammenfügen"

Beim Platzieren von Baugruppenabhängigkeiten werden die Komponentenpositionen in einer Baugruppe relativ zueinander beibehalten. Verwenden Sie den Befehl Zusammenfügen, um Abhängigkeiten zu erstellen, indem Sie zuerst die Geometrie, und dann den Abhängigkeitstyp auswählen. Die Geometrie, die Sie auswählen, bestimmt den verfügbaren Abhängigkeitstyp.

Sie können mit dem Befehl **Zusammenfügen** nur für jeweils eine Komponente Abhängigkeiten erstellen. Wenn die Definition von Abhängigkeiten für eine Komponente abgeschlossen ist, klicken Sie auf OK, um die Abhängigkeiten zu erstellen und den Befehl zu beenden. Wiederholen Sie den Befehl **Zusammenfügen**, um eine Abhängigkeit für die nächste Komponente zu erstellen.

Neue Abhängigkeiten werden erst mit vorhandenen Abhängigkeiten verglichen, wenn Sie den Befehl **Zusammenfügen** beenden. Wenn Abhängigkeitskonflikte gefunden werden, wird das Dialogfeld **Abhängigkeitsverwaltung für Baugruppenerstellung** angezeigt. Verwenden Sie dieses Dialogfeld, um die Konflikte zu diagnostizieren und zu beheben.

2.3.10 AutoDesk Inventor 2025, Online-Verbindungen

2.3.10.1 Bauteil-Lieferanten

Die drei Lieferanten (PARTsolutions, 3DModelSpace, TraceParts) im Inventor Lieferanten-Inhaltscenter haben eine Partnerschaft mit Autodesk geschlossen.

2.3.10.2 PARTsolutions

Das Teilemanagementsystem PARTsolutions der CADENAS GmbH wurde im Rahmen des Autodesk Inventor Zertifizierungsprogramms für die Softwarelösung Autodesk Inventor zertifiziert. Die Autodesk Software dient zur mechanischen Konstruktion und Entwicklung in 3D und ermöglicht es Herstellern, bereits im Vorfeld der Produktion mit Hilfe von 3D Modellen einen digitalen Prototyp zu erstellen und neue Produkte zu entwickeln, zu visualisieren und zu simulieren.

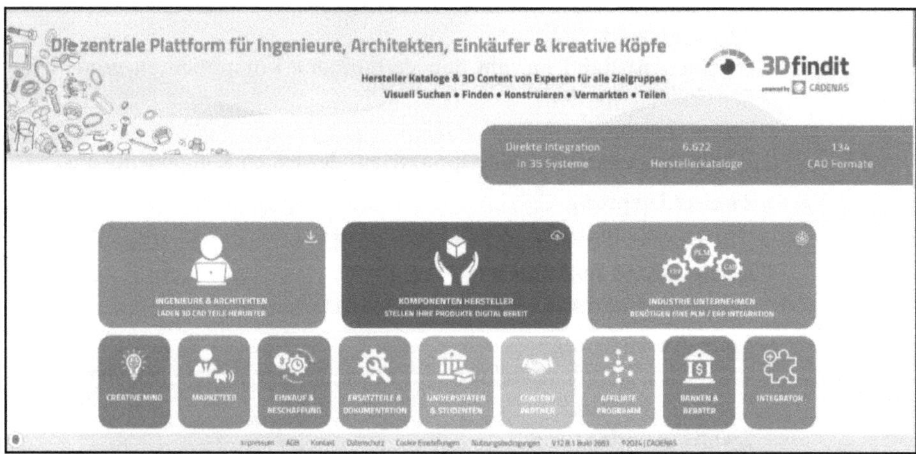

2.3.10.3 3DModelSpace

Auf der Startseite für den Katalog werden die Kataloge für Standardkomponenten aufgelistet. Sie können Kataloge suchen, nach einer Komponente suchen, die Details der Komponenten anzeigen und die ausgewählte Komponente herunterladen. Sie können einem bestimmten Katalog eine Verknüpfung hinzufügen. Sie können mit den für die Kataloge verfügbaren Such-Tools in einem einzelnen Katalog oder in mehreren Katalogen gleichzeitig suchen.

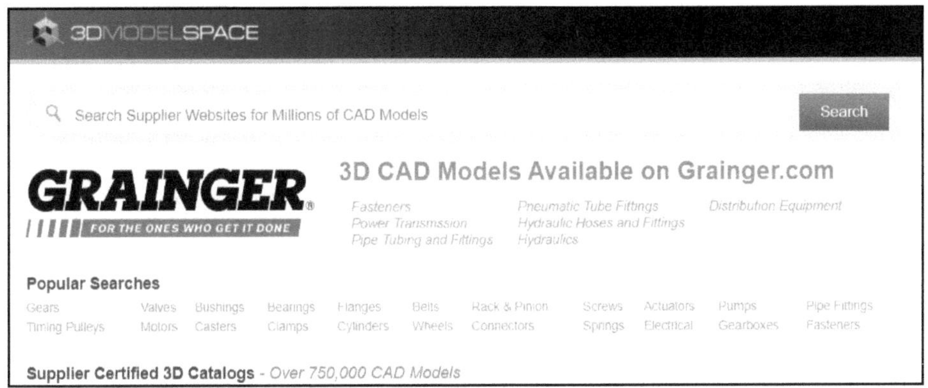

2.3.10.4 TraceParts

TraceParts unterstützt Hersteller und Händler von Industriekomponenten dabei, ihre Produktdaten bedarfsgenau Ingenieuren und Planern zur Verfügung zu stellen. Hunderte Hersteller und Händler von Bauteilen haben bereits ihre digitalen Produktdaten mit Hilfe von TraceParts im Zentrum ihrer Vertriebs- und Marketingstrategie fest verankert, um darüber ihre Vertriebs- und Marketingabteilungen mir qualifizierten Leads zu versorgen und Ingenieure sowie Planer bei der Suche nach geeigneten Komponenten zu unterstützen.

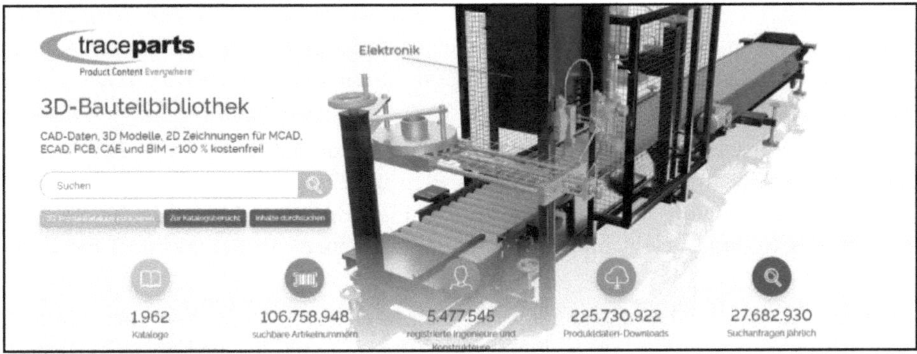

2.3.11 Team Web

Verwenden Sie Team Web, um Zugriff auf die benutzerdefinierte Hilfe oder die Startseite zu erhalten. Wählen Sie Ihre Vorgabeeinstellung: Konfigurieren Sie Team Web so, dass die Schulungsressource Ihrer Wahl gestartet wird.

2.4 Lagerungs-Baugruppen Kapitel 5 und 13 (Support-DVD)

2.4.1 Frühzeitliche Lagerungen, eine Geschichte des Rades

Ohne Übertreibung kann man das Rad für die wichtigste technische Erfindung überhaupt halten, umso bedauerlicher, dass es offensichtlich mehrmals erfunden werden musste. Denn die Ägypter wussten wohl ca. 2000 v. Chr. nicht, dass es das Rad schon bei den Sumerern ungefähr 5000 v. Chr. gegeben hatte. Vielleicht konnten diese aber auch noch nicht so recht etwas damit anfangen. So wie die Ureinwohner Amerikas, die das Rad angeblich bis ins 18. Jahrhundert nicht gekannt haben sollen.

Lange galt die sumerische Kultur als Ursprung. Heute liegen die Datierungen von Funden bzw. Darstellungen von Wagen und Rädern aus Mitteleuropa und Osteuropa wie auch aus Mesopotamien für die Mitte des 4. Jahrtausends v. Chr. nahe beieinander. Eine genauere zeitliche und örtliche Einordnung der Erfindung ist noch nicht möglich. Im präkolumbischen Amerika und in Australien war das Rad für Transportmittel unbekannt.

Etwas früher oder gleichzeitig wurde die ebenfalls mit Gleitlagern versehene, schnell rotierende Töpferscheibe bekannt, ein Hinweis darauf, dass das Maschinenelement Gleitlager jetzt gut beherrscht wurde.

Das drehbar befestigte Rad, das heißt seine unendliche Rotation um eine Achse, konnte mit Steinwerkzeugen angefertigt werden. Die Töpfer am Indus gelten als die ersten, die Töpferscheiben im 5. Jahrtausend v. Chr. bei der Keramikherstellung einsetzten.

Bei der Benutzung von Schlitten und Stangenschleifen war in der Regel ein hoher Gleitwiderstand zu überwinden. Ein Transport auf Rollen bzw. Walzen war nur auf gut vorbereitetem Untergrund und kurzen Strecken möglich. Nachgewiesen ist rollender Transport aus dem bronzezeitlichen Ägypten. Nachteilig war, dass die Rollen über die gesamte Strecke ausgelegt oder immer wieder hinten weggenommen und vorn wieder vor den zu befördernden Gegenstand gelegt werden mussten, man konnte vergleichsweise hohe Lasten verlagern, da diese sich auf eine größere Fläche verteilen, als es in den Gleitlagern des späteren Rades vorliegt.

Wird ein mehrteiliges Holzrad mit einer Achse zusammensetzt, kann es Gleit- in Rollreibung umwandeln. Deshalb werden viel später auch Radlager mit Wälzkörpern eingebaut. Schon zur Römerzeit kommt Eisenwerkstoff hinzu, dieser wird außen um das Holzrad gelegt und macht innen zusammen mit Schmierstoff die Lagerung haltbarer.

Als Material wurde jahrtausendelang nur Holz verwendet. Die ersten Speichenräder hatten bronzene Speichen, im weiteren Verlauf der Bronzezeit und danach überwogen hölzerne Speichenräder, an denen nur die auf der Achse reibende Innenfläche der Radnabe und die äußere Lauffläche der Felge mit Metall beschlagen war.

Fortschritte in der Metallurgie hin zu immer beständigeren Metallen fanden dann auch hier Verwendung. Erst mit der Erfindung der Dampfmaschine und des Verbrennungsmotors, die höhere Transportleistungen und Geschwindigkeiten ermöglichten, wurden die Räder vollkommen in Eisen, später aus Stahlblech zusammengeschweißt als Felge ausgeführt. Die geschmierten Nabenhülsen wurden durch Wälzlager ersetzt. Räder für geringe Belastungen wurden in Leichtbauweise mit Drahtspeichen versehen, die vorgespannt und auf Zug belastet werden.

2.4.2   Lager, Element zum Führen beweglicher Bauteile

2.4.2.1   Frühzeitliche Lagerungen, eine Geschichte des Rades

Ohne Übertreibung kann man das Rad für die wichtigste technische Erfindung überhaupt halten, umso bedauerlicher, dass es offensichtlich mehrmals erfunden werden musste. Denn die Ägypter wussten wohl ca. 2000 v. Chr. nicht, dass es das Rad schon bei den Sumerern ungefähr 5000 v. Chr. gegeben hatte. Vielleicht konnten diese aber auch noch nicht so recht etwas damit anfangen. So wie die Ureinwohner Amerikas, die das Rad angeblich bis ins 18. Jahrhundert nicht gekannt haben sollen.

Wagenrad aus Tschoga Zanbil, Iran, 2. Jahrtausends v. Chr

Lange galt die sumerische Kultur als Ursprung. Heute liegen die Datierungen von Funden bzw. Darstellungen von Wagen und Rädern aus Mitteleuropa und Osteuropa wie auch aus Mesopotamien für die Mitte des 4. Jahrtausends v. Chr. nahe beieinander. Eine genauere zeitliche und örtliche Einordnung der Erfindung ist noch nicht möglich. Im präkolumbischen Amerika und in Australien war das Rad für Transportmittel unbekannt.

Etwas früher oder gleichzeitig wurde die ebenfalls mit Gleitlagern versehene, schnell rotierende Töpferscheibe bekannt, ein Hinweis darauf, dass das Maschinenelement Gleitlager jetzt gut beherrscht wurde.

Relief von Amarna, Ägypten, ca. 1345–1335

Das drehbar befestigte Rad, das heißt seine „unendliche" Rotation um eine Achse, konnte mit Steinwerkzeugen angefertigt werden. Die Töpfer am Indus galten als die ersten, die Töpferscheiben im 5. Jahrtausend v. Chr. bei der Keramikherstellung einsetzten.

Rad um 700 v. Ch

Bei der Benutzung von Schlitten und Stangenschleifen war in der Regel ein hoher Gleitwiderstand zu überwinden. Ein Transport auf Rollen bzw. Walzen war nur auf gut vorbereitetem Untergrund und kurzen Strecken möglich. Nachgewiesen ist rollender Transport aus dem bronzezeitlichen Ägypten. Nachteilig war, dass die Rollen über die gesamte Strecke ausgelegt oder immer wieder hinten weggenommen und vorn wieder vor den zu befördernden Gegenstand gelegt werden mussten, man konnte vergleichsweise hohe Lasten verlagern, da diese sich auf eine größere Fläche verteilen, als es in den Gleitlagern des späteren Rades vorliegt.

Wird ein mehrteiliges Holzrad mit einer Achse zusammensetzt, kann es Gleit- in Rollreibung umwandeln. Deshalb werden viel später auch Radlager mit Wälzkörpern eingebaut. Schon zur Römerzeit kommt Eisenwerkstoff hinzu, dieser wird außen um das Holzrad gelegt und macht innen zusammen mit Schmierstoff die Lagerung haltbarer.

Als Material wurde jahrtausendelang nur Holz verwendet. Die ersten Speichenräder hatten bronzene Speichen, im weiteren Verlauf der Bronzezeit und danach überwogen hölzerne Speichenräder, an denen nur die auf der Achse reibende Innenfläche der Radnabe und die äußere Lauffläche der Felge mit Metall beschlagen war.

Fortschritte in der Metallurgie hin zu immer beständigeren Metallen fanden dann auch hier Verwendung. Erst mit der Erfindung der Dampfmaschine und des Verbrennungsmotors, die höhere Transportleistungen und Geschwindigkeiten ermöglichten, wurden die Räder vollkommen in Eisen, später aus Stahlblech zusammengeschweißt als Felge ausgeführt. Die geschmierten Nabenhülsen wurden durch Wälzlager ersetzt. Räder für geringe Belastungen wurden in Leichtbauweise mit

Töpferscheibe Indien ca. 5000 v. Chr.

2.4.3 Definition von Lagerungen, Grundsätzliches

Lager ermöglichen Bewegungen in erwünschten Freiheitsgraden und verhindern Bewegungen in den unerwünschten Freiheitsgraden. Die häufigsten Lager sind einfache Drehlager (Radiallager) und Linearlager.

Beim Radiallager ist nur eine Rotation, beim Linearlager nur eine Translation gewollt. Manche Radiallager lassen zusätzlich die Translation in Richtung der Drehachse zu. Radiallager, die diese Translation nicht erlauben, haben die gängige Bezeichnung Radial-Axial-Lager.

Ein häufiges Drehlager, das drei Rotationen zulässt, ist das sogenannte Kugelgelenk. Je nach angewendetem Wirkprinzip wird in Gleit- und Wälzlager unterschieden. Beim Gleitlager berühren sich die gegeneinander beweglichen Teile oder sind mehr oder weniger durch einen Schmierfilm voneinander getrennt. Beim Wälzlager befinden sich Wälzkörper, Kugeln, Rollen oder Kegel, die eine Wälzbewegung durchführen, zwischen den Teilen.

2.4.3.1 Radiallager

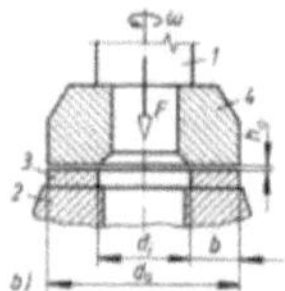

Ein Radiallager ist ein Drehlager, wobei das drehende Teil in der Regel eine axial ausgedehnte Welle ist. In der Regel werden der Welle nur die beiden anderen Rotationen verwehrt, in dem das Lager deutlich axial ausgedehnt gestaltet wird.

Die entsprechende Kipp-Beanspruchung wird aber vermieden, wenn die Welle an beiden Enden mit je einem Lager ausgestattet wird. Eine weitere gängige Bezeichnung ist Traglager.

Damit wird darauf eingegangen, dass Betriebskräfte in der Regel nur radial über das Lager auf das Maschinen-Gestell wirken, das heißt abzutragen sind. Selbst das Eigengewicht der Welle wirkt im Lager nur radial, wenn diese horizontal angeordnet ist.

2.4.3.2 Axiallager

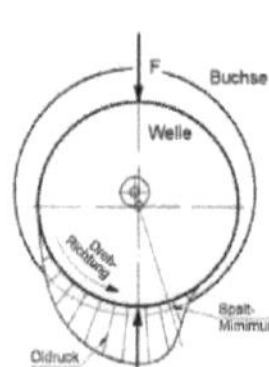

Auch wenn keine axialen Kräfte vorhanden sind, muss eine Welle daran gehindert werden, axiale Bewegungen ausführen zu können, wenn deutliche axiale Kräfte aus Betrieb oder Gewicht vorhanden sind, ist ein besonderes Axiallager nötig, das für diese Kräfte ausgelegt ist.

Andere gängige Bezeichnungen sind Längslager, Drucklager und Spurlager. Es heißt Drucklager, weil zwischen den beiden gepaarten Gleitlager-Teilen nur Druckkräfte übertragbar sind. Bei axialer Lagerung sind zwei axiale Lager nötig.

2.4.3.3 Gleitlager

Im Gleitlager haben die beiden sich gegeneinander bewegenden Teile direkten Kontakt. Sie gleiten aufeinander gegen den durch Gleitreibung verursachten Widerstand. Dieser kann niedrig gehalten werden durch Wahl einer reibungsarmen Materialpaarung, durch Schmierung oder durch Erzeugen eines Schmierfilms, der die beiden Kontaktflächen voneinander trennt.

Wenn sich die beiden Teile berühren, was bei den meisten verwendeten Gleitlagern der Fall ist, entsteht in den Kontaktflächen Verschleiß, der die Lebensdauer begrenzt. Als trennender Film kommt neben Flüssigkeiten meistens Öl vor. Die Erzeugung eines Films bei sogenannter Vollschmierung verlangt einen Zusatzaufwand und besondere Betriebsbedingungen.

2.4.3.4   Wälzlager

Beim Wälzlager stützen sich die relativ zueinander bewegten Teile über Wälzkörper aufeinander. An den wandernden Berührungsstellen verformen sich die Laufflächen und die Wälzkörper elastisch, was zu einem Rollwiderstand infolge innerer Reibung führt.

In den meisten Lagern werden die Wälzkörper auf gleichmäßigen Abstand untereinander mit Hilfe eines Käfigs gehalten, gegen den sie reiben. In der Summe haben Wälzlager dennoch einen deutlich kleineren Bewegungswiderstand als Gleitlager.

Die relative Geschwindigkeit der Wälzkörper, im Schwerpunkt und des Käfigs, ist gegen die beiden Teile, auf denen sie rollen, je die Hälfte derer relativen Geschwindigkeit d.h. die Wälzkörper und der Käfig werden mit halber Geschwindigkeit mitgenommen.

2.4.3.5   Linearlager

Ein Linearlager wird zum Führen einer geradlinigen Bewegung zwischen zwei Körpern benutzt. Es ist das einzige Lager, aus dessen Namen erkennbar ist, was es erlaubt. Lineargleit- und Linearkugellager besitzen zwei davon parallel montiert Rundstangen geführte Buchsen.

2.4.4   Einfache Lagerstellen, Achsen, Wellen und Zapfen

Die äußere Form der Achsen, Wellen und Zapfen wird sowohl durch ihre Verwendung, z.B. als Radachse, Kurbelwelle, Getriebewelle undLagerzapfen, als auch durch die Anordnung, Anzahl und Art der Lager, der aufzunehmenden Räder, Kupplungen, Dichtungen und dergleichen bestimmt.

Die Aufgaben des Konstrukteurs bestehen darin, kleine Abmessungen anzustreben, die Dauerbruchgefahr auszuschalten und eine möglichst einfache und kostensparende Fertigung zu erreichen. Hierfür sind konstruktive Maßnahmen, insbesondere zur Vermeidung gefährdeter Kerb-stellen, oft entscheidender als die Verwendung von Stählen höherer Festigkeit.

2.4.4.1   Achsen

Achsen sind Elemente zum Tragen und Lagern von Laufrädern, Seilrollen, Hebeln und ähnlichen Bauteilen. Diese werden im Wesentlichen durch Querkräfte auf Biegung, seltener durch Längskräfte zusätzlich noch auf Zug oder Druck beansprucht. Achsen übertragen im Gegensatz zu Wellen kein Drehmoment.

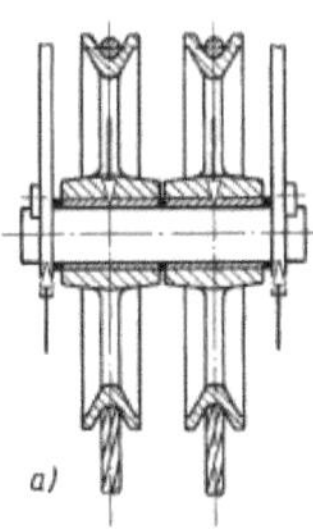

Feststehende Achsen (a), auf denen sich die gelagerten Teile, z.B. Seilrollen, lose drehen, sind wegen der nur ruhend oder schwellend auftretenden Biegung beanspruchungsmäßig günstig.

Umlaufende Achsen (b), die sich mit den festsitzenden Bauteilen, z.B. Laufrädern, drehen, werden wechselnd auf Biegung beansprucht, sodass ihre Tragfähigkeit geringer ist als die bei feststehenden Achsen gleicher Größe und gleichem Werkstoff. Hinsichtlich der Lagerung sind diese jedoch vorteilhafter.

Ein-und Ausbau, Reinigen und Schmieren der Lager sind bei der hier beigegebenen Anordnung leichter möglich als in den häufig schwerzugänglichen umlaufenden Radnaben auf feststehenden Achsen.

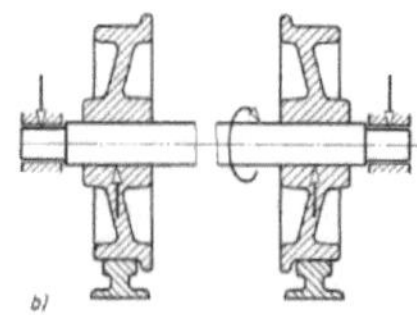

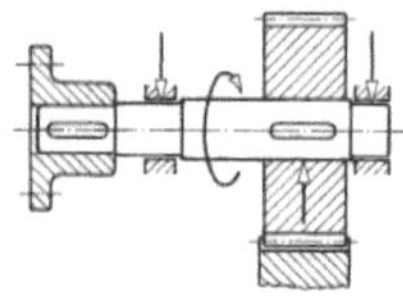

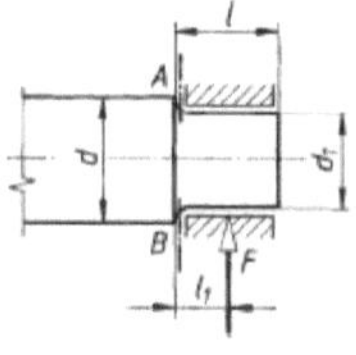

2.4.4.2 Wellen

Wellen laufen ausschließlich um und dienen dem Übertragen von Drehmomenten, die z.B. durch Zahnräder, Riemenscheiben und Kupplungen ein-und weitergeleitet werden. Sie werden auf Torsion und vielfach durch Querkräfte zusätzlich auf Biegung beansprucht.

Bestimmte Übertragungselemente z. B. Kegelräder oder schrägverzahnte Stirnräder, leiten zusätzliche Längskräfte ein, die von der Welle und von den Lagern aufzunehmen sind.

2.4.4.3 Zapfen

Zapfen sind die zum Tragen und Lagern dienenden, meist abgesetzten Enden von Achsen und Wellen oder auch Einzelelemente, wie z.B. Spurzapfen und Kurbelzapfen.

Diese können zylindrisch, kegelig oder kugelförmig ausgebildet sein (d).

2.4.5 Lagerung einer Welle, Grundsätzliches

Die Lagerung von Wellen ist eine der konstruktiven Standardaufgaben des Maschinenbaus. Lagerungen, im Allgemeinen aus mindestens zwei Lagern oder Führungen bestehend, beschränken die Freiheitsgrade zweier relativ zueinander bewegter Elemente.

Bei der Lagerung von Wellen wird die Rotation um die eigene Längsachse bei gleichzeitiger definierter Position im Raum ermöglicht. Um diese Vorgabe zu erfüllen, gibt es eine Reihe gängiger Lagerungsanordnungen bzw. Lagerungskonzepte. Die im vorgestellten Konzepte werden in der Praxis überwiegend mit Wälzlagern umgesetzt.

Eine Welle ist meistens horizontal positioniert und dabei wegen ihrer Länge mit zwei Radiallagern versehen. Axialkräfte sind oft klein, im Minimum wird die Welle axial gelagert, um zufällige Verschiebungen zu behindern.

Von den beiden Radiallagern darf höchstens ein Lager zusätzlich als Axiallager ausgeführt sein, um thermische Längsdehnung der Welle nicht zu behindern.

Das Standard-Wälzlager ist das Rillenkugellager, das nicht nur primär radial, sondern auch deutlich axial belastbar ist. Beide Ringe eines der beiden Lager werden im Gestell, beziehungsweise auf der Welle, als Festlager axial fixiert. Vom anderen Lager wird einer der beiden Ringe axial als Loslager verschiebbar eingebaut.

Als Loslager kann auch ein in sich axial bewegliches Lager eingebaut werden. Grundsätzlich werden an alle Wellenlagerungskonzepte das Führen der Welle, Einleiten der durch die Betriebslast auftretenden Kräfte in die umgebende Konstruktion, Ermöglichen eines Längenausgleichs der Welle aufgrund von thermischer Ausdehnung und Minimierung der Reibung als Anforderungen gestellt.

2.4.6 Wälzlager, eine alte Geschichte

Die Geschichte des Wälzlagers reicht über 2700 Jahre zurück. Bei Ausgrabungen eines keltischen Streitwagens wurden kleine zylinderförmige Buchenholzstücke in der Nähe der Radnaben der Fahrzeuge entdeckt. Forscher schließen daraus, dass die Kelten bereits gegen 700 v. Chr. das Zylinderrollenlager kannten. Auch im römischen Reich wurden gegen Ende der Republik Kugellager in Hebezeugen verwendet. Bei der Bergung der Nemi-Schiffe des Kaisers Caligula (Amtszeit: 37–41 n. Chr.) wurde ein Drucklager gefunden, das möglicherweise zu einer drehbaren Statuenbasis gehörte.

2.4.6.1 Wälzlager, Geschichte der Neuzeit, ein Auszug

1759

Der Uhrmacher John Harrison erfindet für sein drittes Marine-Chronometer H3 ein Rollenlager mit Käfig.

1794

Der Engländer Philip Vaughan erhält das erste Patent für Achsen, hier kann man die ersten Rillenkugellager finden.

1883

Friedrich Fischer (Kugelfischer) baut in Schweinfurt die erste Kugelschleifmaschine für die industrielle Fertigung von runden Stahlkugeln mit hoher Genauigkeit.

1890–1910

Kugellagerpatente von Friedrich Fischer, Wilhelm Höpflinger, Ernst Sachs, August Riebe.

1898

Henry Timken meldet in den USA ein Patent für das Kegelrollenlager an, heute Timken Company.

1907

Sven Gustaf Wingqvist erfand das Pendelkugellager und gründete in Göteborg die Firma Svenska Kugellagerfabriken, SKF.

1946

Georg und Wilhelm Schaeffler gründeten in Herzogenaurach die Firma INA-Nadellager.

1991

FAG Kugelfischer übernahm von der Treuhand den DDR-Wälzlagerproduzenten DKF in Leipzig.

2001

INA erwarb im Rahmen einer feindlichen Übernahme FAG Kugelfischer.

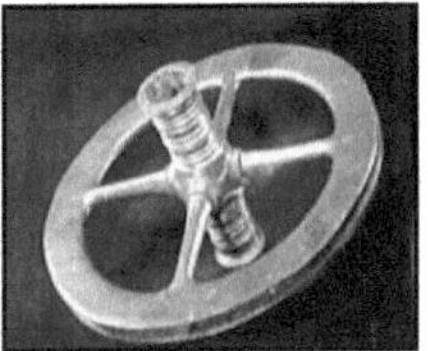

Keltisches Streitwagenrad 700 v. Chr

Schiffes des Königs von Syracus, Hieron II 37 n. Chr.

Uhrmacher John Harrison

Friedrich Fischer („Kugelfischer")

die erste Kugelschleifmaschine

Sven Gustaf Wingqvist (SKF)

2.4.7 Aufgaben und Wirkprinzip von Wälzlager

Lager haben die Aufgabe, relativ zueinander bewegliche, insbesondere drehbewegliche Teil ein Maschinen und Geräten abzustützen und zuführen und die wirkenden äußeren Kräfte aufzunehmen und auf Fundamente, Gehäuse oder ähnliche Bauteile zu übertragen. Die gestaltete Baugruppe wird als Lagerung bezeichnet. Wellen bzw. Achsen sollten möglichst zweifach gelagert werden, da dann die Reaktionskräfte in den Lagern statisch bestimmbar sind. Meist greifen die äußeren Kräfte zwischen den Lagern an. Ein Kraftangriff außerhalb der Lager ergibt eine fliegende Lagerung. Bereits bei einer einfachen Lagerung ist eine notwendige Verschiebbarkeit der Welle bzw. Achse in einem Lager, dem Loslager, gegenüber dem Festlager zu berücksichtigen. Diese Verschiebbarkeit ist nötig, um Toleranzen, unterschiedliche Wärmedehnungen und Belastungsverformungen der Bauteile auszugleichen. Werden größere Durchbiegungen bzw. Fluchtungsfehler erwartet, sind winklig einstellbare Lager oder sonstige elastische Glieder vorzusehen. Ergibt sich bei festliegendem Wellen- oder Achsdurchmesser eine zu große Durchbiegung, ist eine Lagerung mit mehr als zwei Lagern vorzusehen.

2.4.7.1 Einteilung der Lager

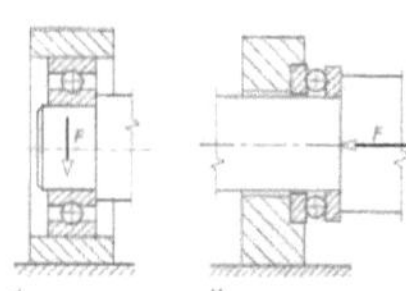

Lager lassen sich nach folgenden wesentlichen Kriterien einteilen:

- **Wirkprinzip**:
  Gleitbewegung zwischen Lager und gelagertem Teil in Wälzlager.
  Wälzbewegung der zwischen den Laufbahnen angeordneten Wälzkörper.
  Berührungsfreies Trennen durch Magnetkraft.

- **Richtung der Lagerkraft:**
  Angriff der Kraft in axialer und/oder radialer Richtung.

- **Funktion in Festlager**
  Aufnahme von Längskräften in beiden Richtungen und Querkräften.

- **Funktion in Stützlager**
  Aufnahme von Längskräften nur in einer Richtung und Querkräften.

- **Funktion in Loslager**
  Aufnahme nur von Querkräften und Verschiebungsmöglichkeit in Längsrichtung.

- **Bauformen, Beispiele**
  Stehlager, Augenlager, Flanschlager, Gelenk- bzw. Pendellager , Einbaulager.

- **Montagemöglichkeit, Beispiele:**
  Geteilte-, ungeteilte- und zerlegbare Lager.

2.4.7.2 Richtlinien zur Anwendung von Wälzlagern, Auszug

- **Vorteile:**

  Richtig eingebaut laufen Wälzlager fast reibungslos, das Anlaufmoment ist nur unwesentlich größer ist als das Betriebsmoment.

- **Nachteile:**

  Wälzlager sind, besonders im Stillstand und bei kleinen Drehzahlen, empfindlich gegen Erschütterungen und Stöße, ihre Lebensdauer und die Höhe der Drehzahl ist begrenzt.

2.4.7.3 Fest-Los-Lagerung

Bei der Fest-Los-Lagerung wird die Aufnahme der axialen Kräfte in beide Richtungen durch ein Lager, das so genannte Festlager, übernommen.

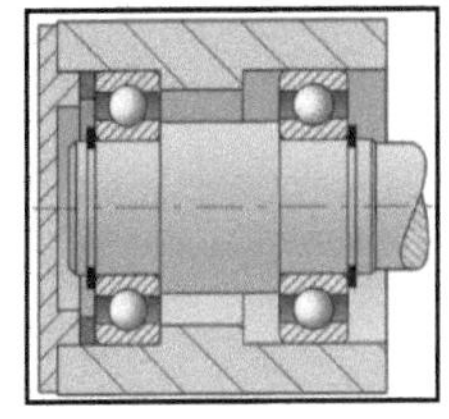

Funktion des Festlagers ist es, die Welle in axialer Richtung eindeutig zu positionieren. Das Festlager muss also sowohl Radialkräfte als auch Axialkräfte aufnehmen und in die umgebende Konstruktion leiten können. Diese Funktion kann grundsätzlich von einem einzigen Lager erfüllt werden. Bei sehr hohen Axial- oder Radialbelastungen werden häufig zwei Lager verwendet um die Festlagerfunktion zu erfüllen. Die Funktion Aufnahme von Axial- und Radialkräften wird somit auf das Axiallager und das Radiallager, also auf zwei Lager, aufgeteilt.

2.4.7.4 Stützlagerung

Die Stützlagerung hat in axialer Richtung einige wenige Zehntel mm Spiel, das heißt die Welle ist in axialer Richtung nicht eindeutig fixiert. Dadurch können mechanische oder thermische Längenänderungen aufgenommen werden, ohne dass sich die Lagerung verspannt. Je nach axialer Lastrichtung übernimmt eines der beiden Lager die Fest- bzw. Loslagerfunktion. Außen- und Innenring sind jeweils nur auf einer Seite axial fixiert, deshalb können für diese Lagerungsart keine teilbaren Lager verwendet werden. Die Stützlagerung ist nur verwendbar, wenn das Axialspiel, welches dieses Lagerungskonzept mit sich bringt und zur Funktionserfüllung auch zwingend erforderlich ist, damit keine Verspannung auftritt, keinen Einfluss auf die zu erfüllende Funktion hat.

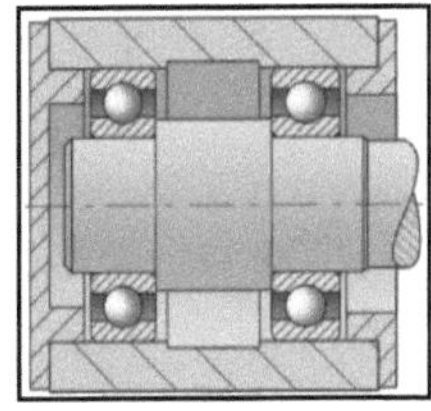

2.4.8 Lagerung einer Welle, Wälzlager

Wälzlager sind Lager, bei denen zwischen einem sogenannten Innenring und einem Außenring, im Gegensatz zu der Schmierung in Gleitlagern, rollende Körper den Reibungswiderstand verringern. Sie dienen als Fixierung von Achsen und Wellen, wobei sie, je nach Bauform, radiale und / oder axiale Kräfte aufnehmen und gleichzeitig die Rotation der Welle oder der so auf einer Achse gelagerten Bauteile ermöglichen. Zwischen den drei Hauptkomponenten Innenring, Außenring und den Wälzkörpern tritt hauptsächlich Rollreibung auf. Da die Wälzkörper im Innen- und Außenring auf gehärteten Stahlflächen mit optimierter Schmierung abrollen, ist die Rollreibung dieser Lager relativ gering.

2.4.8.1 Lagerung, Beispieldarstellung

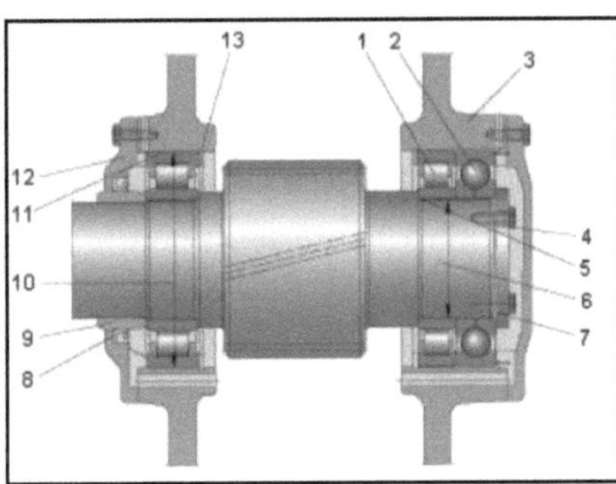

1	Zylinderrollenlager
2	Vierpunktlager
3	Gehäuse
4	Welle
5	Wellenschulter
6	Wellendurchmesser
7	Endscheibe
8	Radial-Wellendichtring
9	Distanzhülse
10	Gehäusebohrungsdurchmesser
11	Gehäusebohrung
12	Abschlussdeckel
13	Sprengring

2.4.8.2 Wälzlagerbegriffe

1 Innenring
2 Außenring
3 Wälzkörper
4 Käfig
5 Abdichtung
6 Manteldurchmesser des Außenringes
7 Bohrungsdurchmesser des Innenringes
8 Innenring-Schulterdurchmesser
9 Außenring-Schulterdurchmesser
10 Ringnut
11 Sprengring
12 Außenring-Stirnseile
13 Haltenut für Dichtungen
14 Außenring-Laufbahn
15 Innenring-Laufbahn
16 Eindrehung für Dichtungen
17 Innenring-Stirnseite
18 Kantenabstand
19 Mittlerer Lagerdurchmesser
20 Gesamtbreite des Lagers
21 Führungsbord
22 Haltebord
23 Berührungswinkel
24 Wellenscheibe
25 Wälzkörperkranz
26 Gehäusescheibe
27 Gehäusescheibe mit kugeliger Auflagefläche
28 Unterlegscheibe

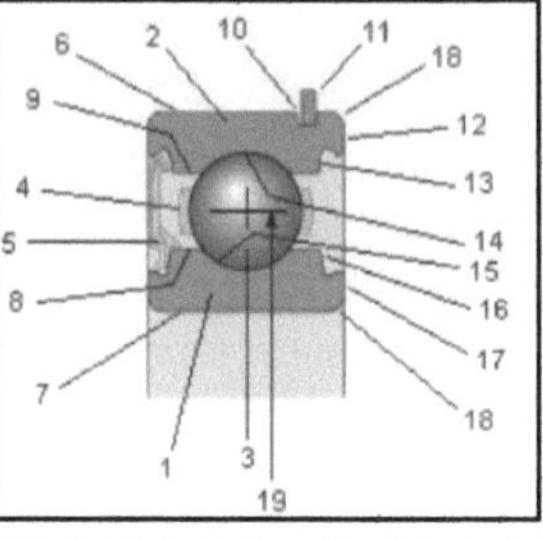

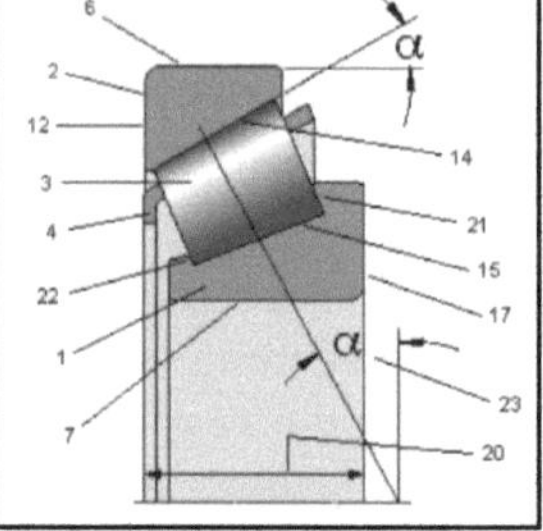

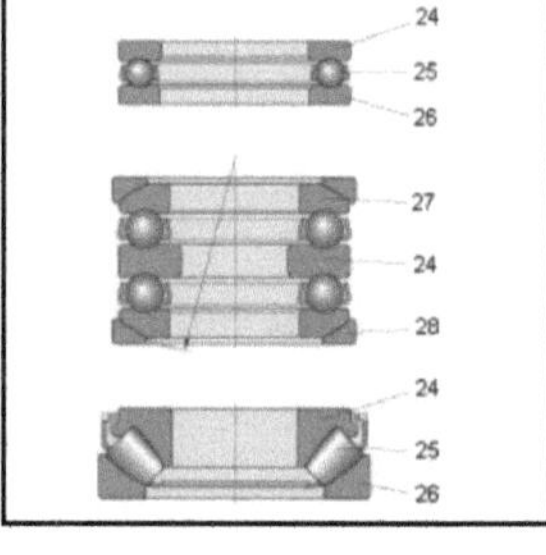

2.4.9 Wälzlagerarten, Grundformen

2.4.9.1 Rillenkugellager, DIN 625

Der bekannteste Typ ist das Rillenkugellager. Es ist dafür ausgelegt, überwiegend radiale Kräfte aufzunehmen. Da die Kugeln auch seitlich eng an den Laufrillen anliegen, somit Ringe und Kugeln axial nicht gegeneinander verschiebbar sind, kann dieses Lager auch geringe axiale Kräfte aufnehmen.

2.4.9.2 Pendelkugellager, DIN 630

Das Pendelkugellager besitzt zwei Kugelreihen. Die Rollenlaufbahn des Außenrings hat eine Hohlkugelform. Innenring, Käfig und Kugeln lassen sich um wenige Winkelgrade aus der Mittelstellung schwenken. So können Fluchtfehler oder Durchbiegungen der Welle durch das Pendellager ausgeglichen werden. Die Belastung kann sowohl axial als auch radial in beide Richtungen verlaufen.

2.4.9.3 Kegelrollenlager, DIN 720, ISO 355

Dieses Lager ist sowohl in radialer als auch in axialer Richtung sehr hoch belastbar. Es wird in der Regel paarweise eingebaut: Zwei Lager werden gegeneinander angestellt, denn das Lager besteht aus zwei losen Elementen. Die Wälzkörper auf dem Innenring haben die Form eines Kegelstumpfes, außerdem sind sie etwas gegen die Wellenachse geneigt. Das Spiel ist einstellbar. Die Kegelachsen von Innenring, Außenring und Kegelrollen treffen sich in einem Punkt auf der Drehachse, denn nur dann können die Kegelrollen ohne Schlupf abrollen.

2.4.9.4 Tonnenrollenlager, DIN 635-1

Dieses einreihige Pendelrollenlager ist für hohe stoßartige Radialkräfte ausgelegt, allerdings in Axialrichtung nur gering belastbar. Es eignet sich gut zum Ausgleichen von Fluchtfehlern. Diese sind winkeleinstellbar (bis zu 4° aus der Mittellage), da der Außenring eine kugelförmige Lauffläche hat. Die Rollkörper, die sogenannten Tonnenrollen, sind fassförmig. Tonnenlager sind einreihig, d. h. sie besitzen eine Reihe von Tonnenrollen in einem Käfig.

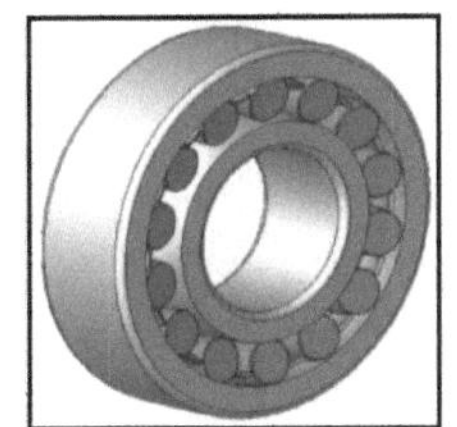

2.4.9.5 Pendelrollenlager, DIN 635-2

Das Pendelrollenlager hält axialen und radialen Belastungen stand und eignet sich gut, um Fluchtfehler auszugleichen. Pendelrollenlager sind, wie die Tonnenlager, winkeleinstellbar (bis zu 2° bei geringer Belastung, sonst bis 0,5°), jedoch zweireihig. Sie sind für schwerste Belastungen geeignet, weisen also hohe Tragzahlen auf.

2.4.9.6 Nadellager, DIN 617

Ein Nadellager hat kreiszylindrische Wälzkörper (Nadeln) mit sehr großen Längen im Verhältnis zum Wälzkörperdurchmesser. Es ist die kleine Sonderform des Zylinderrollenlagers. Es bietet sehr geringe Baugröße, wird häufig in Getrieben und Motoren verwendet. Gerade bei Nadellagern wird häufig auf einen Innenring verzichtet, dann dient die entsprechend ausgelegte Welle (gehärtete Oberfläche) als Laufbahn. Nadellager eignen sich nicht dazu, Verkippungen der Welle aufzunehmen, da hierbei hohe Kantenpressung auftritt, was die Lebensdauer stark herabsetzt.

2.4.9.7 Schrägkugellager DIN 628

Das Schrägkugellager kann axiale Kräfte in einer Richtung und radiale Kräfte aufnehmen. Sie werden meist paarweise eingebaut und vorgespannt. Der paarweise Einbau kann in Form von Tandem-, O- oder X-Ausführung erfolgen. Je nach Einbauart verändern sich die axial aufnehmbaren Kräfte. Durch Rollbahnneigung entsteht auch bei rein radialer Belastung eine nicht zu ignorierende (innere) Axialkraft. Das zweireihige Schrägkugellager entspricht zwei einreihigen Schrägkugellagern in O-Anordnung. Es ist radial und axial in beide Richtungen hoch belastbar.

2.4.9.8 Schulterkugellager DIN 615

Das Schulterkugellager ist eine spezielle und zerlegbare Form des Rillenkugellagers. Es hat nur eine geringe Tragfähigkeit in radialer und in einseitig axialer Richtung und wird für Geräte mit geringen Belastungen verwendet, wie zum Beispiel Messgeräte und Haushaltsgeräte, es ist meist zerlegbar.

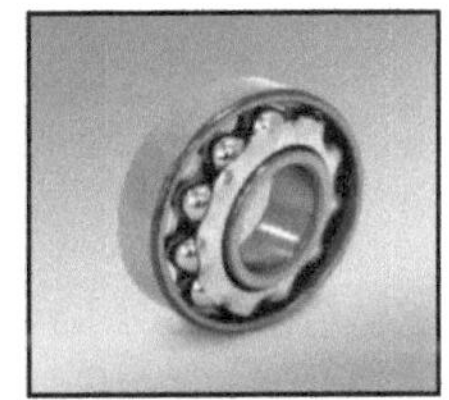

2.4.10 Wälzlagerarten, Bauformen und Serien, ein Auszug

Hersteller und Verwender von Wälzlagern sind aus Preis-, Qualitäts- und Ersatzgründen an einer begrenzten Anzahl von Lagergrößen interessiert. Die internationale Normungsorganisation ISO hat daher Normwerte für die Hauptabmessungen von metrischen Wälzlagern in Maßplänen festgelegt.

2.4.10.1 Gängige Wälzlagerserien, Auszug

1xx, 108, 126 – 129, 135	Pendelkugellager, zweireihig
6xx, 603 – 609, 617 – 630, 60xx - 64xx	Rillenkugellager, einreihig
6xxxx, 617xx - 619xx, 622xx, 623xx, 630xx, 632xx - 633xx, 638xx	
7xx, 706 - 709xx, 70xx, 72xx - 74xx 7xxxx, 718xx, 719xx	Schrägkugellager, einreihig
1xxx, 12xx - 14xx	Pendelkugellager, zweireihig, schmal
2xxx, 22xx, 23xx	Pendelkugellager, zweireihig, breit
3xxx, 30xx, 32xx, 33xx, 38xx, 39xx	Schrägkugellager, zweireihig
4xxx, 42xx, 43xx	Rillenkugellager, zweireihig
5xxx, Nxxx, NNxxxx NU, NJ, NUP, RNU, NUB, NUC, NJP, NH, NUJ, RN, N, NF, NP, NCF; NJF	Zylinderrollenlager
11xxx, 112xx, 113xx	Pendelkugellager breiter Innenring
16xxx, 160xx, 161xx	Rillenkugellager, einreihig, schmal
2xxxx, 222xx, 223xx, 223xx, 230xx - 233xx, 238xx - 241xx	Pendelrollenlager, zweireihig
20xxx, 202xx - 204xx	Tonnenlager
29xxx, 292xx – 294xx	Axial-Pendelrollenlager
3xxxx, 302xx, 303xx, 313xx, 320xx, 322xx, 323xx, 329xx - 332xx	Kegelrollenlager
51xxx, 511xx - 514xx, 53xxx, 532xx bis 534xx	Axial-Rillenkugellager, einseitig
52xxx, 522xx - 524xx, 542xx - 544xx 54xxx, 542xx bis 544xx	Axial-Rillenkugellager, zweiseitig
81xxx, 811xx - 812xx 89xxx, 893xx bis 894xx	Axial-Zylinderrollenlager einreihig
234xxx, 2344xx, 2347xx 76xxxxx, 7602xxx, 7603xxx	Axial-Schrägkugellager
Qxxx, Q2xx, Q3xx, Q10xx und Q12xx	4-Punkt-Lager

2.4.10.2 Gängige Wälzlagerserien, ISO Maßplan für Radiallager, Auszug

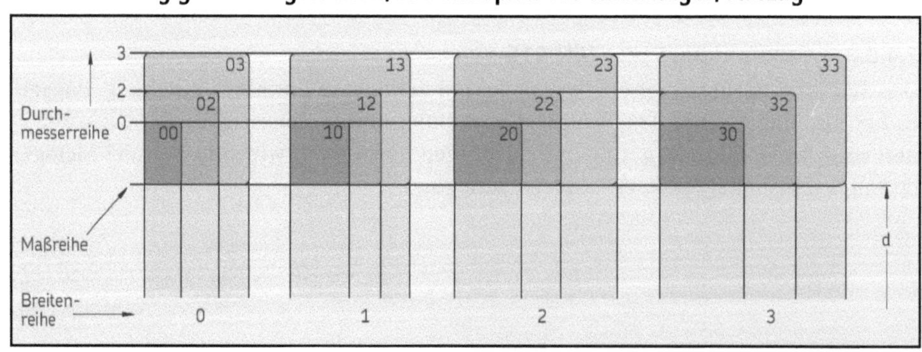

2.4.10.3 Gängige Wälzlagerserien, ISO Maßplan für Kegelrollenlager, Auszug

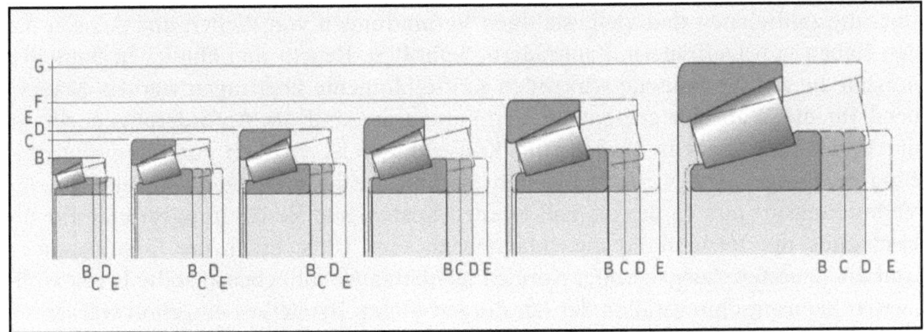

2.4.10.4 Gängige Wälzlagerserien, schematische Darstellung, Auszug

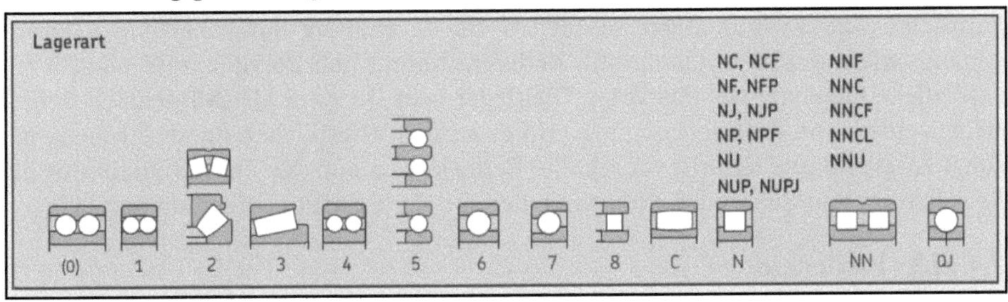

2.4.11 Elemente zum Verbinden von Wellen und Naben, Grundlagen

Über die zahlreichen und vielgestaltigen Verbindungen von Wellen und Achsen mit den Naben von Laufrädern, Zahnrädern, Seilrollen, Hebeln und ähnlichen Bauteilen müssen die auf die Bauteile wirkenden Kräfte/Momente übertragen werden. Maßgebend für die Wahl der geeigneten Verbindungsart sind die Anforderungen, die an die Verbindung gestellt werden. Der Konstrukteur ist vielfach zur Kompromisslösung gezwungen und nicht immer fällt die Entscheidung eindeutig für eine einzige Verbindungsart aus. In diesem Fall können Kosten-und Beschaffungsgründe für die Festlegung der Verbindung ausschlaggebend sein. Hinsichtlich der Leistungsdaten sind die neuesten Ausgaben der Normen ausschlaggebend, ebenso sollte bei komplizierten Beanspruchungsfällen der Rat des jeweiligen Herstellers eingeholt werden.

2.4.12 Formschlüssige Verbindungen

Formschlüssige Verbindungen, bei denen die Verbindung durch bestimmte Formgebung, wie durch Keilwellenprofil, Kerbverzahnung und Polygonprofil oder durch zusätzliche Elemente wie Passfeder, Gleitfeder oder Querstift als „Mitnehmer' hergestellt werden. Die Kraftübertragung erfolgt an den Wirkflächen durch Flächenpressung. An den Bauteilen tritt oft erhöhte Kerbwirkung auf. Als Zusatzfunktion ist die Realisierung von Relativbewegungen außerhalb der Belastungsrichtung möglich.

2.4.12.1 Passfedern

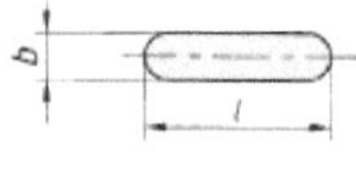

Passfeder Form A
a) DIN 6885

Pass-und Scheibenfeder-Verbindungen sind gebräuchliche Formschlussverbindungen für Riemenscheiben, Zahnräder, Kupplungen und dergleichen mit Wellen bei vorwiegend einseitig wirkenden Drehmomenten. Passfederverbindungen können, mit Einschränkung, auch bei wechselnden oder stoßbehafteten Drehmomenten verwendet werden. Sie sind einfach montier-bzw. demontierbar. Die Formen und Abmessungen der Passfedern sind, abhängig vom Wellendurchmesser, nach DIN 6885 genormt. Die meistverwendete hohe Form der Passfeder ist die mit runden Stirnflächen nach DIN6885T1 Form A.

2.4.12.2 Keilwellenverbindungen

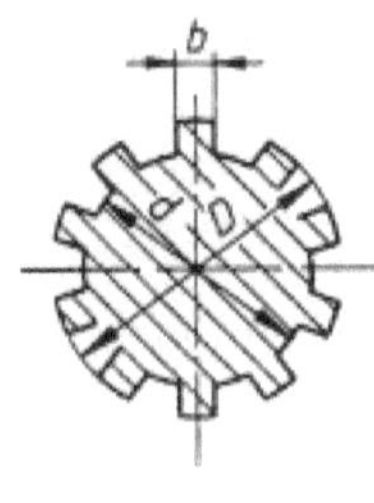

Keilwellenprofile werden als drehstarre Verbindungen von Welle und Nabe und als längsbewegliche Verbindungen überall dort eingesetzt, wo auf Grund der zu übertragenden größeren, wechselnden und stoßartigen Drehmomente der Einsatz von Pass-und Gleitfedern nicht in Betracht kommt. Im Maschinenbau werden Keilwellenprofile nach DIN ISO 14 sowie DIN 5464 eingesetzt.

2.4.13 Reibschlüssige Verbindungen

Reibschlüssige Verbindungen, bei denen die Kraftübertragung reibschlüssig durch Aufklemmen und Aufpressen erfolgt wie beim Pressverband, Kegelsitz und besondere Spannelemente .

2.4.13.1 Kegelpressverbände

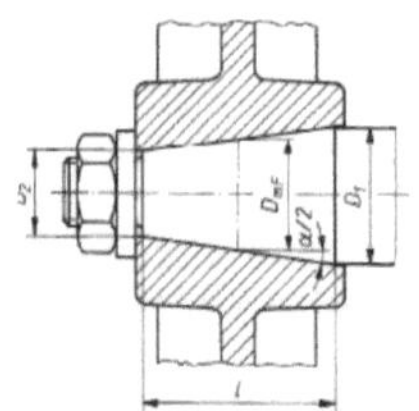

Kegelverbindungen werden zum Befestigen von Rad-, Scheiben-und Kupplungsnaben vorwiegend auf Wellenenden, von Werkzeugen in Arbeitsspindeln und von Wälzlagern auf Wellen verwendet. Sie gewährleisten einen genau zentrischen Sitz, wodurch eine hohe Laufgenauigkeit und damit Laufruhe erreicht wird. Ein nachträgliches axiales Verschieben oder Nachstellen ist jedoch nicht möglich.

2.4.13.2 Keilverbindungen

Keile werden zum festen Verbinden von Wellen und Naben vorwiegend schwerer Scheiben, Räder, Kupplungen usw. bei Großmaschinen, Baggern, Kranen, Landmaschinen, schweren Werkzeugmaschinen, also bei rauem Betrieb und wechselseitigen, stoßhaften Drehmomenten verwendet.

Im Gegensatz zur Passfeder trägt der Keil mit der unteren und der oberen Fläche (Fläche mit Neigung 1:100) die Seitenflächen haben geringes Spiel. Die Kräfte werden also im Wesentlichen durch Reibungsschluss übertragen, falls dieser aber überwunden wird, bei Nutenkeilen auch noch durch deren Seitenflächen, also durch Formschluss.

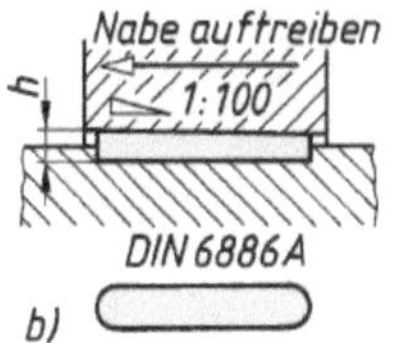

2.4.14 Vorgespannte, formschlüssige und stoffschlüssige Verbindungen

Vorgespannte formschlüssige Verbindungen, die eine Kombination von Reib-und Formschlussverbindungen darstellen und vorwiegend durch Keile verschiedener Formen hergestellt werden. Zu diesen sind auch die durch Passfedern zusätzlich gesicherten Klemm-Verbindungen zu zählen.

Stoffschlüssige Verbindungen, bei denen die Verbindung durch Stoffschlusserfolgt wie Kleben, Löten und Schweißen. Das Lösen dieser Verbindungen ist vielfach nur durch Zerstörung möglich. Die Beanspruchungen in der Verbindung sind nach den Gesetzen der Festigkeitslehre zu ermitteln.

2.4.15 Elemente zum Sichern und Dichten beweglicher Bauteile

2.4.15.1 Sicherungsring DIN 471 für Wellen und DIN 472 für Bohrungen

Ein Sicherungsring oder Nutenring, oft noch nach einem Hersteller als **Seegerring** bekannt, ist ein Maschinenelement zur axialen Lagesicherung von Bolzen in Bohrungen oder von Bauteilen, beispielsweise Wälzlagern, auf einer Welle oder Achse.

Dementsprechend gibt es Innen-Sicherungsringe für eine Bohrungsmontage, mit nach innen weisenden Enden, und Außen-Sicherungsringe für eine Wellenmontage, mit nach außen weisenden Enden.

Die im Maschinenbau anzutreffenden Ringe sind nach DIN 471 für Wellennuten und DIN 472 für Bohrungsnuten genormt.

2.4.15.2 Passfedern DIN 6885

Die **Passfeder** ist ein Maschinenbauelement und wird zur Realisierung einer Welle-Nabe-Verbindung benutzt. Die Verbindung ist formschlüssig und dient zur Übertragung von Drehmomenten in Getriebebaugruppen.

Die Passfeder ist ein massives, längliches Metallteil mit rechteckigem Querschnitt, wird in eine entsprechend gefräste Nut in der Welle eingelegt und ragt aus dieser heraus.

Die zugehörige Nabe ist mit einer durchgehenden und geräumten Nut versehen und wird zur Montage axial über die Passfeder geschoben. Die Passfeder wirkt durch Formschluss an ihren Flanken als Mitnehmer und überträgt das Drehmoment der Welle auf das anzutreibende Bauteil oder das Drehmoment des antreibenden Bauteils auf die anzutreibende Welle. In axialer Richtung muss das Rad auf der Welle gegen Verschieben gesichert werden

2.4.15.3 Wellenmuttern DIN 981

Die Nutmutter ist ein Maschinenelement zur axialen Sicherung von Welle-Nabe-Verbindungen, z. B. eines Zahnrades auf einer Welle. Die Nutmuttern haben einen verhältnismäßig großen Innendurchmesser und werden auf Wellen geschraubt, um axialen Druck auf Naben auszuüben. Zweck dieses Drucks liegt meistens allerdings nur darin, die Nabe zu fixieren, nicht in der direkten Erzeugung einer kraftschlüssigen Verbindung. Die Ausnahme bildet hierbei die Vorspannung von mit Kegelrollenlagern gelagerten Wellen.

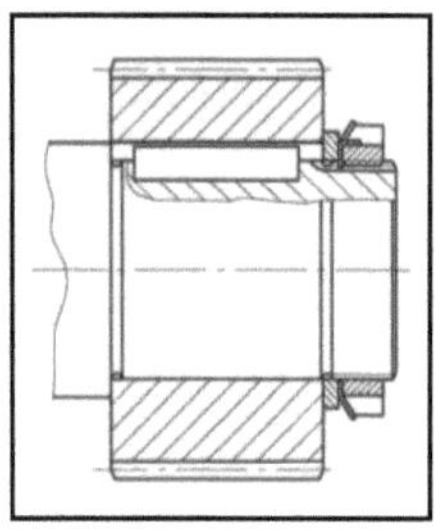

Wellenmuttern mit Sicherungsblech oder Sicherungsbügel haben vier bzw. acht abstandsgleiche Nuten entlang des Außendurchmessers zur Aufnahme von Haken- oder Schlagschlüsseln.

Üblicherweise wird die Nutmutter in Kombination mit einem Sicherungsblech, nach DIN **5406** verwendet, welches ein selbstständiges Lösen der Nutmutter verhindert. Nutmuttern werden in der Regel mit Feingewinde hergestellt. Zum Spannen und Lösen ist ein passender Hakenschlüssel oder Nutmutternschlüssel notwendig.

Wellenmuttern der Reihen KM und KML sind für metrische ISO-Gewinde bis einschließlich 200 mm erhältlich.

2.4.15.4 Sicherungsblech DIN 5406

Bei einem Sicherungsblech handelt es sich um eine Unterlegscheibe aus weichem Stahlblech, zur formschlüssigen Verdrehsicherung von (Nut-) Muttern.

Es besitzt eine Zunge am Innendurchmesser, welche in eine Nut in einem feststehendem Maschinenteil oder einer Achse oder Welle eingreift und eine oder mehrere Zungen am Außendurchmesser, die in eine Nut einer Nutmutter oder um den Sechskant einer Mutter geschlagen werden kann, um ein unbeabsichtigtes Verdrehen oder Lösen der Mutter zu verhindern.

Wellenmuttern haben das gleiche Gewinde und die gleiche Breite wie die entsprechende Wellenmutter mit der gleichen Größenbezeichnung, jedoch einen kleineren Außendurchmesser.

2.4.15.5 Scheibenfedern DIN 6888

Die **Scheibenfeder** ist ein Maschinenbauelement für eine Welle-Nabe-Verbindung. Die Verbindung ist formschlüssig und dient zur Übertragung von Drehmomenten in Getriebebaugruppen. Die zugehörige, meist kegelförmige Nabe ist mit einer durchgehenden und geräumten Nut versehen und wird zur Montage als Kegelsitz aufgeschoben. Die Scheibenfeder trägt durch Formschluss an ihren Flanken. Die Scheibenfeder wirkt dadurch als Mitnehmer und überträgt das Drehmoment der Welle auf das anzutreibende Bauteil oder das Drehmoment des antreibenden Bauteils auf die anzutreibende Welle. In axialer Richtung wird das Rad auf der meist konischen Welle gegen Verschieben durch Festlegung durch eine Nutmutter gesichert.

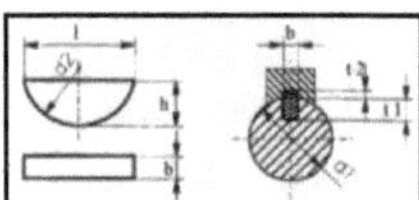

2.4.15.6 Keilwelle ISO 14

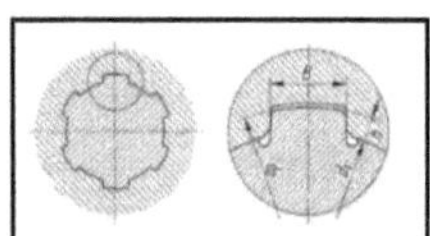

Als **Keilwellen** werden Wellen bezeichnet, bei denen ein Formschluss zur Nabe durch eine Vielzahl von Mitnehmern hergestellt wird, die **gerade** und **parallele** Flanken haben. Die Mitnehmer der Keilwelle übertragen über die Anlageflächen das Drehmoment formschlüssig. Welle und Nabe einer Keilwellen-Verbindung können bei entsprechender Wahl der Passung axial verschoben werden.

2.4.15.7 Einlegekeil DIN 6886

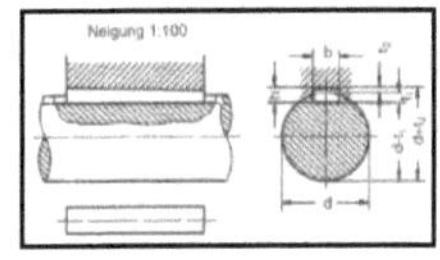

Der **Einlegekeil** ist ein Maschinenbauelement für eine Welle-Nabe-Verbindung. Der Keil ähnelt einer Passfeder, ist jedoch mit einer Neigung 1:100 versehen. Im Gegensatz zur Passfeder erfolgt bei einer Keilverbindung die Welle-Nabe-Verbindung durch Kraftschluss auf den angeschrägten Flächen in radialer Richtung. Der Nachteil aller Keile liegt in der Tatsache, dass kein korrekter Rundlauf von Welle und Nabe erreicht werden kann. In axialer Richtung lässt sich die Nabe nur mit einer durchgehenden Nut in einer exakten Stellung auf der Welle fixieren. Deshalb wird die Keilverbindung nur bei Verbindungen verwendet bei denen keine hohe Genauigkeit notwendig ist.

2.4.15.8 Radialwellen–Dichtring DIN 3760

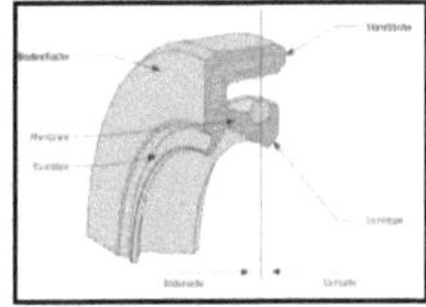

Oft wird ein Radial-Wellendichtring umgangssprachlich auch als **Simmerring** bezeichnet, **Simmerring** ist abgeleitet vom Namen seines Entwicklers, dem damals bei Freudenberg tätigen österreichischen Professor Walther Simmer, der entwickelte dieses zunächst aus Leder und Metall hergestellte Bauteil 1929 in Österreich. Wellendichtungen sind für die Abdichtung des Spalts zwischen der umlaufenden und der feststehenden Komponente bzw. zwischen zwei sich gegeneinander bewegenden Komponenten konstruiert. Für die wirkungsvolle Abdichtung sollten Wellendichtungen mit einem Mindestmaß an Reibung und Verschleiß arbeiten, selbst unter ungünstigen Betriebsbedingungen. Radial-Wellendichtringe bestehen aus einer zylindrischen äußeren Umhüllung aus Stahlblech, dem Gehäuse, oder aus einem Elastomere, dass die erforderliche feste Passung aufweist, um statisch gegenüber der Gehäusebohrung abzudichten und einer Dichtlippe aus einem elastomeren oder thermoplastischen Werkstoff, die die dynamische und statische Abdichtung gegenüber der Welle oder der Achse übernimmt. Die Dichtlippe hat eine geformte Dichtkante, die normalerweise von einer ringförmigen Zugfeder mit einer definierten Radialkraft gegen die Gegenlauffläche gepresst wird. Die Dichtkante an der Dichtlippe und die Gegenlauffläche auf der Welle bilden den wichtigsten Funktionsbereich von Radial-Wellendichtringen. Einige Radial-Wellendichtringe haben eine zusätzliche Schutzlippe, die die Dichtlippe vor Staub und sonstigen Verunreinigungen schützt.

2.4.16 Gleitlager

2.4.16.1 Wirkprinzip

Gleitlager sind Lager, bei denen die Relativbewegung zwischen Welle und Lagerschale bzw. einem Zwischenmedium eine Gleitbewegung ist.

Nach der Art der Tragkrafterzeugung unterscheidet man hydrodynamisch und hydrostatisch wirkende Gleitlager. Hydrostatische Gleitlager arbeiten nach dem Prinzip der externen Druckerzeugung, d.h. der notwendige Schmierstoffdruck wird außerhalb des Lagers durch eine Pumpe erzeugt. Bei der dynamischen Druckerzeugung baut sich ein tragender Schmierfilm allein durch die Relativbewegung zwischen Welle und Lagerschale auf. In hybriden Lagern werden externe und interne Tragkrafterzeugung kombiniert.

2.4.16.2 Anordnung der Gleitflächen

Beim Radiallager gleitet die drehende Welle auf Gleitflächen in einer feststehenden Lagerschale bzw. beim Axiallager ein mit der Welle drehender Laufring auf einem feststehenden Lagerring. Es werden auch zu Baueinheiten zusammengefasste Kombinationen von Axial-und Radiallagern, sogenannte Axial-Radial-Gleitlager ausgeführt, um die Lage der Welle durch ein Festlager zu bestimmen und eine raumsparende Konstruktion zu erreichen.

2.4.16.3 Reibungszustände

Alle Lager zeigen im Betrieb Reibungskräfte, die der Gleitbewegung Widerstand entgegensetzen und dabei Wärmeerzeugen, die als Reibungswärme abzuführen ist. Bei der Gleitreibung ist zwischen den bewegten Teilen kein, wenig oder genügend viel Schmierstoff vorhanden, der durch seine Menge den Reibungszustand, aber auch den Verschleiß bestimmt.

2.4.16.4 Hydrodynamische Schmierung, Schmierkeil, Auszug

Die hydrodynamische Schmierung wird überwiegend bei Gleitlagern angewendet, weil im Gegensatz zur hydrostatischen Schmierung keine zusätzliche Einrichtung erforderlich ist und ein geometrisch günstiger Gleitraum leicht erzeugt werden kann. Die Möglichkeit, einen Schmierfilmdruck selbsttätig unmittelbar im Gleitraum zu erzeugen und damit eine Tragfähigkeit zu erzielen, beruht darauf, dass sich der schmierstoffgefüllte Gleitraum in Bewegungsrichtung verengt. Es entsteht, wie bei parallel geführten Gleitflächen, auch im keilförmigen Gleitraum eine Scherströmung.

2.5 Getriebe-Baugruppen Kapitel 6 und 14 (Support-DVD)

2.5.1   Getriebe, Geschichtliches

2.5.1.1   Frühzeitliche Getriebe

Ein geschichtlicher Nachweis über die Verwendung der ersten Zahnräder ist kaum möglich. Zahnradantriebe wurden aber schon frühzeitig zur Steigerung der menschlichen oder tierischen Antriebskraft oder zur Ausnutzung von Wasser- oder Windkraft angewandt. Man darf annehmen, dass die Verwendung von hölzernen Zahnrädern bei gekreuzten Achsen, wie die Göpelwerke zur Wasserversorgung in Ägypten heute noch zeigen, zu den frühesten Formen der Anwendung des Zahnrads zählen. Von diesen abgeleitet sind Mühlenantriebe und hintereinandergeschaltete Rädertriebe zur Erzielung größerer Übersetzungen in den verschiedensten Formen durch zeitgenössische Zeichnungen festgehalten. Besonders der Mühlen- und der Bergwerksbau haben die Anwendung leistungsübertragender Zahnräder befruchtet.

Ktesibios

2.5.1.2   Verschiedene frühzeitliche Getriebe, Ktesibios

Ktesibios der alexandrinischer Naturforscher und Mechaniker (3.Jh. v.Chr.) erkannte die Arbeitsfähigkeit von komprimierter Luft; erfand mit der Hydraulis, Wasserorgel bei der der Winddruck durch Wasserverschluss reguliert wurde, eines der ersten mechanischen Musikinstrumente, Zahnrad mit Zahnstange und verbesserte die Klepshydra (Wasseruhr) durch Einführung eines gleichförmigen Zulaufs.

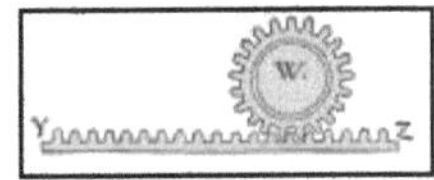

Zahnstange

Bei der Wasserorgel des Ktesibios (organon hydraulikon) wurde wie bei der Druckpumpe Luft komprimiert, um Töne zu erzeugen. Diese Erfindung fand insbesondere im antiken Rom häufige Verbreitung.

Philon von Byzanz

2.5.1.3   Verschiedene frühzeitliche Getriebe, Philon von Byzanz

Philon von Byzanz, griechischer Mechaniker, lebte in der 2. Hälfte des 3. Jh. v.Chr., schrieb ein nur teilweise erhaltenes Werk über Mechanik (Mechanike syntaxis, neun Bücher), in dem er einen Überblick über die mechanischen und technischen Kenntnisse und Errungenschaften seiner Zeit vermittelt; bedeutender Theoretiker des Befestigungswesens; erwähnte bereits die kardanische Aufhängung und die mechanische Nutzung der Wasserkraft, Wasserräder mit Gliederketten, für den Antrieb von Schöpfeimerwerken.

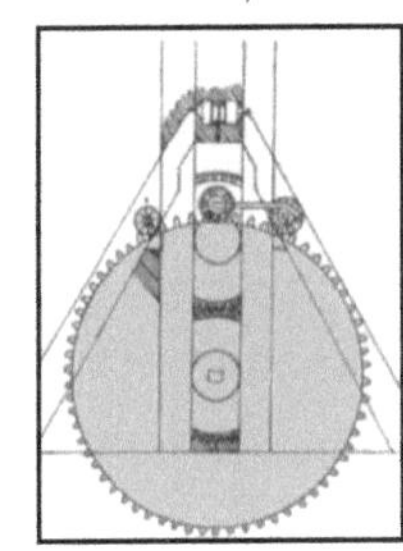

Straton,
technische Lehrbücher,
3. Jh. v. Chr.

2.5.1.4   Verschiedene frühzeitliche Getriebe, Straton

Straton leitete, nach dem Tod seines Vorgängers **Theophrastos** ab 288/287, das von Aristoteles begründete Athener **Lyzeum** (Peripatos) und war Erzieher des späteren Königs **Ptolemaios** II. Philadelphon in Alexandria. Im Unterschied zu den meisten zeitgenössischen Philosophen, bei denen die Ethik im Zentrum des Interesses stand, beschäftigte er sich vor allem mit physikalischen Fragen, was ihm den Beinamen der Physiker eintrug.

In den technischen Lehrbücher des Philosophen **Straton** (3.Jh. v.Chr.) wird ein Getriebe beschrieben, bei dem jedes Rad sich in einer anderen Richtung dreht als das, mit dem es in Eingriff steht, dazu bringt der Autor eine Skizze, diese zeigt ein Getriebe aus drei Rädern, die durch Kreise dargestellt sind.

Heron von Alexandria

Wasserorgel

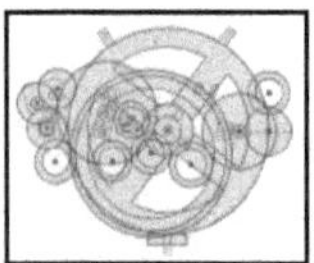

Mechanismus von
Antkythera

Leonardo Da Vinci

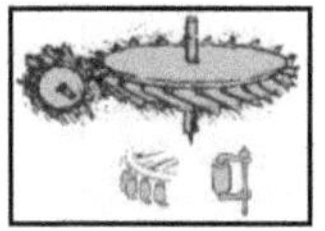

Francesco di Giorgio,
Schnecke

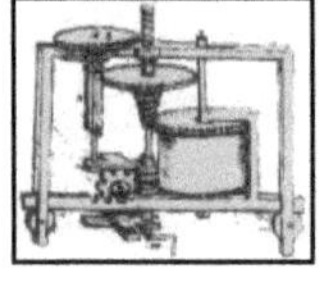

Leonardo Da Vinci
Kegelräder

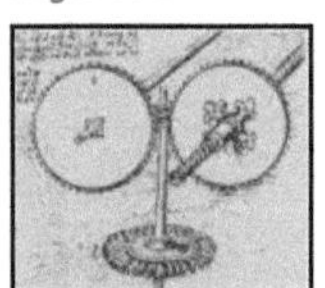

Leonardo Da Vinci
Schrägverzahnt

2.5.1.5 Verschiedene frühzeitliche Getriebe, Heron von Alexandria

Heron von Alexandria (genannt Mechanicus, Lebensdaten unbekannt) war ein griechischer Mathematiker und Ingenieur. Heron lebte vermutlich im 1. Jahrhundert und lehrte am Museion von Alexandria, das berühmt für seine Bibliothek war.

Die Zwitschermaschine ist eine Kombination von Zahnrädern und einer Seilwinde. Es stellt einen Automaten dar, der zur Belustigung erschaffen wurde. Der Vogel dreht sich, wenn das Rad bewegt wird. Gleichzeitig hebt eine Seilwinde den Kessel. Der Windkessel mit Pfeife befindet sich in einem Wassergefäß. Beim Heben entweicht Luft und betätigt somit die Pfeife. Der Vogel dreht sich und gibt Töne von sich.

2.5.1.6 Verschiedene frühzeitliche Getriebe, Mechanismus von Antkythera

1900 entdeckten Schwammtaucher bei der Insel Antikythera in 60 Metern Tiefe die Reste eines Wracks. Außer vielen Statuen fand man einen Klumpen Bronzeschrott, der erst 58 Jahre später, und zwar durch einen britischen Wissenschaftshistoriker, näher untersucht werden konnte. Es war ein astronomisches Rechengerät, Baujahr 82 vor Christus, wie man aus den angegebenen Konstellationen schließen kann. Der Brite fand ein komplettes Uhrwerk. Ein großes Rad, mit vier Speichen, wurde durch ein Kronenrad und eine Welle angetrieben. Die Welle ragte aus der Seite der Kiste hervor und war zweifelsohne mit einem Schlüssel oder einem Handrad ausgestattet. Dieses Hauptrad bildete den Antrieb für mindestens 20 kleine Zahnräder, von denen einige zu komplizierten Planetengetrieben zusammengefasst waren. Der Antikythera-Mechanismus, der aus sieben Differenzialgetrieben besteht, gilt als ältester bekannter analoger Computer. Obwohl Wissenschaftler sich lange und intensiv mit dem Mechanismus aus Bronze auseinandergesetzt haben, gelang es erst im Jahr 2006, seine Funktionsweise zu entschlüsseln.

2.5.1.7 Frühzeitliche Getriebe, Leonardo da Vinci, die Unendlichkeitsmaschine

Die Unendlichkeitsmaschine ist eine Getriebekonstruktion und wurde bereits von **Leonardo da Vinci** skizziert. Die Maschine veranschaulicht durch mehrfache Getriebeuntersetzung die fortschreitende Bewegungslosigkeit der beteiligten Zahnräder und symbolisiert deshalb die Ewigkeit. Die Unendlichkeitsmaschine wurde im Technikmuseum **Dynamikum** in Pirmasens realisiert und besitzt dort ein 16-stufiges Untersetzungsgetriebe, das aus der wiederholten Hintereinanderschaltung von jeweils gleichen Getriebesätzen besteht. Der Getriebeeingang wird motorisch mit einer für den Beobachter gut erfassbaren konstanten Winkelgeschwindigkeit angetrieben. Der Getriebeausgang ist einbetoniert. Als Paradoxon wird dabei der Umstand aufgefasst, dass der Getriebeeingang ohne Unterlass angetrieben wird, während der einbetonierte Getriebeausgang offensichtlich still steht. Dreht sich das erste Zahnrad des Getriebeeingangs einmal pro Sekunde, müsste der Museumsbesucher etwa eine Million Jahre auf eine Umdrehung des letzten Zahnrades am Getriebeausgang warten, wenn dieses nicht einbetoniert wäre.

2.6 Getriebeformen

2.6.1 Wälzkörpergetriebe

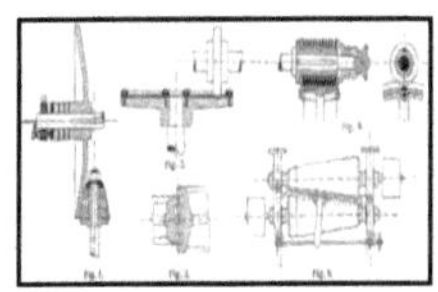

Reibräder (Reibungs- oder Friktionsräder) übertragen mäßige Kräfte durch Berührung ihrer glatten Laufflächen unter starker gegenseitiger Anpressung. Sie lassen sich während des Ganges ein- und ausrücken und in einigen Fällen auf verschiedene Durchmesser zur Erzielung veränderlicher Übersetzung verstellen.

Das Wälzkörpergetriebe ist eine kraftschlüssige Getriebebauform. Dabei rollen die rotationssymmetrischen Wälzkörper gegeneinander ab. Ein Wälzkörpergetriebe besteht im einfachsten Fall aus zwei Wellen oder Walzen, die aufeinander abrollen (Reibradgetriebe). Um die gewünschte Übersetzung zu erreichen werden die Abrollradien entsprechend variiert. Bei Getrieben für höhere Leistungen verhindert ein Ölfilm auf den Körpern einen direkten metallischen Kontakt zwischen ihnen. In diesem Ölfilm nehmen mit steigendem Drehmoment die Scherkräfte und der Gradient der Scherkräfte zwischen treibendem und getriebenem Wälzkörper zu.

Das Übersetzungsverhältnis für die Winkelgeschwindigkeiten (Drehzahlen) verhält sich umgekehrt wie die Radien. Wie bei anderen Getrieben auch ist das Übersetzungsverhältnis für das übertragene Drehmoment der Kehrwert des Übersetzungsverhältnisses für die Drehzahl. Der Vorteil dieses Getriebes liegt darin, dass die Sicherheitskupplung sozusagen gleich mit eingebaut ist, da es im Überlastungsfall zum Durchrutschen der Reibpaarung kommt.

Der wesentliche Nachteil liegt darin, dass im Normalbetrieb der Schlupf wesentlich größer ist als bei anderen Getriebearten, und dass dadurch der Wirkungsgrad niedriger ist. Unter Umständen ist – je nach Bauart – ein höherer Verschleiß zu verzeichnen. Ein weiterer Nachteil ist, dass die hohen notwendigen Anpreßkräfte auch hohe Lagerbelastungen zur Folge haben, auch steigen bei sinkenden Rollradien die zur Übertragung eines Momentes notwendigen Anpreßkräfte an, womit einer kompakte Bauweise Grenzen gesetzt sind.

Bei der einfachsten Form eines Reibungsräderpaares für parallele Achsen sind die sich berührenden Radumfänge zylindrisch gestaltet. Damit das treibende Rad das getriebene Rad mitnimmt, unter Übertragung einer gewissen Tangentialkraft am Radumfange (Umfangskraft), muss der Reibungswiderstand zwischen den Radumfängen gleich oder größer sein als die zu übertragende Umfangskraft, andernfalls tritt Gleiten ein. Der nötige Reibungswiderstand wird erzeugt durch Aneinanderpressen der beiden Räder.

Raue Umfangsflächen sind dementsprechend günstiger als glatte. Von zwei zusammen arbeitenden Rädern sind entweder beide aus Stahl bzw. aus Gusseisen oder nur eins, am besten das treibende Rad aus Gummi in Stahlkern zur Stabilisierung.

2.6.2 Stirnradgetriebe

Stirnradgetriebe sind weit verbreitet die Vorteile bestehen in der relativ einfachen Bauweise, da wenig bewegte Teile zum Einsatz kommen und die außenverzahnten Stirnräder einfacher in der Herstellung sind.

Das Stirnradgetriebe ist eine Getriebeform, die durch parallele Achsen charakterisiert ist. Einfachste Bauform ist das einstufige Stirnradgetriebe, das aus zwei Wellen, auf denen je ein Zahnrad sitzt, besteht. Es können jedoch durch Hinzufügen weiterer Zahnräder und Zwischenwellen mehrstufige Getriebe gebildet werden.

Georgius Agricola gab 1556 in seiner Schrift **De re metallica libri XII** erstmals den Einsatz von Zahnrädern aus Eisen an. Anfangs wurde wenig auf die geeignete Form der Zähne geachtet. Nach Angaben von Christiaan Huygens und Gottfried Wilhelm Leibniz empfahl der dänische Astronom Ole **Rømer** um 1674 die Epizykloide als Zahnform. Vermutlich war er beim Bau seiner Planetarien, z.B. Jovilabium an der Pariser Academie des Sciences darauf gekommen. Schriftliche Belege dafür gibt es nicht mehr.

Die Entwicklung der Dampfmaschine im 18. Jahrhundert führte zu einem steigenden Bedarf an Zahnrädern, da die zu übertragende Leistung kontinuierlich stieg und Zahnräder aus Metall anstatt wie bisher aus Holz gefertigt werden mussten. 1820 erfand Joseph **Woollams** die Schrägverzahnung und Pfeilverzahnung, James **White** baute 1824 daraus ein Differentialgetriebe. 1829 stellte **Clavet** eine Zahnhobelmaschine her, da der Werkzeugmaschinenbau ab dem 19. Jahrhundert eine steigende Genauigkeit der Verzahnungen erforderte. Die erste brauchbare Maschine zum Fräsen geradverzahnter Stirnräder baute 1887 G. Grant. 1897 entwickelte H. **Pfauter** daraus eine universale Maschine, mit der sich auch Schnecken- und Schraubräder fertigen ließen.

2.6.2.1 Abrollformen

Das 17. Jahrhundert, das als **Goldenes Zeitalter der Analysis** gilt, war auch für die Untersuchung der Zykloide und Evolvente relevant. So beschäftigten sich die besten Mathematiker und Naturwissenschaftler mit diesen besonders ästhetischen Kurven.

Die erste Veröffentlichung zu Zykloiden erfolgte 1570 durch **Gerolamo Cardano**, der dabei unter anderem die cardanischen Kreise beschreibt. Galileo Galilei unternahm 1598 weitere geometrische Untersuchungen von Zykloiden. Die erste Flächen- und Längenberechnung an einer Zykloide gelang 1629 dem Italiener Bonaventura Cavalieri. Weitere Forschungsanstöße lieferte im gleichen Jahr der Franzose Marin Mersenne.

Weitere Fortschritte durch Quadraturen schafften 1634 Gilles Personne de Roberval und 1635 René Descartes und Pierre de Fermat. Roberval gelang 1638 eine Tangentenkonstruktion, 1641 gelang dies auch Evangelista Torricelli. Torricelli entwickelte bis 1643 eine Quadratur in Beziehung zur Schraubenlinie. Der Engländer Christopher Wren zeigte 1658, dass die Länge einer Zykloide gleich dem Vierfachen des Durchmessers des generierten Kreises ist.

Georgius Agricola

Gerolamo Cardano

Bonaventura Cavalieri

Christopher Wren

Auf ein Preisausschreiben Newtons aus dem Jahr 1658 hin schaffte Blaise Pascal die Rektifikation, die Quadratur, die Schwerpunktbestimmung und die Kubaturen. Eine Quadratur über eine unendliche Reihe erfolgte 1664 durch Isaac Newton. Gottfried Wilhelm Leibniz entwickelte 1673 die Quadratur über die Quadratrix. Der Niederländer Christiaan Huygens schaffte 1673 die Evolutenbestimmung und Tautochronie.

Durch Leibniz wurde 1686 die Integraldarstellung fertig gestellt. Die letzte wichtigste Erkenntnis war 1697 die Brachistochronen-Eigenschaft durch Johann Bernoulli.

Eine erste gründliche mathematische Untersuchung dieser Zahnräder beschrieb das Akademiemitglied Philippe de la Hire (1640-1718) um 1694 Traite des epicycloides (erschienen 1730). Diese epizykloidische Zahnform sichert eine gleichförmige Bewegung der Zahnräder bei gleichmäßiger Gleitreibung. Diese wurden gezielt in Uhrwerken eingebaut. 1759 entwickelte John Smeaton eine eigene Form, gefolgt von Leonhard Euler, der 1760 die Evolvente für die Zahnform vorschlug.

Christiaan Huygens

Philippe de la Hire

Leonhard Euler

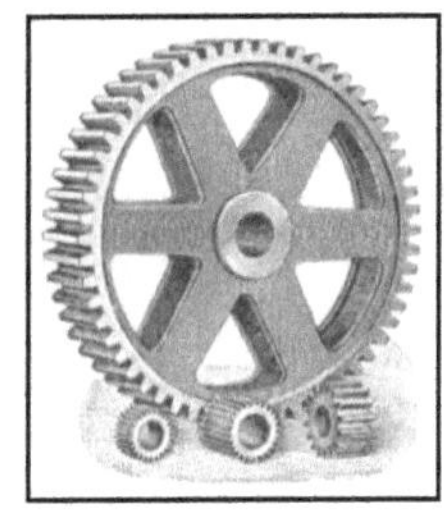

Stirnräder

2.6.3 Zahnräder, Zahnradpaarungen

Die Übertragung der Bewegung einer Welle auf eine andere Welle erfolgt bei den Zahnrädern dadurch, dass jedes der auf den Wellen sitzenden Zahnräder mit abwechselnden Erhöhungen (Zähnen) u. Vertiefungen (Zahnlücken) ausgerüstet ist.

Die Zähne des eines Rades ragen in die Zahnlücken des anderen Rades hinein und die Zähne des Treibrades, von welchem die Bewegung ausgeht, legen sich an die Zähne des Getriebes od. Triebrades, auf welches die Bewegung übertragen wird, an.

Zahnradpaarungen lassen sich anwenden, wenn die Achsen der beiden Wellen parallel sind, wenn sie sich schneiden und wenn sie sich kreuzen. Bei der Übertragung der Bewegung kann die Bewegung selbst verändert werden in Bezug auf den Sinn der Drehung, auf das Gesetz oder die Art der Bewegung und auf das Maß der Drehung oder die Winkelgeschwindigkeit. Eine Änderung der Geschwindigkeit wird bei Zahnrädern meist beabsichtigt, deshalb haben diese Räder auch gewöhnlich verschiedener Größen.

Durch die gegenseitige Lage der durch Zahnräder zu verbindenden Wellen werden im Wesentlichen die Formen der Zahnräder bedingt. Für parallele Wellen sind die Grundkörper Zylinder und die entsprechenden Zahnräder werden als Zylinderräder, zylindrische Räder oder Stirnräder bezeichnet. Die Zähne haben eine prismatische Form und sind parallel der Radachse angeordnet. Sie sitzen auf der Außenseite des Radkranzes.

Häufig werden in Stirnradgetrieben schräg verzahnte Zahnräder eingesetzt. Die Zähne verlaufen nicht parallel zur Getriebeachse, sondern schräg dazu. Kommt ein Zahnpaar (von Rad und Gegenrad) in Berührung, trägt es nicht direkt auf seiner ganzen Breite, wie dies bei geradverzahnten Stirnrädern ohne Profilkorrektur der Fall ist. Stattdessen steigt die belastete Zahnbreite beim Weiterdrehen der Räder langsam an, bis das Zahnpaar auf ganzer Breite trägt, und fällt beim Herausdrehen aus der Kontaktzone nur langsam wieder ab. Meist befinden sich bei schrägverzahnten Zahnradpaaren immer zwei oder mehr Zähne gleichzeitig in Kontakt, bei geradverzahnten Zahnradpaaren im Normalfall nur ein bis drei Zähne.

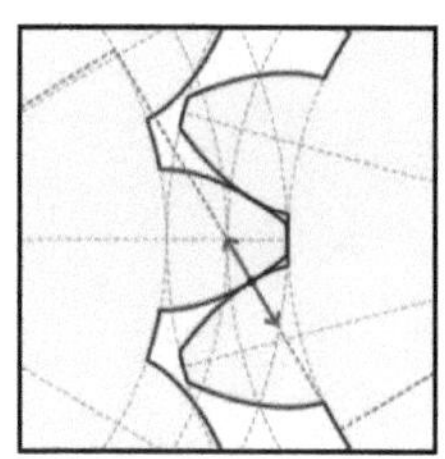

Zähne im Eingriff

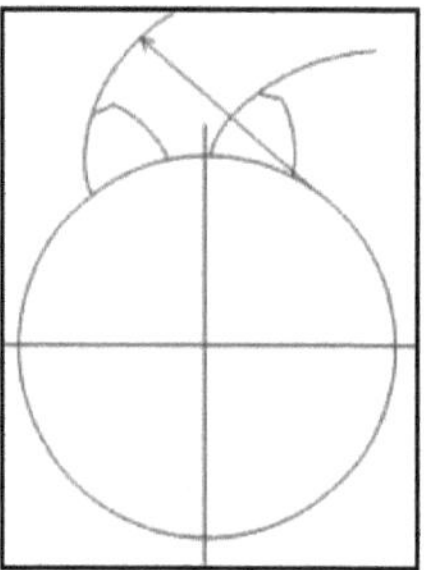

Evolvente

2.6.3.1 Zahnformen

Ein Zahnrad hat an seinem Umfang Zähne und Zahnlücken, diese greifen in ein weiteres Bauteil mit dazu passenden Zähnen ein und übertragen Kraft formschlüssig. Um eine ruckfreie Drehung beider Zahnräder zu erreichen, müssen immer mindestens zwei Zähne in Eingriff stehen. Der Eingriffspunkt soll entsprechend dem Verzahnungsgesetz abrollen, damit wenig Reibung und Verschleiß entsteht, daher gleicht die Form der Zahnflanke entweder einer Evolvente oder einer Zykloide. Am weitesten verbreitet ist die Evolventenverzahnung.

Eine Evolventenverzahnung bezeichnet einen bestimmten Typ von Verzahnungen für Zahnräder und Zahnstangen. Sie ist heute wegen ihrer Vorteile mit Abstand die bedeutendste Verzahnungsart im Maschinenbau. Die Flanken der Zähne des Zahnrades werden von Evolventen gebildet. Die Form der Evolvente kann man am Einfachsten verstehen, wenn man sich den Zahnradgrundkreis als Zylinder vorstellt, um den ein Faden gewickelt ist. Wird dieser Faden nun abgewickelt, beschreibt der straffgespannte Endpunkt des Fadens die Figur einer Evolvente.

- **Evolventenverzahnung**

  Verwendung beim Antrieb vom Schnellen ins Langsame oder leichte Normierung, Räderpaare können bei gleicher Reibung links- und rechtsherum angetrieben werden, relativ spielarme Verzahnung, unempfindlich gegenüber Achsabstandsänderung, da die Eingriffslinie eine Gerade ist, im Wälzpunkt ausschließlich Rollreibung; vom Wälzpunkt weggehend zunehmend Gleitreibung, durch die konvexe Zahnform entsteht eine hohe Flächenpressung, was einen Nachteil hinsichtlich der Lebensdauer bedeutet, Herstellung der Zahnräder relativ einfach und kostengünstig

- **Zykloidenverzahnung**

  Verwendung beim Antrieb vom Langsamen ins Schnelle, es besteht eine geringere Reibung als bei Evolventenverzahnung, größere Übersetzungsverhältnisse auf kleinem Raum sind möglich, da die Zähne am Fuß schmaler sind als bei der Evolventenverzahnung, reine Rollreibung ist erst ab einer bestimmten Zähnezahl des kleineren angetriebenen Rades möglich, Normierung ist schwierig, da die Zahnform gegenüber der Evolvente zusätzlich von der Zähnezahl des kleineren angetriebenen Rades abhängt, kein Vorwärts-Rückwärtslauf möglich, größeres Zahnspiel daher staubverträglicher, die Eingriffstiefe ist kritischer als bei der Evolventenverzahnung.

2.6.3.2 Verzahnungsmaß „Modul"

Der Modul **m** ist ein wichtiges Verzahnungsmaß für Zahnräder und ist definiert als der Quotient aus Teilkreis-Durchmesser **d** in mm und Zähnezahl **z**, bzw. aus Teilung **p** und Kreiszahl **π**.

Bei ganzzahligen Werten des Moduls ergeben sich auch ganzzahlige Werte für die Teilkreisdurchmesser der Zahnräder und deren Achsabstand. Rad und Gegenrad einer Zahnradpaarung müssen den gleichen Modul haben. Bestimmungsgrößen von Verzahnungen wie Profilverschiebung, Kopf- und Fußhöhe der Zähne, Fußrundungsradius und Kopfkantenbruch werden als Vielfache des Moduls angegeben.

Zahnräder können mit jedem beliebigen Modul hergestellt werden. Um standardisierte Werkzeuge verwenden zu können, ist in der DIN **780** eine auf den Normalschnitt bezogene Vorzugsreihe definiert. Hierbei sollte die Reihe 1 der Reihe 2 vorgezogen werden.

2.6.4 Kegelradgetriebe

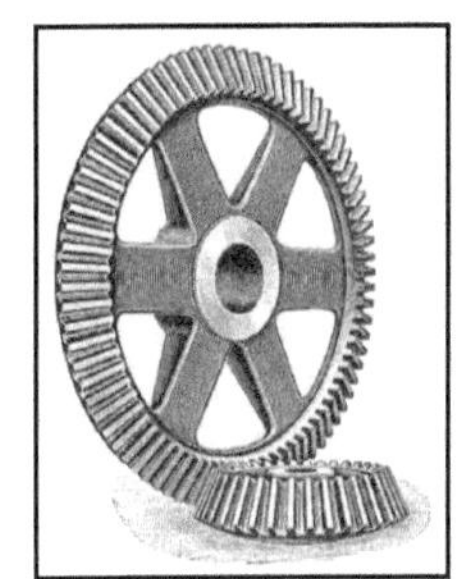

Kegelradgetriebe sind eine Getriebe-Bauform. Sie dienen zum Übertragen von Drehbewegungen und Drehmomenten. Charakteristisches Merkmal sind die winklig zueinander stehenden An- und Abtriebswellen, deren Achsen einen gemeinsamen Schnittpunkt besitzen. Die Kraftübertragung erfolgt durch Kegelräder. Bei Achsversatz spricht man auch von Kegelradschraubgetrieben.

Bei Kegelradschraubgetrieben ist der Gleitanteil während der Drehbewegung höher als bei Kegelradwälzgetrieben. Das heißt, die Zähne wälzen und gleiten ab. Das Gleiten kommt durch Relativbewegungen der Berührungsflächen des Kegelrades und Kegelritzels zustande. Diese Wälz- oder Gleitbewegung bei Kegelradgetrieben begünstigt höhere Übersetzungsverhältnisse und entsprechend bessere Wirkungsgrade beim Anfahren.

Ein Kegelradgetriebe besteht aus einem Kegelrad (oft Tellerrad) und aus einem Kegelritzel. Die Achsen sind häufig 90° versetzt, andere Winkel sind möglich. Einsatzgebiete dieser Winkelgetriebe sind dort, wo hohe Untersetzungen, Drehmomente und Bewegungen gefragt sind. Meist erfolgt der Antrieb über das Kegelritzel, linke und rechte Drehrichtungen sind möglich.

Das Übersetzungsverhältnis ist der Quotient der Zähnezahl des Kegelrades durch die Zähnezahl des Kegelritzels. Eine Selbsthemmung wie bei Schneckengetrieben kommt nicht vor. Kegelradgetriebe werden als Leistungsgetriebe in Pressen, Walzwerken, Werkzeugmaschinenbau sowie in der Automation eingesetzt. Überall dort, wo Bewegungen und Kräfte winklig übertragen werden, finden u. a. Kegelradgetriebe ihre Anwendung.

2.6.4.1 Kegelradgetriebe, Grundformen

Die Grundformen der Kegelradgetriebe unterscheiden sich in den Bezugsflanken:

Geradverzahnungen:

> Die Flankenlinien der Planradverzahnung sind Geraden, die durch die Planradmitte gehen.

Schrägverzahnungen:

> Die Flankenlinien sind Geraden, die Flankenlinien bilden einen Kreis um die Planradmitte.

Bogenverzahnungen:

> Die Flankenlinien bilden Kurven, die Flankenlinien können beispielsweise Kreisbögen, Evolventen oder Zykloiden sein.

2.6.4.2 Geradverzahnte Kegelradgetriebe

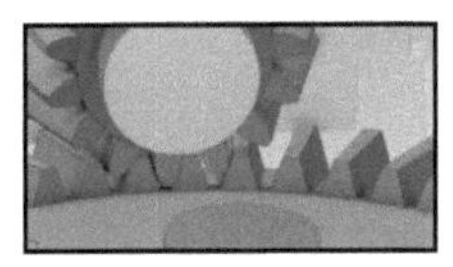

Das Geradzahnkegelrad als Maschinenelement wird schon um 1780 erwähnt, die ersten Patente wurden um 1876 an William Gleason erteilt. Geradzahnkegelräder haben trotz der Einengung ihres Einsatzbereiches noch ein weites Feld für die Verwendung. Die Grenzen ihres Einsatzes sind die Umfangsgeschwindigkeit, das Geräusch und die übertragbare Leistung.

2.6.4.3 Schrägverzahnte Kegelradgetriebe

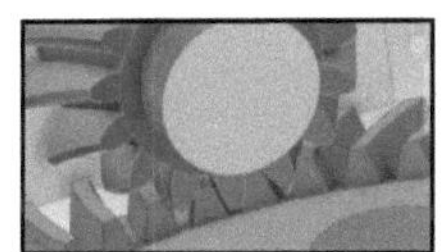

Das Schrägzahnkegelrad wird wie das Geradzahnkegelrad konstruiert und gefertigt mit dem Unterschied dass die Flankenlinien einen Kreis um die Planradmitte tangieren, ansonsten hat die vorne gemachte Aussage für das Geradzahnkegelrad auch ihre Richtigkeit.

2.6.4.4 Bogenverzahnte Kegelradgetriebe

Bei Spiralkegelrädern setzt sich der Gesamt-Überdeckungsgrad aus dem Profilüberdeckungsgrad und der Sprungüberdeckung zusammen. Damit Vergrößerung des mittleren Spiralwinkels die Sprungüberdeckung zunimmt, lässt sich also durch Änderung des Spiralwinkels bei gleichbleibendem Eingriffswinkel der Gesamt-Überdeckungsgrad wesentlich verändern. Der Anwendungsbereich von Spiralkegelrädern setzt dort ein, wo Geradzahn- Kegelräder bzw. Schrägzahnkegelräder die gestellten Forderungen nicht mehr erfüllen können

2.6.4.5 Kegelräder, Kegel-Zahnradpaarungen, Klassifizierung

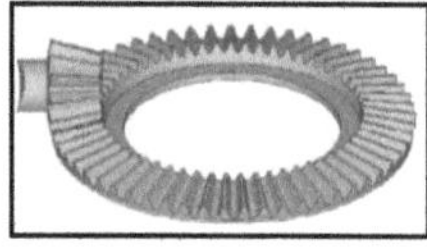

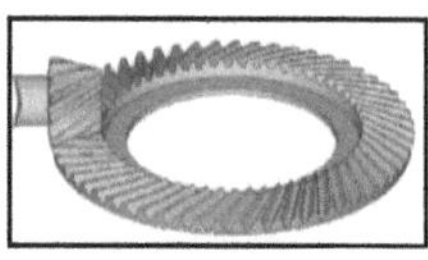

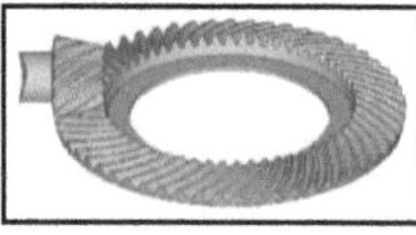

Kegelräder können nach verschiedenen Merkmalen klassifiziert werden.
Diese betreffen den Verlauf der Zahnhöhe entlang der Zahnbreite, die Art der Flankenlängslinie, d.h. gerade- oder gekrümmte Zähne, die Kurvenform der Flankenlängslinie, den Achsversatz, die Art des Teilverfahrens- kontinuierlich oder einzelteilend, das Erzeugungsverfahren- Wälzen oder Tauchen und das Herstellverfahren.

Weitere Unterscheidungskriterien sind die Art und Form der Flankenlängslinie der Kegelradverzahnung auf dem sogenannten Planrad. Nach der Art der Flankenlängslinie werden Kegelräder unterschieden:

Geradverzahnte Kegelräder, schrägverzahnte Kegelräder und spiralverzahnte Kegelräder.

Bei spiralverzahnten Kegelrädern ist eine weitere Unterteilung im Hinblick auf die Form der Flankenlängslinie möglich:

Kreisbogen, verlängerte Epyzikloide, Evolvente und verlängerte Hypozykloide.

Weiterhin kann man Kegelräder hinsichtlich des Achsversatzes unterscheiden:

Kegelräder ohne Achsversatz besitzen sich schneidende Achsen, während sich bei Kegelrädern mit Achsversatz, sogenannten Hypoidrädern, die Achsen kreuzen. In diesem Fall wird zwischen solchen mit positivem oder negativem Achsversatz unterschieden.

Beim Verlauf der Zahnhöhe entlang der Zahnbreite wird zwischen konstanter und veränderlicher Zahnhöhe differenziert. Bei konstanter Zahnhöhe sind der Kopfkegelwinkel und der Fußkegelwinkel gleich groß, so dass die Zahnhöhe über die Zahnbreite konstant bleibt. Kopf- und Fußkegelwinkel weichen bei Kegelrädern mit veränderlicher Zahnhöhe voneinander ab, somit ergibt sich eine über die Zahnbreite proportionale Veränderung der Zahnhöhe. Der Zahn ist dann am kleinen Durchmesser des Kegelrades kleiner als am großen Durchmesser.

2.6.5 Schneckengetriebe

Schneckengetriebe sind eine Kategorie der Schraubwälzgetriebe und bestehen aus einer schraubenförmigen sogenannten Schnecke, die bei Drehbewegung ein eingreifendes Zahnrad (Schneckenrad) dreht.

Im Gegensatz zu den Wälzgetrieben ist auch ein Gleiten zur Bewegung erforderlich. Dieses kommt durch die funktionsbedingte Relativbewegung der Berührungsflächen von Schnecke und Schneckenrad zustande. Dies ist der Hauptgrund für den bei hohen Übersetzungen niedrigen Wirkungsgrad und die meist notwendige Kühlung dieser Getriebe. Dies ist gleichzeitig der Grund dafür, dass das Schneckengetriebe der geräuschärmste Verzahnungsantrieb ist. Aufgrund der Linienberührung und mehrfachem gleichzeitigem Zahneingriff zeichnet sich die Schneckenverzahnung durch eine sehr hohe Belastbarkeit aus.

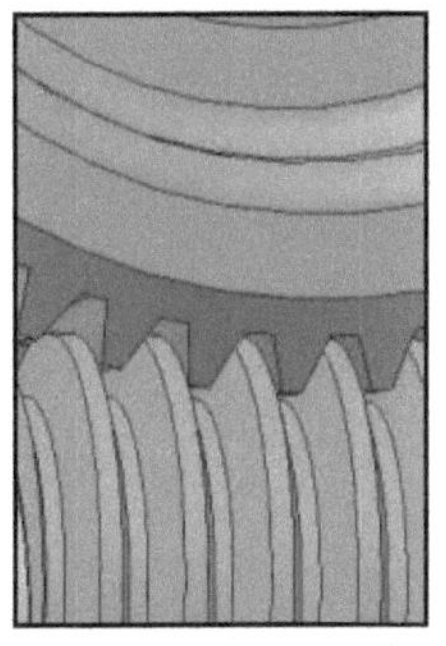

Ein Schneckengetriebe besteht aus einer, mit einem, oder mehreren Schraubengängen versehenen, Welle, der Schnecke, und einem darin kämmenden schrägverzahnten Rad, dem Schneckenrad. Die Achsen der beiden sind zumeist um **90°** versetzt. Spezielle Einsatzgebiete für ein solches Getriebe sind dort, wo in einem Schritt hohe Untersetzungen und Selbsthemmung gefragt sind. Es gibt links- und rechtssteigende Schnecken. Beide Drehrichtungen sind gleichermaßen möglich. Der Antrieb der meisten Anwendungen erfolgt über die Schnecke.

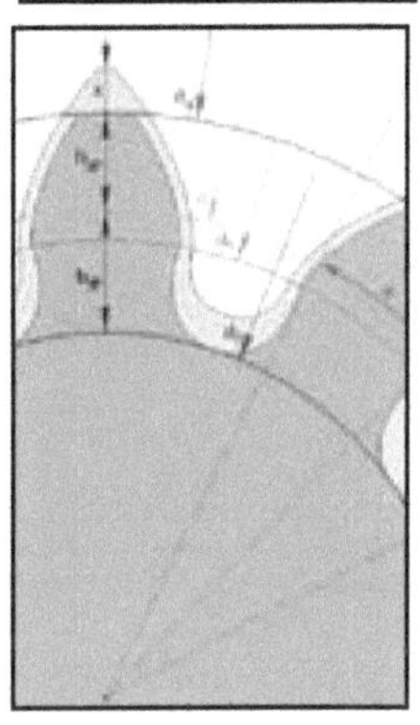

Das Übersetzungsverhältnis berechnet sich als Quotient der Zähnezahl des Schneckenrades durch die Gangzahl der Schnecke. Bei Antrieb von der Schnecke erfolgt eine Drehzahlwandlung ins Langsame, bei Antrieb vom Rad hingegen erfolgt eine Erhöhung der Drehzahl. Selbsthemmung tritt durch die Gleitreibung zwischen Schnecke und Schneckenrad auf, jedoch nur bei hoher Übersetzung, geringen Gangzahlen und einem Steigungswinkel der Schnecke von ca. < 5°. Sie bewirkt, dass mittels selbsthemmender Schneckengetriebe die Drehzahl nur stark reduziert, jedoch nicht stark erhöht werden kann.

2.6.5.1 Die Schneckenwelle

Generell ist die Schnecke eine Sonderform eines schrägverzahnten Zahnrades. Der Winkel der Schrägverzahnung ist so groß, dass ein Zahn sich mehrfach schraubenförmig um die Radachse windet. Der Zahn wird in diesem Fall als Gang bezeichnet. Es gibt eingängige oder mehrgängige Schnecken. Übliche Werkstoffe für Schnecken sind Einsatz- oder Nitrierstähle. Die Oberfläche erhält durch Einsatzhärten oder Nitrieren eine verschleißfeste Schicht.

2.6.5.2 Das Schneckenrad

Schneckenräder bestehen überwiegend aus Zinn-Bronzen (CuSn) und werden ab einer bestimmten Größe aus Kostengründen als Radkränze gefertigt, welche auf günstigere Grundkörper, z.B. aus Stahlguss, montiert werden. Die Herstellung erfolgt im Strangguss für kleine und untergeordnete Verzahnungen oder als Schleuderguss bei höheren Festigkeitsansprüchen im Verzahnungsbereich. Bronze eignet sich aufgrund der guten Notlaufeigenschaften in Verbindung mit Stahl für den Getriebebau. Bei hohen zu übertragenden Momenten wird auf Sondermessing oder Aluminiumbronze zurückgegriffen.

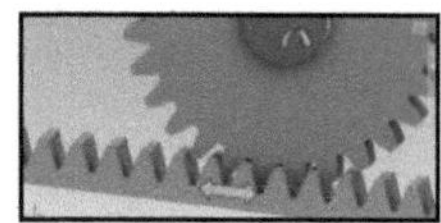

2.6.6 Zahnstangengetriebe

Zahnstangen sind gerade Stangen mit Zahnprofil. Sie ermöglichen eine Umwandlung einer Rotation in eine lineare Bewegung und umgekehrt. Die Bewegungsfreiheit ist jedoch eingeschränkt, da die Stange in der Länge begrenzt ist und somit nur eine abwechselnde Bewegung in die zwei entgegengesetzten Richtungen längs zur Stange zulässt. Man erstellt entweder die Zähne der Zahnstange eben und dann werden die Zähne des Rades nach der Kreisevolvente gekrümmt, oder man erstellt die Zähne des Rades radial und dann sind die Zähne der Zahnstange nach der gemeinen Zykloide zu krümmen. Man kann die Zahnstange auch als ein Zahnrad von unendlich großem Halbmesser ansehen. Die Geometrie der Zahnstange entspricht der abgewickelten Geometrie eines Zahnrades mit Evolventen-, Zykloiden- oder Konchoidenverzahnung. Der Abstand von einem Zahn zum nächsten Zahn ist die Teilung einer Zahnstange. Die Teilung dividiert durch π (pi) ergibt den Modul der Zahnstange. Die Zahnstange zu einem Zahnrad mit Evolventenflanken hat gerade Flanken.

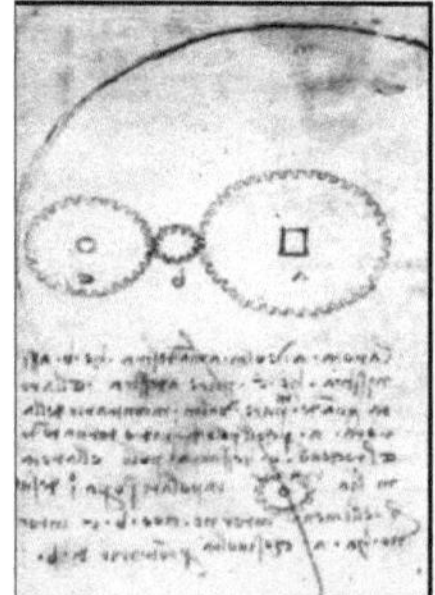

2.6.7 Planetengetriebe, Umlaufgetriebe

Leonardo da Vinci schrieb die ersten Theorien und fertigte erste Skizzen über ein Planetengetriebe an. Die Planetengetriebe, wie wir sie heutzutage in verschiedenen Bereichen einsetzen, basieren auf diesen ersten Aufzeichnungen.

Das Planetengetriebe wird in verschiedenen Bereichen eingesetzt, wie in der Nabenschaltung beim Fahrrad, im Kraftfahrzeug-Automatikgetriebe, das aus mehreren hintereinander gesetzten Planetengetrieben besteht, als Differentialgetriebe in Kraftwerken und im Modellbau. Es gibt mehrere Vorteile, die für das Planetengetriebe sprechen, wie große Übersetzung auf kleinem Raum, Wellen werden nur auf Torsion und nicht auf Biegung beansprucht, einzelne Zähne werden aufgrund der Kraftverteilung auf mehrere Planetenräder nur gering belastet, es gibt keine freien Lagerkräfte. Aus den genannten Vorteilen ergibt sich auch ein relativ hoher Wirkungsgrad. Auf dem Schaubild sind folgende Elemente zu sehen: die Planetenräder, das Sonnenrad, das Hohlrad und der Planetenträger. Die Welle des Hohlrades und die des Sonnenrades liegen auf einer Linie, sind aber getrennt. Die Planetenräder sind mit dem Planetenträger verbunden und bilden mit diesem zusammen ein Getriebeelement. Es gibt mehrere Möglichkeiten, wie man ein Planetengetriebe nutzt und demnach auch mehrere Übersetzungen, die daraus resultieren. Eine davon ist, wenn das Hohlrad feststeht und eine Übersetzung von Sonnenrad zum Planetenträger entsteht. Man kann auch das Sonnenrad festlegen und die Übersetzung mit beispielweise dem Hohlrad als Antriebs- und den Planetenträger als Abtriebswelle nutzen.

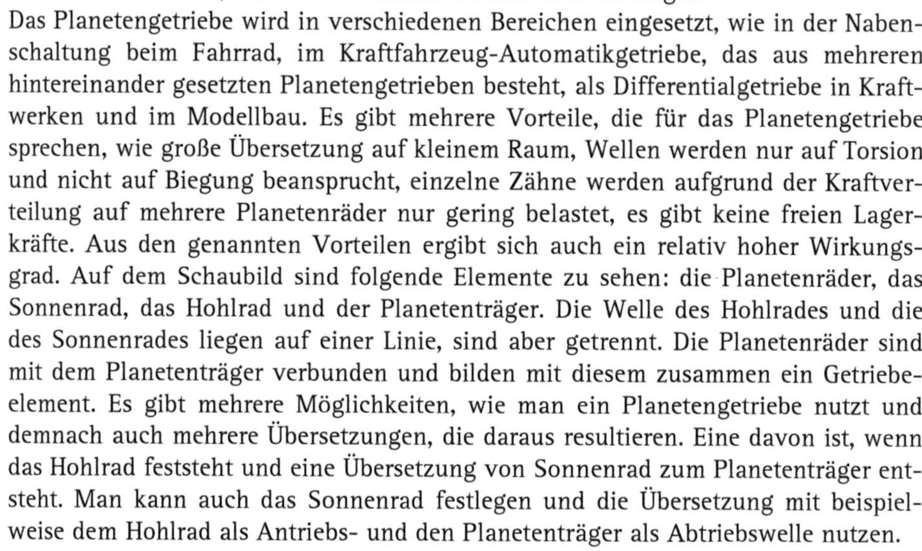

2.6.8 Rollenkettentrieb

Kettengetriebe sind Zugmittelgetriebe. Sie übertragen Drehkräfte mit festem oder wechselbarem Übersetzungsverhältnis über eine Kette. Sie arbeiten in der Regel über Kettenräder und zählen zu den formschlüssigen Getrieben. Ein Lamellenkettengetriebe verwendet eine Kette, deren seitlich verschiebbare Lamellen Formschluss mit zwei genuteten stumpfen Kegelscheiben haben. Während bei kraftschlüssigen Bewegungsübertragungen immer ein gewisses Maß an Schlupf auftritt, bewegen sich beim Kettentrieb die Antriebs- und Abtriebswelle immer völlig synchron zueinander. Formschlüssige Kettentriebe sind die häufigste Ausführungsform. Als Antriebskette wird hauptsächlich die sogenannte Rollenkette verwendet.

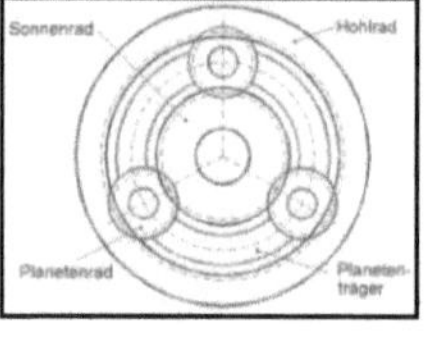
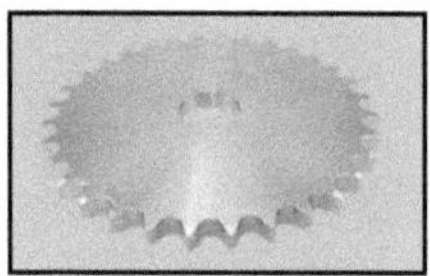

2.6.9 Das Differenzial-Getriebe

2.6.9.1 Differential-Getriebe im Fahrzeugbau

Diese Form des Getriebes wurde schon von Leonardo da Vinci skizziert. Die Lösung dieses Problems fand **Onésiphore Pecqueur** (1792–1852). Sein 1828 patentiertes Dampfautomobil war ein Meilenstein des Fahrzeugbaus. Die angetriebene Hinterachse enthielt ein Differenzialgetriebe, das den gleichzeitigen Antrieb beider Räder ermöglicht, obwohl sich diese in Kurven mit unterschiedlichen Geschwindigkeiten drehen. Dies war vermutlich der erste Einsatz eines Differenzialgetriebes.

Onésiphore Pecqueur

2.6.9.2 Das White'sche Dynamometer

Das Dynamometer von James White war zur Messung von Drehmomenten, Kräften und Leistungen im laufenden Betrieb. Das White'schen Dynamometers ist hauptsächlich bei Vorgängen mit zeitlich schwankenden Leistungen und Momenten eingesetzt worden.

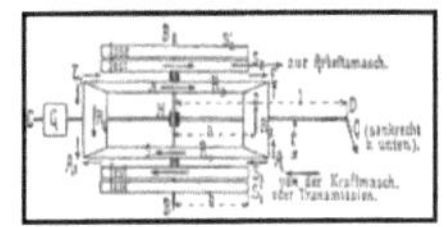

White'sches Dynamometer

2.6.9.3 Das White'sche Differenzialrad

Seinen Ursprung hat der Name vermutlich in einer anderen Erfindung von James White, seiner „Differential Combination of Wheels", in Deutschland damals Differenzialrad genannt. Dieses Differenzialrad war vor 1820 im Conservatoire des Arts et Métiers in Paris ausgestellt, wo es Onesiphore Pecqueur gesehen hatte. Sein Zweck war das Erzielen großer Übersetzungen mit wenigen Rädern. Obwohl das White'sche Differenzialrad der Namensgeber für das Differenzialgetriebe war, ist es wegen der leicht verschiedenen Zahnzahlen im heutigen Sinn gar kein Differenzialgetriebe mehr, sondern fällt in die allgemeinere Klasse der Umlaufrädergetriebe oder Planetengetriebe.

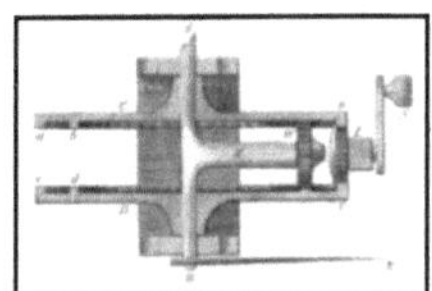

White'sches Differenzialrad

2.6.9.4 Äquationsuhren

Ein Differenzialgetriebe wurde nämlich schon mehr als hundert Jahre zuvor in einer Uhr verwendet. Joseph Williamson baute um das Jahr 1720 eine Pendeluhr mit zwei Ziffernblättern, einem auf der Vorderseite mit der wahren Sonnenzeit und einem auf der Rückseite mit der mittleren Sonnenzeit. In dieser Uhr befindet sich zwischen den beiden Minutenzeigern ein Differenzialgetriebe.

2.6.9.5 Kompasswagen

Im dritten Jahrtausend vor Christus soll der Gelbe Kaiser Huáng Dì einen Kompasswagen erfunden haben, um seinen Truppen die Orientierung im dichten Nebel zu ermöglichen. Aus der Auswertung schriftlicher Quellen wird als wahrscheinlich angesehen, dass der Ingenieur Ma Jun (ca. 200–265 n. Chr.) einen Kompasswagen konstruierte. Die Idee des Kompasswagens ist die eines Wagens, der die zurückgelegte Strecke ermittelt oder verkündet. Die Streckenmessung wird ermöglicht durch ein Getriebe, das die Bewegung eines der Laufräder ins Langsame übersetzt. Diese Idee führte den britischen Ingenieur George Lanchester (1874–1970) zur heute weitgehend geteilten Vermutung, dass ein Differenzialgetriebe zentraler Bestandteil der ersten Kompasswagen war. Kompasswagen waren mit Sicherheit niemals praxistauglich: Eine landschaftliche Ebene ist immer noch keine mathematische Ebene, Unterschiede in der Radgröße verursachen sich aufsummierende Abweichungen, permanente Bodenhaftung kann kaum sichergestellt werden.

2.6.10 Kupplungen, technische Vorbemerkungen

Kupplungen dienen vor allem zur Übertragung von Rotationsenergie wie Drehmomenten und Drehbewegungen zwischen zwei Wellen oder einer Welle mit einem auf ihr drehbeweglich sitzenden Bauteil.

Neben dieser Hauptfunktion haben Kupplungen den Ausgleich von radialen, axialen und winkligen Wellenverlagerungen sowie Drehmomentstöße mildern oder dämpfen, sowie Ein-und Ausschalten der Drehmomentübertragung als Zusatzfunktionen.

2.6.10.1 Leitungsfunktion

Das Drehmoment, auch in Verbindung mit Längs-und Querkräften wird durch Form-und/oder Kraftschluss an einer oder mehreren Wirkflächen übertragen, wobei zwischen geschaltete Elemente eine große Variation der Eigenschaften zulassen. Kraftfluss kann durch Reibung, elektromagnetisch oder hydrodynamisch, erreicht werden.

2.6.10.2 Ausgleichsfunktion

Fluchtungs- oder Lagefehler von Wellen zueinander sollen ausgeglichen, Stöße bzw. Schwingungen gemildert oder gedämpft werden. Ursache von Fluchtungs- oder Lagefehler können u.a. elastische Verformungen der Wellen und Lager unter Belastung, unterschiedliche Erwärmung der Maschinenteile und Ausrichtfehler bei der Montage sein. Der Versatz kann axial, radial, winklig oder in Drehrichtung sein und durch Gelenke bzw. formschlüssige Schiebe-sitze als bewegliche Zwischenglieder oder elastische Elemente ausgeglichen werden.

2.6.10.3 Schaltfunktion

Bei Schaltkupplungen ist zusätzlich das Schalten zu betrachten, welches fremdbetätigt oder selbstschaltend erfolgen kann. Zum Selbstschalten kann das Drehmoment bei Sicherheitskupplungen genutzt werden, die Drehzahl bei Fliehkraftkupplungen und die Drehrichtung bei Freilaufkupplungen.

Auch hier kann durch Kombination der für das Aufbringen der Schaltkraft nutzbaren physikalischen Effekte wie energiespeichernde Feder, Fliehkraft, hydraulische, pneumatische, elektromagnetische Kraft, sowie Reibung zur Momentübertragung die für die jeweilige Aufgabe angepasste Kupplung ausgewählt werden. Zusätzlich ist zu entscheiden, ob die Kupplung nur trennbar oder schaltbar ausgeführt sein muss.

2.7 Bewegungsstudien Kapitel 15 (Support-DVD)

2.7.1 Animierte Bewegungen in Baugruppen, ein geschichtlicher Überblick

Nach der Geometrie ist die Mechanik in der Menschheitsgeschichte der zweite Versuch, mit wissenschaftlichen Mitteln einen Teil der Welt zu verstehen und diese auch zu verändern. Man kann die Geschichte in zwei Perioden einteilen, -die 2000 Jahre von **Aristoteles** bis zu **Newton** und in die 200 Jahre danach bis zu Entstehen der **Modernen Physik** nach 1900 mit relativistischer Mechanik und Quantenmechanik.

2.7.1.1 Der Weg zum physikalischen Kraftbegriff von Aristoteles bis Newton

Kraft wird heute dynamisch als Ursache der zeitlichen Änderung des Bewegungszustands eines Körpers definiert. Vor dieser, auf Newton zurückgehender, Festlegung lagen viele Jahrhunderte, in denen andere Kraftkonzepte verfolgt wurden. Newton vollzog den entscheidenden Schritt, Kraft nicht mehr, wie bei **Aristoteles** oder in der **Impetustheorie** zur Erklärung der Bewegung selbst einzuführen, sondern zur Beschreibung der Änderung eines Bewegungszustandes. Aber auch nach Veröffentlichung der **Principia** mit den drei berühmten Axiomen von **Newton** im Jahre 1687 dauerte es bis zur Mitte des 19. Jahrhunderts bis sich in der Physikergemeinschaft eine bewusste, klare Trennung zwischen den Konzepten Kraft und Energie etabliert hatte Interessant ist die historische Genese des Zusammenhangs von Kraft und Bewegung auch durch die Parallelität mancher Schülervorstellungen zur Mechanik mit historischen Denkweisen.

Die Forscher des 17. Jahrhunderts fanden immer mehr Gesetze, mit denen sie die Wirkung von Kräften mathematisch beschreiben konnten. So erkannte der niederländische Forscher **Huygens**, dass eine Kraft notwendig ist, um einen Körper auf einer Kreisbahn zu halten. Ähnliche Forschungen betrieb auch **Descartes** (1596–1650) in Frankreich. Er untersuchte darüber hinaus die Gesetzmäßigkeiten bei Stößen zwischen Kugeln. Alle zusammen bereiteten sie den Weg für **Newton** (1642–1727), der in der zweiten Hälfte des 17. Jahrhunderts die Beobachtungen seiner Vorgänger in fundamentalen physikalischen Gesetzen zusammenfasste.

2.7.1.2 Die Bewegungslehre des Aristoteles

Schon im Altertum beschäftigte man sich mit den Ursachen der Bewegungen und entwickelte Vorstellungen, die erheblich von den heutigen Überzeugungen abweichen, die aber als Alltagsvorstellungen bei Lernenden häufig zu finden sind. In den Schriften des **Aristoteles** (384-322 v. Chr.) werden die Vorstellungen vom Aufbau des Kosmos und daraus resultierend die Erklärung des Ablaufs von Bewegungen dargestellt. Mit geringen Abänderungen hielt sich die Lehre der alten Griechen bis etwa in das 16. Jahrhundert also ca. 2000 Jahre lang.

Aristoteles

Aristoteles teilt irdische Bewegungen in zwei Klassen ein, in *natürliche* und *erzwungene*. Im geordneten Universum des **Aristoteles** hat jeder Körper die innere Tendenz, sich in natürlicher Bewegung dem ihm zukommenden Ort zu nähern. Das Leichte strebt nach oben, das Schwere nach unten.

Aus diesem Grund steigen Luftblasen im Wasser nach oben und fällt ein Stein zu Boden. Im Gegensatz zu der natürlichen Bewegung erfordert erzwungene Bewegungen einen aktiven äußeren Beweger, oder eine ständig wirkende Kraft. Nur dadurch kann sich ein Körper von seinem natürlichen Ort entfernen oder von einer natürlichen Bewegung abweichen. Der Begriff **Kraft** bezeichnet in zwei miteinander verwobenen Bedeutungen eine Bewegungsfähigkeit, die vom speziellen Beweger abstrahiert ist. Zum einen ist Kraft das Vermögen, einen Köper in einer bestimmten Zeit über eine Strecke zu bewegen, zum anderen benennt Kraft die Fähigkeit, einen Körper aus dem natürlichen Ruhestand in Bewegung zu setzen. Das aristotelische Kraftkonzept ist begrifflich allgemein gut anwendbar.

> Ein Körper bewegt sich nur bei ständiger Krafteinwirkung.
> Je größer die Kraft desto größer die Geschwindigkeit.
> Ruhe und Bewegung sind wesensmäßig zu unterscheidende Zustände.
> Kraft bedeutet Bewegungs- oder Wirkungsvermögen.

2.7.2 Grundlagen der mechanischen Simulation, ein geschichtlicher Überblick

Newton wurde nach dem Tode seines Vaters geboren und wuchs bei der Mutter und Großmutter auf. Er besuchte die Dorfschule, später die Lateinschule des Nachbarstädtchens Grantham. Ein Onkel, der Pfarrer war, bewirkte, dass der Knabe nicht den väterlichen Bauernhof übernehmen musste, sondern seiner starken Neigung zu mathematischen Studien, experimentellen Untersuchungen und handwerklichen Konstruktionen folgen durfte. So bezog er mit 18 Jahren die Universität Cambridge und hatte dort das Glück, in **Isaac Barrow** einen Mathematiklehrer zu finden, der seine Begabung förderte. Als 1665 die Pest England heimsuchte, verbrachte **Newton** zwei Jahre daheim in Woolsthorpe. Er hat selber bekannt, dass er damals in der Blüte seiner schöpferischen Kräfte stand. Sowohl seine Leistungen in der Infinitesimalrechnung wie in der Mechanik und Optik haben ihre Wurzel in jener Zeit.

2.7.2.1 Die Newton'schen Axiome

Newton hat aus den vier Basisdefinitionen seine Newton'schen Axiome, **Philosophiaenaturalis principia mathematica** entwickelt.

Die vier Basisdefinitionen lauten:

- Die **Menge der Materie** (Masse) ist die multiplikative Vereinigung von Dichte und Volumen.
- Die Bewegungsgröße ist die multiplikative Vereinigung von Masse und Geschwindigkeit.
- Die der Masse innewohnenden Kraft ist ihr Widerstandsvermögen (Trägheit). Durch dieses verharrt ein Körper von sich aus entweder im Zustand der Ruhe oder der geradlinigen gleichförmigen Bewegung.
- Eine einwirkende Kraft ist das gegen einen Körper ausgeübte Bestreben, seinen Bewegungszustand zu ändern, entweder den der Ruhe oder den der gleichförmigen geradlinigen Bewegung.

Newton

Newton'schen Axiome

Newton entwickelt daraus seine drei Axiome der Mechanik:

- **Trägheitsaxiom:**
  Jeder Körper bleibt in Ruhe oder gleichförmiger geradliniger Bewegung,
  wenn er nicht durch äußere Kräfte gezwungen wird, diesen Zustand zu ändern. Der Zustand eines Körpers ändert sich nicht, solange die Summe der
  auf ihn einwirkenden Kräfte Null ist, solange die auf ihn einwirkenden Kräfte
  sich im Gleichgewicht befinden.

- **Bewegungsaxiom:**
  Die Änderung der Bewegungsgröße ist proportional der aufgebrachten Kraft
  und geschieht in Richtung der geraden Linie, in welcher die aufgebrachte
  Kraft wirkt.

- **Reaktionsaxiom:**
  Zu jeder Einwirkung gibt es immer eine entgegengesetzte und gleiche Gegenwirkung, die wechselseitigen Beeinflussungen zweier Körper aufeinander
  sind immer gleich und entgegengesetzt. Die Erkenntnis, dass eine Wirkung
  (actio) immer eine Gegenwirkung (reactio) hervorruft, war zu Newton's Zeit
  neu.

Das Trägheitsaxiom wurde schon von Galilei formuliert stellte sein Gesetz der Trägheit in seiner berühmten Arbeit **Discorsi e dimostrazione matematiche** (1638) auf,
und zwar als ein Ergebnis seiner Untersuchungen über den freien Fall. Obwohl es
im Bewegungsaxiom enthalten ist, wird es immer separat aufgeführt, da es wesentlich zum Umsturz der vorherrschenden aristotelischen Naturphilosophie beitrug und
somit den Weg zur Entwicklung der modernen Physik freimachte. Das Reaktionsaxiom war schon auf dem Gebiet der Statik bekannt. Sein Anwendungsbereich
wurde von Newton auf die Kinetik erweitert.

Die Theorien des **Aristoteles** beherrschten fast 2000 Jahre nahezu unverändert das
naturwissenschaftliche Denken. Nur wenige wagten es, seine Ausführungen in
Zweifel zu ziehen, und diese wenigen konnten sich nicht gegen die Autorität des
Aristoteles durchsetzen. Es war der in Pisa geborene **Galileo** (1564-1642), der seine
Argumentationen mit so viel Überzeugungskraft darstellen konnte, dass sie schließlich doch den Sturz des Weltbildes von **Aristoteles** einleiteten. Aber auch *Galileo*
musste vorsichtig ans Werk gehen, denn das Weltbild **Aristoteles** entsprach der
kirchlichen Lehre.

Die mathematische Formulierung wurde von *Euler* eingeführt.

Euler (1707-1783) war der erste, der die **Newton'schen Grundgesetze** in kartesi-
schen Koordinaten formulierte Entdeckung (1752). **Euler** zeigte in dieser Arbeit,
dass es möglich war, auf der Grundlage der **Newton'schen Axiome** eine Theorie zu
entwickeln, die das gesamte Gebiet der Mechanik umfasst.

Galileo Galilei

Euler

2.7.3 Begriffe der Mechanik

- **Statik:**

Die Statik ist ein Teilgebiet der Mechanik, die sich mit dem Gleichgewicht von Kräften an Körpern befasst.

- **Mechanik:**

Die Mechanik ist ein Teilgebiet der Physik und befasst sich mit der Bewegung von Körpern (Kinematik) und der Einwirkung von Kräften (Dynamik).

- **Kinematik:**

Die Kinematik (griechisch: kinema-die Bewegung) ist die Lehre von der Bewegung von Punkten, Elementen und Körpern im Raum, beschrieben durch die Größen:

Weg: Änderung der Ortskoordinate

Geschwindigkeit: Geschwindigkeit und Beschleunigung, ohne die Ursachen einer Bewegung und der Kräfte zu betrachten.

- **Dynamik:**

Die Dynamik ist ein Teilgebiet der Mechanik und beschreibt das Verhalten von Körpern unter Einwirkung von Kräften im Raum.

2.7.4 Beschreibung der Bewegung

Die Bewegung kann in Bewegungen der Translation und Bewegungen der Rotation unterteilt werden. Die wichtigsten Bewegungsartender Translation sind die geradlinige gleichförmige Bewegung, die gleichmäßig beschleunigte Bewegung und die gleichmäßig verzögerte Bewegung.

Eine Rotation ist eine Bewegung, bei der alle Punkte des bewegten Körpers konzentrische Kreise beschreiben. Bei einer Rotation dreht sich der Körper nicht um seine eigene Achse.

Eine Translation ist eine Bewegung, bei der alle Punkte des bewegten Körpers kongruente Bahnen beschreiben. Bei einer Translationsbewegung dreht sich der Körper nicht um seine eigene Achse.

Eine Bewegung verläuft geradlinig, wenn die Richtung der Geschwindigkeit konstant ist. Wenn der Betrag der Geschwindigkeit konstant ist, so spricht man von einer gleichförmigen Bewegung.

Ändert sich die Geschwindigkeit, so ist die Beschleunigung ungleich Null. Wirkt eine konstante Beschleunigung in Richtung der Geschwindigkeit, so spricht man von einer gleichmäßig beschleunigten Bewegung. Eine Bewegung ist gleichmäßig verzögert, wenn die konstante Beschleunigung zur Geschwindigkeit in entgegengesetzter Richtung wirkt.

2.7.5 AutoDesk Inventor 2025, Bewegungsstudien, Grundlagen

2.7.5.1 Baugruppen–Abhängigkeiten

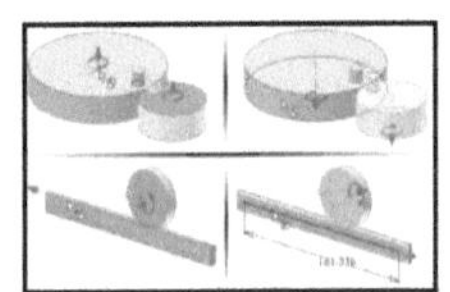

Bewegungsstudien sind grafische Simulationen von Bewegungen für Baugruppen-modelle. Sie können visuelle Eigenschaften wie Beleuchtung und Kameraperspektive in eine Bewegungsstudie integrieren.

Bewegungsstudien ändern ein Baugruppenmodell oder seine Eigenschaften nicht. Sie simulieren und animieren die Bewegung, die Sie für ein Modell festlegen. Sie können Autodesk Inventor-Verknüpfungen verwenden, um die Bewegung von Komponenten in einer Baugruppe beim Modellieren von Bewegung einzuschränken.

Verwenden Sie die Bewegungssimulation für die Erstellung von Bewegungssimulationen, die präsentiert werden können, für Bewegungen, in denen Masse oder Schwerkraft nicht berücksichtigt werden müssen.

Verwenden Sie die Basisbewegung für die Erstellung von ungefähren Bewegungssimulationen, die präsentiert werden können, für Bewegungen, in denen Masse, Kollisionen oder Schwerkraft berücksichtigt werden.

Verwenden Sie die Bewegungssimulation, um rechnerisch leistungsfähige Simulationen auszuführen, die die Physik der Baugruppenbewegung berücksichtigen. Dieses Werkzeug beansprucht unter den drei Optionen die höchste rechnerische Leistung. Je besser Ihr Verständnis der Physik der erforderlichen Bewegung ist, umso besser sind die Ergebnisse. Sie können die Bewegungsanalyse für Stoßanalysestudien verwenden, um die Komponentenreaktion auf verschiedene Krafttypen verstehen zu können.

Baugruppen-Abhängigkeiten (Bauteil nach Abhängigkeiten bewegen) steuern nicht die Bewegung zwischen Komponenten, sondern simulieren mechanische Bewegungen einer einzigen Komponente durch Animation einer Abhängigkeit in einer Reihe von Schritten. Sie können zwei Komponenten jedoch animieren, indem Sie mithilfe einer Gleichung algebraische Abhängigkeiten zwischen Komponenten erstellen. Ein Vorgang Bauteil nach Abhängigkeiten bewegen ist eine temporäre Animation.

Bewegungs-Abhängigkeiten geben Bewegungsverhältnisse zwischen Komponenten für die Drehung oder für Drehung und Translation an. Diese Abhängigkeiten sind nützlich zum Angeben der Bewegung von Zahnrädern und Riemenscheiben, von Zahnstange und Ritzel. Sie können auch die Bewegung zwischen Komponenten anderer Hersteller angeben, wie z. B. eines Getriebes und der Eingangs-und Ausgangswelle. Verwenden Sie Arbeitsgeometrie und Baugruppen-Abhängigkeiten zum Einschränken des Bewegungsbereichs.

Baugruppenabhängigkeiten bestimmen, wie sich Komponenten in der Baugruppe aneinander fügen. Wenn Sie Abhängigkeiten anwenden, entfernen Sie Freiheitsgrade und beschränken somit den Bewegungsspielraum der Komponenten. Sie können Werte für Maximal-, Minimal- und Ruheposition eingeben, um den zulässigen Bewegungsbereich für eine Abhängigkeit festzulegen.

Abhängigkeiten werden erstellt, indem Sie entweder den Befehl **Abhängig machen**, **Verbinden** oder den Befehl **Zusammenfügen** verwenden.

Abhängig
machen

2.7.5.2 Befehl „Abhängig machen"

Wählen Sie einen Abhängigkeitstyp, um das Dialogfeld Abhängigkeit platzieren zu aktualisieren, und wählen Sie dann die Objekte aus, die Sie mit einer Abhängigkeit versehen wollen. Zusätzlich zum Erstellen der Abhängigkeit können Sie den Namen des Browsers ändern und Grenzwerte anwenden.

Als Hilfe zur korrekten Positionierung von Komponenten können Sie die Auswirkungen einer Abhängigkeit in einer Vorschau anzeigen, bevor die Abhängigkeit angewendet wird. Nachdem Sie den Typ der Abhängigkeit und die zwei Komponenten ausgewählt sowie den Winkel oder Versatz bestimmt haben, werden die Komponenten an ihre festgelegte Position verschoben. Sie können die Einstellungen nach Bedarf anpassen und anschließend anwenden.

Gelenk

2.7.5.3 Befehl „Verbinden", Gelenk

Mit dem Befehl **Gelenk** kann der Verbindungstyp basierend auf der Ursprungsauswahl automatisch ermittelt werden. Sie können auch einen Gelenktyp auswählen und danach die Objekte, die positioniert und verbunden werden sollen. Zusätzlich zum Erstellen der Beziehung können Sie den Browser-Namen ändern und Grenzwerte anwenden.

Der Befehl **Gelenk** verschiebt die zuerst ausgewählte Komponente zur zweiten Auswahl. Falls erforderlich, werden vorhandene Beziehungen oder der Status Fixiert gelockert, um die erste Komponente zu verschieben. Als Hilfe zur korrekten Positionierung von Komponenten wird eine Gelenkvorschau der Auswirkungen angezeigt, bevor sie angewendet werden.

Zusammen-
fügen

2.7.5.4 Befehl „Zusammenfügen"

Wählen Sie die Objekte aus, die Sie mit einer Abhängigkeit versehen wollen, und wählen Sie die Art der Abhängigkeit aus. Ein kleiner Werkzeugkasten wird im Grafikfenster anstelle eines Dialogfelds angezeigt. **Zusammenfügen** wählt automatisch gültige Abhängigkeitstypen basierend auf Ihren Geometrieauswahlen aus. Wenn Sie beispielsweise planare Flächen auswählen, werden nur die Abhängigkeitstypen **Fläche-Passend**, **Fläche-Fluchtend** und **Winkel-Gerichtet** in der Liste angezeigt. Wenn Ihre erste Auswahl eine kreisförmige Kante ist, werden nur die Abhängigkeiten Einfügen-Entgegengesetzt und Einfügen-Ausgerichtet aufgelistet, und Ihre zweite Auswahl ist auf eine kreisförmige Kante beschränkt.

Der Befehl **Zusammenfügen** verschiebt immer die zuerst ausgewählte Komponente in die zweite Auswahl. Falls erforderlich, werden vorhandene Abhängigkeiten oder der Status **Fixiert** gelockert, um die erste Komponente zu verschieben. Wenn Sie den Befehl **Zusammenfügen** beenden, werden alle neuen und vorhandenen Abhängigkeiten berechnet. Wenn ein Konflikt vorliegt, wird das Dialogfeld **Abhängigkeitsverwaltung für Baugruppenerstellung** angezeigt, sodass Sie die Abhängigkeiten unterdrücken oder löschen können. Verwenden Sie diesen Arbeitsablauf zum Ändern der Position einer Komponente, wenn Sie ihre Abhängigkeit nicht kennen. Sie können die Position der Komponente ändern und dann jegliche Abhängigkeitskonflikte auflösen.

Einige Abhängigkeitstypen, wie **Bewegung, Translation, Winkel-Ungeleitet** und **Winkel-Expliziter Referenzvektor**, werden im Befehl **Zusammenfügen** nicht unterstützt. Sie können außerdem den Namen der Abhängigkeit nicht ändern oder Grenzwerte anwenden. Sie können die Abhängigkeit nach der Erstellung bearbeiten, um diese Einstellungen zu ändern.

2.7.6 Bauteil nach Beziehungen bewegen

Diese Funktion simuliert mechanische Bewegung, indem eine Beziehung eine Schrittsequenz durchläuft. Die Komponente wird um angegebene Schrittweiten und einen Abstand sequenziell verschoben. Die Animationseinstellungen definieren die exakte Bewegung entlang eines Vektors oder um eine Achse. Verwenden Sie diese Einstellungen, um Bewegung zu simulieren oder den Bewegungsbereich einer Komponente zu testen. Klicken Sie auf Weitere Optionen, um die Standardwerte für Inkrement und Wiederholungen zu überschreiben.

2.7.6.1 Baugruppen-Abhängigkeiten, Bewegung

Bewegungsabhängigkeiten dienen zum Angeben beabsichtigter Bewegungsverhältnisse zwischen Baugruppenkomponenten. Da diese nur offene Freiheitsgrade betreffen, treten keine Konflikte mit Positions-Abhängigkeiten, mit der Größenänderung adaptiver Bauteile oder mit der Verschiebung von fixierten Komponenten auf. Bewegungs-Abhängigkeiten werden im Browser angezeigt. Beim Klicken oder Bewegen des Mauscursors über einen Browser-Eintrag werden abhängige Komponenten im Grafikfenster hervorgehoben. Der Befehl **Bewegen** ist für Bewegungs-Abhängigkeiten nicht verfügbar. Bauteile mit Bewegungs-Abhängigkeiten können jedoch indirekt basierend auf der angegebenen Richtung und dem Verhältnis gesteuert werden.

2.7.6.2 Baugruppen-Abhängigkeiten, Drehung und Translation

Diese Optionen geben die Art der Abhängigkeit an und stellt den Modus dar, der die beabsichtigte Bewegung zwischen ausgewählten Komponenten zeigt. Kann auf lineare, ebene, zylindrische und konische Elemente angewendet werden. Sie können den Abhängigkeitstyp ändern, wenn das Dialogfeld während des Platzierens oder Bearbeitens von Abhängigkeiten geöffnet ist. Wenn der Cursor über einer Komponente liegt, zeigt ein Pfeil die Richtung der Abhängigkeiten an. Klicken Sie im Feld **Modus** auf **Vorwärts** oder **Umkehren**, um die Richtung zu ändern.

 Die Abhängigkeit **Drehung** gibt an, dass sich das erste ausgewählte Bauteil im angegebenen Verhältnis relativ zu einem anderen Bauteil dreht. Diese Abhängigkeit wird meist für Lager, Zahnräder und Riemenscheiben verwendet.

 Die Abhängigkeit **Drehung-Translation** gibt an, dass sich das erste ausgewählte Bauteil um den angegebenen Abstand relativ zur Translation eines anderen Bauteils dreht. Diese Abhängigkeit wird meist zur Anzeige ebener Bewegung, z. B. bei Zahnstange und Ritzel, verwendet.

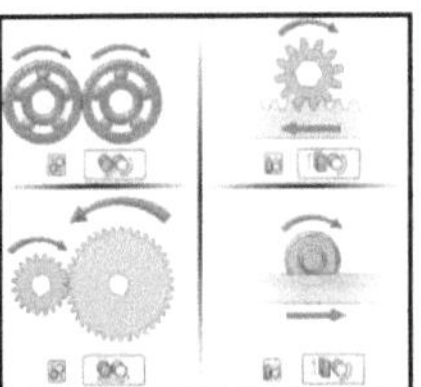

2.7.6.3 Baugruppen-Abhängigkeiten, Verhältnis und Abstand

Diese Optionen geben die Bewegung der ersten ausgewählten Komponente relativ zur zweiten ausgewählten Komponente an.

- **Verhältnis:**

Bei DrehungsAbhängigkeiten gibt das Verhältnis an, wie viele Umdrehungen die zweite Komponente bei einer Umdrehung der ersten Komponente durchführt. Ein Wert von beispielsweise 4,0 (4:1) dreht die zweite Komponente um vier Einheiten, wenn sich die erste Komponente um eine Einheit dreht. Ein Wert von 0,25 (1:4) dreht die zweite Komponente um eine Einheit, wenn sich die erste Komponente um vier Einheiten dreht.

- **Abstand:**

Bei Abhängigkeiten des Typs **Drehung-Translation** gibt der Abstand an, um wie viel sich die zweite Komponente relativ zu einer Umdrehung der ersten Komponente bewegt. Ein Wert von beispielsweise 4,0 mm verschiebt die zweite Komponente um 4.0 mm, wenn die erste Komponente eine vollständige Umdrehung macht. Ist die erste Komponente eine zylindrische Fläche, berechnet Autodesk Inventor einen Standardabstand, und zwar den Umfang der ersten Komponente, und zeigt ihn an.

Die Parameter für Verhältnis und Abstand werden verwendet, um einen Wert für die Bewegung der zweiten Auswahl in Bezug auf die erste anzugeben. Die Abhängigkeit ist jedoch bidirektional. Wenn die zweite Auswahl verschoben wird, wird die erste Auswahl ebenfalls verschoben, und zwar um den umgekehrten Verhältnis-oder Abstandswert, je nach Abhängigkeitstyp.

2.7.7 Baugruppen-Abhängigkeiten animieren

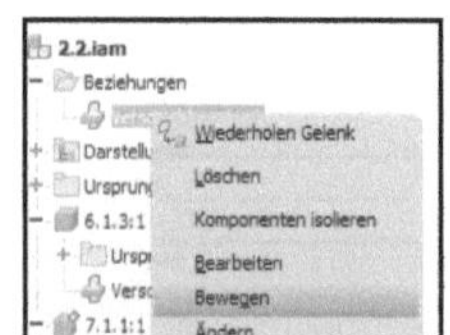

Diese Funktion simuliert mechanische Bewegung, indem eine Abhängigkeit eine Schrittsequenz durchläuft. Die Komponente wird um angegebene Schrittweiten und einen Abstand sequenziell verschoben. Klicken Sie im Browser mit der rechten Maustaste auf die Abhängigkeit, und wählen Sie dann Bauteil nach Abhängigkeiten bewegen. Die Animationseinstellungen definieren die exakte Bewegung entlang eines Vektors oder um eine Achse. Verwenden Sie diese Einstellungen, um Bewegung zu simulieren oder den Bewegungsbereich für eine abhängige Komponente zu testen. Klicken Sie auf **Weitere Optionen**, um die Standardwerte für Inkrement und Wiederholungen zu überschreiben.

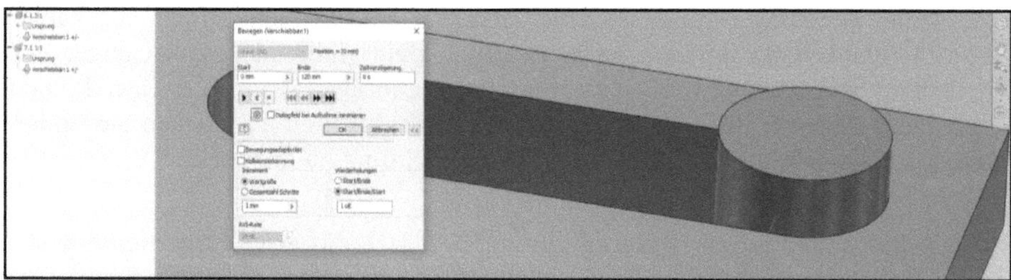

2.7.7.1 Baugruppen-Abhängigkeiten animieren, Einstellungen

- **Start:**

Legt die Startposition des Versatzes oder Winkels fest. Der Wert kann eingegeben, gemessen oder auf den Bemaßungswert eingestellt werden. Der Standardwert ist der definierte Versatz oder Winkel.

- **Ende:**

Legt die Endposition des Versatzes oder Winkels fest. Der Wert kann eingegeben, gemessen oder auf den Bemaßungswert eingestellt werden. Die Standardeinstellung ist der Anfangswert plus zehn.

- **Zeitverzögerung:**

Legt die Verzögerung zwischen den Schritten in Sekunden fest. Die Standardeinstellung ist 0.0.

- **Bewegungsadaptivität:**

Passt Komponenten an, wobei die AbhängigkeitsAbhängigkeit erhalten bleibt.

- **Kollisionserkennung:**

Steuert die BaugruppenAbhängigkeiten, bis eine Kollision entdeckt wird. Wird eine Kollision entdeckt, wird sie mit ihrem Abhängigkeitswert angezeigt.

- **Inkrement:**

Wertgröße gibt an, dass das Inkrement dem im Bearbeitungsfeld angegebenen Wert entspricht. Die Standardeinstellung ist 1.0. **Gesamtzahl Schritte** unterteilt die Animationssequenz in die angegebene Anzahl gleicher Schritte.

Im **Bearbeitungsfeld** wird der Wert der einzelnen Inkremente oder die Anzahl der Schritte festgelegt. Der Wert kann eingegeben, gemessen oder auf den Bemaßungswert eingestellt werden.

- **Wiederholungen:**

Start/Ende führt die Animationssequenz vom Start-bis zum Endwert aus und springt zum Startwert zurück. **Start/Ende/Start** führt die Animationssequenz vom Start-bis zum Endwert und dann rückwärts bis zum Startwert aus. Die Anzahl der bei einer Wiederholung fertig gestellten Zyklen hängt vom Wert im Bearbeitungsfeld ab. Im Bearbeitungsfeld wird für **Start/Ende** die Anzahl der Wiederholungen und für **Start/Ende/Start** die Anzahl der Zyklen festgelegt. Jede Bewegung gilt als ein Zyklus.

- **AVI-Rate:**

Legt die Inkremente fest, bei denen ein Bildschirmfoto zum Einschließen in eine aufgezeichnete Animation erstellt wird.

2.7.7.2 Baugruppen–Abhängigkeiten animieren, Steuerungsschaltflächen

Die Steuerungsschaltflächen veranlassen den Vor-und Rücklauf der Animationssequenz. Das Dialogfeld bleibt geöffnet, während die Animationssequenz ausgeführt wird. Die Werte können jederzeit geändert werden, wenn die Sequenz angehalten oder gestoppt wird.

 **Vorwärts**

 Vorwärts führt die Animationssequenz vorwärts aus. Diese Schaltfläche ist nur verfügbar, wenn das Feld **Start** und das Feld **Ende** Werte enthalten. Mit ihr kann der Vorlauf nach einer Unterbrechung fortgesetzt werden.

 **Rückwärts**

 Rückwärts führt die Animationssequenz rückwärts aus. Diese Schaltfläche ist nur verfügbar, wenn das Feld **Start** und das Feld **Ende** Werte enthalten. Mit ihr kann der Rücklauf nach einer Unterbrechung fortgesetzt werden.

 **Pause**

 Pause unterbricht die Animationssequenz vorübergehend. Dies ermöglicht das Bearbeiten der Werte und die Fortsetzung der Vorwärts-oder Rückwärtsausführung, die schrittweise Ausführung oder das Springen zum Anfang oder Ende.

 Vorwärts

 Rückwärts

 Pause

 Zum Anfang

 Ein Schritt rückwärts

 Ein Schritt vorwärts

 Zum Ende

 Aufzeichnung starten

Zum Anfang

Zum Anfang springt zum Anfangswert der Abhängigkeit und setzt die Abhängigkeitsanimation zurück. Diese Schaltfläche ist nur verfügbar, wenn die Abhängigkeitsanimation ausgeführt wurde.

Ein Schritt rückwärts

Ein Schritt rückwärts springt einen Schritt in der Sequenz der Abhängigkeitsanimation zurück. Diese Schaltfläche ist nur verfügbar, wenn die Animationssequenz unterbrochen wurde.

Ein Schritt vorwärts

Ein Schritt vorwärts springt einen Schritt in der Sequenz der Abhängigkeitsanimation vorwärts. Diese Schaltfläche ist nur verfügbar, wenn die Animationssequenz unterbrochen wurde.

Zum Ende

Zum Ende springt zum Endwert der Abhängigkeitssequenz.

Aufzeichnung starten

Aufzeichnung starten beginnt mit der Aufnahme von Bildern in der angegebenen Rate zum Einschließen in eine Animation.

2.7.8   Baugruppen-Abhängigkeiten animieren, Video erstellen

2.7.8.1   Baugruppen-Filmsequenz erstellen

Erstellen Sie mit Hilfe des Dialogfelds **AVI-Animation** eine Datei für Ihre AVI-Aufzeichnung.

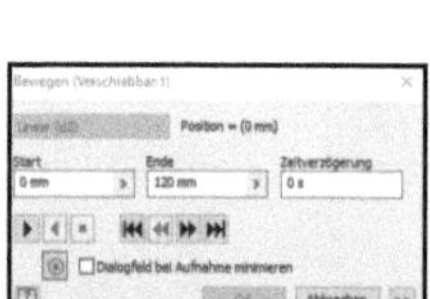

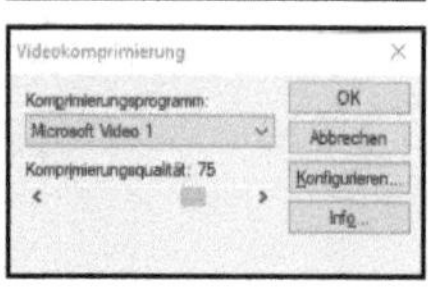

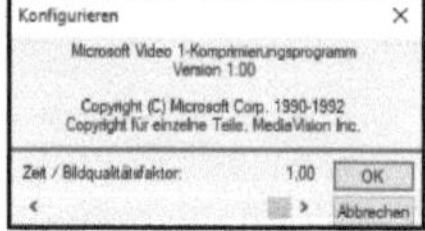

- Geben Sie im Feld **Speichern unter** den Namen des Ordners an, in dem die Datei mit der AVI-Simulation gespeichert werden soll.
- Geben Sie im Feld **Dateiname** den Namen der Datei ein, in der die AVI-Simulation gespeichert werden soll.
- Geben Sie im Dialogfeld **Videokomprimierung** den zu verwendenden Codec an. Sofern Sie nicht einen anderen Codec bevorzugen, übernehmen Sie die Standardeinstellung. Der Standard-Codec ist **Microsoft Video 1**, Komprimierung **75**.
- Falls nötig, verwenden Sie die Anzeigeleiste im Feld **Komprimierungsqualität**, um die Qualität der Komprimierung zu ändern. Klicken Sie auf **Konfigurieren**, wenn Sie über Erfahrung im Erstellen von AVI-Dateien verfügen.

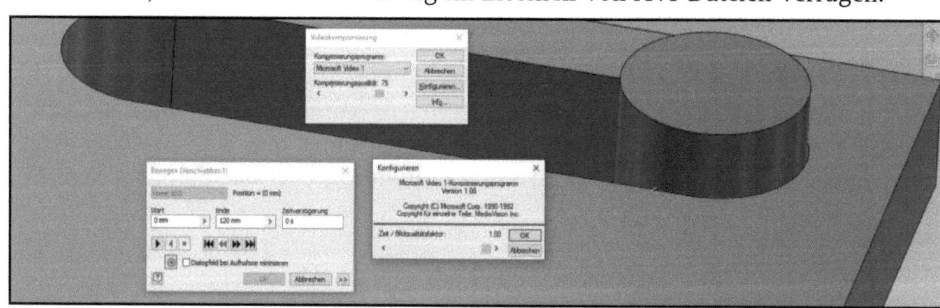

2.7.8.2 Baugruppen-Filmsequenz abspielen

* Öffnen Sie die gespeicherte AVI-Datei mit dem **Windows Media Player** und
  spielen diese zur Kontrolle ab.

Windows
Media Player

3

AutoDesk
Inventor 2025
Bauteile

Bauteil-Montage

Starre Baugruppen

3 Starre Baugruppen

3.1.1 Starre Baugruppen, Vorbemerkungen

Beim Erstellen von Modellen werden Bauteile und Baugruppen zu einem Zusammenbau kombiniert, der wie eine Einheit funktioniert. Bauteile und Gruppen werden über die Zusammenbauabhängigkeiten miteinander in Beziehung gesetzt.

Als Zusammenbau bezeichnet man zwei oder mehr Komponenten, Bauteile oder Baugruppen, die ein einzelnes Modell darstellen. Ein Zusammenbau enthält üblicherweise mehrere Komponenten, die mittels Abhängigkeiten absolut und relativ zueinander positioniert sind, sowohl hinsichtlich der Größe als auch der Platzierung. Die Komponenten eines Zusammenbaus können Elemente enthalten, die direkt im Zusammenbau definiert sind. Material und Masseeigenschaften können von individuellen Bauteildateien übernommen werden.

In den Inhaltscenter-Bibliotheken von INVENTOR 2025 stehen Normbauteile wie Schrauben, Stahlprofile, Wellenteile und Elemente zur Verfügung.

Die Erstellung der Einzelteile für die Baugruppen erfolgt entsprechend der, in den vorherigen Kapiteln, dargestellten Lerneinheiten und ist in einem verkürzten Eingabeverlauf dargestellt.

Die folgenden Baugruppen bestehen aus verschiedenen, als Frästeil bzw. Drehteil anzufertigende Einzelteile, die mit Normteilen aus der INVENTOR 2025 Inhaltscenter-Toolbox montiert werden.

Die Materialzuweisung erfolgt über die INVENTOR 2025 Materialtabellen.

3.1.2 Montagehinweise

Bei der Erstellung von Baugruppen können verschiedene Bauteile oder andere Baugruppen zusammengefasst werden. Dazu werden Einbaubeziehungen genutzt wie an- oder aufsetzten, axiale Ausrichtung, tangentialen Beziehung usw. Daraus ergeben sich Hierarchiebäume der Baugruppenstrukturen.

Sie können komplexe Baugruppen erstellen, die aus mehreren Komponenten bestehen, welche wiederum Teile oder andere Baugruppen, Unterbaugruppen genannt, sein können. Bei den meisten Vorgängen verhalten sich Komponenten bei beiden Arten gleich. Wenn Sie eine Komponente zu einer Baugruppe hinzufügen, wird eine Verbindung / Verknüpfung zwischen der Baugruppe und der Komponente hergestellt. Wenn Autodesk Inventor 2025 die Baugruppe öffnet, findet die Software die Datei der Komponente automatisch, um diese in der Baugruppe anzuzeigen. Änderungen in der Komponente werden automatisch in der Baugruppe wiedergegeben.

Die Dateinamenerweiterung für Baugruppen ist **.iam**.

Projekt I

Starre Baugruppen
Bauteilmontage über „Standardverknüpfung"

- Baugruppemontage
  Erstellung der Basisbauteile
- Baugruppenmontage
  Montageart „Flächen Passend"
- Baugruppenmontage
  Montageart „Kanten Passend"
- Baugruppenmontage
  Montageart „Scheitelpunkt Passend"
- Baugruppenmontage
  Montageart „Einfügen"
- Baugruppenmontage
  Montageart „Gelenk"
- Baugruppenmontage
  Montageart „Gelenk verschiebbar"
- Baugruppenmontage
  Montageart „Zusammenfügen"

3.2 Starre Baugruppen, Basismontagemöglichkeiten

3.2.1 Erstellung der Basisbauteile

3.2.1.1 Vorlagendatei öffnen

 Neu

 Engelke-2025 .ipt

 **Neu** (Multifunktionsleiste) / Ordner: **Vorlagen Engelke**

 **Engelke-2025.ipt** anklicken / **Erstellen**

3.2.1.2 Basisskizze auf Ebene „Oben" anlegen

 2D-Skizze starten

- **2D-Skizze starten** (Multifunktionsleiste **3D-Modell**)
- Wählen Sie die Ursprungsskizze **XY-Ebene**.
  Die Inventor-Oberfläche startet die Skizzenumgebung.
- Klicken Sie auf das **Haus** am **ViewCube** um auf die **ISO-Ebene** umzuschalten.

3.2.1.3 „Rechteck, Mitte mit zwei Punkten", als Basis für den „Würfel"

Rechteck Mitte mit zwei Punkten

 **Rechteck Mitte mit zwei Punkten** (Multifunktionsleiste **Skizze**)
Klicken Sie in das Grafikfenster, um den Mittelpunkt des Rechtecks festzulegen (1).
Verschieben Sie den Cursor, und klicken Sie, um die Länge der Seiten des Rechtecks festzulegen, Maße ca. **100** mm Länge und Breite. (2)
Fertig / Skizze beenden (Überlaufmenü oder Multifunktionsleiste)

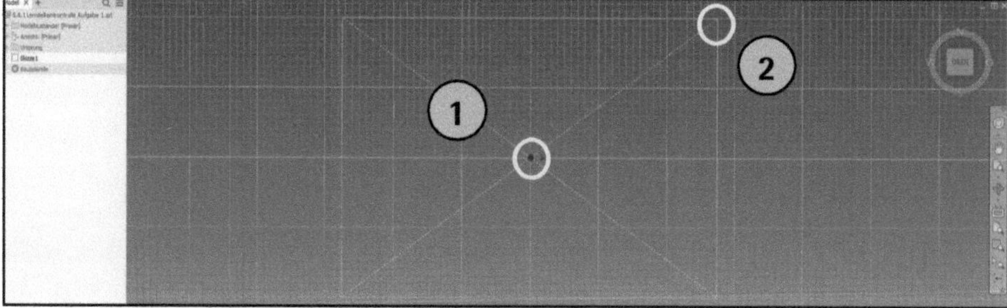

3.2.1.4 Allgemeine Bemaßungen, Kantenlänge

Bemaßung

Bemaßung (Multifunktionsleiste **Skizze**)
Eckpunkte der Kante anklicken (3) / Maß auf Position ziehen.
Vorgeschlagenes Maß auf **60** mm ändern (4).

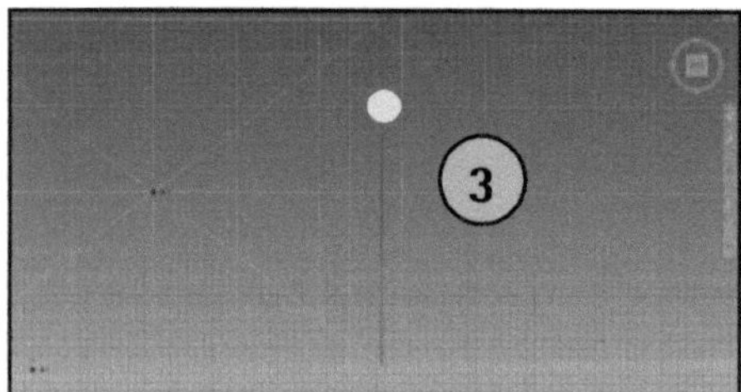
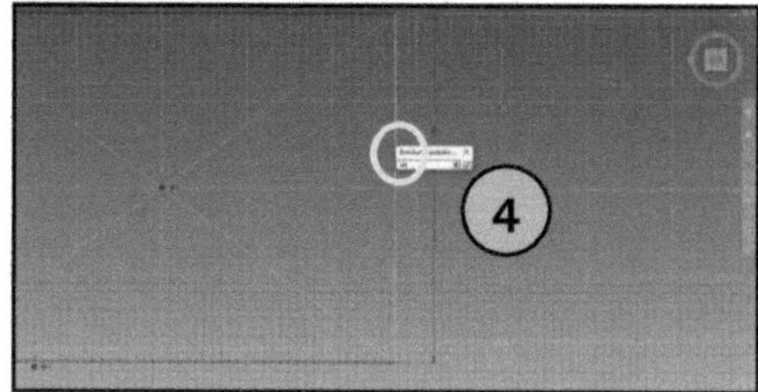

Bemaßung

Bemaßung (Multifunktionsleiste **Skizze**)
Vorgeschlagenes Maß auf **80** mm ändern (5, 6).

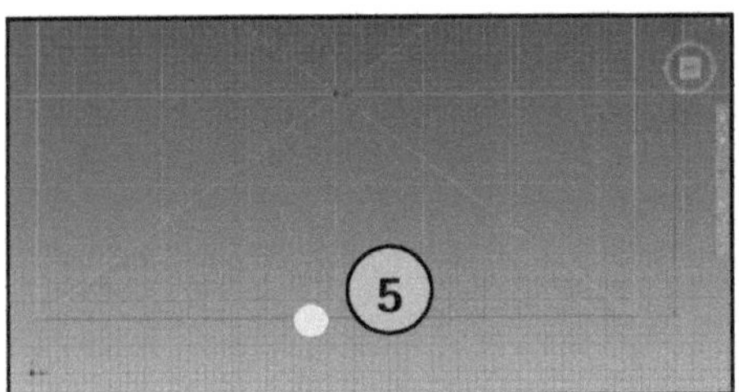

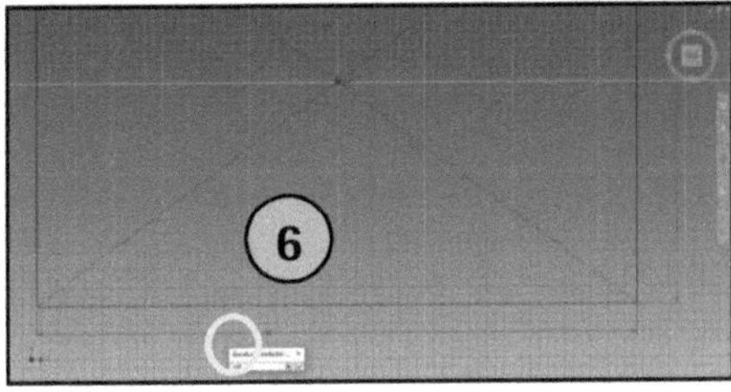

3.2.1.5 Ein „Quader" aus „Extrusion"

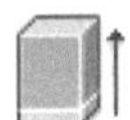
Extrusion

Extrusion (Multifunktionsleiste **3D-Modellierung**)
Objektauswahl (da nur eine Fläche erfolgt eine automatische Auswahl)
Abstand / **30** mm / **Volumenkörper** / **OK** (7, 8)

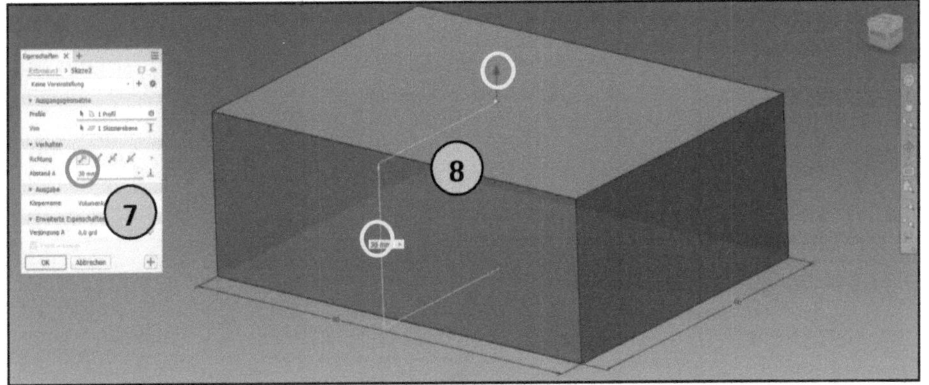

3.2.1.6 Mittelachsen auf die obere Quaderfläche legen

* Wählen Sie aus dem Symbolmenü **Skizze erstellen**.
* Klicken Sie in die oben liegende Quaderfläche.
  Eine neue Arbeitsebene wird auf die obere Fläche gelegt.

2D-Skizze
starten

Linie (Multifunktionsleiste **Skizze**)
Start- und Endpunkte von Kantenmitte zu Kantenmitte klicken
(grüner Symbolpunkt) (9, 10).
Fertig (aus dem Überlaufmenü)

Linie

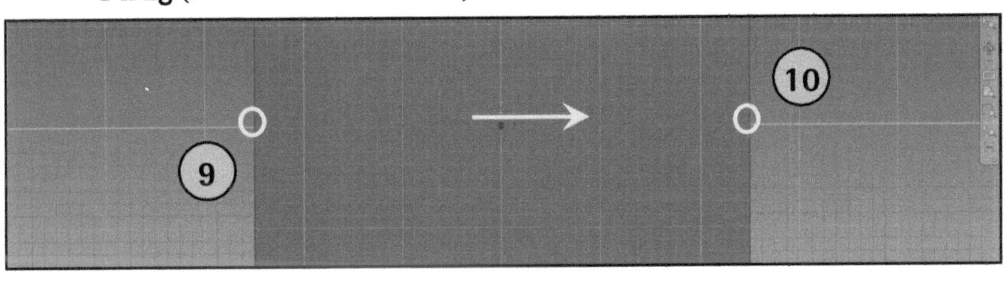

 Linie

 **Linie** (Multifunktionsleiste **Skizze**)
Start- und Endpunkte von Kantenmitte zu Kantenmitte klicken
(grüner Symbolpunkt) (11, 12).
Fertig (aus dem Überlaufmenü)

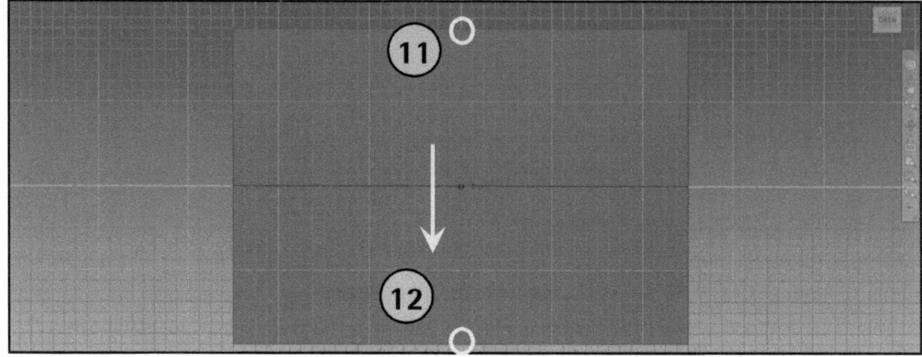

3.2.1.7 Symmetrieachsen in Konstruktionslinien umwandeln

Die Achsen werden nicht für die Volumenerstellung benötigt, deshalb ist eine Umwandlung in sogenannte Konstruktionslinien sinnvoll.

 Konstruktion

 **Konstruktion** (Multifunktionsleiste **Skizze**)

Klicken Sie die jeweilige **Linie** an (13, 14)

3.2.1.8 Kreis auf die Symmetrieachsen legen

Kreis durch
Mittelpunkt

Kreis durch Mittelpunkt (Multifunktionsleiste **Skizze**)
(im Schnittpunkt (15) der Linien) / Radius auf **40** mm ziehen (16).
Fertig / Skizze beenden (aus dem Überlaufmenü)

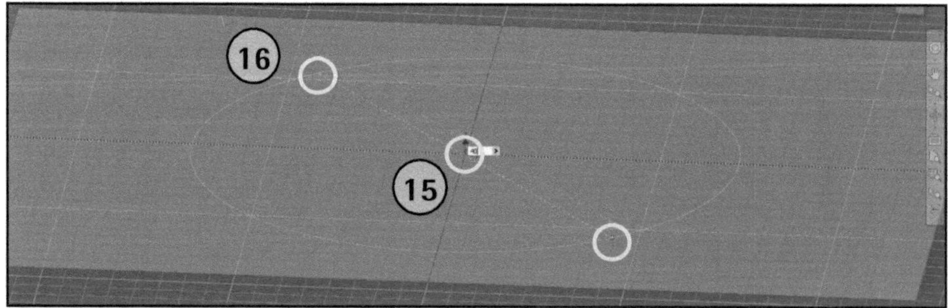

3.2.1.9 Boolesche Volumenkörper, „Extrusion", Option „Vereinigung"

Vereinigung fügt das durch das extrudierte Element erstellte Volumen einem anderen Element oder Körper hinzu.

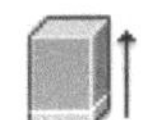

Extrusion (Multifunktionsleiste **3D-Modellierung**)
Objektauswahl, es erfolgt eine automatische Auswahl (17).
Abstand / Von Grundfläche / 30 mm **Vereinigung** (18).
Schließen Sie die Bearbeitung mit **OK** ab (19).

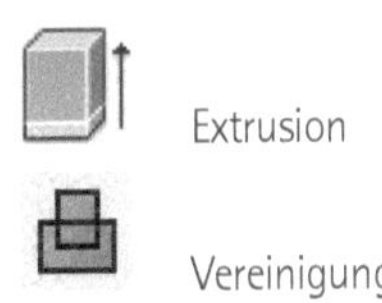
Extrusion

Vereinigung

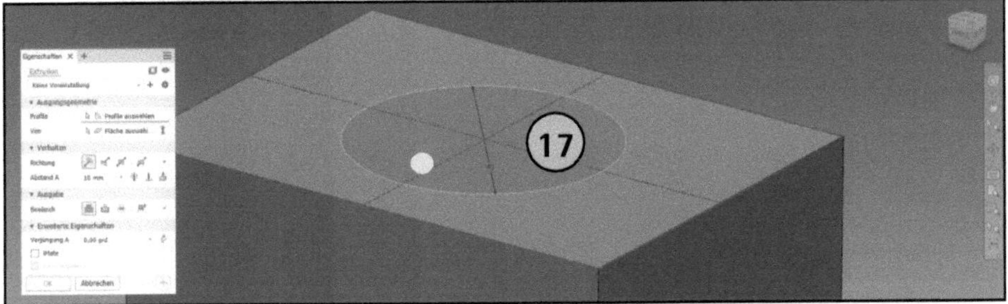

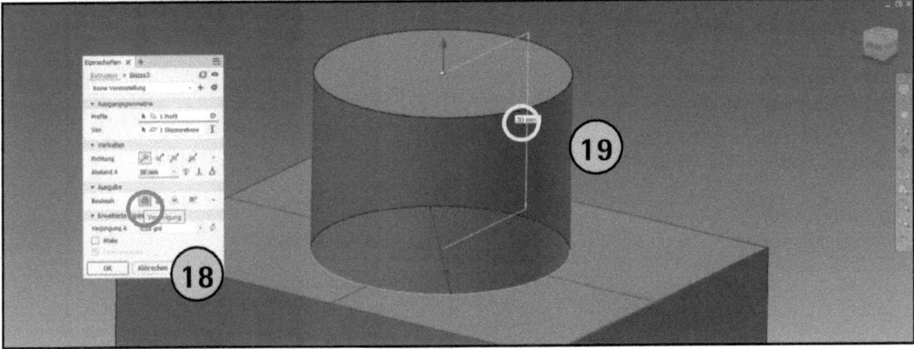

3.2.1.10 Materialzuweisung „Zylinderelement"

- Wählen Sie aus der Schnellzugriff-Werkzeugleiste **Vorgabe** das Material **Gold Metall** aus.

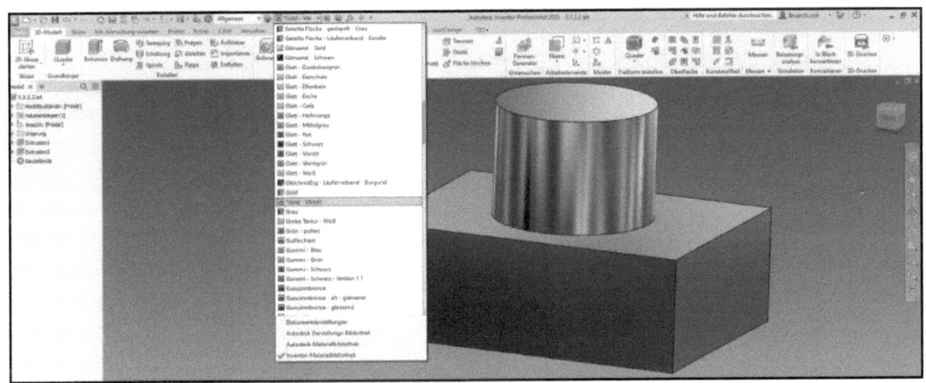

3.2.1.11 Bauteil speichern

- Aufruf über den **Menü-Browser**, Register **Datei**.

Speichern unter

Speichern
unter

3.2.1.12 Boolesche Volumenkörper, Differenz mit Extrusion bearbeiten

Differenz entfernt das extrudierte Element aus dem erstellten Volumen.

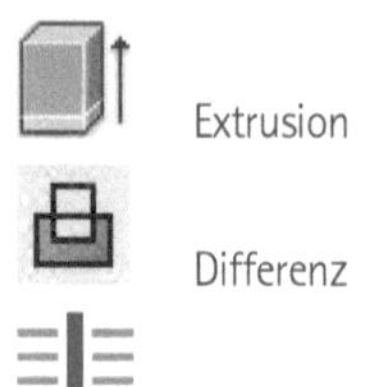

Extrusion

Differenz

Durch alle

Extrusion (Multifunktionsleiste **3D-Modellierung**)
Objektauswahl, es erfolgt eine automatische Auswahl (20).
Abstand / Von Grundfläche / Durch alle / Differenz (21).
Schließen Sie die Bearbeitung mit **OK** ab (22).

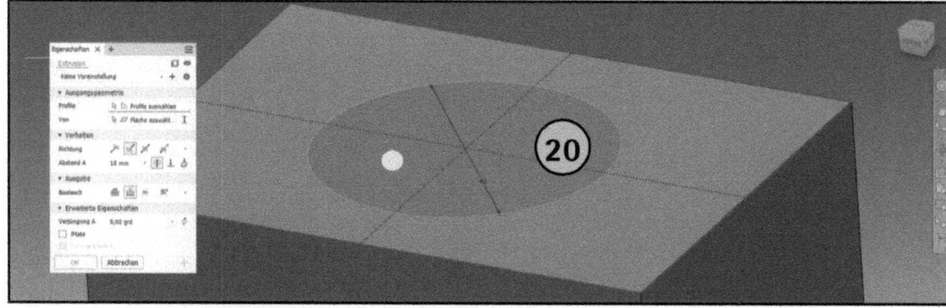

3.2.1.13 Materialzuweisung „Bauelement mit Bohrung"

- Wählen Sie aus der Schnellzugriff-Werkzeugleiste **Vorgabe** das Material **Chrom** aus.

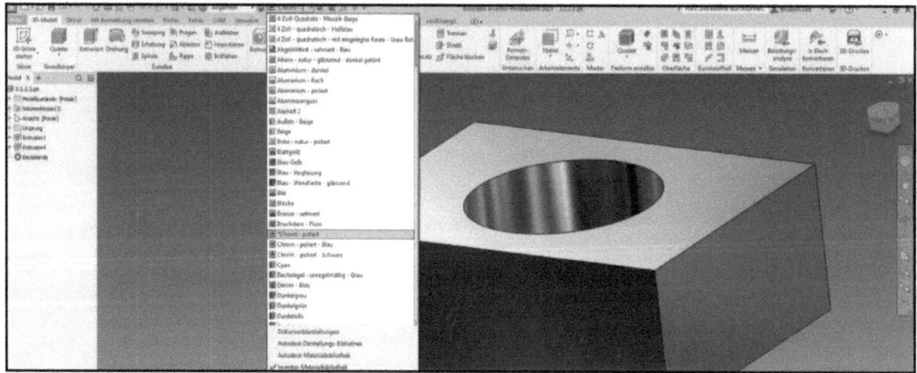

3.2.1.14 Bauteil speichern

- Aufruf über den **Menü-Browser,** Register **Datei.**

Speichern unter

Speichern unter

3.2.2 Baugruppenmontage, Montageart „Flächen Passend"
Bauteilbereitstellung, Komponente platzieren

Eine Abhängigkeit **Passend** positioniert ausgewählte Komponenten Fläche an Fläche oder mit fluchtenden Flächen. Die ausgewählte Geometrie ist in der Regel eine
Komponentenfläche, aber Sie können auch Kurven, Ebenen, Kanten oder Punkte
auswählen. Falls andere Komponenten die Auswahl verdecken, wählen Sie eine der
folgenden Möglichkeiten:

- Schalten Sie die **Sichtbarkeit** vorübergehend aus, bevor Sie eine Abhängigkeit platzieren. Klicken Sie im Browser auf eine Komponente, um diese
  auszuwählen, klicken Sie mit der rechten Maustaste, und wählen Sie
  Sichtbarkeit.

- Um die auswählbare Geometrie auf ein bestimmtes Bauteil zu beschränken,
  wählen Sie im Dialogfeld die Option **Bauteil zuerst auswählen** und klicken
  auf die Komponente, die Sie mit einer Abhängigkeit versehen wollen.
  Deaktivieren Sie **Bauteil zuerst auswählen**, um den normalen Auswahl-
  modus wiederherzustellen.

3.2.2.1 Die Basis-Baugruppen-Vorlagendatei aufrufen

Neu (Multifunktionsleiste) / Ordner: **Vorlagen Engelke**
Engelke-2025.iam anklicken / **Erstellen** (1, 2)
Öffnen Sie eine neue Baugruppen-Vorlagendatei.

 Neu

 Engelke2025
.iam

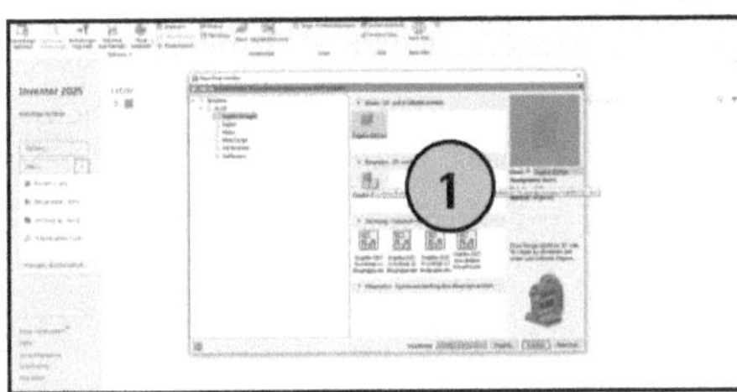

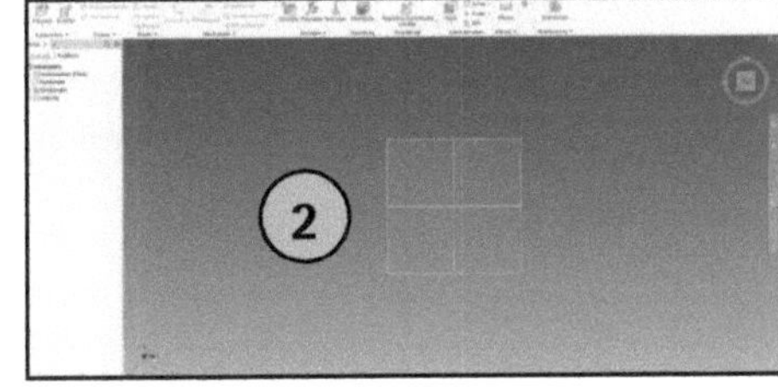

3.2.2.2 Bauteile platzieren

Komponenten platzieren (Multifunktionsleiste **Komponente**)
Bauteile aus der Bauteilliste auswählen (3) / **Öffnen** anklicken
Bauteile in die Arbeitsfläche schieben und klicken / **OK** (4, 5)

 Komponente
platzieren

3.2.2.3 Baugruppe speichern

- Aufruf über den **Menü-Browser**, Register **Datei.**

Speichern unter

Speichern
unter

3.2.3 Die Baugruppenmontage, Montageart „Flächen Passend"

3.2.3.1 Abhängigkeiten platzieren, Vorbemerkungen

Eine Abhängigkeit **Passend** positioniert ausgewählte Komponenten Fläche an Fläche oder nebeneinander liegend mit fluchtenden Flächen. Bei der von Ihnen ausgewählten Geometrie handelt es sich normalerweise um eine Komponentenfläche, es können jedoch auch Kurven, Ebenen, Kanten oder Punkte für die Abhängigkeit **Passend** auswählen.

3.2.3.2 Abhängigkeiten platzieren, die Dialogbox

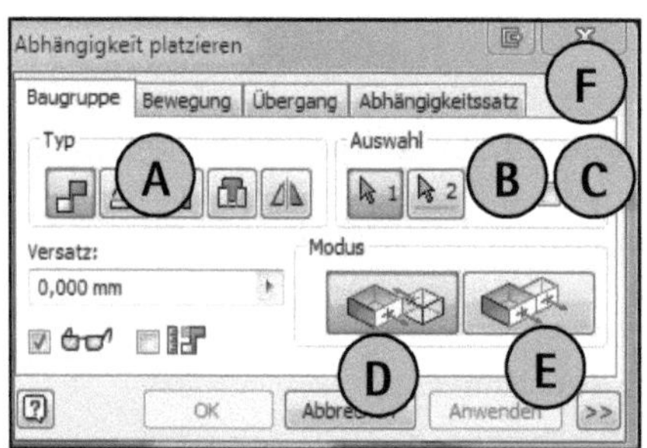

Abhängigkeitstyp (A)
Auswahl erste Fläche (B)
Auswahl zweite Fläche (C)
Modus **Entgegengesetzt** (D)
Modus **Fluchtend** (E)
Auswahlregister (F)

3.2.3.3 Lageanpassung für Bauteil „Zylinderelement"

Öffnen

- **Öffnen** Sie die erstellte Baugruppendatei von der Buch-DVD.
- Schalten Sie die **XY-Ebene** auf **Sichtbar** (1, 2).

Abhängigkeit

Abhängigkeit (Multifunktionsleiste **Zusammenfügen / Beziehungen**)

Passend

Abhängigkeit **Passend** (3)
Klicken Sie auf das Werkzeug **Erste Auswahl** (4).

Erste Auswahl

Wählen Sie dann die erste Fläche (5).

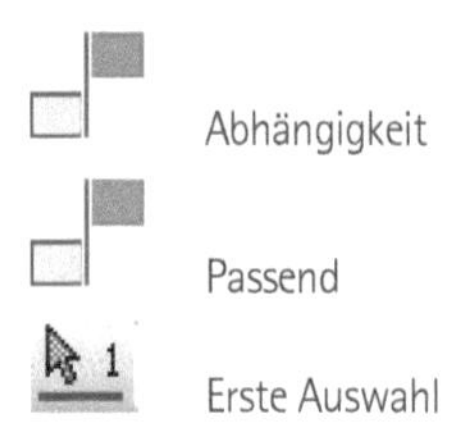

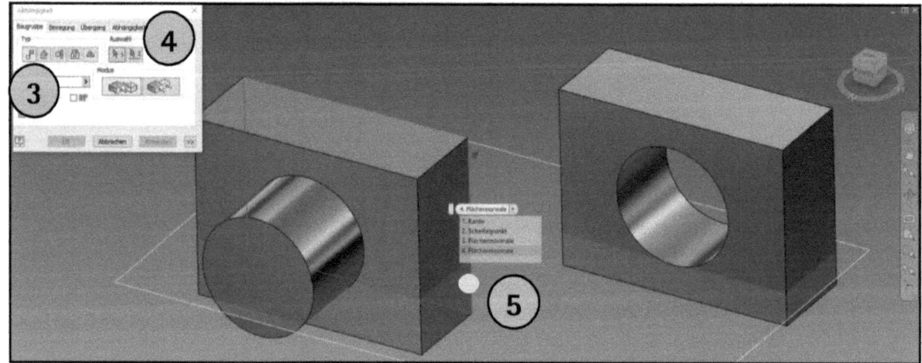

- Klicken Sie auf das Werkzeug **Zweite Auswahl** (6).
  Wählen Sie dann die Ursprungsebene **XY** (7).
- Aktivieren Sie die Option **Entgegengesetzt** (8).
  Die funktionierende Zuweisung der Abhängigkeit wird durch ein Geräusch
  gekennzeichnet.

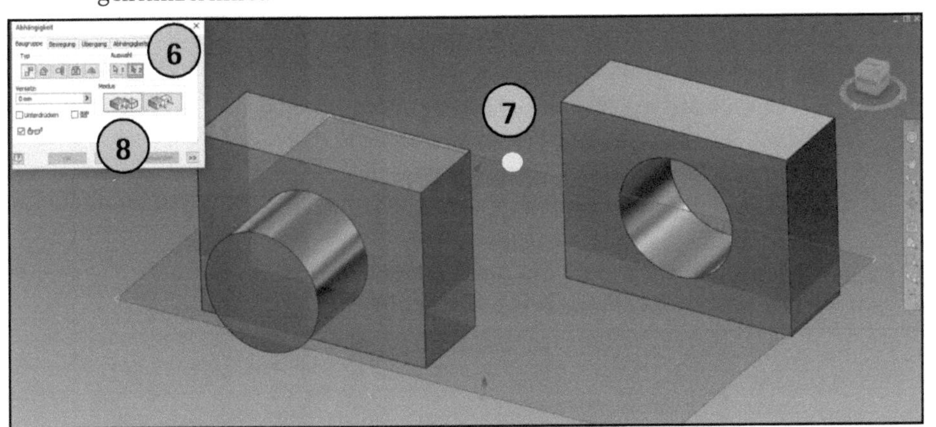

- Schließen Sie die Zuweisung über **Anwenden** (9).

3.2.3.4 Lagefixierung für Bauteil „Zylinderelement"

- Aktivieren Sie, im Baugruppen-Browser, den Eintrag **Fixiert** (10).
  Die Fixierung des Bauteils wird durch ein **Nadel-Symbol** dargestellt.

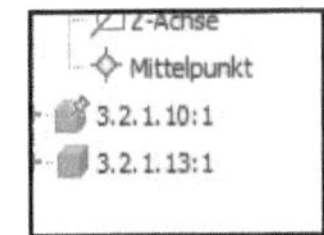

3.2.3.5 Baugruppe speichern

- Aufruf über den **Menü-Browser**, Register **Datei**.

Speichern unter

3.2.3.6 Bauteil mit Bohrung „Passend" montieren

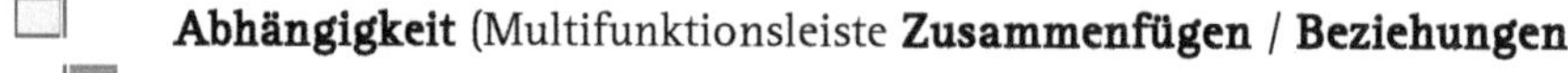

Abhängigkeit (Multifunktionsleiste **Zusammenfügen / Beziehungen**)

Abhängigkeit **Passend**
Klicken Sie auf das Werkzeug **Erste Auswahl**.
Wählen Sie dann die erste Fläche (11).

- Klicken Sie auf das Werkzeug **Zweite Auswahl**.
  Wählen Sie dann die gezeigte obere Fläche (12).
- Aktivieren Sie die Option **Entgegengesetzt**.
  Die funktionierende Zuweisung der Abhängigkeit wird durch ein Geräusch gekennzeichnet.
- Schließen Sie die Zuweisung über **Anwenden** (13).
  Die Dialogbox **Abhängigkeit** bleibt geöffnet.

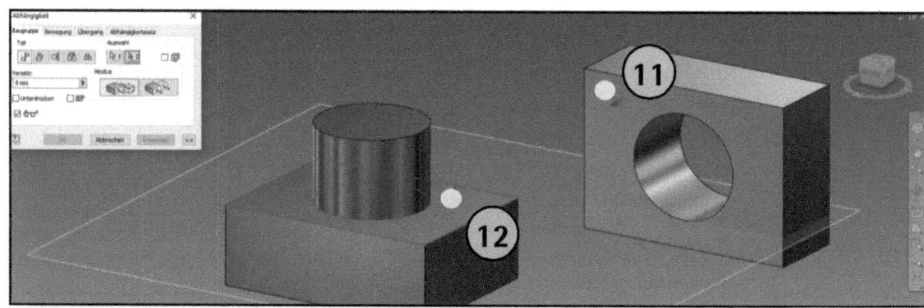

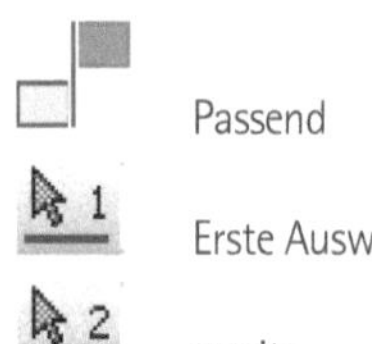
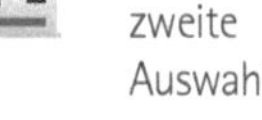

Abhängigkeit **Passend**
Erste Auswahl, wählen Sie die erste Fläche (14).
Zweite Auswahl, wählen Sie dann die zweite Fläche (15).
Fluchtend / Anwenden
Die Dialogbox **Abhängigkeit** bleibt geöffnet.

Abhängigkeit **Passend**
Erste Auswahl, wählen Sie die erste Fläche (16).
Zweite Auswahl, wählen Sie dann die zweite Fläche (17).
Fluchtend / Anwenden (17).
Schließen Sie die Zuweisungen mit **OK**.

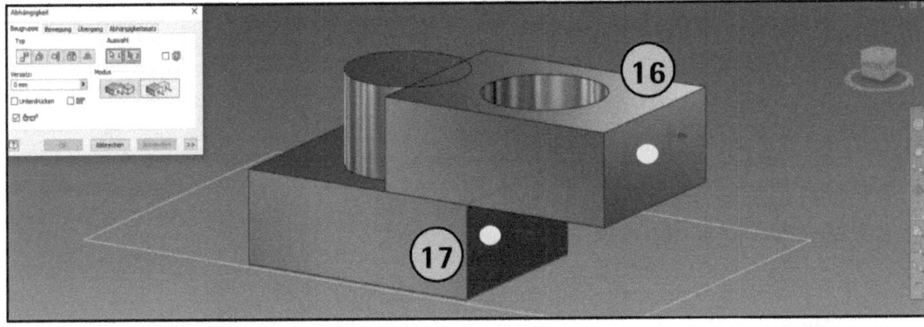

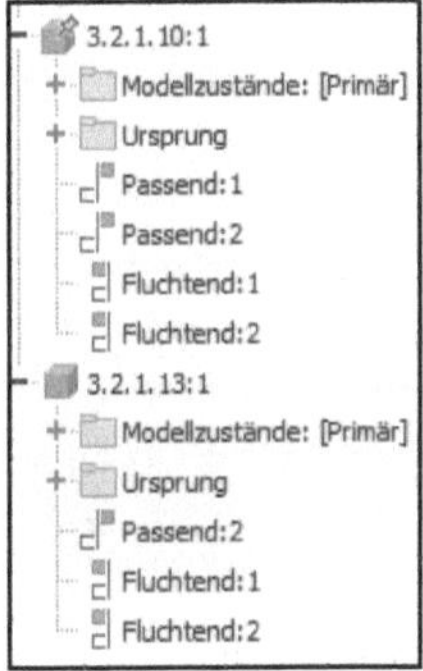

3.2.3.7 Baugruppe speichern

* Aufruf über den **Menü-Browser**, Register **Datei**.

Speichern unter

3.2.4 Die Baugruppenmontage, Montageart „Kanten Passend"

3.2.4.1 Öffnen der Basisbaugruppe

Öffnen

- **Öffnen** Sie die erstellte Baugruppendatei von der Buch-DVD (1).

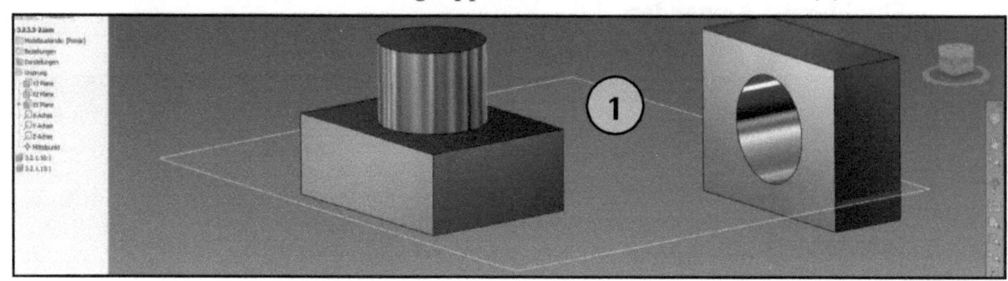

3.2.4.2 Zuweisung der Montageart „Kanten Passend"

Abhängigkeit

Passend

Erste Auswahl

zweite
Auswahl

Entgegengesetzt

Abhängigkeit (Multifunktionsleiste **Zusammenfügen** / **Beziehungen**)

Abhängigkeit **Passend**
Erste Auswahl, wählen Sie die gezeigte Kante (2).
Zweite Auswahl, wählen Sie dann die zweite gezeigte Kante (3).
Entgegengesetzt / **Anwenden** (4).
Schließen Sie die Zuweisungen mit **OK** (5).

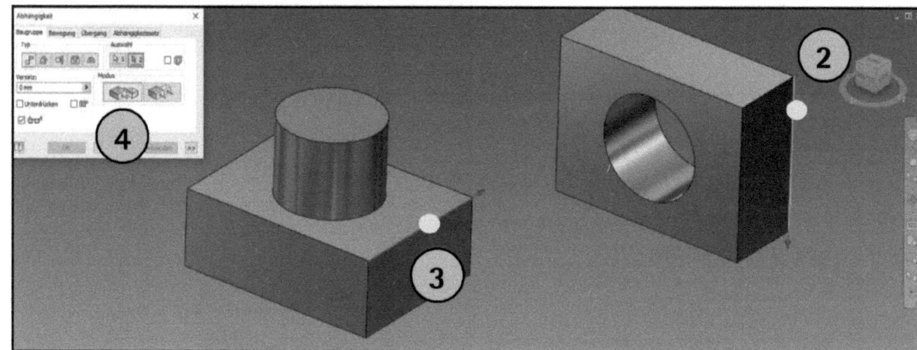

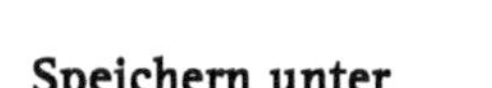

3.2.4.3 Baugruppe speichern

- Aufruf über den **Menü-Browser**, Register **Datei**.

Speichern
unter

Speichern unter

3.2.5 Die Baugruppenmontage, Montageart „Scheitelpunkt Passend"

3.2.5.1 Öffnen der Basisbaugruppe

* **Öffnen** Sie die erstellte Baugruppendatei von der Buch-DVD (1).

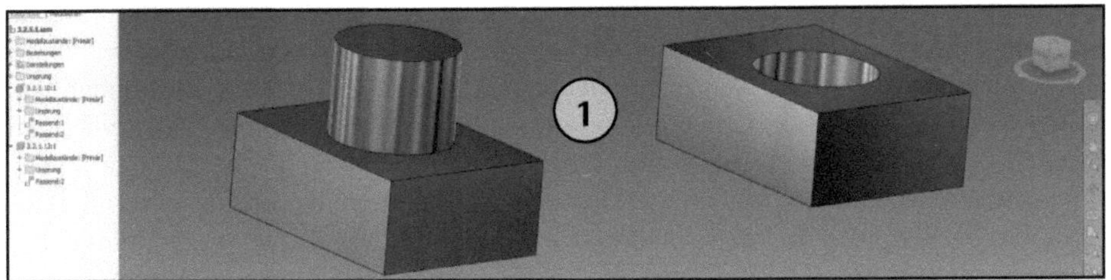

3.2.5.2 Zuweisung der Montageart „Kanten Passend"

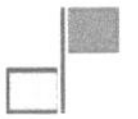

Abhängigkeit (Multifunktionsleiste **Zusammenfügen / Beziehungen**)

Abhängigkeit **Passend**
Erste Auswahl, berühren Sie die gezeigte Kante mit der Maus.
Wählen Sie aus der erscheinenden Auswahlbox **2. Scheitelpunkt** (2).
Zweite Auswahl, berühren Sie die gezeigte Kante mit der Maus.
Wählen Sie aus der erscheinenden Auswahlbox **2. Scheitelpunkt** (3).
Entgegengesetzt / Anwenden (4).
Schließen Sie die Zuweisungen mit **OK**.

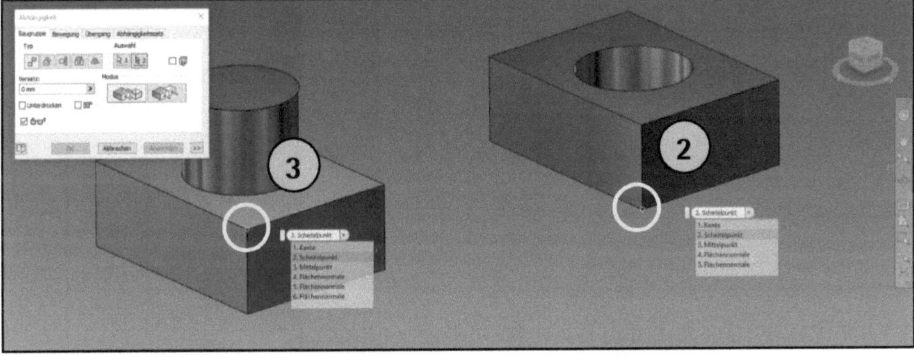

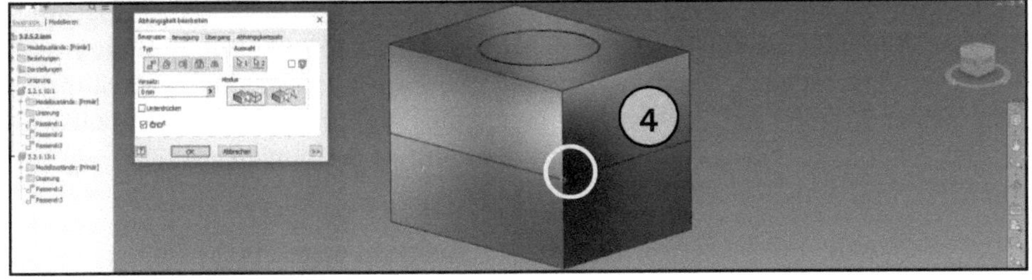

3.2.5.3 Baugruppe speichern

* Aufruf über den **Menü-Browser**, Register **Datei**.

Speichern unter

3.2.6 Die Baugruppenmontage, Montageart „Einfügen"

3.2.6.1 Bauteilbereitstellung per Drag & Drop, Vorbemerkungen

Wenn Sie vorhandene Komponenten in Zusammenbauten einfügen, sollte die erste Komponente ein Bauteil sein, auf dem dann die übrigen Objekte des Zusammenbaus aufbauen: Es ist zu empfehlen, die Objekte in der Reihenfolge einzufügen, in der diese auch bei der Fertigung zusammengebaut würden. Die erste Zusammenbau-Komponente ist grundsätzlich eine fixierte Komponente (ohne Freiheitsgrade); Sie können zusätzliche, nichtfixierte Referenzen dieser Komponente in das Grafikfenster einfügen. Die zweite und alle folgenden Komponenten, die als externe Datei platziert werden, sind in der Grafikansicht mittels des am Schwerpunkt hängenden Cursors zu positionieren. Die **Drag & Drop-Technik** hilft Ihnen, mehrere Komponenten in nur einem Arbeitsschritt im Zusammenbau zu platzieren. Sie können Komponenten aus einem geöffneten Ordner, aus einer geöffneten Autodesk Inventor Bauteildatei und aus einer geöffneten Autodesk Inventor Zusammenbaudatei in ein geöffnetes Zusammenbau-Fenster ziehen.

3.2.6.2 Die Basis-Baugruppen-Vorlagendatei aufrufen

Neu

Engelke2025
.iam

Neu (Multifunktionsleiste) / Ordner: **Vorlagen Engelke Engelke-2025.iam** anklicken / **Erstellen**
Öffnen Sie eine neue Baugruppen-Vorlagendatei.

3.2.6.3 Bauteile platzieren

* Platzieren Sie die Komponenten per **Drag & Drop** aus dem Explorer-Unterverzeichnis, durch Klicken und Ziehen in die neue Baugruppendatei (1, 2).

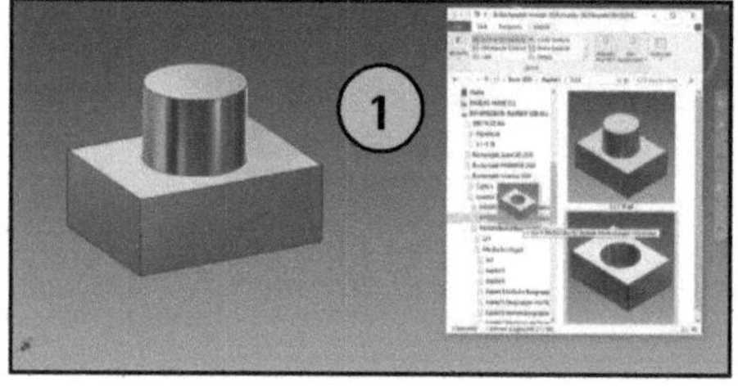
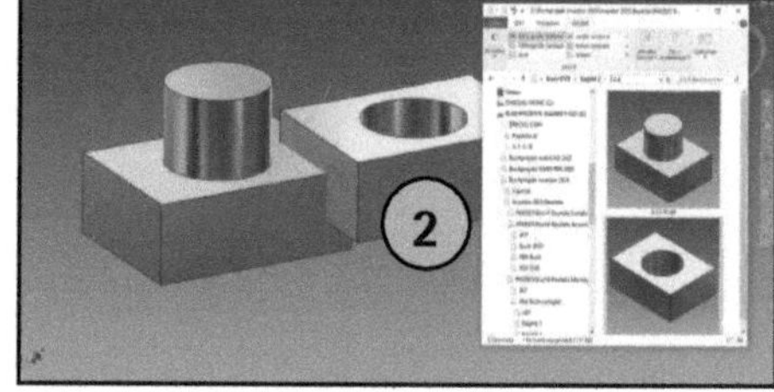

3.2.6.4 Bauteil mit Bohrung über „Einfügen" montieren

Verwenden Sie das Werkzeug **Abhängigkeit** in der Schaltflächenleiste **Baugruppe**, um eine Abhängigkeit **Einfügen** zu platzieren. Eine Abhängigkeit **Einfügen** platziert eine Abhängigkeit des Typs **Passend** zwischen ausgewählten Bauteilflächen oder richtet Zylinder auf Achsen aus. Eine Abhängigkeit **Einfügen** kann z.B. verwendet werden, um einen Bolzen in einer Bohrung zu positionieren.

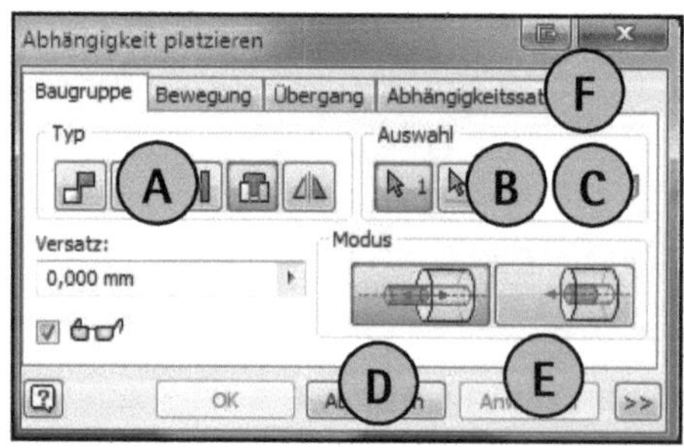

Abhängigkeitstyp (A)
Auswahl erste Fläche (B)
Auswahl zweite Fläche (C)
Modus **Entgegengesetzt** (D)
Modus **Fluchtend** (E)
Auswahlregister (F)

 **Abhängigkeit** (Multifunktionsleiste **Zusammenfügen / Beziehungen**)

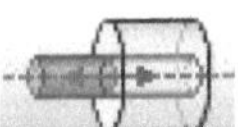 Abhängigkeit **Einfügen**
Erste Auswahl, wählen Sie die gezeigte Kante (3).
Zweite Auswahl, wählen Sie die zweite gezeigte Kante (4).
Entgegengesetzt / Anwenden (5).
Schließen Sie die Zuweisungen mit **OK**.

 Abhängigkeit

 Einfügen

 Erste Auswahl

 zweite Auswahl

Entgegengesetzt

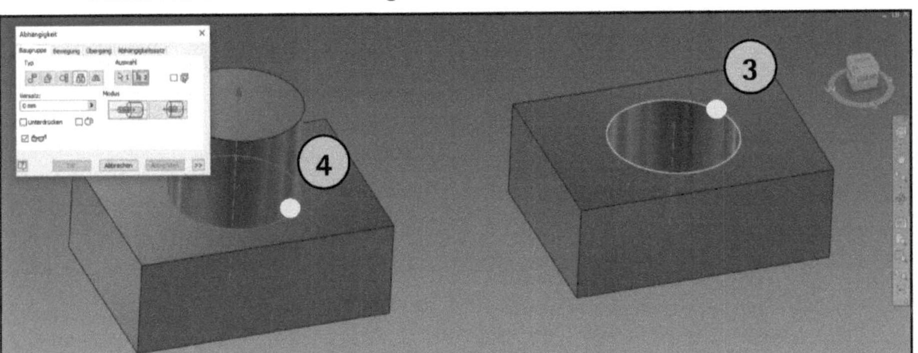

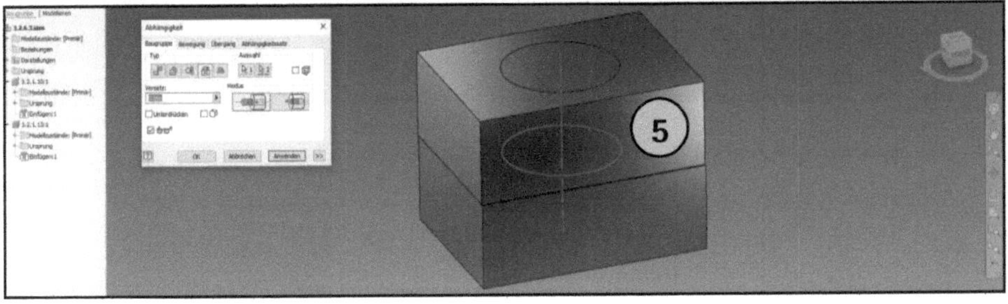

3.2.6.5 Baugruppe speichern

* Aufruf über den **Menü-Browser**, Register **Datei**.

 **Speichern unter**

 Speichern unter

3.2.7   Die Baugruppenmontage, Montageart „Gelenk"

Baugruppengelenke positionieren Komponenten und definieren den Freiheitsgrad vollständig. Über den Befehl **Gelenk** werden Beziehungen erstellt, über die Position und Bewegung kontrolliert werden. Zur Erstellung von Beziehungen können Sie Endpunkte und Mittelpunkte auswählen.

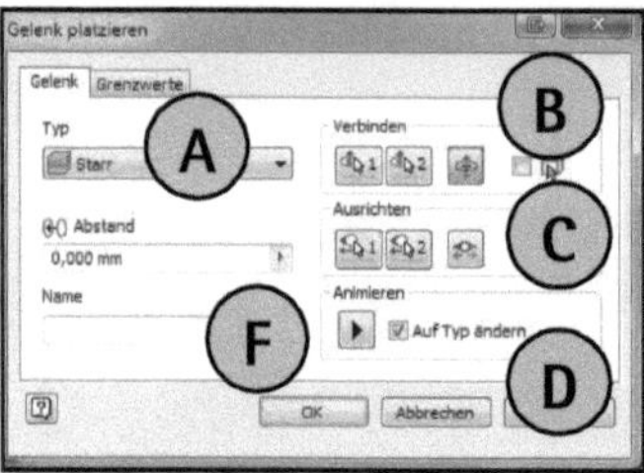

Gelenktyp (A)
Auswahl (B)
Ausrichtung (C)
Auswahlregister (D)
Animieren (E)

3.2.7.1   Öffnen der Basisbaugruppe

 Öffnen

*   **Öffnen** Sie die erstellte Baugruppendatei von der Buch-DVD (1).

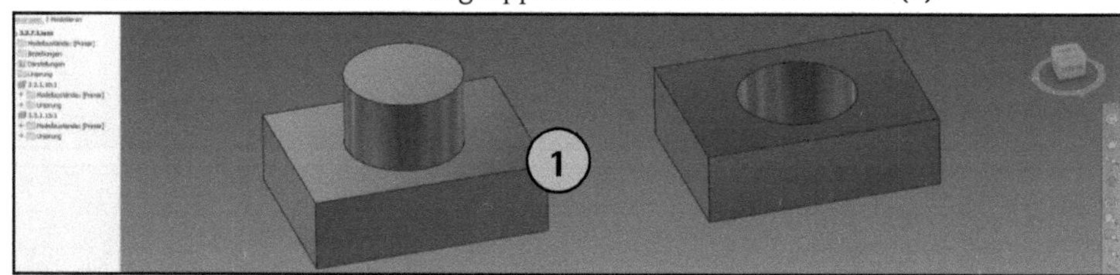

3.2.7.2   Bauteil mit Bohrung über „Gelenk Starr" montieren

 Verbindung

 **Verbindung** (Multifunktionsleiste **Zusammenfügen**)

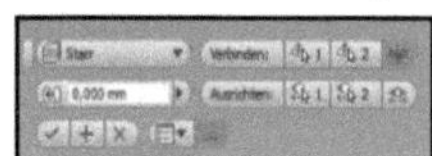

 Ändern Sie den **Gelenktyp** auf **Starr**.

 Gelenktyp Starr

 1   Wählen Sie den Ursprung auf der beweglichen Komponente. (obere Mitte der Vorderfläche) (2)

 1   Erste Auswahl

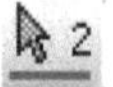 2   Wählen Sie den Ursprung auf der festen Komponente. (obere Mitte der Vorderfläche) (3)
Abschluss mit **OK**.
Das bewegliche Bauteil wird animiert zur Position geschoben.

 2   zweite Auswahl

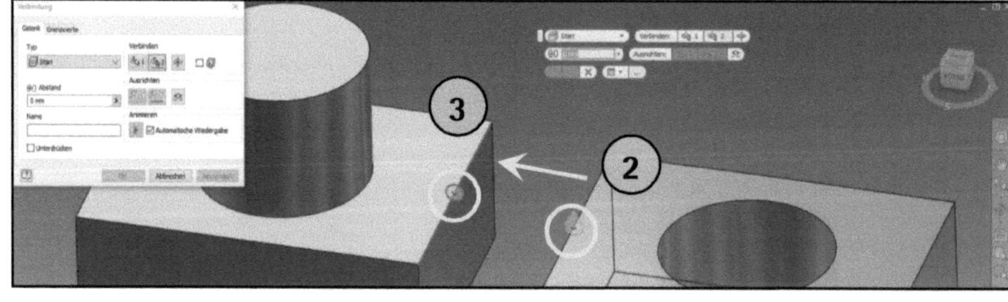

3.2.7.3   Baugruppe speichern

*   Aufruf über den **Menü-Browser**, Register **Datei**.

 Speichern unter

 **Speichern unter**

3.2.8 Die Baugruppenmontage, Montageart „Gelenk"
Bauteil mit Bohrung über „Gelenk verschiebbar" montieren

3.2.8.1 Öffnen der Basisbaugruppe

* **Öffnen** Sie die erstellte Baugruppendatei, aus dem vorherigen Unterkapitel, von der Buch-DVD (1).

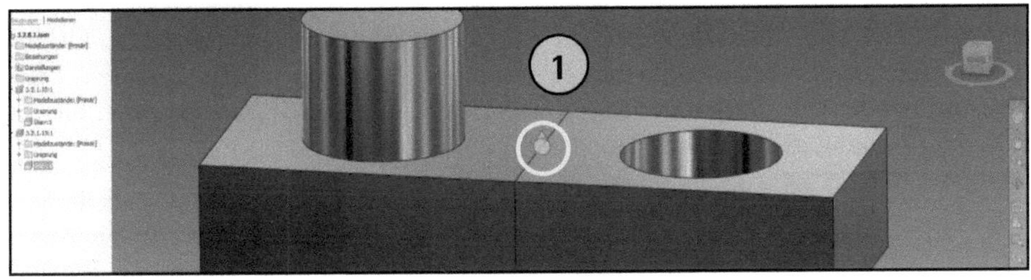

3.2.8.2 Gelenktyp „Starr" auf „Verschiebbar" oder „Drehung" ändern

* Wählen Sie im Baugruppen-Browser den Gelenktyp **Starr** und klicken über das Kontextmenü auf **Bearbeiten**.

 Ändern Sie den Gelenktyp auf **Verschiebbar**.
Die Simulation des Gelenks zeigt die **Verschiebung** als Bewegung (2, 3).

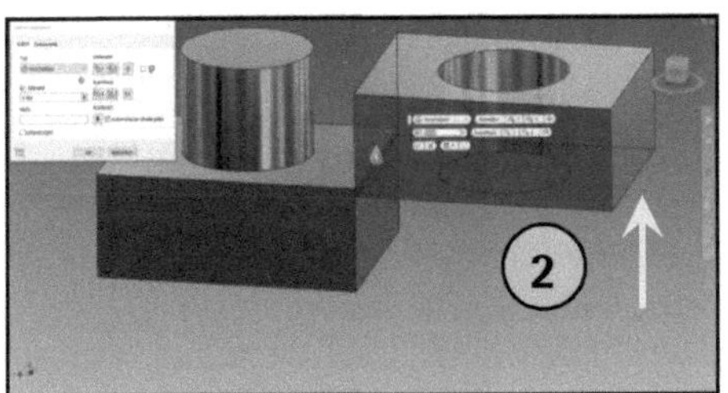
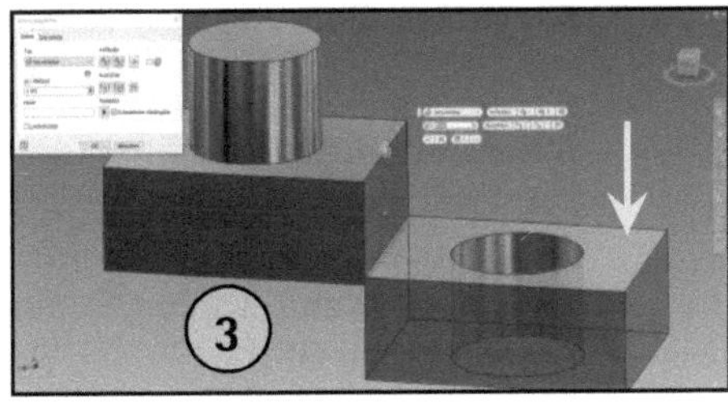

Gelenktyp Verschiebbar

 Ändern Sie den Gelenktyp auf **Drehung**.
Die Simulation des Gelenks zeigt die **Drehung** als Bewegung (4, 5).

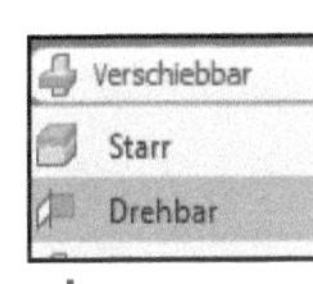

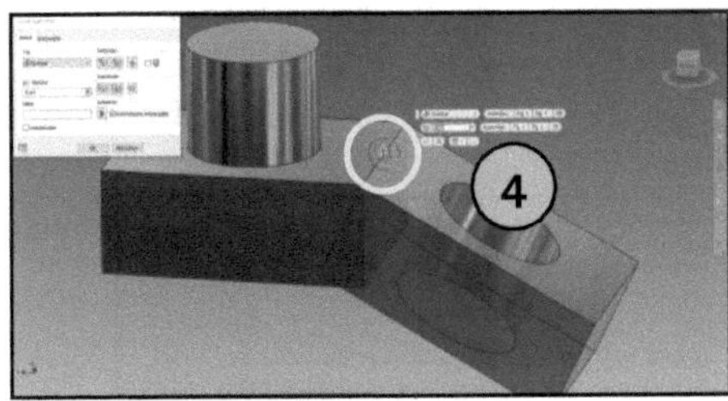
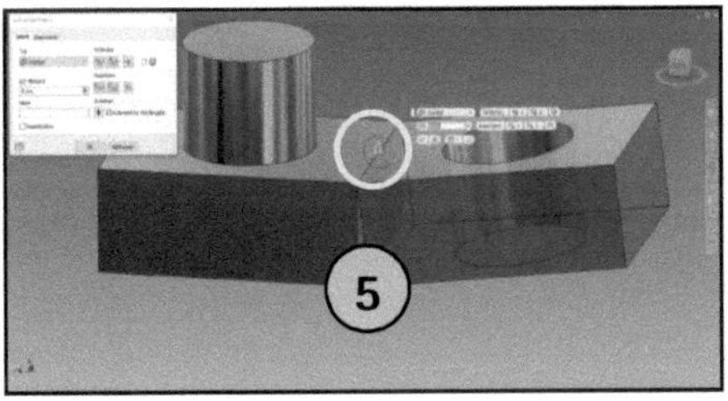

Gelenktyp Drehung

3.2.8.3 Baugruppe speichern

* Aufruf über den **Menü-Browser**, Register **Datei**.

 **Speichern unter**

Speichern unter

3.2.9 Die Baugruppenmontage, Montageart „Zusammenfügen"

3.2.9.1 Montageart „Zusammenfügen", Vorbemerkungen

Ein kleiner Werkzeugkasten wird im Grafikfenster anstelle eines Dialogfelds ange-zeigt. Während Sie die Geometrie auswählen, wird die Liste der Abhängigkeitstypen entsprechend dieser Auswahl aktualisiert. Sie können mit dem Befehl **Zusammen-fügen** nur für eine Komponente zur gleichen Zeit **Abhängigkeiten** erstellen. Wenn die Definition von Abhängigkeiten für eine Komponente abgeschlossen ist, klicken Sie auf OK, um die Abhängigkeiten zu erstellen und den Befehl zu beenden. Beim Neustart des Befehls **Zusammenfügen** wählen Sie die nächste Komponente, die Sie mit einer Abhängigkeit versehen möchten.

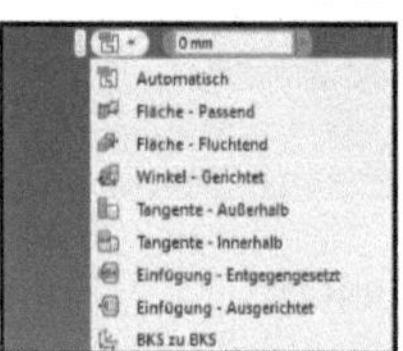

Sie können jederzeit einen Abhängigkeitstyp auswählen, um die Geometrietypen, die zur Aus-wahl stehen, einzuschränken. Wenn Sie **Einfü-gen-Entgegengesetzt** auswählen, können Sie nur kreisförmige Kanten auswählen.

3.2.9.2 Öffnen der Basisbaugruppe

 Öffnen

- **Öffnen** Sie die erstellte Baugruppendatei, aus dem vorherigen Unterkapitel, von der Buch-DVD.

3.2.9.3 Bauteil mit Bohrung über „Zusammenfügen" montieren

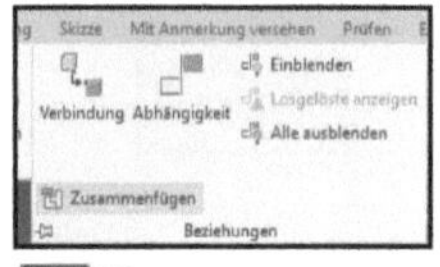

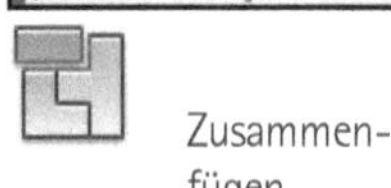 Zusammen-fügen

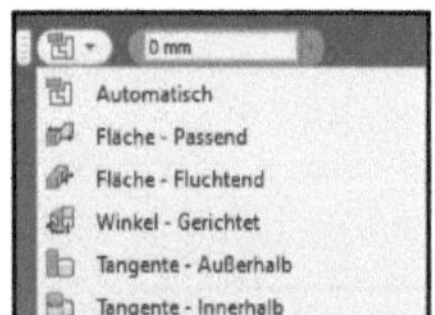

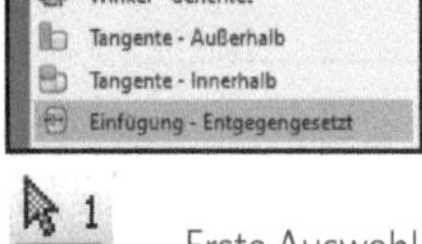

Zusammenfügen (Multifunktionsleiste **Zusammenfügen**)
(mit Pfeil ausklappen)
Erste Auswahl, wählen Sie die erste Fläche (1).
Zweite Auswahl, wählen Sie dann die zweite Fläche (2)
Abschluss mit **OK**.
Die Montage erfolgt automatisch.

 1 Erste Auswahl

 2 zweite Auswahl

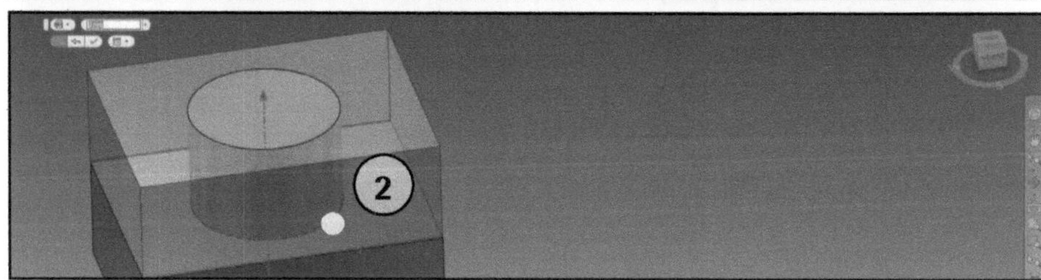

3.2.9.4 Baugruppe speichern

- Aufruf über den **Menü-Browser**, Register **Datei**.

Speichern unter

Projekt II

Starre Baugruppen
Normteil-Baugruppen

- Montage mit Normteilen
  Zylinderschraube, Scheibe, Federring,
  Kronenmutter

- Montage mit Normteilen
  Autodrop-Montage mit Normteilen
  6Kt.-Schraube, Scheibe, Federring, Ringmutter

- Montage mit Normteilen
  Schraubenverbindungs-Generator

3.3 Baugruppenmontage, Montage mit Normteilen Zylinderschraube, Scheibe, Federring, Kronenmutter

3.3.1 Vorgaben

Die Baugruppe besteht aus vier Normteilen aus der **Inhaltscenter-Bibliothek**, die mit den vorgefertigten Bauteilen verschraubt wird.

Teil 1, 2 Verwenden Sie das vorgefertigte Bauteil aus dem vorherigen Unterkapitel, von der Buch-DVD, zweimal.

Teil 3 **Unterlegscheibe** DIN EN **28738**, **A36**.

Teil 4 **Zylinderschraube mit Innensechskant**, DIN EN ISO **4762**, **M36**, Länge **120** mm.

Teil 5 **Federring**, DIN **128**, **B36**.

Teil 6 **Kronenmutter**, hohe Form, DIN **935**, **M36**.

3.3.2 Die Basis-Baugruppendatei

3.3.2.1 Neue Baugruppen-Projektdatei

Projekte

- Legen Sie ein **Einzelbenutzer-Projekt** an.

3.3.2.2 Neue Baugruppendatei

Neu

Engelke2025 .iam

Neu (Multifunktionsleiste) / Ordner: **Vorlagen Engelke**
Engelke-2025.iam anklicken / **Erstellen**
Öffnen Sie eine neue Baugruppen-Vorlagendatei.

3.3.2.3 Basisbauteile zweimal positionieren

Platzieren

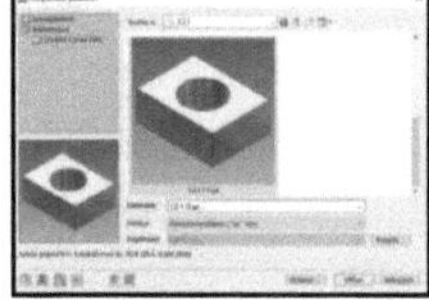

Platzieren (Multifunktionsleiste **Komponente**)
Bauteil aus der Bauteilliste auswählen.
Öffnen anklicken
Bauteile in die Arbeitsfläche schieben (1).
Bauteil zweimal positionieren (2).
Abschluss mit **OK** (3).

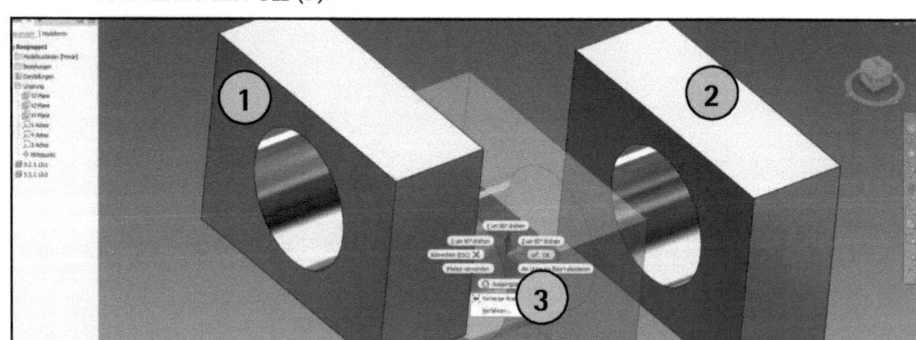

3.3.3 Die Platzierung der Normteile

3.3.3.1 Normteil „Kronenmutter" hohe Form DIN 935 M36, einfügen

Aus Inhaltscenter einfügen (Multifunktionsleiste **Komponente**)

Kategorie	**Verbindungselemente / Muttern**
Gruppe	**Sechskant Schlitz** klicken
Auswahl	**Kronenmutter** klicken
Auswahl	**DIN 935** mit Doppelklick

Positionieren Sie die Kronenmutter durch Klicken auf die Arbeitsebene (4).

Auswahl	**M36** (5) / **OK**

Beenden Sie mit **OK** (6).

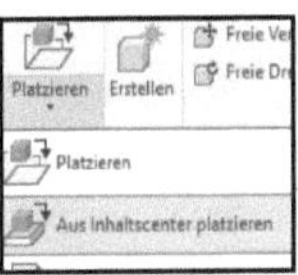

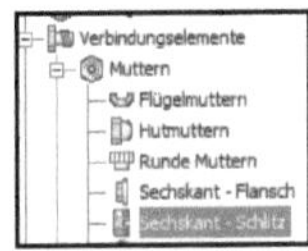

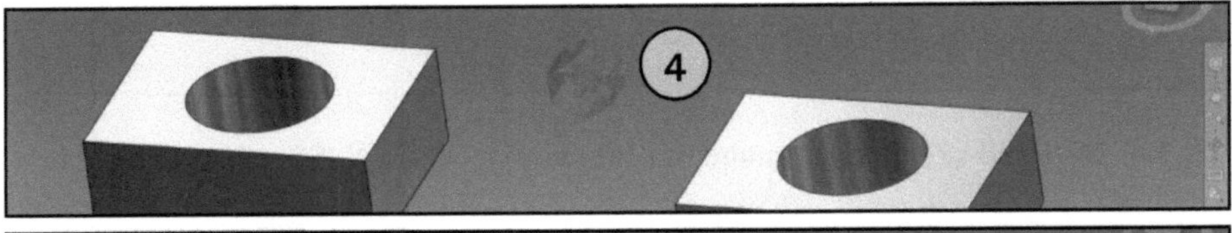

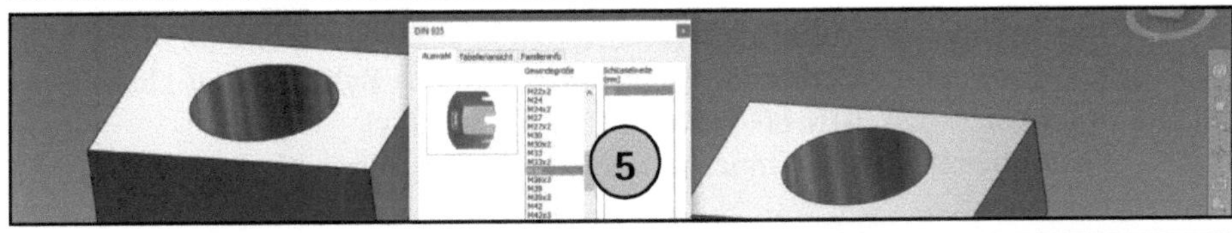

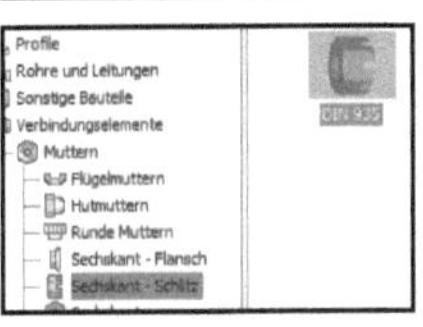

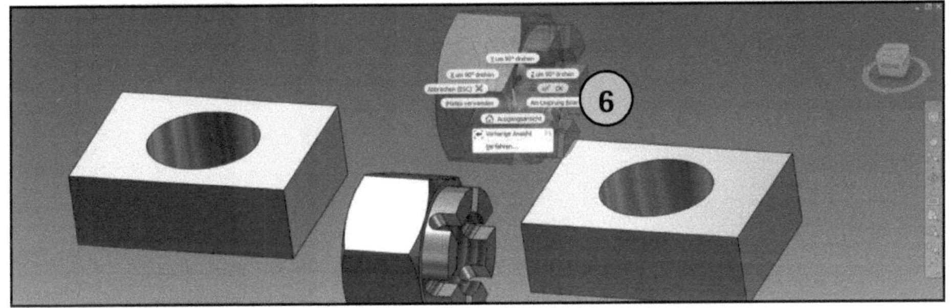

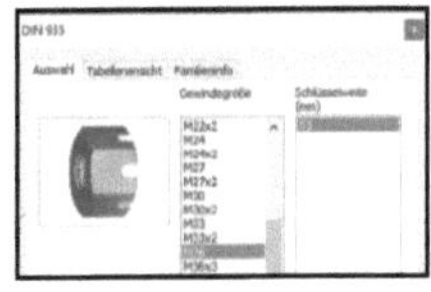

3.3.3.2 Normteil „Federring" DIN 128, einfügen

Aus Inhaltscenter einfügen (Multifunktionsleiste **Komponente**)

Kategorie	**Unterlegscheiben** / Gruppe **Feder** klicken
Auswahl	**Federring DIN 128** mit Doppelklick.

Positionieren Sie den Federring durch Klicken auf die Arbeitsebene.

Auswahl	**A36** (7, 8) / **OK** / Beenden Sie mit **OK**.

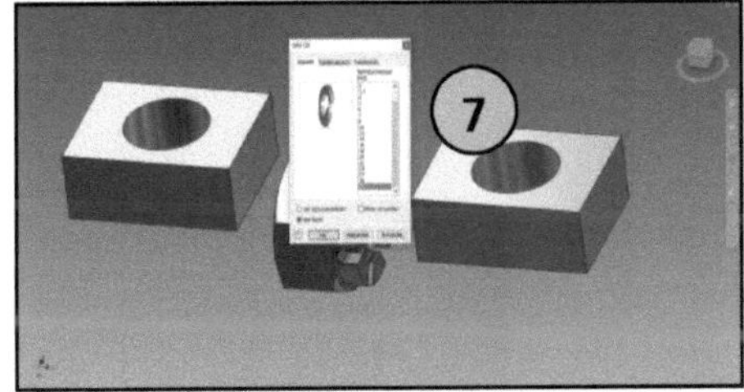

Aus Inhalts-
center einfü-
gen

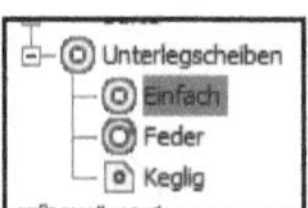

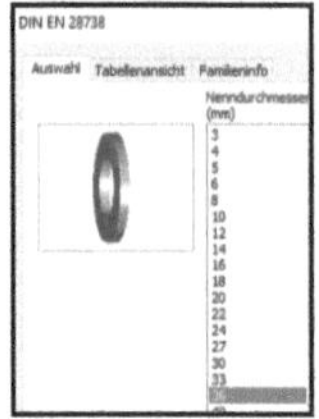

Aus Inhalts-
center einfü-
gen

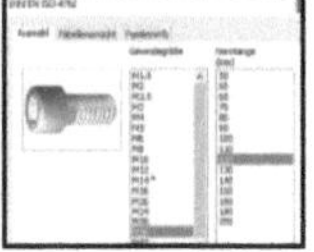

Speichern
unter

3.3.3.3 Normteil „Unterlegscheibe" DIN EN 28738, einfügen

Aus Inhaltscenter einfügen (Multifunktionsleiste **Komponente**)
Kategorie   **Unterlegscheiben** / Gruppe **Einfach** klicken
Auswahl   **Unterlegscheibe DIN EN ISO 28738** mit Doppelklick.
Positionieren Sie die Unterlegscheibe durch Klicken auf die Arbeitsebene.
Auswahl   **A36** (9, 10) / **OK** / Beenden Sie mit **OK**.

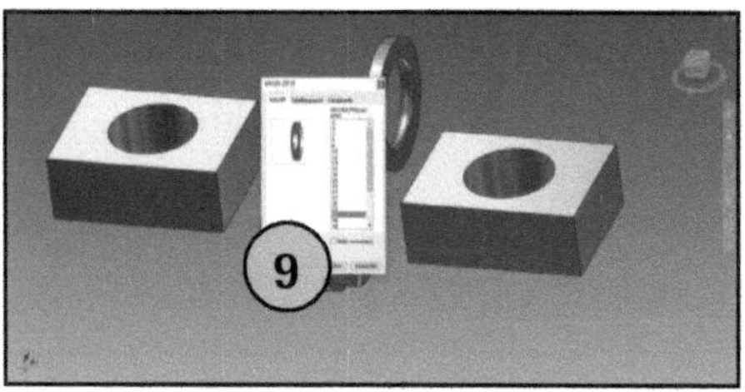

3.3.3.4 Normteil „Zylinderschraube mit Innen-6kt." DIN EN ISO 4762, einfügen

Aus Inhaltscenter einfügen (Multifunktionsleiste **Komponente**)
Kategorie   **Verbindungselemente** / Gruppe **Zylinderkopf** klicken
Auswahl   **DIN EN ISO 4762** mit Doppelklick
Positionieren Sie die Innensechskantschraube durch Klicken auf die Arbeitsebene.
Auswahl   **M36** (11, 12) / Länge **120** mm / **OK** / Beenden Sie mit **OK**.

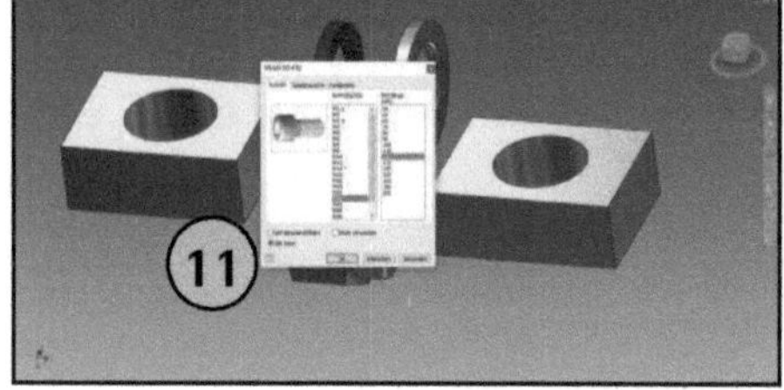

3.3.3.5 Baugruppe speichern

* Aufruf über den **Menü-Browser**, Register **Datei**.

Speichern unter

3.3.4 Die Montage der Normteil-Baugruppe

Verschiedene Verbindungsarten werden für die Bau und Normteil-Montage darge-stellt.

3.3.4.1 Fixieren des Basis-Bauteils

* Aktivieren Sie, im **Baugruppen-Browser,** den Eintrag **Fixiert** für das Basis-Bauteil (13, 14).

3.3.4.2 Montage der Basisbauteile über „Gelenk"

Verbindung (Multifunktionsleiste **Zusammenfügen**)
Ändern Sie den **Gelenktyp** auf **Starr.**
Wählen Sie die gezeigte Bohrungskante (15).
Wählen Sie die gezeigte Bohrungskante (16).
Abschluss mit **OK.**

Verbindung

Gelenktyp
Starr

Erste Auswahl

zweite
Auswahl

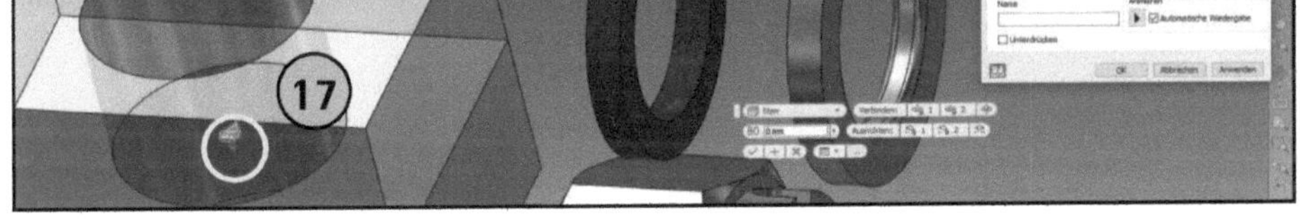

3.3.4.3 Normteil „Federring" DIN 128 über „Einfügen" montieren

Abhängigkeit (Multifunktionsleiste **Beziehung**)

Abhängigkeit **Einfügen**
Wählen Sie die gezeigte Außenkante (18).
Wählen Sie die gezeigte Bohrungskante (19).
Entgegengesetzt / Anwenden / Schließen

Abhängigkeit

Einfügen

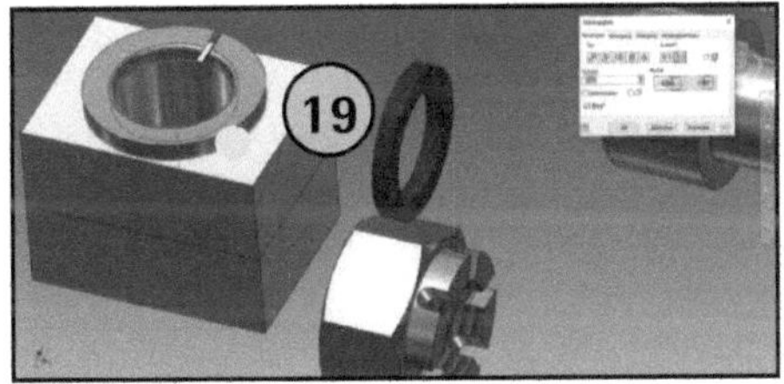

3.3.4.4 Normteil „Zylinderschraube mit Innen-6kt." DIN EN ISO 4762 über „Einfügen" montieren

Abhängigkeit

Einfügen

Abhängigkeit (Multifunktionsleiste **Beziehung**)

Abhängigkeit **Einfügen**
Wählen Sie die gezeigten Außenkanten (20, 21).
Ausgerichtet / Anwenden / Schließen (22)

3.3.4.5 Normteil „Unterlegscheibe" DIN EN 28738 über „Zusammenfügen" montieren

Zusammen-
fügen

Zusammenfügen (Multifunktionsleiste **Beziehung**)
Wählen Sie die gezeigten Außenkante (23, 24).
Abschluss mit **OK**, die Montage erfolgt automatisch.

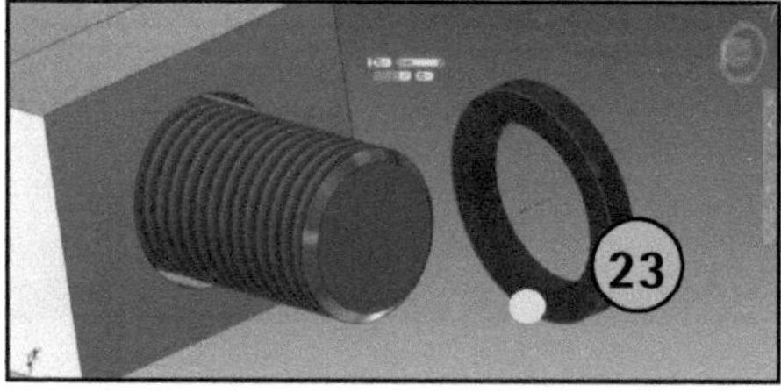

3.3.4.6 Normteil „Kronenmutter", hohe Form, DIN 935, über „Gelenk" montieren

Verbindung

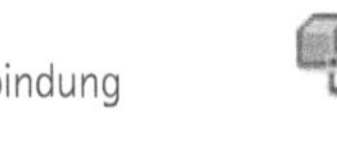

Gelenktyp
Starr

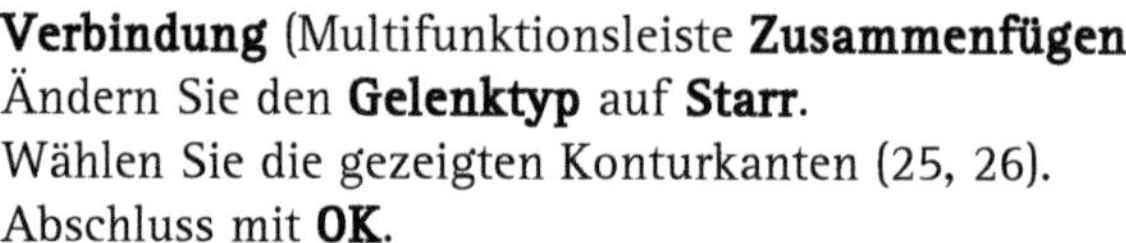

Verbindung (Multifunktionsleiste **Zusammenfügen**)
Ändern Sie den **Gelenktyp** auf **Starr**.
Wählen Sie die gezeigten Konturkanten (25, 26).
Abschluss mit **OK**.

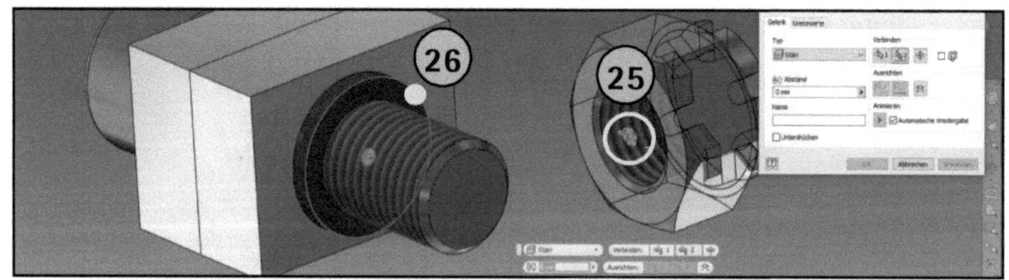

3.3.5 Die fertig montierte Normteil-Baugruppe, Datensicherung über „Pack and Go"

3.3.5.1 Pack and Go, Vorbemerkungen

Pack and Go ist ein Werkzeug, mit dem Sie eine Autodesk Inventor-Datei und alle von ihr referenzierten Dateien an einem einzigen Speicherort bündeln können. Alle Dateien, die die aus einem Projekt oder Ordner ausgewählte Autodesk Inventor-Datei referenzieren, können auch gebündelt werden.

Mit Hilfe von **Pack and Go** können Sie eine Dateistruktur archivieren, einen kompletten Dateiensatz kopieren und dabei Verknüpfungen mit referenzierten Dateien aufrecht erhalten, oder eine Gruppe von Dateien isolieren, um mit der Konstruktion zu experimentieren.

Sie können **Pack and Go** über den Microsoft Windows Explorer oder in einer Sitzung des Konstruktionsassistenten außerhalb von Autodesk Inventor starten. Wenn Sie eine Autodesk Inventor-Datei bündeln, wird die angegebene Datei, die von ihr referenzierten Dateien und die Dateien, die die angegebene Datei referenzieren, an einen neuen Zielspeicherort kopiert.

Die Quelldateien bleiben an ihren ursprünglichen Speicherorten erhalten und werden nicht geändert. Andere Dateien in den Quellordnern werden nicht gebündelt. Die kopierten Dateien bleiben unverändert. Für die gebündelten Dateien wird eine neue Projektdatei erstellt.

In den Zielordner wird darüber hinaus eine Protokolldatei und eine Kopie der ursprünglichen Projektdatei mit dem Suffix **.txt** kopiert. Alle Änderungen, die Sie anschließend an den gebündelten Dateien vornehmen, haben keinerlei Auswirkungen auf die Quelldateien. Die Protokolldatei wird jedes Mal überschrieben, wenn Sie eine Autodesk Inventor-Datei am selben Zielspeicherort bündeln.

3.3.5.2 Baugruppe speichern

- Aufruf über den **Menü-Browser**, Register **Datei**.

Speichern unter

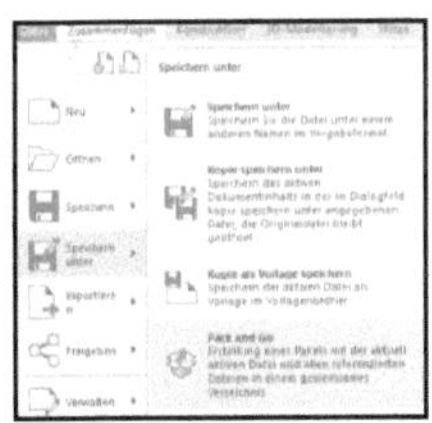

3.3.5.3 Baugruppe 2 Normteile, das „Pack and Go"-Verfahren

- Wählen Sie in Autodesk Inventor im Pulldown-Menü **Datei** die Funktion **Speichern Unter / Pack and Go**.
- Geben Sie im Dialogfeld **Pack and Go** den Zielordner für die Bündelung an, bei Bedarf ist dieser anzulegen (2).
- Legen Sie den Pfad und die Optionen für die Bündelung fest. Stellen Sie sicher, dass der Pfad im Feld **Projektdatei** die entsprechende Projektdatei zur ausgewählten Datei angibt.

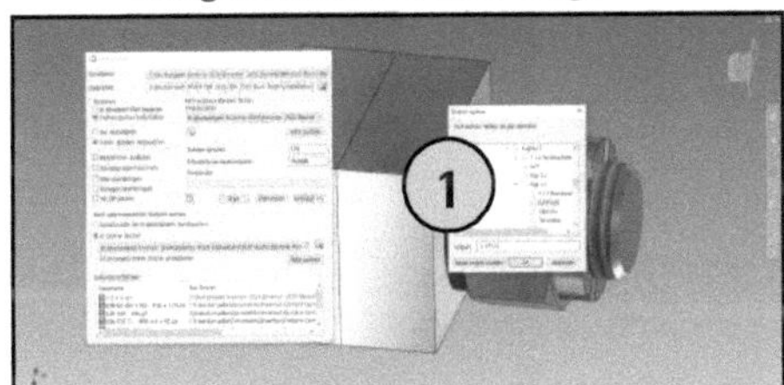

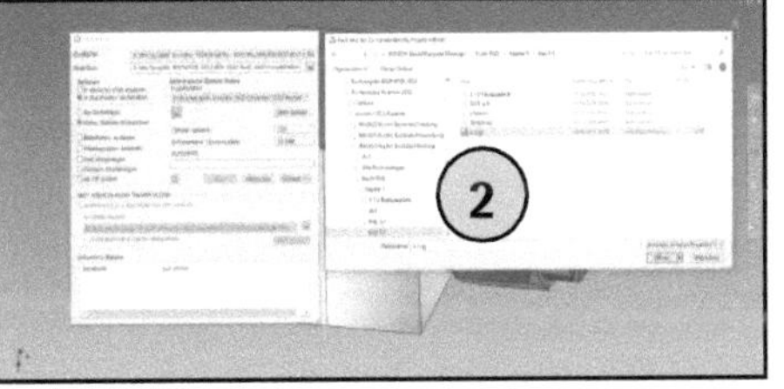

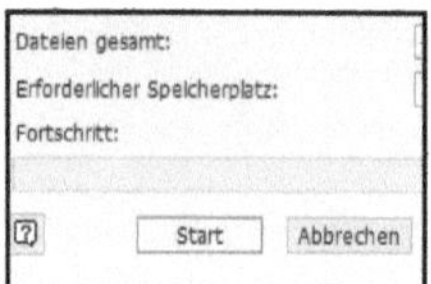

- Klicken Sie auf die Schaltfläche **Jetzt Suchen**, um nach referenzierten Dateien zu suchen. Sobald der Suchlauf beendet ist werden die gesamten gefundenen Dateien und der Speicherplatz angezeigt (3).
- Klicken Sie auf die Schaltfläche **Start**, um mit dem Packen der Dateien zu beginnen. Während des Bündelns wird der Status im Feld **Fortschritt** angezeigt. Im Zielordner werden eine neue Projektdatei und eine Protokolldatei erstellt, in denen die in den Optionen für die Bündelung ausgewählte Struktur widergespiegelt wird (4).
- Schließen Sie diesen Vorgang mit **Fertig** ab.

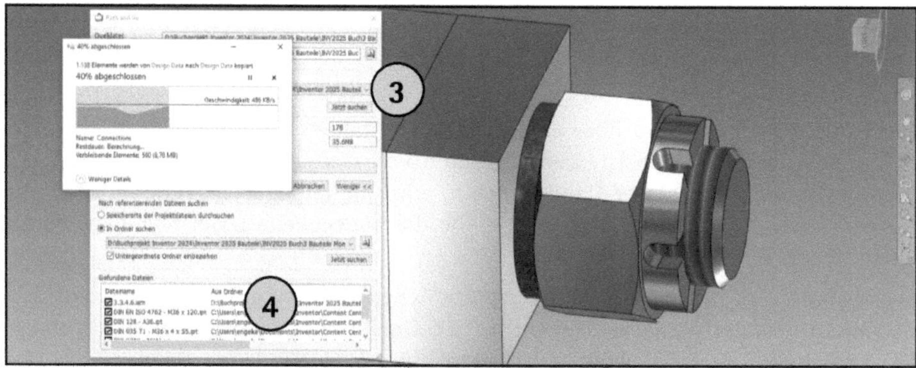

3.3.5.4 Normteil-Baugruppe, die entstandene Ordnerstruktur

Im Ordner **Workspaces** befinden sich das Bauteil mit Bohrung und die Baugruppendatei.

Im Ordner **Libraries** befinden sich die verwendeten Normteile aus dem Inhaltscenter, in Baugruppengröße.

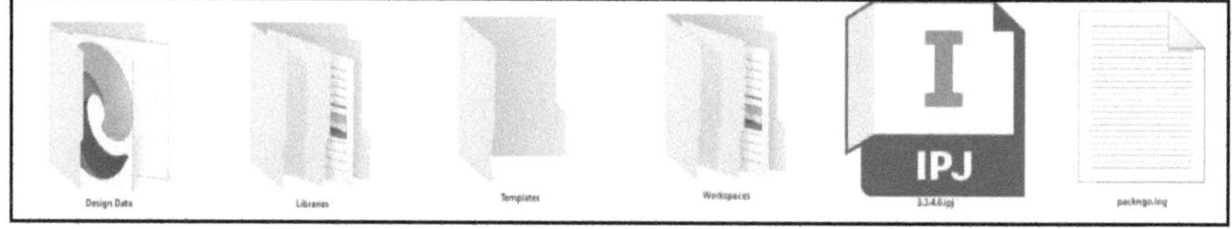

3.4 Baugruppenmontage, Autodrop-Montage mit Normteilen 6Kt.-Schraube, Scheibe, Federring, Ringmutter

3.4.1 Autodrop-Montage mit Normteilen, Vorbemerkungen

Die **AutoDrop**-Funktion verbessert die Verfahren zum Ziehen und Ablegen und trägt so zu einer Automatisierung der funktionellen Konstruktion bei. **AutoDrop** prüft die Geometrie für die Platzierung und Skalierung der Größe automatisch anhand der Eigenschaften der Inhaltsfamilie. Die für die Bauteile der gewählten Familie geeignete Geometrie wird markiert, und **AutoDrop** zeigt die empfohlene Größe und Platzierung in einer Vorschau an. Wenn Sie mit der Maus auf die einzelnen geeigneten Geometrien zeigen, wird die Vorschau so lange dynamisch aktualisiert, bis Sie eine Auswahl treffen. Verwenden Sie nach der Auswahl die verfügbaren Befehle zum Bearbeiten oder Akzeptieren der Größe.

Sie können folgende Komponenten mit **AutoDrop** platzieren:

Schrauben (mit Ausnahme der Schrauben in der Kategorie **Andere**), Muttern, Unterlegscheiben (mit Ausnahme von Kugeln), Bolzen, Lager und Sicherungsringe.

Vor der Platzierung können Sie die Größe des Bauteils mithilfe eines Griffpfeils ändern. QuickInfos stellen Informationen zu den Bemaßungen zur Verfügung. Der Griffpunkt wird nur angezeigt, wenn eine Änderung der Bauteilgröße möglich ist. Wenn Sie beispielsweise eine Zielkante für eine Schraubenplatzierung wählen und für den jeweiligen Durchmesser ist nur eine Schraubenlänge verfügbar, wird kein Griffpunkt angezeigt.

Falls es mehrere Schrauben mit demselben Durchmesser und verschiedenen Längen gibt, wird der Längengriffpunkt eingeblendet. Bei Muttern, Unterlegscheiben und Sicherungsbügeln gibt es keinen Griffpunkt, da die einzelnen Familienvarianten über den Durchmesser definiert werden. Bei Stiften und Schrauben wird ein Griffpunkt für die Länge angezeigt, wenn mehrere Längen zur Auswahl stehen. Bei Lagern ermöglicht der Griffpunkt die Auswahl verschiedener Lagergrößen.

Falls das Lager auf einer Nabe platziert wird, können Sie mithilfe des Griffs den inneren Lagerdurchmesser angeben. Falls das Lager auf einer Welle platziert wird, können Sie mithilfe des Griffs den äußeren Lagerdurchmesser angeben.

Wenn Sie den Cursor einen Augenblick lang auf einem Ziel halten, versucht **Auto-Drop**, die Bauteilgröße zu aktualisieren. Vor der Aktualisierung verwandelt sich der Cursor in ein Fragezeichen. Nach der Aktualisierung wird eine **Quickinfo** zur Angabe der Bauteilgröße angezeigt.

Bei dem Cursor handelt es sich entweder um ein Häkchen, das angibt, dass eine entsprechende Bauteilgröße gefunden wurde, oder um ein Kreuz, das angibt, dass bei der Suche nach der entsprechenden Größe ein Problem aufgetreten ist. Wenn Sie mit der **AutoDrop**-Funktion eine Familie platzieren, die keine zur gewählten Zielgeometrie passenden Bemaßungen hat, werden sowohl die Vorschau des Bauteils als auch die **QuickInfo** rot angezeigt.

3.4.2 Baugruppen-Vorgaben

Die Baugruppe besteht aus vier Normteilen aus der **Inhaltscenter-Bibliothe**k, die mit den vorgefertigten Bauteilen verschraubt wird.

Teil 1, 2 Verwenden Sie die vorgefertigte Baugruppe, aus dem vorherigen Unterkapitel, von der Buch-DVD.

Teil 3 **Federring** DIN EN **128**, **A36**.

Teil 4 **Unterlegscheibe** DIN EN ISO **28378**, **A36**.

Teil 5 **Sechskantschraube** DIN EN ISO **4018**, **M36**, Länge **140** mm.

Teil 6 **6kt.-Flanschmutter** DIN **6331**, **M36**.

3.4.3 Die Basis-Baugruppendatei

3.4.3.1 Neue Baugruppen-Projektdatei

- Legen Sie ein **Einzelbenutzer-Projekt** an.

Projekte

Öffnen

3.4.3.2 Neue Baugruppendatei

- Öffnen Sie die neue Baugruppendatei von der Buch-DVD.

3.4.4 Die Montage der Normteil-Baugruppe mit Autodrop

3.4.4.1 Normteil Pos. 3, Federring DIN 128, einfügen

Aus Inhaltscenter einfügen (Multifunktionsleiste **Komponente**)
Kategorie   **Unterlegscheiben** / Gruppe **Federringe** klicken (1).
Auswahl   **DIN 128** mit Doppelklick (2).
Gezeigten Innen-Durchmesser anklicken (3).
Federring wird automatisch auf **A36** ausgewählt (4).
Platzieren klicken (5).

Aus Inhaltscenter einfügen

DIN 128

Platzieren

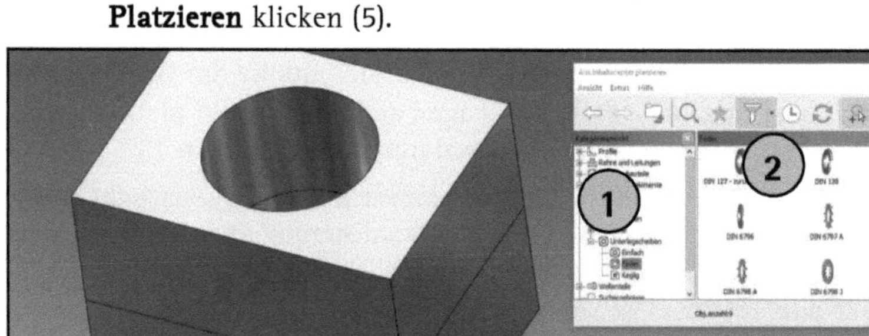

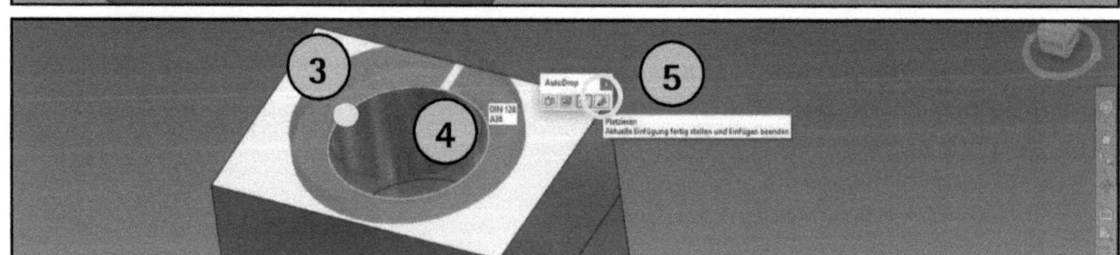

3.4.4.2 Normteil Pos. 4, „Unterlegscheibe" DIN EN ISO 28378, einfügen

• Baugruppenlage über **ViewCube** anpassen.

Aus Inhaltscenter einfügen (Multifunktionsleiste **Komponente**)
Kategorie   **Unterlegscheiben** / Gruppe **Einfach** klicken.
Auswahl   **DIN EN ISO 28738** mit Doppelklick.
Gezeigten Innen-Durchmesser anklicken (5).
Unterlegscheibe wird automatisch auf Größe **40** ausgewählt (6).
Größe ändern klicken / Größe **36** auswählen (7, 8).
Platzieren klicken.

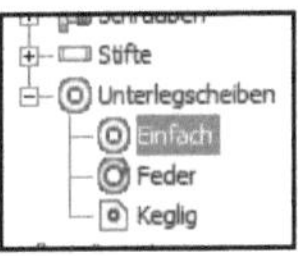

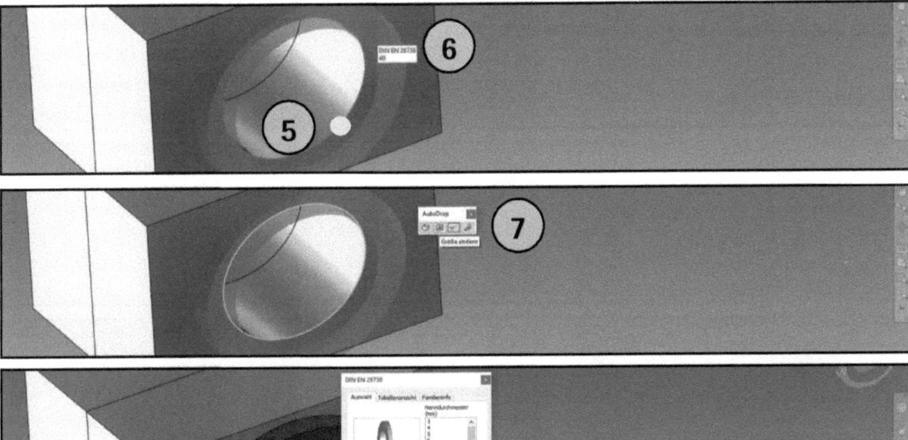

3.4.4.3 Normteil Pos. 5, „Sechskantschraube" DIN EN ISO 4018, einfügen

Aus Inhaltscenter einfügen (Multifunktionsleiste **Komponente**)
Kategorie   **Verbindungselemente** / Gruppe **Sechskantkopf** klicken
Auswahl   **DIN EN ISO 4018** mit Doppelklick
Gezeigten Innen-Durchmesser anklicken (9).
Schraube wird automatisch auf **M36** ausgewählt (10).
Größe ändern klicken / **Länge 140** mm auswählen (11).
Platzieren klicken.

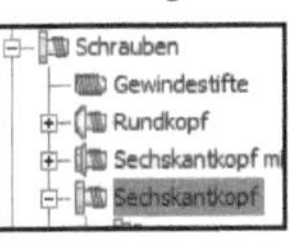

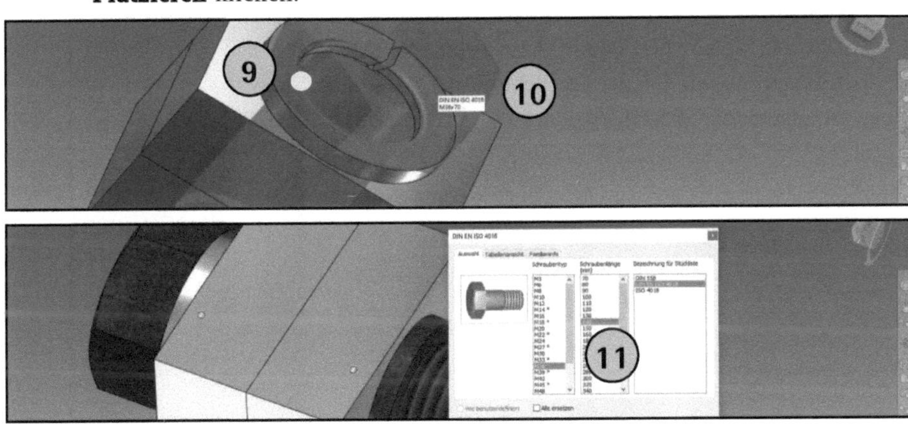

Aus Inhalts-
center einfü-
gen

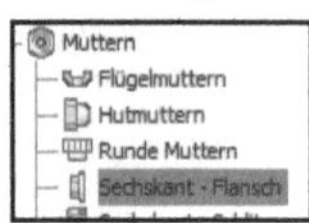

DIN 6331

Größe ändern

Platzieren

3.4.4.4 Normteil Pos. 6, „6kt.-Flanschmutter" DIN 6331, einfügen

Aus Inhaltscenter einfügen (Multifunktionsleiste **Beziehung**)
Kategorie   **Muttern** / Gruppe **Sechskant-Flansch** klicken.
Auswahl   **DIN 6331** mit Doppelklick.
Gezeigten Innen-Durchmesser anklicken (12).
6kt.-Flanschmutter wird automatisch auf **M30** ausgewählt (13).
Größe ändern klicken / **M36** auswählen (14, 15).
Platzieren klicken.

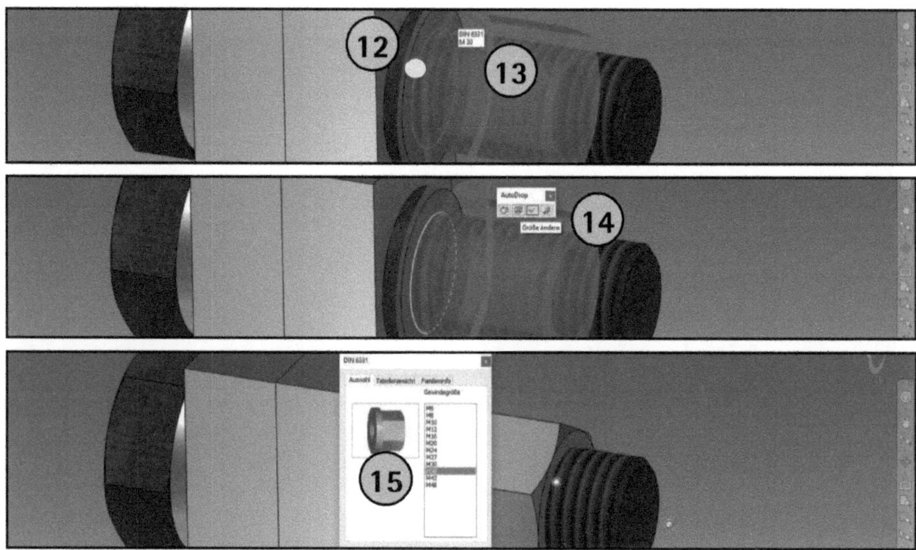

3.4.5 Normteil-Baugruppe, Datensicherung über „Pack and Go"

3.4.5.1 Baugruppe speichern

* Aufruf über den **Menü-Browser**, Register **Datei**.

Speichern
unter

Speichern unter

3.4.5.2 Datensicherung über Pack and Go

* Wählen Sie im Pulldown-Menü **Datei Speichern Unter / Pack and Go**.
* Geben Sie den Zielordner für die Bündelung an.
* Klicken Sie auf die Schaltfläche **Jetzt Suchen**,
* Klicken Sie auf die Schaltfläche **Start**.
* Schließen Sie diesen Vorgang mit **Fertig** ab (16, 17).

Pack and Go

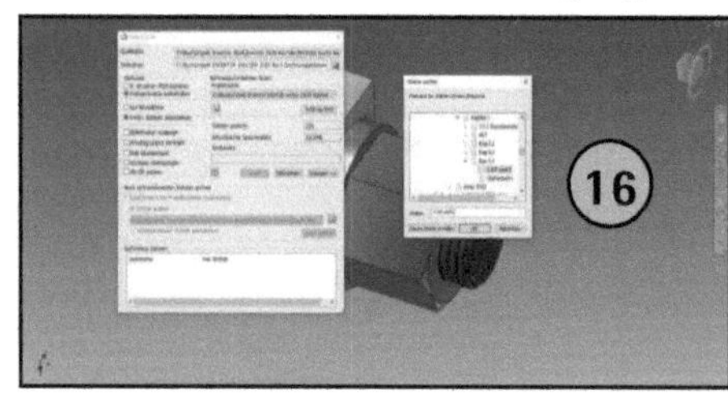

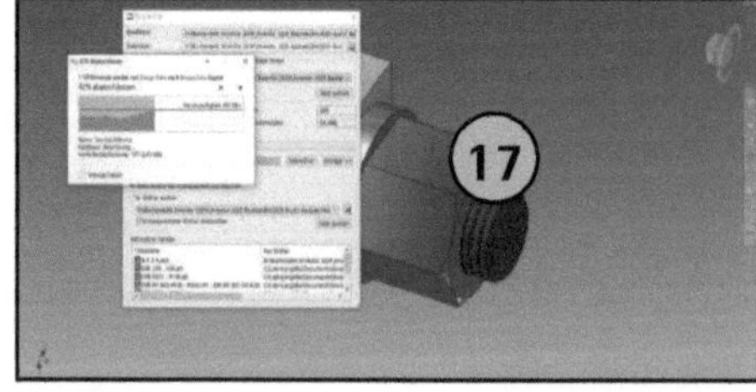

3.5 Baugruppenmontage, Schraubenverbindungs-Generator

3.5.1 Schraubenverbindungs-Generator, Vorbemerkungen

Verwenden Sie diesen Generator, um Schraubenverbindungen mit Vorspannung, die durch Axial- oder Tangentialkräfte belastet werden, zu entwerfen und zu überprüfen. Der Zweck der Konstruktionsberechung ist die Auswahl einer geeigneten Schraubenverbindung nach der Angabe der erforderlichen Arbeitsbelastung. Anhand der Festigkeitsberechnung wird die Schraubenverbindung geprüft. Sie können Schraubenverbindungen erstellen und konstruieren und diese anschließend direkt in die Baugruppe einfügen. Mit dem Schraubenverbindungs-Generator können Sie folgende Aufgaben ausführen:

Auswählen und Einfügen von Schraubenverbindungen mit einer unbegrenzten Anzahl von Schrauben in eine Baugruppe durch Auswählen der Schrauben aus dem Inhaltscenter

Einfügen von Schraubenverbindungen mithilfe von Benutzerkomponenten

Erstellen von Bohrungen in der Konstruktion, falls erforderlich

Einfügen von Schraubenverbindungen in angeordnete Bohrungen

Einfügen von Schraubenverbindungen in mehrere skizzierte Bohrungen oder Mittelpunkte Mehrere auf Mittelpunkten basierende skizzierte Bohrungen oder Mittelpunkte müssen Teil derselben Skizze sein.

Einfügen von Schraubenverbindungen in extrudierte und gedrehte Schnitte

Speichern von Schraubenverbindungen in der Vorlagenbibliothek

Mit dem Schraubenverbindungs-Generator können Sie folgende Berechnungen ausführen:

Konstruktion des Schraubendurchmessers zur Durchführung der Berechnung anhand eingegebener Parameter wie Belastung, Materialeigenschaften und anderer Faktoren

Konstruktion der Schraubenanzahl zur Berechnung der korrekten Anzahl an Schrauben basierend auf der angegebenen Belastung, den geometrischen Bemaßungen und anderen Faktoren

Konstruktion des Schraubenmaterials zur Berechnung und Auswahl des für bestimmte Kriterien geeigneten Materials

Festigkeitskontrollberechnung für eine Schraube

Ermüdungsberechnungen basierend auf der ausgewählten Art der Belastung (z. B. schwankend oder wiederkehrend)

Ermüdungsberechnungen basierend auf der ausgewählten Methode wie die modifizierte Goodman-Methode oder die parabolische Gerber-Methode).

Mit dem Schraubenverbindungs-Generator werden Schrauben aus dem Inhaltscenter ausgewählt.

Um Komponenten mit dem Schraubenverbindungs-Generator einfügen zu können, müssen Sie mit dem Inhaltscenter-Server verbunden sein und das Inhaltscenter auf Ihren Computern konfiguriert haben.

3.5.2 Einfügen von Schraubenverbindungen
Montage mit dem „Schraubenverbindungs-Generator"

Projekte

Öffnen

3.5.2.1 Fertige Baugruppe öffnen

- Legen Sie ein **Einzelbenutzer-Projekt** an.
- Öffnen Sie die neue Baugruppendatei von der Buch-DVD.

3.5.2.2 Schraubenmontage mit dem „Schraubenverbindungs-Generator"

Schraub-
Verbindungs-
Generator

Schraubverbindungs-Generator (Multifunktionsleiste **Konstruktion**)

Aktivieren Platzierung **Konzentrisch, Metrisches Gewinde, M36** (1, 2)
wählen Sie die obere Bauteilfläche (3).
Wählen Sie einen Bohrungszylinder als **Runde Referenz** (4).
Wählen Sie die untere Bauteilfläche auf der die Verbindung endet
als Ausführungstyp (5).

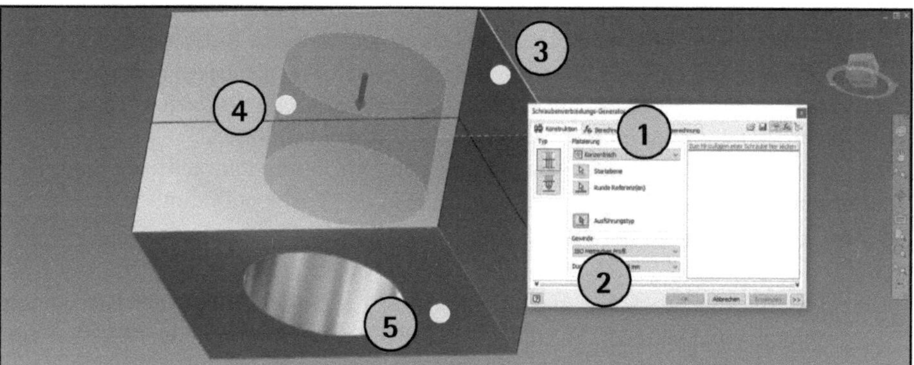

Klicken Sie in den rechten Kasten zur Definition der Schraubverbindung,
wählen Sie nacheinander:

Zylinderschraube mit Innensechskant, DIN EN ISO **4762**, **M36** (6).

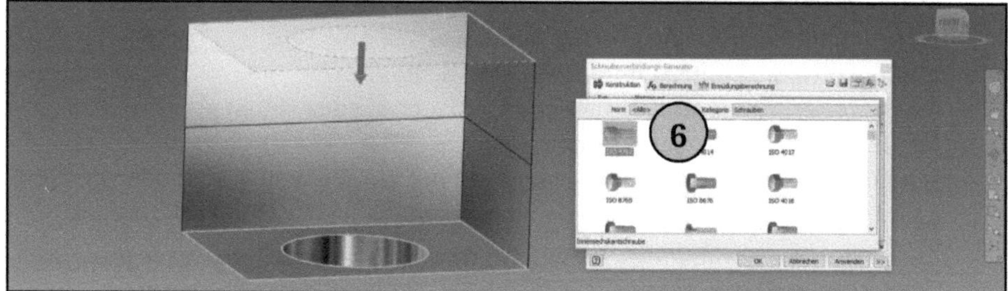

Unterlegscheibe, ISO **7090**, **A36** (7).

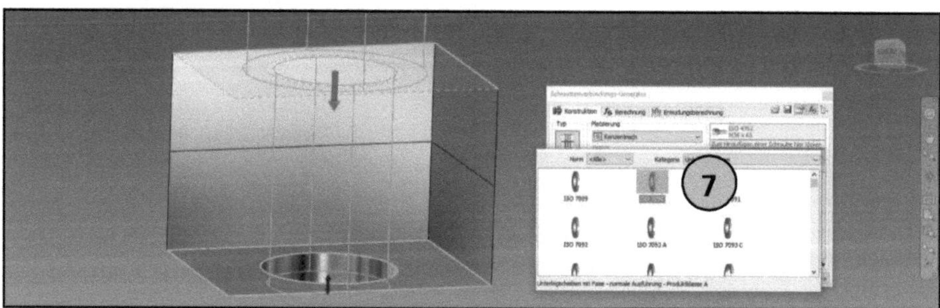

Sechskant-Mutter, DIN EN **24032, M36** (8).

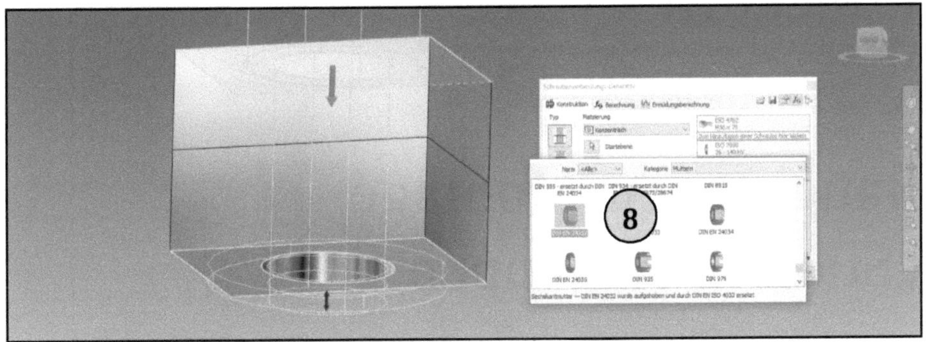

Schließen Sie die Konfiguration mit **OK**. (9, 10)

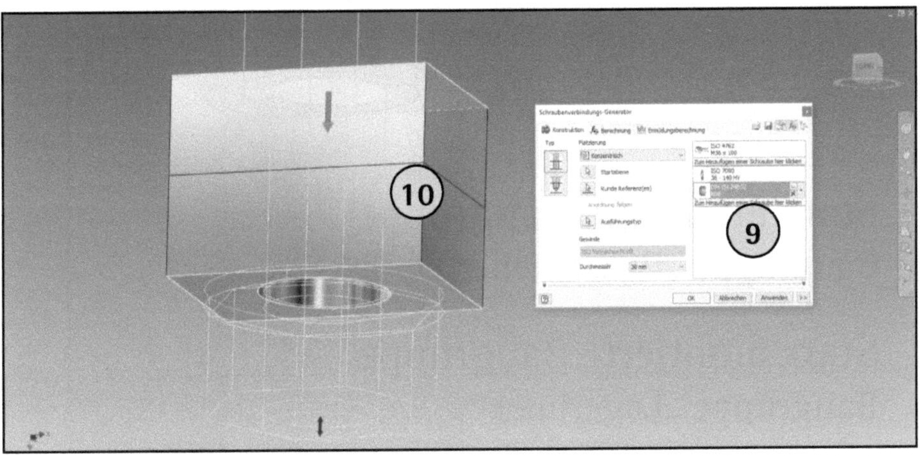

3.5.3 Normteil-Baugruppe, Datensicherung über „Pack and Go"

3.5.3.1 Baugruppe speichern

- Aufruf über den **Menü-Browser**, Register **Datei**.

Speichern unter

3.5.3.2 Datensicherung über Pack and Go

- Wählen Sie im Pulldown-Menü **Datei Speichern Unter / Pack and Go**.
- Geben Sie den Zielordner für die Bündelung an.
- Klicken Sie auf die Schaltfläche **Jetzt Suchen**,
- Klicken Sie auf die Schaltfläche **Start**.
- Schließen Sie diesen Vorgang mit **Fertig** ab (11, 12).

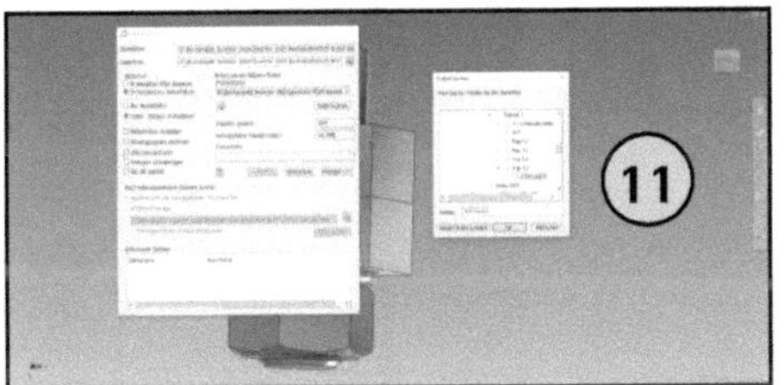

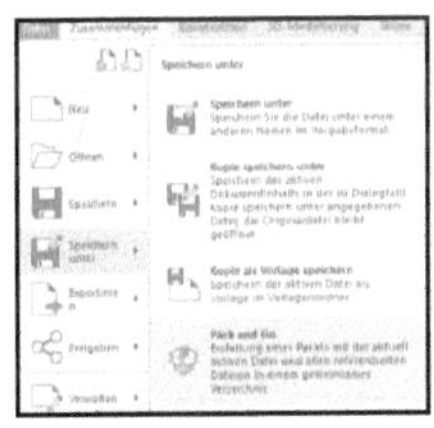

Speichern
unter

Pack and Go

Projekt III

Baugruppen-Montage „Starre Baugruppen"

- Starr montierte Baugruppe
  Baugruppe „Paßschieber"

- Starr montierte Baugruppe
  Baugruppe „Lagerbock"

- Starr montierte Baugruppe
  Baugruppe „Bremsscheibe"

3.6 Baugruppen-Montage „Starre Baugruppen"
Baugruppe „Paßschieber"

3.6.1 Starr montierte Baugruppe „Paßschieber", Vorgaben

Erstellen Sie die Baugruppe **Paßschieber** aus dem, als Skizzen vorgegebenen Einzelteilen.

Die Baugruppe besteht aus dem **Schieber** Pos. 3, dem **Stegelement** Pos. 2 und der **Basisplatte** Pos. 1 als zu erstellende Bauteile.

Als Normteile zur Montage finden zwei **Zylinderschrauben mit Innensechskant** DIN EN ISO **4762 M5** x **12** aus der Inhaltscenter-Bibliothek Verwendung.

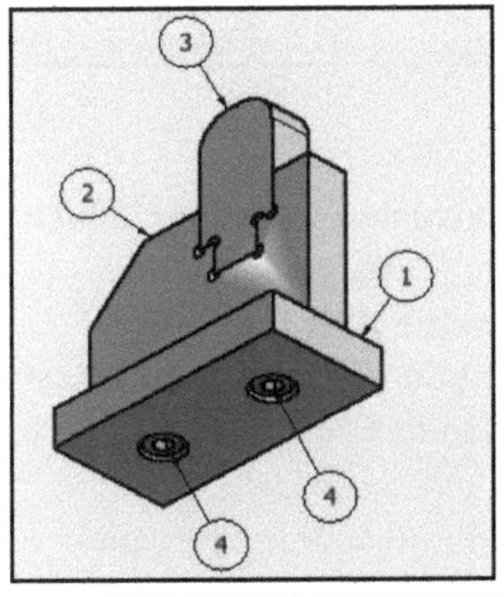

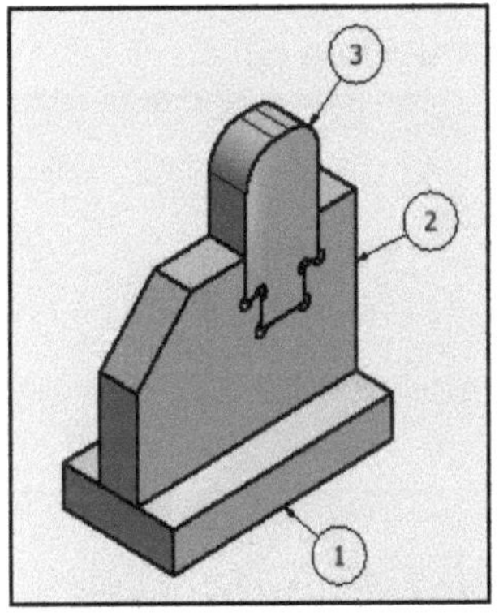

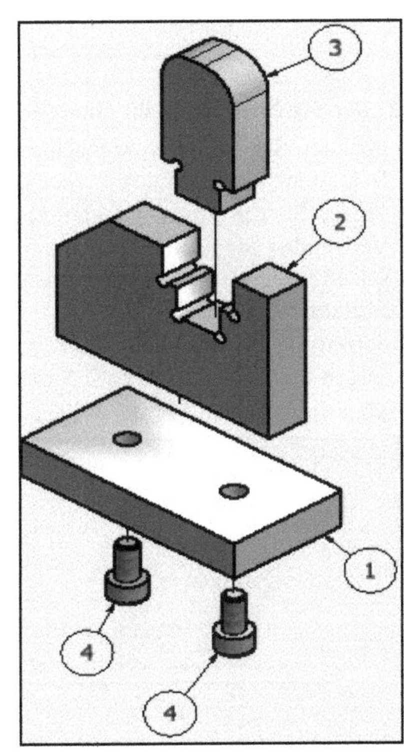

3.6.2 Die Basis-Bauteildatei

3.6.2.1 Neue Baugruppen-Projektdatei

* Legen Sie ein **Einzelbenutzer-Projekt** an.

Projekte

3.6.2.2 Neue Bauteildatei

Neu

Neu (Multifunktionsleiste) / Ordner: **Vorlagen Engelke**
Engelke-2025.ipt anklicken / **Erstellen**
Öffnen Sie für Bauteile diese Bauteil-Vorlagendatei.

Engelke2025
.ipt

3.6.3 Baugruppe „Paßschieber" Bauteilerstellung Pos. 3 „Schieber"

3.6.3.1 Der Schieber Pos. 3, Vorgaben

- Erzeugen Sie eine Basisskizze aus der nebenstehenden Darstellung.
- Geben Sie dieser Skizze eine Dicke von **10** mm.
- Runden Sie eine Seite mit R = **8** mm ab.
- Die Einbohrungen erfolgen über **Bohrung**.
- Materialzuweisung **Stahl poliert**.

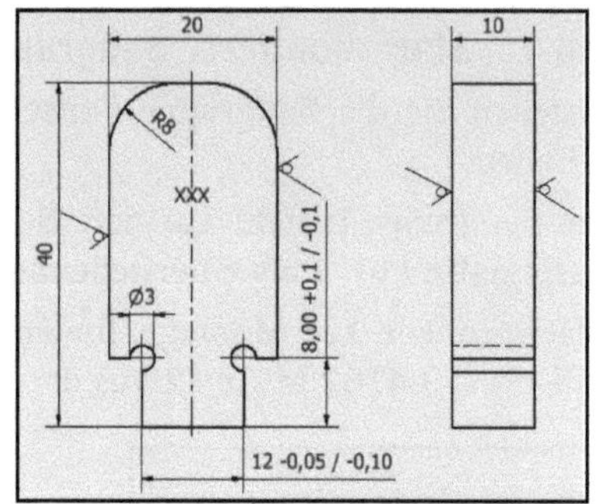

3.6.3.2 Der Schieber Pos.3, die Bauteil-Erstellung

- Erstellen Sie aus der vorgegebenen Skizze über **Extrusion** auf einem neuen Dokument, ein Bauteil mit einer Dicke von **10** mm (1, 2).
- Tragen Sie die entsprechenden Maße über **Allgemeine Bemaßung** an. Verwenden Sie für die Linienkonstruktion die Funktion **Versatz**, bei Bedarf setzen Sie Linien auf **Symmetrisch**, bereinigen Sie die Konstruktion über **Stutzen** (3).
- Setzen Sie auf eine neue Skizze zwei **Punkte** für die Ausbohrungen, diese erfolgen dann mit **Bohrung** Ø **3** mm, Option **Durch alle** (4).
- Materialzuweisung **Stahl poliert** über **Material bearbeiten** (5).

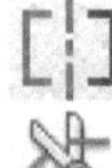

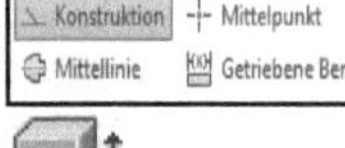

Neu

Engelke2025 .ipt

2D-Skizze starten

Rechteck zwei Punkte über Mitte

Linie

Rundung

Geometrie projizieren

Versatz

Allgemeine Bemaßung

Symmetrisch

Stutzen

Konstruktion · Mittelpunkt · Mittellinie · Getriebene Bemaßung

Extrusion

Rundung

Bohrung

Speichern unter

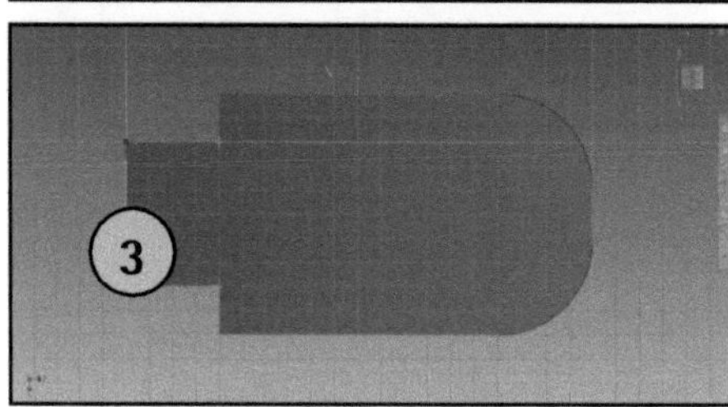
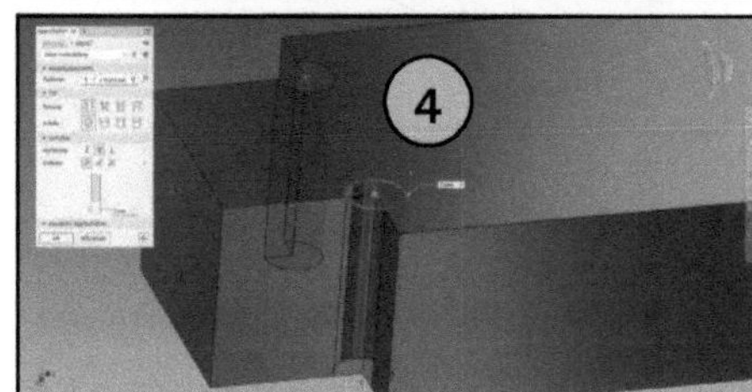

- **Speichern** Sie das neue Bauteil.

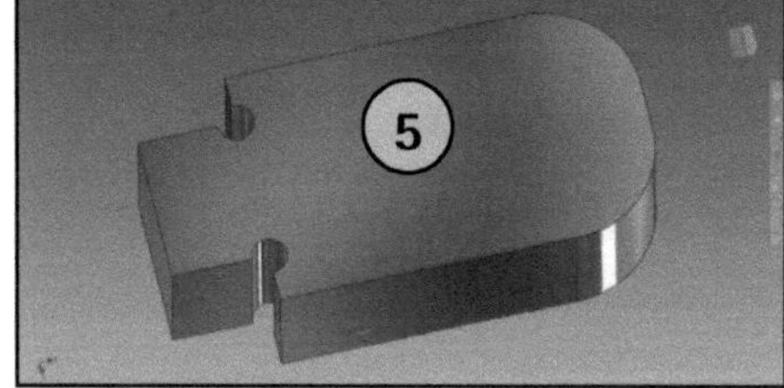

3.6.4 Baugruppe „Paßschieber", Bauteilerstellung Pos. 1 Grundplatte

3.6.4.1 Die Grundplatte Pos. 1, Vorgaben

- Erstellen Sie aus der nebenstehenden Skizze über **Linear ausgetragener Aufsatz** auf einem neuen Dokument, ein Bauteil mit einer Dicke von **10** mm. Tragen Sie die entsprechenden Maße über **Allgemeine Bemaßung** an.
- Die Schraubensenkungen erfolgen nach DIN **974-1** über **Bohrung**.
- Materialzuweisung **Stahl poliert**.

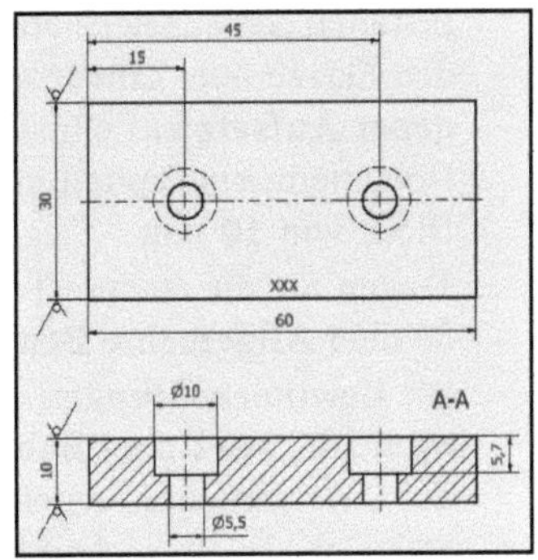

3.6.4.2 Die Grundplatte Pos. 1, die Bauteil-Erstellung

- Erstellen Sie, aus der vorgegebenen Skizze, über **Grundkörper Quader** Kantenlänge von **60** mm x **30** mm Dicke von **10**, das Bauteil auf einem neuen Dokument (1).
- Setzen Sie die zwei Konstruktionslinien Abstand **15** mm und **45** mm mit Funktion **Geometrie projizieren** und **Versatz** (2).
- Erstellen Sie auf der gleichen Skizze jeweils einen **Punkt** an den Schnittpunkten (3).
- Bringen Sie an diesen Punkten innerhalb der Funktion **Bohrung** jeweils eine Schraubensenkung nach **DIN 974-1**, oberer Ø **10** mm, Tiefe **5,7** mm, Durchgangsbohrung Ø **5,5** mm (4).
- Materialzuweisung **Stahl poliert** über **Material bearbeiten** (5).

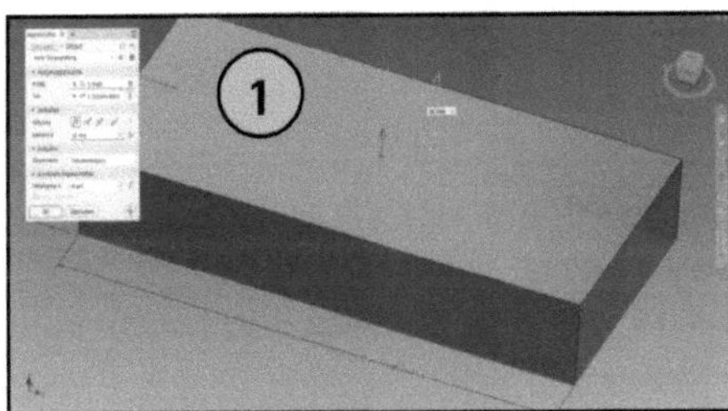
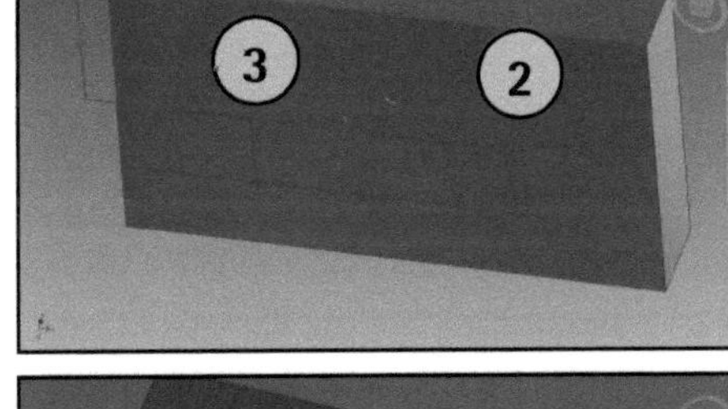
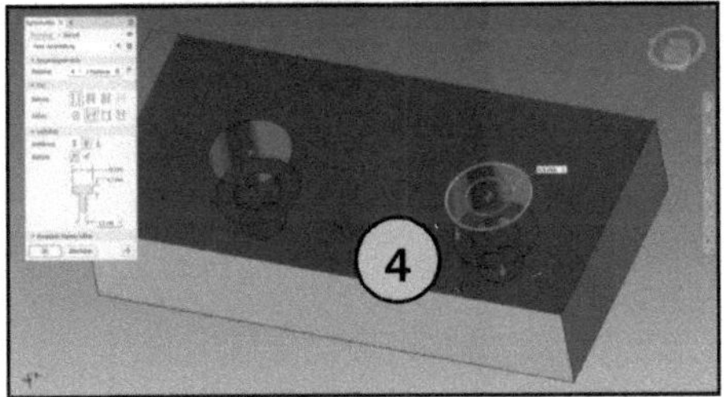
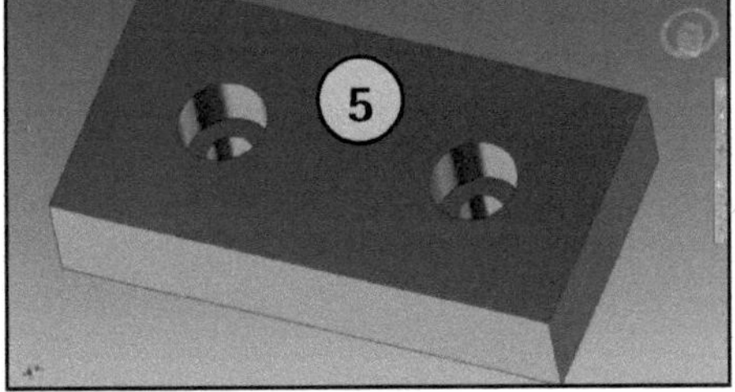

Neu

Engelke2025
.ipt

Quader

2D-Skizze
starten

Linie

Geometrie
projizieren

Versatz

Allgemeine
Bemaßung

Symmetrisch

Stutzen

Bohrung

Speichern
unter

- **Speichern** Sie das neue Bauteil.

3.6.5 Baugruppe „Paßschieber", Bauteilerstellung Pos. 2 Stegelement

3.6.5.1 Das Stegelement, Pos. 2, Vorgaben

* Erstellen Sie aus der nebenstehenden Skizze über **Linear ausgetragener Aufsatz** auf einem neuen Dokument, ein Bauteil mit einer Dicke von **10** mm.
* Tragen Sie die entsprechenden Maße über **Allgemeine Bemaßung** an.
* Die Gewindebohrungen erfolgen nach DIN **76-1** über **Bohrung** auf der Unterseite des Stegelements.
* Materialzuweisung **Stahl poliert**.

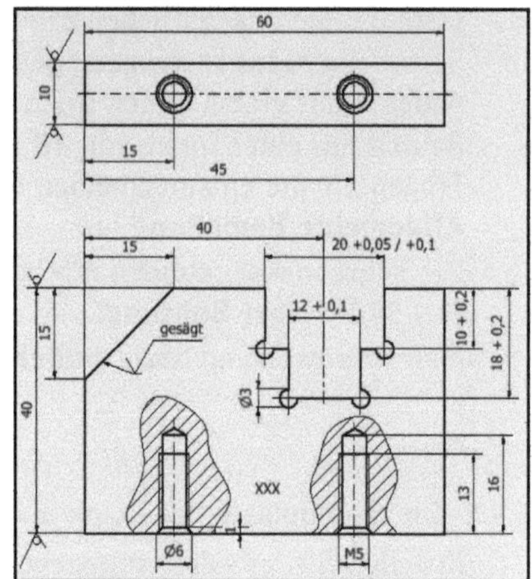

3.6.5.2 Das Stegelement Pos. 2, die Bauteil-Erstellung

* Erstellen Sie aus der vorgegebenen Skizze über **Grundkörper Quader** auf einem neuen Dokument, ein Bauteil mit einer Dicke von **10** mm (1).
* Die Abschrägung **15** mm x **15** mm erfolgt über der Funktion **Fase** (2).

 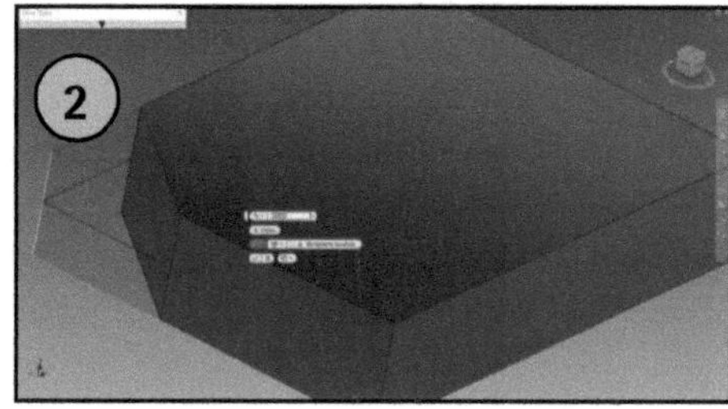

* Der Führungsausschnitt wird über **Versatz 40** mm, dann jeweils beidseitig mit **Versatz 20** mm und **12** mm.
* Für die Höhen sind jeweils **10** mm und **18** mm über **Versatz** einzuzeichnen.
* Bereinigen Sie die Konstruktion über **Stutzen** (3).
* Bilden Sie, aus der erstellten Skizzenfläche, eine **Extrusion** Option **Differenz**. (4).

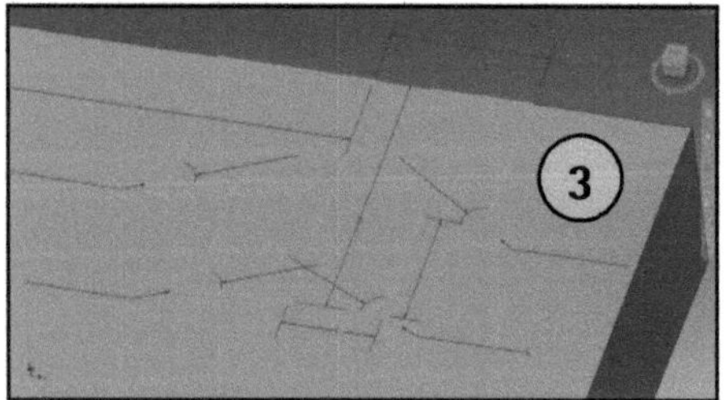 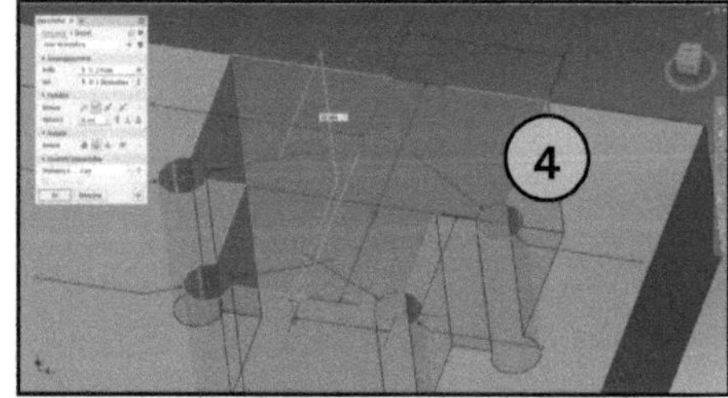

 Neu

 Engelke2025 .ipt

 Quader

 Fase

 2D-Skizze starten

 Linie

 Geometrie projizieren

 Versatz

 Allgemeine Bemaßung

 Symmetrisch

 Stutzen

Extrusion Differenz

- Erzeugen Sie auf einer neuen Skizze über **Versatz 15** mm und **45** mm und einer Mittelachse eine Hilfskonstruktion (5).
- Setzen Sie jeweils einen **Punkt** auf die Konstruktionsschnittpunkte (6).

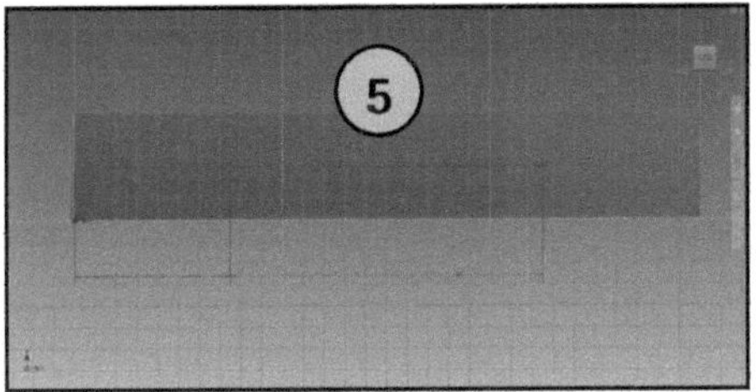

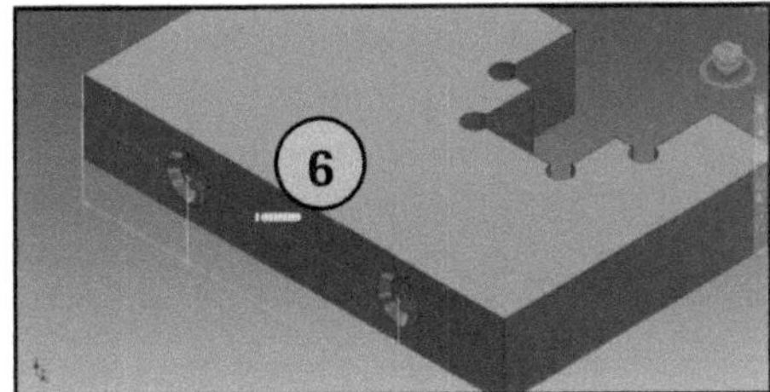

- Bringen Sie an diesen Punkten mit der Funktion **Bohrung** je ein Gewindegrundloch nach **DIN 76-1**, Gewindetiefe **13** mm, Bohrungstiefe **16** mm, Gewindegröße **M6** ein (7, 8).

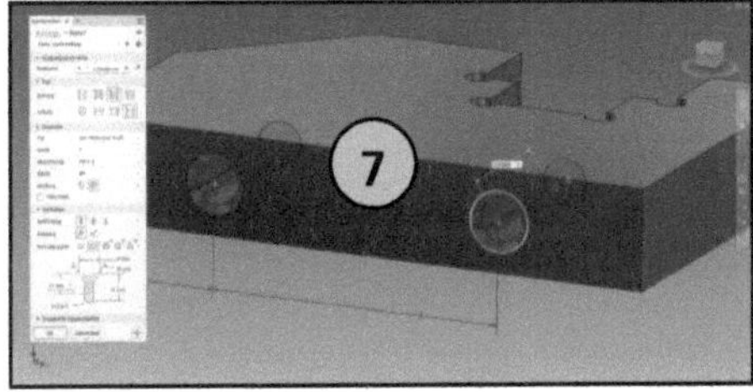

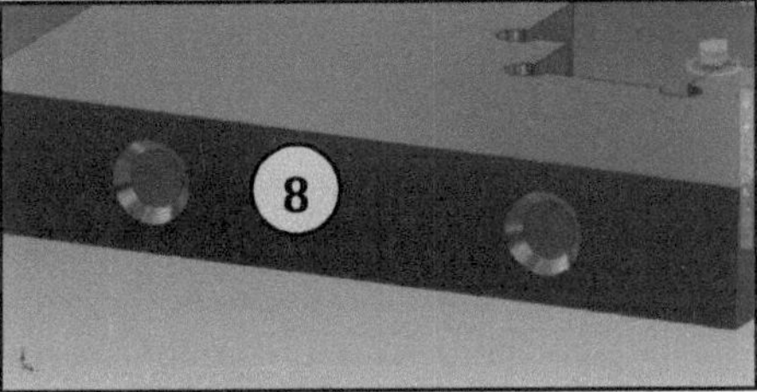
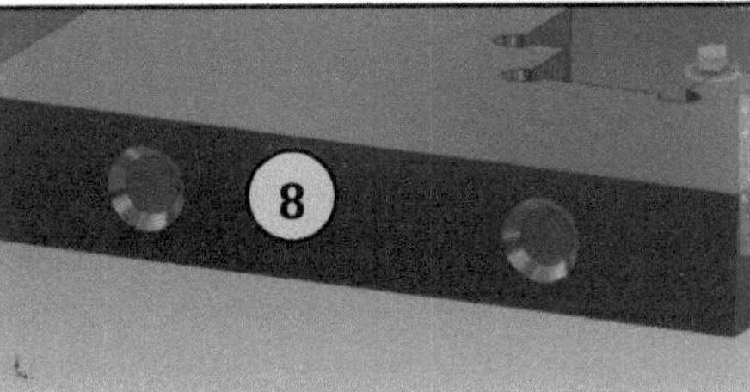
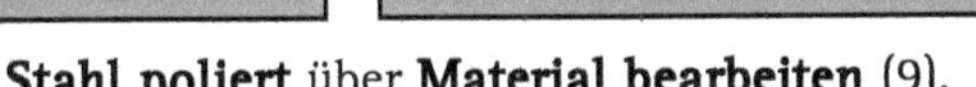

- Materialzuweisung **Stahl poliert** über **Material bearbeiten** (9).
- **Speichern** Sie das neue Bauteil.

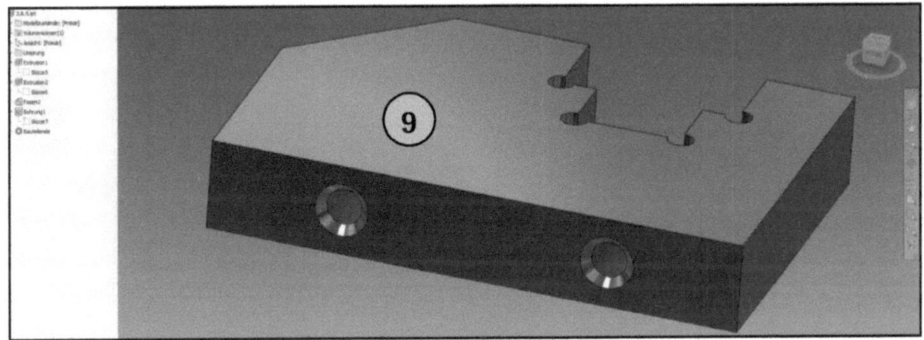

3.6.6 Baugruppe „Paßschieber", die Bauteilbereitstellung

Neu

Engelke2025
.iam

Komponente
platzieren

- Öffnen Sie ein neues Baugruppendokument,
  Vorlagendatei **Engelke2025.iam.**
- Wählen Sie über **Komponenten platzieren** das Bauteil **Grundplatte** (1), das Bauteil **Stegelement** und das Bauteil **Schieber** (3) positionieren Sie diese auf die Arbeitsebene.

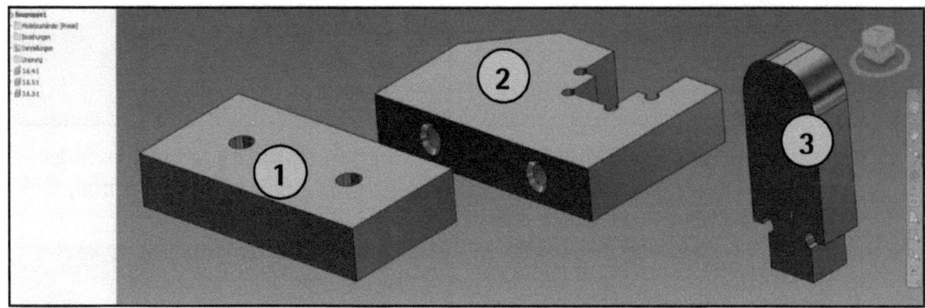

3.6.7 Baugruppe „Paßschieber",, Bauteilmontage

3.6.7.1 Baugruppe „Paßschieber",, Bauteilmontage Grundplatte und Stegelement

Einfügen

- Positionieren Sie die vordere Bohrung des **Stegelements** zu der vorderen Bohrung der **Grundplatte** mit der Abhängigkeit **Einfügen** (4, 5).

Einfügen

- Positionieren Sie die hintere Bohrung des **Stegelements** zu der hinteren Bohrung der **Grundplatte** mit der Abhängigkeit **Einfügen** (6, 7).

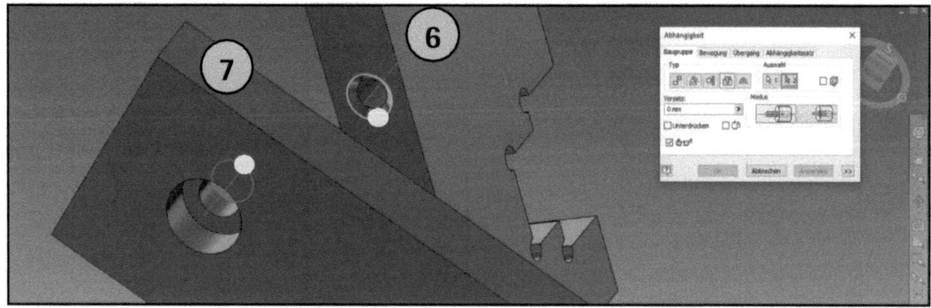

3.6.7.2 Baugruppe „Paßschieber",,
Bauteilmontage Stegelement und Schieber

- Setzen Sie die unteren Seitenflächen **Stegelement** zu **Schieber** mit der Abhängigkeit **Passend-Fluchtend** anliegend (8, 9, 10).

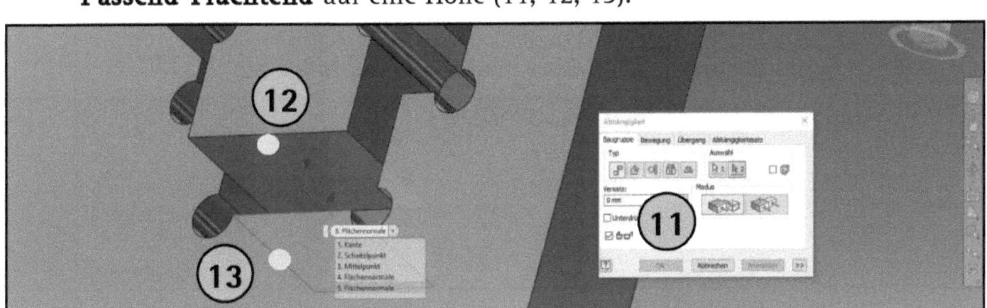

- Setzen Sie die Grundflächen **Stegelement** zu **Schieber** mit der Abhängigkeit **Passend-Fluchtend** auf eine Höhe (11, 12, 13).

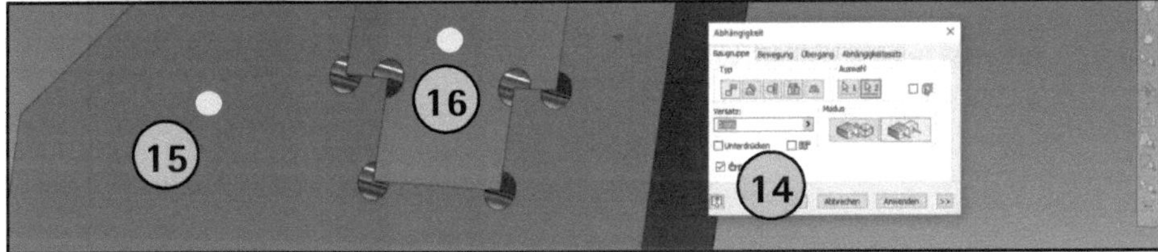

- Setzen Sie die Frontflächen **Stegelement** zu **Schieber** mit der Abhängigkeit **Passend-Fluchtend** auf eine Ebene (14, 15, 16).

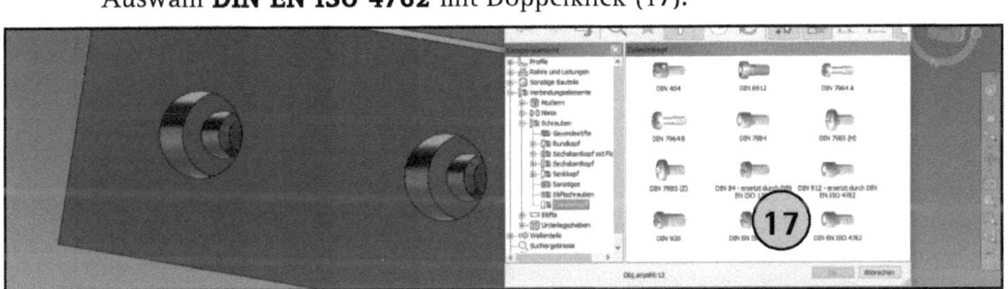

3.6.8 Baugruppe „Paßschieber", die Normteilmontage

3.6.8.1 Innensechskant-Schraube, Normteilmontage

Aus Inhaltscenter einfügen (Multifunktionsleiste **Komponente**)
Kategorie   **Verbindungselemente** / Gruppe **Schrauben**
Untergruppe   **Zylinderkopf**
Auswahl **DIN EN ISO 4762** mit Doppelklick (17).

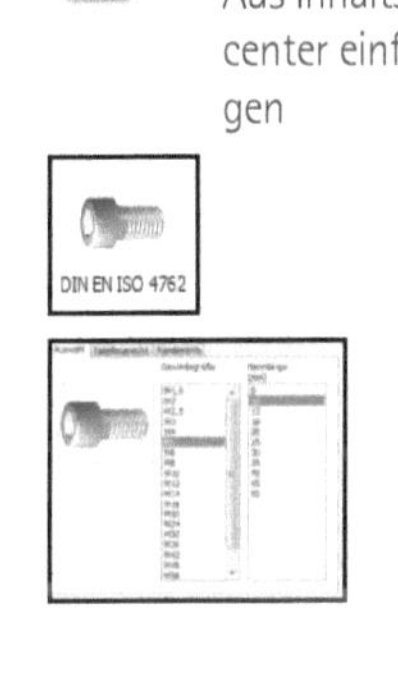

Platzieren

- Klicken Sie den Innen-Durchmesser der Grundplatte an (18)
  Schraubengröße wird automatisch mit **Größe M5** x **8** ausgewählt (19).
- Autodrop erkennt automatisch beide Durchgangsbohrungen und wählt:
  Mehrere einfügen, Komponentenzahl **2** (20).
- **Platzieren** klicken (21).

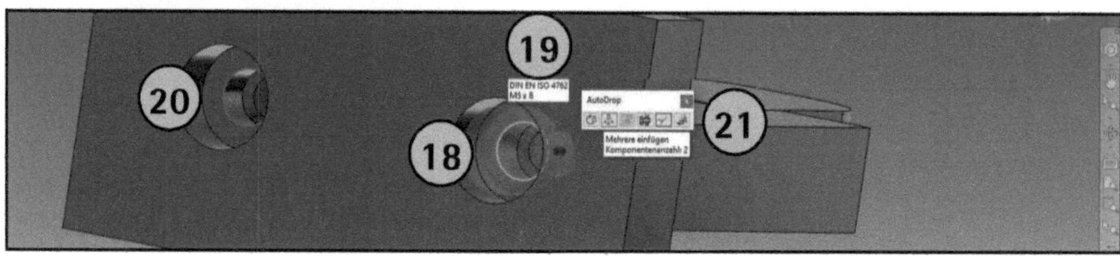

3.6.8.2 Innensechskant-Schraube, Größenanpassung

- Klicken Sie, im Baugruppen-Browser das entsprechende Normteil.
- Wählen Sie **Größe ändern**.
- Korrigieren Sie diesen Wert über die Tabelle auf **M5 x 10** (22)

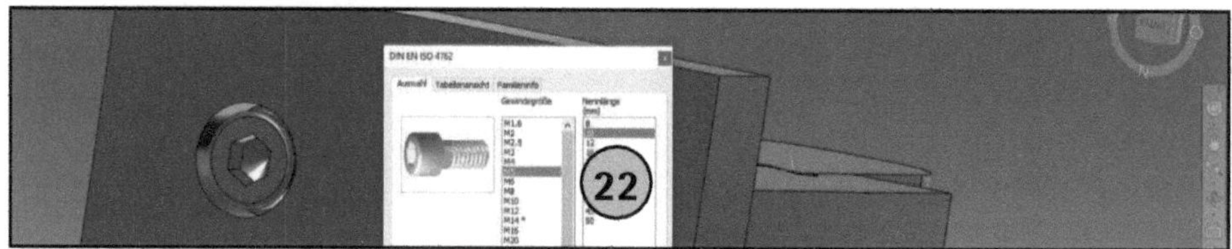

- Verfahren Sie mit dem zweiten Normteil entsprechend.

3.6.9 Montagekontrolle über „Schnittansicht"

3.6.9.1 Arbeitsebenen einrichten

Arbeitsebene

- Klicken Sie auf die Fläche.
- Ziehen Sie diese Fläche in den Kanten-Mittelpunkt (23).

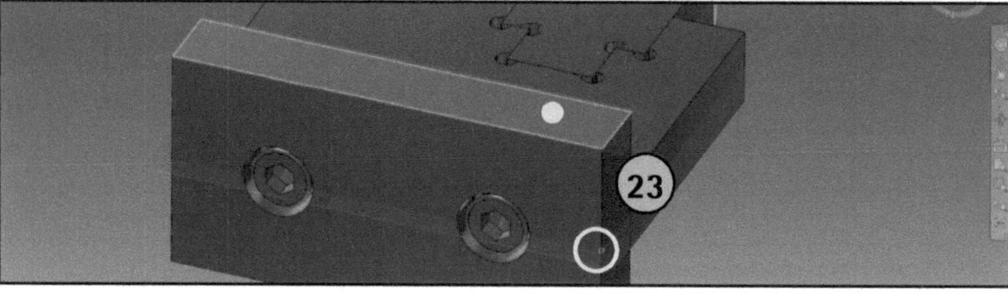

Versatz von
Ebene

- Klicken Sie auf die Fläche.
- Ziehen Sie diese Fläche um **15** mm nach innen (24).

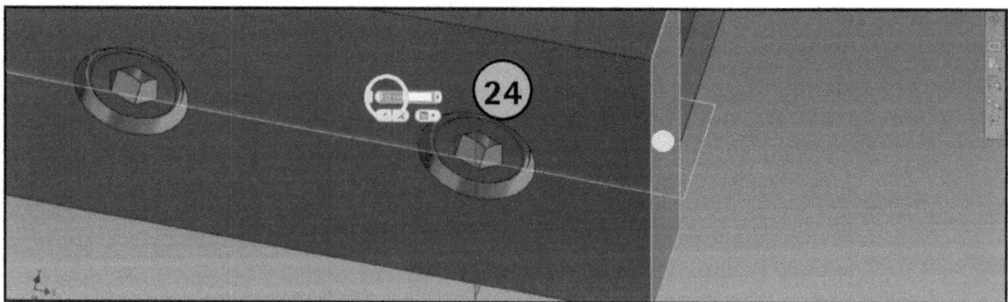

3.6.9.2 „Schnittansicht" generieren

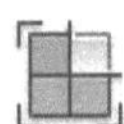

Dreiviertel-Schnittansicht (Multifunktionsleiste **Ansicht**)
Wählen Sie eine neuen Arbeitsebenen aus, um die Schnittebene zu definieren (12), beenden Sie mit **Weiter** (25).

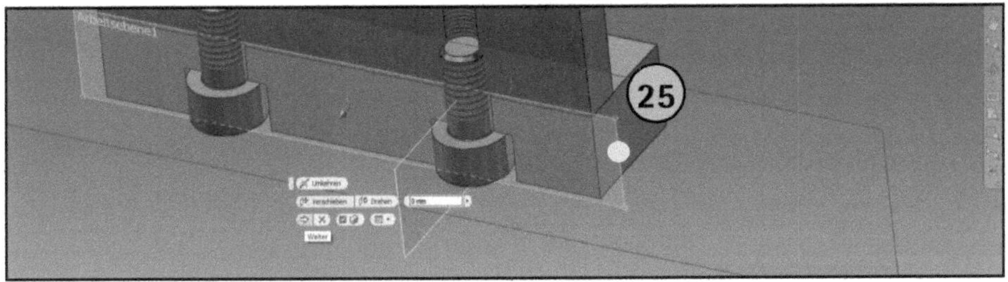

Wählen Sie die um **90°**-versetze neue Ebene für die nächste Schnittebene (26).
Beenden Sie mit **OK** (27).

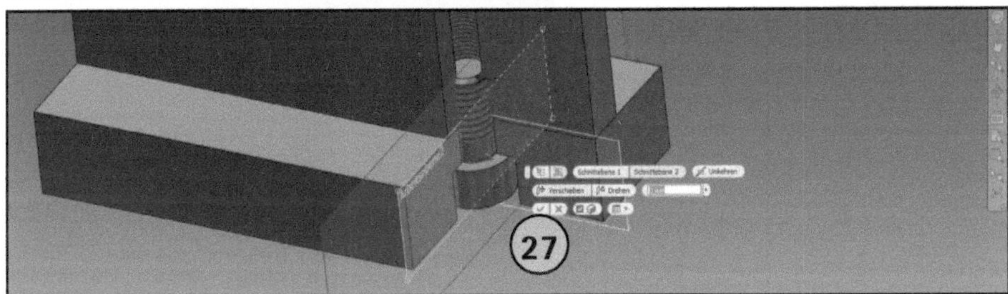

3.6.9.3 Neue Schnittansicht als Ansicht speichern

- Aktivieren Sie, im Bauteil-Browser, den Eintrag **Ansicht**.
- Wählen Sie, in der Dialogbox den Eintrag **Neu**.
- Geben Sie dem neuen Eintrag einen exemplarischen Namen.

3.6.9.4 Zwischen den gespeicherten Ansichten wechseln

- Aktivieren Sie die gewünschte **Ansicht** (28).
- Aktivieren Sie die gewünschte **Schnittansicht** (29)

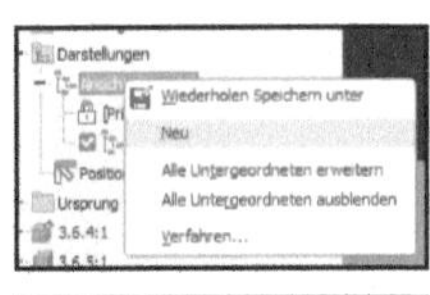

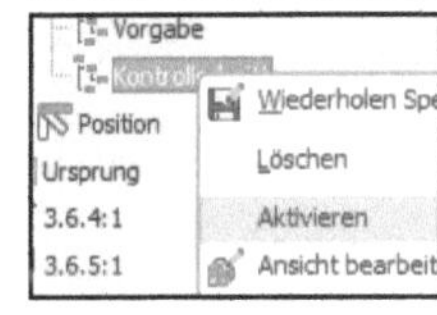

3.6.10 Baugruppen-Montage „Starre Baugruppen"
Baugruppe „Paßschieber"
Datensicherung über „Pack and Go"

Speichern unter

Pack and Go

3.6.10.1 Baugruppe speichern

- Aufruf über den **Menü-Browser**, Register **Datei**.

Speichern unter

3.6.10.2 Datensicherung über Pack and Go

- Wählen Sie im Pulldown-Menü **Datei Speichern Unter / Pack and Go**.
- Geben Sie den Zielordner für die Bündelung an.
- Klicken Sie auf die Schaltfläche **Jetzt Suchen**,
- Klicken Sie auf die Schaltfläche **Start**.
- Schließen Sie diesen Vorgang mit **Fertig** ab (30).

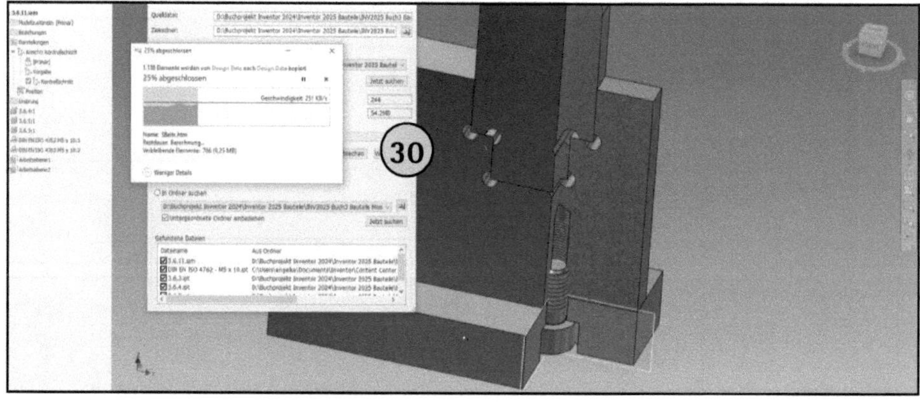

3.7 Baugruppen-Montage „Starre Baugruppen"
Baugruppe „Lagerbock"

3.7.1 Starr montierte Baugruppe „Lagerbock", Vorgaben

Erstellen Sie die Baugruppe **Lagerbock** aus den, als Skizzen vorgegebenen, Einzelteilen.

Die Baugruppe besteht aus dem **Lagerteil** Pos. 1 und der **Deckplatte** Pos. 2 als zu erstellende Bauteile.

Als Normteile zur Montage finden vier **Zylinderschrauben mit Innensechskant** DIN EN ISO **4762 M6** x **20**, dazu vier **Fächerscheiben A6** DIN **6797**, aus der Inhaltscenter-Bibliothek Verwendung.

3.7.1.1 Starr montierte Baugruppe „Lagerbock", Stückliste

Pos.	Stck	Benennung	Normbezeichnung	Bemerkung
1	1	Basisplatte	Fl. 40 x 35 x 80 DIN EN 10278	Niro 1.4301
2	1	Stegelement	Fl. 40 x 42 x 10 DIN EN 10278	Niro 1.4301
3	4	Zylinder-	M6 x 20, ISO 4762	Niro
4	4	Fächerscheibe	A6 DIN 6797	Niro

3.7.2 Starr montierte Baugruppe „Lagerbock", Prinzipdarstellung

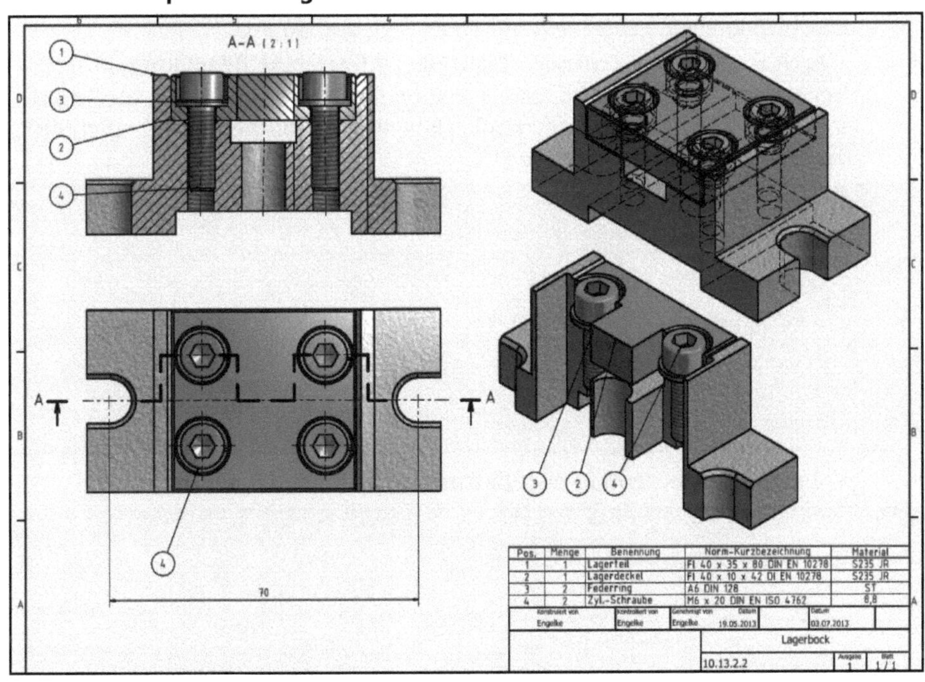

3.7.3 Neues Projekt anlegen

- Legen Sie ein **Einzelbenutzer-Projekt** an.

3.7.4 Baugruppe „Lagerbock", Bauteilerstellung Pos. 1, Lagerteil

3.7.4.1 Die Konstruktionsskizze für die Bauteilerstellung

Fehlende Maße sind sinnvoll zu ergänzen, der Bauteilaufbau stellt einen Vorschlag dar.

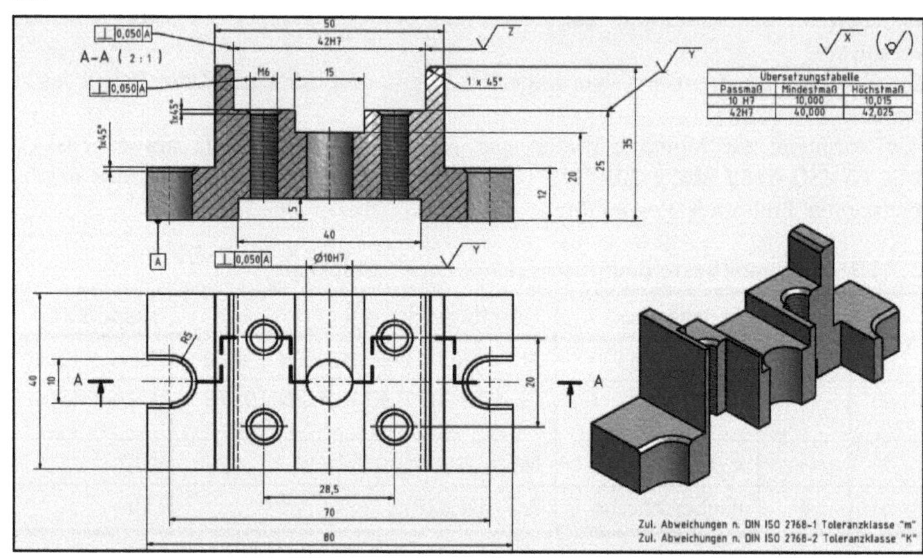

3.7.4.2 Das Lagerteil Pos. 1, die Bauteil-Erstellung

- Erstellen Sie, aus der vorgegebenen Darstellung, über **Extrusion** auf einem neuen Dokument, ein Bauteil mit einer Tiefe von **40** mm.
- Tragen Sie die entsprechenden Maße über **Allgemeine Bemaßung** an. Verwenden Sie für die Linienkonstruktion die Funktion **Versatz**, bei Bedarf setzen Sie Linien auf **Symmetrisch**, Höhenlinien **Kollinear**, bereinigen Sie die Konstruktion über **Stutzen** (1).

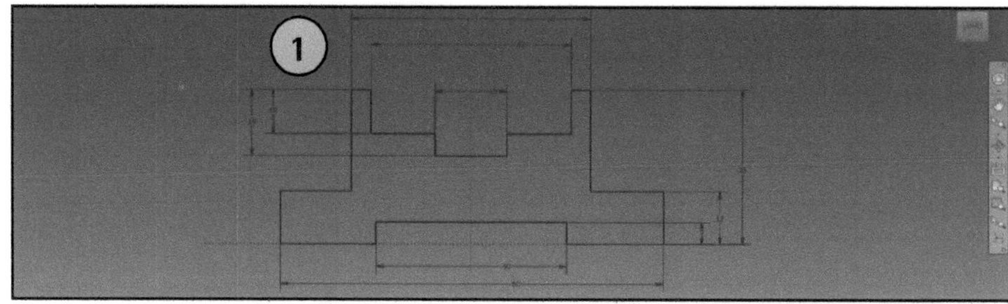

- Volumenkörpererstellung über **Extrusion** mit Breite **40** mm (2).

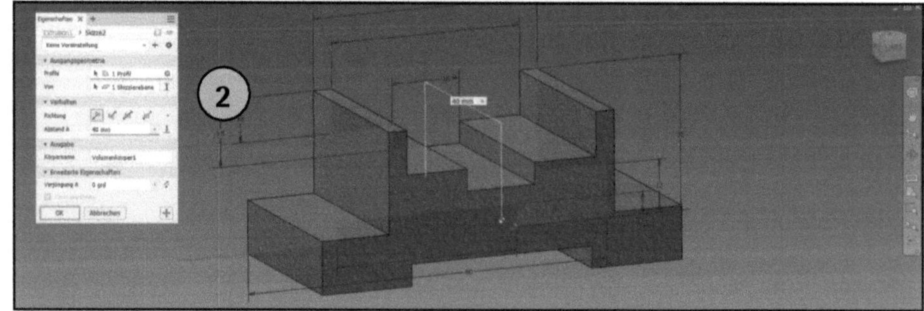

Neu

Engelke2025 .ipt

2D-Skizze starten

Linie

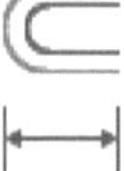
Versatz

Allgemeine Bemaßung

Symmetrisch

Stutzen

Extrusion

- Weisen Sie dem Lagerteil das Material **Aluminium Guss** zu (3).

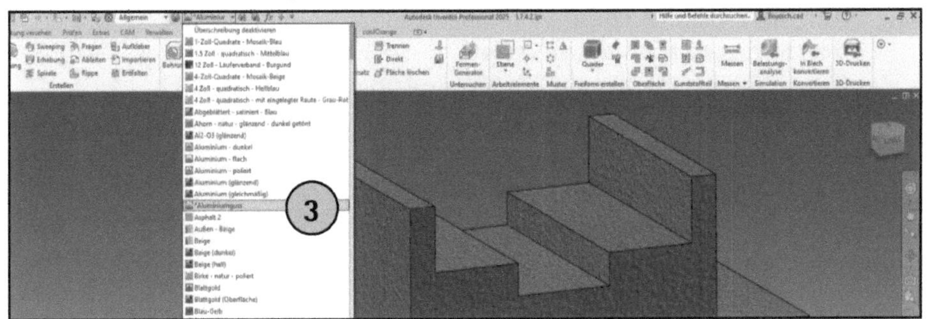

- **Fußausnehmungen über**:
  Neue **2D-Skizze** auf der Fußebene, über **Geometrie projizieren** anwählbare
  Arbeitsebenen, Skizze erstellen mit **Linie** und **Kreis**, bei Bedarf setzen Sie Li-
  nien auf **Symmetrisch**, bereinigen Sie die Konstruktion über **Stutzen**, Aus-
  nehmung erstellen über eine Volumenkörpererstellung **Extrusion Differenz**
  Größe **Durch alles** (4).

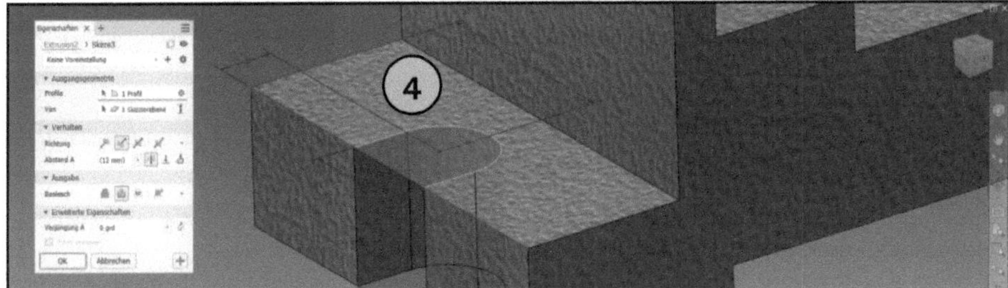

- Erstellen Sie eine neue Arbeitsebene auf Mitte über
  Mittelebene zwischen zwei parallelen Ebenen.

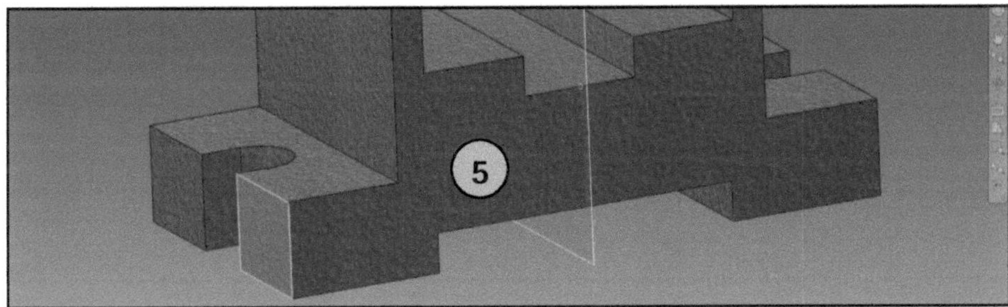

- Erzeugen Sie eine zweite Ausnehmung über Element auf Ebene **Spiegeln** (6).

2D-Skizze starten

Linie

Versatz

Geometrie projizieren

Allgemeine Bemaßung
Bemaßung

Symmetrisch

Stutzen

Extrusion

Mittelebene zwischen zwei parallelen Ebe-
nen

Spiegeln

Punkt

Versatz
Punkt

Bohrung

- **Mittenbohrung über:**
- Setzen Sie die zwei Konstruktionslinien auf Mitte mit Funktion **Geometrie projizieren** und **Versatz**.
- Setzen Sie einen **Punkt** auf den Konstruktionsschnittpunkt (7).

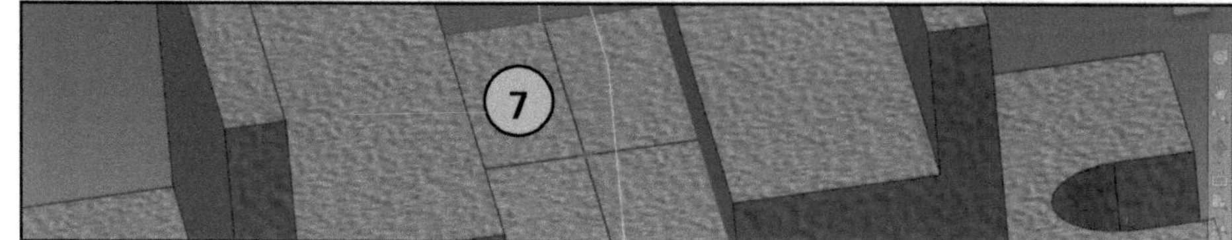

- Bringen Sie an diesem Punkt mit der Funktion **Bohrung** eine Durchgangsbohrung Ø**10** mm ein (8).

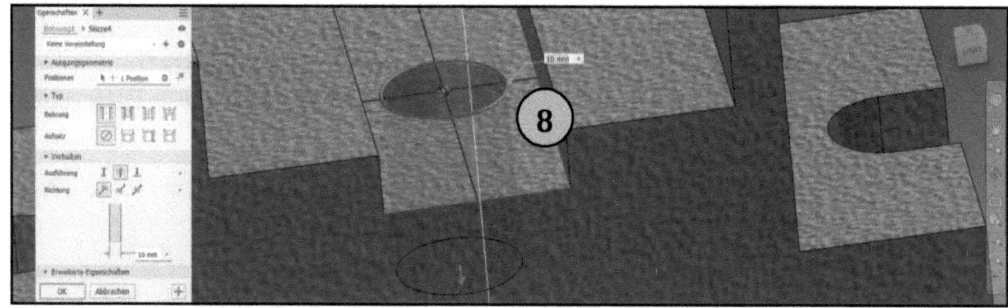

- **Montagebohrungen über:**
- Setzen Sie die zwei Konstruktionslinien Abstand **14** mm und **20** mm mit Funktion **Geometrie projizieren** und **Versatz**.
- Setzen Sie jeweils einen **Punkt** auf die Konstruktionsschnittpunkte (9).

2D-Skizze
starten

Versatz

Geometrie
projizieren

Linie

Punkt

Allgemeine
Bemaßung

Bohrung

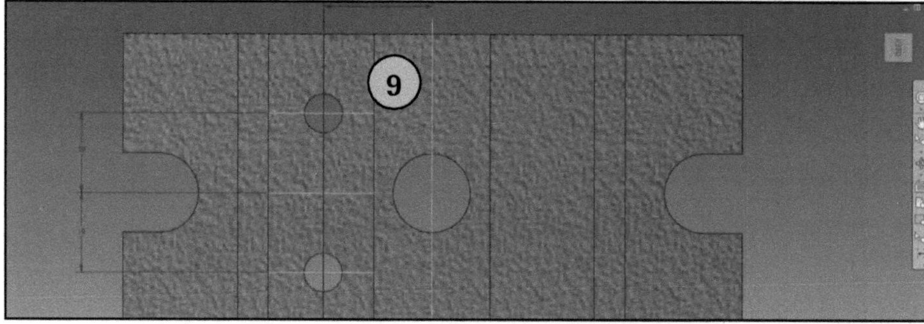

- Bringen Sie an diesen Punkten mit der Funktion **Bohrung** je eine Gewinde-Durchgangsbohrung nach **DIN 76-1**, Größe **M6** ein (10).

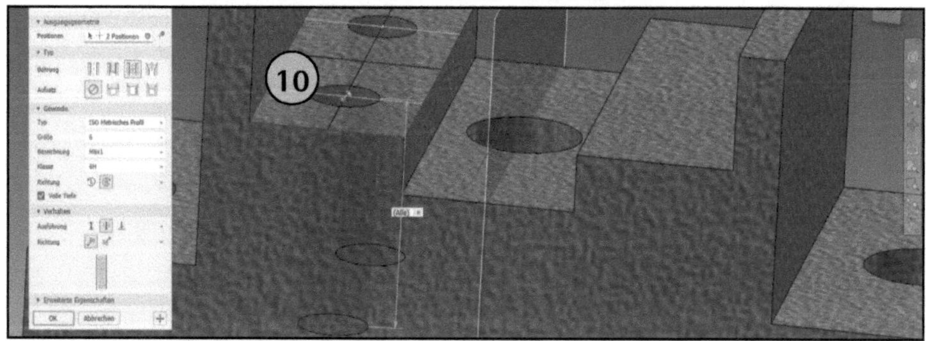

- Erzeugen Sie zwei weitere Gewindebohrungen über Element
  auf Ebene **Spiegeln** (11).

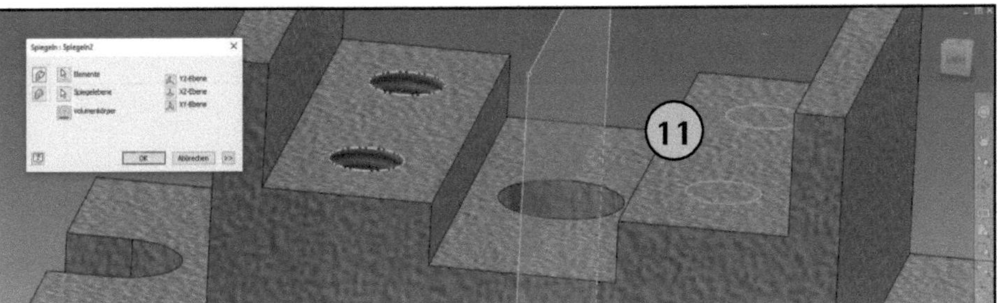

- **Abschrägungen zuweisen:**
- Die Abschrägung **1** mm x **1** mm erfolgt über der Funktion **Fase** an den gezeigten Konturen (12).

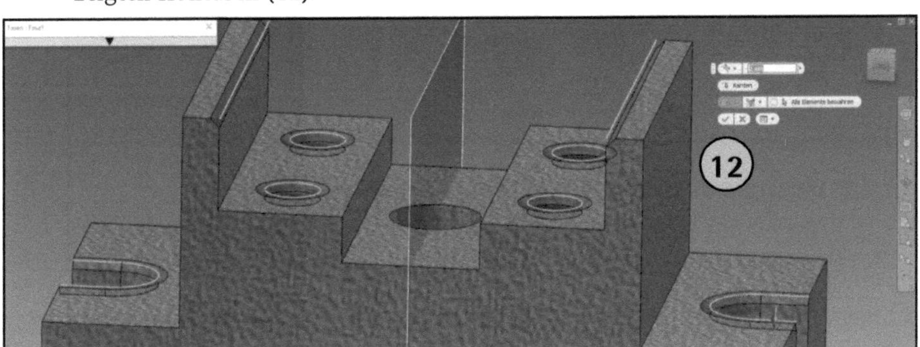

- **Speichern** Sie das neue Bauteil.

3.7.5 Baugruppe „Lagerbock", Bauteilerstellung Pos. 2, Grundplatte

3.7.5.1 Die Konstruktionsskizze für die Bauteilerstellung

Fehlende Maße sind sinnvoll zu ergänzen.

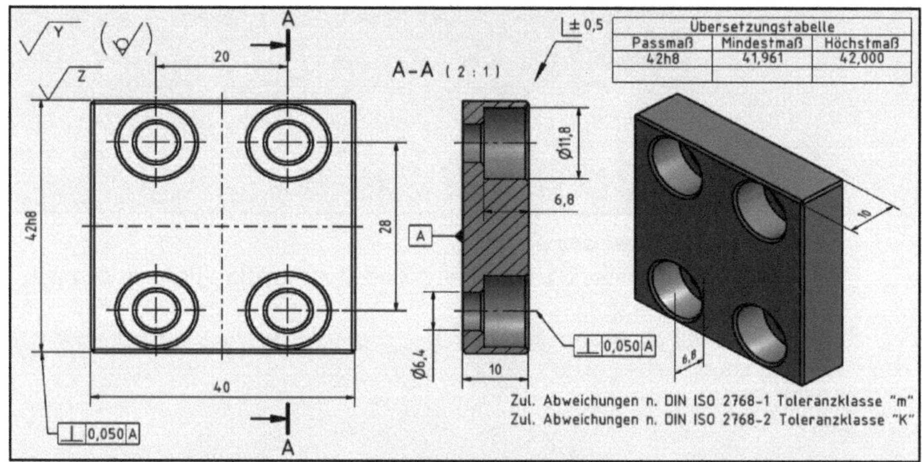

3.7.5.2 Die Grundplatte Pos. 2, die Bauteil-Erstellung

*   Erstellen Sie, aus der vorgegebenen Skizze, über **Grundkörper Quader** Kantenlänge von **42** mm x **40** mm Dicke von **10**, das Bauteil auf einem neuen Dokument (1).

*   Setzen Sie die zwei Konstruktionslinien Abstand **7** mm und **210** mm auf einer neuen Skizze,
*   Setzen Sie einen **Punkt** auf den Konstruktionsschnittpunkt (2).

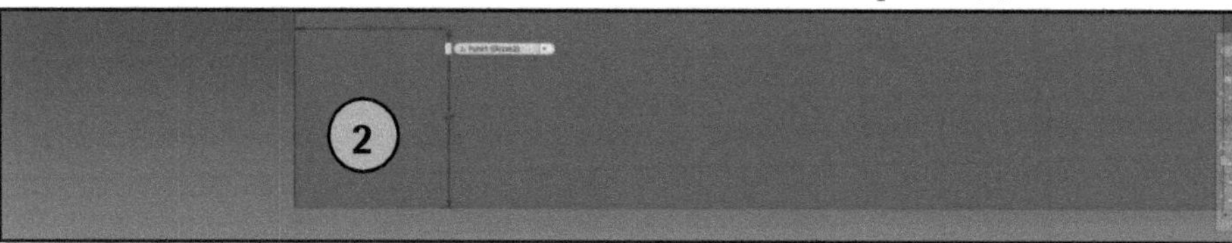

*   Setzen Sie mit der Funktion **Bohrung**, **zylindrische Senkbohrung** Senkung Ø**11,8** mm **6,8** mm tief, Durchgangsbohrung Ø**6,4** (3).

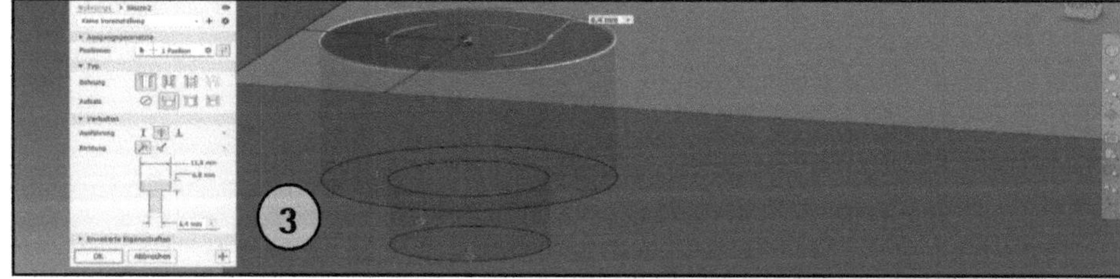

Neu

Engelke2025 .ipt

Quader

2D-Skizze starten

Linie

Versatz

Punkt

Allgemeine Bemaßung

Bohrung

- Erzeugen Sie zwei Arbeitsebenen auf Bauteilmitte über **Mittelebene zwischen zwei parallelen Ebenen** (4, 5).

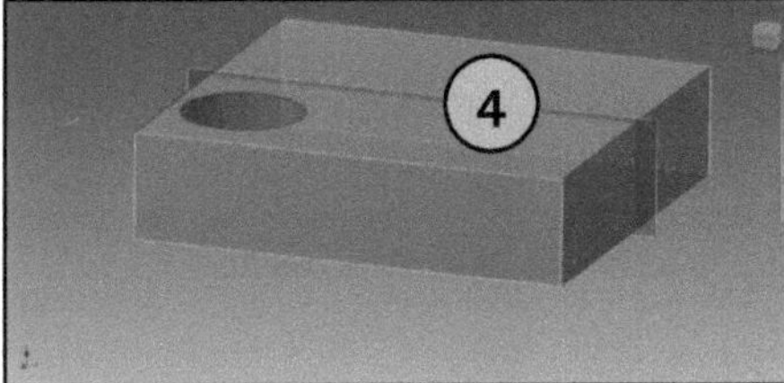
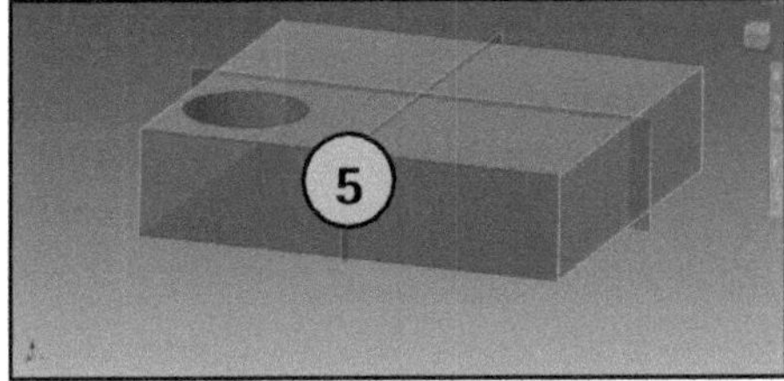

- **Spiegeln** Sie die Bohrungen über die erstellten Arbeitsebenen (6, 7).

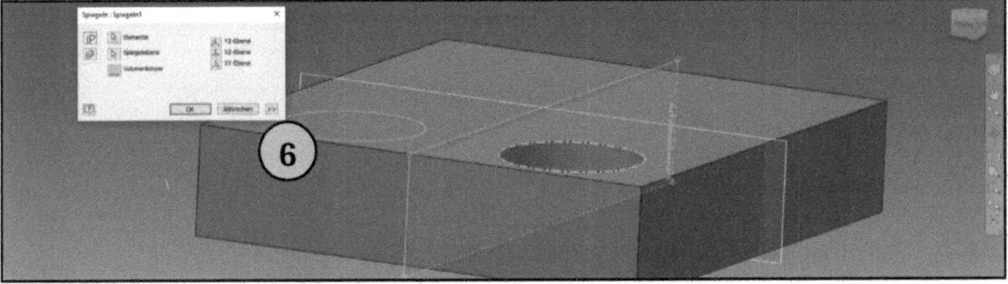

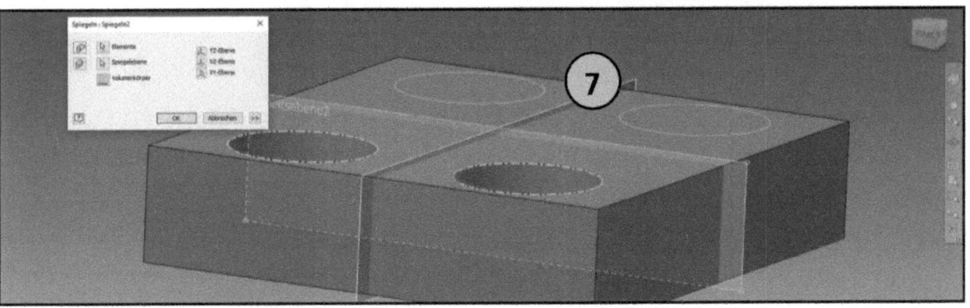

- Die Abschrägung **1** mm x **1** mm erfolgt über der Funktion **Fase** an den gezeigten Konturen (8).

- Weisen Sie dem Lagerteil das Material **Aluminium** zu (9).

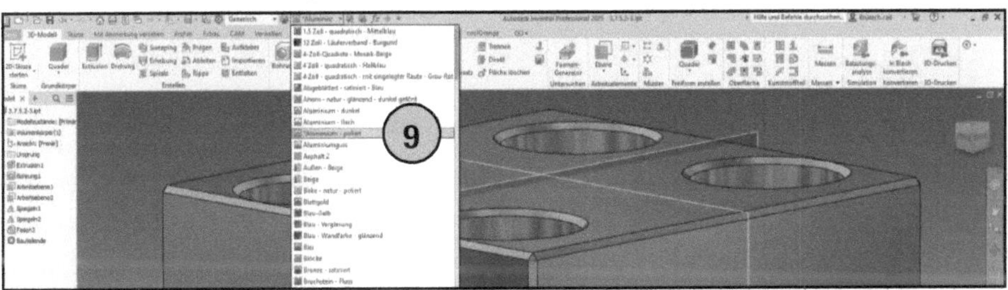

- **Speichern** Sie das neue Bauteil.

Neu

Engelke2025
.iam

Komponente
platzieren

3.7.6 Baugruppe „Lagerbock", die Bauteilbereitstellung

* Öffnen Sie ein neues Baugruppendokument,
  Vorlagendatei **Engelke2025.iam.**
* Wählen Sie über **Komponenten platzieren** das Bauteil **Lagerteil** (1) und das
  Bauteil **Grundplatte** (2) positionieren Sie diese auf die Arbeitsebene.

3.7.7 Baugruppe „Lagerbock",, Bauteilmontage

3.7.7.1 Baugruppe „Lagerbock",,
Bauteilmontage Lagerteil und Grundplatte

Einfügen

* Positionieren Sie die gezeigte Bohrungskante der **Grundplatte** (3) zu der gezeigten Bohrung des **Lagerteils** (4) mit der Abhängigkeit **Einfügen** (5, 6).

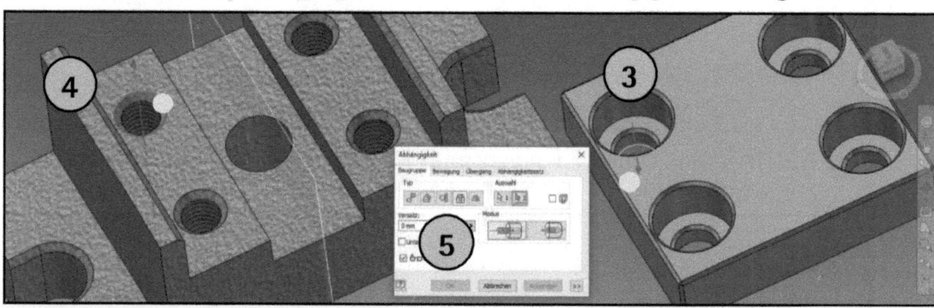

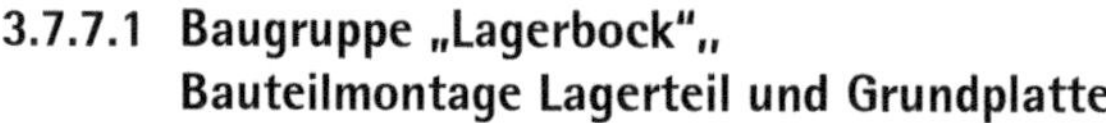

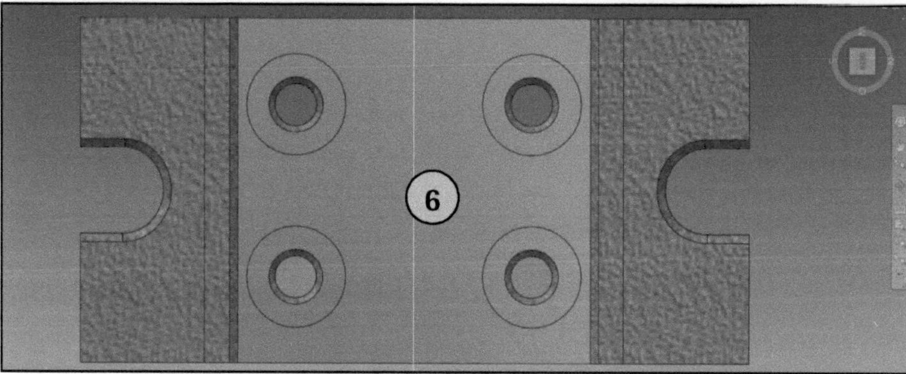

3.7.8 Die Montage der Normteile mit Autodrop

3.7.8.1 Normteil „Fächerscheiben" DIN 6797 einfügen

Aus Inhaltscenter einfügen (Multifunktionsleiste **Komponente**)
Kategorie   **Unterlegscheiben** / Gruppe **Federringe** klicken.
Auswahl   **DIN 6797J** mit Doppelklick.
Innen-Durchmesser vom Lagerdeckel anklicken (7).
Fächerscheibe wird automatisch auf **A6** ausgewählt (8).

* Autodrop erkennt automatisch alle Durchgangsbohrungen und wählen
  Mehrere einfügen, Komponentenzahl **4** (9).
  Platzieren klicken.

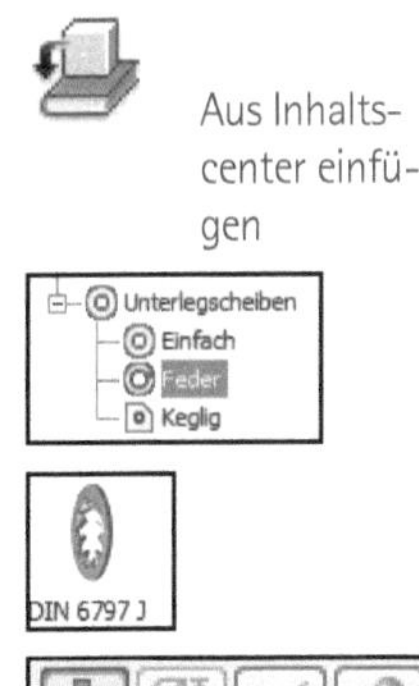

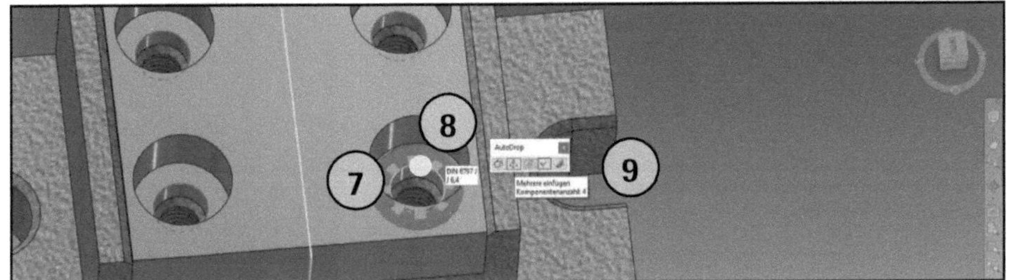

3.7.8.2 Normteil „Zylinderschraube" DIN EN ISO 4762 einfügen

Aus Inhaltscenter einfügen (Multifunktionsleiste **Komponente**)
Kategorie   **Verbindungselemente** / Gruppe **Zylinderkopf** klicken
Auswahl   **DIN EN ISO 4762** mit Doppelklick
Innen-Durchmesser vom Federring anklicken.
Schraube wird automatisch auf **M6** ausgewählt (10).
Größe ändern klicken / Länge **20** mm auswählen (11).
Platzieren klicken.

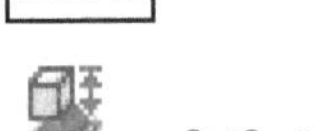

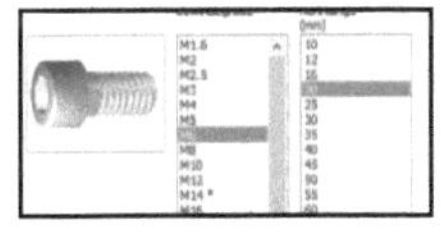

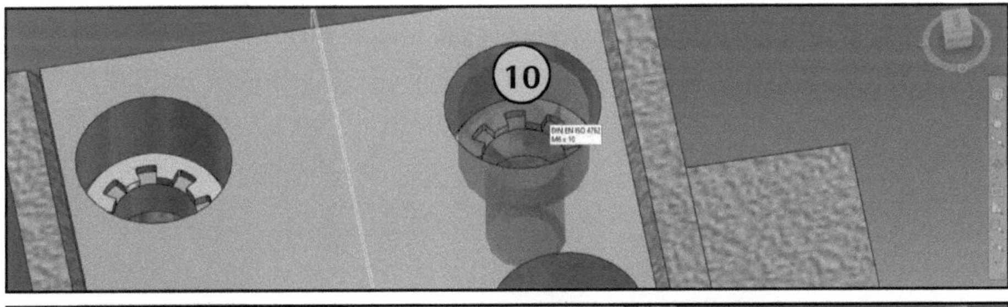

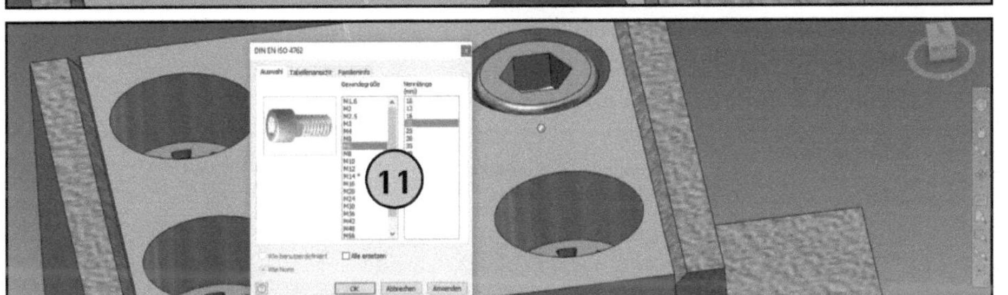

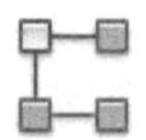

Komponente
anordnen

3.7.8.3 Weitere Zylinderschrauben einfügen

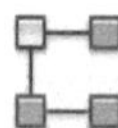

Komponente anordnen (Multifunktionsleiste **Komponente / Rechteckig**)
Wählen Sie die Zylinderschraube an (12) / Anzahl **2**.
Klicken Sie die hintere Lagerdeckelkante (13), Abstand **28** mm (14).
Klicken Sie die seitliche Lagerdeckelkante (15), Abstand **20** mm (16).
Kehren Sie bei Bedarf die Anordnungsrichtung um.
Beenden Sie die Anordnung mit **OK**.

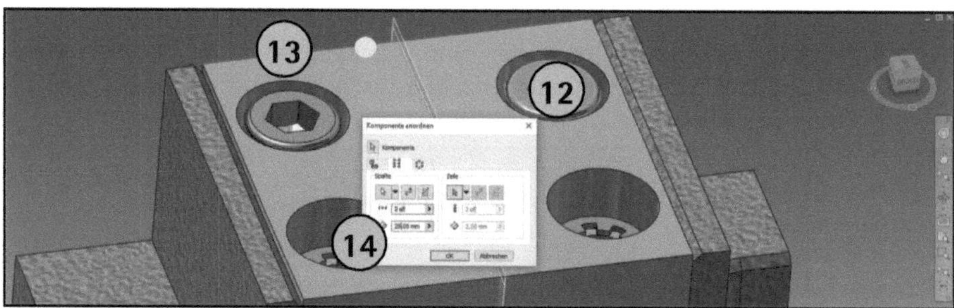

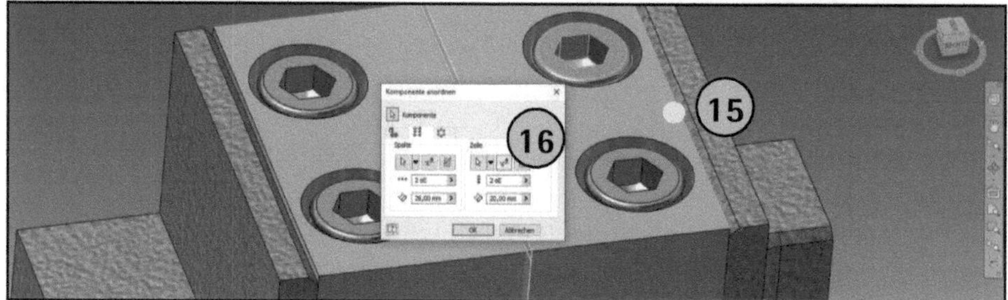

3.7.9 Montagekontrolle über „Schnittansicht"

3.7.9.1 Arbeitsebenen einrichten

Versatz von
Ebene

- Klicken Sie auf die Fläche (17).
- Ziehen Sie diese Fläche um -**10** mm nach innen (18).

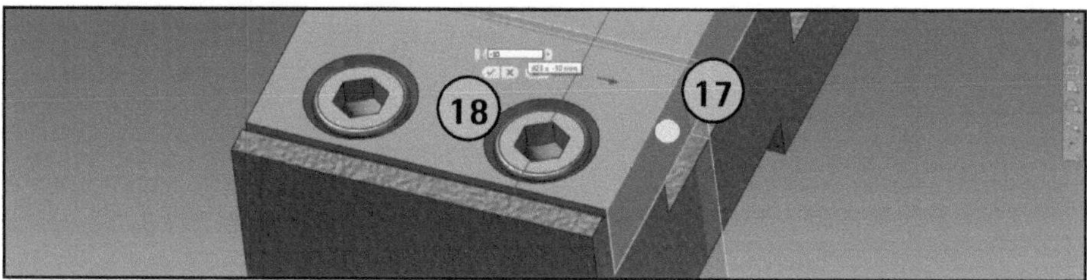

Versatz von
Ebene

- Klicken Sie auf die Fläche (19).
- Ziehen Sie diese Fläche um -**11** mm nach innen (20).

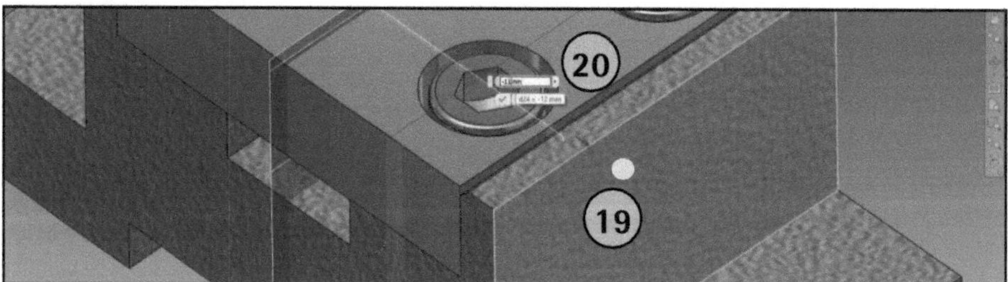

3.7.9.2 Schnittansicht auf Ebene, halbe Ansicht

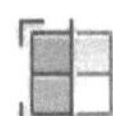 **Halbe Schnittansicht** (Multifunktionsleiste **Ansicht**)

Wählen Sie die gezeigte Arbeitsebene für die Schnittebene (21),
Beenden Sie mit **OK** (22).

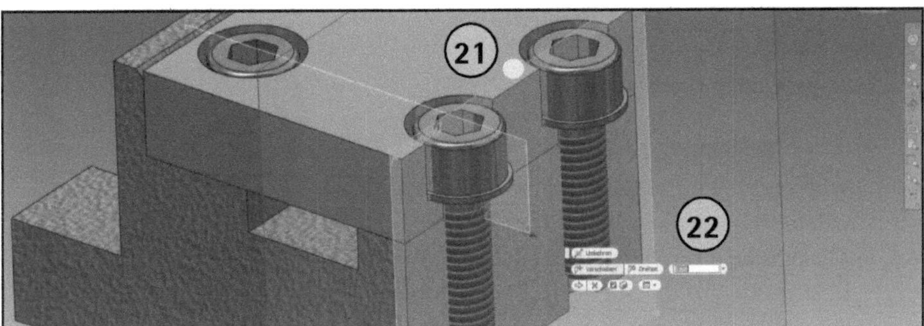

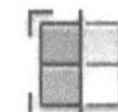 **Halbe Schnittansicht** (Multifunktionsleiste **Ansicht**)

Wählen Sie die gezeigte Arbeitsebene für die Schnittebene (23),
Beenden Sie mit **OK** (24).

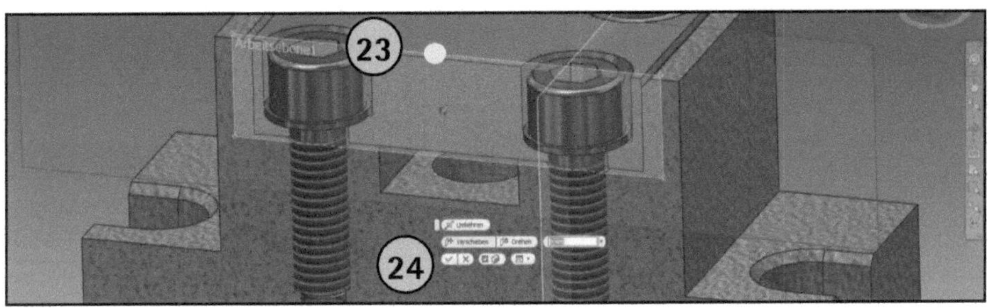

3.7.9.3 Schnittansicht auf Ebene, halbe Ansicht, als Ansicht speichern

- Aktivieren Sie, im Bauteil-Browser, den Eintrag **Ansicht**.
- Wählen Sie, in der Dialogbox den Eintrag **Neu**.

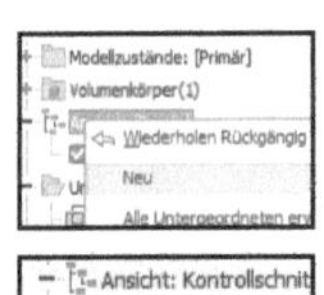

3.7.9.4 Zwischen Schnittansicht und Ansicht umschalten

- Aktivieren Sie den Eintrag **Ansicht**, Auswahl **Kontrollschnitt**.
- Klicken Sie **Aktivieren**.
  Die jeweilige geschnittene Bauteil-Ansicht wird geladen (25, 26).

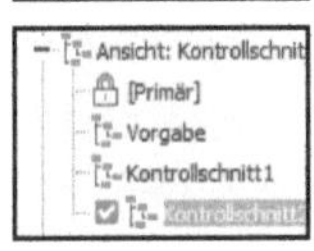

Speichern
unter

Pack and Go

3.7.10 Baugruppen-Montage „Starre Baugruppen", Baugruppe „Lagerbock" Datensicherung über „Pack and Go"

3.7.10.1 Baugruppe speichern

- Aufruf über den **Menü-Browser**, Register **Datei**.

Speichern unter

3.7.10.2 Datensicherung über Pack and Go

- Wählen Sie im Pulldown-Menü **Datei Speichern Unter / Pack and Go**.
- Geben Sie den Zielordner für die Bündelung an.
- Klicken Sie auf die Schaltfläche **Jetzt Suchen**,
- Klicken Sie auf die Schaltfläche **Start**.
- Schließen Sie diesen Vorgang mit **Fertig** ab (27).

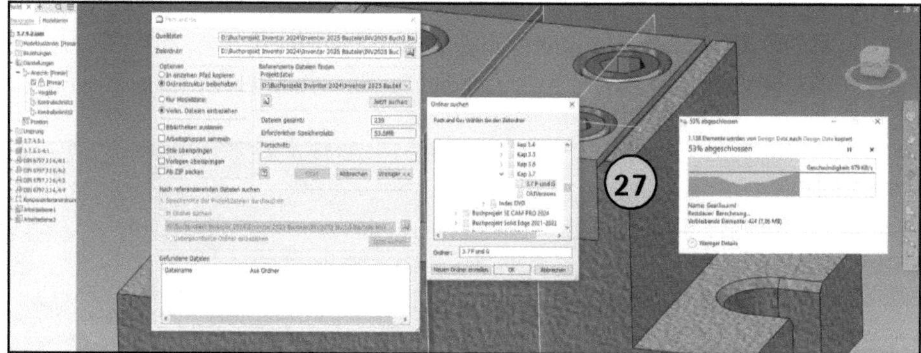

3.8 Baugruppen-Montage „Starre Baugruppen"
Baugruppe „Bremsscheibe"

3.8.1 Starr montierte Baugruppe „Bremsscheibe", Vorgaben

Erstellen Sie die Baugruppe **Bremsscheibe** aus den, als Skizzen vorgegebenen, Einzelteilen.

Die Baugruppe besteht aus dem **Außengehäuse** Pos. 1, der **Innenwelle** Pos. 2, dem **Antriebsflansch** Pos. 3 und dem **Innensteg** Pos. 4 als zu erstellende Bauteile.

3.8.1.1 Starr montierte Baugruppe „Bremsscheibe", Stückliste

P	St	Benennung	Normbezeichnung	Bemerkung
1	1	Außengehäuse	Rd. 120 x 50 x 80 DIN EN	Niro 1.4301
2	1	Innenwelle	Rd. 40 x 60 DIN EN 10278	Niro 1.4301
3	1	Antriebsflansch	Rd. 105 x 16 DIN EN 10278	Niro 1.4301
4	1	Innensteg	Rd. 105 x 8 DIN EN 10278	Niro 1.4301

3.8.2 Starr montierte Baugruppe „Bremsscheibe", Prinzipdarstellung

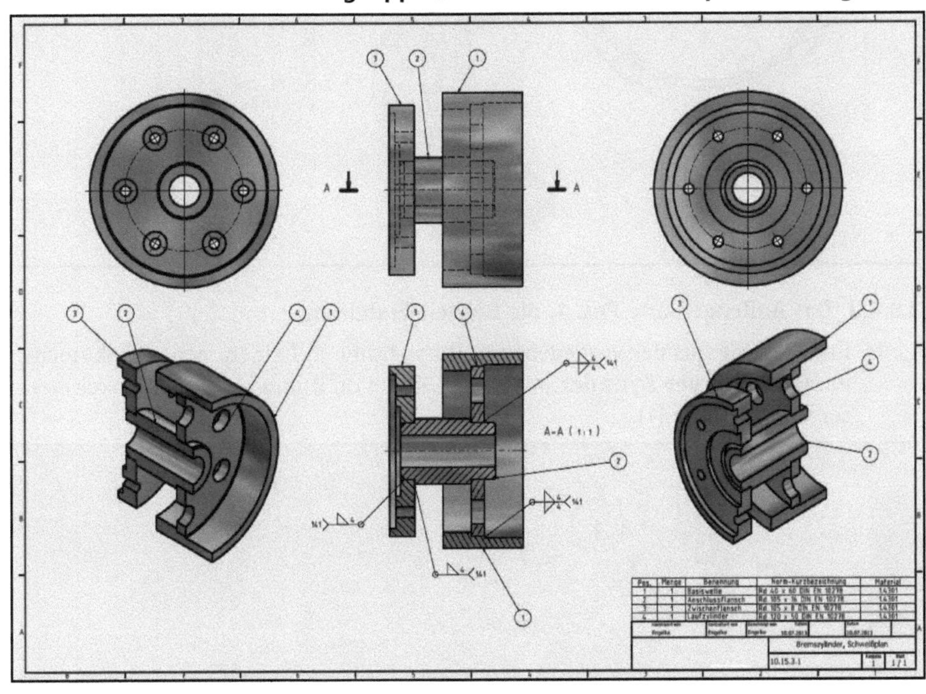

3.8.3 Neues Projekt anlegen

* Legen Sie ein **Einzelbenutzer-Projekt** an.

3.8.4 Baugruppe „Bremsscheibe", Außengehäuse, Pos. 1

3.8.4.1 Das Außengehäuse Pos. 1, Vorgaben

- Erzeugen Sie auf der Vorlagendatei ein Grundzylinder Ø**120** mm, Länge **50** mm.

- Setzen Sie je eine Stufenbohrung
  Ø**100** mm / **60** mm, Ø**105** mm / **32** mm und Ø**107** mm / **24** mm.

- Material **Aluminium poliert**

3.8.4.2 Die Konstruktionsskizze für die Bauteilerstellung

Fehlende Maße sind sinnvoll zu ergänzen.

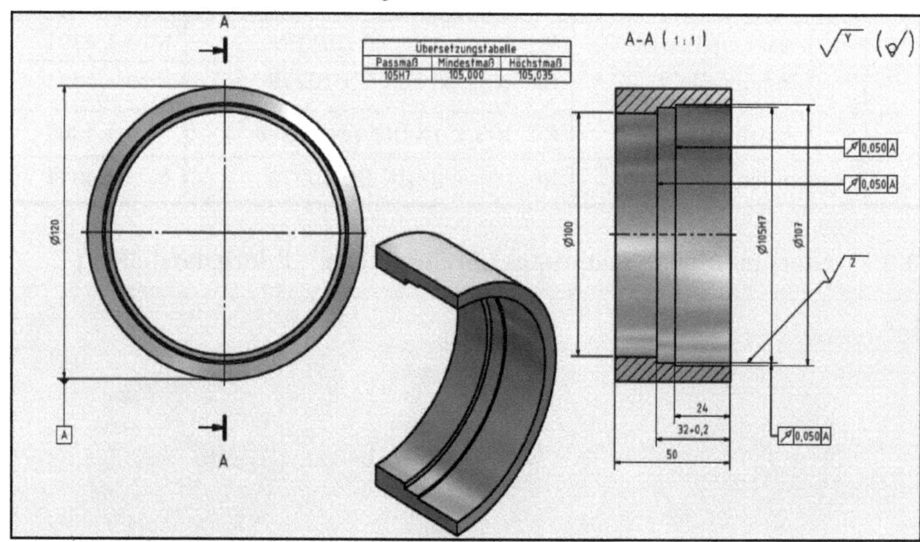

3.8.4.3 Das Außengehäuse Pos. 1, die Bauteil-Erstellung

- Erstellen Sie aus der vorgegebenen Darstellung, auf einem neuen Dokument, ein **Grundkörper Zylinder** mit einer Länge von **8** mm und einen Durchmesser von **105** mm (1).

Neu

Engelke2025
.ipt

Zylinder

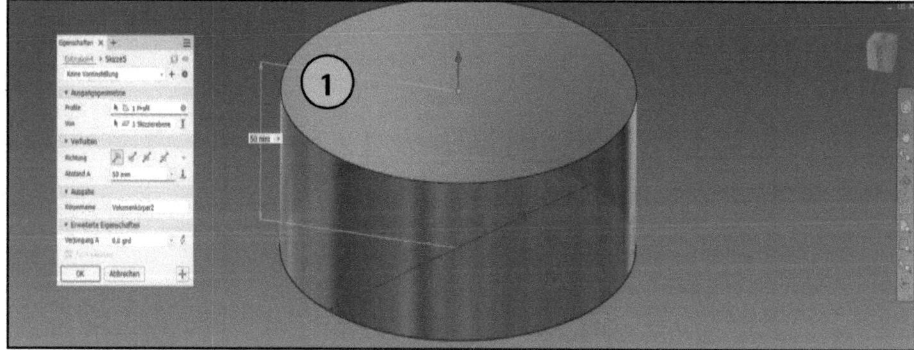

- Setzen Sie eine Durchgangsbohrung Ø**100** mm, Option **Durch alle**, über Auswahl **Konzentrisch-Konzentrische Referenz** zum Außendurchmesser, tragen Sie eine Senkung Ø**105** mm **32** mm ein (2).

Bohrung

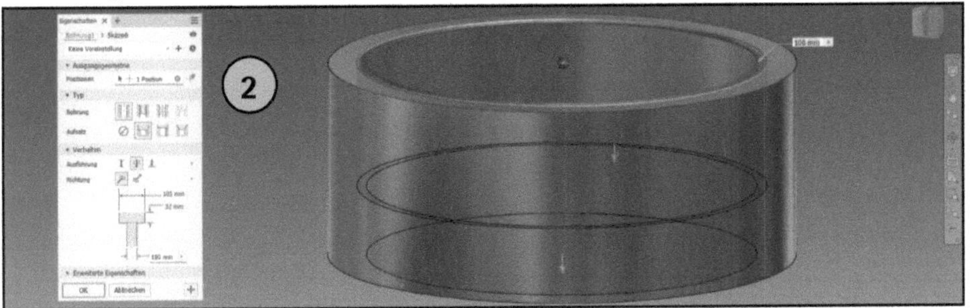

- Setzen Sie eine Durchgangsbohrung Ø**107** mm, Option **Abstand**, über Auswahl **Konzentrisch-Konzentrische Referenz** zum Außendurchmesser, tragen Sie eine Tiefe von **24** mm ein (3).

Bohrung

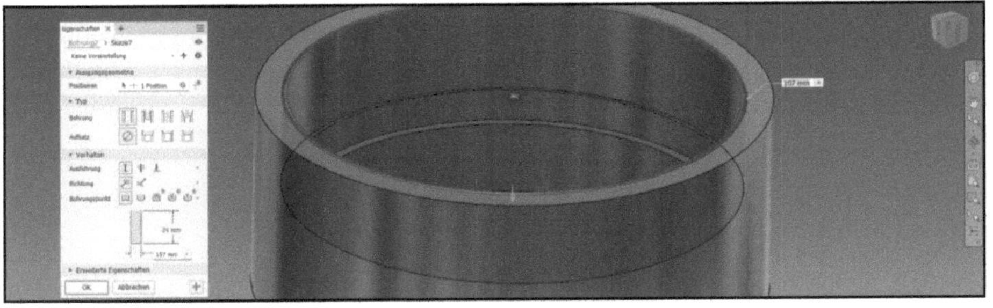

- Weisen Sie dem Laufzylinder das Material **Aluminium poliert** zu.
- **Speichern** Sie das neue Bauteil.

Speichern unter

3.8.5 Die Bauteile der Bremsscheibe, Bauteilerstellung Pos. 2 Innenwelle

3.8.5.1 Die Innenwelle Pos. 2, Vorgaben

- Erzeugen Sie auf der Vorlagendatei ein Grundzylinder Ø**40** mm, Länge **60** mm.
- Bilden Sie je eine **Extrusions-Differenz** für die Zylinderabsätze.
- Setzen Sie eine Durchgangsbohrung Ø**20** mm mittig.
- Fasen Sie gezeigten Konturen mit **4** x **45°** und **1** x **45°** an.
- Material **Aluminium poliert**

3.8.5.2 Die Konstruktionsskizze für die Bauteilerstellung

Fehlende Maße sind sinnvoll zu ergänzen.

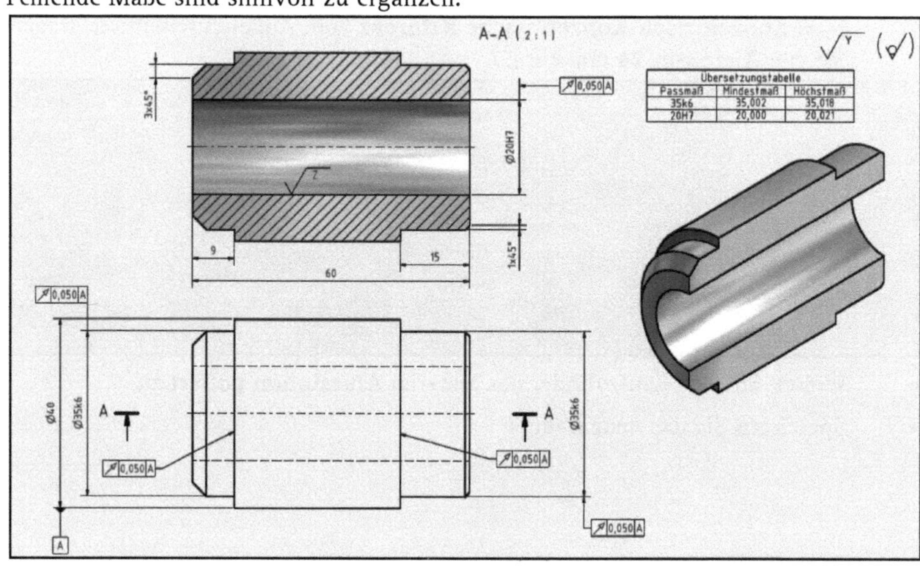

3.8.5.3 Die Innenwelle Pos. 2, Bauteil-Erstellung

- Erstellen Sie aus der vorgegebenen Darstellung auf einem neuen Dokument, ein **Grundkörper Zylinder** mit einer Länge von **60** mm und einen Durchmesser von **40** mm (1).

Neu

Engelke2025 .ipt

Zylinder

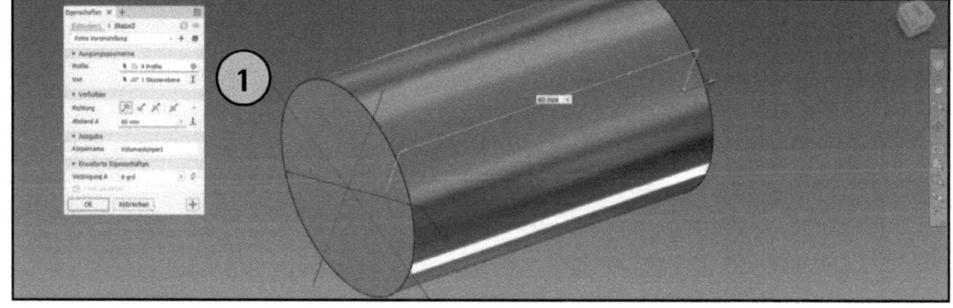

- Setzen Sie eine **Extrusions-Differenz** Ø**35** mm, **9** mm tief, auf die linke Seite (2).

- Setzen Sie eine **Extrusions-Differenz** Ø**35** mm, **15** mm tief, auf die rechte Seite (3).

- Setzen Sie eine Durchgangsbohrung Ø**20** mm, Option **Durch alle**, über Auswahl **Konzentrisch-Konzentrische Referenz** zum Außendurchmesser (4).

- Tragen Sie auf der rechten Seite eine Ausschrägung mit dem Befehl **Fase**, **1** mm x **45°**, Option **Gleicher Abstand** an (5).

Fase

- Tragen Sie auf der linken Seite eine Ausschrägung mit dem Befehl **Fase**, **4 mm x 45°**, Option **Gleicher Abstand** an (6).

Speichern
unter

- Weisen Sie der **Innenwelle** das Material **Aluminium poliert** zu.
- **Speichern** Sie das neue Bauteil.

3.8.6 Die Bauteile der Bremsscheibe, Bauteilerstellung Pos. 3 Antriebsflansch

3.8.6.1 Der Antriebsflansch Pos. 3, Vorgaben

* Erzeugen Sie auf der Vorlagendatei:
* Zylinder Ø105 mm, Länge 16 mm.
* Zylindrische Senkbohrung:
  Ø95 mm, 4 mm tief, Ø55 mm 7 mm tief, Ø35 mm 16 mm tief.
* 6 Bohrungen auf Lochkreis, Ø8 mm Lochkreis Ø75 mm, 6 Bohrungen.
* Material **Aluminium poliert**

3.8.6.2 Die Konstruktionsskizze für die Bauteilerstellung

Fehlende Maße sind sinnvoll zu ergänzen.

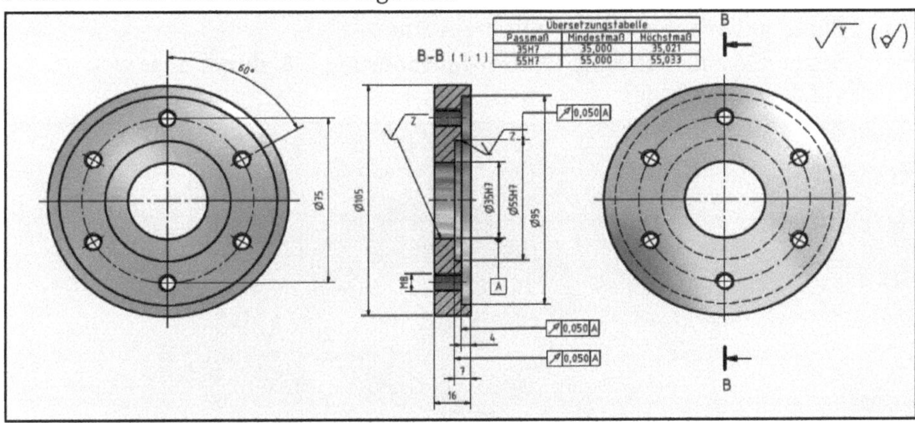

3.8.6.3 Der Antriebsflansch, die Bauteil-Erstellung

* Erstellen Sie aus der vorgegebenen Darstellung auf einem neuen Dokument, ein **Grundkörper Zylinder** mit einer Länge von 16 mm und einen Durchmesser von 105 mm (1).

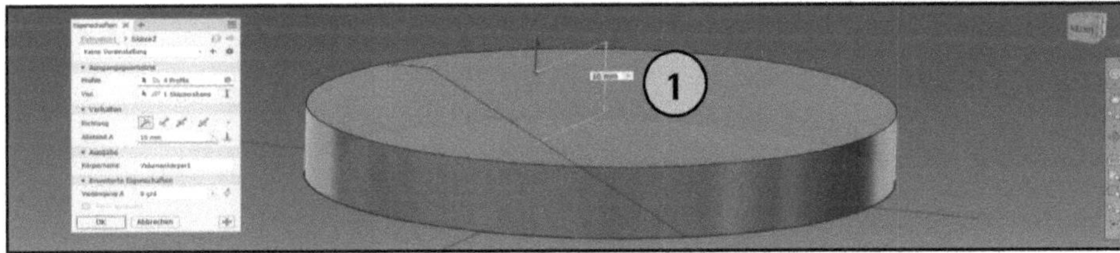

* Setzen Sie eine Durchgangsbohrung Ø33 mm, Option **Durch alle**, über Auswahl **Konzentrisch-Konzentrische Referenz** zum Außendurchmesser, tragen Sie eine Senkung Ø95 mm 4 mm ein (2).

Neu

Engelke2025
.ipt

Zylinder

Bohrung

Bohrung

- Setzen Sie eine Durchgangsbohrung Ø**55** mm, Option **Abstand**, über Auswahl **Konzentrisch-Konzentrische Referenz** zum Außendurchmesser, tragen Sie eine Tiefe von **3** mm ein (3).

2D-Skizze starten

Linie

Punkt

Bohrung

- Neue **2D-Skizze** auf Flansch-Ebene, Hilfskreis mit **Kreis Ø75** mm, **Punkt** auf Schnittpunkt senkrechte Achse.
- Setzen Sie eine **Bohrung** Typ **Gewindebohrung M8, durch alles**, auf diesen **Punkt** (4).

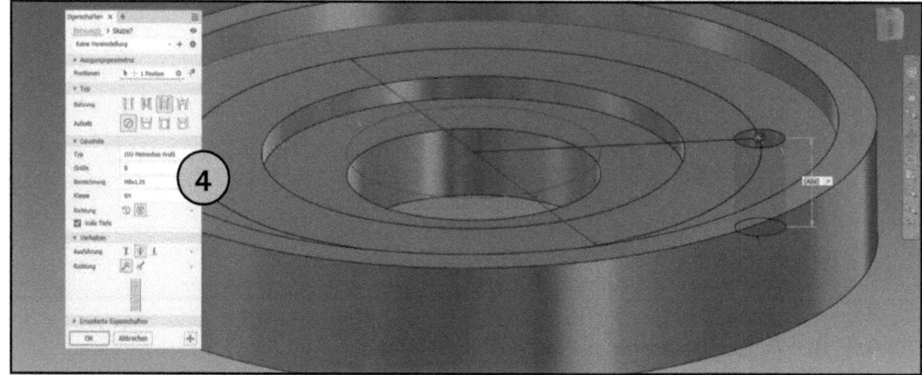

Runde Anordnung

- Sechs **Gewindebohrungen** über **Runde Anordnung**, **6** Elemente, **360°**-Verteilung.

Speichern unter

- Weisen Sie dem **Antriebsflansch** das Material **Aluminium poliert** zu.
- **Speichern** Sie das neue Bauteil.

3.8.7 Die Bauteile der Bremsscheibe, Bauteilerstellung Pos. 4 Innensteg

3.8.7.1 Der Innensteg Pos. 4, Vorgaben

* Erzeugen Sie auf der Vorlagendatei:
* Grundkörper Zylinder Ø**105** mm / **8** mm.
* Bohrung Ø**35** mm mittig.
* **6** Bohrungen auf Lochkreis, Ø**15** mm
  Lochkreis Ø**75** mm, **6** Bohrungen.
* Material **Aluminium poliert**

3.8.7.2 Die Konstruktionsskizze für die Bauteilerstellung

Fehlende Maße sind sinnvoll zu ergänzen.

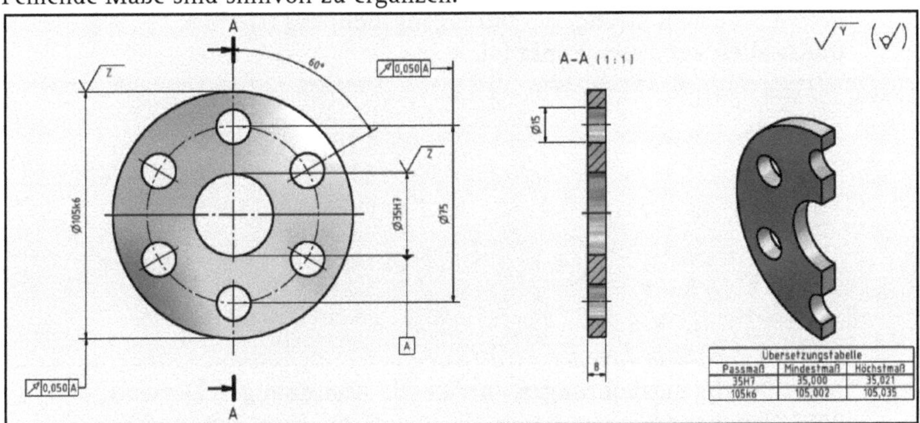

3.8.7.3 Der Innensteg Pos. 4, die Bauteil-Erstellung

* Erstellen Sie aus der vorgegebenen Darstellung auf einem neuen Dokument, ein **Grundkörper Zylinder** mit einer Länge von **8** mm und einen Durchmesser von **105** mm (1).

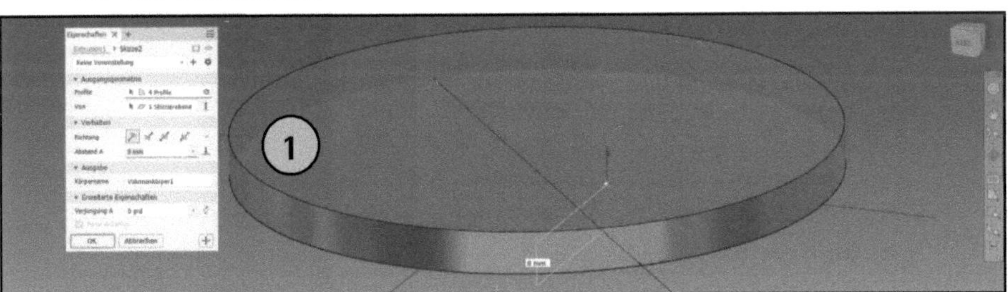

Neu

Engelke2025 .ipt

* Setzen Sie eine Durchgangsbohrung Ø**35** mm, Option **Durch alle**, über Auswahl **Konzentrisch-Konzentrische Referenz** zum Außendurchmesser (2).

Bohrung

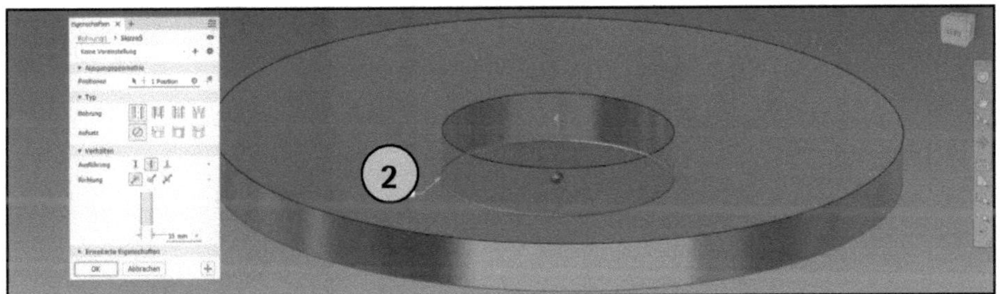

2D-Skizze
starten

Linie

Punkt

- Neue **2D-Skizze** auf Flansch-Ebene, Hilfskreis mit **Kreis** Ø75 mm, **Punkt** auf Schnittpunkt senkrechte Achse (3).

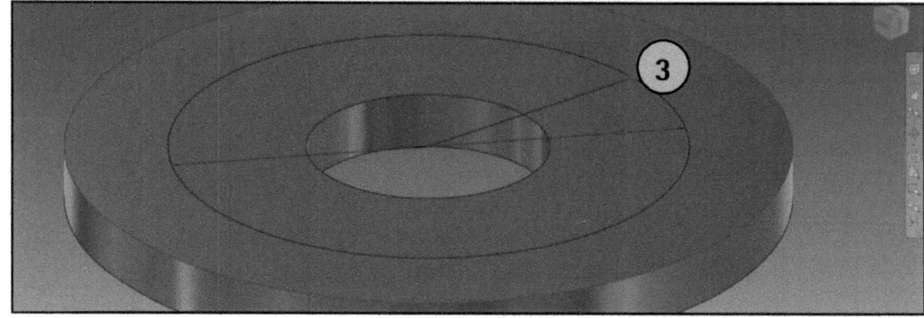

Bohrung

- Setzen Sie eine **Bohrung** Typ **Durchgangsbohrung** Ø15 mm, **durch alles**, auf diesen **Punkt** (4).

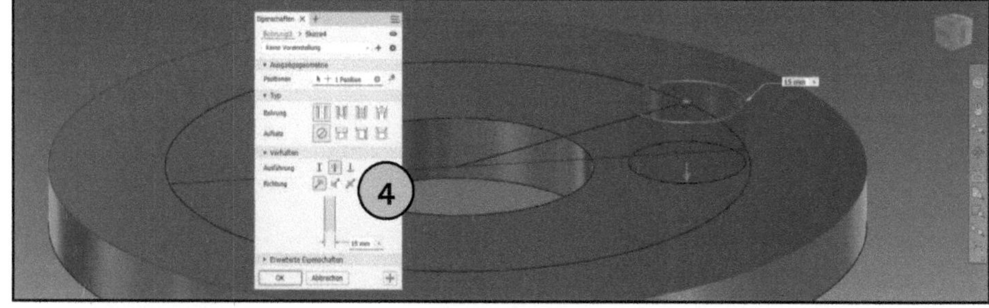

Runde
Anordnung

- Sechs **Durchgangsbohrungen** über **Runde Anordnung**, **6** Elemente, **360°**-Verteilung (5).

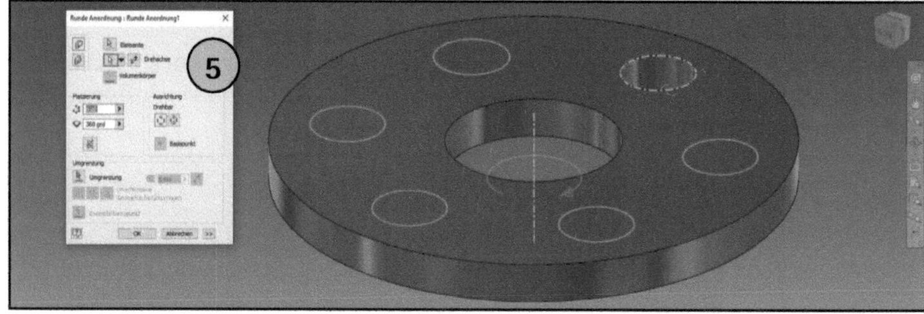

Speichern
unter

- Weisen Sie dem Innensteg das Material **Aluminium poliert** zu.
- **Speichern** Sie das neue Bauteil.

3.8.8 Baugruppe „Bremsscheibe", die Bauteilbereitstellung

- Öffnen Sie ein neues Baugruppendokument,
  Vorlagendatei **Engelke2025.iam.**

- Wählen Sie über **Komponenten platzieren** das Bauteil **Außengehäuse** (1)
  das Bauteil **Innenwelle** (2), das Bauteil **Antriebsflansch** (3) und das Bauteil
  Innensteg (4), positionieren Sie diese auf die Arbeitsebene.

3.8.9 Baugruppe „Bremsscheibe", Bauteilmontage

3.8.9.1 Baugruppe „Bremsscheibe",
Bauteilmontage Lagerteil und Grundplatte über „Gelenk"

- Positionieren Sie die gezeigte Bohrungskante des **Außengehäuses** (5) zu der
  gezeigten Bohrung des **Innenstegs** (6) mit der Verbindung **Gelenk** (7).

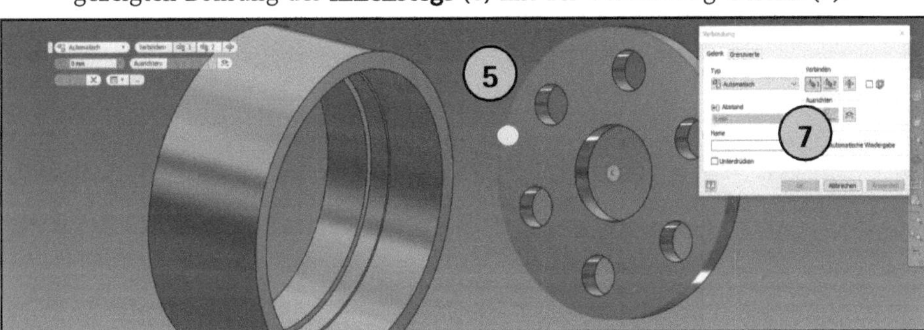

Verbindung

Erste Auswahl

zweite
Auswahl

3.8.9.2 Baugruppe „Bremsscheibe",
Bauteilmontage Innensteg und Innenwelle über „Gelenk"

- Positionieren Sie die gezeigte Bohrungskante des **Außengehäuses** (8) zu der gezeigten Bohrung des **Innenstegs** (9) mit der Verbindung **Gelenk** (10), Option **Komponente umkehren** (11, 12).

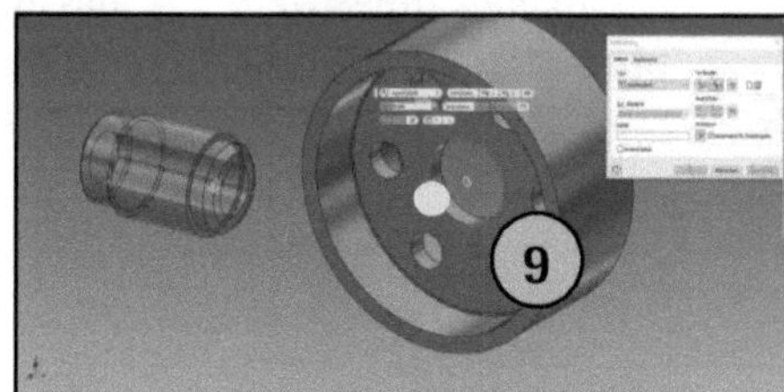

3.8.9.3 Baugruppe „Bremsscheibe",
Bauteilmontage Innenwelle und Antriebsflansch über „Gelenk"

Verbindung

Erste Auswahl

zweite
Auswahl

- Positionieren Sie die gezeigte Bohrungskante des **Außengehäuses** (13) zu der gezeigten Bohrung des **Innenstegs** (14) mit der Verbindung **Gelenk** (15), Option **Komponente umkehren** (16, 17).

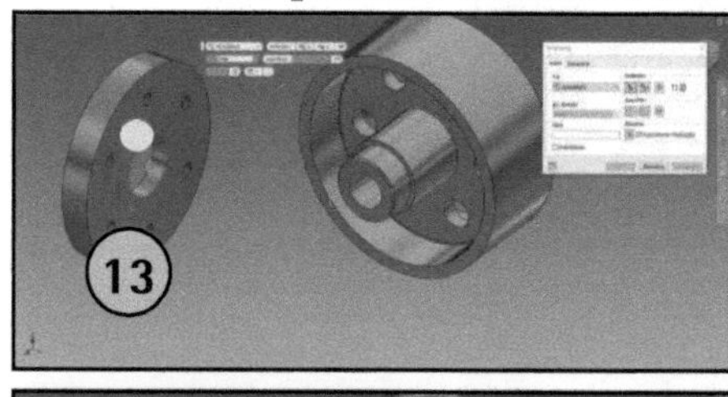

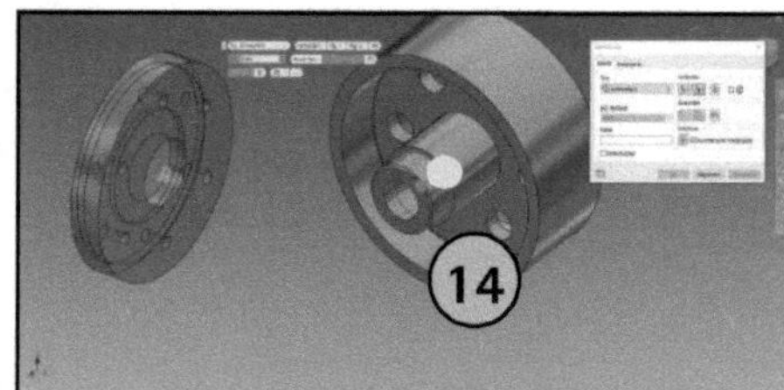

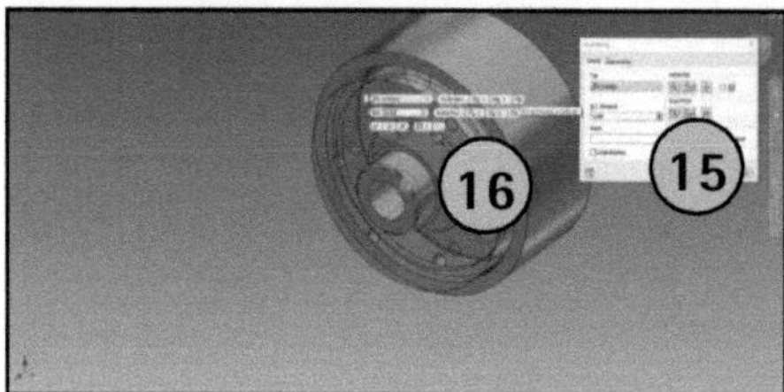

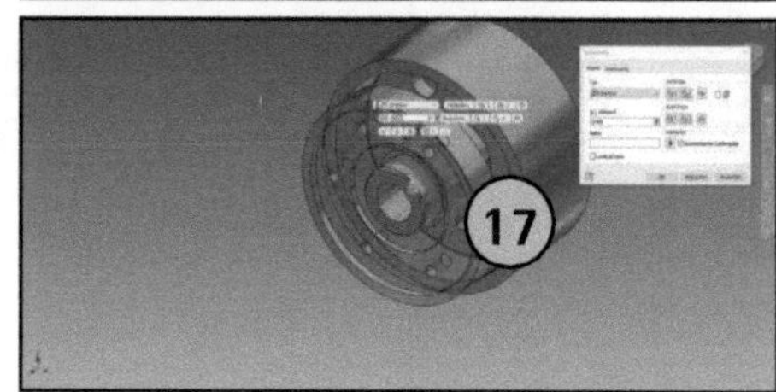

3.8.9.4 Baugruppe „Bremsscheibe", Bauteilmontage, Montagekontrolle (18)

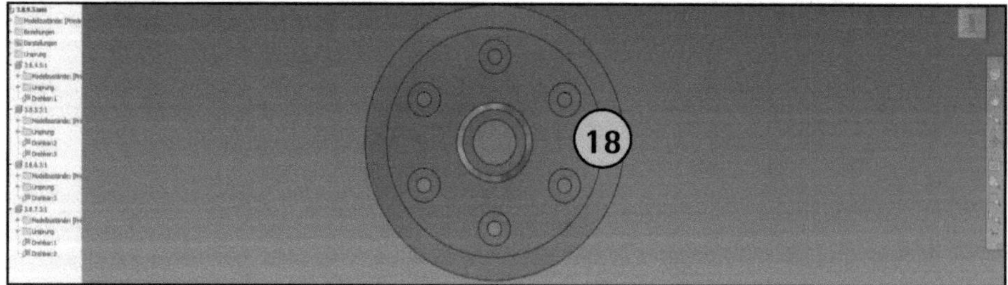

3.8.9.5 Baugruppe „Bremsscheibe", Bauteilmontage
Verbindung „Gelenk" Option „Drehbar auf „Starr" ändern

* Aktivieren Sie, im **Baugruppen-Browser**, den Eintrag **Drehbar** (19).
* Wählen Sie **Bearbeiten** (20).
* Verändern Sie die Option **Drehbar** in Option **Starr** (21).

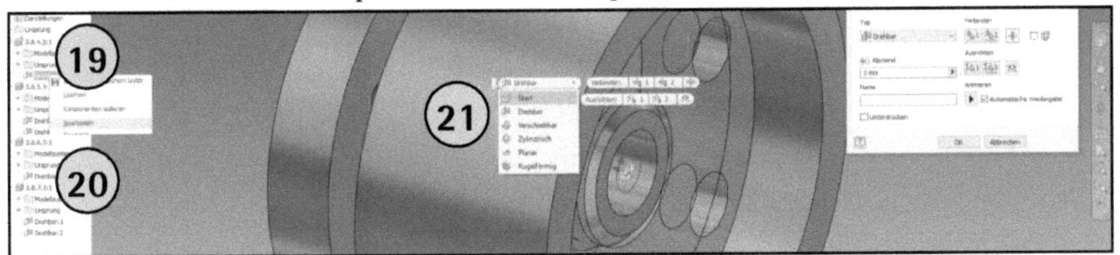

* Verfahren Sie mit der Veränderung für die weiteren **Gelenk-Verbindungen** entsprechend.

3.8.10 Baugruppen-Montage „Starre Baugruppen",
Baugruppe „Bremsscheibe"
Datensicherung über „Pack and Go"

3.8.10.1 Baugruppe speichern

* Aufruf über den **Menü-Browser**, Register **Datei**.

Speichern unter

3.8.10.2 Datensicherung über Pack and Go

* Wählen Sie im Pulldown-Menü **Datei Speichern Unter / Pack and Go**.
* Geben Sie den Zielordner für die Bündelung an.
* Klicken Sie auf die Schaltfläche **Jetzt Suchen**,
* Klicken Sie auf die Schaltfläche **Start**.
* Schließen Sie diesen Vorgang mit **Fertig** ab (22, 23).

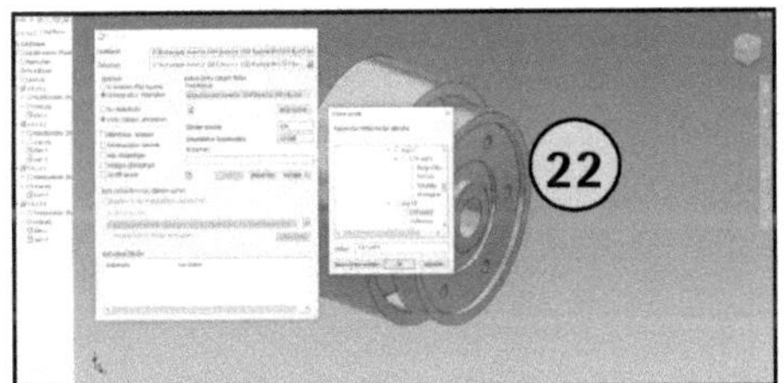

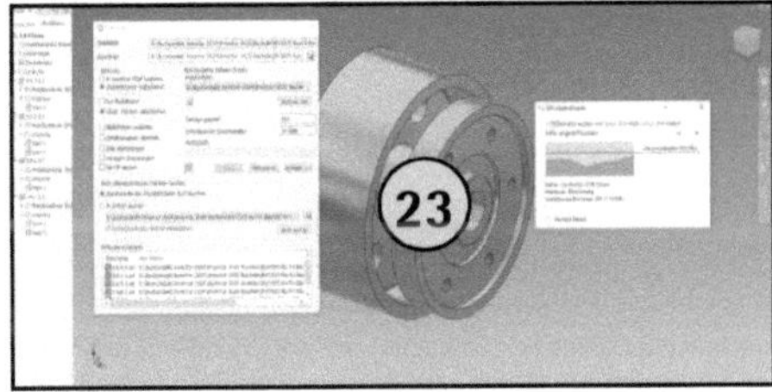

Speichern
unter

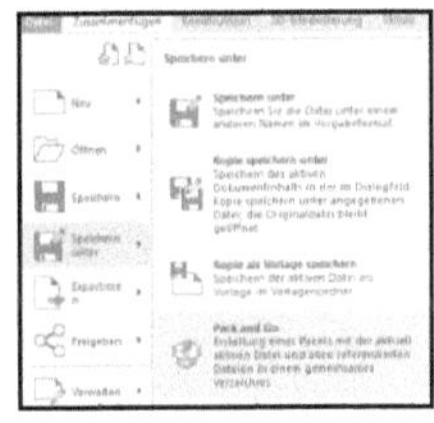

Pack and Go

4

AutoDesk Inventor 2025 Bauteile

Bauteil-Montage

Bewegliche Baugruppen

4 Bewegliche Baugruppen

4.1 Bewegliche Baugruppen, Vorbemerkungen

Beim Erstellen von Modellen werden Bauteile und Baugruppen zu einem Zusammenbau kombiniert, der wie eine Einheit funktioniert. Bauteile und Gruppen werden über die Zusammenbauabhängigkeiten miteinander in Beziehung gesetzt. Als Zusammenbau bezeichnet man zwei oder mehr Komponenten, Bauteile oder Baugruppen, die ein einzelnes Modell darstellen.

Ein Zusammenbau enthält üblicherweise mehrere Komponenten, die mittels Abhängigkeiten absolut und relativ zueinander positioniert sind, sowohl hinsichtlich der Größe als auch der Platzierung. Die Komponenten eines Zusammenbaus können Elemente enthalten, die direkt im Zusammenbau definiert sind. Material und Masseeigenschaften können von individuellen Bauteildateien übernommen werden.

Die Möglichkeiten der Bewegungssimulationen zählen schon seit Anfang an zu den hervorragenden Möglichkeiten von Autodesk Inventor. Diese Fähigkeiten wurden immer weiter ausgebaut, so kamen die Kollisionskontrolle und die sogenannte physikalische Dynamik hinzu.

Mit Autodesk Inventor können Sie auf einfache Weise animierte Präsentationen Ihrer Baugruppen erstellen. Baugruppenanimationen sind für die Bewegungsanalyse von Mechanismen, die Visualisierung des Zusammenbaus einzelner Bauteile zu einer Baugruppe sowie für die Erstellung von Kundenpräsentationen hilfreich.

Autodesk Inventor verwendet Baugruppenverknüpfungen und Parameter als Animationsgrundlagen, so dass Sie die mechanischen Bewegungen animieren können.

Projekt IV

Bewegliche Baugruppen
Mechanische Verknüpfungen

- Bewegliche Baugruppe, Zylinder-Nut-Kombination
  Abhängigkeit „Passend-Fluchtend" und „Tangential"

- Bewegliche Baugruppe, Zylinder-Nut-Kombination
  Verbindung „Gelenk"

- Bewegliche Baugruppe, Zylinder-Nutbahn-
  Kombination
  Abhängigkeit „Passend" und „Übergang"

- Bewegliche Baugruppe, Kugel-Gelenk-Kombination
  Verbindung „Gelenk" Option „Kugel"

- Bewegliche Baugruppe,
  Zylinder-Bogennut-Kombination
  Abhängigkeit „Passend", „Tangential" und „Übergang"

- Bewegliche Baugruppe,
  Zylinder-Bogennut-Kombination
  „Kontaktsatz"

- Bewegliche Baugruppe Zylinder-Weg-Kombination
  „Kontaktsatz"

4.2 Bewegliche Baugruppe, Zylinder-Nut-Kombination Abhängigkeit „Passend-Fluchtend" und „Tangential"

4.2.1 Bewegliche Baugruppe, Vorgaben

Die Baugruppe besteht aus zwei Bauteilen, einem Bauteil **Basis** von der Buch-DVD und einer **Grundplatte mit einer Langlochnut**, die neu konstruiert werden muss.

In dieser Baugruppe wird der lineare Verfahrweg eines Laufbolzens innerhalb einer Nut simuliert.

4.2.2 Die Bauteilerstellung

4.2.2.1 Die Basisplatte, Vorgaben

- Erstellen Sie einen Quader mit Kantenlänge **200** mm und Dicke **25** mm.
- Bringen Sie einen Führungsausschnitt ein, Breite der Grundfläche **30** mm, Mittenabstand **140** mm, Abrundung R=**15** mm, Randabstand bis Mitte je **30** mm.

4.2.2.2 Erstellung der Basisplatte

Neu

Engelke-2025 .ipt

Grundkörper Quader

- Erstellen Sie über **Grundkörper Quader** eine Quadratsäule **200** mm lang, **25** mm dick auf einem neuen Dokument.
- Tragen Sie die entsprechenden Maße über **Allgemeine Bemaßung** an.
- Weisen Sie das Material **Stahl poliert** zu.

2D-Skizze starten

Geometrie projizieren

Linie

Langloch Mitte zu Mitte

Versatz

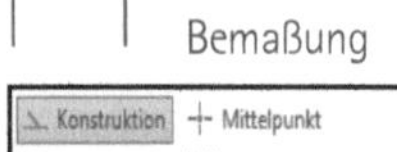
Bemaßung

- Für den Führungsausschnitt wird eine Skizzenkonstruktion benötigt. Erstellen Sie eine Hilfslinienkonstruktion über **Geometrie projizieren**, Format der Linien **Konstruktion**.
- Für die Langloch-Konstruktion verwenden Sie den Befehl **Langloch Mitte zu Mitte**.

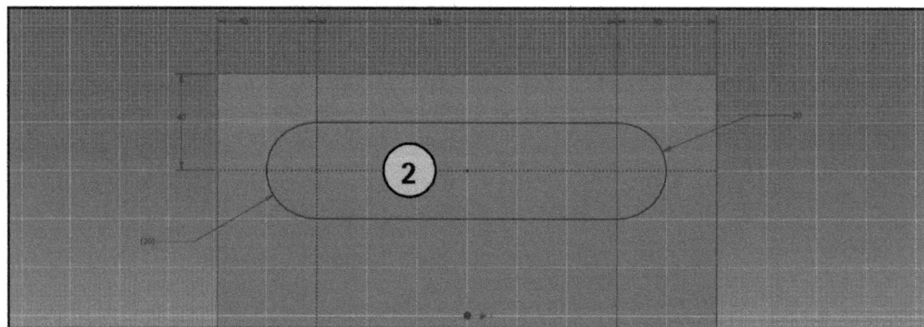

- Bilden Sie den Führungsausschnitt über **Extrusion** Option **Differenz** (3, 4).

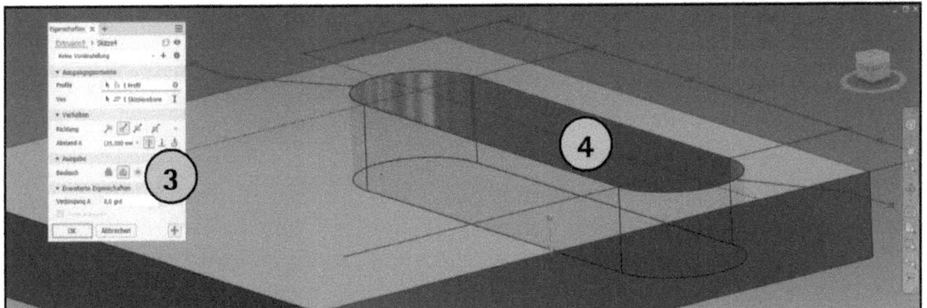

Extrusion
Differenz

- **Speichern** Sie das neue Bauteil.

Speichern
unter

4.2.3 Bauteilmontage, Zylinder-Nut-Kombination, Ausführung Abhängigkeit „Passend-Fluchtend" und „Tangential"

4.2.3.1 Baugruppe „Zylinder-Nut-Kombination", die Bauteilbereitstellung

Neu

Engelke2025
.iam

Komponente
platzieren

- Öffnen Sie ein neues Baugruppendokument,
  Vorlagendatei **Engelke2025.iam.**

- Wählen Sie über **Komponenten platzieren** das Bauteil **Grundplatte** (1) und
  das **Basis-Bauteil** (2), positionieren Sie diese auf die Arbeitsebene.

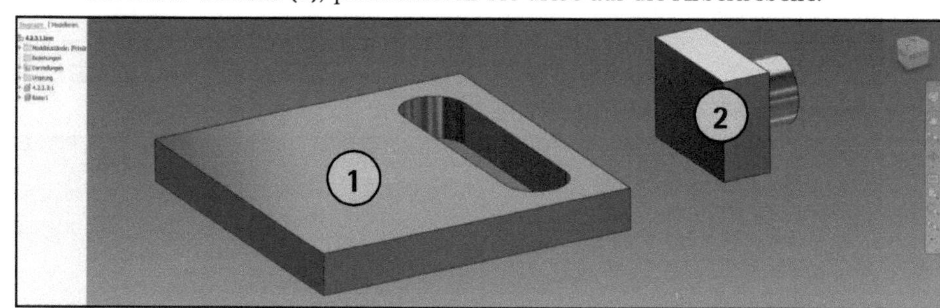

4.2.3.2 Baugruppe „Zylinder-Nut-Kombination",, Bauteilmontage Basis-Bauteil und Grundplatte

Abhängigkeit
Passend

- Setzen Sie die obere **Deckfläche** des Bauteil **Basis** und die untere Fläche der
  Grundplatte mit der Abhängigkeit **Passend-Fluchtend** gegeneinander (3, 4).

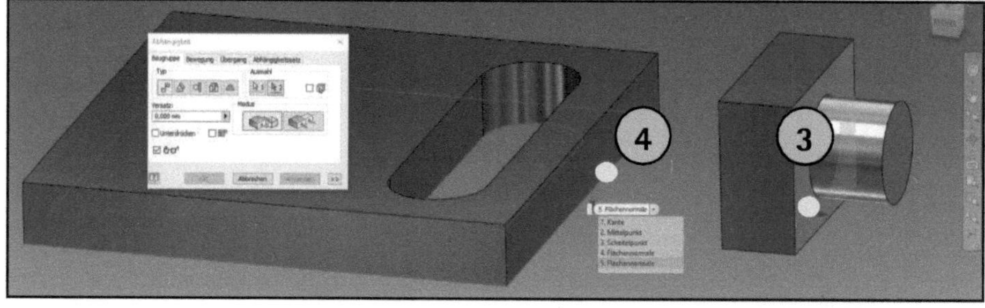

Abhängigkeit
Tangential

- Setzen Sie die gezeigten Flächen mit der Abhängigkeit **Tangential** zueinander (5, 6, 7).

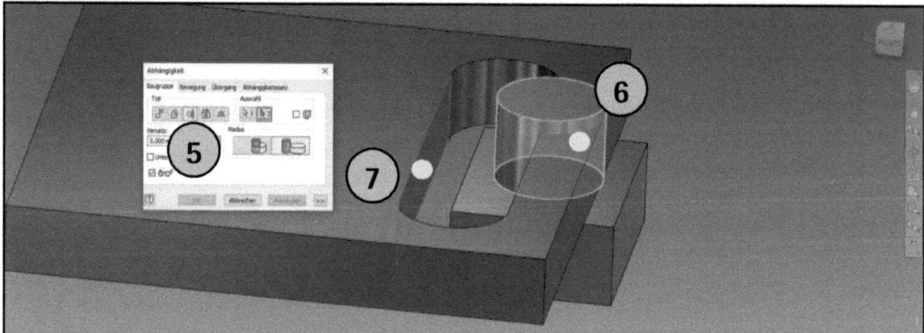

4.2.4 Zuweisung der mechanischen Bewegung

4.2.4.1 Baugruppenabhängigkeiten, Registerkarte „Übergang", Vorbemerkungen

Durch eine Übergangsabhängigkeit wird die beabsichtigte Beziehung zwischen einer zylindrischen Bauteilfläche und einem angrenzenden Flächensatz eines anderen Bauteils festgelegt, z. B. ein Zylinder in einer Nut. Durch eine Übergangsabhängigkeit wird der Kontakt zwischen den Oberflächen beibehalten, während die Komponente innerhalb verfügbarer Freiheitsgrade entlang gleitet.

4.2.4.2 Baugruppenabhängigkeiten „Übergang", die Zuweisung

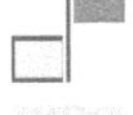 **Abhängigkeit** (Multifunktionsleiste **Beziehungen**)

 Abhängigkeit **Übergang** (8)
Wählen Sie die Kontaktfläche auf dem beweglichen Bauteil (9).
Wählen Sie eine Kontaktfläche, das ausgewählte Bauteil soll daran entlang gleiten (10).
Anwenden / Schließen

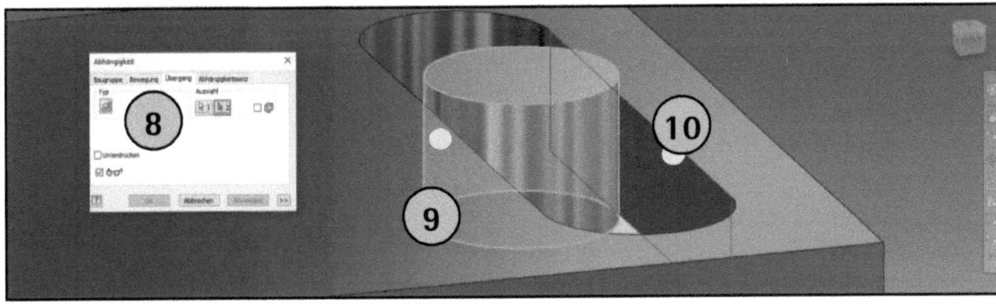

4.2.5 Kontrolle der mechanischen Bewegung

Zur Kontrolle der mechanischen Bewegung klicken Sie auf den Führungszylinder, linke Maustaste gedrückt halten, Zylinder-Ø damit ziehen.
Der Führungszylinder lässt sich innerhalb der Führungsnut hin und her schieben, die Grenze ist die jeweilige Ausrundungskante (11, 12).

 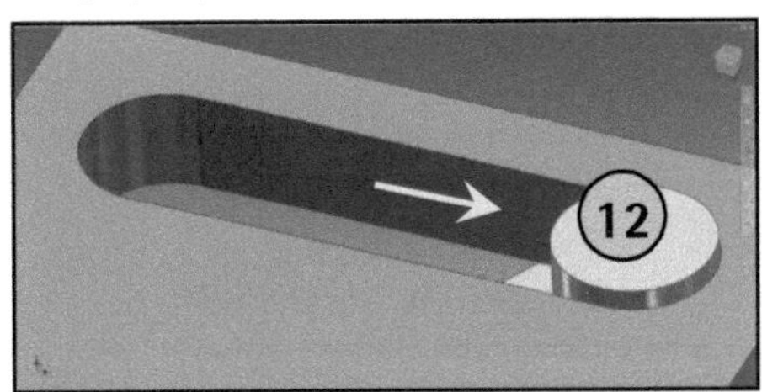

4.2.6 Datensicherung der Baugruppe

*   **Speichern** Sie diese Baugruppe.
    Eine **Pack and Go**-Datensicherung ist, auf Grund der nicht verwendeten Inhaltscenter-Bauteile, nicht unbedingt nötig.

Abhängigkeit

Übergang

Speichern
unter

4.3 Bewegliche Baugruppe, Zylinder-Nut-Kombination Verbindung „Gelenk"

4.3.1 Baugruppe „Zylinder-Nut-Kombination", die Baugruppen-Montage

4.3.1.1 Öffnen der Basisbaugruppe

Öffnen

* **Öffnen** Sie die erstellte Baugruppendatei, aus dem vorherigen Unterkapitel, von der Buch-DVD.

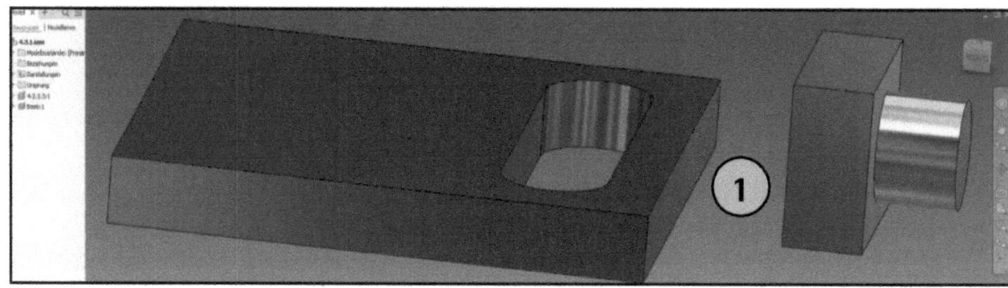

4.3.1.2 Positionierung des Radhalters über „Gelenk"

Verbindung
Gelenk

Gelenktyp
Verschiebbar

Verbindung **Gelenk** (Multifunktionsleiste **Zusammenfügen**)

Ändern Sie den Gelenktyp auf **Verschiebbar** (2).

Erster Ursprung
Wählen Sie untere Mitte der gezeigten Zylinderfläche (3).

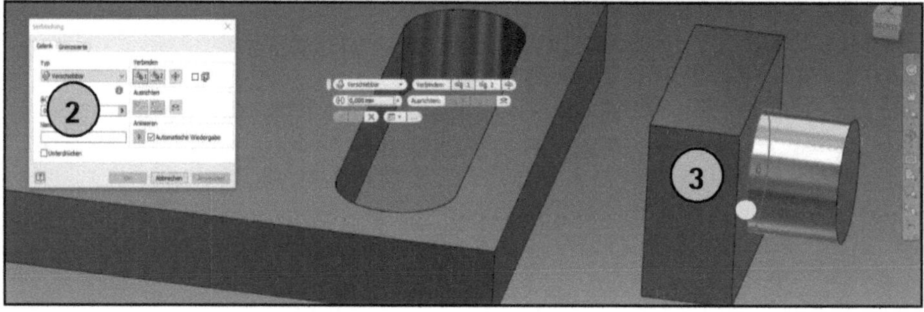

Zweiter Ursprung
Wählen Sie untere Mitte der gezeigten Zylinderfläche (4).

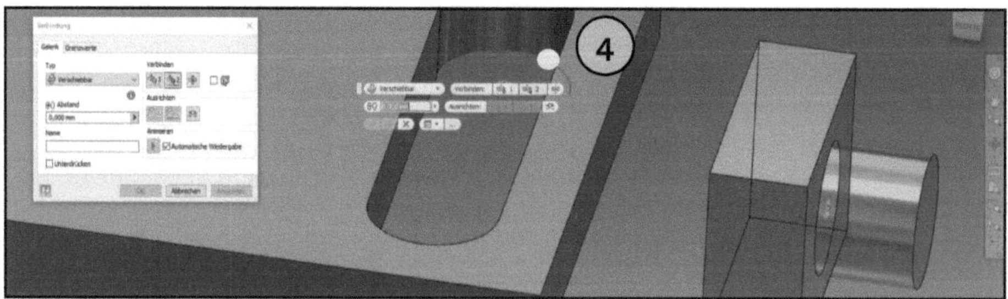

Erste Ausrichtung

Wählen Sie die Basisfläche auf der ersten Komponente aus (5).

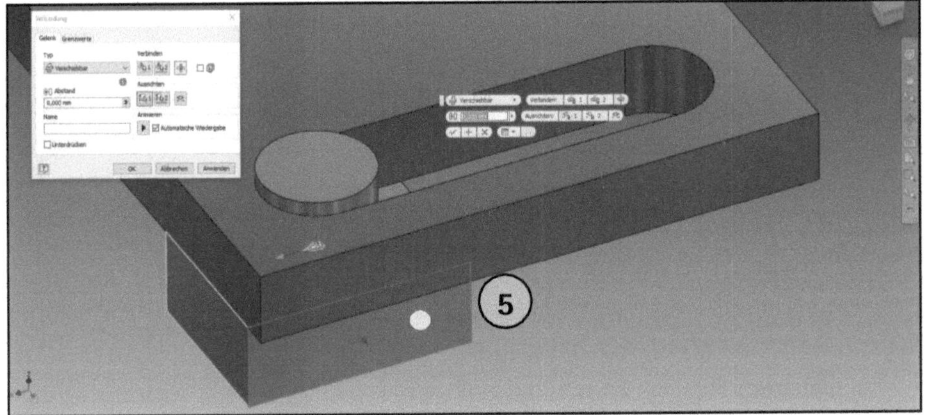

Zweite Ausrichtung

Wählen Sie eine Fläche als Richtungsvektor auf der zweiten Komponente aus (6).

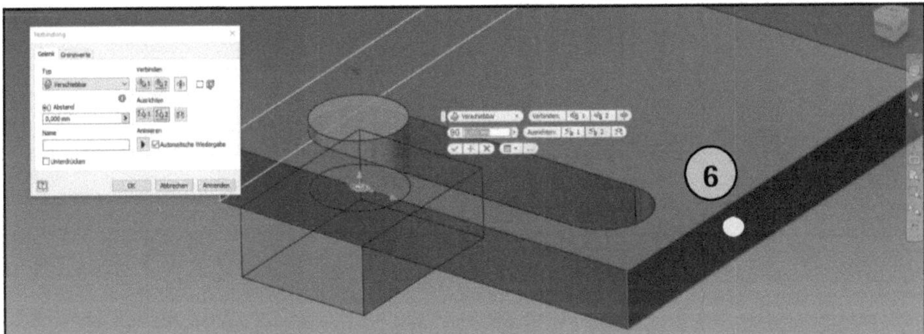

- Aktivieren Sie das Register **Grenzwerte** in der **Verbindungs-Dialogbox**.
- Setzen Sie der Wert **Start** auf **0** (7) und den Wert **Ende** auf **120** (8).

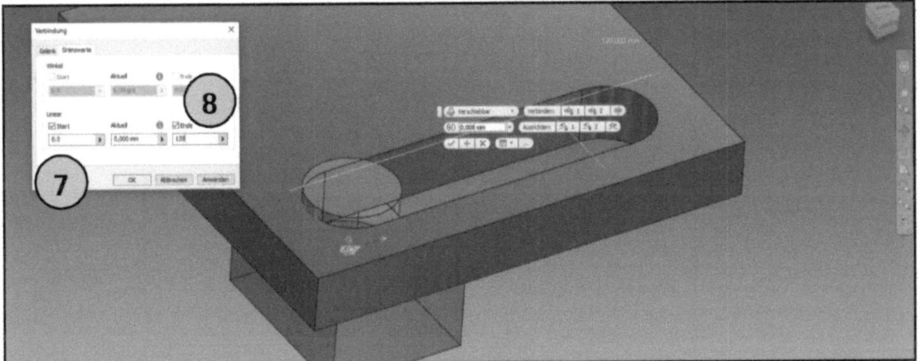

4.3.2 Kontrolle der mechanischen Bewegung

Zur Kontrolle der mechanischen Bewegung klicken Sie auf den Führungszylinder, linke Maustaste gedrückt halten, Zylinder-Ø damit ziehen.

Der Führungszylinder lässt sich innerhalb der Führungsnut hin und her schieben, die Grenze ist die jeweilige Ausrundungskante (9, 10).

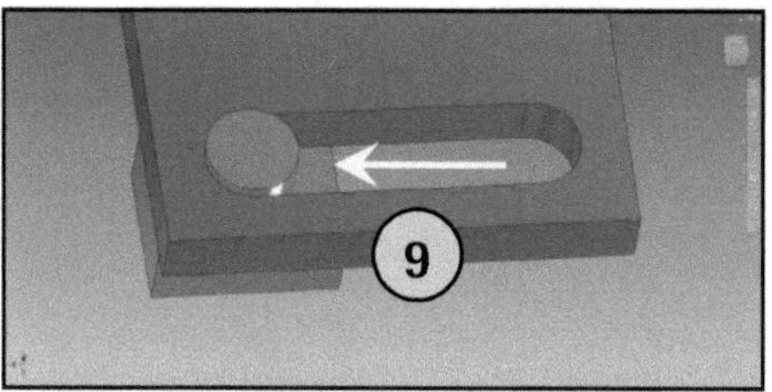
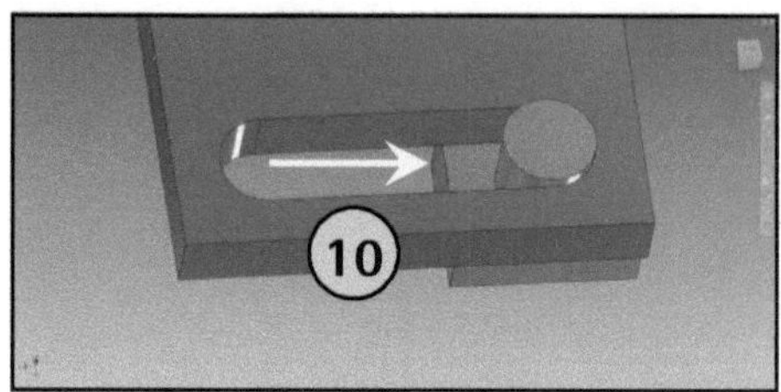

4.3.3 Datensicherung der Baugruppe

Speichern unter

* **Speichern** Sie diese Baugruppe.
  Eine **Pack and Go**-Datensicherung ist, auf Grund der nicht verwendeten Inhaltscenter-Bauteile, nicht unbedingt nötig.

4.4 Bewegliche Baugruppe, Zylinder-Nutbahn-Kombination Abhängigkeit „Passend" und „Übergang"

4.4.1 Bewegliche Baugruppe, Vorgaben

Die Baugruppe besteht aus zwei Bauteilen, einem zu verändernden Bauteil **Basis** von der Buch-DVD und der **Grundplatte mit einer Langlochnut**.

4.4.2 Bauteil „Basis", die Bauteilbearbeitung

Verändern Sie den Laufbolzen-Durchmesser vom **40** mm auf **10** mm unter Beibehaltung der Bolzenlänge.

4.4.2.1 Die Radhalteränderung

- **Öffnen** Sie das Bauteil **Basis** von der Buch-DVD.
- Ändern Sie den angegebenen Durchmesser **40** mm auf **10** mm über Bearbeitung **Direkt** Option **Größe**, Maß **15** ziehen.

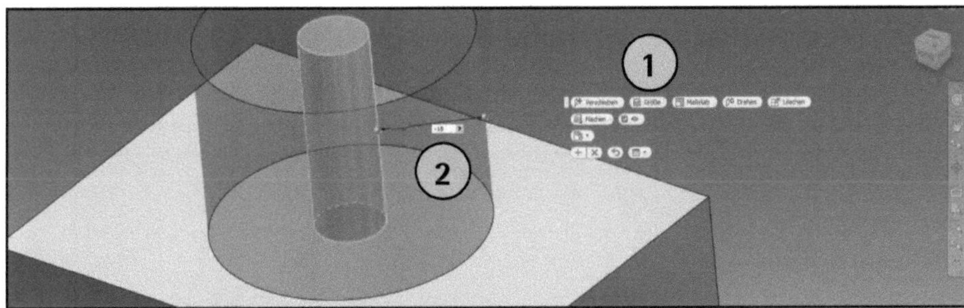

Öffnen

Direkt-
Bearbeitung

Größe

- **Speichern** Sie diese mit neuem Namen ab (3).

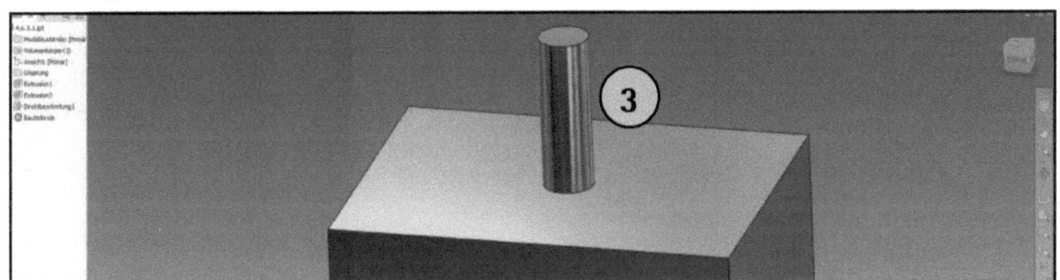

Speichern
unter

4.4.3 Bauteilmontage, Zylinder-Nutbahn-Kombination Abhängigkeit „Passend" und „Übergang"

4.4.3.1 Baugruppe „Zylinder-Nutbahn-Kombination", die Bauteilbereitstellung

Neu

Engelke2025
.iam

Komponente
platzieren

- Öffnen Sie ein neues Baugruppendokument,
  Vorlagendatei **Engelke2025.iam.**
- Wählen Sie über **Komponenten platzieren** das Bauteil **Grundplatte** (1) und
  das veränderte Bauteil **Basis** (2), positionieren Sie diese auf die Arbeitsebene.

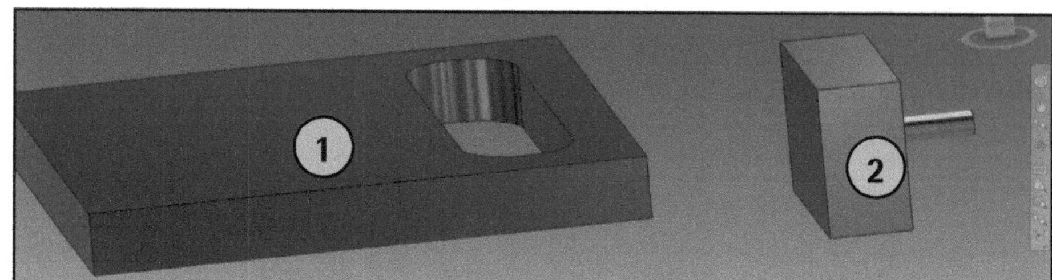

4.4.3.2 Positionierung des geänderten Bauteil „Basis"

Passend

- Setzen Sie die obere Deckfläche des Radhalters und die untere Fläche der Basisplatte mit der Abhängigkeit **Passend-Fluchtend** gegeneinander.

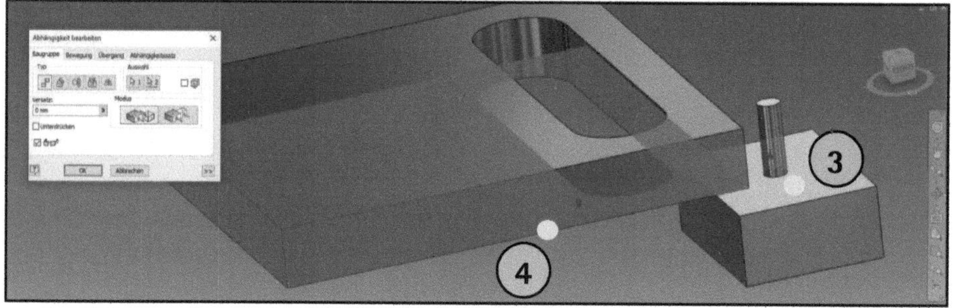

4.4.4 Zuweisung der mechanischen Bewegung

Abhängigkeit

Übergang

Abhängigkeit

Übergang

Wählen Sie die Kontaktfläche auf dem beweglichen Bauteil (5).
Wählen Sie die gezeigte Langlochfläche als Kontaktband (6).
Anwenden / Schließen

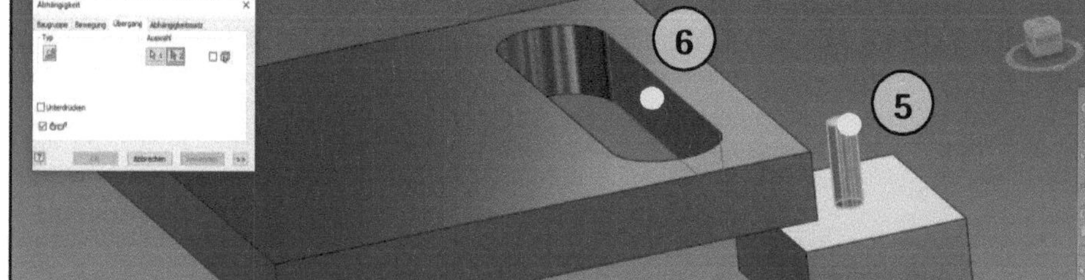

4.4.5 Kontrolle der mechanischen Bewegung

Zur Kontrolle der mechanischen Bewegung klicken Sie auf den Führungszylinder, linke Maustaste gedrückt halten, Zylinder-Ø damit ziehen.
Der Führungszylinder soll, mit Mittenabstand **5** mm, an der Nutbahn entlang gleiten (9, 10).

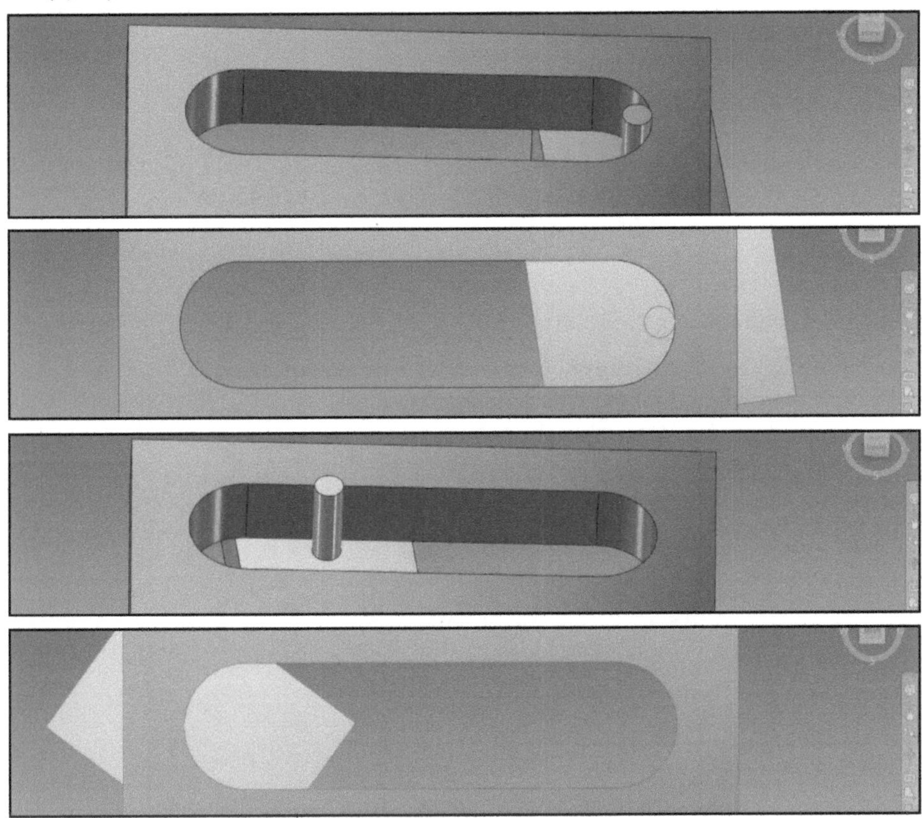

4.4.6 Datensicherung der Baugruppe

*   **Speichern** Sie diese Baugruppe.
    Eine **Pack and Go**-Datensicherung ist, auf Grund der nicht verwendeten Inhaltscenter-Bauteile, nicht unbedingt nötig.

4.5 Bewegliche Baugruppe, Kugel-Gelenk-Kombination Verbindung „Gelenk" Option „Kugel"

4.5.1 Bewegliche Baugruppe, Vorgaben

Die Baugruppe besteht aus zwei Bauteilen, einer Grundplatte mit Halbkugelausdrehung und einem Kugelelement, die neu konstruiert werden müssen.

4.5.2 Die Bauteilerstellung

4.5.2.1 Die Basisplatte, Vorgaben

Erstellen Sie einen Quader mit Kantenlänge **100** mm und Dicke **60** mm.
Bringen Sie eine Halbkugelausdrehung, Radius **40** mm, auf Mitte der oberen Quaderseite.

4.5.2.2 Erstellung der Basisplatte

Neu

Engelke-2025
.ipt

Grundkörper
Quader

- Erstellen Sie über **Grundkörper Quader** eine Quadratsäule **100** mm lang, **60** mm dick, auf einem neuen Dokument.
- Weisen Sie das Material **Stahl poliert** zu.

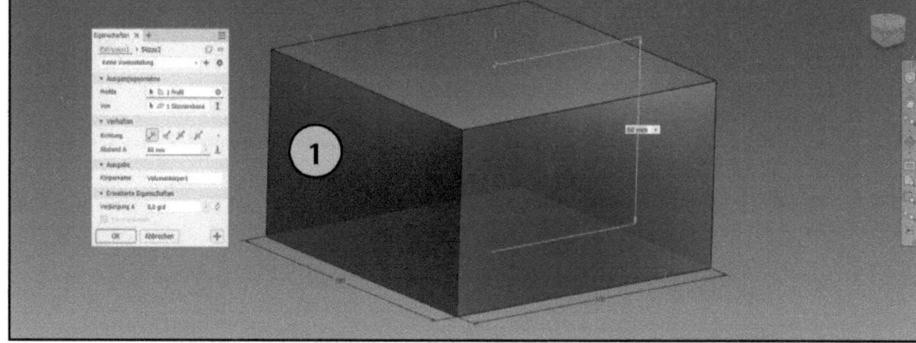

Grundkörper
Kugel

- Für die Kugelausdrehungs-Konstruktion verwenden Sie den Befehl **Kugel**, die mit einer Mittenlage der Skizze auf die obere Quaderfläche gelegt wird, bilden Sie eine **Differenz** für diese Kugelerstellung.

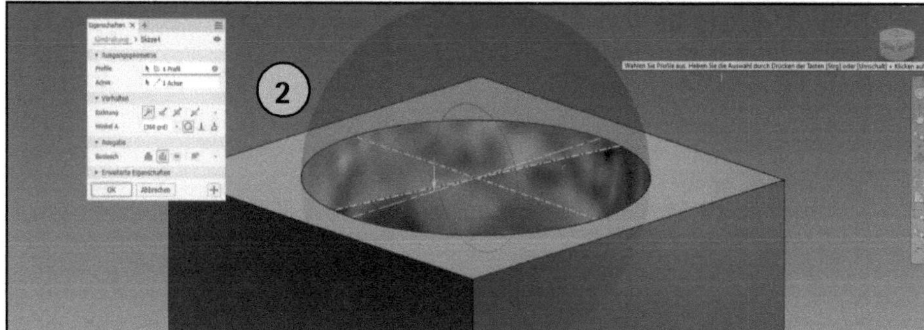

Speichern
unter

- **Speichern** Sie das neue Bauteil.

4.5.2.3 Das Kugelelement, Vorgaben

Erstellen Sie eine Kugel mit einem Durchmesser von **80** mm.
Bringen Sie einen zylinderförmigen Ansatz auf Kugelmitte, Durchmesser **25** mm Länge **50** mm, als **Extrusion**.

4.5.2.4 Erstellung des Kugelelements

- Erstellen Sie über **Grundkörper Kugel**, mit Durchmesser **80** mm, auf einem neuen Dokument.
- Weisen Sie das Material **Gold Metall** zu.

- Erstellen Sie eine Zylinder-Konstruktion mit **Grundkörper Zylinder**, Ø25 mm Länge **50** mm, die mit einer Mittenlage der Skizze auf die Kugelmitte gelegt wird.
- Bilden Sie eine **Vereinigung** für diesen zylindrischen Ansatz.

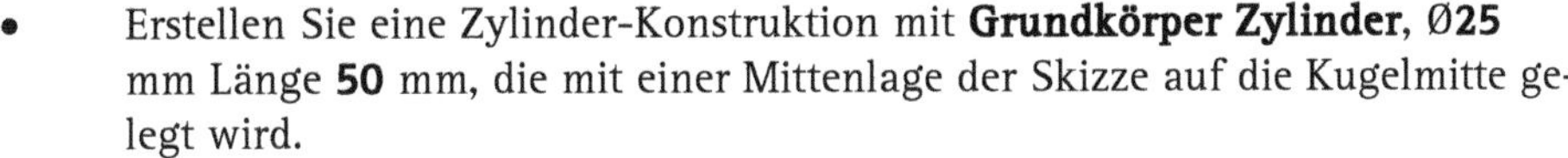

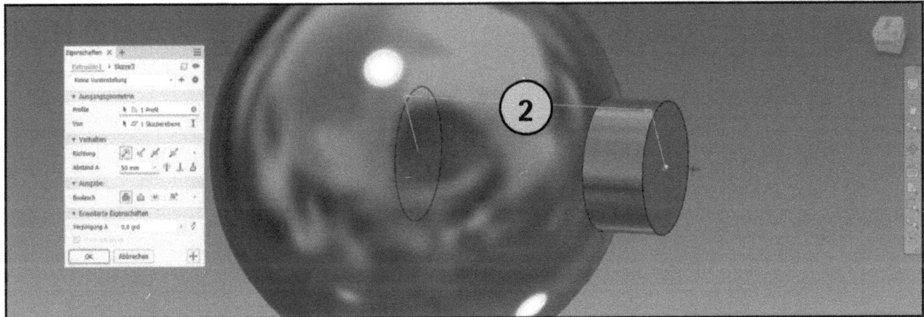

- **Speichern** Sie das neue Bauteil.

4.5.3 Bauteilmontage, Kugel-Gelenk-Kombination
Verbindung „Gelenk" Option „Kugel"

4.5.3.1 Baugruppe „Kugel-Gelenk-Kombination", die Bauteilbereitstellung

Neu

Engelke2025
.iam

Komponente
platzieren

- Öffnen Sie ein neues Baugruppendokument,
  Vorlagendatei **Engelke2025.iam.**
- Wählen Sie über **Komponenten platzieren** das Bauteil **Basisplatte** (1) und
  das **Kugelelement** (2), positionieren Sie diese auf die Arbeitsebene.

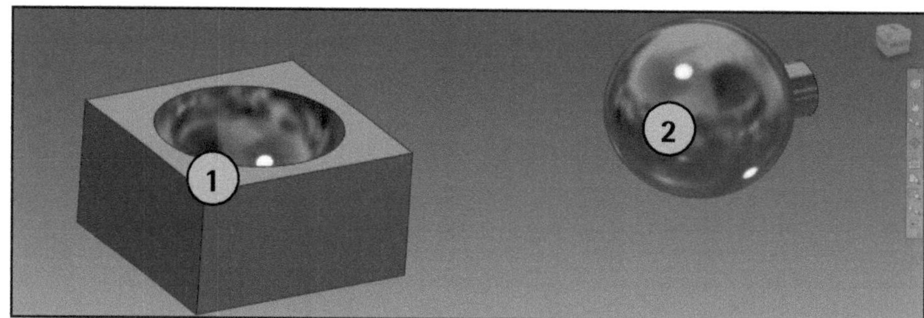

4.5.3.2 Positionierung des Radhalters über „Gelenk", Gelenktyp „Kugel"

Verbindung
Gelenk

Gelenktyp
Kugelförmig

Erster
Ursprung

Verbindung **Gelenk** (Multifunktionsleiste **Zusammenfügen**)

Setzen Sie den Gelenktyp auf **Kugelförmig.**

Erster Ursprung
Wählen Sie den als Ursprung das Kugelelement (3).

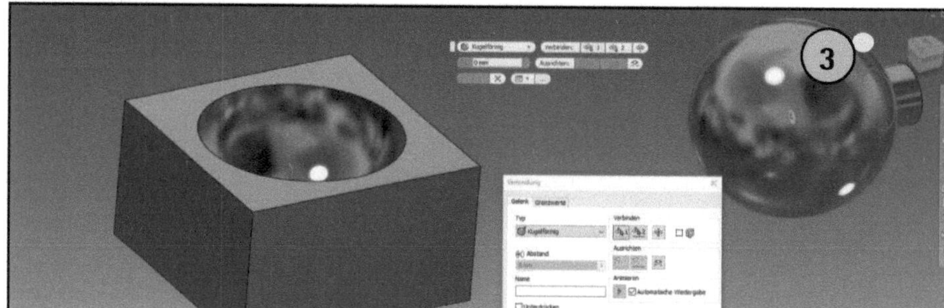

Zweiter
Ursprung

Zweiter Ursprung
Wählen Sie den Ursprung auf der festen Komponente.
(obere Mitte der Halbkugelausdrehung) (4).

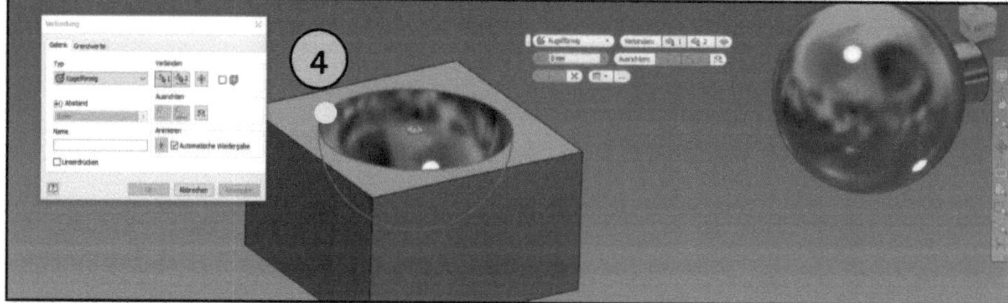

4.5.4 Kontrolle der mechanischen Bewegung

Zur Kontrolle der mechanischen Bewegung klicken Sie auf den Führungszylinder des Kugelelements, linke Maustaste gedrückt halten, Zylinder-Ø damit ziehen.

Der Führungszylinder mit dem Kugelelement lässt sich innerhalb der Halbkugelausdrehung hin und her drehen, die Grenze ist die jeweilige Ausrundungskante.

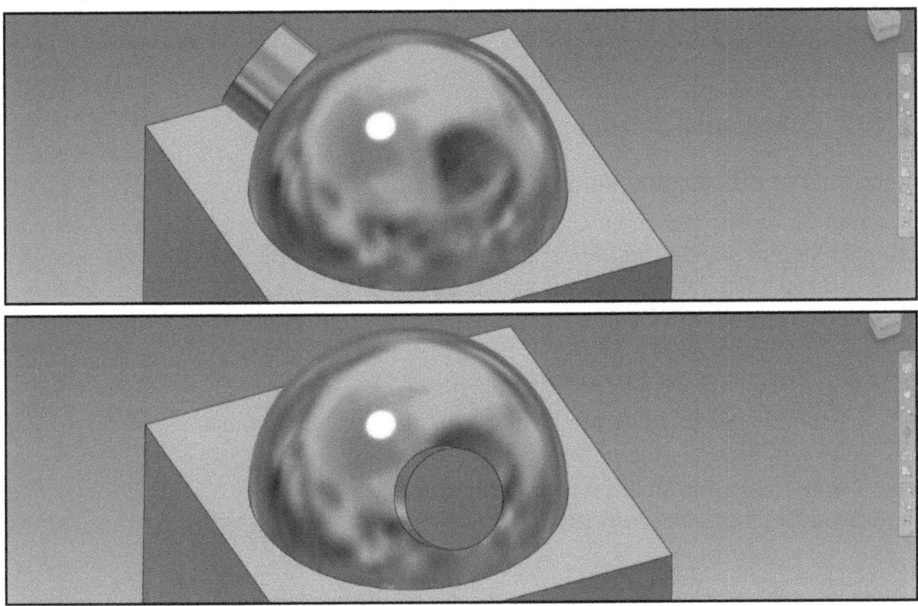

4.5.5 Datensicherung der Baugruppe

* **Speichern** Sie diese Baugruppe.
  Eine **Pack and Go**-Datensicherung ist, auf Grund der nicht verwendeten Inhaltscenter-Bauteile, nicht unbedingt nötig.

Speichern unter

4.6 Bewegliche Baugruppe, Zylinder-Bogennut-Kombination Abhängigkeit „Passend", „Tangential" und „Übergang"

4.6.1 Bewegliche Baugruppe, Vorgaben

Die Baugruppe besteht aus zwei Bauteilen, einem **Basisbauteil** von der Buch-DVD und einer **Grundplatte mit einem Führungsausschnitt**, die neu konstruiert werden muss.

4.6.2 Die Bauteilerstellung

4.6.2.1 Die Grundplatte, Vorgaben

Erstellen Sie wiederum einen Quader mit Kantenlänge **200** mm und Dicke **25** mm, bringen Sie einen Führungsausschnitt ein, Innen-Ø**80** mm, Mitten-Ø**120** mm und Außen-Ø**160** mm, runden Sie mit einem **60°**-Winkel, symmetrisch über Mitte, den Führungsausschnitt mit Radius **20** mm ab.

4.6.2.2 Erstellung der Grundplatte

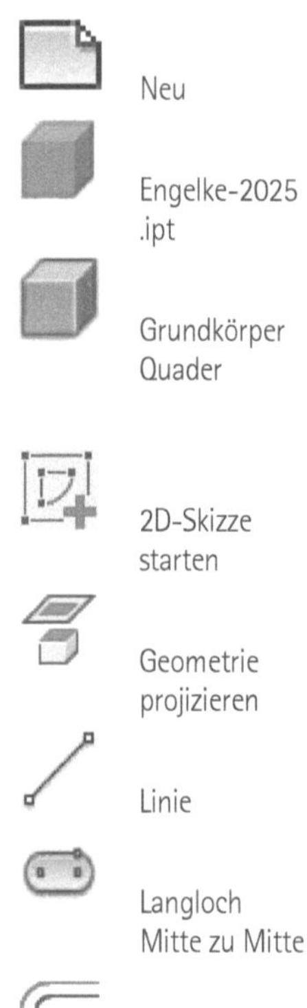

- Erstellen Sie über **Grundkörper Quader** eine Quadratsäule **200** mm lang, **25** mm dick, auf einem neuen Dokument (1).
- Weisen Sie das Material **Stahl poliert** zu.

- Für den Führungsausschnitt wird eine Skizzenkonstruktion benötigt. Erstellen Sie eine Hilfslinienkonstruktion über **Geometrie projizieren**, Format der Linien **Konstruktion**.
- Für die Langloch-Konstruktion verwenden Sie den Befehl **Langloch Mitte zu Mitte**.
- Tragen Sie die entsprechenden Maße über **Allgemeine Bemaßung** an.

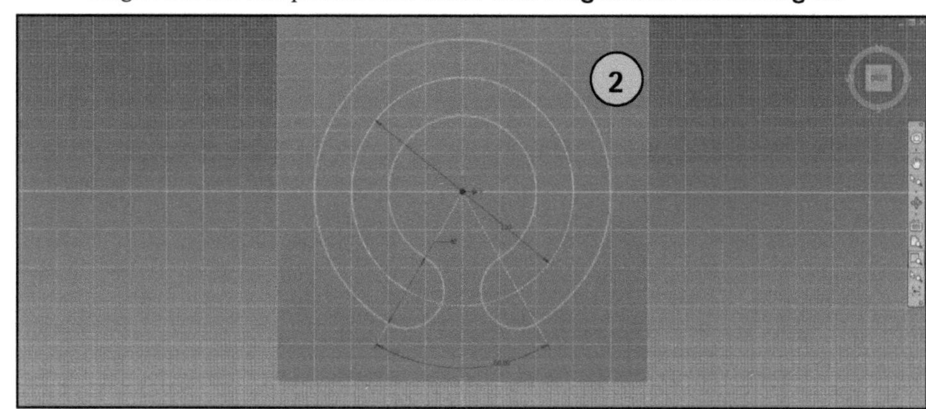

- Bilden Sie den Führungsausschnitt über **Extrusion** Option **Differenz** (3, 4).

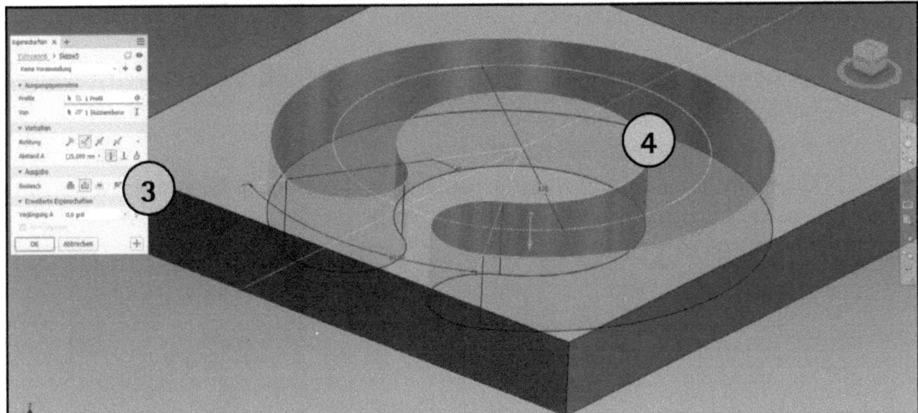

Extrusion
Differenz

- **Speichern** Sie das neue Bauteil.

Speichern
unter

4.6.3 Bauteilmontage, Zylinder-Bogennut-Kombination" Abhängigkeit „Passend", „Tangential" und „Übergang"

4.6.3.1 Baugruppe „Zylinder-Bogennut-Kombination", die Bauteilbereitstellung

Neu

Engelke2025 .iam

Komponente platzieren

- Öffnen Sie ein neues Baugruppendokument, Vorlagendatei **Engelke2025.iam.**
- Wählen Sie über **Komponenten platzieren** das Bauteil **Grundplatte** (1) und das Bauteil **Basis** (2), positionieren Sie diese auf die Arbeitsebene.

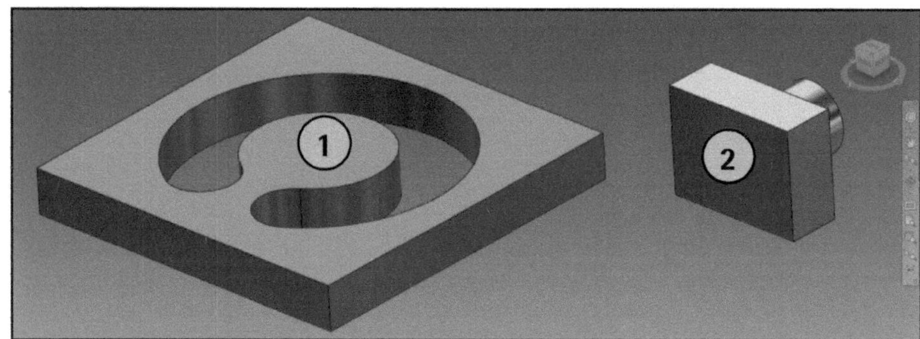

4.6.3.2 Positionierung des Bauteils „Basis"

Passend

- Setzen Sie die obere Deckfläche des Bauteils **Basis** (3) und die untere Fläche der Grundplatte (4) mit der Abhängigkeit **Passend-Fluchtend** gegeneinander (5).

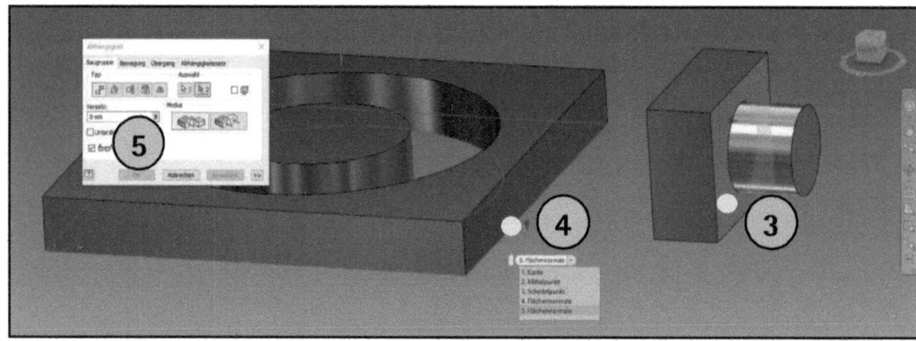

Abhängigkeit Tangential

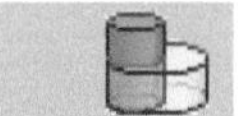
Innerhalb

- Setzen Sie die äußere Führungsfläche des bogenförmigen Ausschnitts (6) und die Zylinderfläche des Bauteils **Basis** (7) mit der Abhängigkeit **Tangential** Option **Innerhalb** passend zueinander (8).

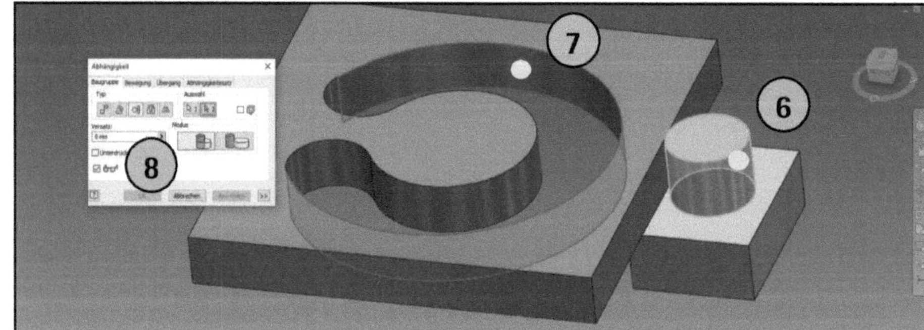

4.6.4 Zuweisung der mechanischen Bewegung

Abhängigkeit (Multifunktionsleiste **Beziehungen**)

Abhängigkeit **Übergang** (9)
Wählen Sie die Kontaktfläche auf dem beweglichen Bauteil (10).
Wählen Sie die bogenförmige Kontaktfläche, das ausgewählte Bauteil soll
daran entlang gleiten (11).
Anwenden / Schließen

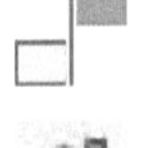

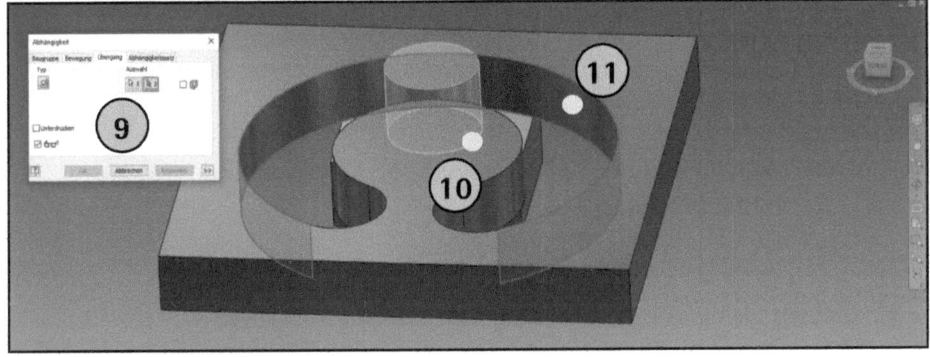

4.6.5 Kontrolle der mechanischen Bewegung

Zur Kontrolle der mechanischen Bewegung klicken Sie auf den Führungszylinder,
linke Maustaste gedrückt halten, Zylinder-Ø damit ziehen.

Der Führungszylinder lässt sich innerhalb der Führungsnut hin und her schieben,
die Grenze ist die jeweilige Ausrundungskante.

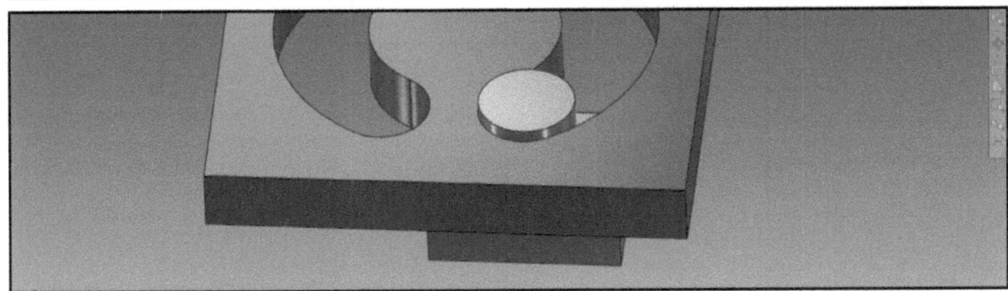

4.6.6 Datensicherung der Baugruppe

* **Speichern** Sie diese Baugruppe.
  Eine **Pack and Go**-Datensicherung ist, auf Grund der nicht verwendeten Inhaltscenter-Bauteile, nicht unbedingt nötig.

Speichern
unter

4.7 Bewegliche Baugruppe, Zylinder-Bogennut-Kombination „Kontaktsatz"

4.7.1 Kontaktsatz, Vorbemerkungen

Kontaktsätze verwenden physischen Kontakt zwischen Komponenten, um die Bewegung zu beschränken. Wenn eine Kollision entdeckt wird, werden die Komponenten nicht verschoben. Diese Methode erfordert mehr Berechnung als eine Bewegungsabhängigkeit. Die Funktion **Kontaktlöser** isoliert ausgewählte Komponenten in einen Kontaktsatz. Auf diese Weise können Sie ermitteln, ob die mechanische Bewegung der Komponenten abläuft wie erwartet. Wenden Sie Abhängigkeiten an, um die Komponenten wie gewünscht zu positionieren. Legen Sie die Komponenten fest, die in den Kontaktsatz aufgenommen werden sollen. Bewegen Sie die Komponenten oder Abhängigkeiten, um den Vorgang zu simulieren.

4.7.2 Bewegliche Baugruppe, Zylinder-Bogennut-Kombination Kontaktsatz zuweisen

4.7.2.1 Vorhandene Baugruppe bearbeiten

- **Öffnen** Sie die vorhandene Baugruppe von der Buch-DVD.
- **Löschen** Sie die Abhängigkeit **Übergang** aus dem Baugruppen-Browser (1).
- **Speichern** Sie die so veränderte Baugruppe unter einem neuen Namen ab.

Öffnen

Speichern unter

4.7.2.2 Kontaktsatz der Baugruppe hinzufügen

- Wählen Sie aus der Multifunktionsleiste **Prüfen** die Funktion **Kontaktlöser** aktivieren.
- Klicken Sie im Browser, mit der rechten Maustaste, auf die einzelnen Komponenten der Baugruppe (2, 3).
- Aktivieren Sie **Kontaktsatz** im Kontextmenü (4).

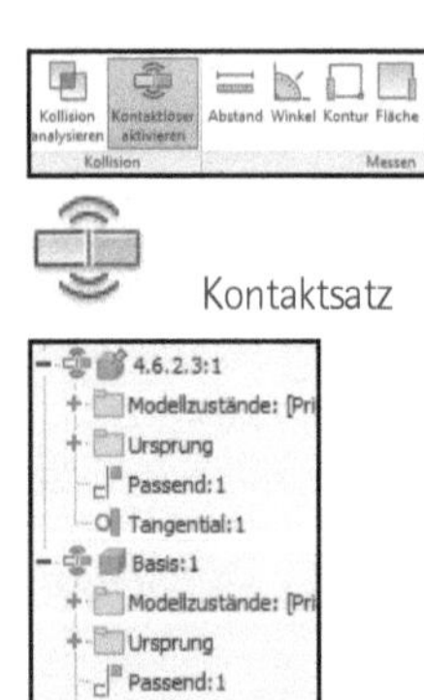

Kontaktsatz

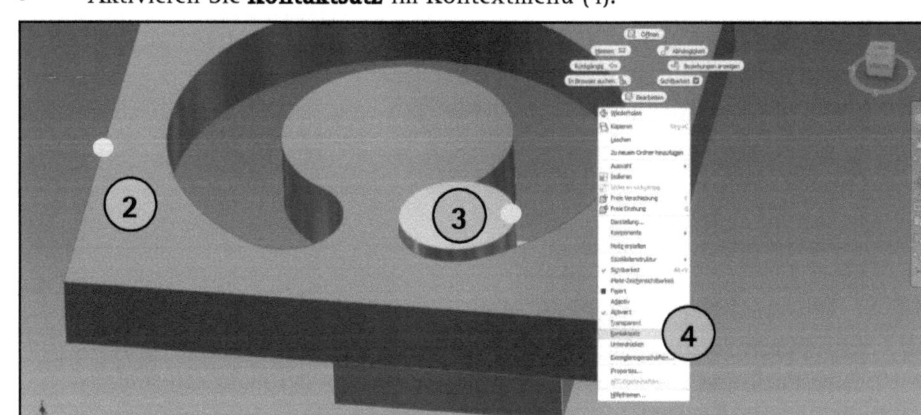

4.7.3 Kontrolle der mechanischen Bewegung

Zur Kontrolle der mechanischen Bewegung klicken Sie auf den Führungszylinder, linke Maustaste gedrückt halten, Zylinder-Ø damit ziehen.

Der Führungszylinder lässt sich innerhalb der Führungsnut hin und her schieben, die Grenze ist die jeweilige Ausrundungskante.

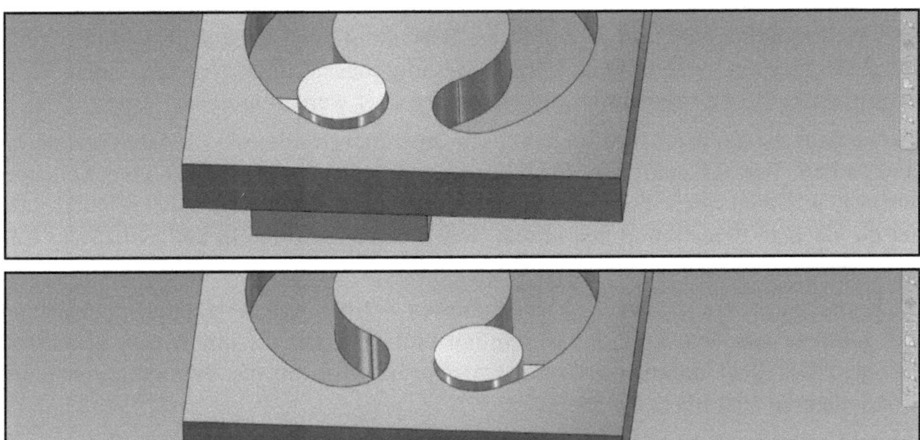

4.7.4 Datensicherung der Baugruppe

*   **Speichern** Sie diese Baugruppe.
    Eine **Pack and Go**-Datensicherung ist, auf Grund der nicht verwendeten Inhaltscenter-Bauteile, nicht unbedingt nötig.

Speichern unter

4.8 Bewegliche Baugruppe, Zylinder–Weg–Kombination „Kontaktsatz"

4.8.1 Kontaktsatz als Kollisionsprüfung, Vorbemerkungen

Die Berechnung auf Kontakt ist eine Kollisionsprüfung. Es muss also laufend die Schnittmenge aller Volumina der betroffenen Komponenten berechnet werden. Das ist sehr rechenintensiv und es würde die Bewegung der Komponenten unerträglich langsam machen, wenn nach jeder Bewegung des Mauszeigers um einen Bildschirmpunkt auf das Berechnungsergebnis gewartet werden müsste.

Daher läuft die Kollisionsprüfung zyklisch im Hintergrund ohne die Mausbewegung anzuhalten. Bewegt man nun die Komponenten mit der Maus über eine Kollision hinweg, während noch die Berechnung einer Situation vor der Kollision läuft, startet die nächste Berechnung erst erneut, wenn bereits wieder ein kollisionsfreier Zustand erreicht wurde.

Anzumerken ist noch, dass in dem genannten Beispiel das plötzliche Herausziehen des Kolbens aus dem Zylinder wesentlich einfacher ist, als ihn wieder hinein zu bringen. Das liegt daran, dass zunächst geprüft wird, ob die Boundingboxen der Komponenten sich überschneiden.

Ist dies nicht der Fall, können sich auch die Komponenten selbst nicht überschneiden. Diese Berechnung aufgrund der Quader erfolgt erheblich schneller als die Berechnung über die wirkliche Geometrie der Volumenkörper.

Erst wenn sich die Boundingboxen überschneiden, wird die wirkliche Geometrie zur Berechnung herangezogen. Ist der Kolben also außerhalb des Zylinders, reicht zunächst die schnelle Berechnung der Boundingboxen aus.

Befindet sich der Kolben im Zylinder überschneiden sich die Boundingboxen laufend und die langsamere und genauere Berechnung der Volumenkörper ermöglicht ein leichteres Überspringen des Kontaktpunktes.

4.8.2 Bauteiländerungen für Bauteil „Basis"

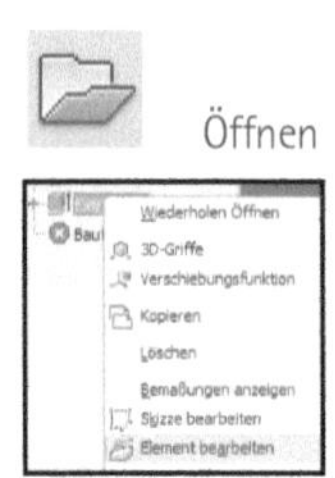

Öffnen

- **Öffnen** Sie das Bauteil **Basis** von der Buch-DVD.

- Ändern Sie die Extrusionshöhe von **40** mm auf **80** mm über **Element bearbeiten** und generieren Sie den Bolzen damit neu.

- Setzen Sie auf den Führungszylinder einen Abschlusszylinder mit der Funktion **Grundkörper Zylinder** Durchmesser **50** mm Höhe **3** mm als Begrenzungselement (2).

Grundkörper
Zylinder

- **Speichern** Sie dieses Bauteil mit neuem Namen ab.

Speichern
unter

4.8.3   Bauteilmontage, Zylinder-Weg-Kombination"
„Kontaktsatz"

Neu

Engelke2025
.iam

Komponente
platzieren

4.8.3.1   Baugruppe „Zylinder-Weg-Kombination", die Bauteilbereitstellung

- Öffnen Sie ein neues Baugruppendokument,
  Vorlagendatei **Engelke2025.iam.**
- Wählen Sie über **Komponenten platzieren** das geänderte Bauteil **Basis** (1)
  und das **Bohrungs-Bauteil** (2), positionieren Sie diese auf die Arbeitsebene.

4.8.3.2   Die Baugruppenmontage, positionieren der Grundbauteile

Passend

- Setzen Sie die Führungsfläche des geänderten Bauteils Basis (3) und die Bohrung des **Bohrungs-Bauteils** (4) mit der Abhängigkeit **Passend-Fluchtend**
  gegeneinander (5).

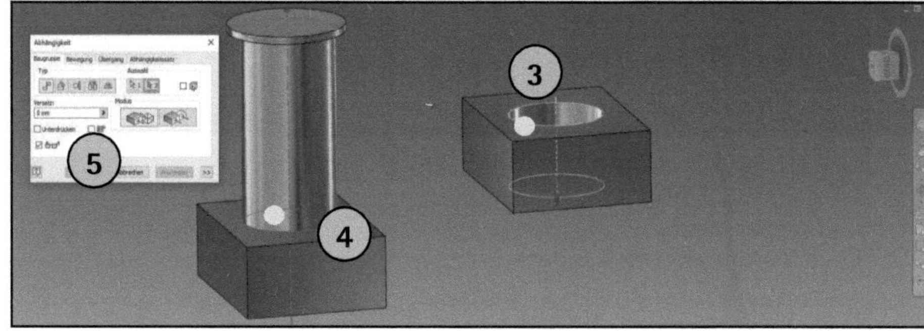

4.8.3.3   Kontaktsatz der Baugruppe hinzufügen

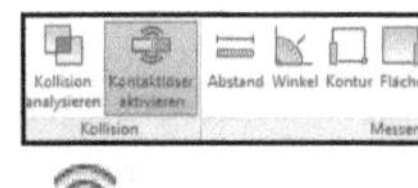

Kontaktsatz

- Wählen Sie aus der Multifunktionsleiste **Prüfen** die Funktion **Kontaktlöser**
  aktivieren.
- Klicken Sie im **Baugruppen-Browser** mit der rechten Maustaste auf die einzelnen Komponenten der Baugruppe (6).
- Aktivieren Sie **Kontaktsatz**, für jedes Bauteil, im Kontextmenü (7).

4.8.4　Kontrolle der mechanischen Bewegung

Das **Bauteil mit Bohrung** lässt sich innerhalb der beiden Endanschläge am Führungszylinder bewegen.

Führen Sie diese Bewegung langsam aus, bei schneller Bewegung springt der Wellenhalter aus seiner Begrenzung.

4.8.5　Datensicherung der Baugruppe

*   **Speichern** Sie diese Baugruppe.
    Eine **Pack and Go**-Datensicherung ist, auf Grund der nicht verwendeten Inhaltscenter-Bauteile, nicht unbedingt nötig.

Projekt V

Bewegliche Baugruppen
Zusammenbau von Einzelteilen
Baugruppenerstellung

- Baugruppenerstellung
  „Dreh-Schub-Umlenkeinheit"

- Baugruppenerstellung
  „Gleitriegel"

4.9 Bewegliche Baugruppe „Dreh-Schub-Umlenkeinheit"

4.9.1 Bewegliche Baugruppe „Dreh-Schub-Umlenkeinheit", Vorgaben

Die Baugruppe besteht aus der **Grundplatte** Pos. 1, dem **Schieberegler** Pos. 2, dem **Steckzylinder** Pos.3 und der **Lenkstange** Pos. 4 als zu erstellende Bauteile.

Als Normteil zur Montage findet eine **Hutmutter** DIN **1587 M5** aus der Inhaltscenter-Bibliothek Verwendung.

4.9.1.1 Bewegliche Baugruppe „Dreh-Schub-Umlenkeinheit", Stückliste

P	Stck	Benennung	Normbezeichnung	Bemerkung
1	1	Grundplatte	Bl. 100 x 100 x 20 DIN EN 10278	Niro 1.4301
2	2	Schieberegler	Rd. 15 x 40 DIN EN 10278	Niro 1.4301
3	3	Steckzylinder	Rd. 15 x 25 DIN EN 10278	Messing
4	1	Lenkstange	Fl. 5 x 10 x 130	Niro 1.4301
5	1	Unterlegscheibe	A5 DIN EN 28738	Niro
6	1	Hutmutter	M5 DIN 1587	Niro

4.9.2 Bewegliche Baugruppe „Dreh-Schub-Umlenkeinheit", Prinzipdarstellung

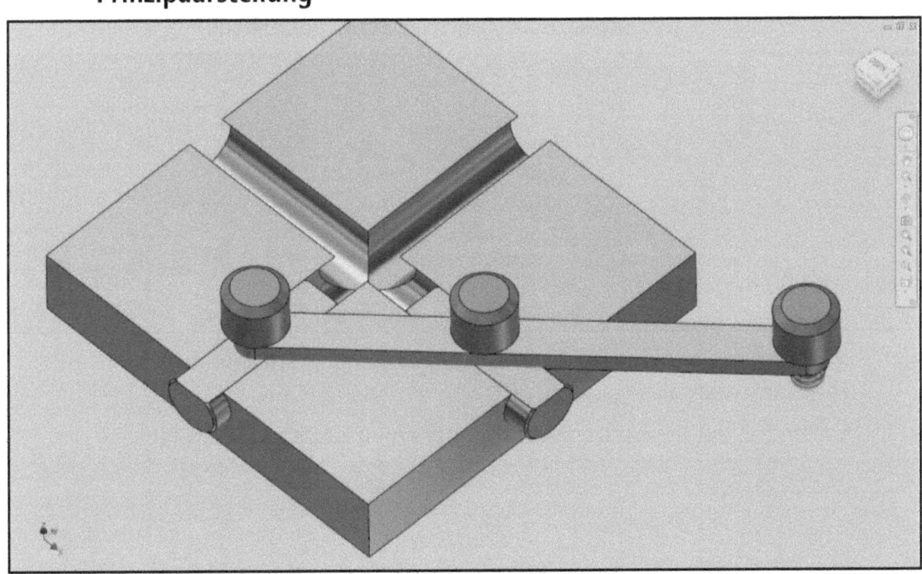

4.9.3   Die Grundplatte Pos. 1, die Bauteilerstellung

4.9.3.1   Die Grundplatte Pos. 1, Vorgaben

- Erstellen Sie einen Grundquader **100** mm x **100** mm x **20** mm.

- Setzen Sie entsprechend der dargestellten Skizze auf Mitte je eine Ausbohrung Ø**15** mm mit Versatz ca. **5,6** mm und einer offenen Breite von **10** mm.

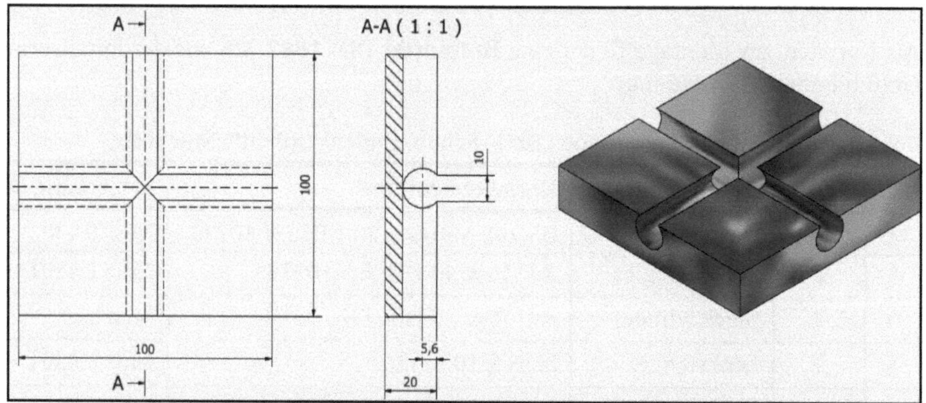

4.9.3.2   Die Grundplatte Pos. 1, Ablauf der Bauteil-Erstellung

- Erstellen Sie, aus der vorgegebenen Skizze, über **Grundkörper Quader** Kantenlänge von **100** mm x **100** mm Dicke von **20**, das Bauteil auf einem neuen Dokument (1).

- Weisen Sie der **Grundplatte** das Material **Stahl poliert** zu.

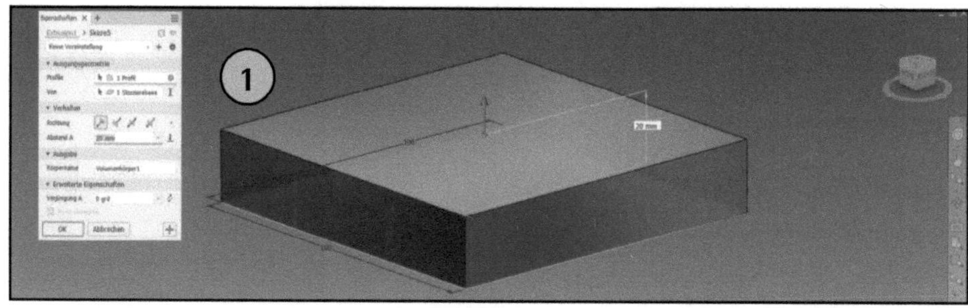

- Erzeugen Sie auf einer neuen Skizze über **Versatz 5,6** mm über Mitte eine Hilfskonstruktion.

- Setzen Sie auf den Achsenschnittpunkt einen **Kreis** mit Ø **15** mm (2).

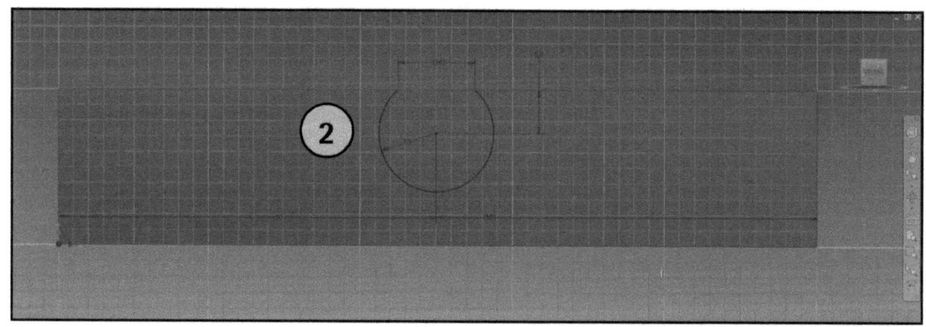

Neu

Engelke2025
.ipt

Grundkörper
Quader

2D-Skizze
starten

Linie

Versatz

Allgemeine
Bemaßung

Symmetrisch

Stutzen

- Bilden Sie aus dieser Skizzenfläche eine **Extrusions-Differenz** über die ganze Quaderbreite (3).

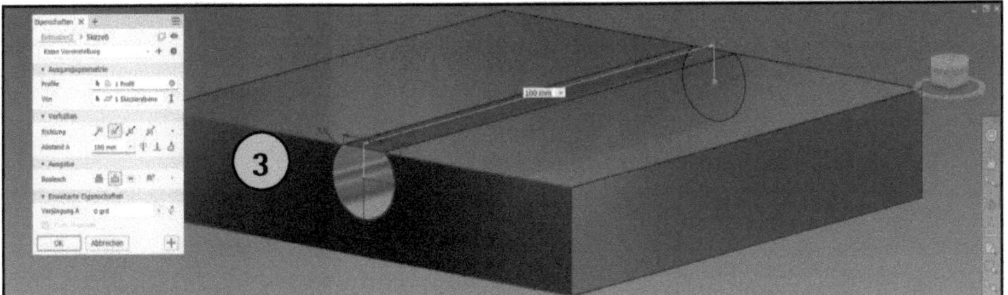

- Verfahren Sie für die zweite **Extrusions-Differenz**, **90°**-Versatz, entsprechend (4, 5).

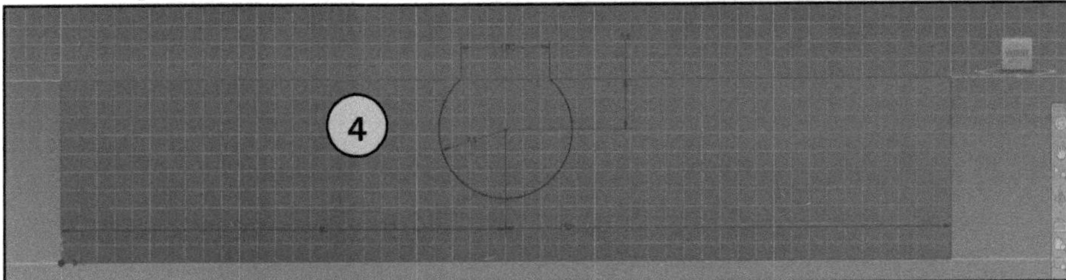

- **Speichern** Sie das erstellte Bauteil.

4.9.4 Der Schieberegler Pos. 2, die Bauteilerstellung

4.9.4.1 Der Schieber Pos. 2, Vorgaben

- Zylinder mit Außen-Ø**61** mm, Ringbreite **20** mm.
- Mittenbohrung **M5** Gewindetiefe **4** mm und Grundlochtiefe **6** mm.
- Anfasungen zur Kantenbrechung, **0,5** mm x **45°** an den Außenkanten.
- Zylinderabflachung auf **13** mm.

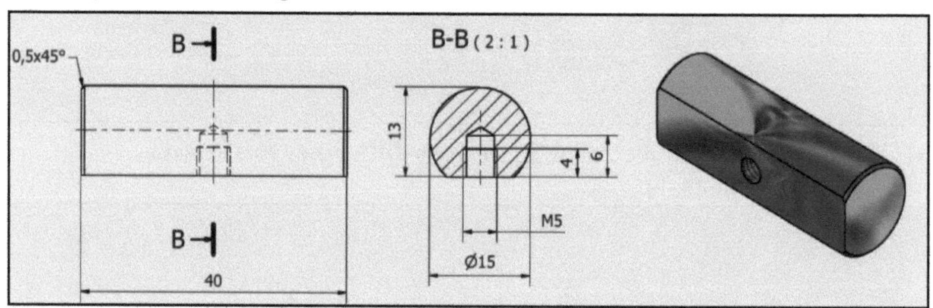

4.9.4.2 Der Schieberegler Pos. 2, Ablauf der Bauteilerstellung

- Die Konstruktion erfolgt über einen **Grundkörper Zylinder** mit beidseitiger Ausdehnung auf **40** mm, auf einem neuen Vorlagenblatt (1).
- Weisen Sie dem Schieber das Material **Chrom poliert blau** zu.

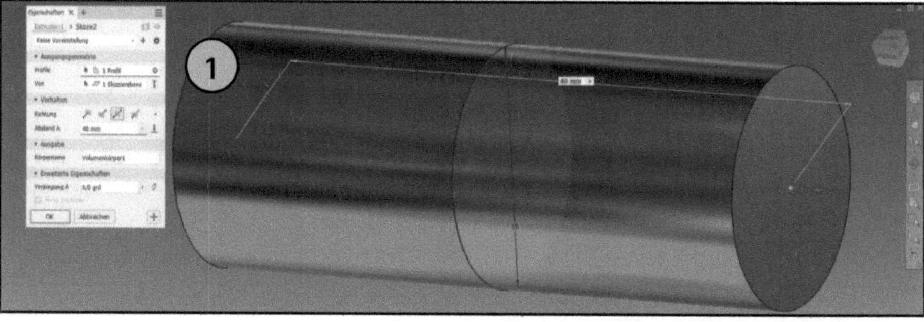

- Die Konturschrägen werden über **Fase 0,5** mm x **45°**, Option **Gleicher Abstand** erstellt werden (2).

- Erzeugen Sie, auf einer neuen Skizze eine Hilfskonstruktion (3).

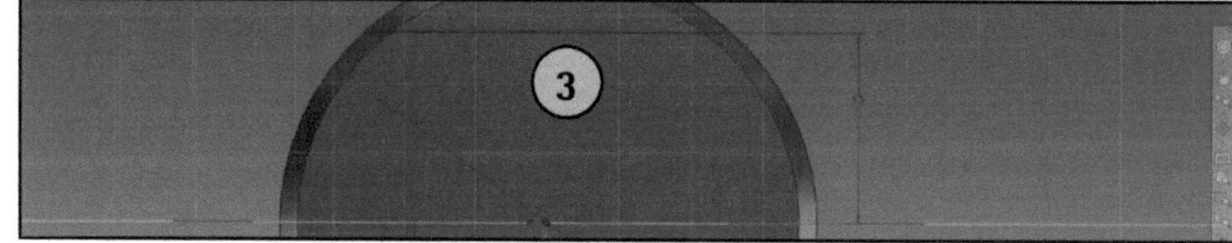

Neu

Engelke2025
.ipt

Grundkörper
Zylinder

Fase

2D-Skizze
starten

Linie

Versatz

Allgemeine
Bemaßung

- Bilden Sie, aus der Skizzenfläche auf der Zylinderfläche, eine
  Extrusions-Differenz über die ganze Zylinderlänge (4).

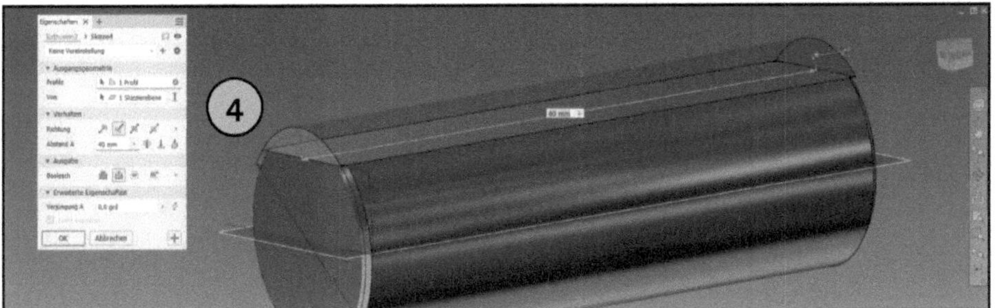

- Erzeugen Sie, auf einer neuen Skizze eine Hilfskonstruktion.
  Setzen Sie einen Punkt auf den Schnittpunkt (5).

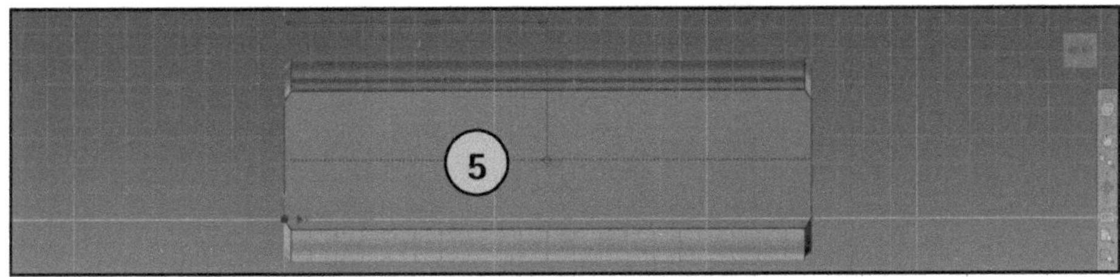

- Setzen Sie eine **Bohrung** Typ **Gewindegrundloch-Bohrung M5**
  Gewindetiefe **4** mm und Grundlochtiefe **6** mm auf diesen **Punkt**, (6, 7).

- **Speichern** Sie das erstellte Bauteil.

Extrusion
Differenz

2D-Skizze
starten

Linie

Versatz

Punkt

Allgemeine
Bemaßung

Bohrung

Speichern
unter

4.9.5 Der Steckzylinder Pos. 3, die Bauteilerstellung

4.9.5.1 Der Steckzylinder Pos. 3, Vorgaben

- Basiszylinder Ø**15** mm,
  15 mm lang.
- Zylinderansatz Ø**5** mm,
  10 mm lang.
- Gewindeansatz **M5**, **4** mm lang.
- Fase am Gewinde **0,5** x **45°**.
- Fase am Basiszylinder **2** x **45°**.

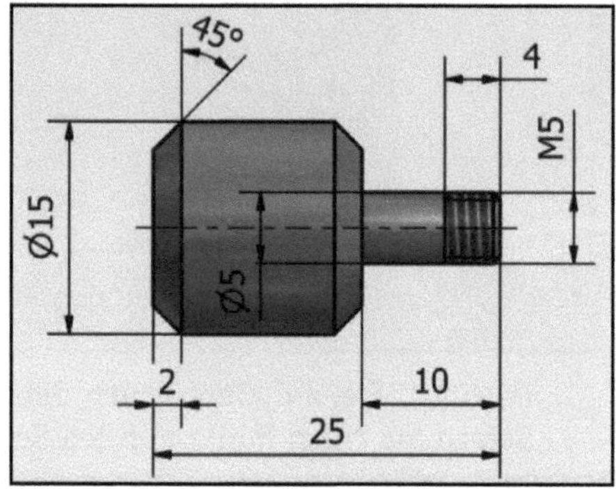

4.9.5.2 Der Steckzylinder Pos. 3, Ablauf der Bauteilerstellung

Neu

Engelke2025
.ipt

Grundkörper
Zylinder

- Die Konstruktion erfolgt über einen **Grundkörper Zylinder** mit der Ausdehnung auf **15** mm, auf einem neuen Vorlagenblatt (1).
- Weisen Sie dem Steckzylinder das Material **Messing poliert** zu.

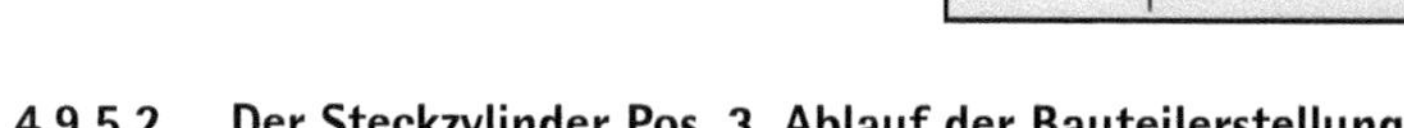

Grundkörper
Zylinder

- Die Erstellung des Ansatzzylinders erfolgt über einen **Grundkörper Zylinder** mit Ausdehnung **10** mm (2).

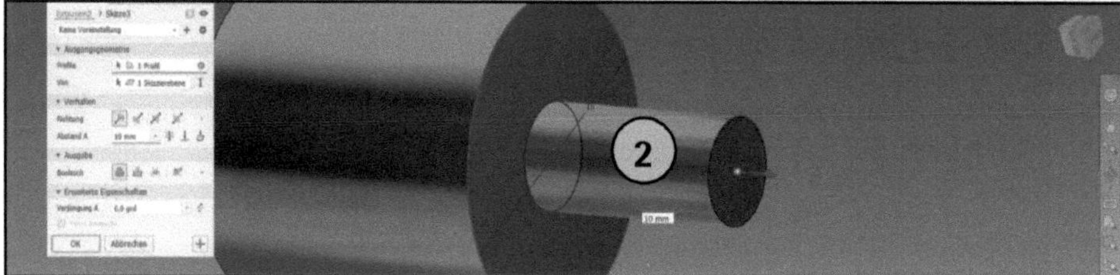

- Der Zylinder erhält auf dem rechten Außenzapfen die Außenkontur **Gewinde** mit der Spezifikation **M5**, Länge **4** mm (3, 4).

Gewinde

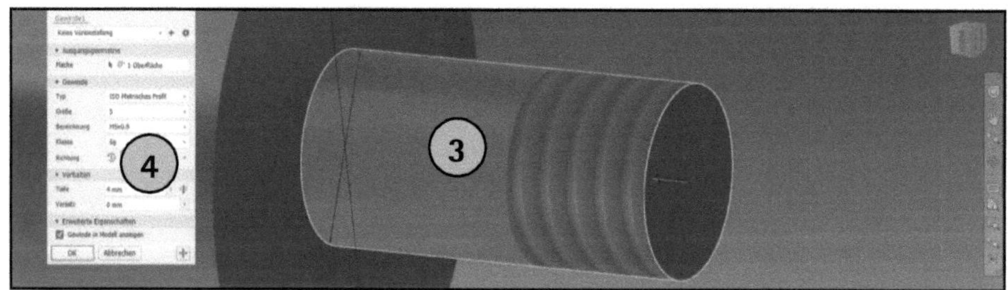

- Tragen Sie auf dem Gewindeende eine Ausschrägung mit dem Befehl **Fase**, **0,5** x **45°**, Option **Gleicher Abstand** an (5).

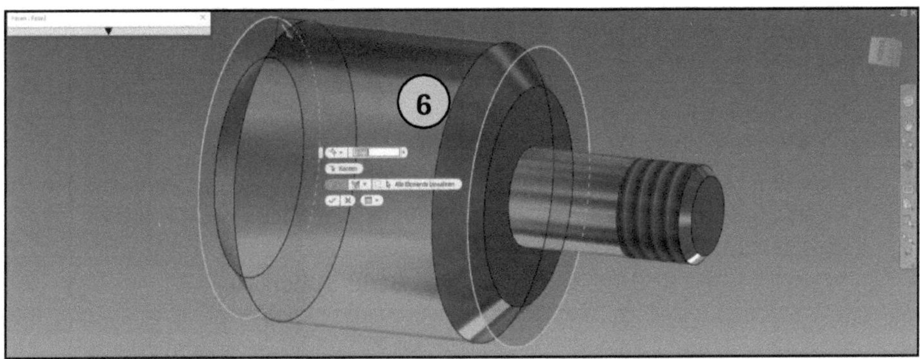

- Tragen Sie auf beiden Seiten des Basiszylinders eine Ausschrägung mit dem Befehl **Fase**, **2** x **45°**, Option **Gleicher Abstand** an (6).

- **Speichern** Sie das erstellte Bauteil.

4.9.6 Die Lenkstange Pos. 4, Bauteilerstellung

4.9.6.1 Die Lenkstange Pos. 4, Vorgaben

- **Quader** Länge **130** mm, **10** mm breit, Dicke **5** mm.
- Längsseitenabrundung Radius R = **5** mm.
- Durchgangsbohrung Ø5 mm mit Fase **0,5** x **45°**.

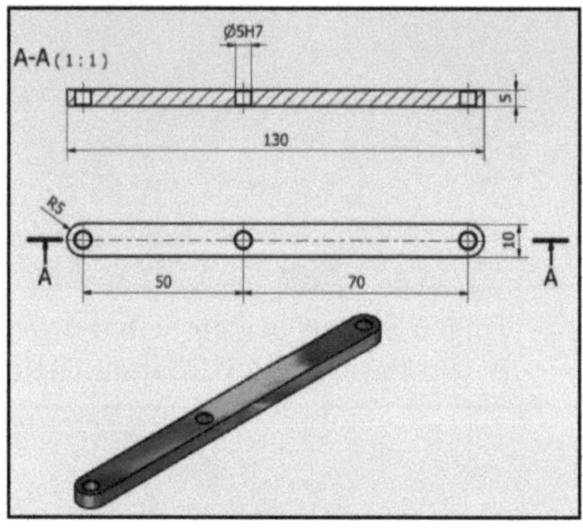

Neu

Engelke2025 .ipt

2D-Skizze starten

Linie

Versatz

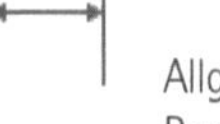
Allgemeine Bemaßung

Extrusion

Bohrung

4.9.6.2 Die Lenkstange Pos. 4, Ablauf der Bauteilerstellung

- Erstellen Sie, aus der vorgegebenen Darstellung, eine Skizze, erzeugen Sie daraus mit **Extrusion** mit einer Dicke von **5** mm über eine **2D-Skizze**. auf einem neuen Vorlagenblatt (1, 2).
- Weisen Sie der Lenkstange das Material **Stahl poliert** zu.

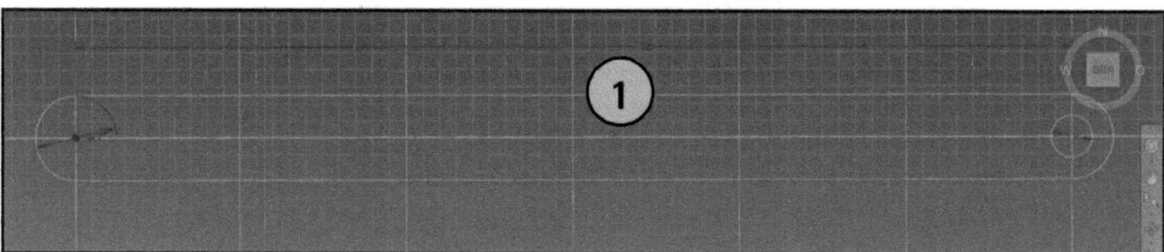

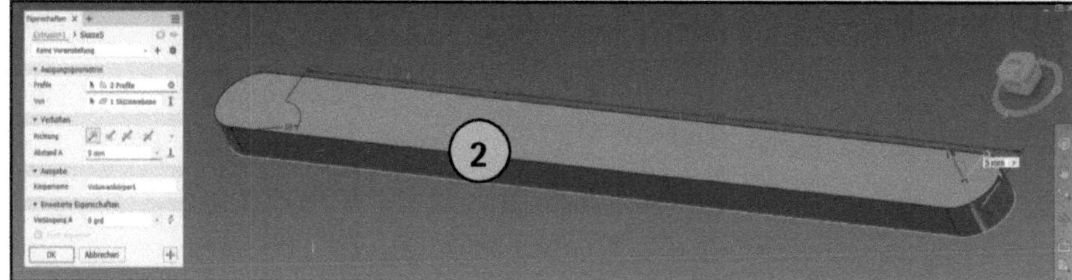

- Setzen Sie je eine **Bohrung** Ø5 mm, Option **Durch alle**, über Auswahl **Konzentrisch-Konzentrische Referenz** zum Außenbogen (3, 4).

- Erzeugen Sie auf einer neuen Skizze über **Versatz 50** mm eine Mittelachse mit einem **Punkt** auf diese Stelle (5).

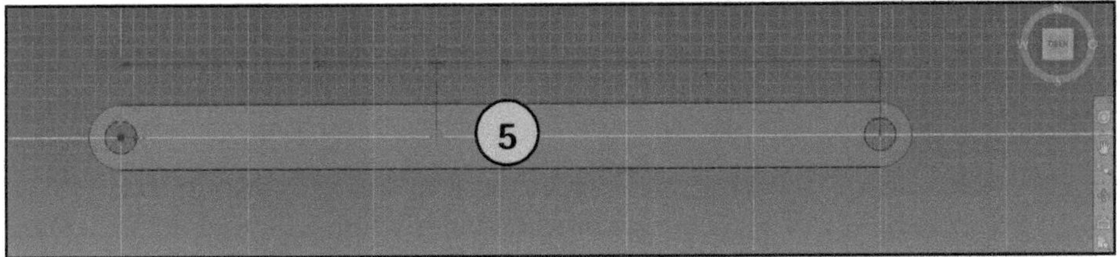

- Setzen Sie eine **Bohrung Ø5** mm, Option **Durch alle**, auf diesen **Punkt** (6).

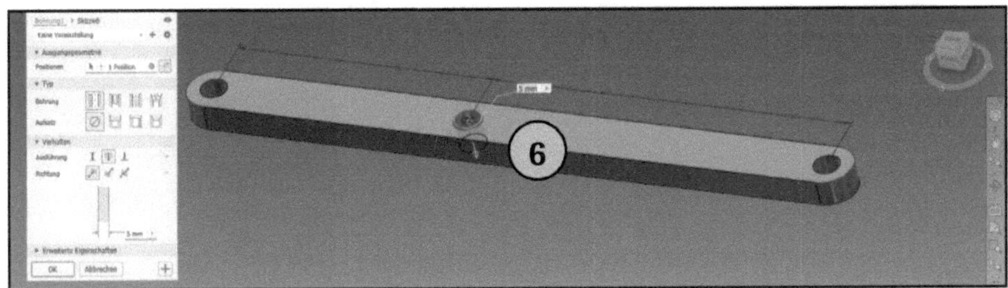

- Tragen Sie auf den Bohrungsaustritten eine Ausschrägung mit dem Befehl **Fase, 0,5 x 45°**, Option **Gleicher Abstand** an (7).

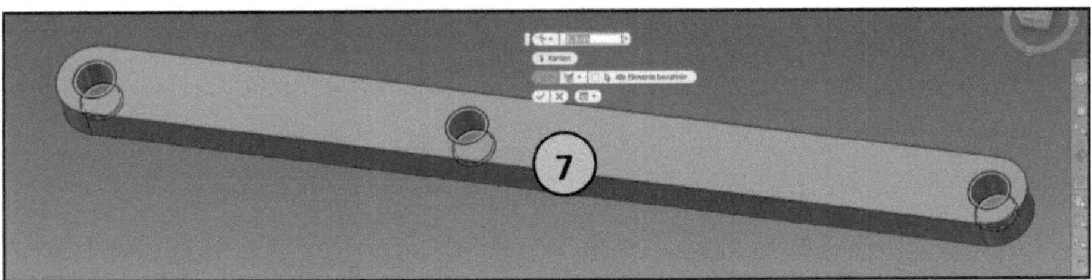

- **Speichern** Sie das erstellte Bauteil.

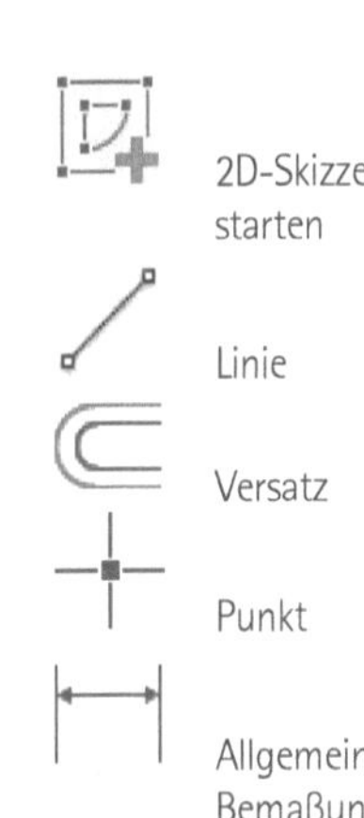

2D-Skizze starten

Linie

Versatz

Punkt

Allgemeine Bemaßung

Bohrung

Fase

Speichern unter

4.9.7 Bewegliche Baugruppe „Dreh–Schub–Umlenkeinheit" Baugruppenmontage

4.9.7.1 Baugruppe „Dreh–Schub–Umlenkeinheit", die Bauteilbereitstellung

Neu

Engelke2025
.iam

Komponente
platzieren

- Öffnen Sie ein neues Baugruppendokument,
  Vorlagendatei **Engelke2025.iam.**
- Wählen Sie über **Komponenten platzieren** das Bauteil **Grundplatte** (1) den **Schieberegler** zweimal (2), den **Steckzylinder** dreimal (3) und die **Lenkstange** (4), positionieren Sie diese auf die Arbeitsebene.

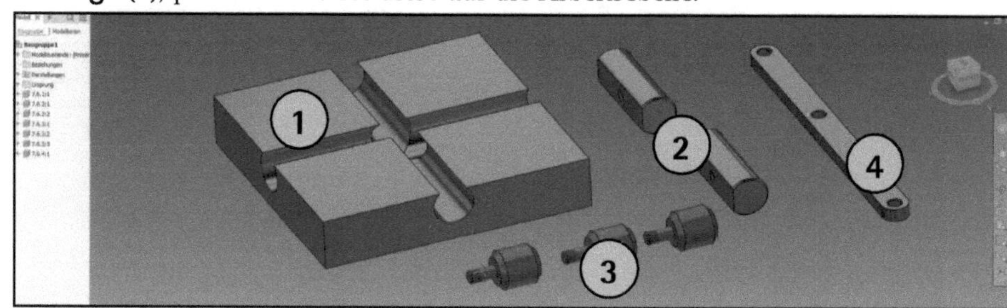

4.9.7.2 Montage der beiden Schieber

Passend

- Setzen Sie die Kante der Querbohrung (5) zur Kante des Schiebers (6) mit der Abhängigkeit **Passend-Fluchtend** deckungsgleich (7).
- Wiederholen Sie den Vorgang für die gegenüber liegenden Kanten der beiden Objekte (8, 9).

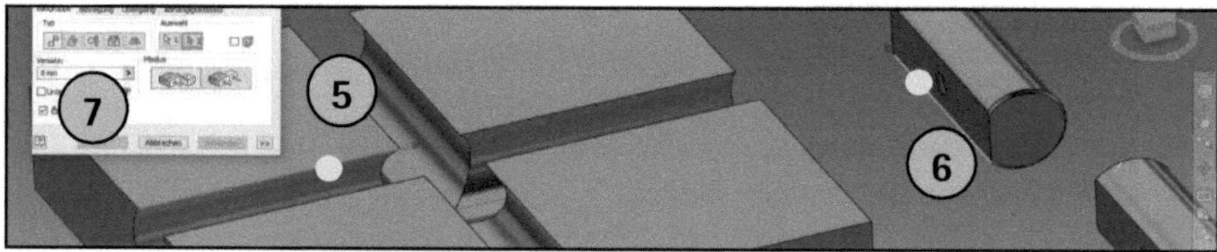

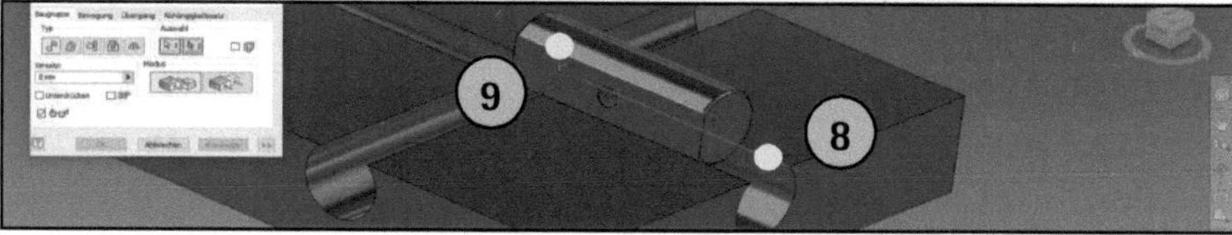

Passend

- Wiederholen Sie die Zuweisung der Abhängigkeit **Passend-Fluchtend** für den zweiten Schieber entsprechend (5, 6, 7, 8, 9).

4.9.7.3 Montage der Lenkstange

Abhängigkeit **Einfügen** (Multifunktionsleiste **Beziehungen**)

Unteren Bohrungs-Ø an der Lenkstange wählen (10).

Oberen Gewinde-Ø am Schieber wählen (11).

Ausgerichtet / Anwenden / Schließen (12)

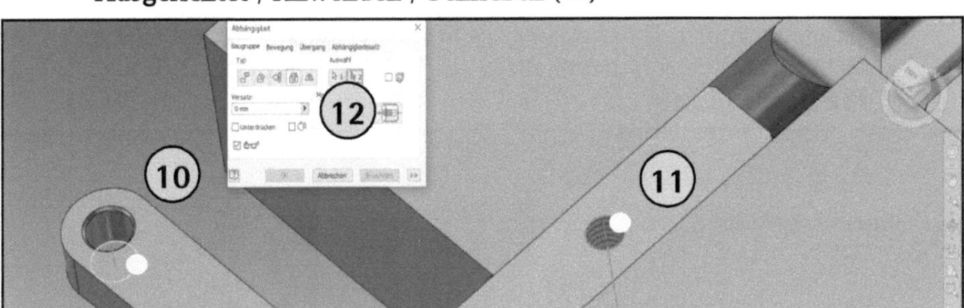

* Verfahren Sie mit der anderen Bohrung entsprechend.

4.9.7.4 Kontrolle der Schubbewegung

Zur Kontrolle der mechanischen Schubbewegung klicken Sie auf die montierte Lenkstange, linke Maustaste gedrückt halten, Lenkstange damit in Drehbewegung versetzen.

Die angewählte Lenkstange sollte nun, bei einer Drehbewegung, die Schieber innerhalb der Querbohrungen bewegen lassen.

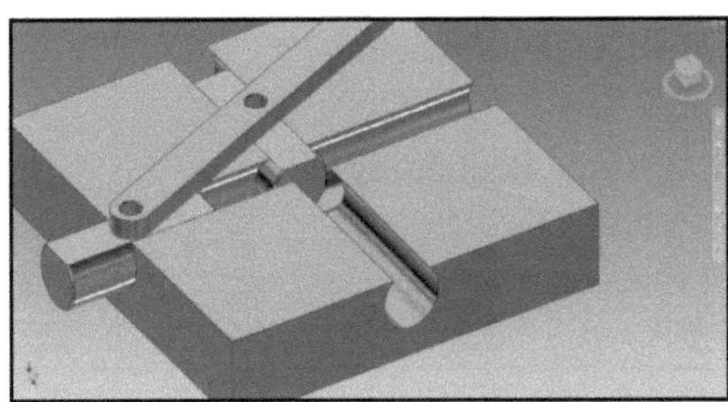
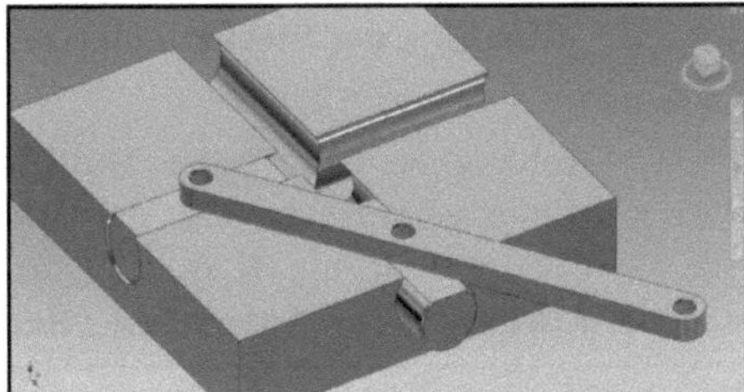

Aus Inhalts-
center einfü-
gen

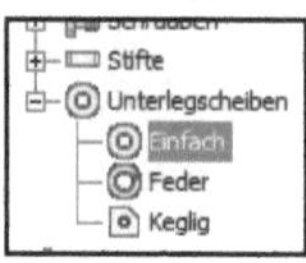

DIN EN 28738

Platzieren

4.9.7.5 Normteil „Unterlegscheibe" DIN EN ISO 28378, über „AutoDrop" einfügen

- Baugruppenlage über **ViewCube** anpassen.

Aus Inhaltscenter einfügen (Multifunktionsleiste **Komponente**)
Kategorie **Unterlegscheiben** / Gruppe **Einfach** klicken.
Auswahl **DIN EN ISO 28738** mit Doppelklick (12).
Gezeigten Außen-Durchmesser des **Steckzylinders** anklicken (13).
Unterlegscheibe wird automatisch auf Größe **5** ausgewählt (14).
Platzieren klicken.

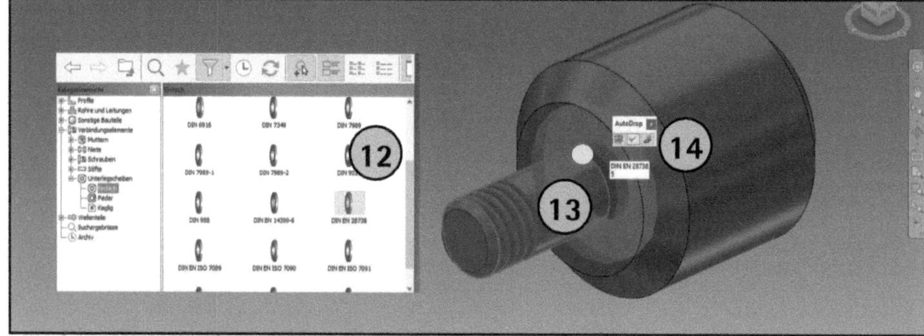

Platzieren

- Klicken Sie, für die weiteren Montagen, wieder den gezeigten Außen-Durchmesser des **Steckzylinders** (15, 16).

4.9.7.6 Montage der Steckzylinder zur Lenkstangenbefestigung

Einfügen

Abhängigkeit **Einfügen** (Multifunktionsleiste **Beziehungen**)
Unteren Bohrungs-Ø an der Unterlegscheibe wählen (17).
Oberen Bohrungs-Ø an der Lenkstange wählen (18).
Ausgerichtet / Anwenden / Schließen

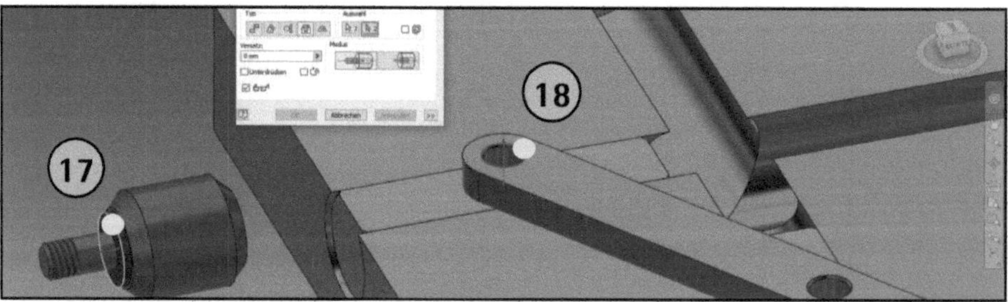

- Verfahren Sie mit dem anderen, beiden Steckzylinder entsprechend (17, 18).

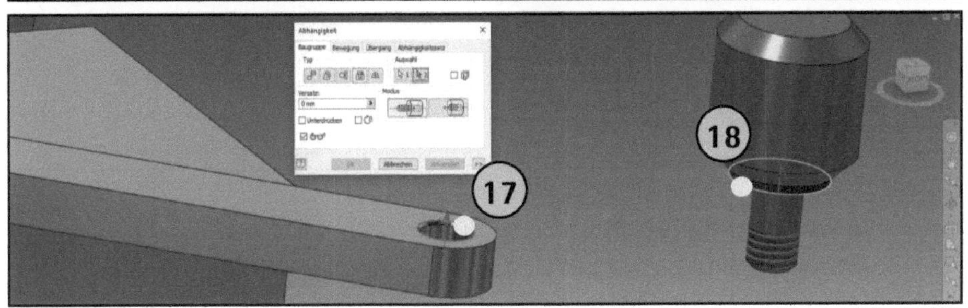

4.9.7.7 Normteil „Hutmutter" DIN 1587, über „AutoDrop" einfügen

Aus Inhaltscenter einfügen (Multifunktionsleiste **Komponente**)

Kategorie   **Verbindungselemente** / Gruppe **Hutmuttern** klicken

Auswahl   **DIN 1587** mit Doppelklick.

Innen-Durchmesser von Bauteil anklicken (Autodrop) (19).

Hutmutter wird automatisch auf **M4** ausgewählt (7).

Größe ändern klicken / Größe **M5** auswählen (21, 22).

Platzieren klicken.

Aus Inhaltscenter einfügen

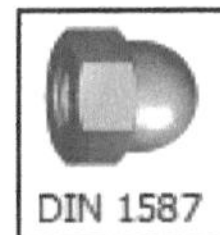

DIN 1587

Größe ändern

Platzieren

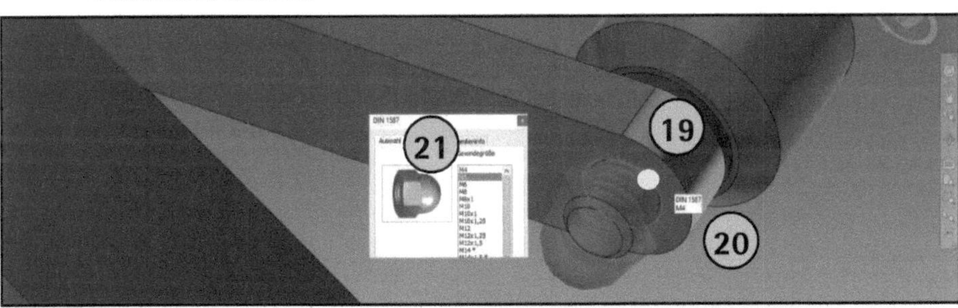

4.9.8   Kontrolle der Schubbewegung

Zur Kontrolle der mechanischen Schubbewegung klicken Sie auf den montierten Steckzylinder in der Lenkstange, linke Maustaste gedrückt halten, Lenkstange damit in Drehbewegung versetzen. Die angewählte Lenkstange sollte nun, bei einer Drehbewegung, die Schieber innerhalb der Querbohrungen bewegen lassen.

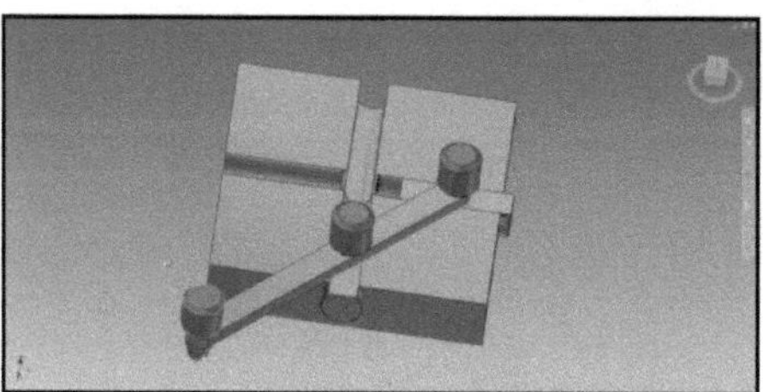 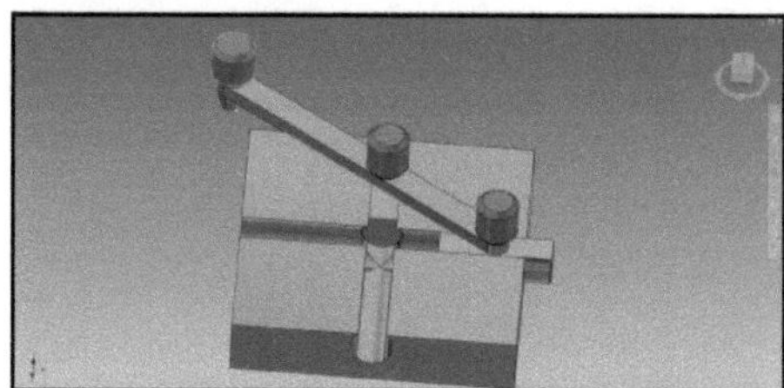

4.9.9   Bewegliche Baugruppe „Dreh–Schub–Umlenkeinheit"
Datensicherung über „Pack and Go"

4.9.9.1   Baugruppe speichern

*   Aufruf über den **Menü-Browser**, Register **Datei**.

Speichern
unter

 **Speichern unter**

4.9.9.2   Datensicherung über Pack and Go

*   Wählen Sie im Pulldown-Menü **Datei Speichern Unter / Pack and Go**.
*   Geben Sie den Zielordner für die Bündelung an.
*   Klicken Sie auf die Schaltfläche **Jetzt Suchen**,
*   Klicken Sie auf die Schaltfläche **Start**.
*   Schließen Sie diesen Vorgang mit **Fertig** ab (23, 24).

Pack and Go

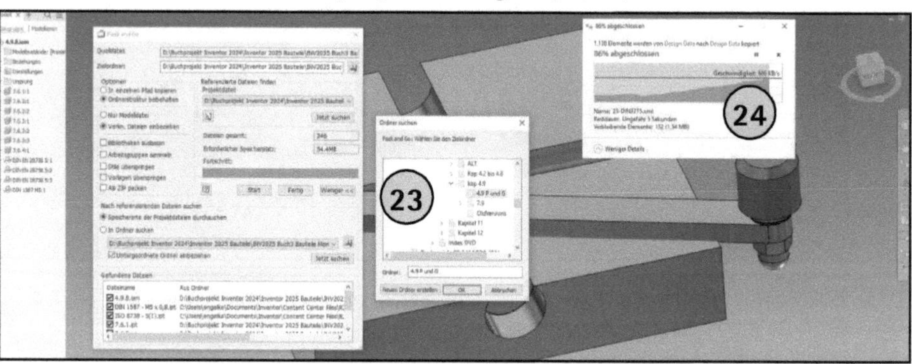

4.10 Bewegliche Baugruppe „Gleitriegel"

4.10.1 Baugruppe „Gleitriegel", Vorgaben

4.10.1.1 Baugruppe „Gleitriegel" Funktionsbeschreibung

Die folgende Baugruppe **Gleitriegel** besteht aus unterschiedlich anzufertigenden Einzelteilen, die mit Normteilen aus der Inhaltscenter-Bibliothek montiert werden.

In dieser Baugruppe wird eine Drehbewegung über eine Exzenterscheibe und einer Führungsplatte über ein Druckstück erst in eine lineare und dann in eine rechtwinklige Bewegung umgewandelt.

4.10.1.2 Bewegliche Baugruppe „Gleitriegel", Stückliste

Die Baugruppe besteht aus zehn zu erstellenden Bauteile und verschiedenen Normteilen entsprechend folgender Liste:

Pos.	Menge	Benennung	Normbezeichnung	Bemerkung
1	1	Grundplatte	Fl. 80x10x60, DIN EN 10278	S235JRG1
2	1	Aufnahmeplatte	Fl.80x10x122, DIN EN 10278	S235JRG1
3	2	Halter	Fl. 25x12x42, DIN EN 10278	S235JRG1
4	1	Führungsplatte	Fl. 63x6x60,5, DIN EN 10278	S235JRG1
5	1	Abdeckplatte	Fl. 50x8x80, DIN EN 10278	S235JRG1
6	1	Druckstück	Fl. 22x6x56, DIN EN 10278	S235JRG1
7	2	Führungsleiste	Fl. 10x6x50, DIN EN 10278	S235JRG1
8	1	Stegelement	Fl. 20,5x6x54, DIN EN 10278	S235JRG1
9	1	Handrad	Rd. 36x58, DIN 668	9S20K
10	1	Exzenterscheibe	Rd. 30x5,8, DIN 668	9S20K
11	2	Innen-Sechskantschraube	M5 x16, DIN EN ISO 4762	8.8
12	2	Innen-Sechskantschraube	M5 x12, DIN EN ISO 4762	8.8
13	4	Innen-Sechskantschraube	M5 x16, DIN EN ISO 4762	8.8
14	4	Spannstift	Ø5 x24, N DIN EN ISO 8752	8.8
15	1	Hutmutter	M6, DIN 1587	8
16	1	Unterlegscheibe	A 6, DIN EN 28738	St
17	2	Federhalter	Rd. 5x52, DIN EN 10278	9S20K

4.10.2 Bewegliche Baugruppe „Gleitriegel"

4.10.2.1 Bewegliche Baugruppe „Gleitriegel", Prinzipdarstellung

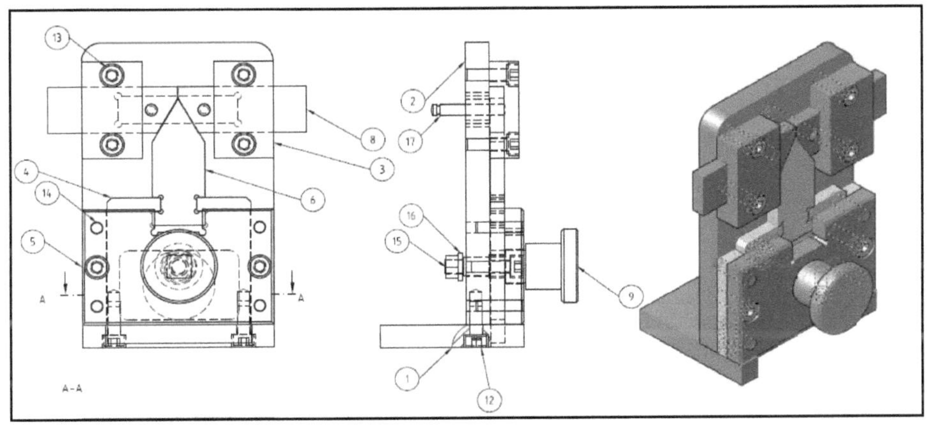

4.10.2.2 Bewegliche Baugruppe „Gleitriegel", Ableitungen

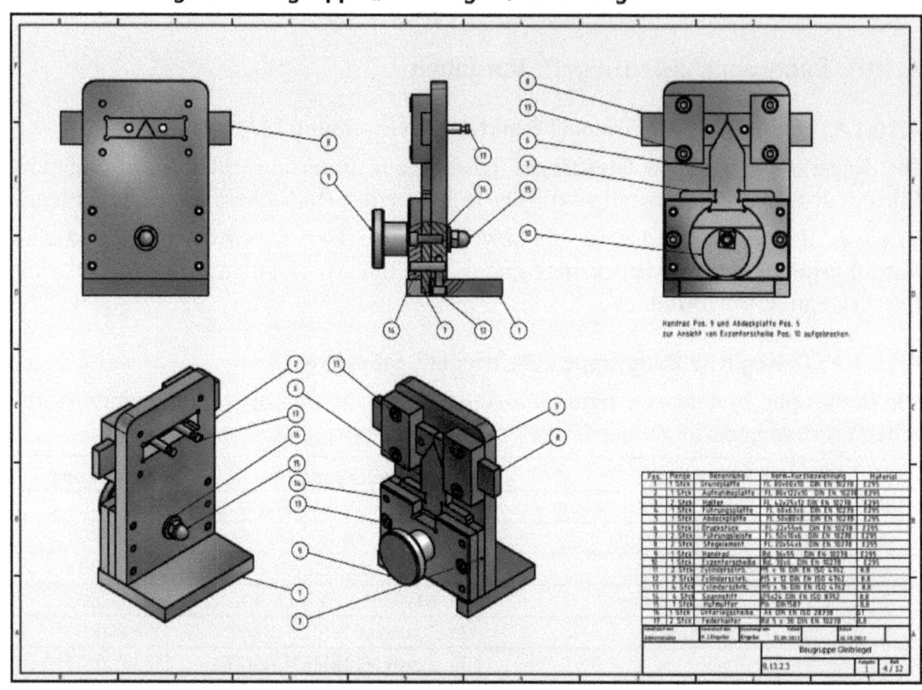

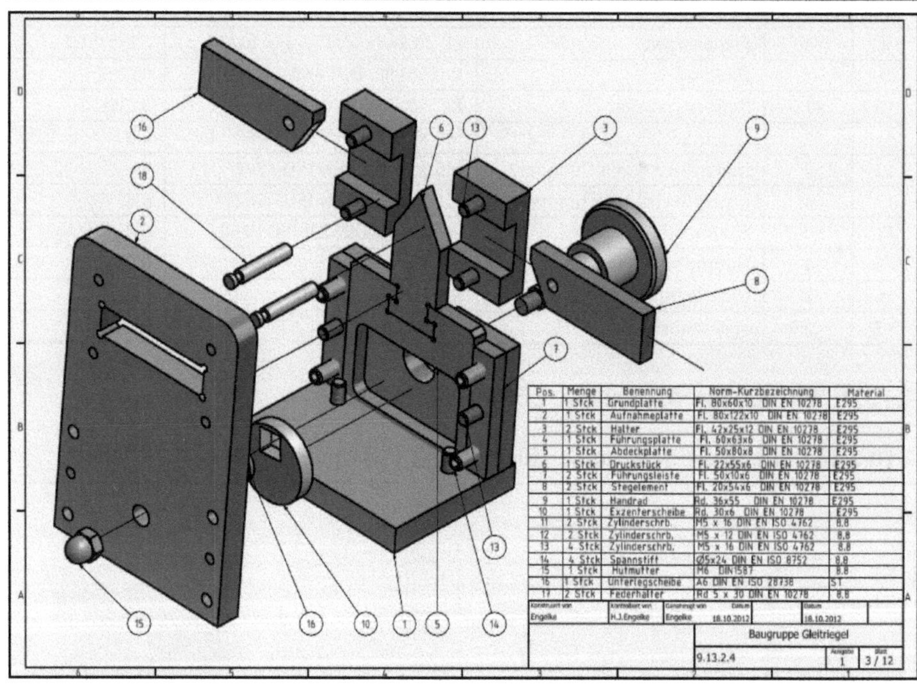

4.10.3 Die Grundplatte Pos.1, die Bauteilerstellung

4.10.3.1 Die Grundplatte Pos. 1, Vorgaben

- Erzeugen Sie eine Basisskizze aus der Konstruktionsskizze.
- Geben Sie der Extrusion, aus der Skizze, eine Materialdicke von **10** mm.
- Die Schraubensenkungen erfolgen nach DIN **974-1**.

4.10.3.2 Die Konstruktionsskizze für die Bauteilerstellung

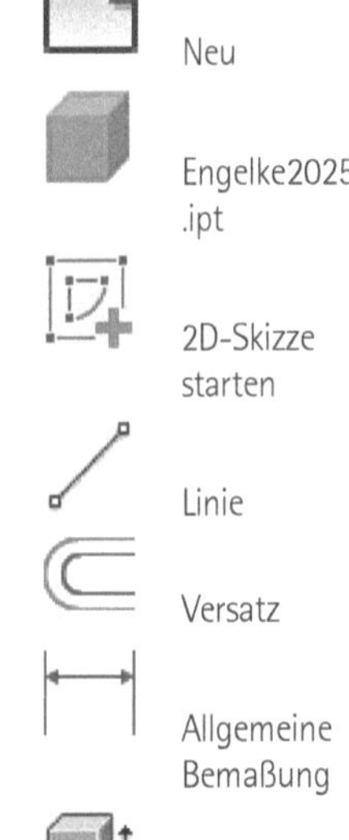

4.10.3.3 Die Grundplatte Pos. 1, Ablauf der Bauteilerstellung

- Erstellen Sie, aus der vorgegebenen Darstellung, eine Skizzenkonstruktion über eine **2D-Skizze** auf einem neuen Dokument, tragen Sie die entsprechenden Maße über **Allgemeine Bemaßung** an. Verwenden Sie für die Linienkonstruktion die Funktion **Versatz**, Linien auf **Symmetrisch**, bereinigen Sie die Konstruktion über **Stutzen** (1).

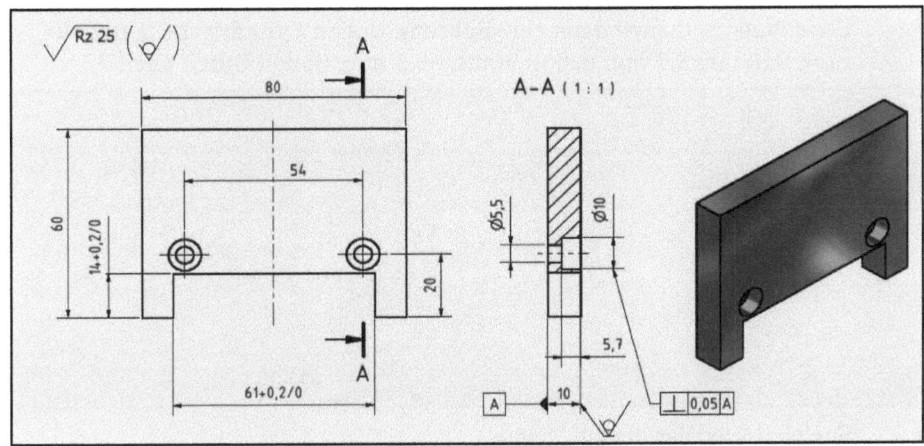

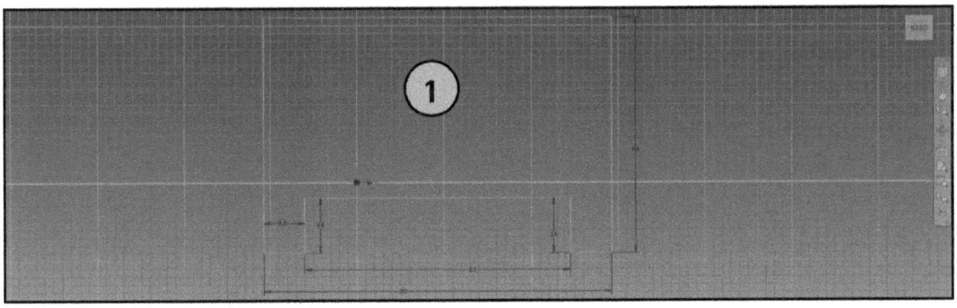

Neu

Engelke2025 .ipt

2D-Skizze starten

Linie

Versatz

Allgemeine Bemaßung

Extrusion

- Erstellen Sie daraus einen Volumenkörper über **Extrusion**, mit einer Materialdicke von **10** mm (2).

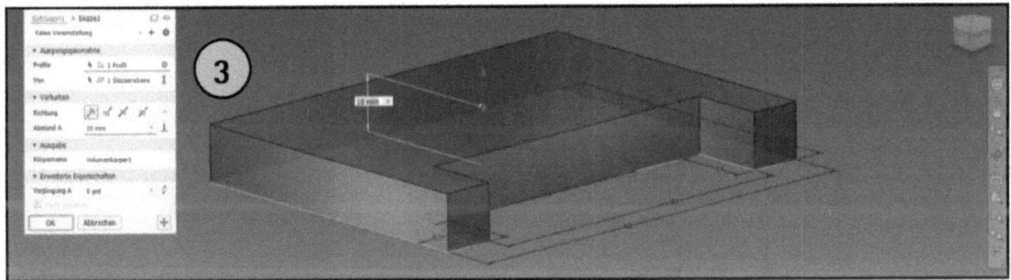

- Weisen Sie dem Bauteil das Material **Stahl poliert** zu.

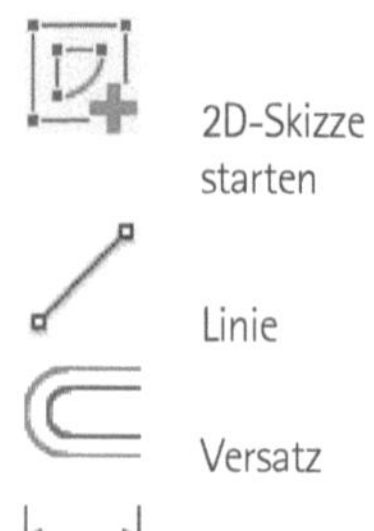

2D-Skizze
starten

Linie

Versatz

Allgemeine
Bemaßung

Punkt

Bohrung

- Setzen Sie, auf einer neuen Skizze, zwei **Punkte** für die Ausbohrungen (4).

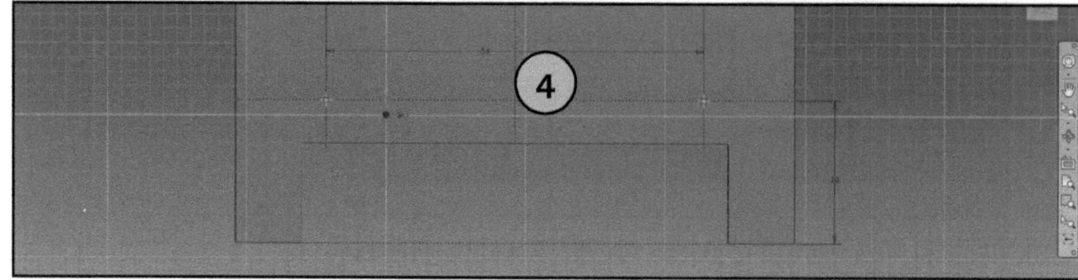

- Diese Punkte erhalten dann eine **Bohrung** Option **Zylindrische Senkbohrung Ø10** mm **5,7** mm tief, Bohrung Ø**5,5** mm, Option **Durch alle** (5).

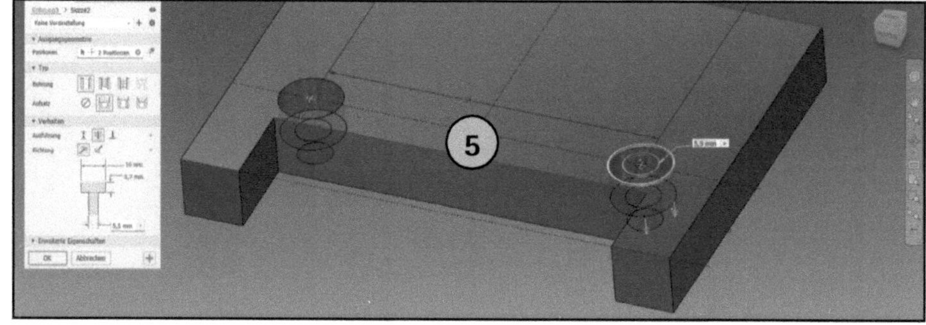

Speichern
unter

- **Speichern** Sie das neue Bauteil.

4.10.4 Die Aufnahmeplatte Pos. 2, die Bauteilerstellung

4.10.4.1 Die Aufnahmeplatte Pos. 2, Vorgaben

- Erzeugen Sie eine Basisskizze aus der Konstruktionsskizze, geben Sie dieser **Extrusion**, aus der Skizze, eine Materialdicke von **10** mm.
- Setzen Sie vier Ø**3** mm Bohrungen als Kantenausrundung.
- Setzen Sie vier Gewindebohrungen **M5** zur Befestigung der Pos. 3, Halter.
- Setzen Sie vier Durchgangsbohrungen Ø**5** zur Befestigung der beiden Pos. 7, Führungsleiste und der Pos. 5, Abdeckplatte mit Pos. 14, Spannstift.
- Setzen Sie zwei Gewindebohrungen **M5** zur Befestigung der Pos. 5, 7 und 14 mit Pos. 12, Innensechskantschraube.
- Setzen Sie zwei Gewinde-Grundlochbohrungen **M5** x **10/14** mm auf die untere Quaderseite zur Befestigung der Pos 1, Grundplatte mit Pos. 11, Innensechskantschraube.

4.10.4.2 Die Konstruktionsskizze für die Bauteilerstellung

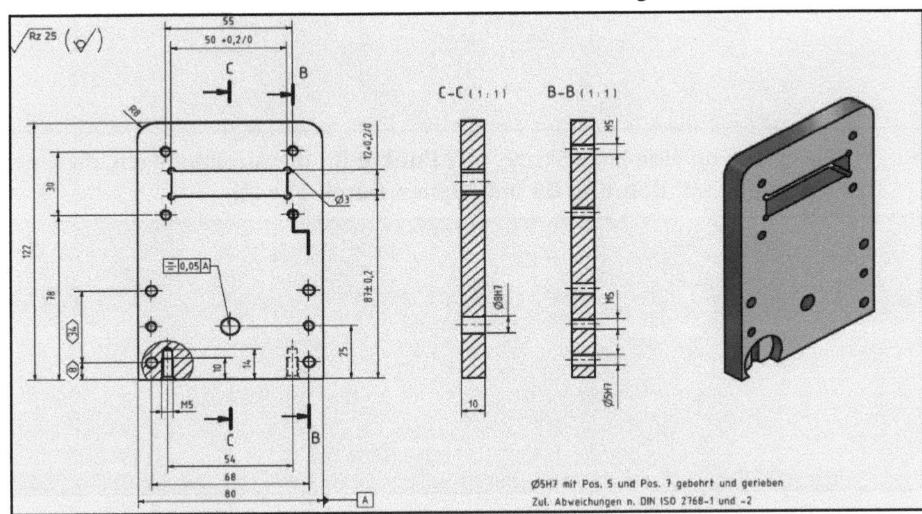

4.10.4.3 Die Aufnahmeplatte Pos. 2, Ablauf der Bauteilerstellung

- Erstellen Sie aus der vorgegebenen Darstellung eine Skizzenkonstruktion auf einem neuen Dokument über eine **2D-Skizze**, tragen Sie die entsprechenden Maße über **Allgemeine Bemaßung** an. Verwenden Sie für die Linienkonstruktion die Funktion **Versatz**, Linien auf **Symmetrisch**, bereinigen Sie die Konstruktion über **Stutzen** (1).

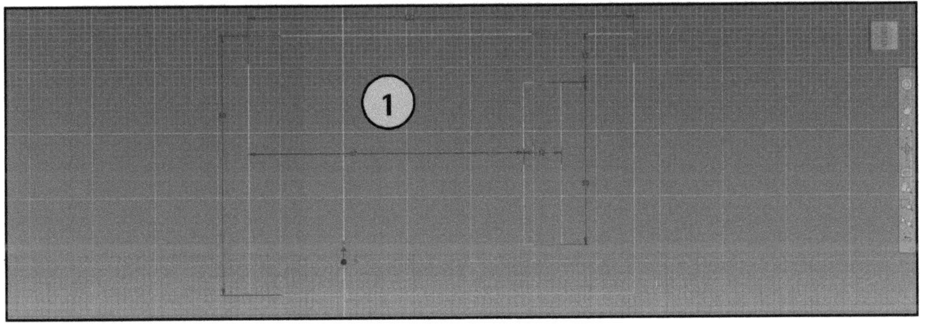

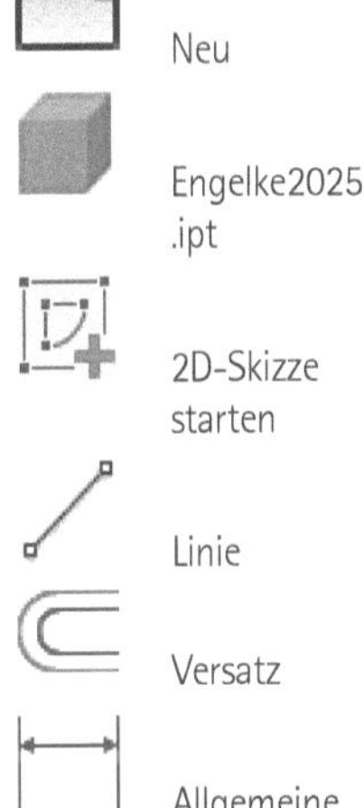

Extrusion

- Erstellen Sie daraus einen Volumenkörper über **Extrusion**, mit einer Materialdicke von **10** mm (2).

Rundung

- Bearbeiten Sie die oberen Ecken mit **Rundung** R = **8** mm (3).
- Weisen Sie dem Bauteil das Material **Stahl poliert** zu.

2D-Skizze starten

Linie

Versatz

Allgemeine Bemaßung

Punkt

Bohrung

- Setzen Sie, auf eine neue Skizze, vier **Punkte** für die Ausbohrungen, diese erfolgen dann mit **Bohrung** Ø**3** mm, Option **Durch alle** (4).

2D-Skizze starten

Linie

Versatz

Allgemeine Bemaßung

Punkt

- Erstellen Sie, aus der vorgegebenen Darstellung, eine Skizzenkonstruktion über eine **2D-Skizze**, tragen Sie die entsprechenden Maße über **Allgemeine Bemaßung** an.
  Verwenden Sie für die Linienkonstruktion die Funktion **Versatz**, Linien auf **Symmetrisch**, bereinigen Sie die Konstruktion über **Stutzen**, setzen Sie alle Linien auf Format **Konstruktion**.
- Setzen Sie auf die erstellten Schnittpunkte je einen **Punkt** (sechs Stück) (5).

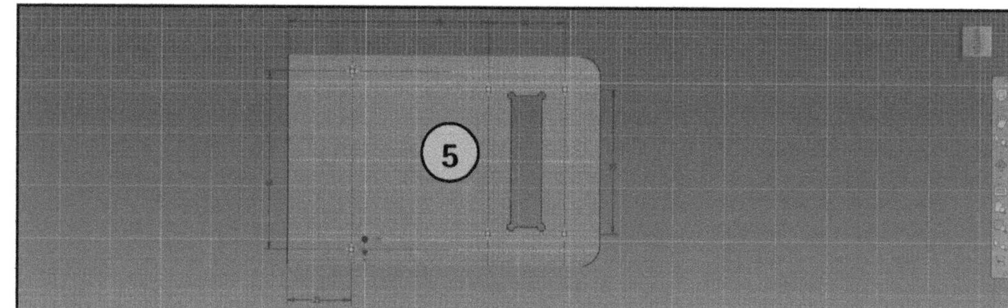

- Bringen Sie an diesen sechs Punkten mit der Funktion **Bohrung**
  Typ **Gewindebohrung M5**, Option **Durch alle** die Bohrungen ein (6).

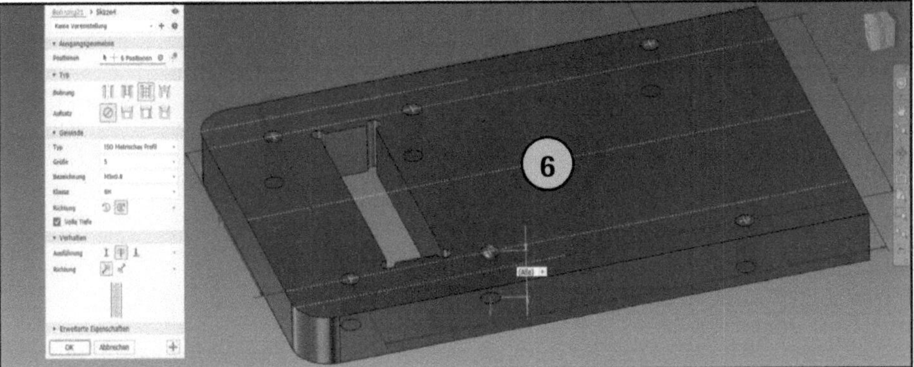

Bohrung

- Erstellen Sie, aus der vorgegebenen Darstellung, eine Skizzenkonstruktion
  über eine **2D-Skizze**, tragen Sie die entsprechenden Maße über
  Allgemeine Bemaßung an.
  Verwenden Sie für die Linienkonstruktion die Funktion **Versatz**, Linien auf
  Symmetrisch, bereinigen Sie die Konstruktion über **Stutzen**, setzen Sie alle
  Linien auf Format **Konstruktion**.
- Setzen Sie auf die erstellten Schnittpunkte je einen **Punkt** (vier Stück) (7).

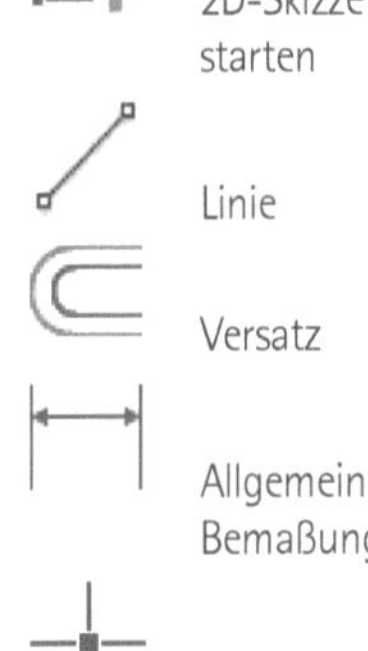

2D-Skizze
starten

Linie

Versatz

Allgemeine
Bemaßung

Punkt

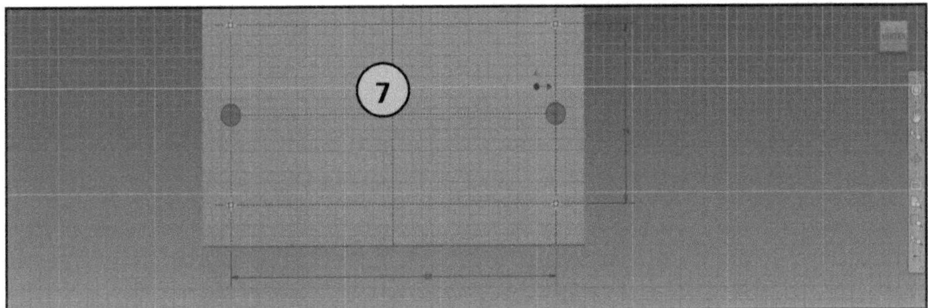

- Bringen Sie an diesen Punkten mit der Funktion **Bohrung**
  Typ **Durchgangsbohrung Ø5**, Option **Durch alle** die Bohrung ein (8).

Bohrung

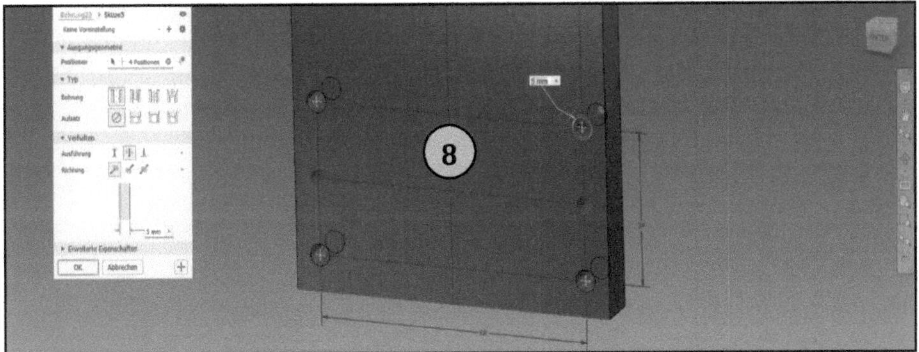

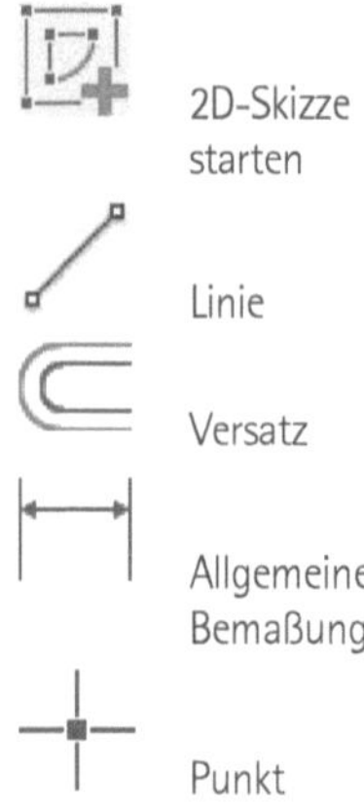

2D-Skizze
starten

Linie

Versatz

Allgemeine
Bemaßung

Punkt

- Erstellen Sie, aus der vorgegebenen Darstellung, eine Skizzenkonstruktion über eine **2D-Skizze**, tragen Sie die entsprechenden Maße über **Allgemeine Bemaßung** an. Verwenden Sie für die Linienkonstruktion die Funktion **Versatz**, Linien auf **Symmetrisch**, bereinigen Sie die Konstruktion über **Stutzen**, setzen Sie alle Linien auf Format **Konstruktion**.
- Setzen Sie auf die erstellten Schnittpunkte je einen **Punkt** (zwei Stück) (9).

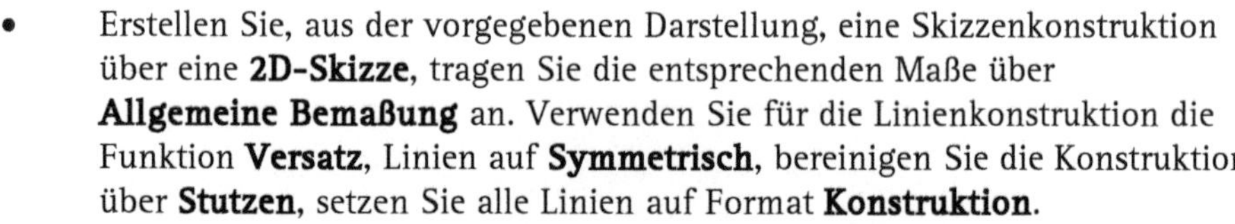

Bohrung

- Bringen Sie an diesen Punkten mit der Funktion **Bohrung** Typ **Gewinde-Grundlochbohrung M5 10** tief, Grundloch **14** mm tief, Option **Durch alle**, die Bohrungen ein, die Oberkante mit **Fase** gesenkt **0,5 x 45°** (10).

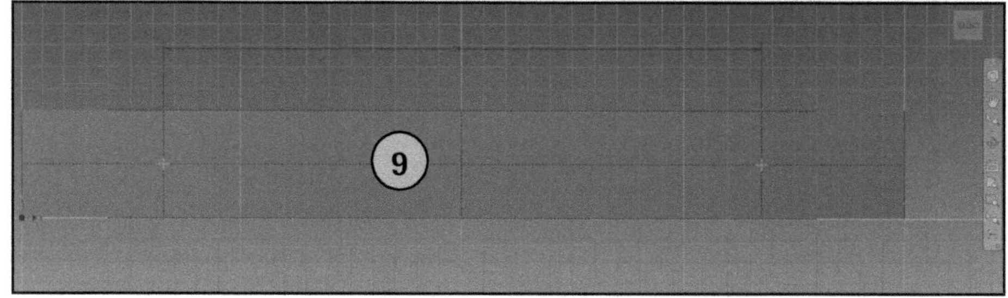

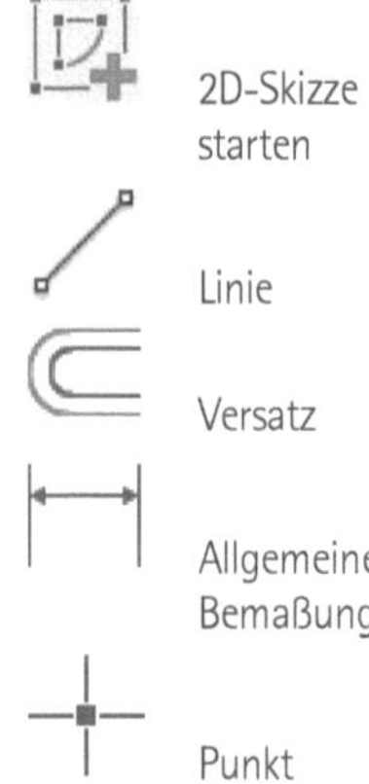

2D-Skizze
starten

Linie

Versatz

Allgemeine
Bemaßung

Punkt

- Erstellen Sie, aus der vorgegebenen Darstellung, eine Skizzenkonstruktion über eine **2D-Skizze**, tragen Sie die entsprechenden Maße über **Allgemeine Bemaßung** an. Verwenden Sie für die Linienkonstruktion die Funktion **Versatz**, Linien auf **Symmetrisch**, bereinigen Sie die Konstruktion über **Stutzen**, setzen Sie alle Linien auf Format **Konstruktion**.
- Setzen Sie auf den erstellten Schnittpunkt einen **Punkt** (11).

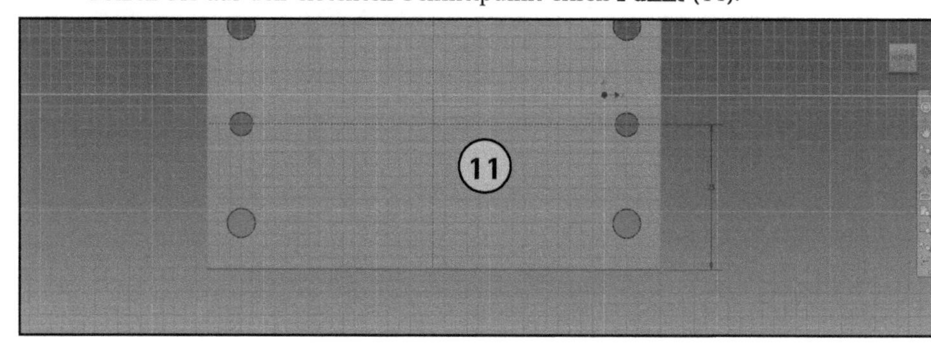

- Bringen Sie an diesem Punkt mit der Funktion **Bohrung**
  Typ **Durchgangsbohrung Ø8**, Option **Durch alle** die Bohrung ein (12).

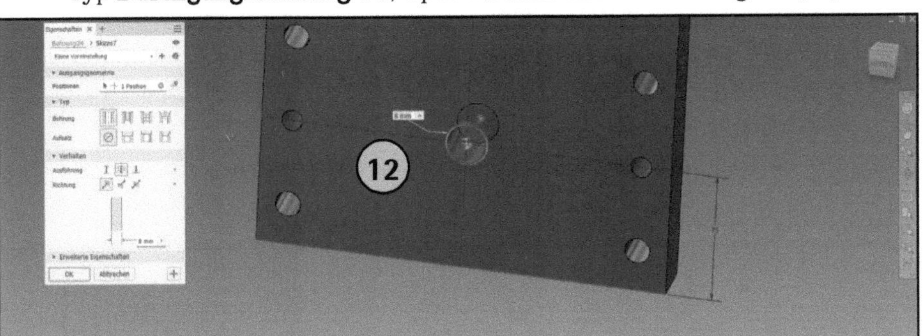

Bohrung

- **Speichern** Sie das neue Bauteil.

Speichern
unter

4.10.5 Der Halter Pos. 3, die Bauteilerstellung

4.10.5.1 Der Halter Pos. 3, Vorgaben

- Erzeugen Sie eine Basisskizze aus der nebenstehenden Konstruktionsskizze.
- Geben Sie der **Extrusion**, aus der Skizze, eine Materialdicke von **25** mm.
- Die Schraubensenkungen erfolgen nach DIN **974-1**.
- Der **Halter** findet **zweimal** in der Baugruppe Verwendung.

4.10.5.2 Die Konstruktionsskizze für die Bauteilerstellung

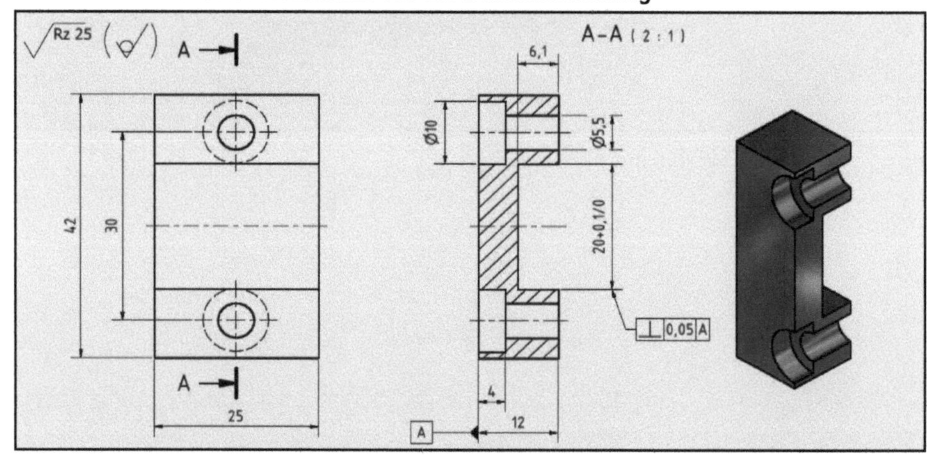

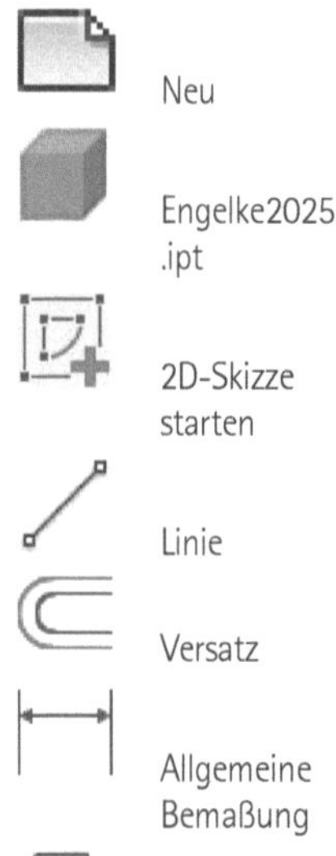

4.10.5.3 Der Halter Pos. 3, Ablauf der Bauteilerstellung

- Erstellen Sie, aus der vorgegebenen Darstellung, eine Skizzenkonstruktion auf einem neuen Dokument über eine **2D-Skizze**, tragen Sie die entsprechenden Maße über **Allgemeine Bemaßung** an. Verwenden Sie für die Linienkonstruktion die Funktion **Versatz**, Linien auf **Symmetrisch**, bereinigen Sie die Konstruktion über **Stutzen** (1).

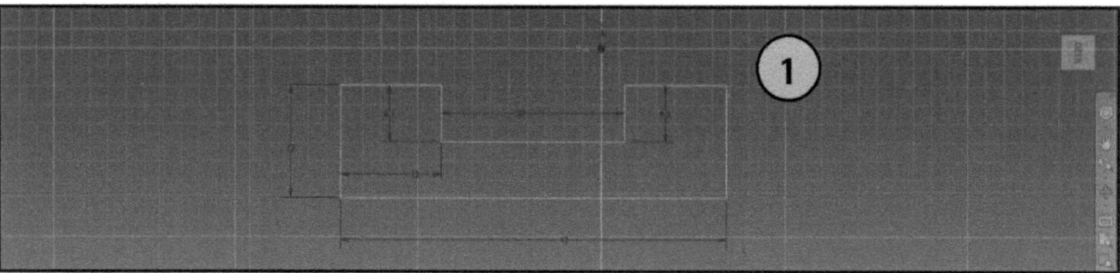

- Erstellen Sie daraus einen Volumenkörper über **Extrusion**, mit einer Materialdicke von **25** mm (2).

- Weisen Sie dem Bauteil das Material **Stahl poliert** zu.

- Setzen Sie auf eine neue Skizze zwei **Punkte** für die Ausbohrungen (3).

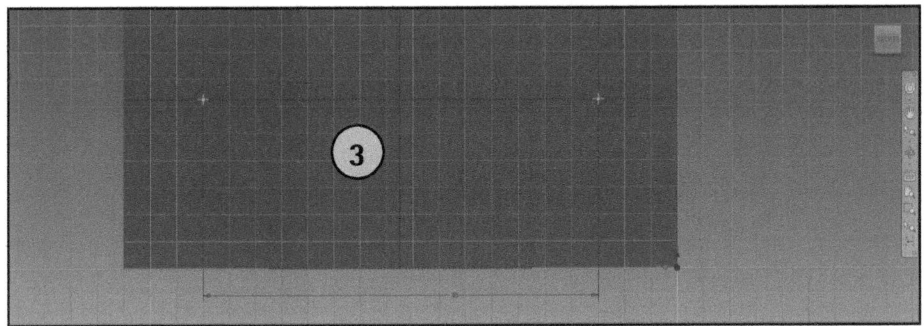

- Diese **Punkte** erhalten dann eine **Bohrung** Typ **Zylindrische Senkbohrung** Ø**10** mm **4** mm tief, Bohrung Ø **5,5** mm, Option **Durch alle** (4).

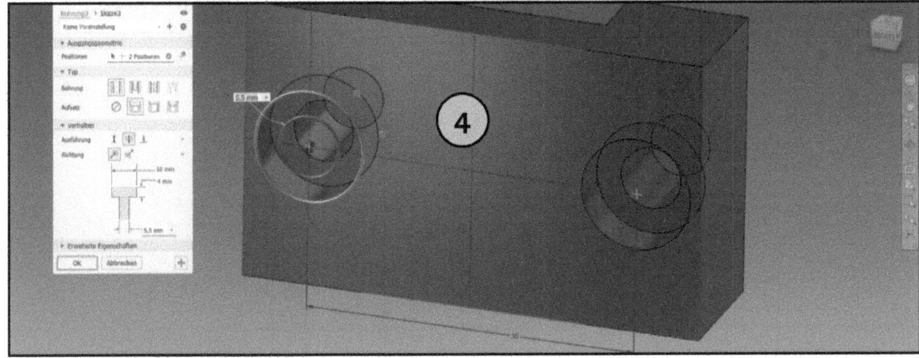

- **Speichern** Sie das neue Bauteil.

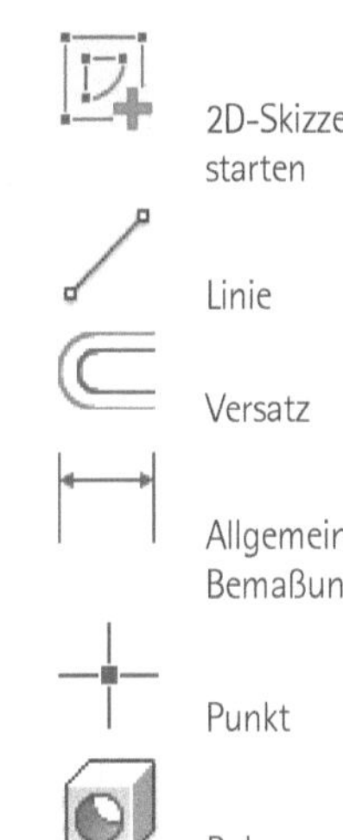

4.10.6 Die Führungsplatte Pos. 4, die Bauteilerstellung

4.10.6.1 Die Führungsplatte Pos. 4, Vorgaben

- Erzeugen Sie eine Basisskizze aus der Konstruktionsskizze.
- Geben Sie der **Extrusion**, aus der Skizze, eine Materialdicke von 5,8 mm.
- Runden Sie das innere Rechteck mit R = **4** mm.
- Fasen Sie die oberen Kanten mit **2 x 45°**.
- Setzen Sie vier Ø**3** mm Bohrungen als Kantenausrundung.

4.10.6.2 Die Konstruktionsskizze für die Bauteilerstellung

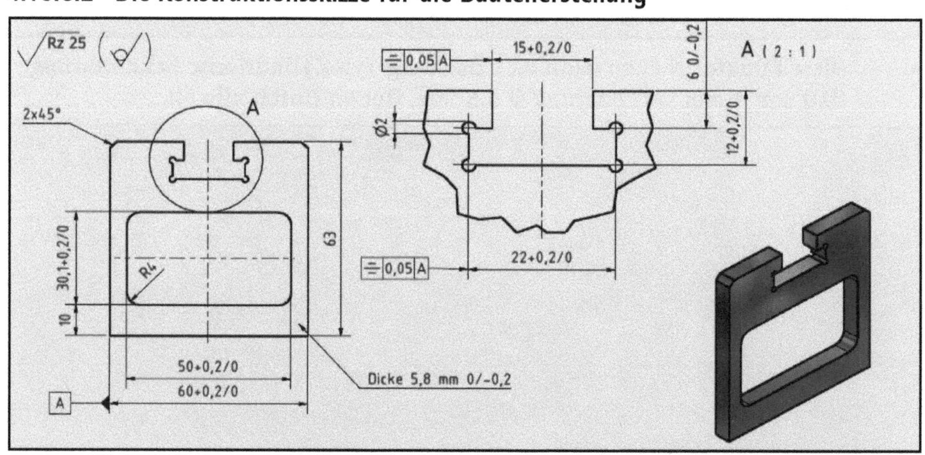

4.10.6.3 Die Führungsplatte Pos. 4, Ablauf der Bauteilerstellung

- Erstellen Sie, aus der vorgegebenen Darstellung, eine Skizzenkonstruktion auf einem neuen Dokument über eine **2D-Skizze**, tragen Sie die entsprechenden Maße über **Allgemeine Bemaßung** an. Verwenden Sie für die Linienkonstruktion die Funktion **Versatz**, Linien auf **Symmetrisch**, bereinigen Sie die Konstruktion über **Stutzen**.

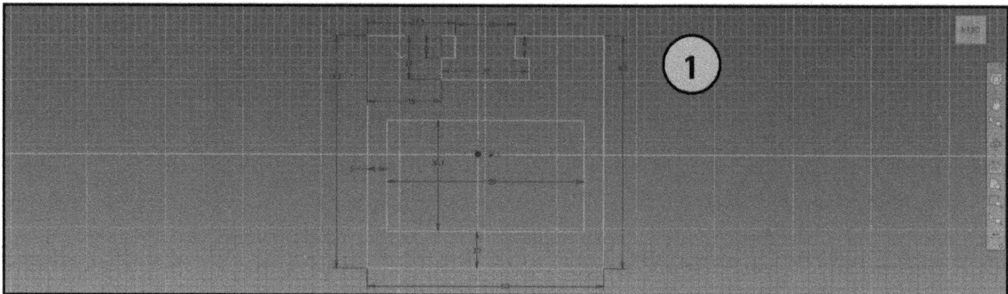

- Erstellen Sie daraus einen Volumenkörper über **Extrusion**, mit einer Materialdicke von **5,8** mm (2).

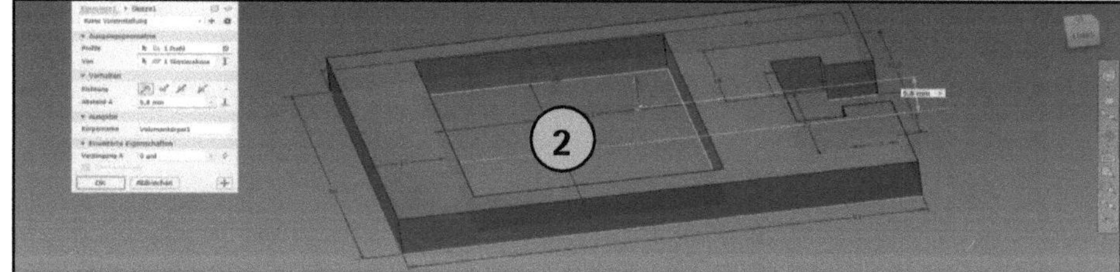

- Weisen Sie dem Bauteil das Material **Stahl poliert** zu.

Neu

Engelke2025 .ipt

2D-Skizze starten

Linie

Versatz

Allgemeine Bemaßung

Extrusion

- Die Konturrundungen werden über **Rundung** R = **4** mm angetragen.

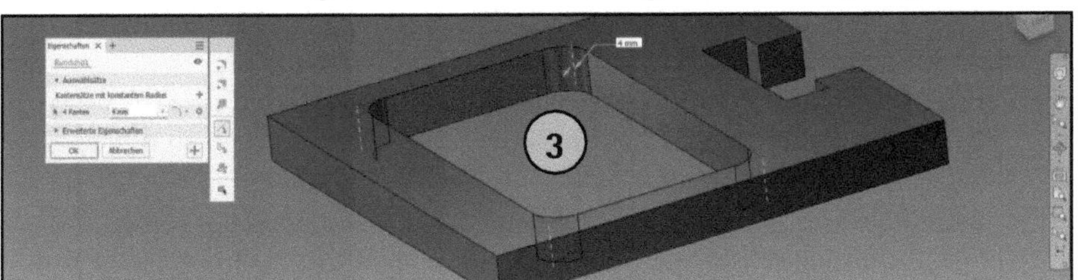

Rundung

- Die Konturschrägen werden über **Fase 2** x **45°**,
  Option **Gleicher Abstand** erstellt.

Fase

- Setzen Sie auf eine neue Skizze vier **Punkte** für die Ausbohrungen (5).

2D-Skizze
starten

Linie

Versatz

Allgemeine
Bemaßung

- Diese **Punkte** erhalten dann eine **Bohrung** Ø3 mm, Option **Durch alle** (6).

Punkt

Bohrung

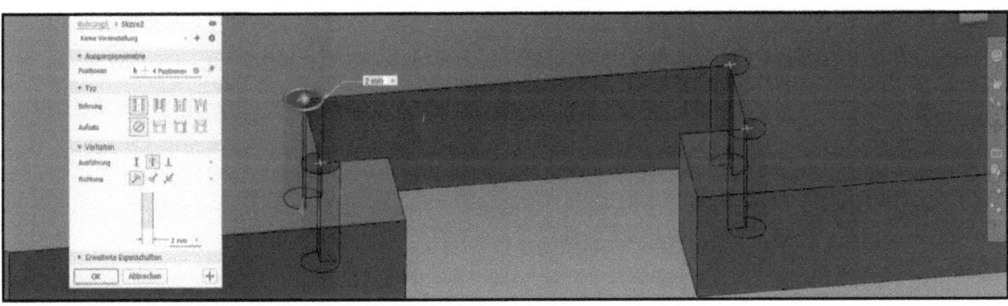

- **Speichern** Sie das neue Bauteil.

Speichern
unter

4.10.7 Die Abdeckplatte Pos. 5, die Bauteilerstellung

4.10.7.1 Die Abdeckplatte Pos. 5, Vorgaben

- Erzeugen Sie eine Basisskizze aus der Konstruktionsskizze.
- Geben Sie der **Extrusion**, aus der Skizze, eine Materialdicke von **8** mm.
- Setzen Sie zwei Ø**3** mm Bohrungen als Kantenausrundung.
- Setzen Sie vier Durchgangsbohrungen Ø**5** zur Befestigung der beiden Pos. 7, Führungsleiste und der Pos. 5, Abdeckplatte mit Pos. 14, Spannstift.
- Setzen Sie zwei zylindrische Senkbohrungen Ø**5,5** zur Befestigung der Pos. 5, 7 und 14 mit Pos. 12, Innensechskantschraube.
- Fasen Sie das Bauteil von oben mit **1** x **45°** an.

4.10.7.2 Die Konstruktionsskizze für die Bauteilerstellung

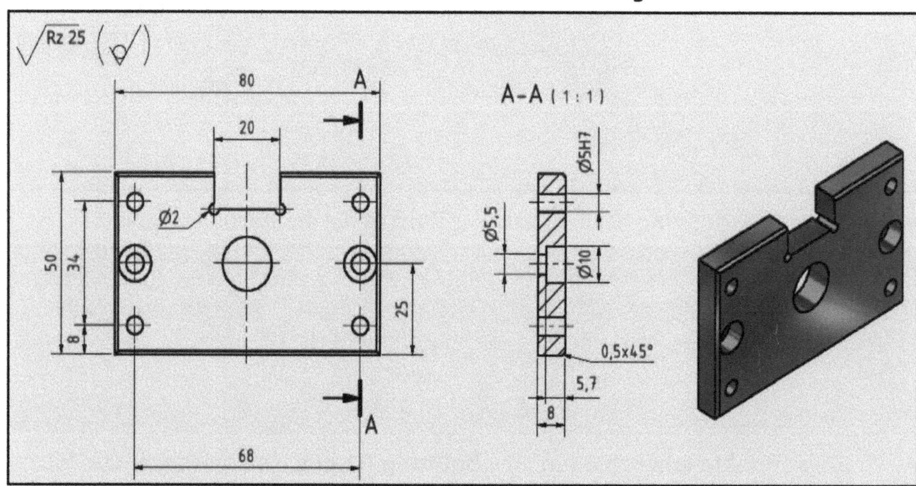

4.10.7.3 Die Abdeckplatte Pos. 5, Ablauf der Bauteilerstellung

- Erstellen Sie, aus der vorgegebenen Darstellung, eine Skizzenkonstruktion auf einem neuen Dokument über eine **2D-Skizze**, tragen Sie die entsprechenden Maße über **Allgemeine Bemaßung** an. Verwenden Sie für die Linienkonstruktion die Funktion **Versatz**, Linien auf **Symmetrisch**, bereinigen Sie die Konstruktion über **Stutzen** (1).

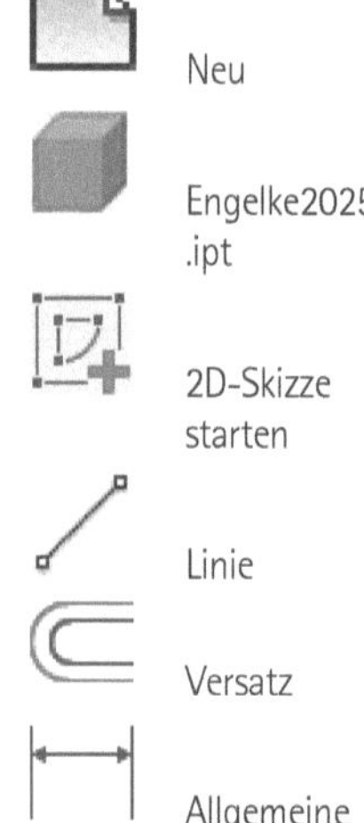

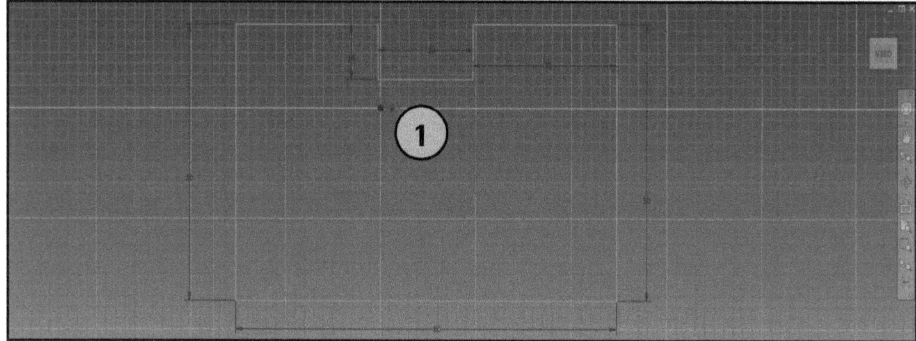

- Erstellen Sie daraus einen Volumenkörper über **Extrusion**,
  mit einer Materialdicke von **8** mm (2).

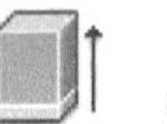
Extrusion

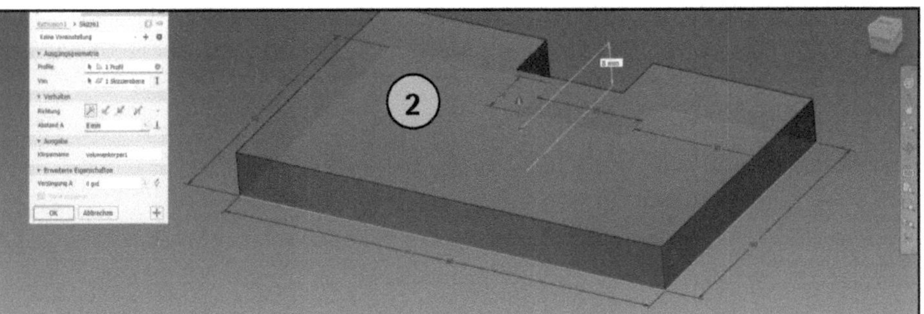

- Weisen Sie dem Bauteil das Material **Stahl poliert** zu.
- Die Konturschrägen werden über **Fase 1** x **45°**,
  Option **Gleicher Abstand** erstellt (3).

Fase

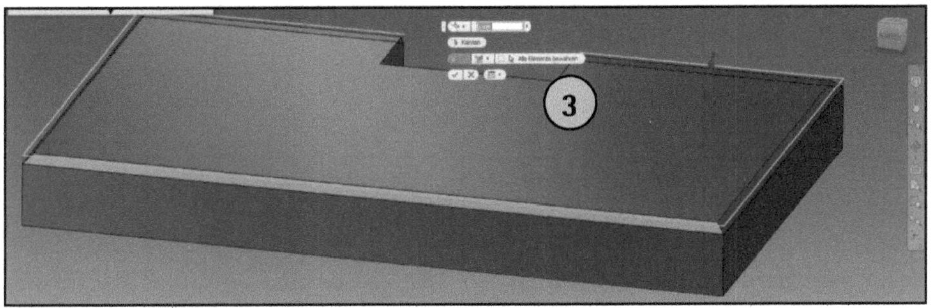

- Setzen Sie auf eine neue Skizze zwei **Punkte** für die Ausbohrungen.
- Diese **Punkte** erhalten dann eine **Bohrung Ø3** mm, Option **Durch alle** (4).

2D-Skizze starten

Linie

Versatz

Allgemeine Bemaßung

Punkt

Bohrung

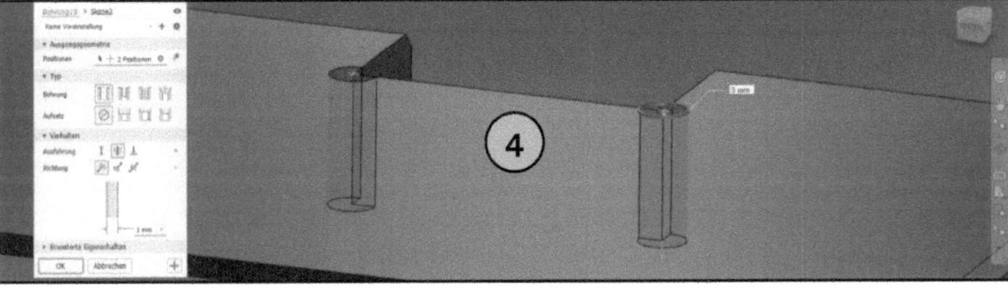

- Setzen Sie auf eine neue Skizze vier **Punkte** für die Ausbohrungen.
- Diese **Punkte** erhalten dann eine **Bohrung Ø5** mm, Option **Durch alle** (5).

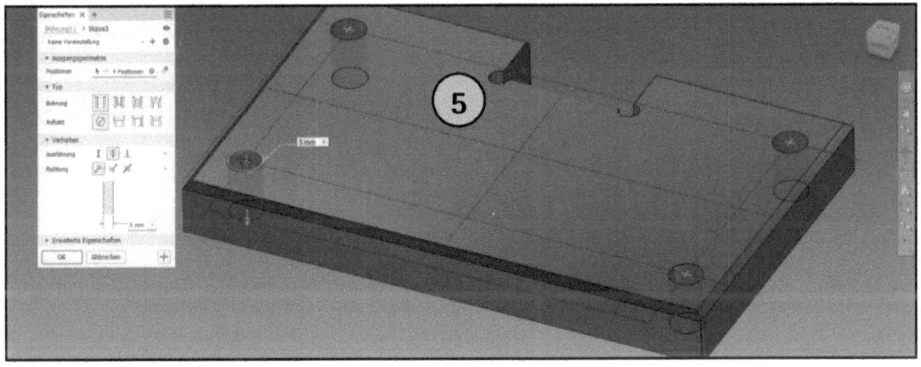

2D-Skizze
starten

Linie

Versatz

Allgemeine
Bemaßung

Punkt

Bohrung

- Setzen Sie auf eine neue Skizze zwei **Punkte** für die Ausbohrungen.
- Diese **Punkte** erhalten dann eine **Bohrung** Typ **Zylindrische Senkbohrung** Ø10 mm, **5,7** mm tief, Bohrung Ø**5,5** mm, Option **Durch alle** (6).

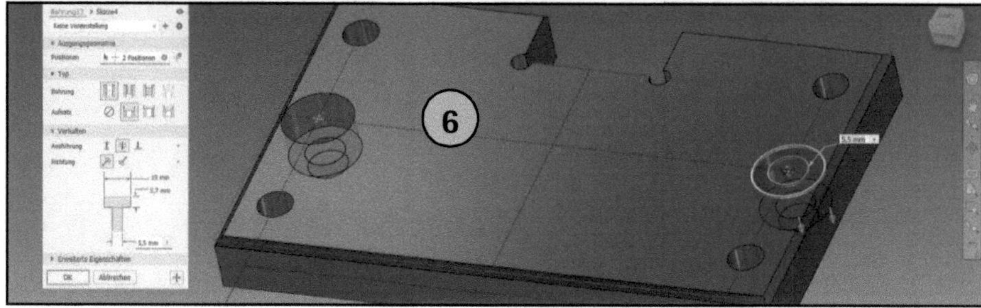

- Setzen Sie auf eine neue Skizze einen **Punkt** für die Ausbohrungen.
- Dieser **Punkt** erhält dann eine **Bohrung** Ø15 mm, Option **Durch alle** (7).

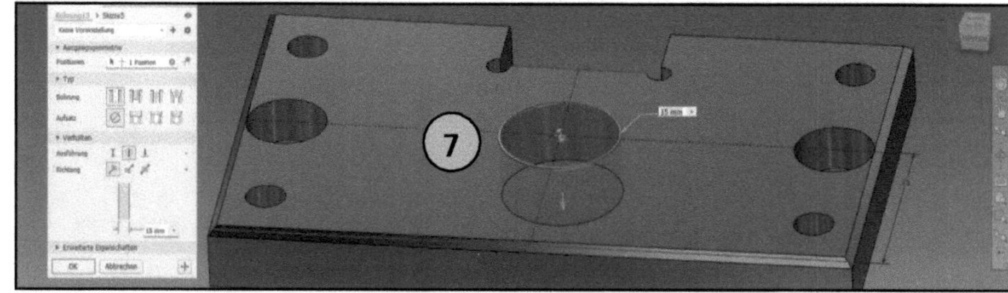

- **Speichern** Sie das neue Bauteil.

Speichern
unter

4.10.8 Das Druckstück Pos. 6, die Bauteilerstellung

4.10.8.1 Das Druckstück Pos. 6, Vorgaben

* Erzeugen Sie eine Basisskizze aus der nebenstehenden Konstruktionsskizze.
* Geben Sie der **Extrusion**, aus der Skizze, eine Materialdicke von **5,8** mm.
* Setzen Sie vier Ø**2** mm Bohrungen als Kantenausrundung.

4.10.8.2 Die Konstruktionsskizze für die Bauteilerstellung

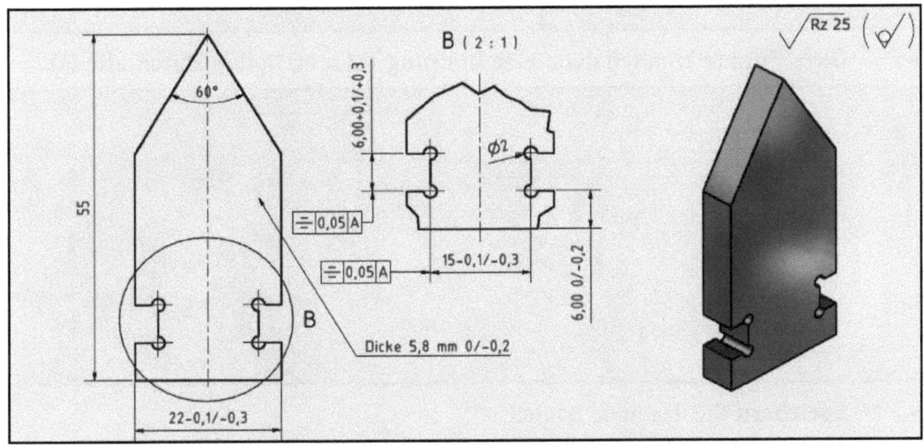

4.10.8.3 Das Druckstück Pos. 6, Ablauf der Bauteilerstellung

* Erstellen Sie, aus der vorgegebenen Darstellung, eine Skizzenkonstruktion auf einem neuen Dokument über eine **2D-Skizze**, tragen Sie die entsprechenden Maße über **Allgemeine Bemaßung** an. Verwenden Sie für die Linienkonstruktion die Funktion **Versatz**, Linien auf **Symmetrisch**, bereinigen Sie die Konstruktion über **Stutzen** (1).

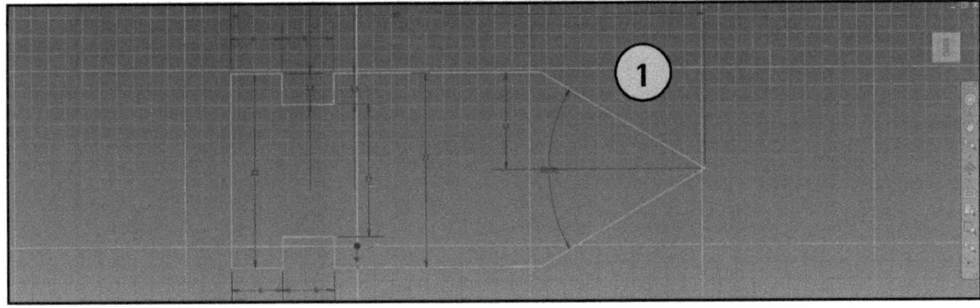

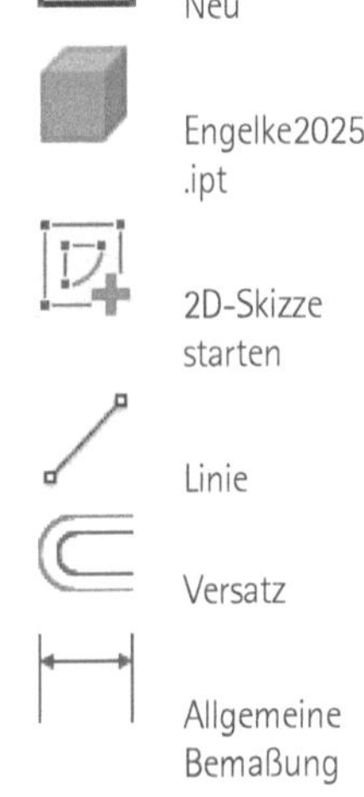

* Erstellen Sie daraus einen Volumenkörper über **Extrusion**, mit einer Materialdicke von **5,8** mm (2).

* Weisen Sie dem Bauteil das Material **Stahl poliert** zu.

2D-Skizze
starten

Linie

Versatz

Allgemeine
Bemaßung

Punkt

Bohrung

Speichern
unter

- Setzen Sie auf eine neue Skizze vier **Punkte** für die Ausbohrungen (3).

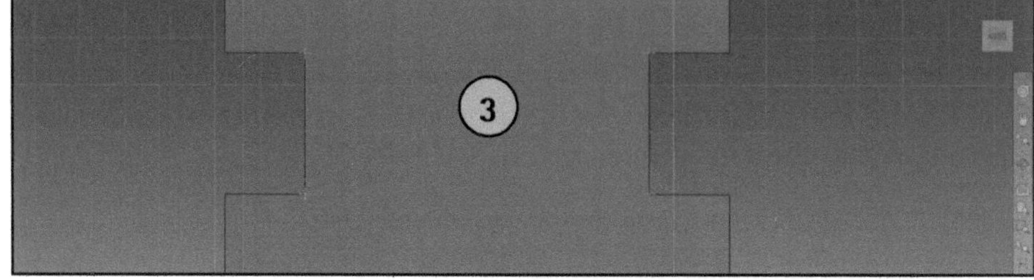

- Diese **Punkte** erhalten dann eine **Bohrung Ø2** mm, Option **Durch alle** (4).

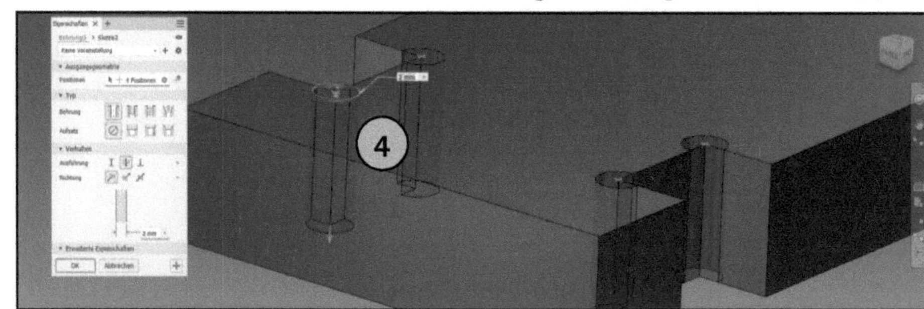

- **Speichern** Sie das neue Bauteil.

4.10.9 Die Führungsleiste Pos. 7, die Bauteilerstellung

4.10.9.1 Die Führungsleiste Pos. 7, Vorgaben

- Erzeugen Sie eine Basisskizze aus der Konstruktionsskizze.
- Geben Sie der **Extrusion**, aus der Skizze, eine Materialdicke von **6** mm.
- Setzen Sie vier Durchgangsbohrungen Ø**5** mm zur Befestigung der beiden Pos. 7, Führungsleiste und der Pos. 5, Abdeckplatte mit Pos. 14, Spannstift.
- Setzen Sie zwei zylindrische Durchgangsbohrungen Ø**5,5** mm zur Befestigung der Pos. 5, 7 und 14 mit Pos. 12, Innensechskantschraube.
- Die Führungsleiste findet zweimal in der Baugruppe Verwendung.

4.10.9.2 Die Konstruktionsskizze für die Bauteilerstellung

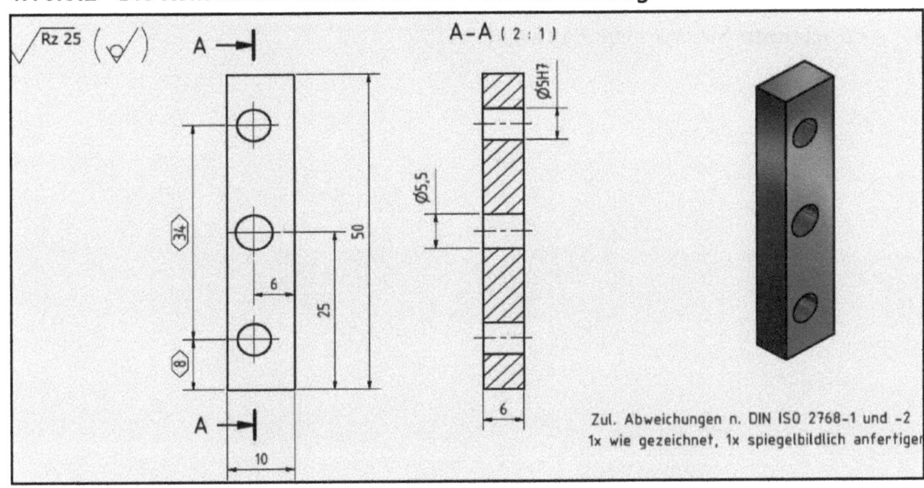

4.10.9.3 Die Führungsleiste Pos. 7, Ablauf der Bauteilerstellung

- Erstellen Sie, aus der vorgegebenen Darstellung, auf einem neuen Dokument, ein **Grundkörper Quader 10** mm x **50** mm, Dicke **6** mm (1).
- Weisen Sie dem Bauteil das Material **Stahl poliert** zu.

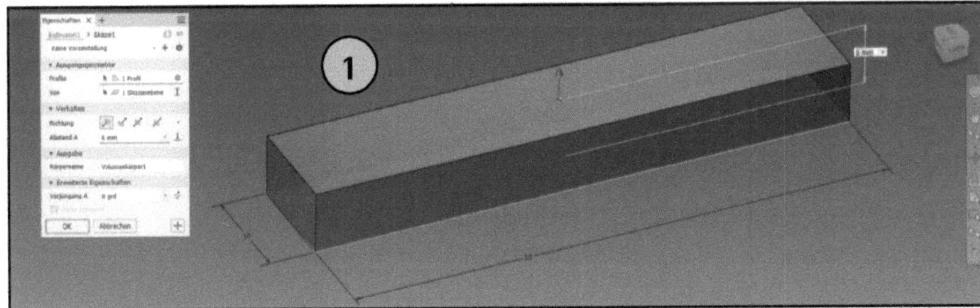

- Setzen Sie auf eine neue Skizze drei **Punkte** für die Ausbohrungen (2).

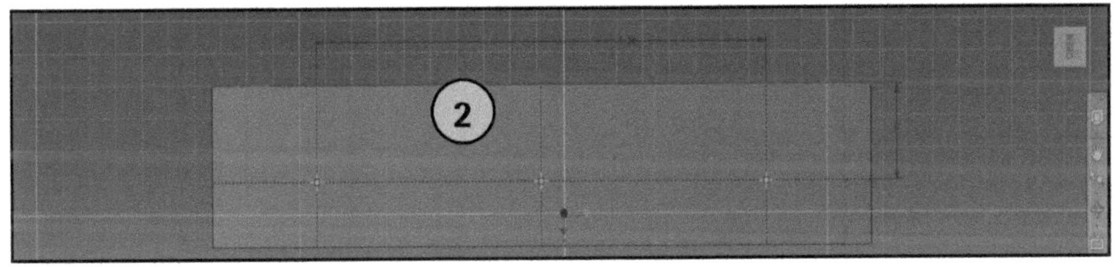

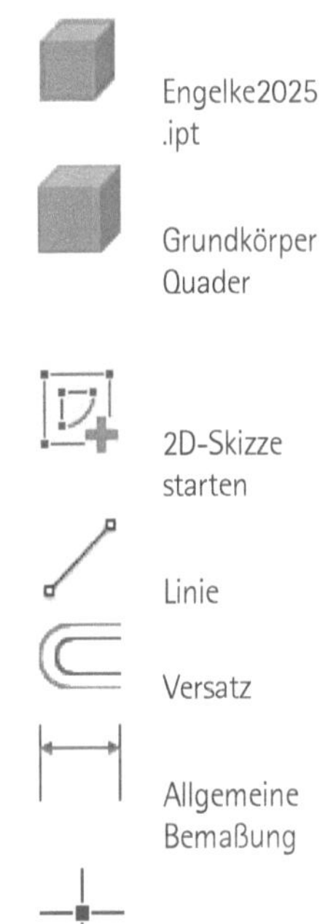

Bohrung

- Diese **Punkte** erhalten dann eine **Bohrung** Typ **Durchgangsbohrung** Ø**5,5** mm **H7**, Option **Durch alle** (3).

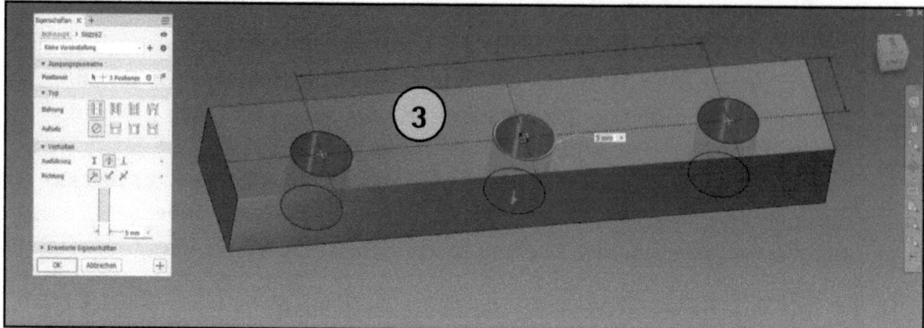

Speichern
unter

- **Speichern** Sie das neue Bauteil.

4.10.10 Das Stegelement Pos. 8, die Bauteilerstellung

4.10.10.1 Das Stegelement Pos. 8, Vorgaben

- Erzeugen Sie eine Basisskizze aus der nebenstehenden Konstruktionsskizze.
- Geben Sie der **Extrusion**, aus der Skizze, eine Materialdicke von **6** mm.
- Setzen Sie eine Durchgangsbohrung Ø**5** mm zur Befestigung der beiden Pos. 17, Federhalter.
- Die Leiste findet zweimal in der Baugruppe Verwendung.

4.10.10.2 Die Konstruktionsskizze für die Bauteilerstellung

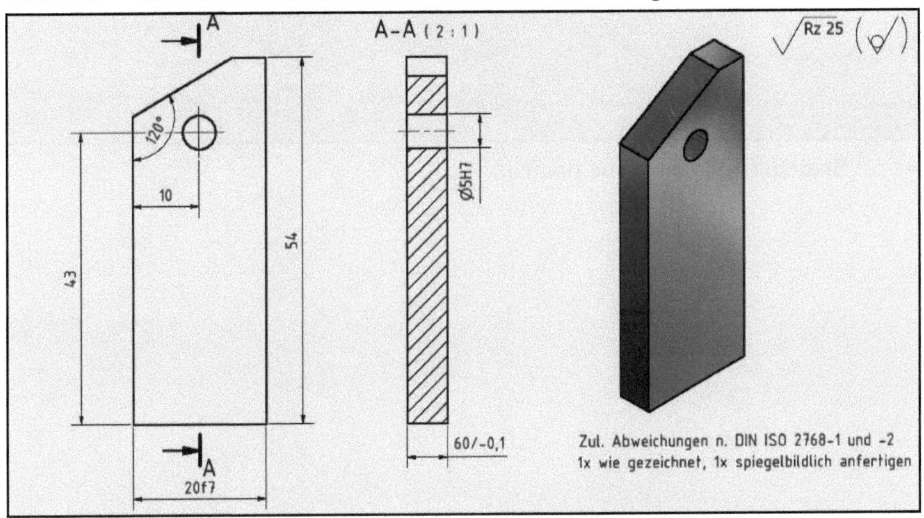

4.10.10.3 Das Stegelement Pos. 8, Ablauf der Bauteilerstellung

- Erstellen Sie, aus der vorgegebenen Darstellung, eine Skizzenkonstruktion auf einem neuen Dokument über eine **2D-Skizze**, tragen Sie die entsprechenden Maße über **Allgemeine Bemaßung** an. Verwenden Sie für die Linienkonstruktion die Funktion **Versatz**, Linien auf **Symmetrisch**, bereinigen Sie die Konstruktion über **Stutzen**.
- Erstellen Sie daraus einen Volumenkörper über **Extrusion**, mit einer Materialdicke von **6** mm (1).
- Weisen Sie dem Bauteil das Material **Stahl poliert** zu.

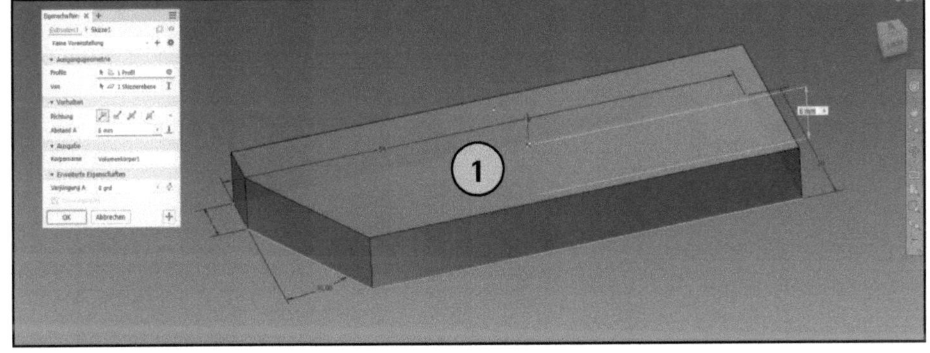

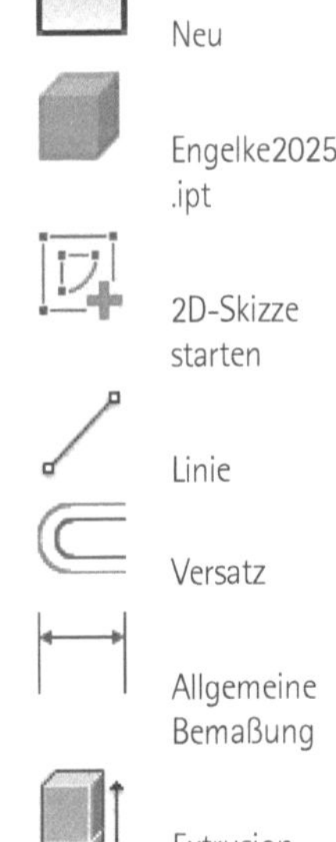

2D-Skizze
starten

Linie

Versatz

Allgemeine
Bemaßung

Punkt

Bohrung

Speichern
unter

- Setzen Sie auf den erstellten Schnittpunkt einen **Punkt**.
- Diese **Punkte** erhalten dann eine **Bohrung** Typ **Durchgangsbohrung** Ø **8** mm, Option **Durch alle** die Bohrung ein (2).

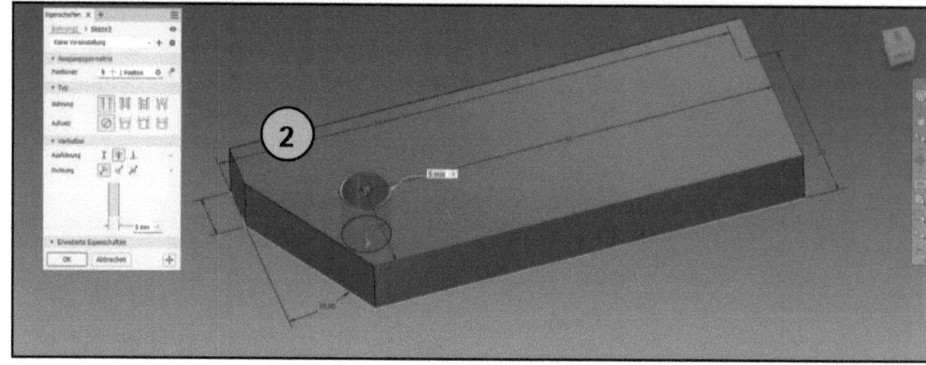

- **Speichern** Sie das neue Bauteil.

4.10.11 Das Handrad Pos. 9, die Bauteilerstellung

4.10.11.1 Das Handrad Pos. 9, Vorgaben

- Erstellen Sie einen mehrfach abgesetzten Drehkörper mit dem Grundkörper **Zylinder** und **Drehung**.
- Setzen Sie auf den Ø**14** mm ein abgerundetes Vierkant **10** f7
- Erweitern Sie den Drehkörper um einen weiteren Zylinder Ø**8** mm f7.
- Setzen Sie auf das Ende ein Außengewinde **M6** x **7,5** mm.

4.10.11.2 Die Konstruktionsskizze für die Bauteilerstellung

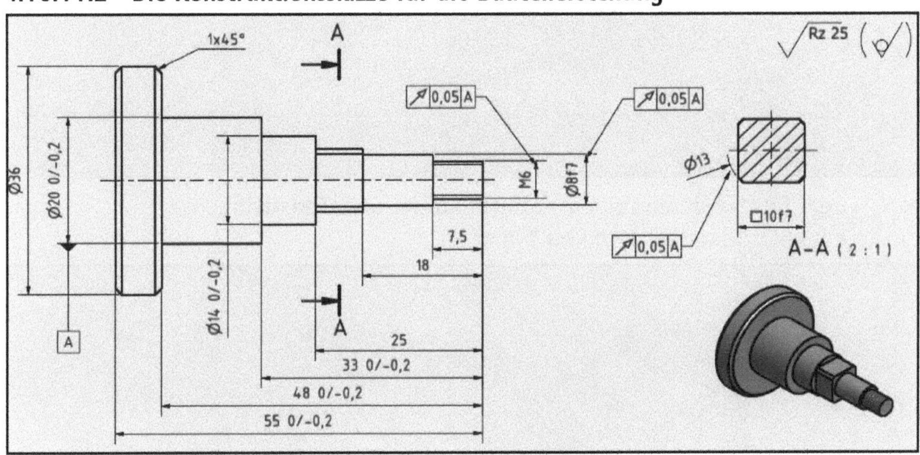

4.10.11.3 Das Handrad Pos. 9, Ablauf der Bauteilerstellung

- Neue **2D-Skizze** auf **YZ**-Ebene auf einer neuen Vorlage, Skizze erstellen mit **Linie** und Linientyp **Mittellinie** als Rotationsachse, mit **Allgemeine Bemaßung** vervollständigen und Maße **Über Mittellinie** antragen (1).

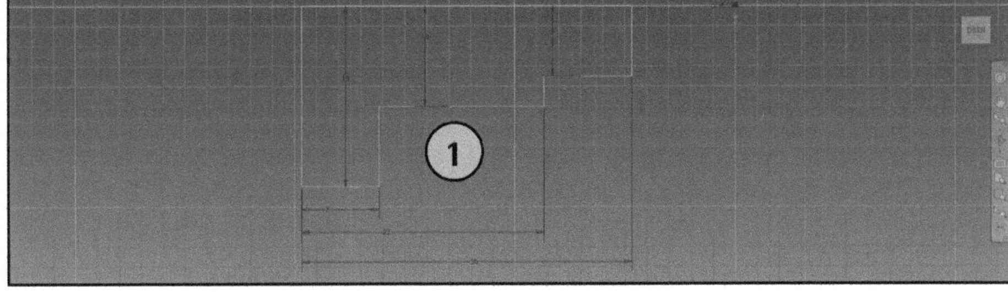

- Volumenkörpererstellung über **Drehung**, Anwahl der Mittelachse als Rotationsachse **Vollkörper** bei **360°** (2).

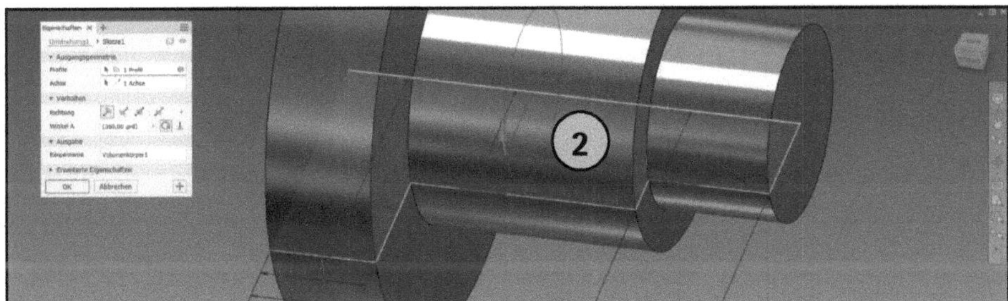

- Weisen Sie dem Bauteil das Material **Stahl poliert** zu.

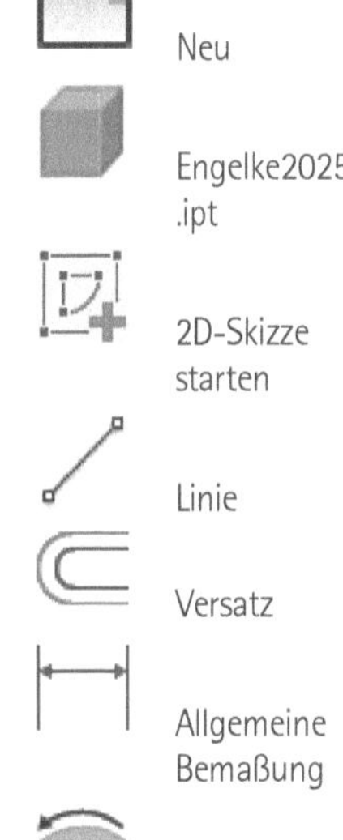

Neu

Engelke2025 .ipt

2D-Skizze starten

Linie

Versatz

Allgemeine Bemaßung

Drehung

2D-Skizze
starten

Linie

Versatz

Allgemeine
Bemaßung

- Erstellen Sie aus der vorgegebenen Darstellung eine Skizzenkonstruktion über eine **2D-Skizze**, tragen Sie die entsprechenden Maße über **Allgemeine Bemaßung** an. Verwenden Sie für die Linienkonstruktion die Funktion **Versatz**, Linien auf **Symmetrisch**, bereinigen Sie die Konstruktion über **Stutzen** (3).

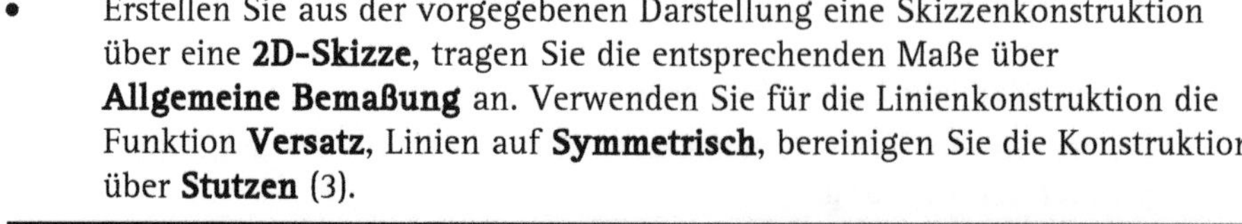

Extrusion

- Erstellen Sie daraus einen Volumenkörper über **Extrusion**, mit einer Materialdicke von **7** mm (4).

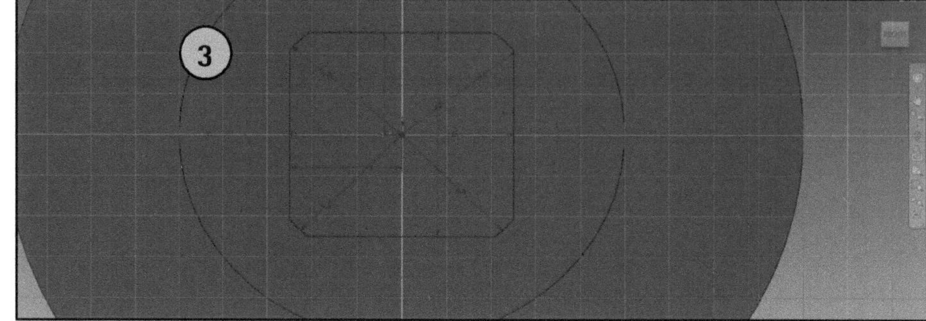

Grundkörper
Zylinder

- Erstellen Sie, aus der vorgegebenen Darstellung, über **Grundkörper Zylinder** mit einer Länge von **10,5** mm (5).

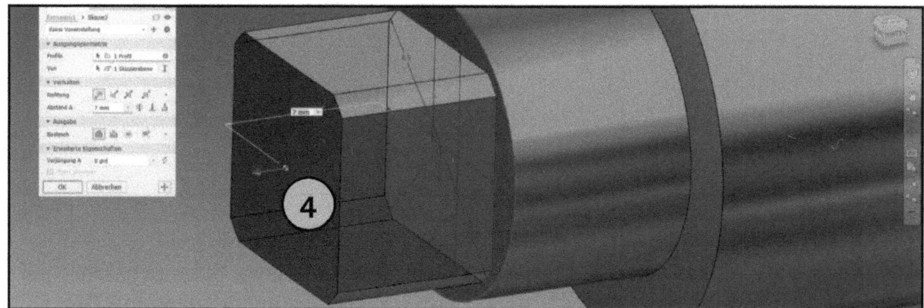

Grundkörper
Zylinder

- Erstellen Sie, aus der vorgegebenen Darstellung, ein **Grundkörper Zylinder** mit einer Länge von **7,5** mm (6).

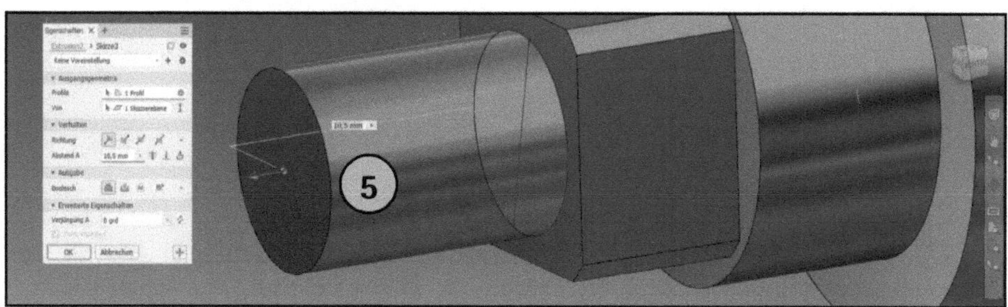

- Der Zylinder erhält auf dem linken Außenzapfen die Außenkontur **Gewinde** mit der Spezifikation **M10** bis zum Wellenansatz (7).

Gewinde

- Tragen Sie die gezeigten Abschrägungen mit dem Befehl **Fase, 1 x 45°**, Option **Gleicher Abstand** an (8).

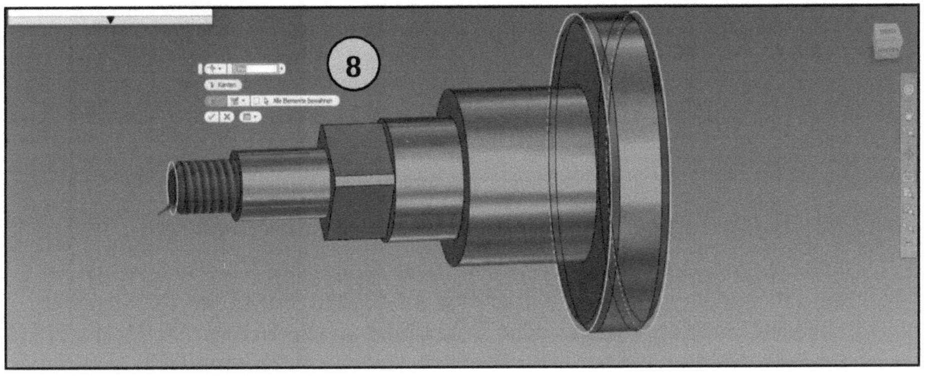

Fase

- **Speichern** Sie das neue Bauteil.

Speichern
unter

4.10.12 Die Exzenterscheibe Pos. 10, die Bauteilerstellung

4.10.12.1 Die Exzenterscheibe Pos. 10, Vorgaben

- Erzeugen Sie eine Basisskizze aus der nebenstehenden Konstruktionsskizze.
- Geben Sie der Extrusion, aus der Skizze, eine Materialdicke von **5,8** mm.

4.10.12.2 Die Konstruktionsskizze für die Bauteilerstellung

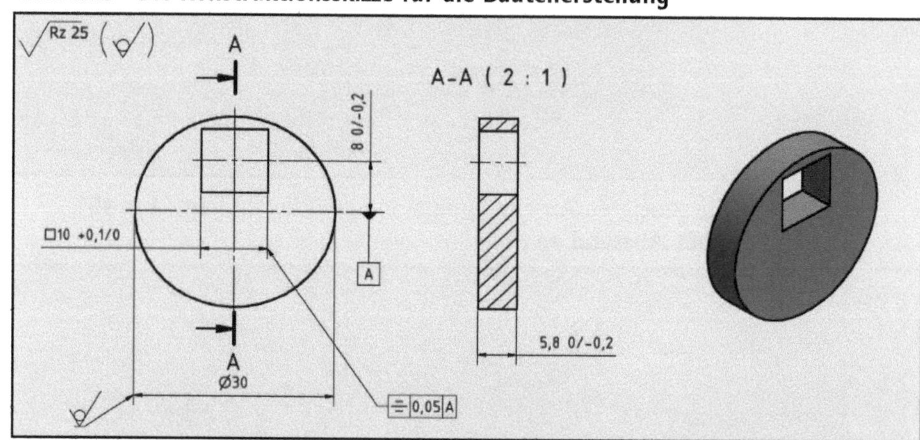

4.10.12.3 Die Exzenterscheibe Pos. 10, Ablauf der Bauteilerstellung

- Erstellen Sie, aus der vorgegebenen Darstellung, eine Skizzenkonstruktion auf einem neuen Dokument über eine **2D-Skizze**, tragen Sie die entsprechenden Maße über **Allgemeine Bemaßung** an. Verwenden Sie für die Linienkonstruktion die Funktion **Versatz**, Linien auf **Symmetrisch**, bereinigen Sie die Konstruktion über **Stutzen** (1).

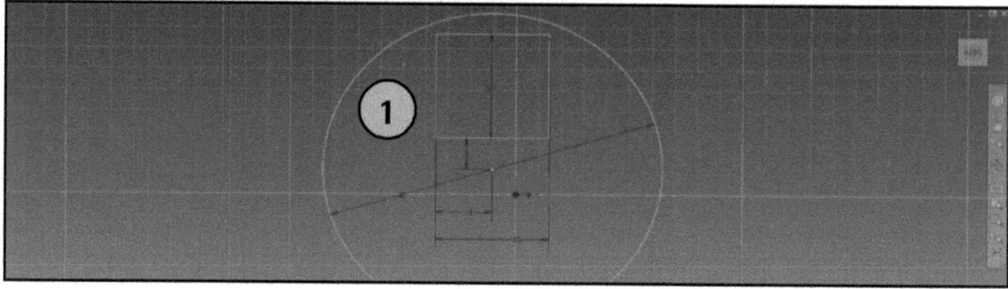

- Erstellen Sie daraus einen Volumenkörper über **Extrusion**, mit einer Materialdicke von **5,8** mm (2).

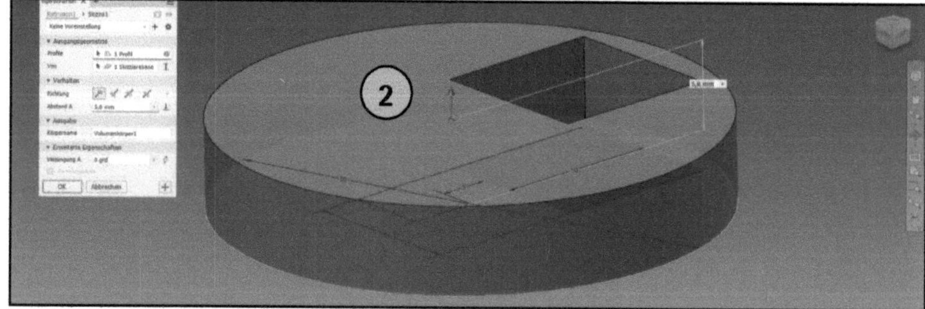

- Weisen Sie dem Bauteil das Material **Stahl poliert** zu.
- **Speichern** Sie das neue Bauteil.

Neu

Engelke2025
.ipt

2D-Skizze
starten

Linie

Versatz

Allgemeine
Bemaßung

Extrusion

Speichern
unter

4.10.13 Der Federhalter Pos. 17, die Bauteilerstellung

4.10.13.1 Der Federhalter Pos. 17, Vorgaben

- Erstellen Sie einen mehrfach abgesetzten Drehkörper mit dem Grundkörper **Zylinder**.
- Fasen Sie das lange Zylinderende mit **0,5** x **45°** an.
- Der Federhalter findet zweimal in der Baugruppe Verwendung.

4.10.13.2 Die Konstruktionsskizze für die Bauteilerstellung

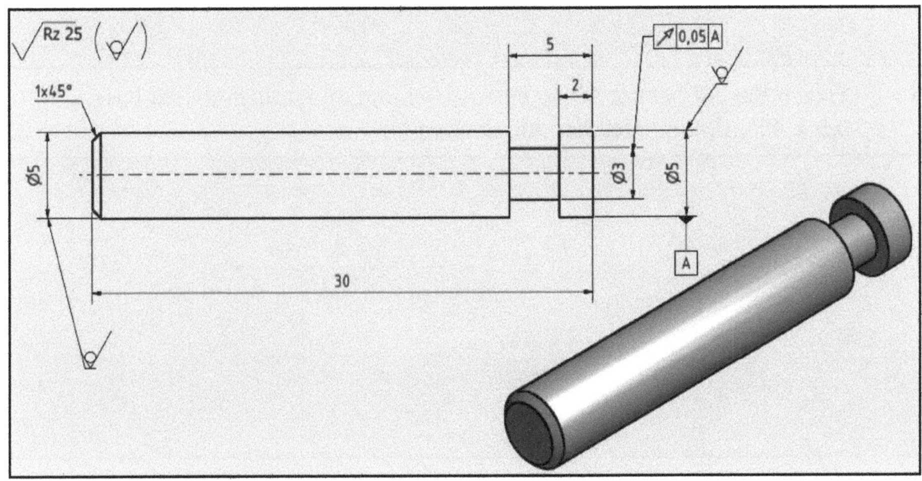

4.10.13.3 Der Federhalter Pos. 17, Ablauf der Bauteilerstellung

- Erstellen Sie, aus der vorgegebenen Darstellung, auf einem neuen Dokument, ein **Grundkörper Zylinder** mit einer Länge von **25** mm (1).

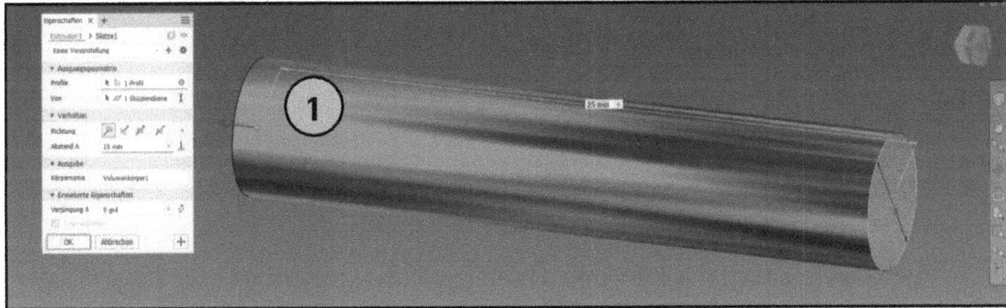

Neu

Engelke2025
.ipt

Grundkörper
Zylinder

- Erstellen Sie aus der vorgegebenen Darstellung einen weiteren **Grundkörper Zylinder** mit einer Länge von **3** mm (2).

Grundkörper
Zylinder

- Weisen Sie dem Bauteil das Material **Stahl poliert** zu.

Grundkörper
Zylinder

- Erstellen Sie aus der vorgegebenen Darstellung einen weiteren
  Grundkörper Zylinder mit einer Länge von **2** mm (3).

Fase

- Tragen Sie auf beiden Seiten eine Ausschrägung mit dem Befehl **Fase**,
  0,5 x 45°, Option **Gleicher Abstand** an (4).

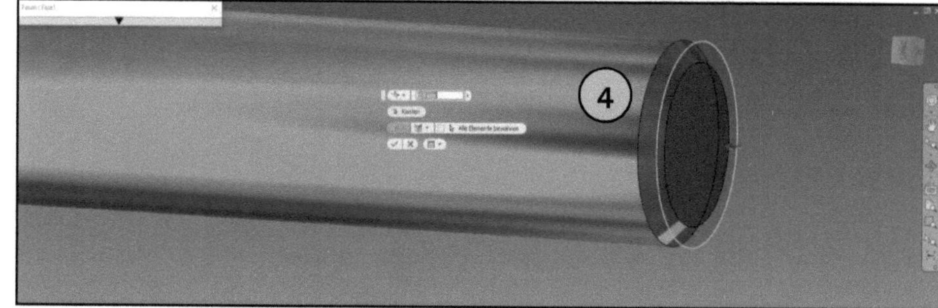

Speichern
unter

- **Speichern** Sie das neue Bauteil.

4.10.14 Bewegliche Baugruppe „Gleitriegel", Baugruppenmontage

4.10.14.1 Bewegliche Baugruppe „Gleitriegel", die Bauteilbereitstellung

* Öffnen Sie ein neues Baugruppendokument,
  Vorlagendatei **Engelke2025.iam.**
* Wählen Sie über **Komponenten platzieren** die **Grundplatte** (1) und die **Aufnahmeplatte** (2), positionieren Sie diese auf die Arbeitsebene.

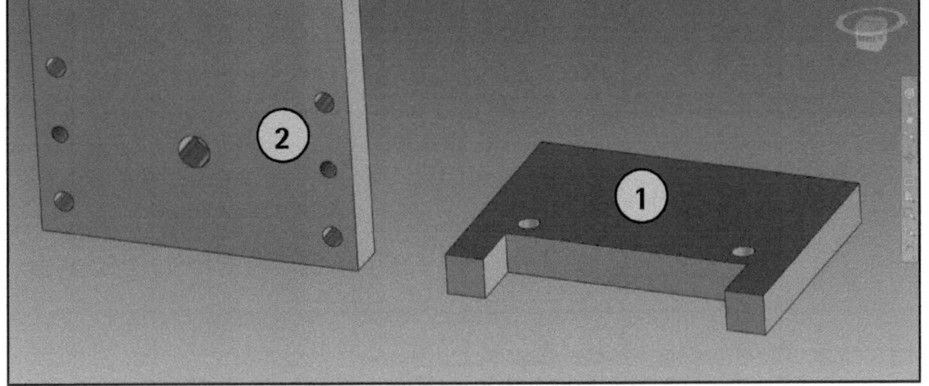

4.10.14.2 Die Baugruppen-Montage Grundplatte Pos. 1, Aufnahmeplatte Pos. 2 und Innensechskantschraube Pos. 12

* Montieren Sie über Abhängigkeit **Einfügen** den Außendurchmesser der Gewindebohrung an der Aufnahmeplatte mit der Durchgangsbohrung an der Grundplatte (3, 4).

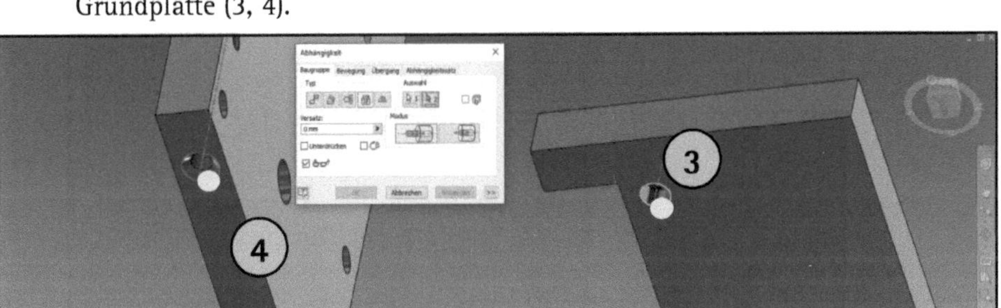

* Richten Sie die gezeigten Außenkonturen über Abhängigkeit
  Passend Fluchtend aus (5, 6).

Aus Inhaltscenter einfügen

Größe ändern

Platzieren

- Montieren Sie, über **Autodrop**, eine **Innensechskantschraube** DIN EN ISO **4762**, ändern Sie die erkannte Länge auf **12** mm (7, 8).

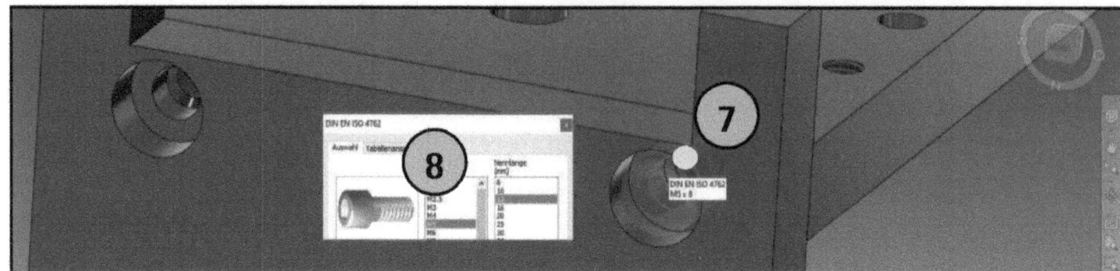

- Verfahren Sie für die zweite Schraube entsprechend (7, 8).

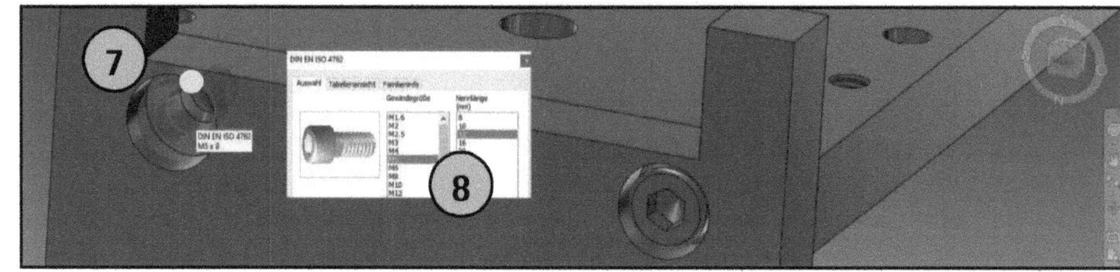

4.10.14.3 Die Baugruppen-Montage Pos. 3 Halter und Pos. 13 Innen-Sechskantschraube

Aus Inhaltscenter einfügen

- Wählen Sie, über **Komponenten platzieren**, den **Halter** Pos. 3 und platzieren Sie diesen auf die Arbeitsebene, fügen Sie diese Komponente ein weiteres Mal ein (9).

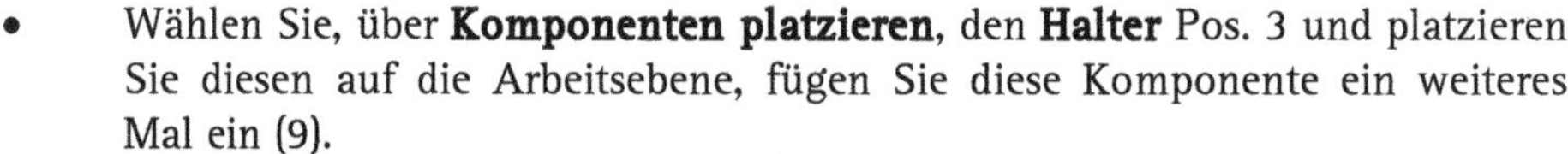

Einfügen

- Montieren Sie über Abhängigkeit **Einfügen** den Außendurchmesser der Gewindebohrung an der Aufnahmeplatte mit der Durchgangsbohrung an dem Halter (10, 11).

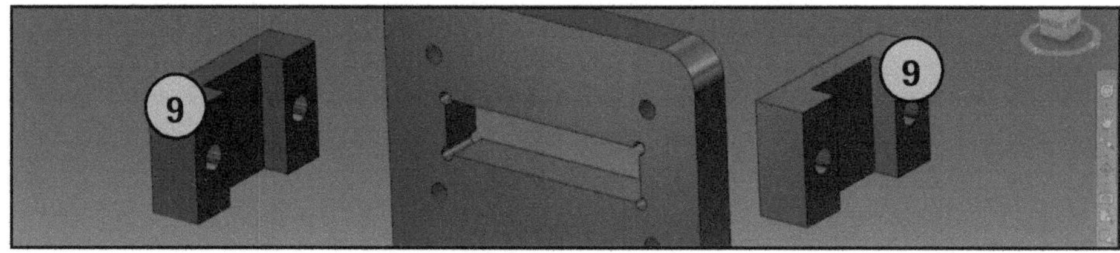

Fluchtend

- Richten Sie die Außenkonturen über Abhängigkeit **Passend Fluchtend** aus (12, 13).

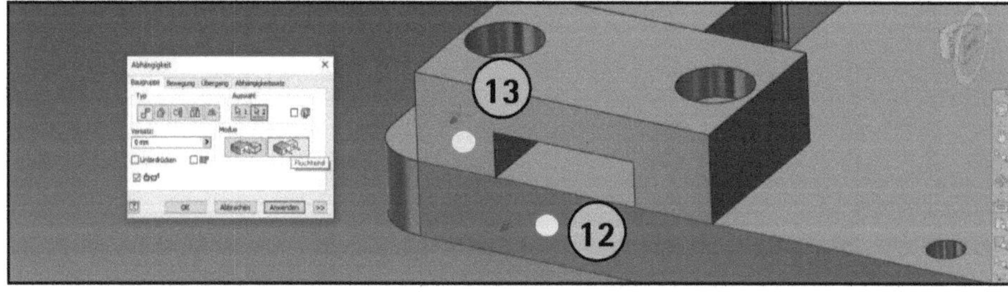

- Verfahren Sie mit dem zweiten Halter entsprechend (14, 15).

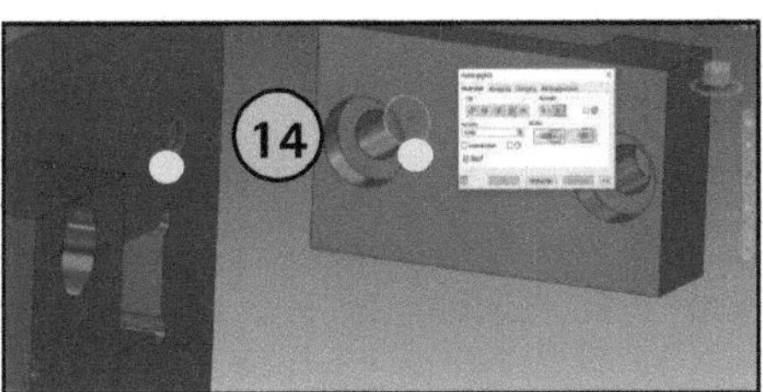 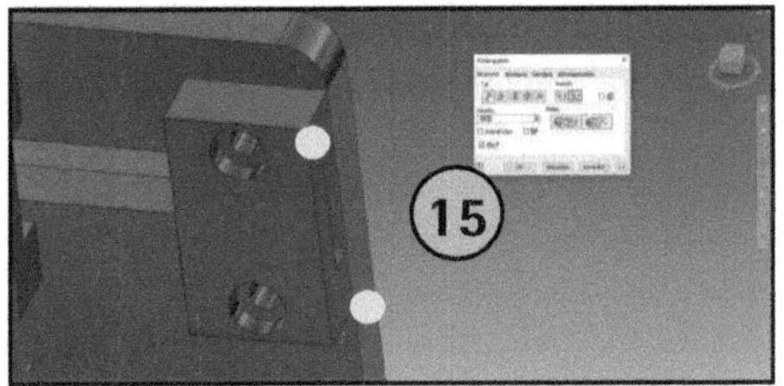

Einfügen

Fluchtend

- Montieren Sie über **Autodrop** die **Innensechskantschrauben**
DIN EN ISO **4762**, die Größe, die zweite Position und die Länge wird automatisch erkannt (16, 17, 18).

Aus Inhaltscenter einfügen

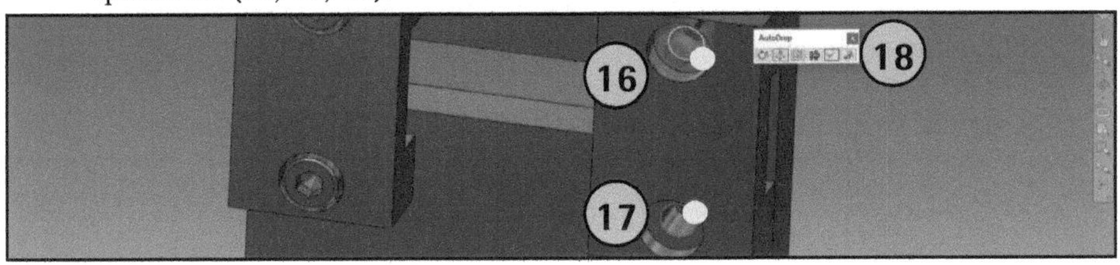

Platzieren

- Montieren Sie die beiden Befestigungsschrauben für den zweiten Halter entsprechend (16, 17, 18).

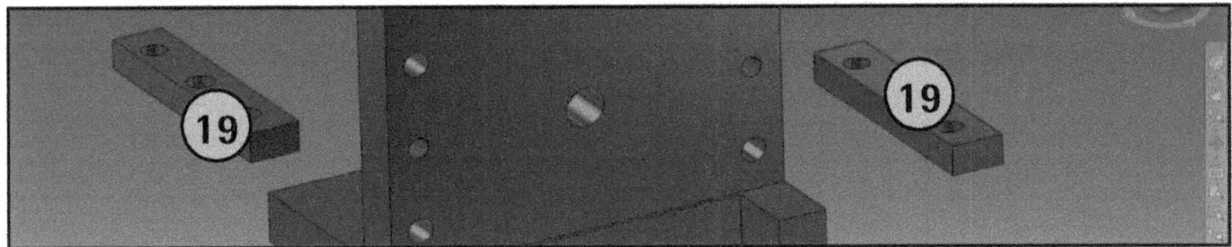

4.10.14.4 Die Baugruppen-Montage Führungsleiste Pos. 7 und Spannstifte Pos. 14

- Wählen Sie, über **Komponenten platzieren**, die **Führungsleiste** und platzieren Sie diese auf die Arbeitsebene, fügen Sie diese Komponente ein weiteres Mal ein (19).

Komponente platzieren

- Montieren Sie über Abhängigkeit **Einfügen** den Außendurchmesser der Gewindebohrung an der Aufnahmeplatte mit der Durchgangsbohrung an der Führungsleiste (20, 21).

Einfügen

Fluchtend

- Richten Sie die gezeigten Außenkonturen über Abhängigkeit **Passend Fluchtend** aus (22, 23).

Einfügen

Fluchtend

- Verfahren Sie mit der zweiten Führungsleiste entsprechend (20, 21, 22, 23).

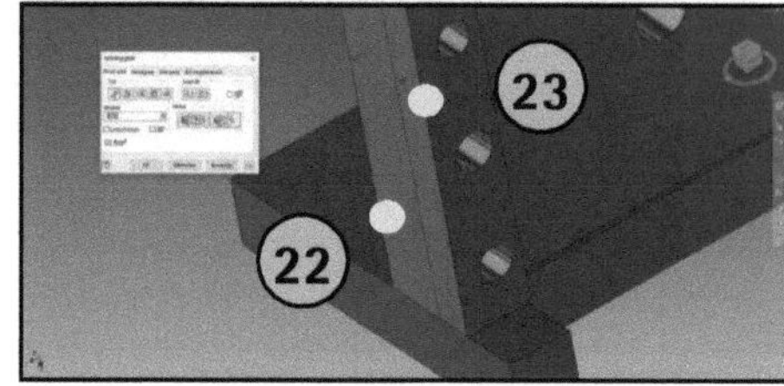

Aus Inhaltscenter einfügen

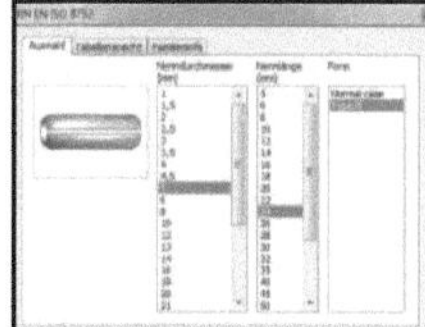

- Wählen Sie über **Aus Inhaltscenter platzieren** einen **Spannstift** DIN EN ISO **8752** Ø**5** mm x **24** mm lang und platzieren Sie diesen auf die Arbeitsebene, fügen Sie diese Komponente ein weiteres Mal ein (24). Hier ist eine Auswahl per **Autodrop**-Funktion von der Inhaltscenter-Bibliothek nicht vorgesehen. Für die Montage symmetrisch angeordneter Normteile, die nicht per **Autodrop** die Einbaulage finden, bietet sich **Komponente spiegeln** an.

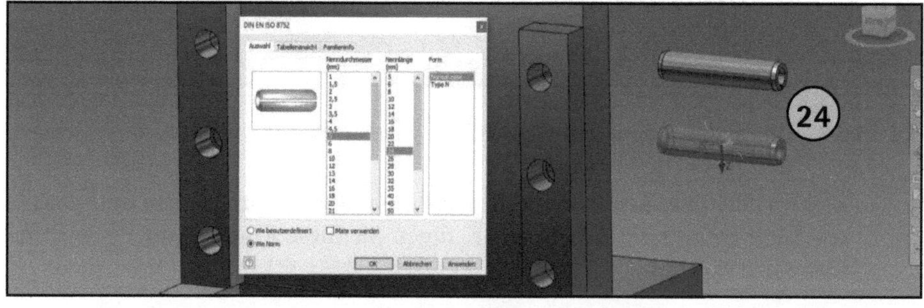

Einfügen

- Montieren Sie über Abhängigkeit **Einfügen** den Außendurchmesser des Spannstiftes mit der Durchgangsbohrung an dem Halter (25).

Einfügen

- Verfahren Sie mit dem zweiten Spannstift entsprechend (26).

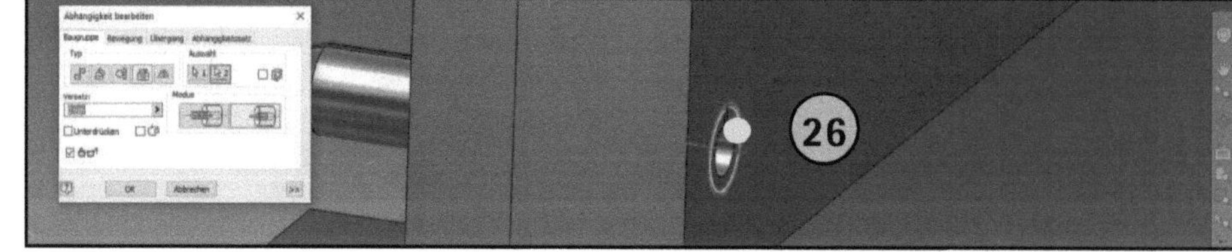

- Erstellen Sie eine **Mittelfläche zwischen zwei Ebenen** durch Anwahl der gezeigten Bauteilfläche (27, 28)

- Wählen Sie aus der Multifunktionsleiste **Komponente spiegeln**.
- Wählen Sie die beiden Spannstifte an (29).
- Wählen Sie die neu erstellte mittig liegende Arbeitsebene (30).
- Beenden Sie dann den Befehl.

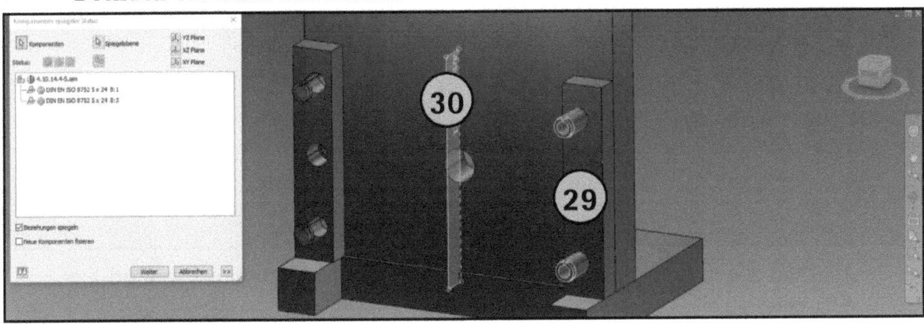

4.10.14.5 Montieren der Führungsplatte Pos. 4

- Wählen Sie, über **Komponenten platzieren** die **Führungsplatte** und platzieren Sie diese auf die Arbeitsebene (31).

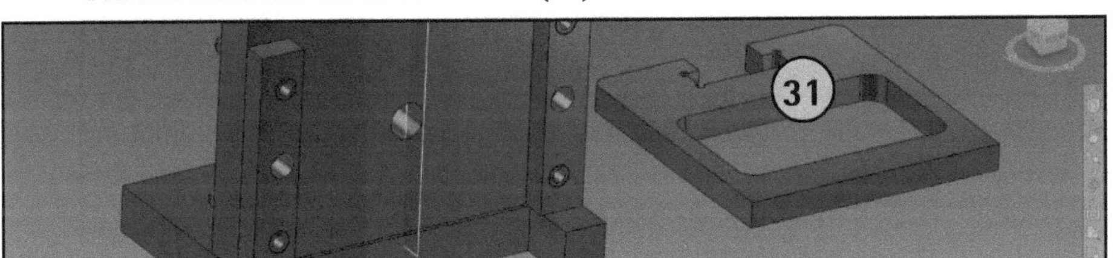

- Richten Sie die gezeigten Flächen über Abhängigkeit **Passend** aus (32, 33).

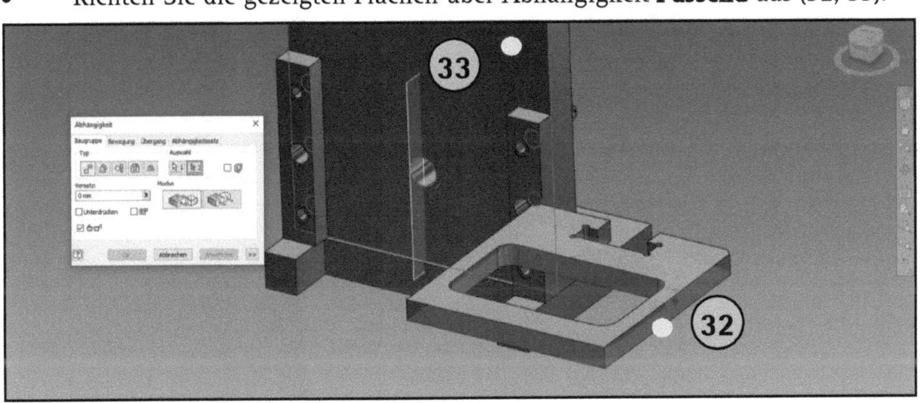

Passend

- Richten Sie die gezeigten Flächen über Abhängigkeit **Passend** aus (35, 36).

4.10.14.6 Montieren des Druckstücks

Komponente platzieren

- Wählen Sie, über **Komponenten platzieren**, das **Druckstück** und platzieren Sie dieses auf die Arbeitsebene (37).

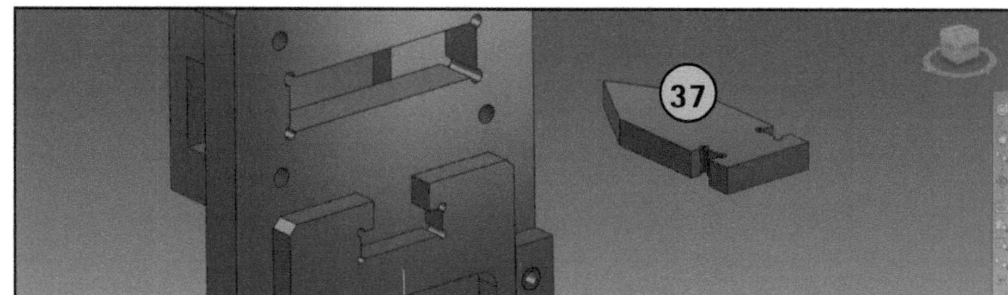

Passend

- Richten Sie die gezeigten Grundflächen über Abhängigkeit **Passend** aus (38, 39).

Passend

- Richten Sie die gezeigten Seitenflächen über Abhängigkeit **Passend** aus (38, 39).

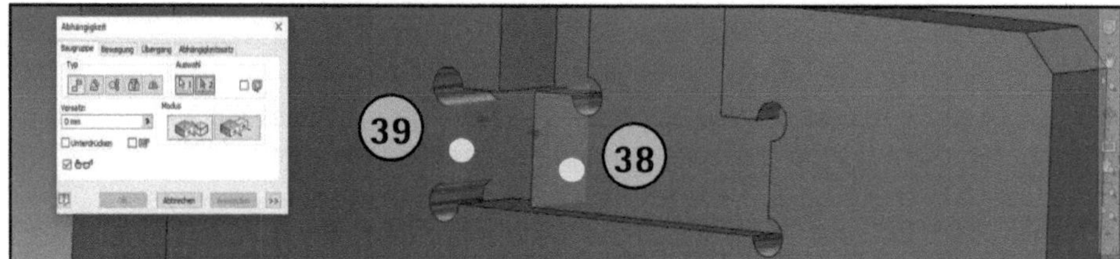

Passend

- Richten Sie die gezeigten Oberflächen über Abhängigkeit **Passend** aus (38, 39).

4.10.14.7 Montieren der Exzenterscheibe Pos.10

- Wählen Sie, über **Komponenten platzieren**, die **Exzenterscheibe** und platzieren Sie diese auf die Arbeitsebene (40).

- Richten Sie die gezeigten Grundflächen über Abhängigkeit **Passend** aus (41, 42).

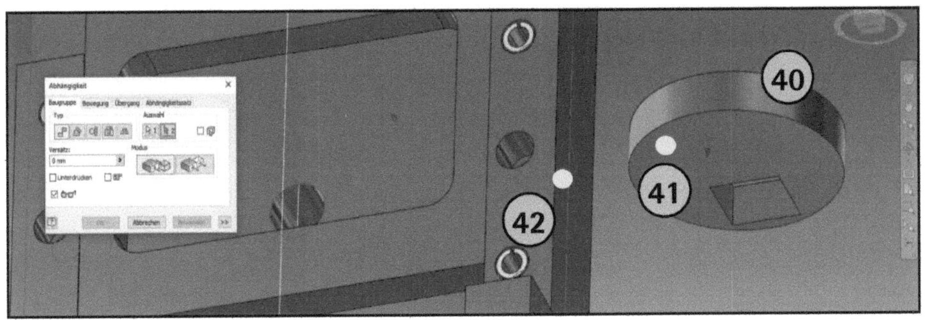

Für die Bewegungsübertragung ist eine Bewegungsabhängigkeit auf beide berührenden Flächen anzuwenden:

- Richten Sie die gezeigten Anlageflächen über Abhängigkeit **Übergang** aus (43, 44).

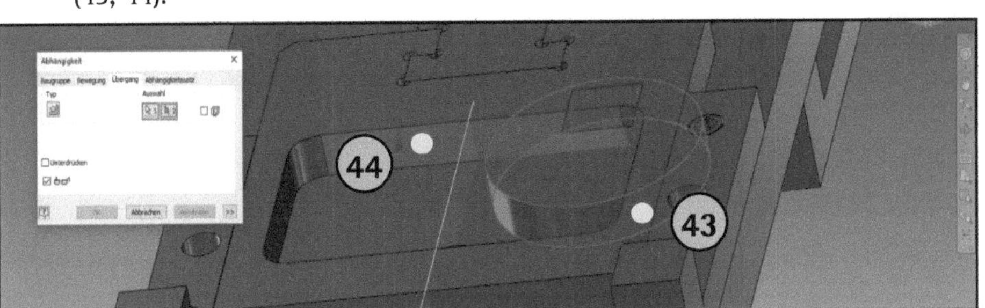

4.10.14.8 Montage des Handrades Pos. 9
mit Scheibe Pos. 15 und Hutmutter Pos. 16

- Wählen Sie über **Komponenten platzieren** das **Handrad** und platzieren Sie dieses auf die Arbeitsebene.

- Montieren Sie über Abhängigkeit **Einfügen** den Außendurchmesser am Vierkantansatz mit der Durchgangsbohrung an der Aufnahmeplatte (45, 46).

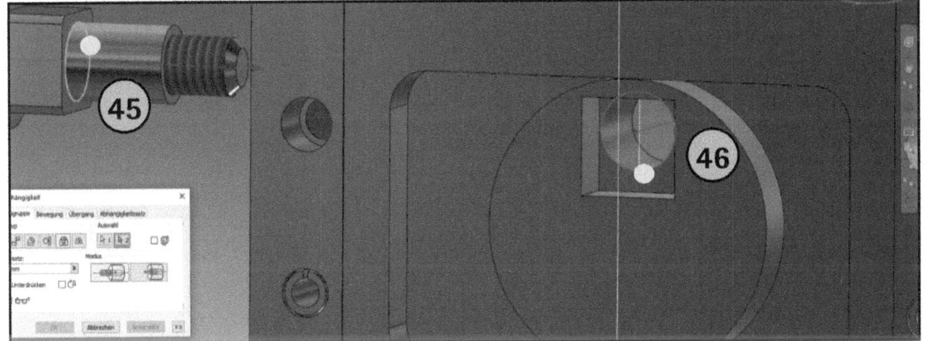

Passend

- Richten Sie die gezeigte seitliche Vierkantfläche Handrad zur Vierkantfläche Exzenterscheibe über Abhängigkeit **Passend** aus (47, 48).

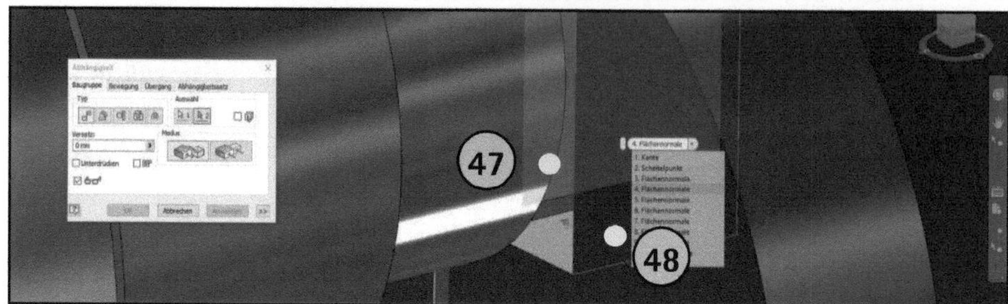

Passend

- Richten Sie die gezeigte untere Vierkantfläche Handrad zur Vierkantfläche Exzenterscheibe über Abhängigkeit **Passend** aus (49, 50).

Aus Inhalts-
center einfü-
gen

- Montieren Sie über **Autodrop** eine Unterlegscheibe **A6** DIN EN ISO **28738**, die Größe wird automatisch erkannt (51).

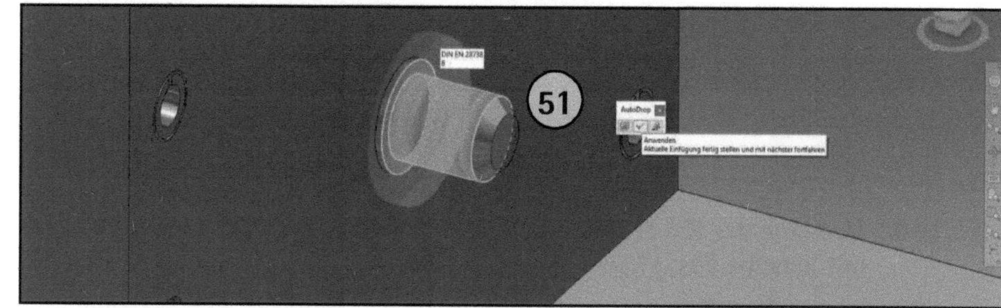

Aus Inhalts-
center einfü-
gen

- Montieren Sie über **Autodrop** eine Hutmutter **M6** DIN **1587**, die Größe wird automatisch erkannt (52).

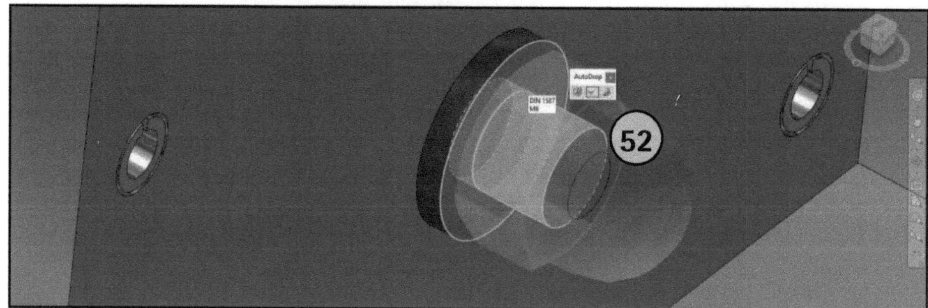

4.10.14.9 Montage der Abdeckplatte Pos. 5 mit Innensechskantschraube Pos. 11

- Wählen Sie, über **Komponenten platzieren**, die Abdeckplatte und platzieren Sie diese auf die Arbeitsebene.
- Montieren Sie über Abhängigkeit **Einfügen** den Außendurchmesser an der Abdeckplatte mit dem Außendurchmesser an dem Spannstift (53, 54).

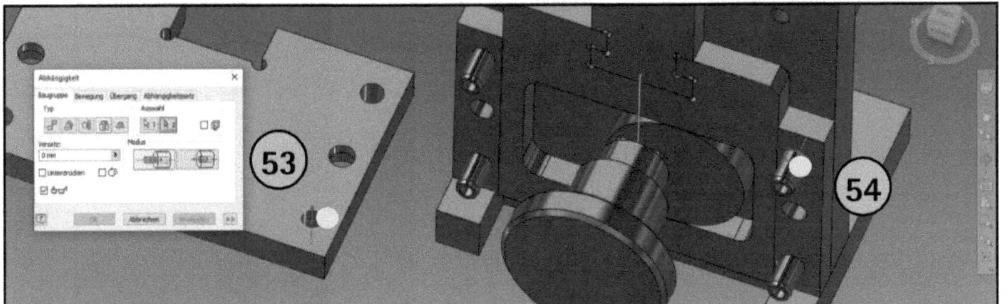

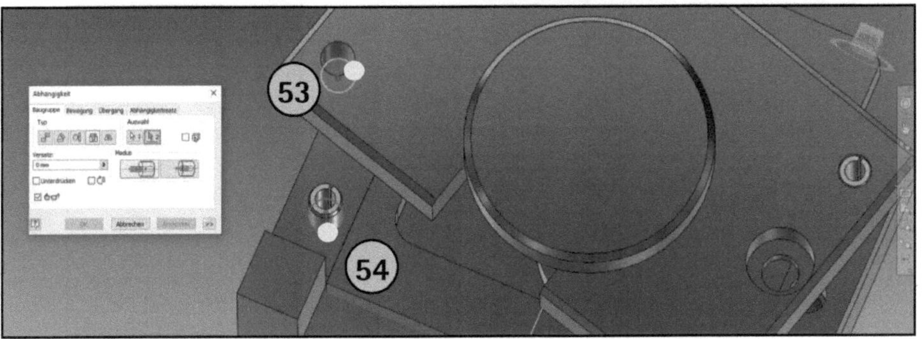

- Montieren Sie, über **Autodrop**, die **Innensechskantschrauben** DIN EN ISO **4762 M5** x **16** mm, die zweite Position wird automatisch erkannt (55).

- Die Länge wird automatisch erkannt, muss aber, über **Größe ändern**, auf **16** mm geändert werden (56).

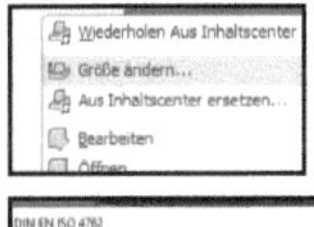

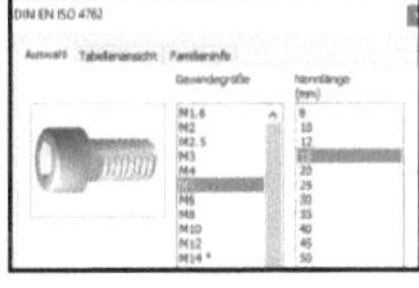

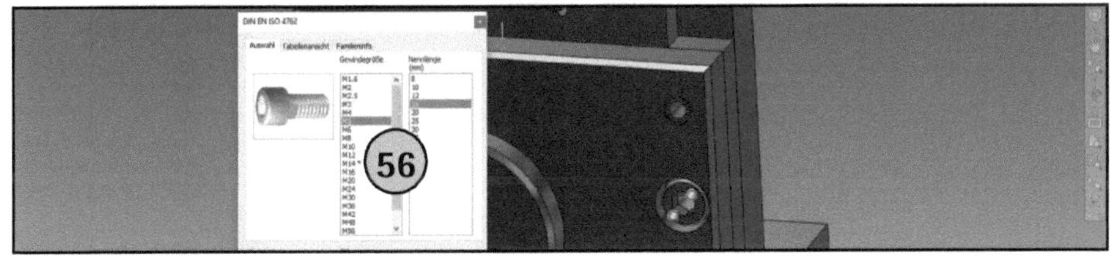

- Verfahren Sie, mit der zweiten Schraube, entsprechend.

Komponente
platzieren

Passend

4.10.14.10 Montage der beiden Stegelemente Pos. Pos. 8

- Wählen Sie, über **Komponenten platzieren**, das Stegelement und platzieren Sie diese auf die Arbeitsebene, fügen Sie diese Komponente ein weiteres Mal ein.

- Richten Sie die gezeigte Rückseite des Stegelements zur oberen Deckfläche der Aufnahmeplatte über Abhängigkeit **Passend** aus (57, 58).

Passend

- Richten Sie die gezeigte Unterseite des Stegelements zur unteren inneren Fläche des Halters über Abhängigkeit **Passend** aus (59, 60).

- Verfahren Sie mit dem zweiten Stegelement entsprechend (59, 60).

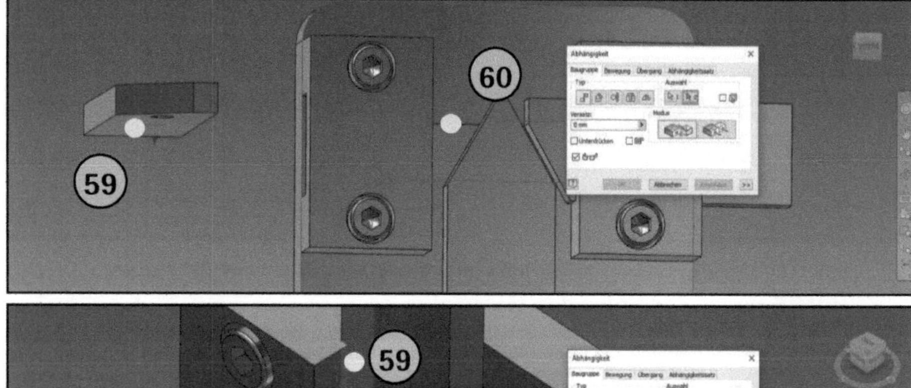

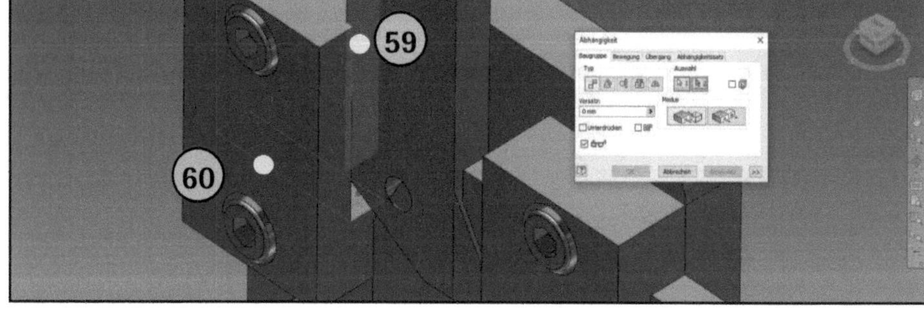

Für die Bewegungsübertragung ist eine Bewegungsabhängigkeit auf beide schrägen Seiten anzuwenden:

- Richten Sie die gezeigten Anlageflächen über Abhängigkeit **Übergang** aus (61, 62).

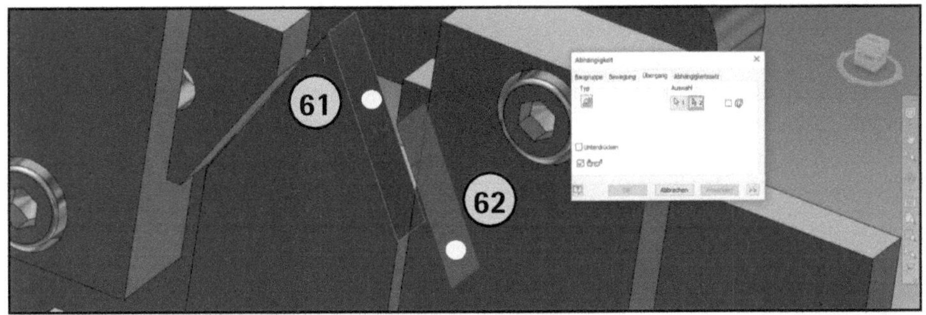

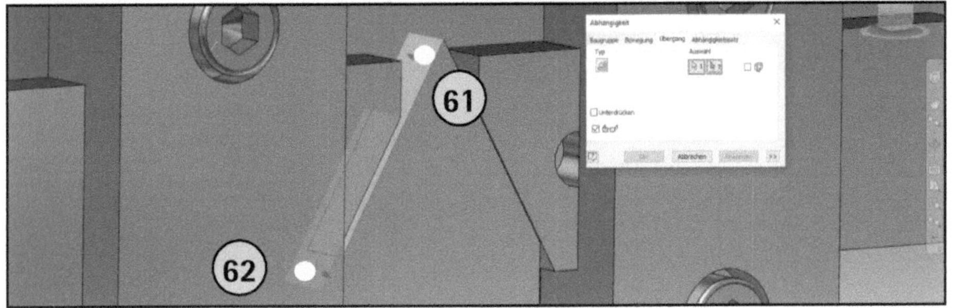

4.10.14.11 Montage der Federhalter Pos. 17

- Wählen Sie über **Komponenten platzieren** den Federhalter und platzieren Sie diese auf die Arbeitsebene, fügen Sie diese Komponente ein weiteres Mal ein (63).
- Montieren Sie über Abhängigkeit **Einfügen** den Außendurchmesser des Federhalters mit der Durchgangsbohrung in dem jeweiligen Stegelement (64, 65).

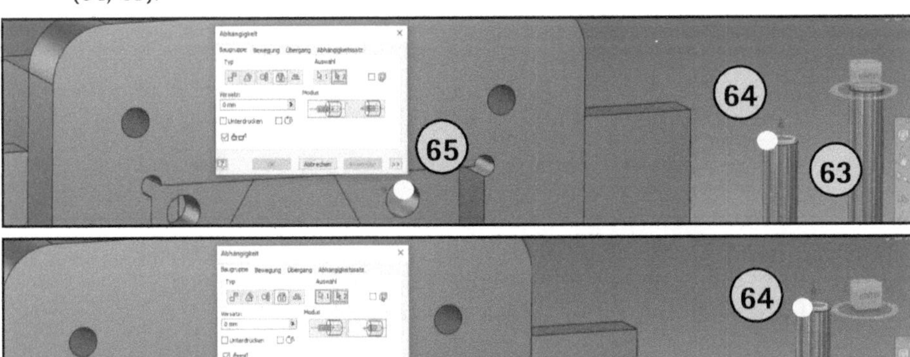

4.10.15 Kontrolle der mechanischen Bewegung
Umwandlung einer Drehbewegung in eine Schubbewegung

Zur Kontrolle der mechanischen Bewegung klicken Sie auf den großen Durchmesser des Handrades, linke Maustaste gedrückt halten, Handrad damit drehen.

Drehen Sie das Handrad jeweils eine Umdrehung in Uhrzeigerrichtung und entgegen gesetzt, die Exzenterscheibe dreht sich über den Vierkant außermittig und nimmt damit die Führungsplatte und das Druckstück über den Exzenterhubweg mit, weiterhin wird nun über die schrägen Seiten des Druckstücks auf die Abschrägung an den Stegelementen eine rechtwinklige Linearbewegung übertragen.

4.10.16 Bewegliche Baugruppe „Gleitriegel"
Datensicherung über „Pack and Go"

4.10.16.1 Baugruppe speichern

* Aufruf über den **Menü-Browser**, Register **Datei**.

Speichern
unter

Speichern unter

4.10.16.2 Datensicherung über Pack and Go

- Wählen Sie im Pulldown-Menü **Datei Speichern Unter / Pack and Go**.
- Geben Sie den Zielordner für die Bündelung an.
- Klicken Sie auf die Schaltfläche **Jetzt Suchen**,
- Klicken Sie auf die Schaltfläche **Start**.
- Schließen Sie diesen Vorgang mit **Fertig** ab (62, 63).

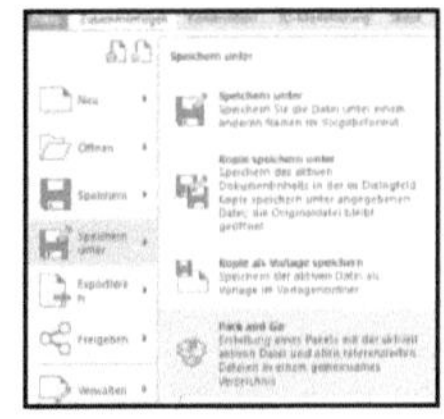

Pack and Go

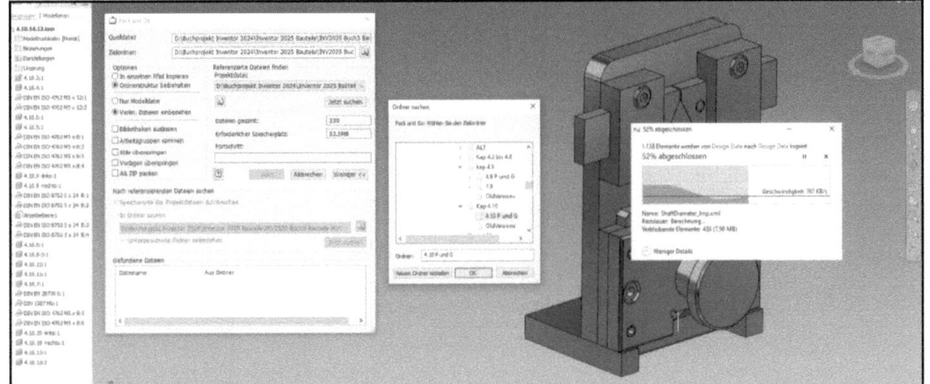

5

AutoDesk
Inventor 2025
Bauteile

Bauteil-Montage

Lagerungs-Baugruppen

5 Lagerungs-Baugruppen

Projekt VI

Lagerungs-Baugruppen

- Lagerungs-Baugruppe
  „Lagerungsbeispiel für ein Wellenende"
  Bauteilmontage mit Bewegungskontrolle

- Lagerungs-Baugruppe
  „Lagerung mit Stiftkupplung"
  Bauteilmontage mit Bewegungskontrolle

- Lagerungs-Baugruppe „Walzenlagerung"
  Baugruppen-Montage mit Unterbaugruppen
  Bewegungskontrolle

5.1 Lagerungs-Baugruppe „Lagerungsbeispiel für ein Wellenende"

5.1.1 Konstruktionsvorgaben

5.1.1.1 Technische Beschreibung

Der vereinfachte Lagerungsaufbau stellt einen Beitrag zur Kostenreduzierung da.
Das zweireihige Schrägkugellager Pos. 5 nimmt die radialen und axialen Kräfte auf
und wird mit dem Sicherungsring Pos. 8 axial gesichert. Die Wellendichtringe Pos.
6, 7 und die Runddichtringe Pos. 9 verhindern den Ölaustritt.

5.1.1.2 Montagevorgaben

Projekte

Erstellen Sie die Baugruppe **Lagerungsbeispiel für Wellenende** aus dem, als Skizzen vorgegebenen Einzelteilen, mit einer neu angelegten Projektdatei.
Die Baugruppe besteht aus vier zu erstellenden Bauteilen und 8 Normteilen aus dem Inhaltscenter, entsprechend folgender Liste:

Pos.	Stck	Benennung	Kurzbez.	Norm	Material
1	1	Antriebswelle	Rd 160 x 215 + 30	DIN EN 10277	34 CrMo4
2	1	Lagerplatte	Fl 200 x 200 x 35	DIN EN 10278	S235JR
3	1	Flansch	Rd 195 x 25	DIN EN 10278	1.4310
4	1	Deckel	Rd 195 x 25	DIN EN 10278	1.4310
5	1	Schrägkugellager d 80, D 140, B 44,4 mm	SKF- Typ 3216 2RS	DIN 628	
6	2	Radialwellen-Dichtring	AS 75 x 100 x 10	DIN 3760	NBR
7	2	Radialwellen-Dichtring	AS 110 x 130 x 12	DIN 3760	NBR
8	1	Sicherungsring	80 x 2,5	DIN 471	F-St
9	1	Passfeder	A 18 x 11 x 63	DIN 6885-1	E295+C
10	6	Zylinderschraube	M8 x 80	DIN EN ISO 4762	8.8
11	6	Zylinderschraube	M8 x 25	DIN EN ISO 4762	8.8

5.1.1.3 Baugruppen-Zeichnungsableitung, exemplarisch

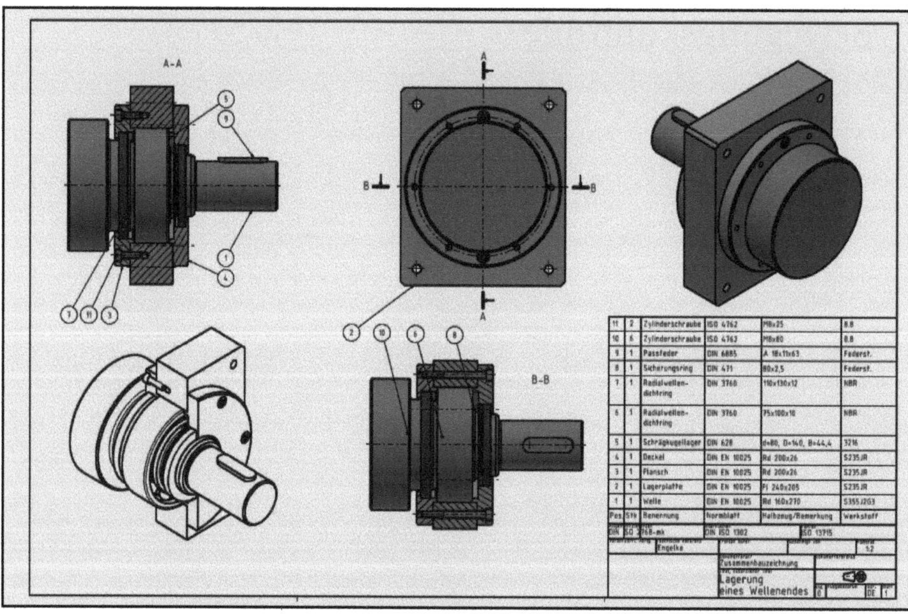

5.1.1.4 Lagerungs-Baugruppe „Lagerungsbeispiel für ein Wellenende"
Baugruppen-Darstellungen

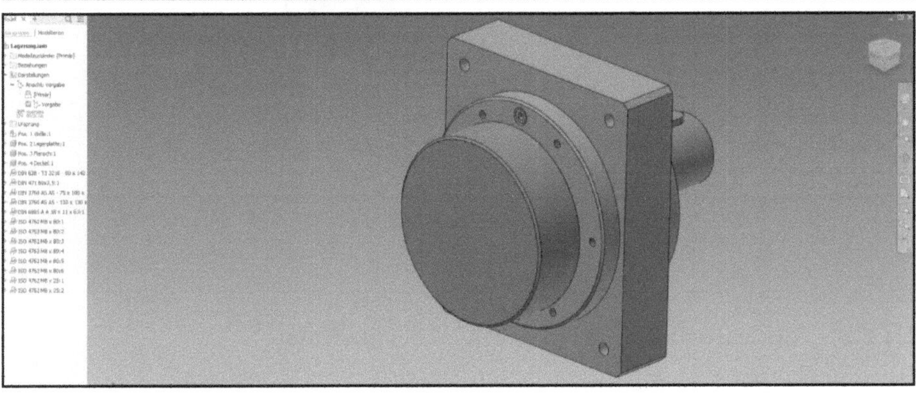

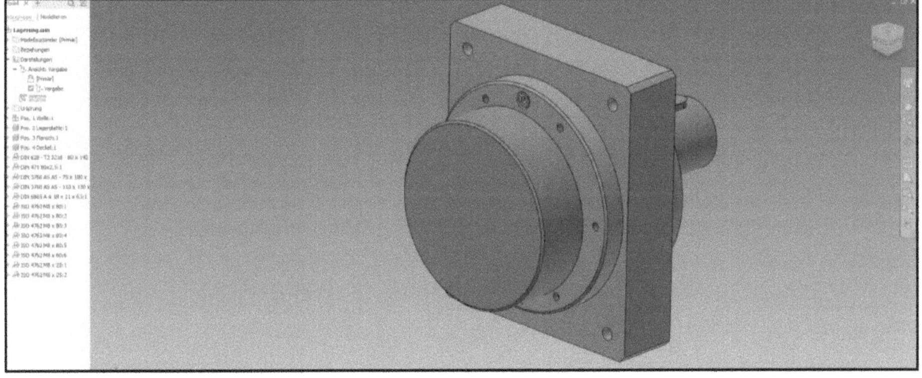

5.1.2 Die Antriebswelle Pos. 1, Bauteilerstellung über „Wellengenerator"

5.1.2.1 Die Konstruktionsskizze für die Bauteilerstellung

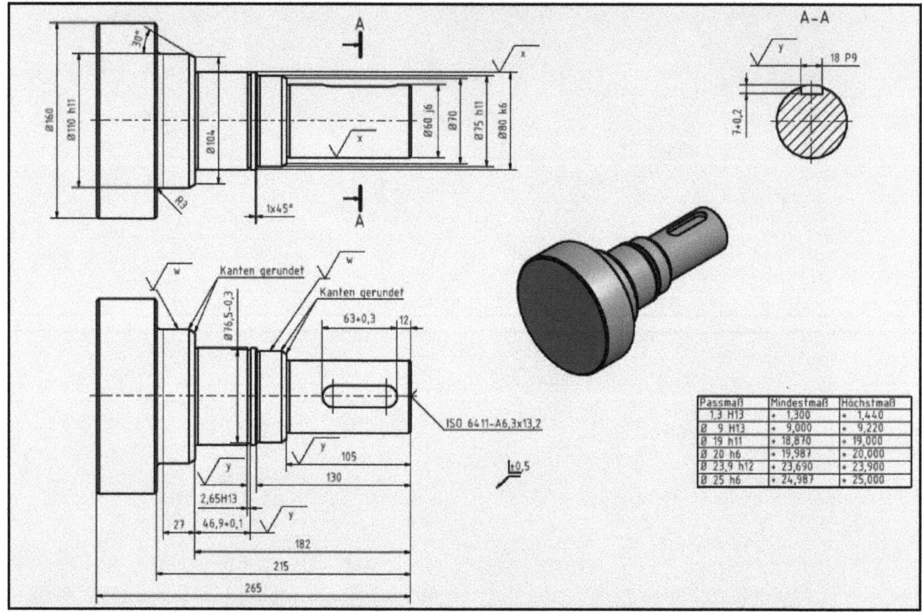

Passmaß	Mindestmaß	Höchstmaß
1,3 H13	+ 1,300	+ 1,440
Ø 9 H13	+ 9,000	+ 9,220
Ø 19 h11	+ 18,870	+ 19,000
Ø 20 h6	+ 19,987	+ 20,000
Ø 23,9 h12	+ 23,690	+ 23,900
Ø 25 h6	+ 24,987	+ 25,000

5.1.2.2 Antriebswelle Pos. 1, Vorgaben Wellengenerator

Der Grundkörper setzt sich aus mehreren Einzelschritten zusammen:

Schritt 1, Grundzylinder:

Zylinder 1 Ø160 mm x 30 mm lang, Zylinder 2 Ø110 mm x 33 mm lang, Zylinder 3 Ø80 mm x 52 mm lang, Zylinder 4 Ø75 mm x 25 mm lang Zylinder 5 Ø60 mm x 105 mm lang.

Schritt 2, Nut für Sicherungsring:

Tragen Sie die Nut für den Sicherungsring Pos. 8 ein.

Schritt 3, Rundungen und Fasen

Passen Sie die Grundzylinder mit Fasen und Rundungen an.

Schritt 4, Freistiche

Bringen Sie an den gezeigten Stellen auf der Welle Freistiche an.

Schritt 5, Passfedernut:

Erstellen Sie die Passfedernut in den rechten Wellenendansatz.

Schritt 6, Zentrierbohrungen:

Bringen Sie beidseitig eine Zentrierbohrung auf Mitte Welle ein.

5.1.2.3 Die Antriebswelle Pos. 1,
Ablauf der Bauteilerstellung mit dem „Wellengenerator"

Der Wellengenerator wird nur in der Baugruppen-Umgebung zur Verfügung gestellt.

* Öffnen Sie ein neues Baugruppendokument, Vorlagendatei **Engelke2025.iam**
* **Speichern** Sie dieses leere Baugruppendokument.

5.1.2.4 Bauteilerstellung mit dem Wellengenerator, Aufruf

Wellengenerator (Register **Konstruktion**)

Löschen Sie alle Einträge, bis auf den Grundeintrag.

* Zylinder 1:
  Zylinder Ø**160** mm x **30** mm lang (1), Fase **2 x 45°** (2),
  Weisen Sie der Welle das Material **Stahl poliert** zu.

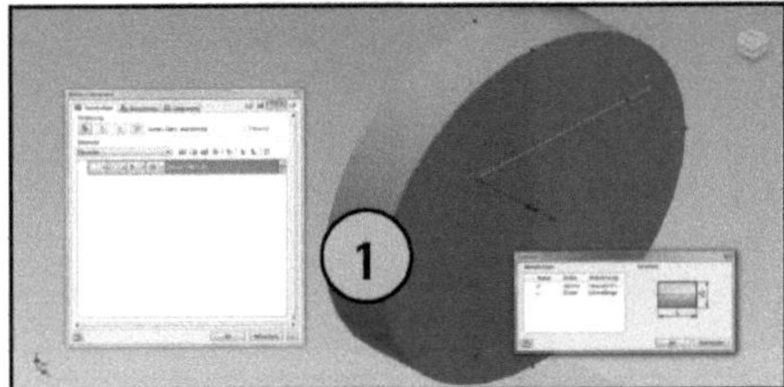
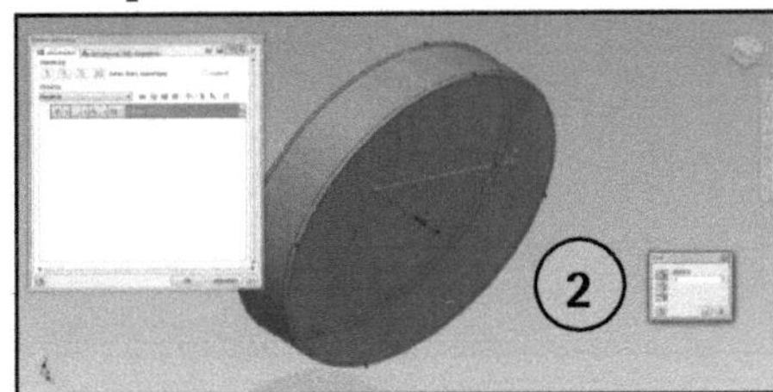

* Zylinder 2:
  Zylinder Ø**110** mm x **33** mm (3), Fase **3 x 30°**, Abrundung R = **3** mm (4),
  Freistich **DIN 509**-E **0,8** x **0,3** (5, 6).

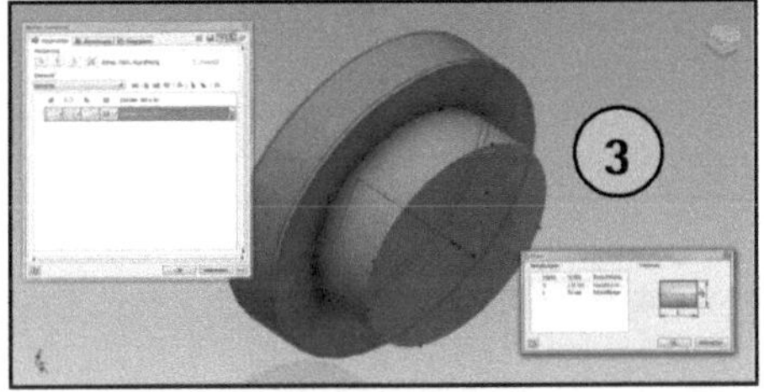
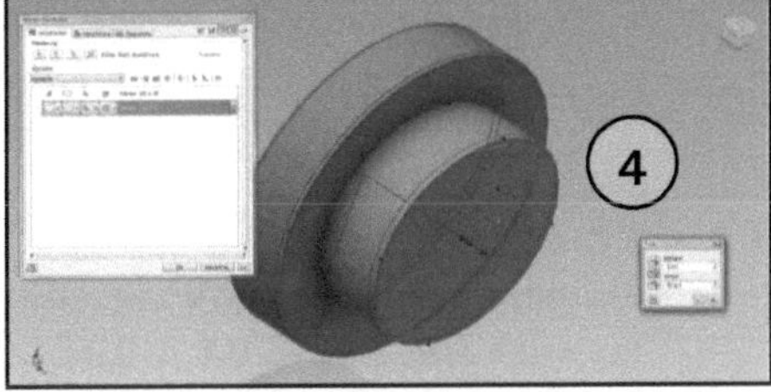
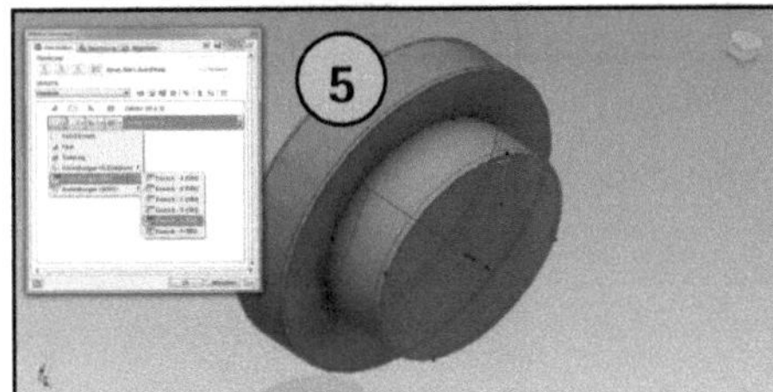
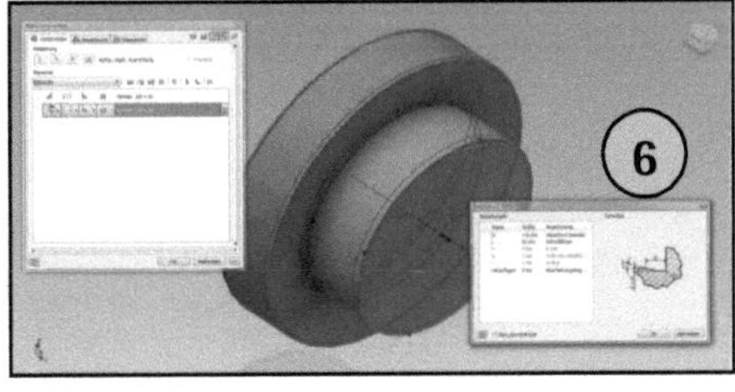

* Zylinder 3:
  Zylinder Ø**80** mm x **52** mm (7), Fase **1 x 45°** (8).

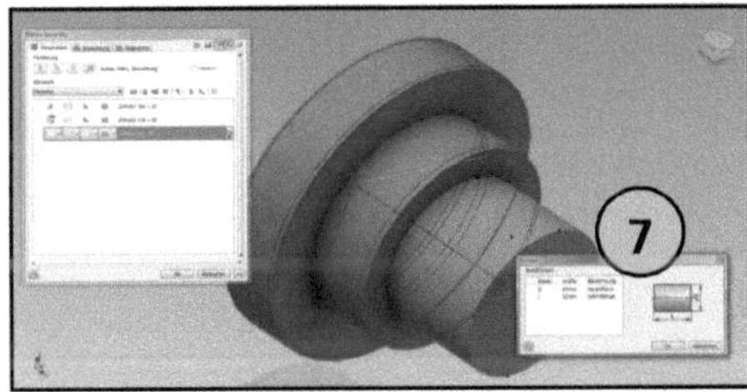
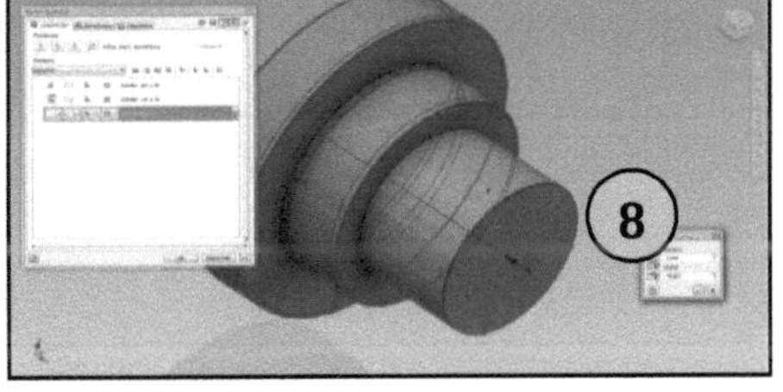

- Zylinder 3:
  Freistich **DIN 509**- E **0,8** x **0,3** (9).
  Nut für Sicherungsring Ø**76,5** mm Breite **2,65** mm (10).

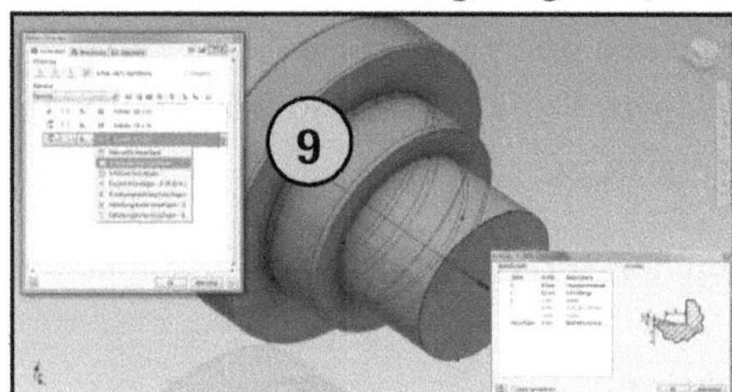 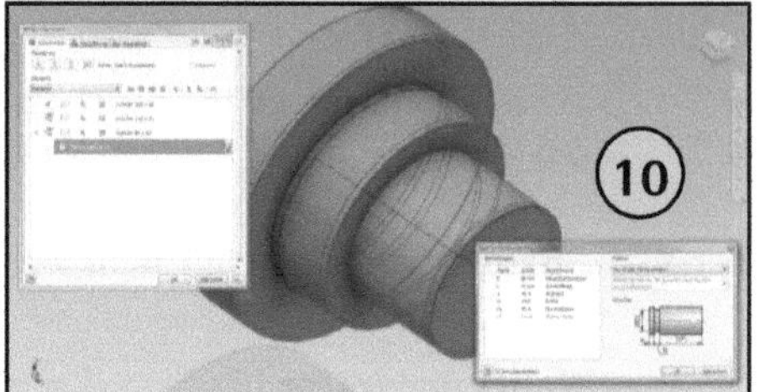

- Zylinder 4:
  Zylinder Ø**75** mm x **25** mm (11), Fase **2,5 x 30°** (12),
  Freistich **DIN 509**-E **0,8** x **0,3** (13, 14).

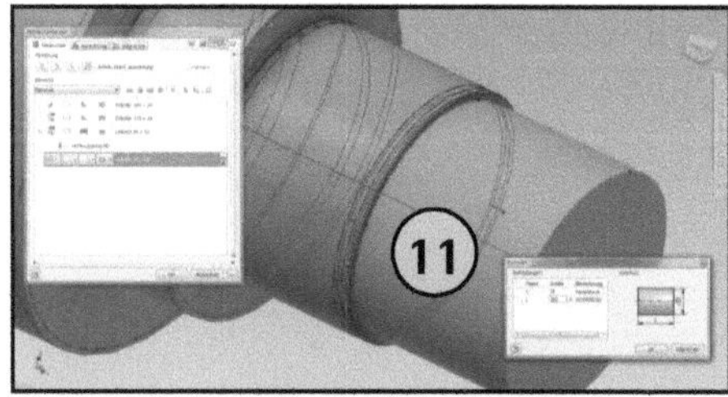 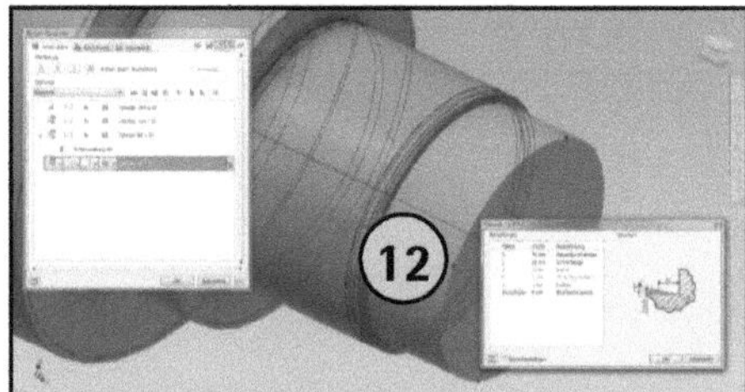

- Zylinder 5:
  Zylinder Ø**60** mm x **105** mm (15), Fase **1 x 45°** (16),
  Freistich **DIN 509**-E **0,8** x **0,3** (17)
  Passfeder-Nut Typ DIN **6885A** Länge **63** mm Tiefe **7** mm (18).

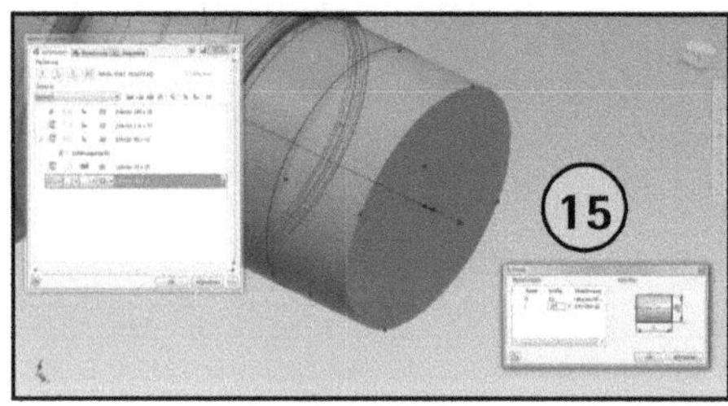 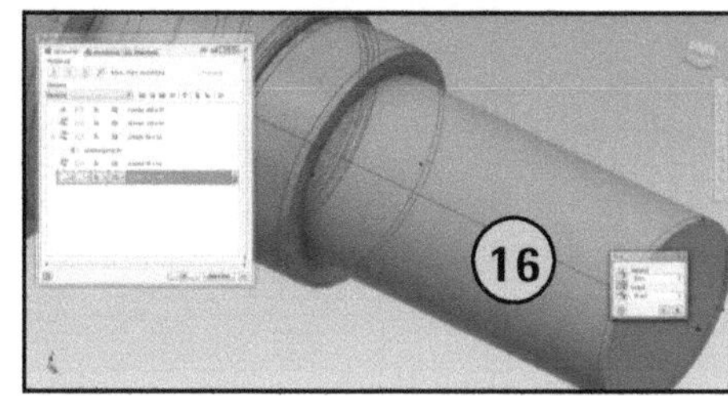

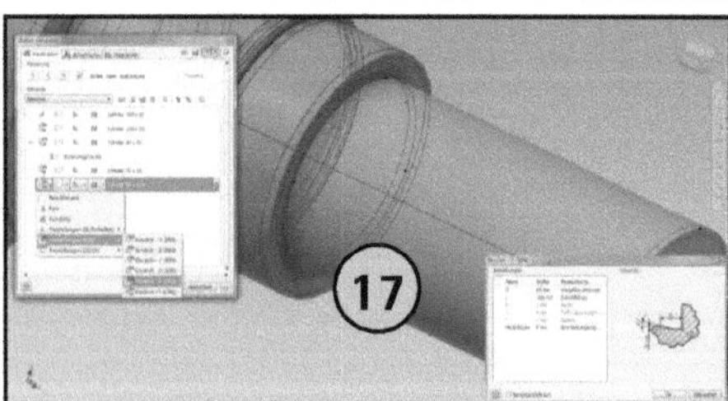 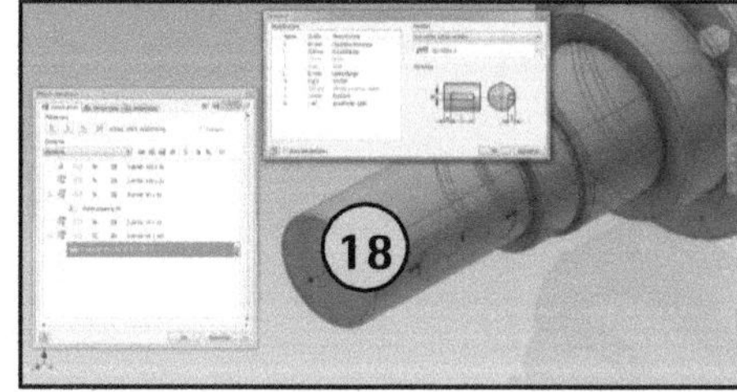

- Schließen Sie die Bearbeitung mit **OK** ab.

5.1.2.5 Die Antriebswelle Pos. 1, die Bauteilerstellung, Zentrierbohrungen

In beide Wellenenden ist eine Zentrierbohrung nach ISO **6411** mit Innen-Ø**6,3** mm
Außen-Ø**13,2** mm Tiefe **8** mm und Senkungswinkel **60°** einzubringen.

 Bohrung

* Setzen Sie eine **Bohrung** Typ **Konische Senkbohrung** Ø**13,2** mm zu
  Ø**6,3** mm, Tiefe **8** mm, Senkungswinkel **60°**,
  Platzierung **konzentrische Referenz** auf die vordere Zylinderfläche (20, 21).

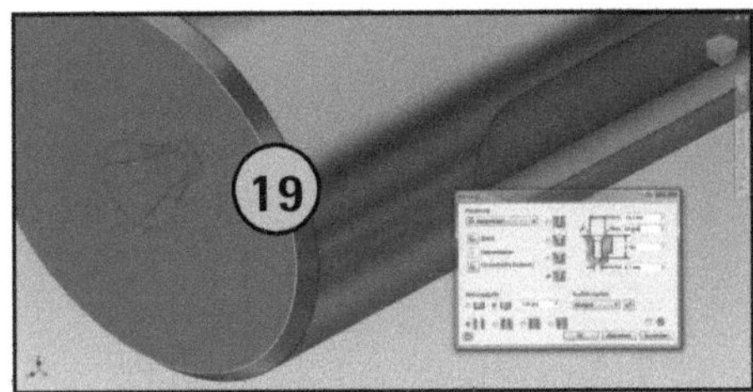
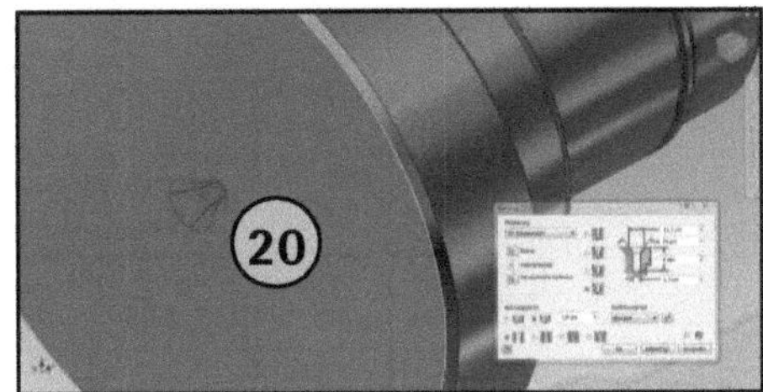

5.1.2.6 Baugruppe und Bauteil speichern

Die Speicherung der Baugruppe erzeugt zusätzlich ein Unterverzeichnis
Konstruktions-Assistent mit zwei Einträgen:

> Baugruppendatei: **Welle1.iam**

> Bauteildatei   : **Welle1.ipt**

Diese erzeugten Einträge gehören unbedingt zur konstruierten Antriebswelle und
müssen immer mitgeliefert werden, um eine Änderung möglich zu machen.

* Aufruf über den **Menü-Browser**, Register **Datei**.

Speichern unter
Das Dialogfeld **Speichern unter** wird eingeblendet.
Geben Sie einen Dateinamen Ihrer Wahl ein.

 Speichern
unter

5.1.3 Die Lagerplatte Pos. 2, die Bauteilerstellung

5.1.3.1 Die Konstruktionsskizze für die Bauteilerstellung

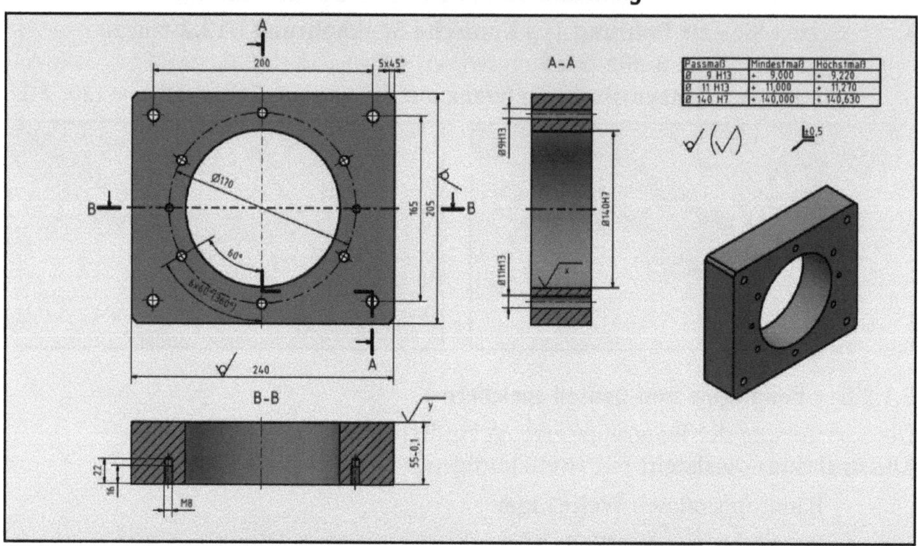

5.1.3.2 Die Lagerplatte, Pos. 2, Vorgaben

- Blechelement **200** x **200** x **55** mm dick.
- **Fasen** Sie die Lagerplatte an den senkrechten Seiten an.
- Bringen Sie eine Durchgangsbohrung von Ø**140** mm mittig in die Lagerplatte ein.
- Bringen Sie vier Durchgangsbohrungen Ø**11** mm auf die Ecken ein.
- Verteilen Sie sechs Durchgangsbohrungen Ø**9** mm auf einem Lochkreis-Ø von **170** mm.
- Verteilen Sie zwei Gewinde-Grundlochen **M8** x **16/22** mm auf einem Lochkreis-Ø von **170** mm.
- Weisen Sie der Lagerplatte das Material **Stahl Guss** zu.
- **Speichern** Sie das Bauteil.

5.1.3.3 Die Lagerplatte Pos. 2, Ablauf der Bauteilerstellung

- Erstellen Sie, aus der vorgegebenen Darstellung, auf einem neuen Dokument, ein **Grundkörper Quader** mit einer Dicke von **55** mm, Länge **240** mm und Breite **205** mm (1).

Neu

Engelke-2025
.ipt

Quader

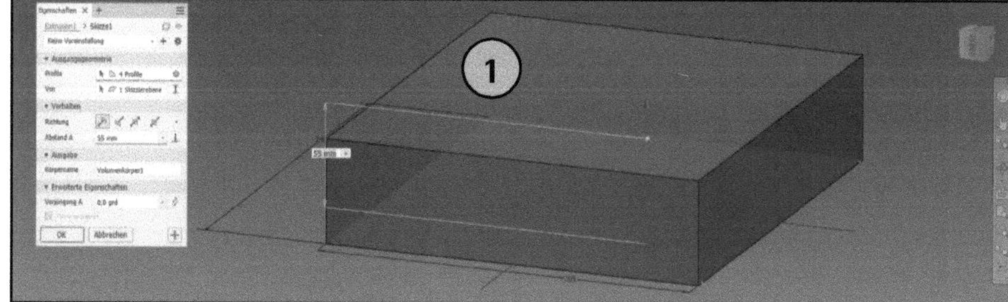

- Weisen Sie der **Lagerplatte** das Material **Stahl Guss** zu.

- Die Konturschrägen werden über **Fase 5** mm, Option **Gleicher Abstand** erstellt (2).

Fase

- Setzen Sie eine **Bohrung Ø140** mm, Option **Durch alle**, über **Skizze wieder verwenden**, Auswahl **Punkt** (3).

Bohrung

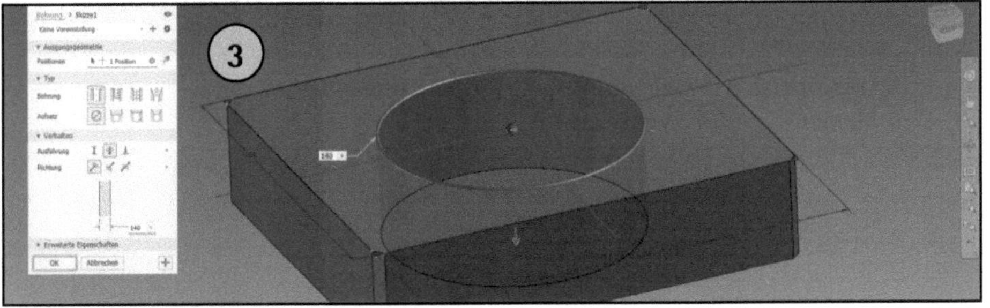

- Neue **2D-Skizze** auf Lagerplatten-Ebene, Hilfskonstruktion über **Geometrie projizieren**, **Versatz** und **Punkte** auf die Schnittpunkte (4).

2D-Skizze
starten

Linie

Versatz

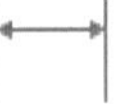
Allgemeine
Bemaßung

Punkt

- Setzen Sie eine **Bohrung** Typ **Durchgangsbohrung Ø11** mm, auf diese **Punkte** (5).

Bohrung

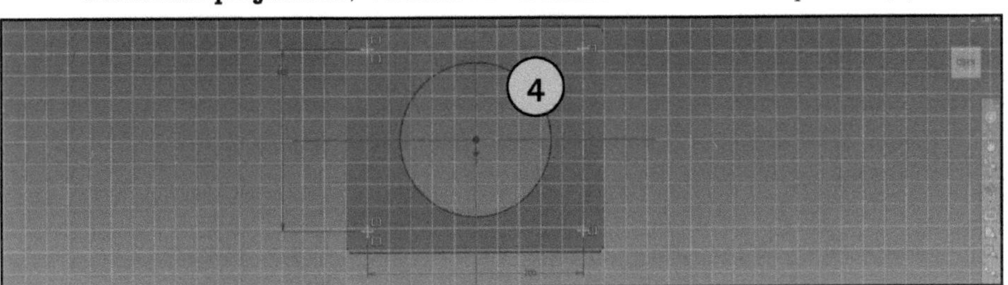

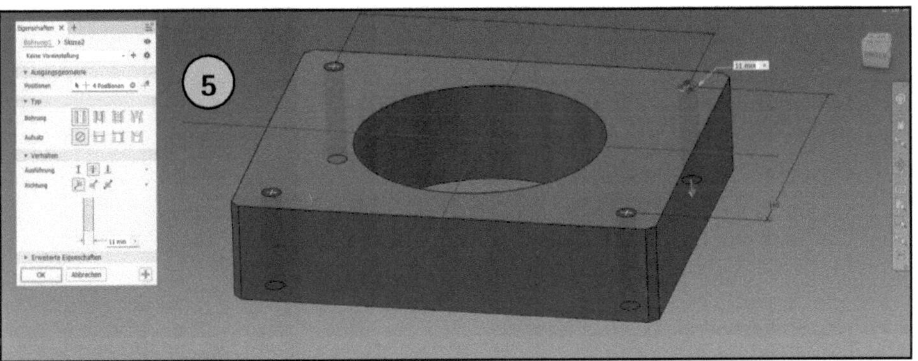

2D-Skizze
starten

Kreis
Mittelpunkt

Punkt

Bohrung

- Neue **2D-Skizze** auf Lagerplatten-Ebene, Hilfskreis mit **Kreis Ø170** mm, **Punkt** auf **Schnittpunkt** senkrechte Achse.
- Setzen Sie eine **Bohrung** Typ **Durchgangsbohrung Bohrung Ø9** mm, auf diesen **Punkt** (6).

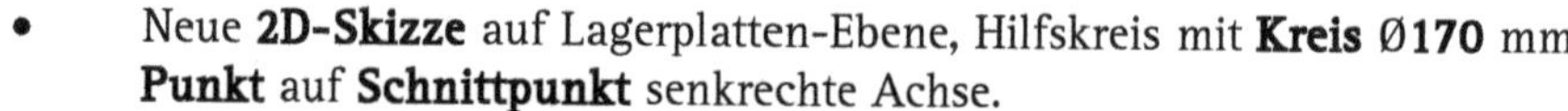

Runde
Anordnung

- **Sechs** zylindrische Senkbohrungen über **Runde Anordnung**, 6 Elemente, **360°**-Verteilung (7).

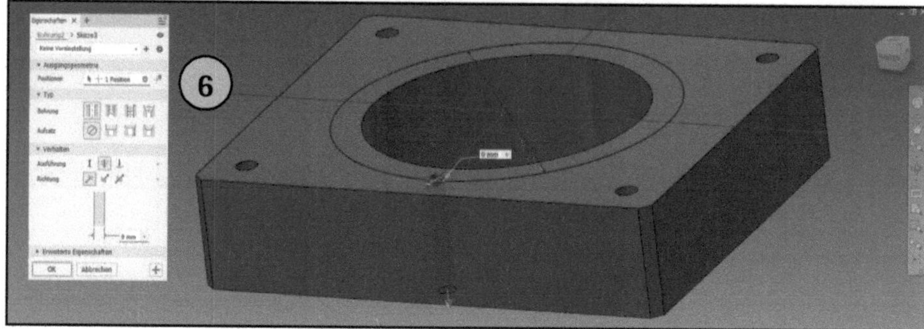

2D-Skizze
starten

Kreis
Mittelpunkt

Punkt

Bohrung

- Neue **2D-Skizze** auf Flansch-Ebene, Hilfskreis mit **Kreis Ø170** mm, **Punkte** auf die Schnittpunkte.
- Setzen Sie je eine **Bohrung** Typ **Gewinde-Grundloch M10**, Tiefe **16** mm, Bohrungstiefe **22** mm tief, auf diese **Punkte** (8).

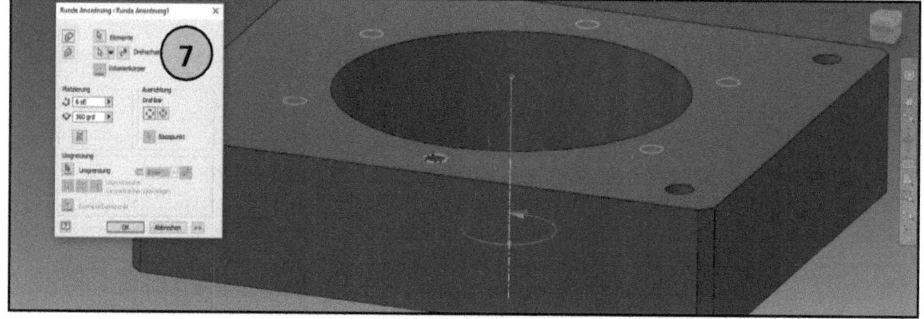

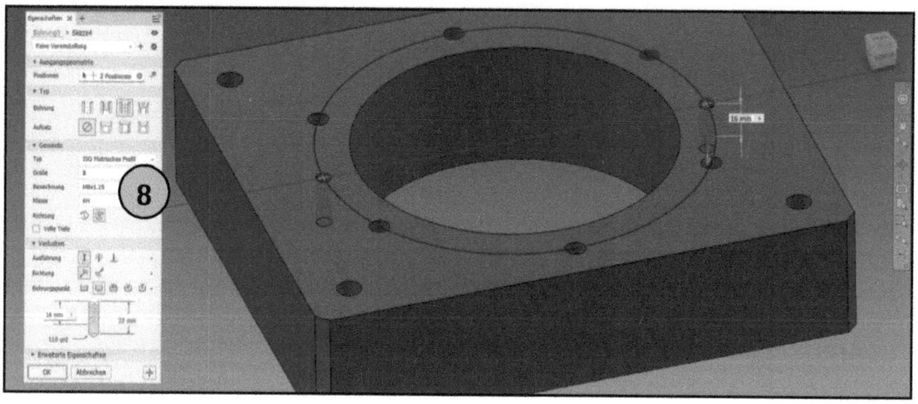

Speichern
unter

- **Speichern** Sie das neue Bauteil.

5.1.4 Der Flansch Pos. 3, die Bauteilerstellung

5.1.4.1 Der Flansch Pos. 3, Konstruktionsskizze

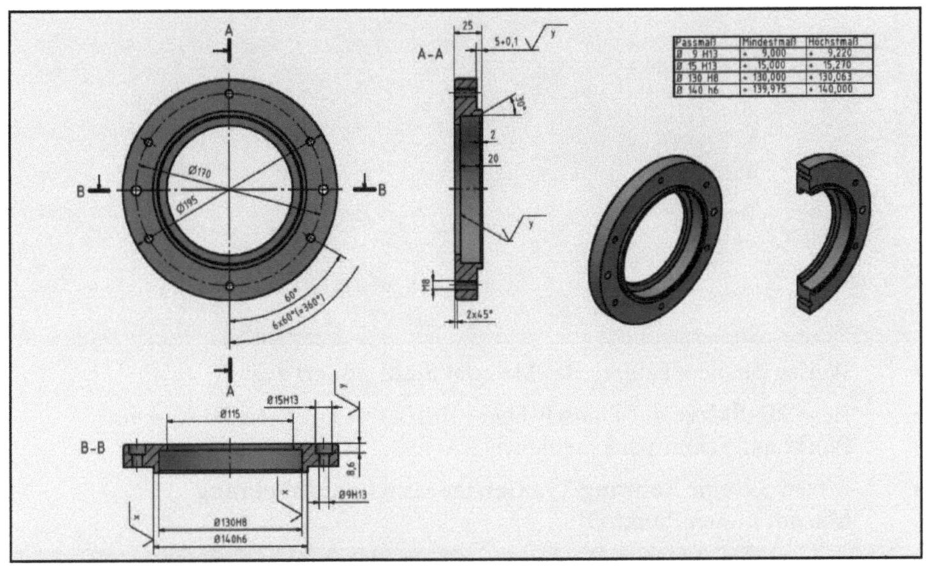

5.1.4.2 Der Flansch Pos. 3, Konstruktionsvorgaben

- Der Grundkörper entsteht über Drehung einer Skizze um **360°**.
- **Fasen** Sie die Außenkontur an.
- 6 Gewindebohrungen **M8**, Lochkreis-Ø **170** mm.
- 2 Stufenbohrungen Außen-Ø **15** mm, Innen-Ø **9** mm, Tiefe **8,6** mm, Lochkreis-Ø **170** mm.
- Weisen Sie dem Flansch das Material **Stahl poliert** zu.
- **Speichern** Sie das Bauteil

5.1.4.3 Der Flansch Pos. 3, Ablauf der Bauteilerstellung

- Öffnen Sie eine neue Bauteil-Vorlagendatei.
- Neue **2D-Skizze** auf **YZ**-Ebene, Skizze erstellen mit **Linie** und Linientyp **Mittellinie** als Rotationsachse, mit **Allgemeine Bemaßung** vervollständigen und Maße **Über Mittellinie** antragen (1).

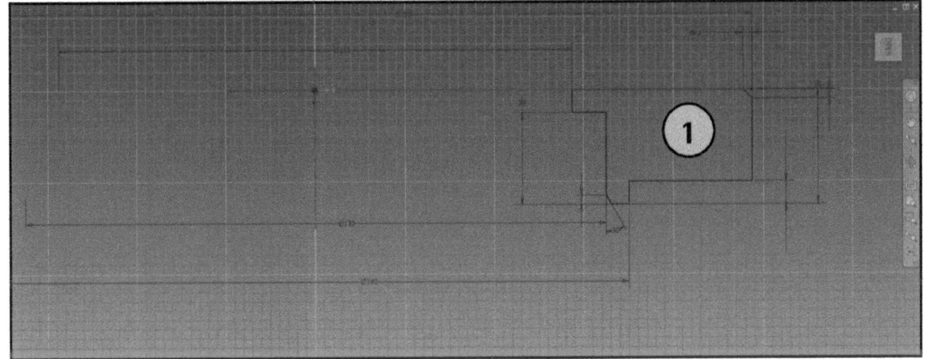

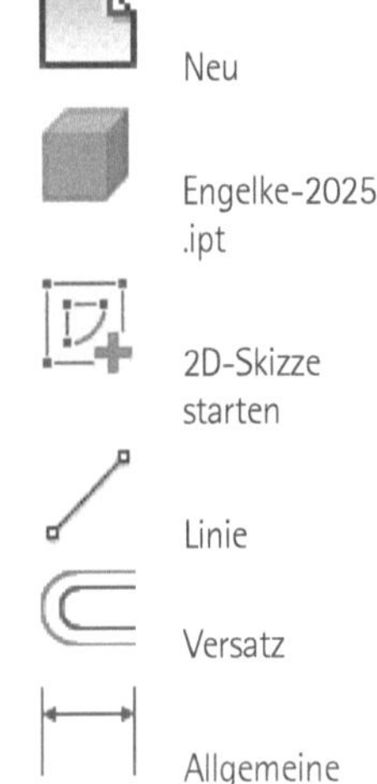

Drehung

- Volumenkörpererstellung über **Drehung**, Anwahl der Mittelachse als Rotationsachse, **Vollkörper** bei **360°** (2).

2D-Skizze
starten

Kreis
Mittelpunkt

Punkt

Bohrung

- Weisen Sie dem Flansch das Material **Stahl poliert** zu.

- Neue **2D-Skizze** auf Flansch-Ebene, Hilfskreis mit **Kreis Ø170** mm, **Punkt** auf Schnittpunkt senkrechte Achse.

- Setzen Sie eine **Bohrung** Typ **Gewindedurchgangsbohrung M8**, auf diesen **Punkt** (3).

Runde
Anordnung

- **Sechs** Gewindebohrungen über **Runde Anordnung**, **6** Elemente, **360°**-Verteilung (4).

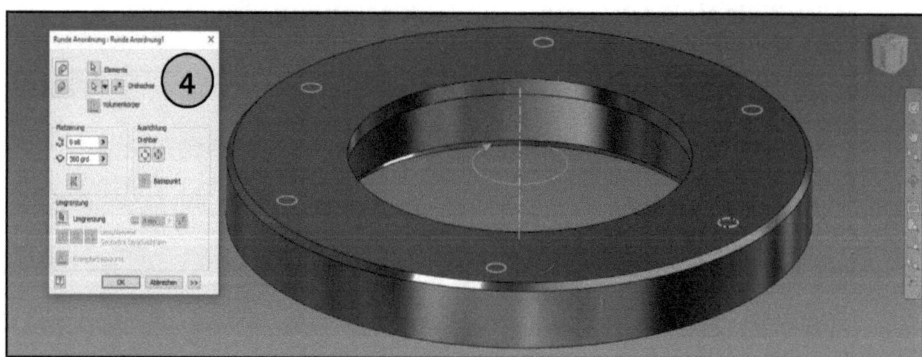

- Neue **2D-Skizze** auf Flansch-Ebene, Hilfskreis mit **Kreis Ø170** mm, **Punkt** auf Schnittpunkt senkrechte Achse.
- Setzen Sie je eine **Bohrung** Typ **Zylindrische Senkbohrung Bohrung Ø9** mm, Senkung **Ø15** mm **8,6** mm tief, auf diese **Punkte** (5).

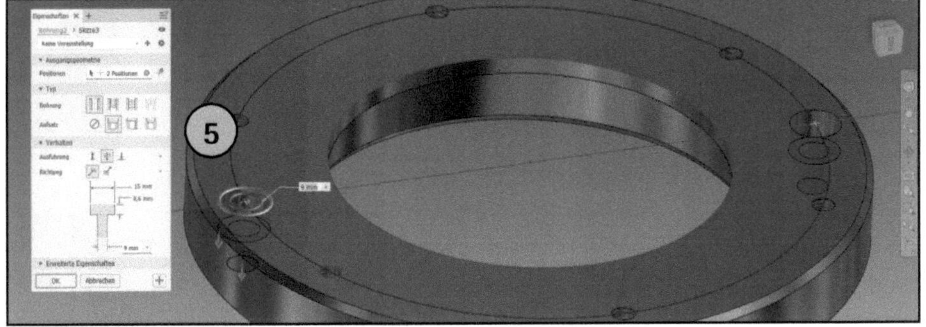

- **Speichern** Sie das neue Bauteil.

5.1.5 Der Deckel Pos. 4, die Bauteilerstellung

5.1.5.1 Der Deckel Pos. 4, Konstruktionsskizze

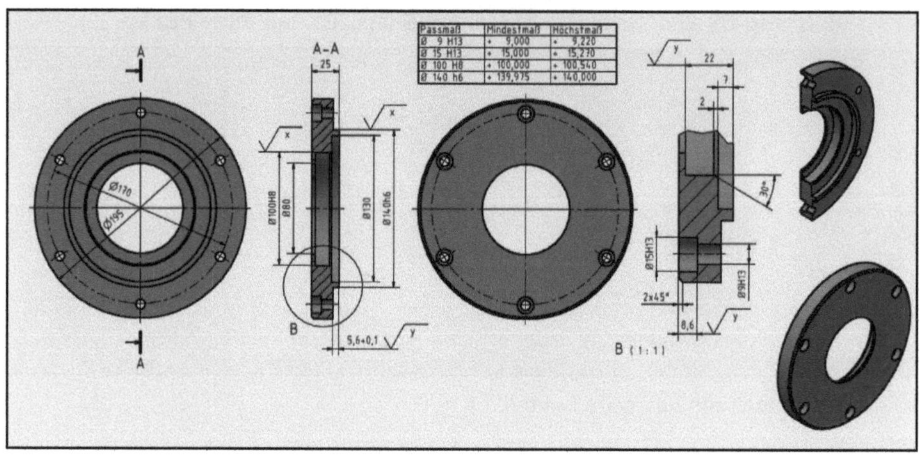

5.1.5.2 Der Deckel Pos. 4, Vorgaben

- Der Grundkörper entsteht über Drehung einer Skizze um **360°**.
- **Fasen** Sie die Außenkontur an.
- Senkbohrung Ø9 mm, Senkung Ø15 mm **8,6** mm tief, Lochkreis-Ø **170** mm
- Sechs zylindrische Senkbohrungen über **Runde Anordnung**
- **Speichern** Sie das Bauteil.

5.1.5.3 Der Deckel Pos. 4, Ablauf der Bauteilerstellung

- Öffnen Sie eine neue Bauteil-Vorlagendatei.
- Neue **2D-Skizze** auf **YZ**-Ebene, Skizze erstellen mit **Linie** und Linientyp **Mittellinie** als Rotationsachse, mit **Allgemeine Bemaßung** vervollständigen und Maße **Über Mittellinie** antragen (1).

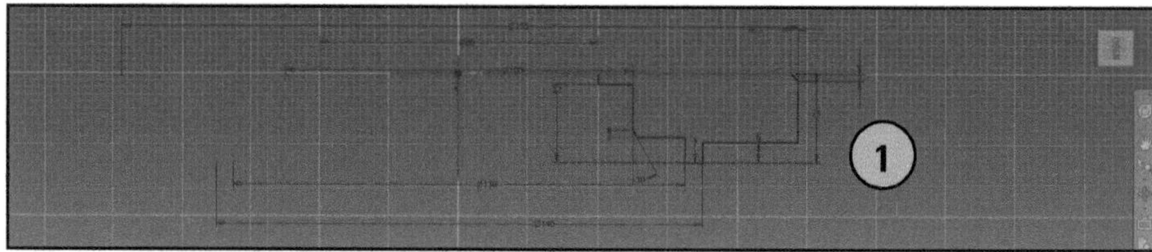

- Volumenkörpererstellung über **Drehung**, Anwahl der Mittelachse als Rotationsachse, **Vollkörper** bei **360°** (2).

Neu

Engelke-2025
.ipt

2D-Skizze
starten

Linie

Versatz

Allgemeine
Bemaßung

Drehung

- Neue **2D-Skizze** auf Flansch-Ebene, Hilfskreis mit **Kreis Ø170** mm, **Punkt** auf Schnittpunkt senkrechte Achse.
- Setzen Sie eine **Bohrung** Typ **Zylindrische Senkbohrung Bohrung Ø9** mm, Senkung **Ø15** mm **8,6** mm tief, auf diesen **Punkt** (5).

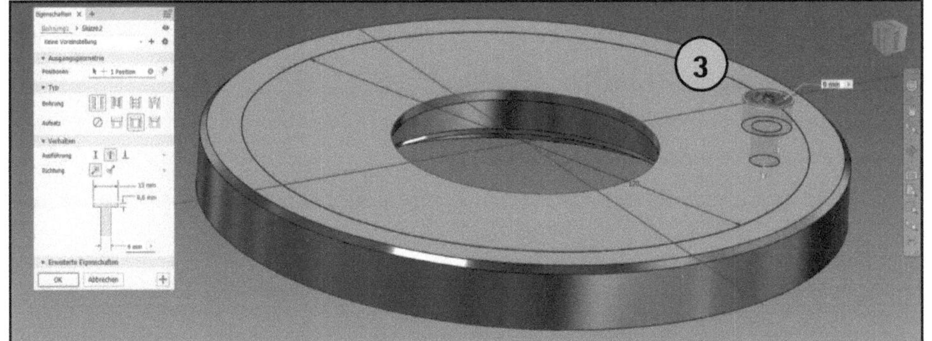

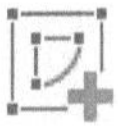
2D-Skizze starten

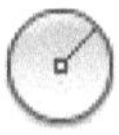
Kreis Mittelpunkt

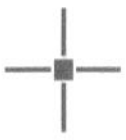
Punkt

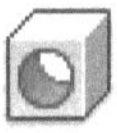
Bohrung

- **Sechs** zylindrische Senkbohrungen über **Runde Anordnung**, **6** Elemente, **360°**-Verteilung (4).

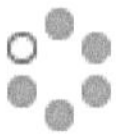
Runde Anordnung

- **Speichern** Sie das neue Bauteil.

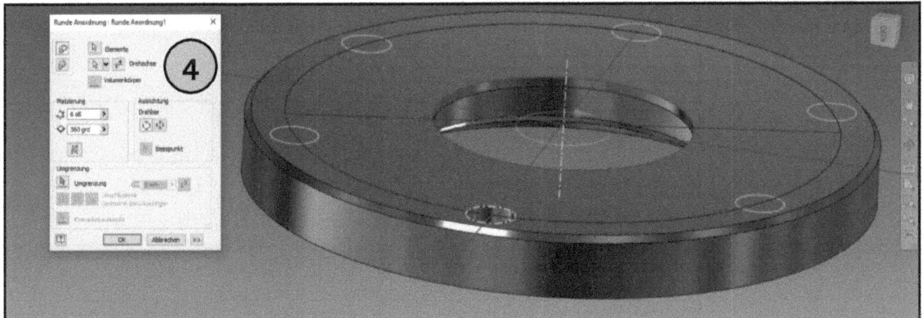

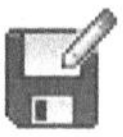
Speichern unter

5.1.6 Lagerungs-Baugruppe „Lagerungsbeispiel für ein Wellenende" Baugruppenmontage

5.1.7 Die Lagerungs-Baugruppe „Lagerungsbeispiele für Wellenende", der Zusammenbau

Neu

Engelke2025
.iam

Komponente
platzieren

5.1.7.1 Die Baugruppendatei bereitstellen

- Öffnen Sie ein neues Baugruppendokument,
  Vorlagendatei **Engelke2025.iam**

- Wählen Sie über **Komponenten platzieren** die **Lagerplatte** Pos. 1 und schieben diese auf die Arbeitsebene.

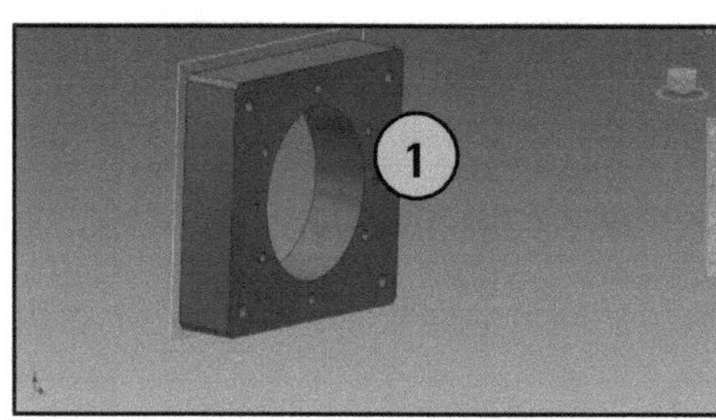

5.1.7.2 Montage vom Flansch Pos. 3 und Lagerplatte Pos. 1

Verbindung
Gelenk

Gelenktyp
Drehbar

- Positionieren Sie den Zentrumspunkt der Anlagefläche des Gehäuses zur vorderen Bohrung der Wandhalterung mit der Verbindung **Gelenk**, Gelenktyp **Automatisch**, Inventor-Auswahl **Drehbar**. (2, 3, 4)

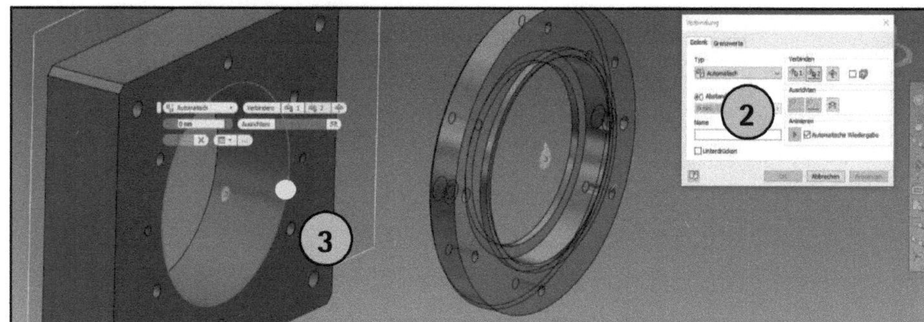

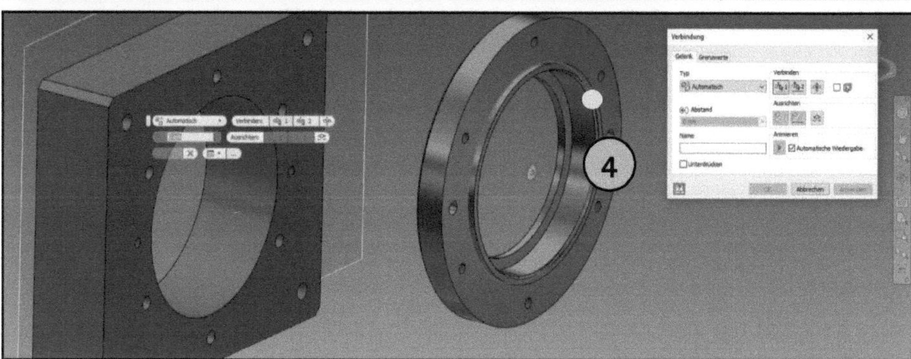

- Nachpositionierung der Montagebohrungen über Abhängigkeit **Einfügen** (5, 6, 7).

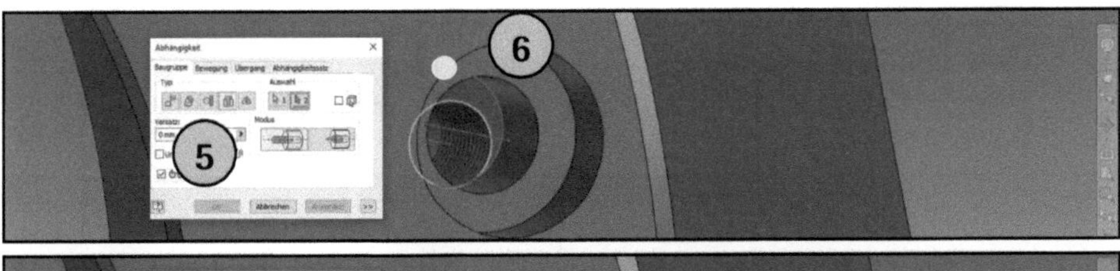

5.1.7.3 Montage vom Deckel Pos. 4 und Lagerplatte Pos. 1

- Positionieren Sie den Zentrumspunkt der Anlagefläche des Gehäuses zur vorderen Bohrung der Wandhalterung mit der Verbindung **Gelenk**, Gelenktyp **Automatisch**, Inventor-Auswahl **Drehbar**.

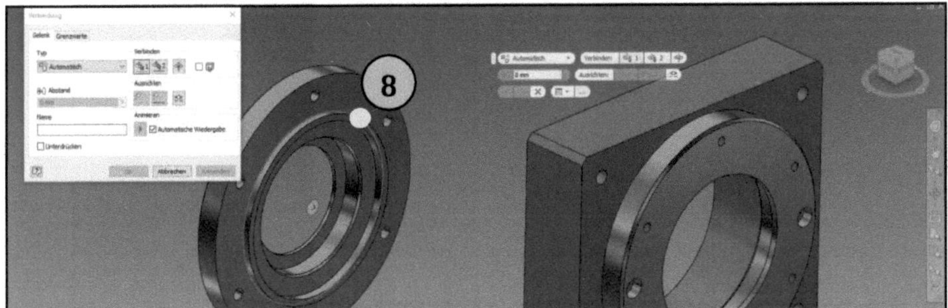

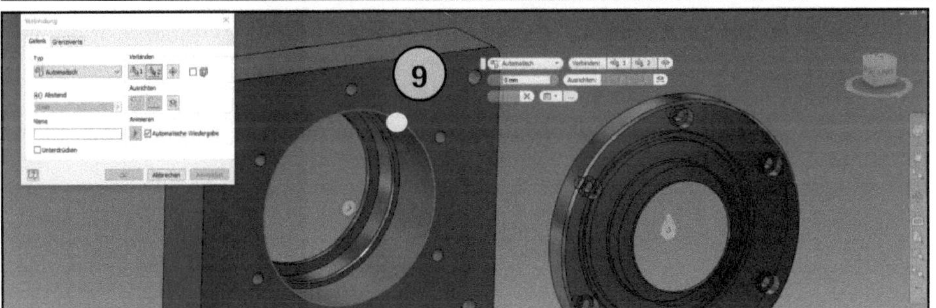

- Nachpositionierung der Montagebohrungen über Abhängigkeit **Einfügen** (10).

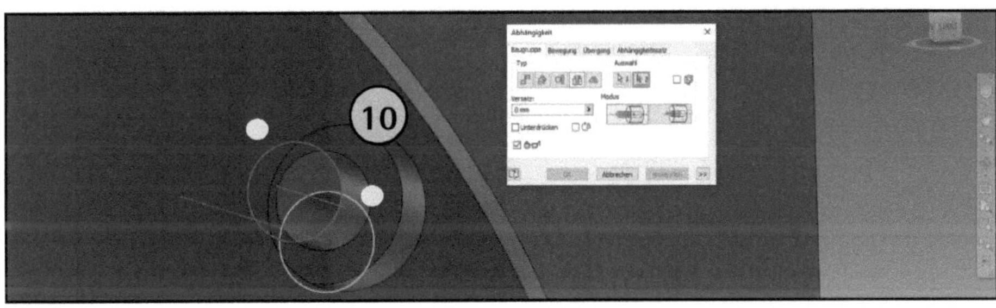

Aus Inhalts-
center einfü-
gen

Mehrere
einfügen

Platzieren

5.1.7.4 Montage der Schrauben Pos. 10 im Flansch Pos. 3

- Wählen Sie mit **Autodrop**, Anwahl der entsprechenden Zylinderposition, aus dem **Inhaltscenter** die Zylinderschraube **M8 x 80**, nach DIN EN ISO **4762**, die Schraube wird automatisch erkannt, die Länge muss geändert werden. Über die **Komponentenanordnung** werden die **sechs** Schrauben automatisch gesetzt (11).

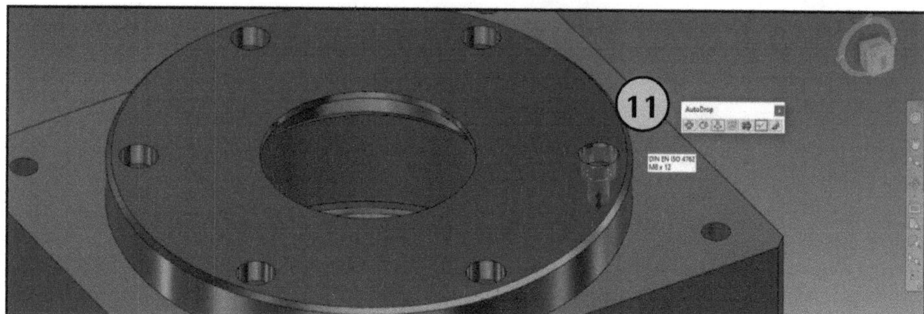

- Ändern Sie die erkannte Länge auf **80** mm, markieren Sie Option **Alle ersetzen** (12).

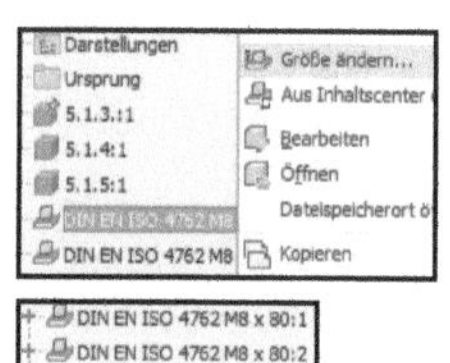

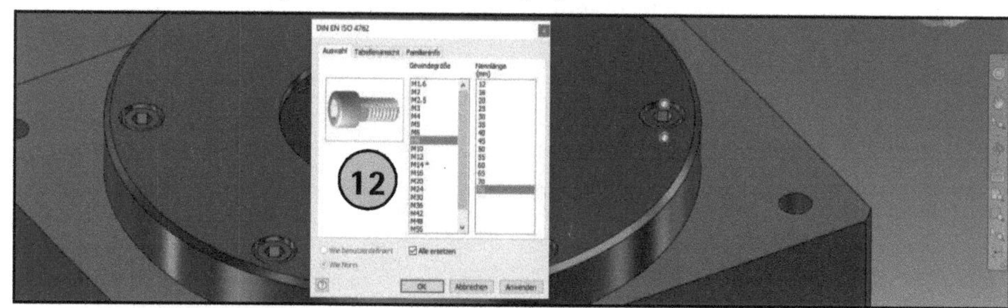

5.1.7.5 Montage der Schrauben Pos. 11 im Deckel Pos. 4

- Wählen Sie mit **Autodrop**, Anwahl der entsprechenden Zylinderposition, aus dem **Inhaltscenter** die Zylinderschraube **M8 x 25**, nach DIN EN ISO **4762**, die Schraube wird automatisch erkannt, die Länge muss geändert werden. Über die **Komponentenanordnung** werden die zwei Schrauben automatisch gesetzt (13).

Aus Inhalts-
center einfü-
gen

Mehrere
einfügen

Platzieren

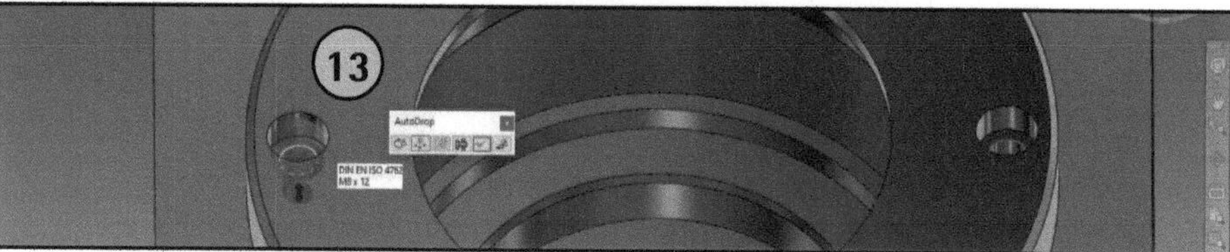

- Ändern Sie die erkannte Länge auf **25** mm, Option **Alle ersetzen** (14).

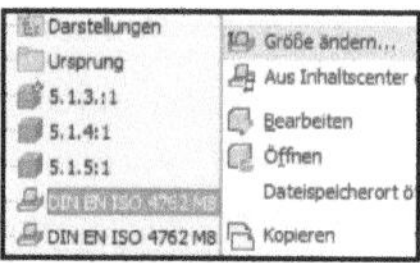

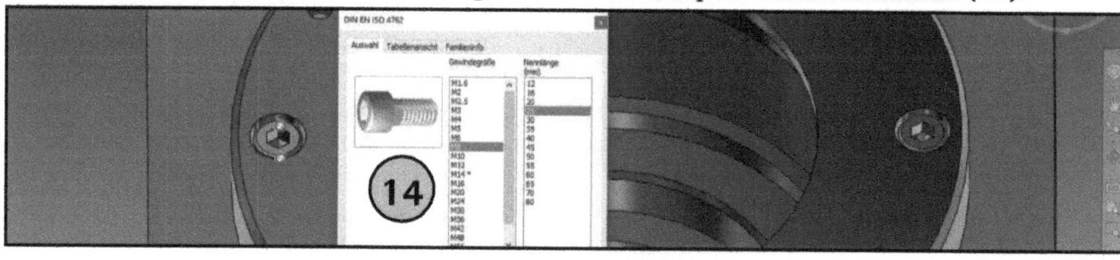

5.1.7.6 Lagermontage Pos. 5

- Schalten Sie die Ansicht auf **Halbe Schnittansicht** (15).
- **Speichern** Sie die neue Darstellung.

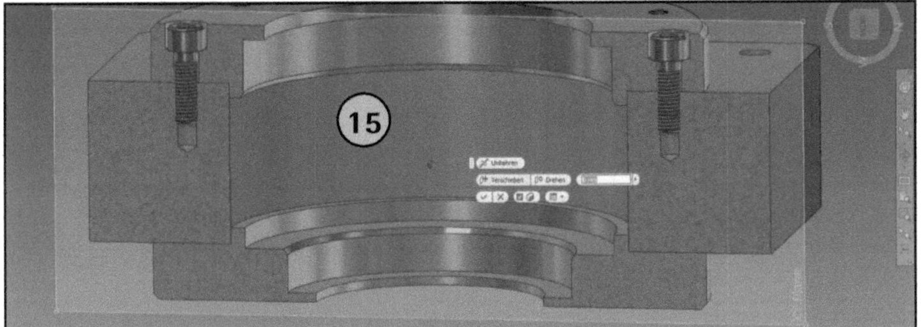

Halbe
Schnittansicht

- Wählen Sie, mit **Autodrop**, Anwahl der entsprechenden Zylinderposition, aus dem **Inhaltscenter** das doppelreihige Schrägkugellager DIN **628 T3**. (16)

Aus Inhalts-
center einfü-
gen

Platzieren

- Korrigieren Sie die generierte Lagerauswahl auf den Typ **3216** (17, 18).

5.1.7.7 Montage Radial-Wellendichtringe Pos. 6 und 7

Aus Inhalts-
center einfü-
gen

- Wählen Sie aus dem Inhaltscenter Register **Wellenteile** Auswahl
  Wellendichtringe DIN **3760** den Dichtring **AS 110 x 130 x 12** mm und positionieren Sie diesen Dichtring auf die Arbeitsebene (19).

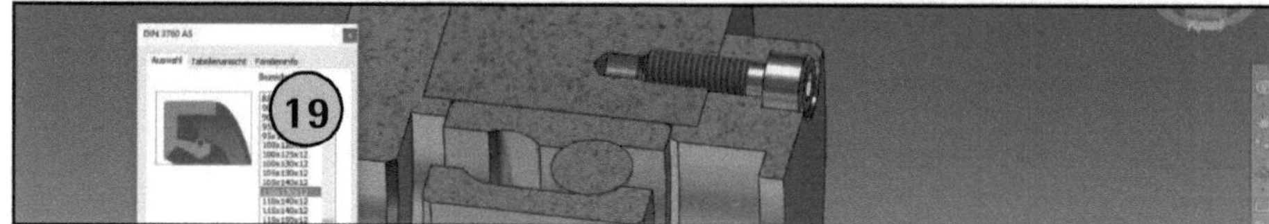

Verbindung
Gelenk

Gelenktyp
Automatisch

- Positionieren Sie den Zentrumspunkt des Dichtrings mit dem gezeigten Zentrumspunkt der Bohrung, mit der Verbindung **Gelenk**,
  Gelenktyp **Automatisch** (20, 21).

Aus Inhalts-
center einfü-
gen

- Wählen Sie aus dem Inhaltscenter Register **Wellenteile** Auswahl
  Wellendichtringe DIN **3760** den Dichtring **AS 75 x 100 x 10** mm und positionieren Sie diesen Dichtring auf die Arbeitsebene (22).

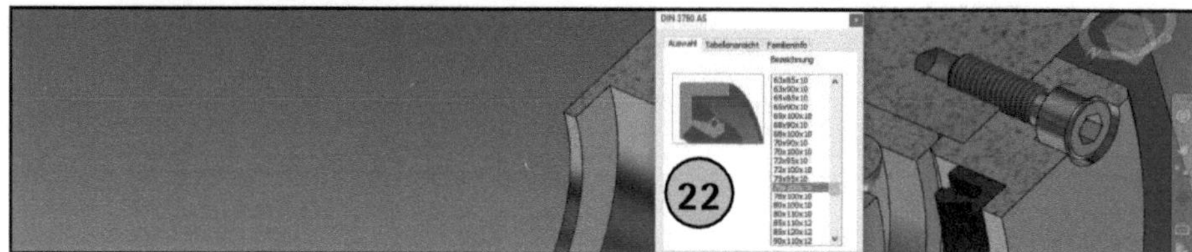

Verbindung
Gelenk

Gelenktyp
Automatisch

- Positionieren Sie den Zentrumspunkt des Dichtrings mit dem gezeigten Zentrumspunkt der Bohrung, mit der Verbindung **Gelenk**,
  Gelenktyp **Automatisch**. (23, 24)

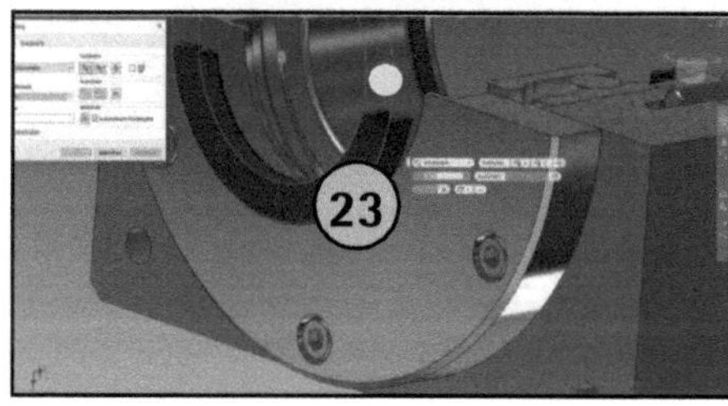

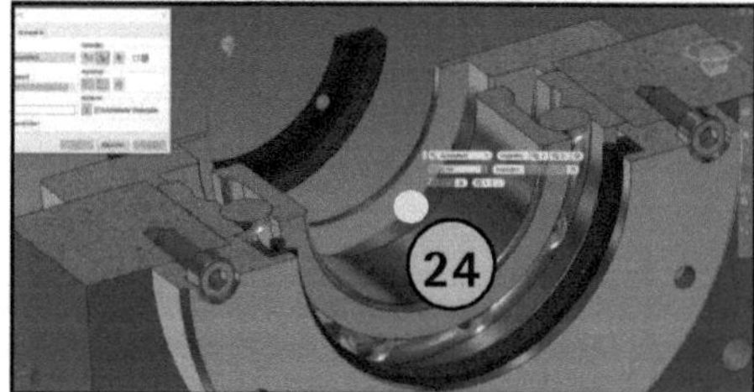

5.1.7.8 Montage der Antriebswelle Pos. 1

- Wählen Sie über **Komponenten platzieren** die **Antriebswelle** Pos. 1 und
  schieben diese auf die Arbeitsebene (25).

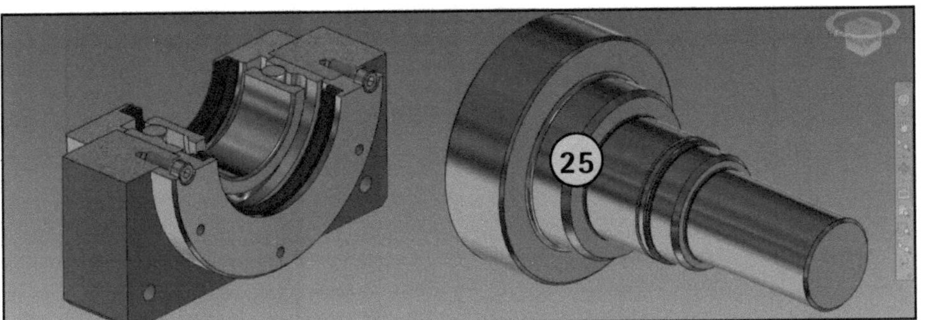

- Positionieren Sie den Zentrumspunkt der Anlagefläche der Antriebswelle zur
  vorderen Bohrung des Rillenkugellagers mit der Verbindung **Gelenk**,
  Gelenktyp **Automatisch**, Inventor-Auswahl **Drehbar**,
  Option **Komponente umkehren**. (26, 27)

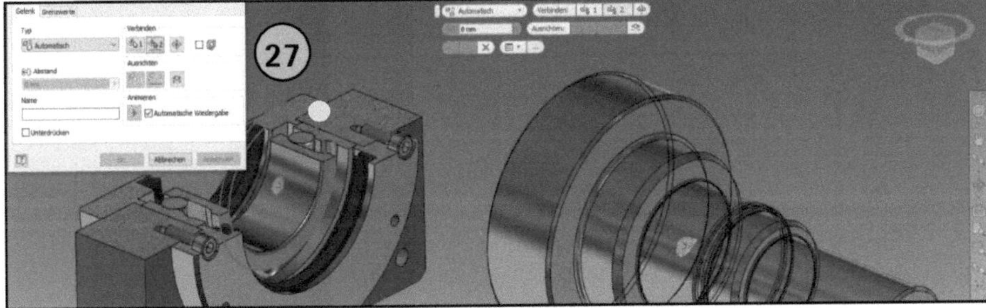

5.1.7.9 Montage der Antriebswelle Pos. 1, Montagekontrolle

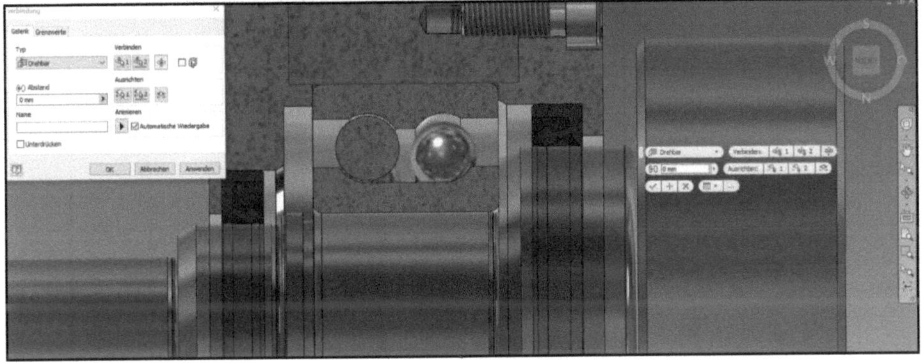

5.1.7.10 Montage des Sicherungsrings Pos. 8

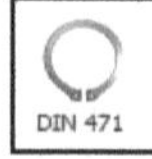

- Wählen Sie, mit **Autodrop**, Anwahl der entsprechenden Zylinderposition aus dem Inhaltscenter Register **Wellenteile** Auswahl **Druckscheiben / Außen** DIN **471** den Sicherungsring **80 x 2,5** (28, 29).

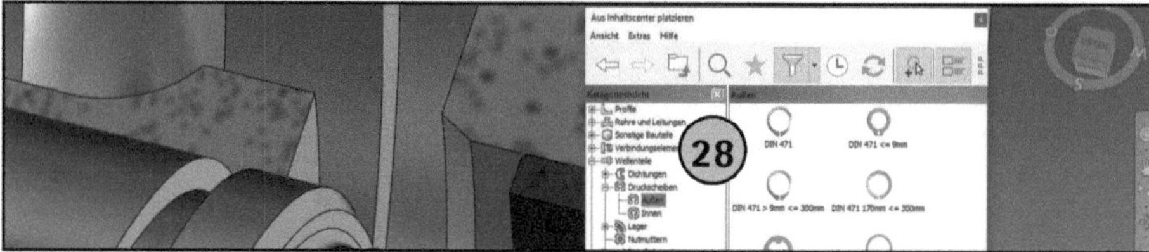

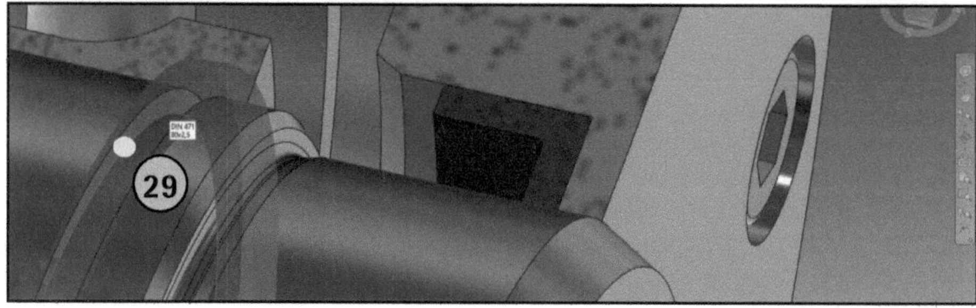

5.1.7.11 Montage der Passfeder Pos. 9

- Wählen Sie aus dem Inhaltscenter Register **Wellenteile** Auswahl **Passfedern Passfeder Rechteckig / Gerundet** DIN **6885A** die Passfeder **58-65** Auswahl **18 x 11** Länge **63** mm und positionieren Sie diese auf die Arbeitsebene (30).

- Positionieren Sie den Zentrumspunkt der gezeigten Passfeder zum Zentrumspunkt der Passfedernut, mit der Verbindung **Gelenk**, Gelenktyp **Automatisch**, wandeln Sie den Gelenktyp auf **Starr** um (31, 32).

5.1.8 Lagerungs-Baugruppe „Lagerungsbeispiel für ein Wellenende" Datensicherung über „Pack and Go"

5.1.8.1 Baugruppe speichern

* Aufruf über den **Menü-Browser**, Register **Datei**.

Speichern unter

5.1.8.2 Datensicherung über Pack and Go

* Wählen Sie im Pulldown-Menü **Datei Speichern Unter / Pack and Go**.
* Geben Sie den Zielordner für die Bündelung an.
* Klicken Sie auf die Schaltfläche **Jetzt Suchen**,
* Klicken Sie auf die Schaltfläche **Start**.
* Schließen Sie diesen Vorgang mit **Fertig** ab (32, 33).

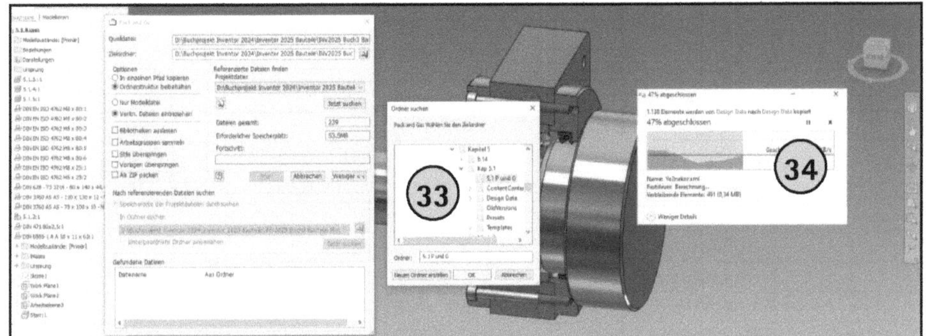

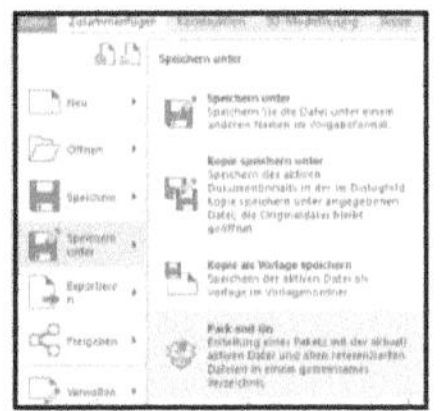

5.2 Lagerungs-Baugruppe „Lagerung mit Stiftkupplung"

5.2.1 Lagerungs-Baugruppe „Lagerung mit Stiftkupplung", Konstruktionsvorgaben

Projekte

Erstellen Sie die Baugruppe **Lagerung mit Stiftkupplung** aus dem, als Skizzen vorgegebenen Einzelteilen, mit einer neu angelegten Projektdatei.

Die Baugruppe besteht aus sieben zu erstellenden Bauteilen, 13 Normteilen aus dem Inhaltscenter und einem Schneckenrad, erstellt mit dem Schneckenradgenerator, entsprechend folgender Liste:

5.2.1.1 Lagerungs-Baugruppe „Lagerung mit Stiftkupplung", Stückliste

Pos.	Stck	Benennung	Kurzbez.	Norm	Material
1	1	Gehäuse	Gussformstück		Niro
2	1	Flansch	Gussformstück		Niro
3	1	Deckel			Niro
4	1	Deckel			Niro
5	2	Verbindungsscheibe			Niro
6	1	Antriebswelle			Niro
7	1	Zahn-Antriebswelle			Niro
8	1	Rillenkugellager	6010Z	DIN 625-1	Niro
9	1	Rillenkugellager	6007	DIN 625-1	Niro
10	1	Filzring	nicht dargestellt		
11	1	Sicherungsring	50 x 2	DIN 471	Niro
12	1	Sicherungsring	35 x 1,5	DIN 471	Niro
13	1	Passfeder	A10 x 8 x 36	DIN 6885	C45
14	3	Passfeder	A8 x 7 x 25	DIN 6885	C45
15	6	Zylinderschraube	M10 x 20	DIN EN ISO 4762	8.8, Niro
16	8	Zylinderschraube	M8 x 20	DIN EN ISO 4762	8.8, Niro
17	1	Hutmutter	M24	DIN 1587	8, Niro
18	1	Unterlegscheibe	A24	ISO 7090	1.4310
19	3	Zylinderstift	A 10 x 80	DIN EN ISO 8734	1.3505
20	1	Schneckenrad	Fertigteil		Niro
21	1	Sicherungsring	32 x 1,5	DIN 471	Niro

5.2.1.2 Lagerungs-Baugruppe „Lagerung mit Stiftkupplung" Baugruppen-Darstellung

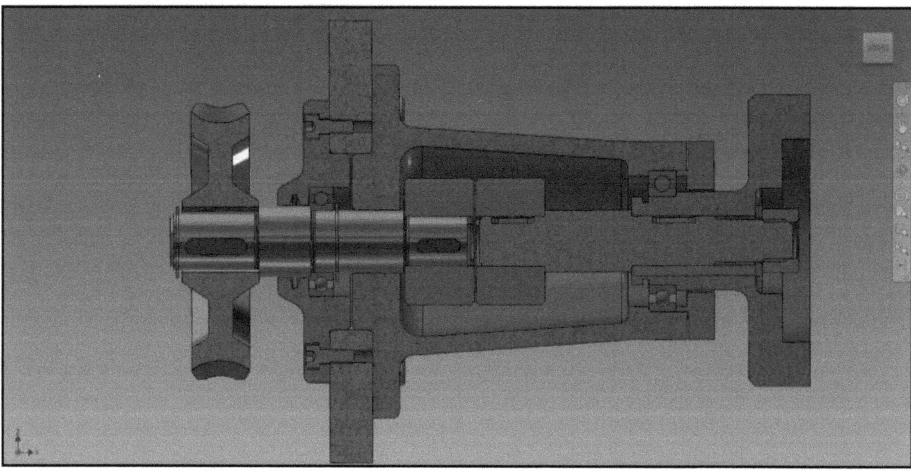

5.2.1.3 Lagerungs-Baugruppe „Lagerung mit Stiftkupplung"
Baugruppen-Zeichnungsableitungen, exemplarisch

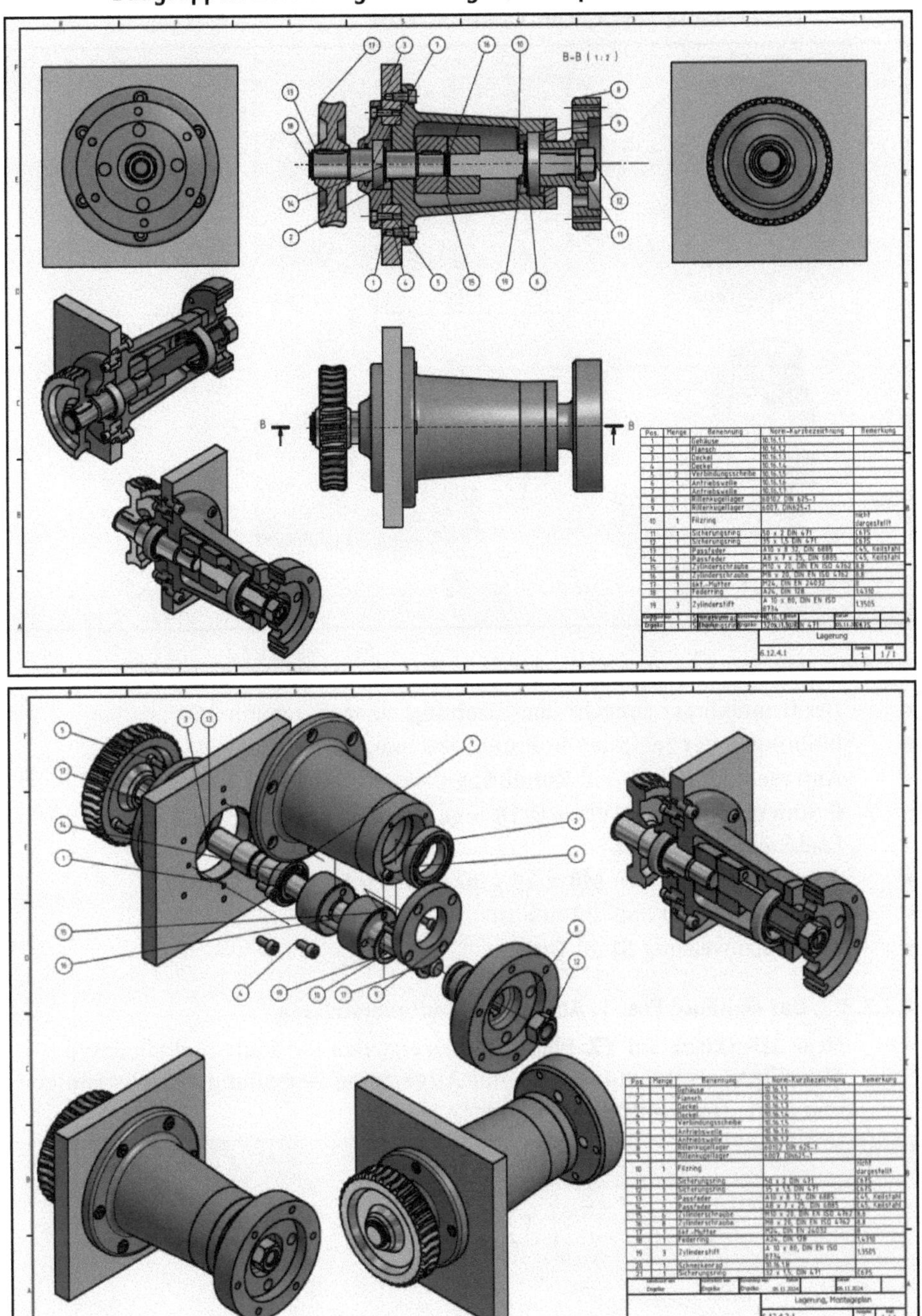

5.2.2 Das Gehäuse Pos. 1, die Bauteilerstellung

5.2.2.1 Das Gehäuse Pos. 1, Konstruktionsskizze

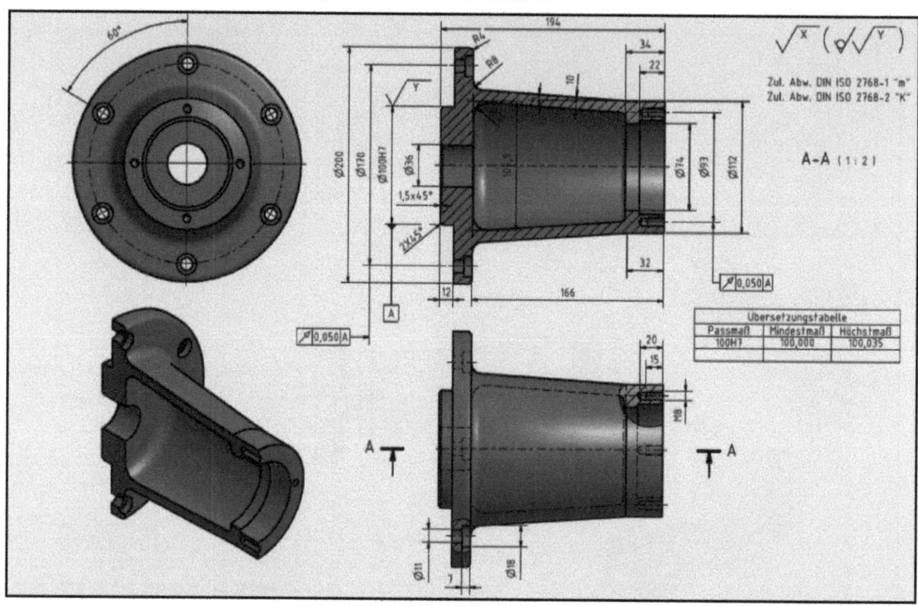

5.2.2.2 Das Gehäuse Pos. 1, Vorgaben

- Der Grundkörper entsteht über **Drehung** einer Skizze um **360°**.
- Einbringen der zentralen Bohrung Ø80 mm, **22** mm tief.
- Antragen der **Fasen** und **Rundungen**, sowohl innen als auch außen.
- **6** Stufenbohrungen Außen-Ø **18** mm, Innen-Ø **11** mm, Tiefe **7** mm, Lochkreis-Ø **170** mm.
- **4** Gewindebohrungen **M8** x **28** / **30** mm tief, Lochkreis **93** mm.
- Ausdrehung Ø80 mm, **22** mm tief.
- Materialzuweisung **Stahl Guss**.

5.2.2.3 Das Gehäuse Pos. 1, Ablauf der Bauteilerstellung

- Neue **2D-Skizze** auf **YZ**-Ebene, Skizze erstellen mit **Linie** und Linientyp **Mittellinie** als Rotationsachse, mit **Allgemeine Bemaßung** vervollständigen und Maße **Über Mittellinie** antragen (1).

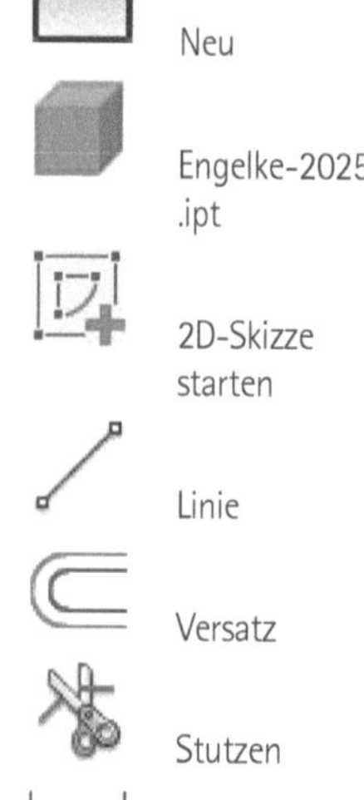

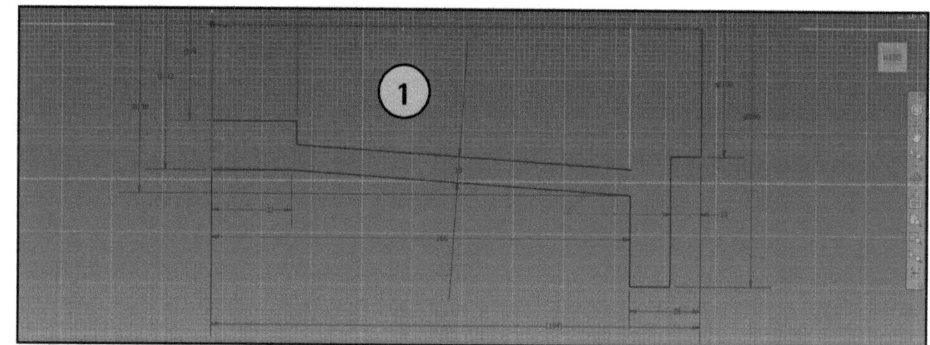

- Volumenkörpererstellung über **Drehung**, Anwahl der Mittelachse als
  Rotationsachse, **Vollkörper** bei **360°** (2).

Drehung

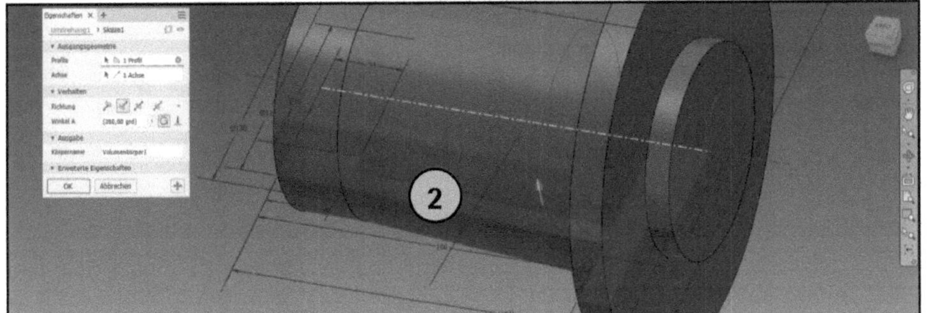

- Setzen Sie eine **Bohrung** Typ **Durchgangsbohrung**
  Ø80 mm, **22** mm tief, Platzierung **Konzentrisch**, **konzentrische Referenz**
  auf den hinteren Ansatz (3).

Bohrung

- Erstellen Sie eine Ausdrehung über eine **Extrusions-Differenz** auf der gezeigten Seite mit **Ø80** mm und einer Tiefe von **22** mm, über eine neue Skizze
  (4).

2D-Skizze
starten

Linie

Versatz

Stutzen

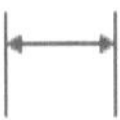

Bemaßung

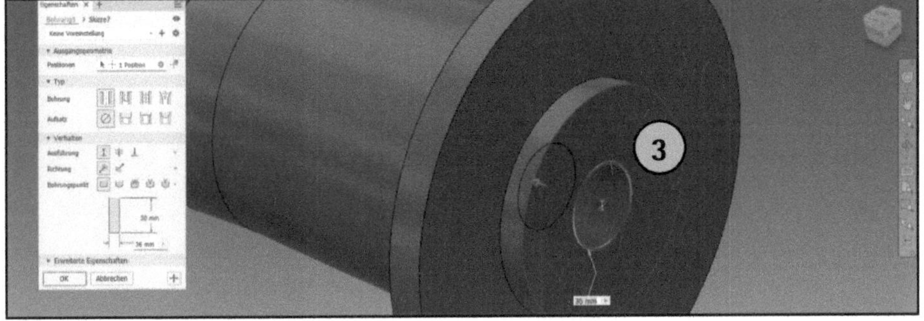

Extrusion
Differenz

- Die Konturrundungen werden über **Rundung** mit R = **4** mm (5)
  und R = **8** mm (6) angetragen.

Rundung

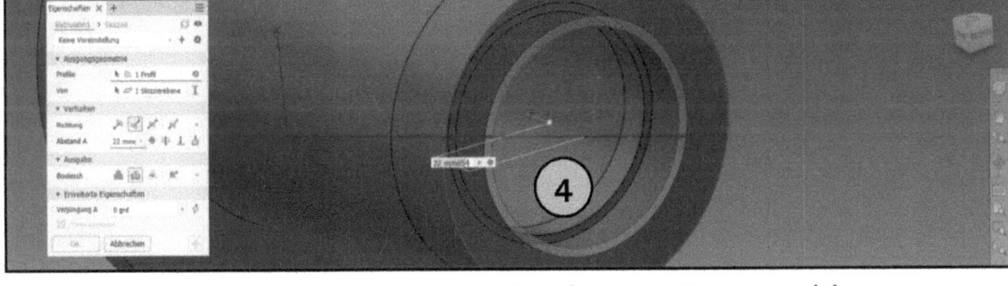

Rundung

2D-Skizze
starten

Linie

Versatz

Stutzen

Bemaßung

Punkt

Bohrung

Runde
Anordnung

2D-Skizze
starten

Linie

Versatz

Stutzen

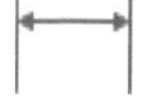

Bemaßung

Punkt

Bohrung

- Die Konturrundungen werden über **Rundung** R = **12** mm und R = **4** mm angetragen (7, 8).

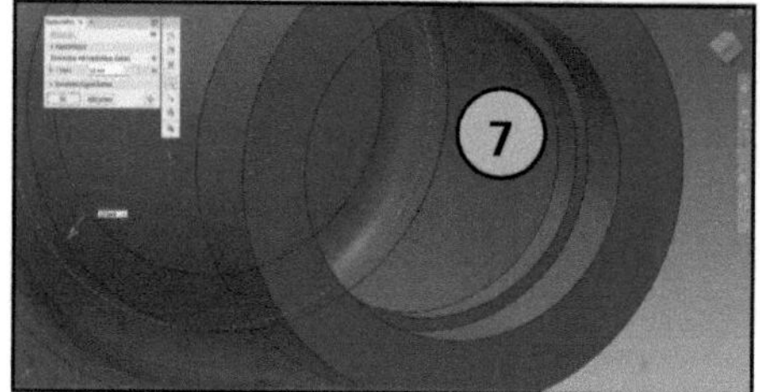
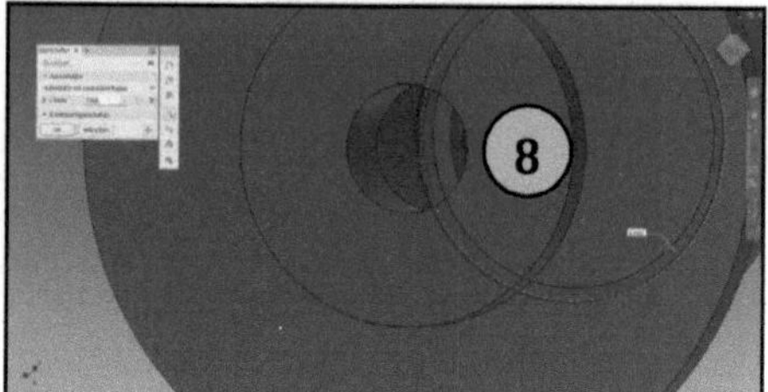

- Neue **2D-Skizze** auf Flansch-Ebene, Hilfskreis mit **Kreis Ø73** mm,
  Punkt auf Schnittpunkt senkrechte Achse.
  Setzen Sie eine **Bohrung** Typ **Zylindrische Senkbohrung**
  Bohrung Ø11 mm, Senkung **Ø18** mm **7** mm tief, auf diesen **Punkt** (9).

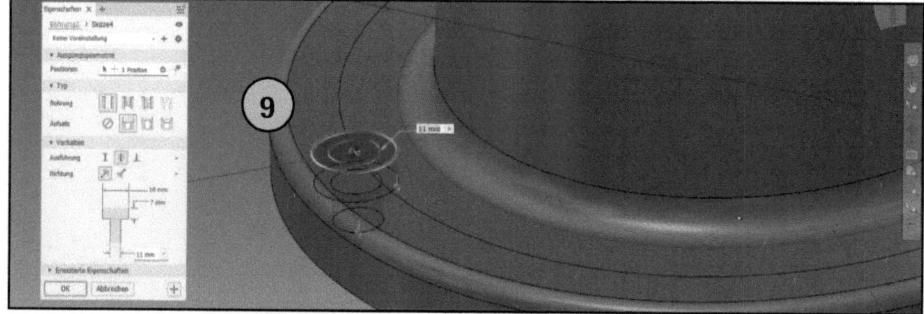

- **Sechs** zylindrische Senkbohrungen über **Runde Anordnung**,
  6 Elemente, **360°**-Verteilung (10).

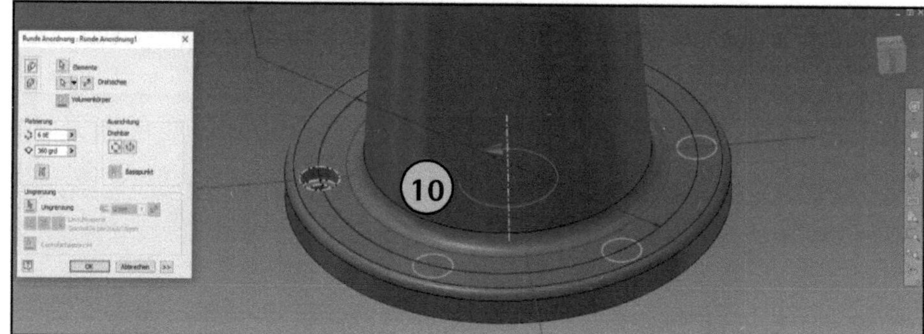

- Neue **2D-Skizze** auf Flansch-Ebene, Hilfskreis mit **Kreis Ø73** mm,
  Punkt auf Schnittpunkt senkrechte Achse.
  Setzen Sie eine **Bohrung** Typ **Gewinde-Grundloch M8** mm,
  Gewindetiefe **15** mm, Bohrlochtiefe **20** mm tief, auf diesen **Punkt** (11).

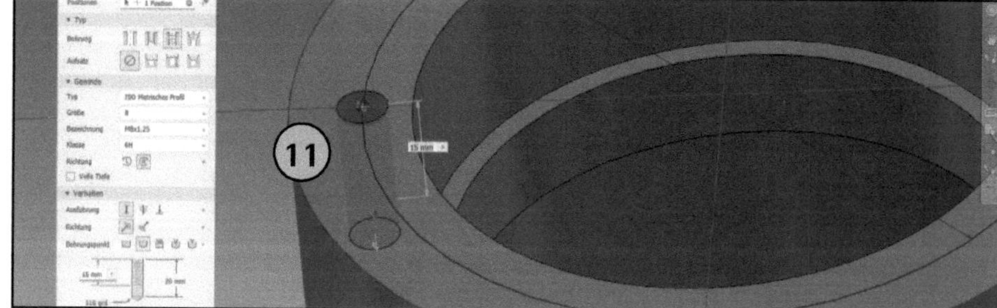

- **Vier** Gewinde-Grundbohrungen über **Runde Anordnung**,
  4 Elemente, **360°**-Verteilung (12).

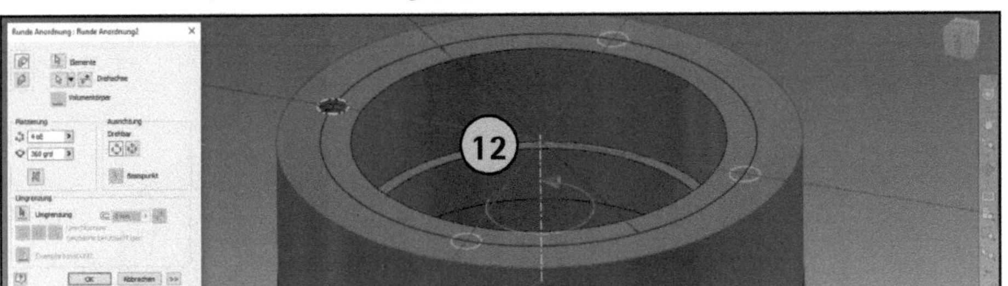

- Die Konturrundung am Ausdrehungsfuß wird über **Rundung**
  mit R = **0,6** mm angetragen (13).

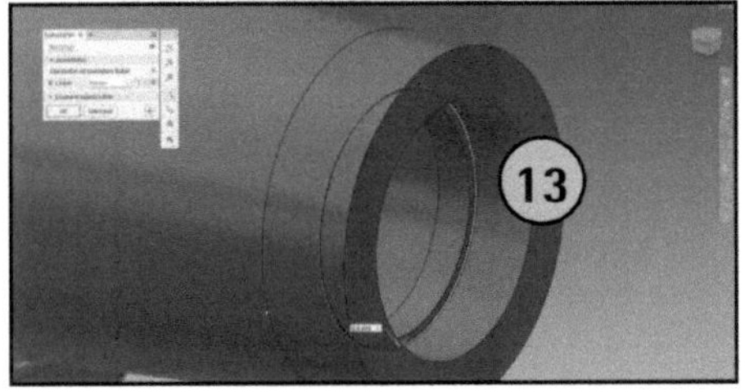

- Die Konturschrägen werden über **Fase 2** mm x **45°** und **1,5** mm x **45°**
  Option **Gleicher Abstand** erstellt (14, 15).

- **Speichern** Sie das neue Bauteil.

5.2.3 Der Flansch Pos. 2, die Bauteilerstellung

5.2.3.1 Der Flansch Pos. 2, Konstruktionsskizze

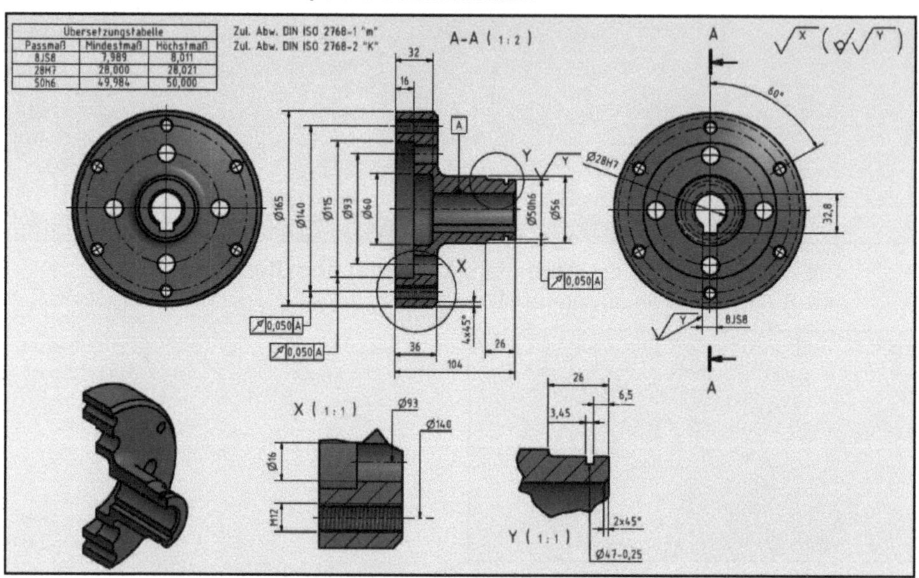

5.2.3.2 Der Flansch Pos. 2, Vorgaben

- Zylinder 1 Ø**165** mm x **26** mm
- Zylinder 2 Ø**56** mm x **42** mm,
- Fasen und Rundungen entsprechend Zeichnung.
- Querbohrung Ø**28** mm mit Nut Breite **8** mm, Höhe **31,1** mm.
- Innenausdrehung Ø**115** mm x **16** mm, Ansatz Ø**50** mm x **26** mm.
- **Drehung** des Ausschnitts Innen-Ø **47** mm, Außen-Ø **50** mm, Breite **2,15** mm (Korrektur aus Zeichnungsableitung)
- 6 Montage-Gewindebohrungen **M12** auf einem Lochkreis von Ø**140** mm.
- Materialzuweisung **Stahl poliert**.

5.2.3.3 Der Flansch Pos. 2, Ablauf der Bauteilerstellung

- Erstellen Sie, aus der vorgegebenen Darstellung, auf einem neuen Dokument, ein **Grundkörper Zylinder** mit einer Länge von **36** mm und einen Durchmesser von **165** mm.

Neu

Engelke-2025
.ipt

Zylinder

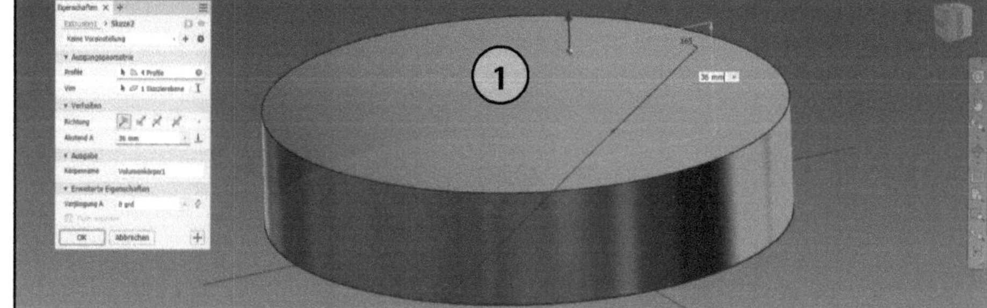

- Materialzuweisung **Stahl poliert**.

- Erstellen Sie ein **Grundkörper Zylinder** mit einer Länge von **42** mm und einen Durchmesser von **56** mm auf dem Zentrumspunkt.

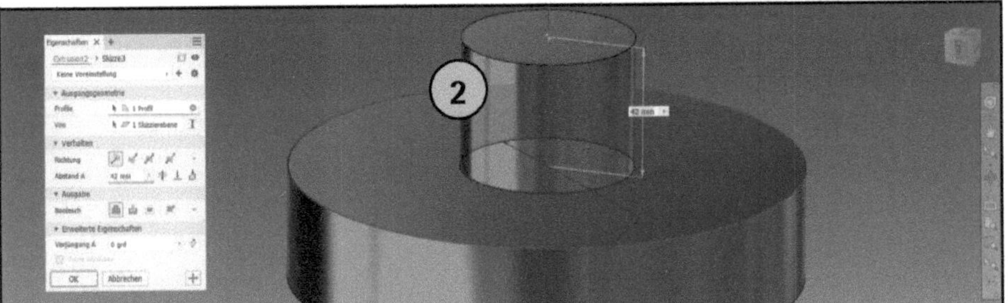

Zylinder

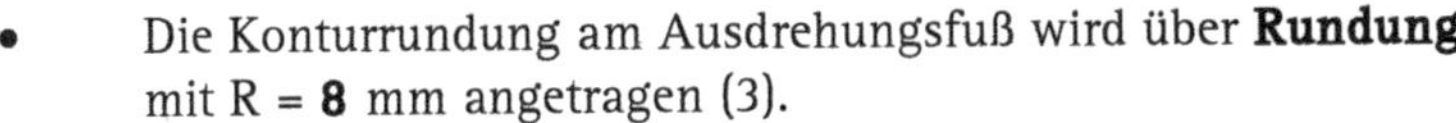
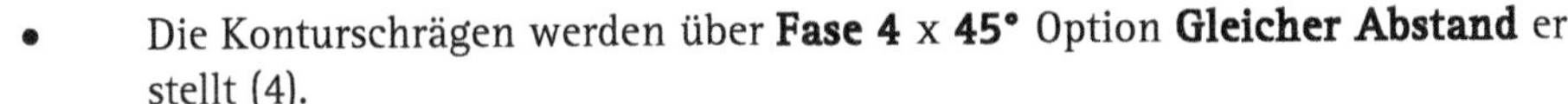

- Die Konturrundung am Ausdrehungsfuß wird über **Rundung** mit R = **8** mm angetragen (3).
- Die Konturschrägen werden über **Fase 4** x **45°** Option **Gleicher Abstand** erstellt (4).

Rundung

Fase

- Erstellen Sie ein **Grundkörper Zylinder** mit einer Länge von **26** mm und einen Durchmesser von **50** mm auf dem Zentrumspunkt (5).

Zylinder

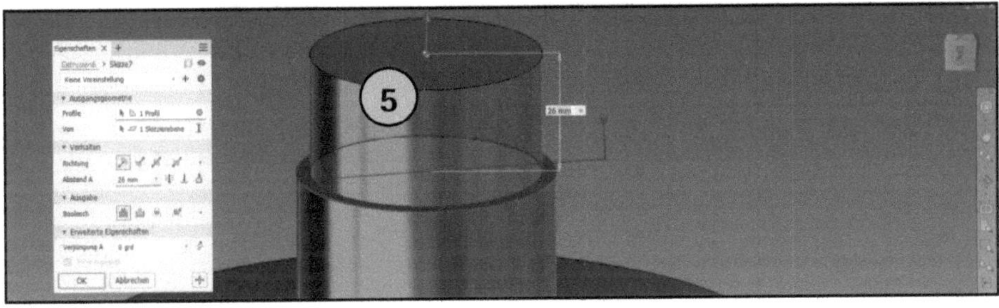

- Setzen Sie eine **Bohrung** Typ **Zylindrische Senkbohrung**
  Bohrung Ø**115** mm **16** mm tief, Senkung Ø**60** mm **32** mm tief, Platzierung **Konzentrisch, konzentrische Referenz** auf den hinteren Ansatz (6).

Bohrung

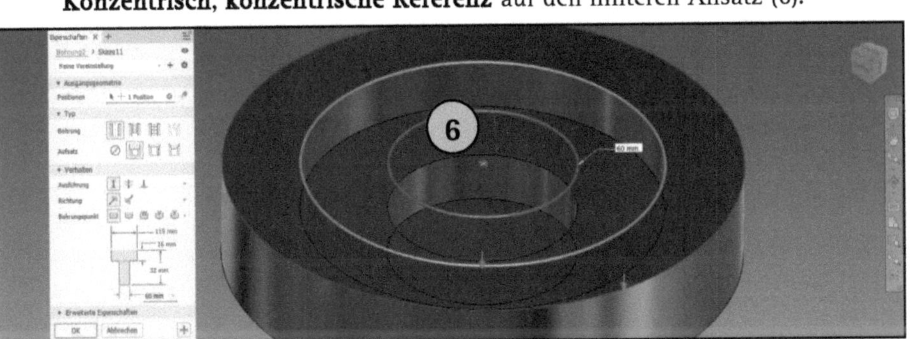

2D-Skizze
starten

Geometrie
projizieren

Linie

Versatz

Stutzen

Bemaßung

Extrusion
Differenz

- Erstellen Sie, aus der vorgegebenen Darstellung, über eine neue Skizze, über **Geometrie projizieren** anwählbare Arbeitsebenen.
  Tragen Sie die entsprechenden Maße über **Allgemeine Bemaßung** an.
  Verwenden Sie für die Linienkonstruktion die Funktion **Versatz**, Linien auf **Symmetrisch**, bereinigen Sie die Konstruktion über **Stutzen** (7).

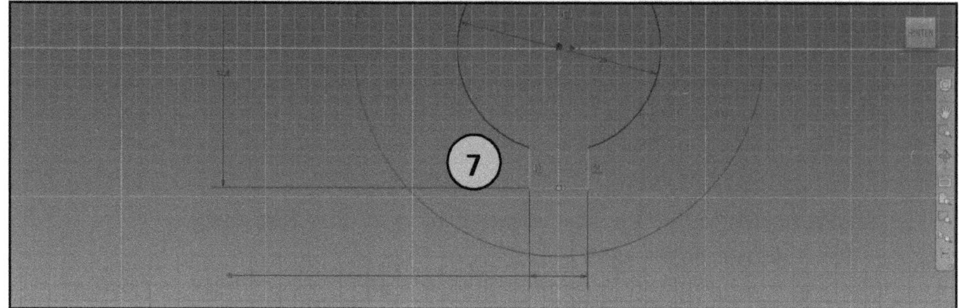

- Volumenkörpererstellung über eine **Differenz-Extrusion** mit Tiefe **Über Alles** (8).

2D-Skizze
starten

Geometrie
projizieren

Linie

Versatz

Stutzen

Bemaßung

Drehung
Differenz

- Erstellen Sie, aus der vorgegebenen Darstellung, über eine neue Skizze, über **Geometrie projizieren** anwählbare Arbeitsebenen.
  Tragen Sie die entsprechenden Maße über **Allgemeine Bemaßung** an.
  Verwenden Sie für die Linienkonstruktion die Funktion **Versatz**, Linien auf **Symmetrisch**, bereinigen Sie die Konstruktion über **Stutzen** (9).

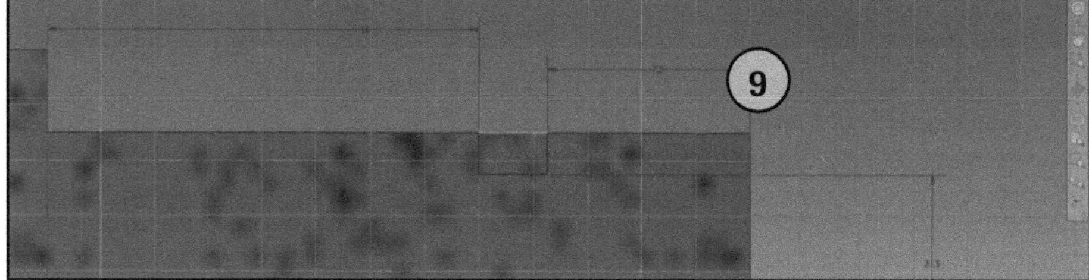

- Erstellen Sie eine Ausdrehung über eine **Drehungs-Differenz** entsprechend der dargestellten Skizze (10).

- Neue **2D-Skizze** auf Flansch-Ebene, Hilfskreis mit **Kreis Ø140** mm,
  Punkt auf Schnittpunkt senkrechte Achse.
  Setzen Sie eine **Bohrung** Typ **Gewindebohrung M12** mm,
  auf diesen **Punkt** (11).

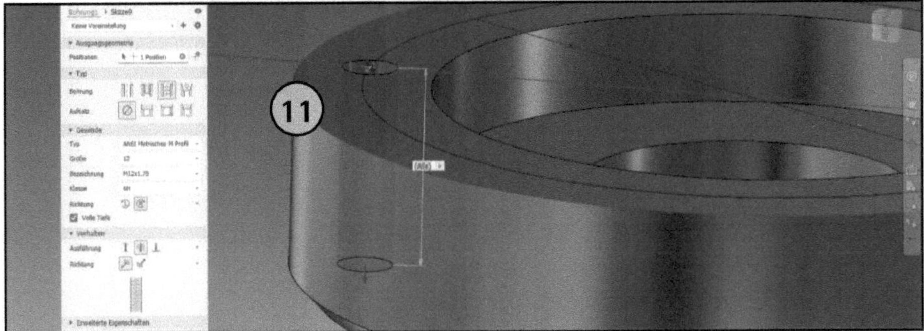

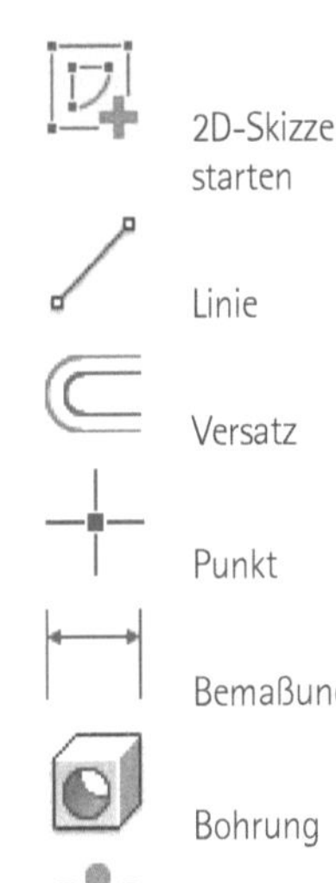

- **Sechs** Gewindebohrungen über **Runde Anordnung**, **6** Elemente,
  360°-Verteilung (12).

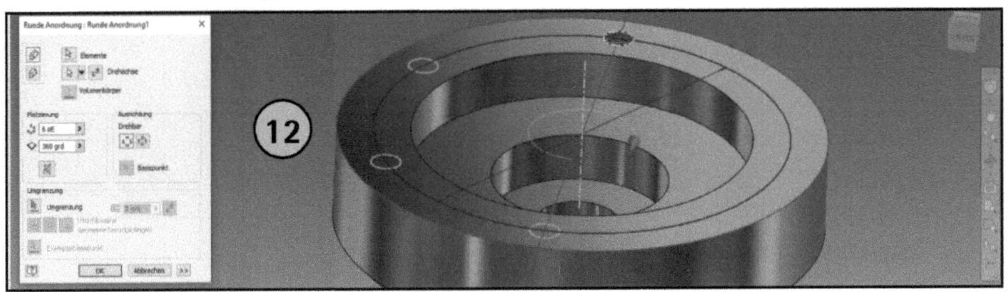

- Neue **2D-Skizze** auf Flansch-Ebene, Hilfskreis mit **Kreis Ø93** mm,
  Punkt auf Schnittpunkt senkrechte Achse.
  Setzen Sie eine **Bohrung** Typ **Durchgangsbohrung Ø16** mm,
  auf diesen **Punkt** (13).

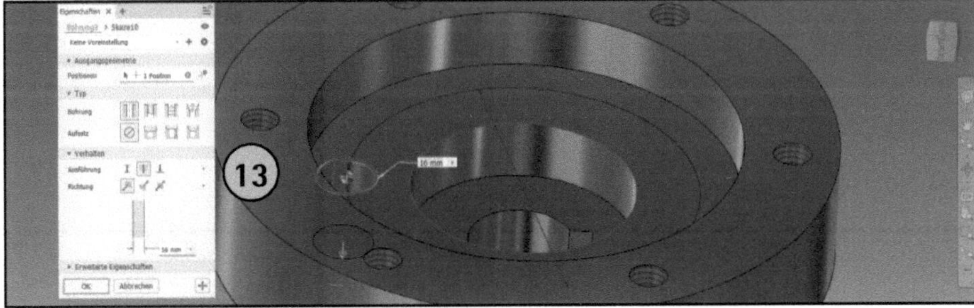

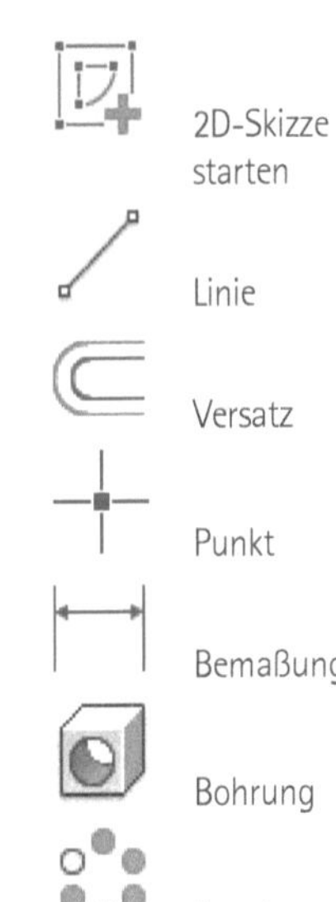

- **Vier** Gewindebohrungen über **Runde Anordnung**, **4** Elemente,
  360°-Verteilung (14).

Rundung

- Die Konturrundung am Ausdrehungsfuß wird über **Rundung** mit R = **4** mm angetragen (15).

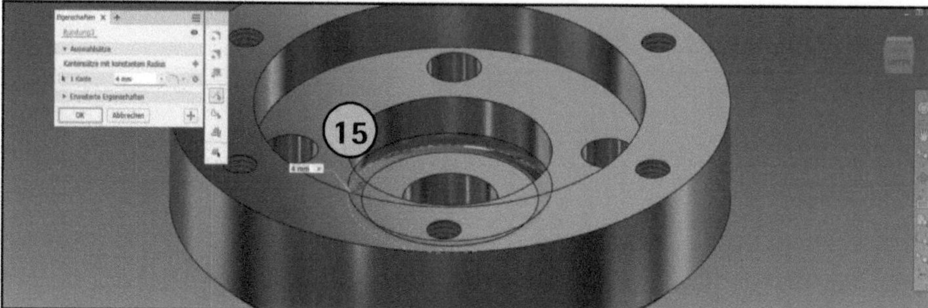

Fase

- Die Konturschrägen werden über **Fase 4** x **45°** Option **Gleicher Abstand** erstellt (16).

Speichern unter

- **Speichern** Sie das neue Bauteil.

5.2.4 Der Deckel Pos. 3, die Bauteilerstellung

5.2.4.1 Der Deckel Pos. 3, Konstruktionsskizze

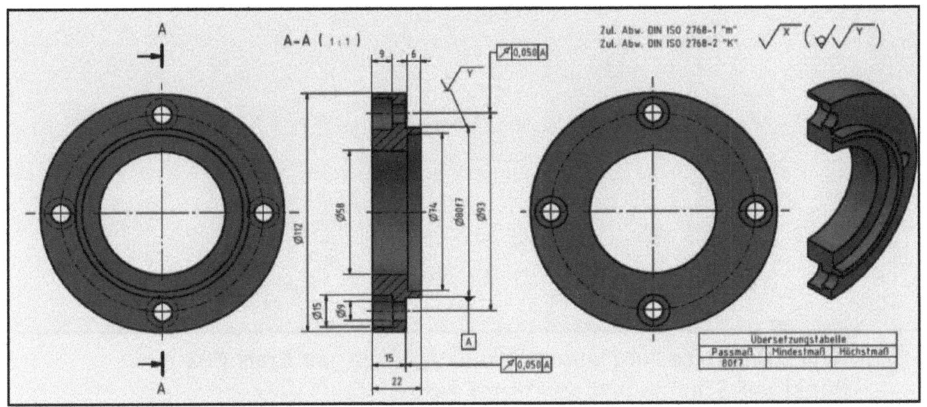

5.2.4.2 Der Deckel Pos. 3, Vorgaben

- Zylinder 1 Ø**112** mm x **22** mm.
- Außenausdrehung Ø**80** mm Breite **7** mm.
- Innen-Ausdrehung Ø**74** mm, Tiefe **6** mm.
- Zentrale Bohrung Ø**58** mm.
- **4** Montage-Stufenbohrungen Ø**15** mm zu Ø**9** mm, Tiefe **9** mm
  auf einem Lochkreis von Ø**140** mm.
- Materialzuweisung **Stahl poliert**.

5.2.4.3 Der Deckel Pos. 3, Ablauf der Bauteilerstellung

- Erstellen Sie, aus der vorgegebenen Darstellung, auf einem neuen Dokument,
  ein **Grundkörper Zylinder** mit einer Länge von **22** mm und einen Durchmesser von **112** mm.
- Materialzuweisung **Stahl poliert** (1).

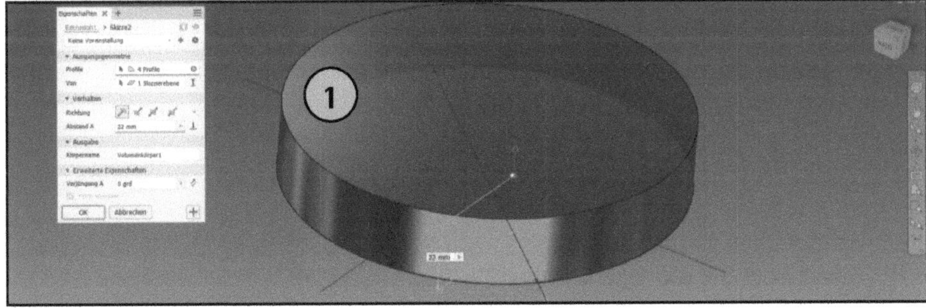

- Erstellen Sie eine Ausdrehung über eine **Drehungs-Differenz** entsprechend
  der dargestellten Skizze (2).

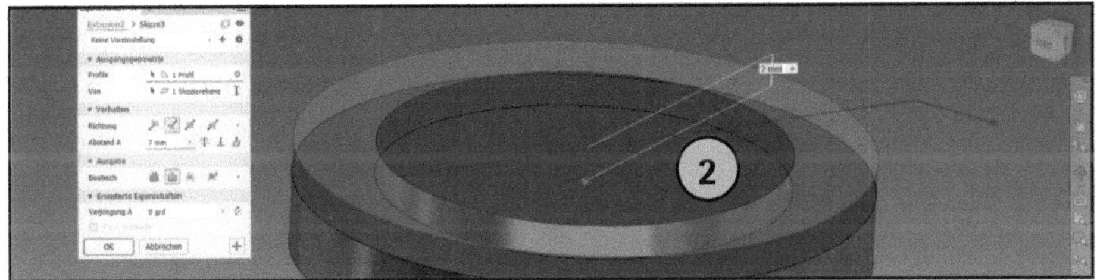

Bohrung

- Setzen Sie eine **Bohrung** Typ **Zylindrische Senkbohrung Senkung Ø74** mm **6** mm tief, **Bohrung Ø58** mm, Platzierung **Konzentrisch, konzentrische Referenz** (3).

2D-Skizze starten

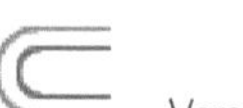

Linie

Versatz

Punkt

Bemaßung

Bohrung

Runde Anordnung

- Neue **2D-Skizze** auf Flansch-Ebene, Hilfskreis mit **Kreis Ø93** mm, **Punkt** auf Schnittpunkt senkrechte Achse, Setzen Sie eine **Bohrung** Typ **Zylindrische Senkbohrung Bohrung Ø9** mm, Senkung **Ø15** mm **9** mm tief, auf diesen **Punkt** (4).

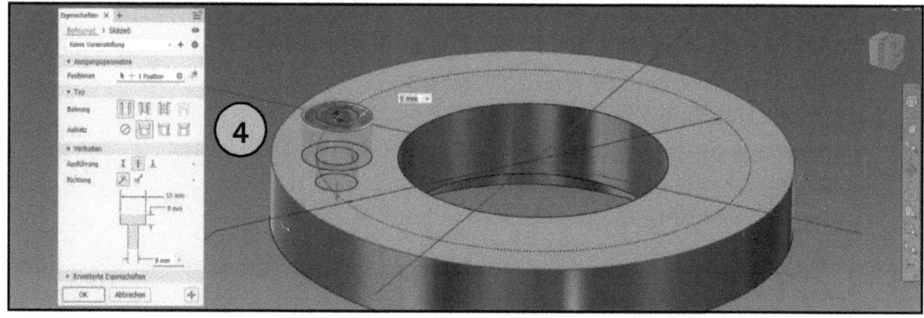

- Vier zylindrische Senkbohrungen über **Runde Anordnung**, **4** Elemente, **360°**-Verteilung (5).

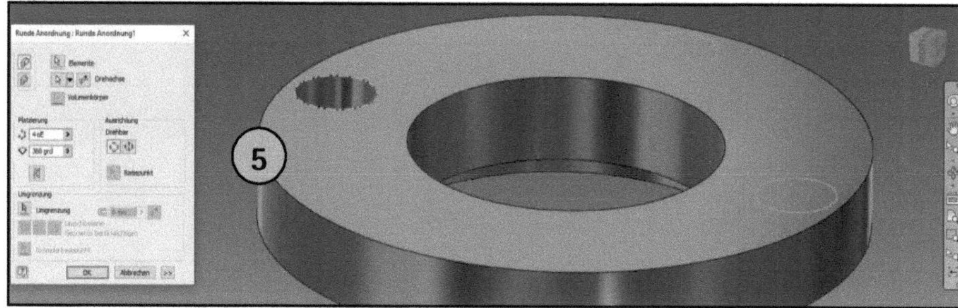

- **Speichern** Sie das neue Bauteil.

Speichern unter

5.2.5 Der Deckel Pos. 4, die Bauteilerstellung

5.2.5.1 Der Deckel Pos. 4, Konstruktionsskizze

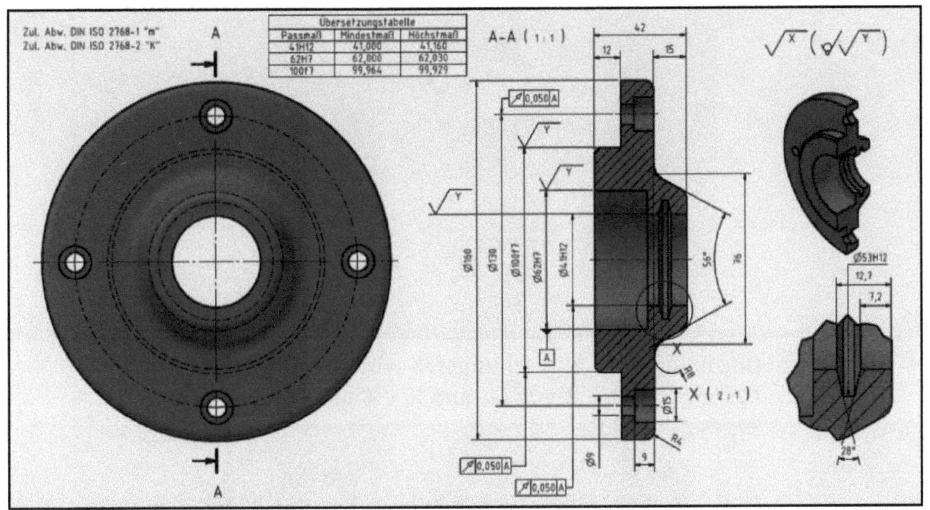

5.2.5.2 Der Deckel Pos. 4, Vorgaben

- Über **Drehung** einer Skizze erzeugter Grundkörper.
- Antragung von **Rundungen** und **Fasen**.
- Zentrale Bohrung Ø**41** mm.
- Innenausdrehung Ø**65** mm, Tiefe **22** mm.
- Drehung des Profils für den Filzring.
- **4** Montage-Stufenbohrungen Ø**15** mm zu Ø**9** mm, Tiefe **9** mm
  auf einem Lochkreis von Ø**130** mm.
- Materialzuweisung **Stahl poliert**.

5.2.5.3 Der Deckel Pos. 4, Ablauf der Bauteilerstellung

- Erstellen Sie, aus der vorgegebenen Darstellung, auf einem neuen Dokument
  über eine neue **2D-Skizze** auf **YZ**-Ebene, mit **Linie** und Linientyp **Mittellinie**
  als Rotationsachse, mit **Allgemeine Bemaßung** vervollständigen und Maße
  Über Mittellinie antragen,
- Volumenkörpererstellung über **Drehung**, Anwahl der Mittelachse als Rotationsachse, **Vollkörper** bei **360°**.
- Materialzuweisung **Stahl poliert** (1).

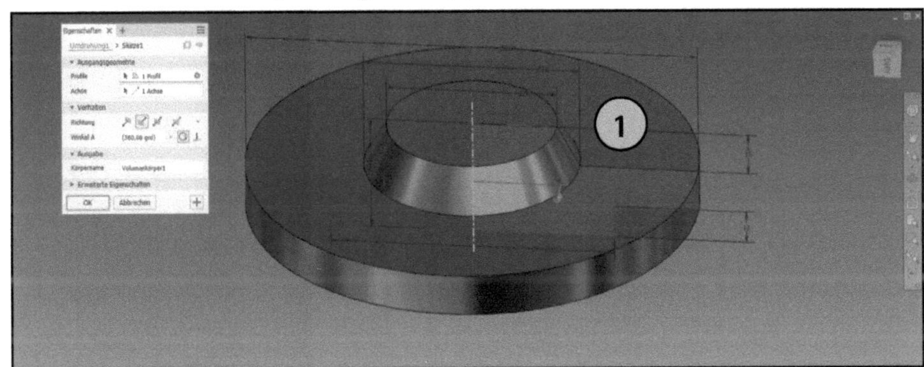

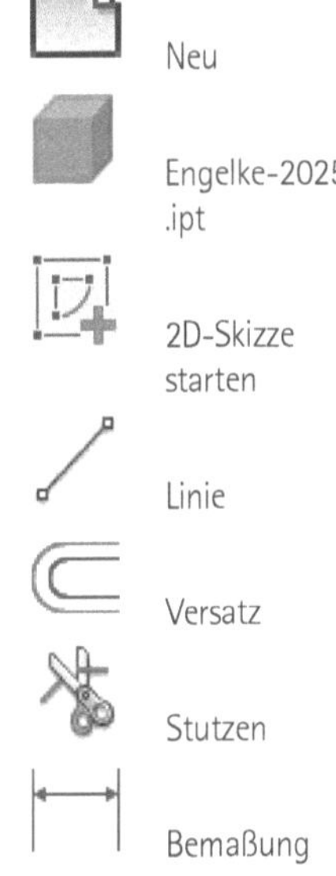

Bohrung

Rundung

Fase

2D-Skizze
starten

Geometrie
projizieren

Linie

Versatz

Stutzen

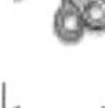

Bemaßung

- Setzen Sie eine **Bohrung** Typ **Zylindrische Senkbohrung**
  Bohrung Ø**115** mm **16** mm tief, Senkung Ø**60** mm **32** mm tief,
  Platzierung **Konzentrisch, konzentrische Referenz** (2).

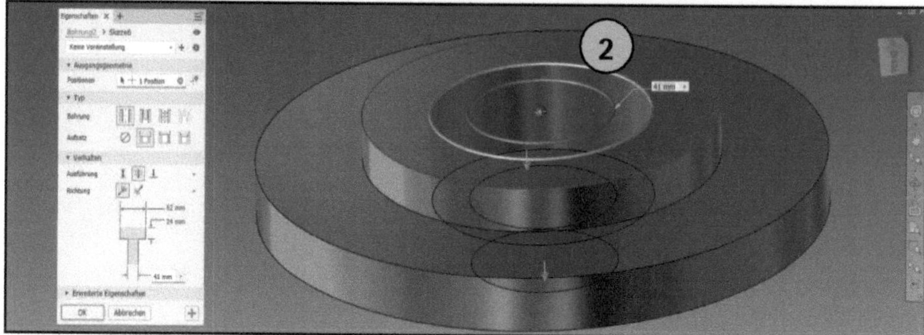

- Die Konturrundung am Ausdrehungsfuß wird über **Rundung**
  mit R = **0,5** mm (3), R = **8** mm (4) und R = **4** mm (5) angetragen.

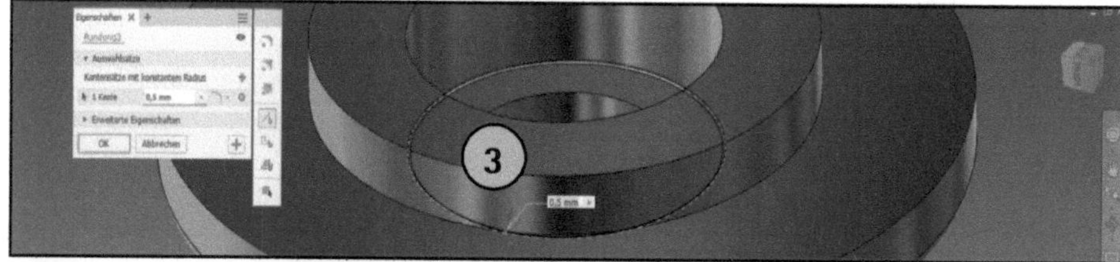

- Die Konturschrägen werden über **Fase 2** mm x **45°**
  Option **Gleicher Abstand** erstellt (6).

- Erstellen Sie eine Ausdrehung über eine **Drehungs-Differenz** entsprechend der dargestellten Skizze (7, 8).

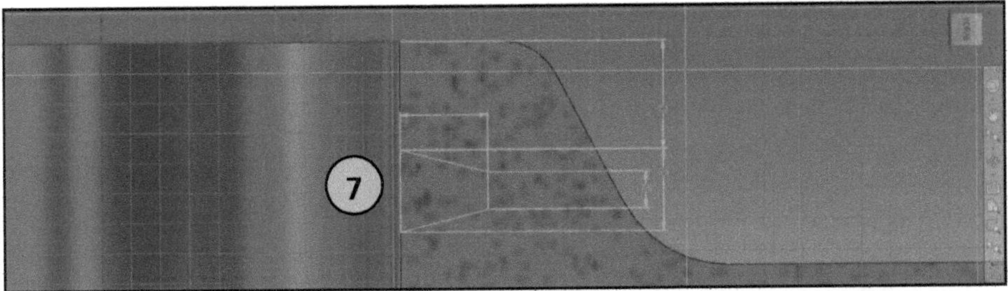

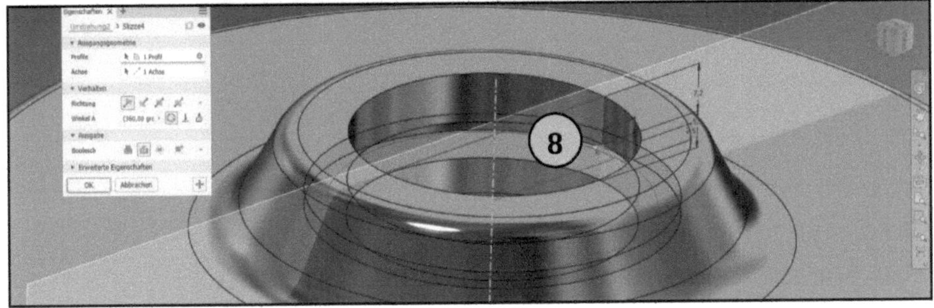

- Neue **2D-Skizze** auf Flansch-Ebene, Hilfskreis mit **Kreis Ø130** mm, **Punkt** auf Schnittpunkt senkrechte Achse.
  Setzen Sie eine **Bohrung** Typ **Zylindrische Senkbohrung**
  Bohrung Ø9 mm, Senkung **Ø15** mm **9** mm tief, auf diesen **Punkt**. (9)

- **Vier** zylindrische Senkbohrungen über **Runde Anordnung**,
  4 Elemente, **360°**-Verteilung (10).

- **Speichern** Sie das neue Bauteil.

5.2.6 Die Verbindungsscheibe Pos. 5, die Bauteilerstellung

5.2.6.1 Die Verbindungsscheibe Pos. 5, Konstruktionsskizze

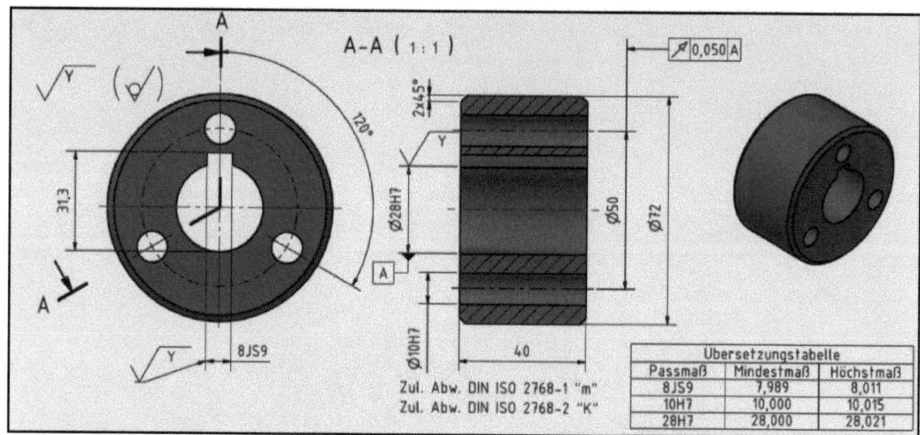

5.2.6.2 Die Verbindungsscheibe Pos. 5, Vorgaben

- Grundzylinder mit Außen-Ø**72** mm x **40** mm.
- Randfasen **2 x 45°**.
- Innenbohrung Ø**28** mm mit Passfedernut Breite **8** mm, Höhe **31,3** mm.
- **3** Stiftbohrungen Ø**10** mm.
- Materialzuweisung **Stahl poliert**.

5.2.6.3 Die Verbindungsscheibe Pos. 5, Ablauf der Bauteilerstellung

- Erstellen Sie, aus der vorgegebenen Darstellung, auf einem neuen Dokument, ein **Grundkörper Zylinder** mit einer Länge von **40** mm und einen Durchmesser von **72** mm.
- Materialzuweisung **Stahl poliert** (1).

Neu

Engelke-2025
.ipt

Zylinder

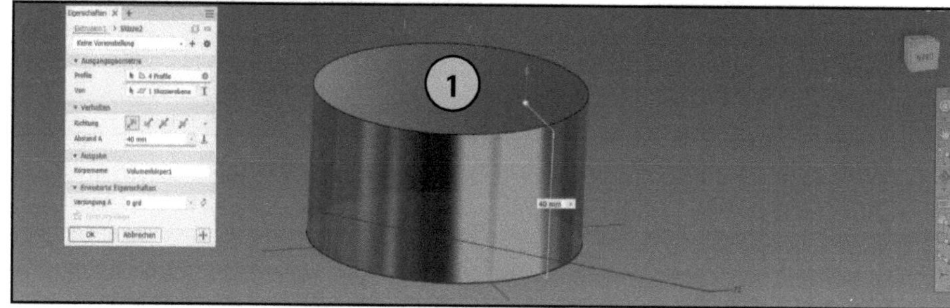

- Die Konturschrägen werden über **Fase 2 x 45°**
  Option **Gleicher Abstand** erstellt (2).

Fase

- Erstellen Sie, aus der vorgegebenen Darstellung, über eine neue Skizze, über **Geometrie projizieren** anwählbare Arbeitsebenen.
  Tragen Sie die entsprechenden Maße über **Allgemeine Bemaßung** an.
  Verwenden Sie für die Linienkonstruktion die Funktion **Versatz**, Linien auf **Symmetrisch**, bereinigen Sie die Konstruktion über **Stutzen** (3).

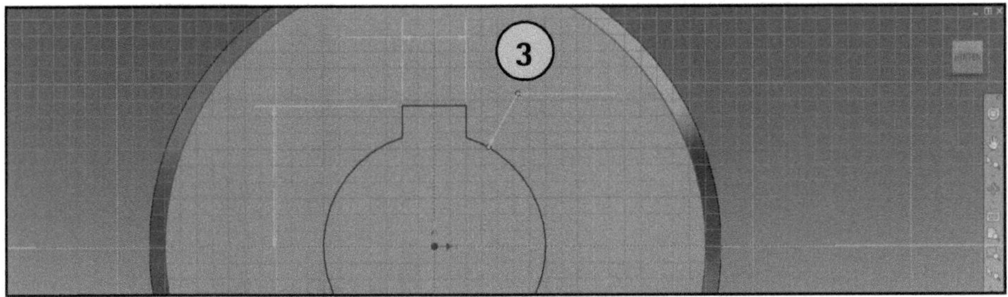

- Volumenkörpererstellung über eine **Differenz-Extrusion** mit Tiefe **Über Alles** (4).

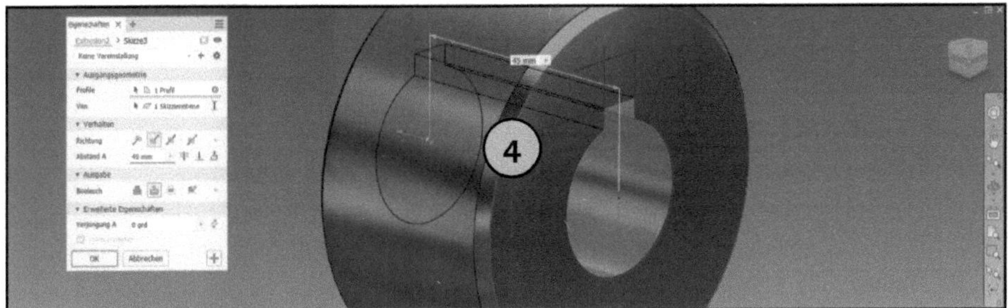

- Neue **2D-Skizze** auf Flansch-Ebene, Hilfskreis mit **Kreis Ø50** mm, **Punkt** auf Schnittpunkt senkrechte Achse.
  Setzen Sie eine **Bohrung** Typ **Zylindrische Bohrung Bohrung Ø10** mm auf diesen **Punkt** (5).

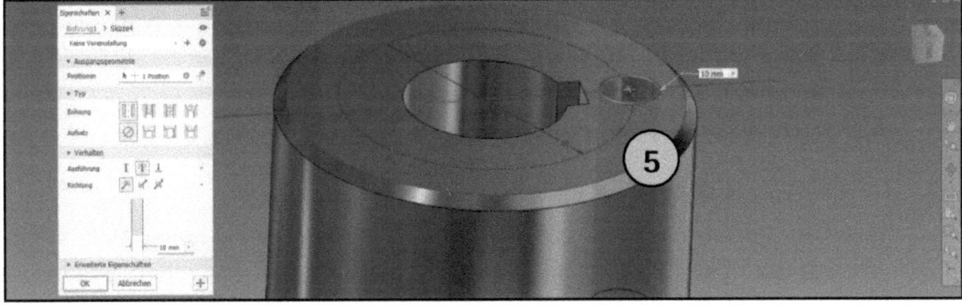

- Drei Bohrungen über **Runde Anordnung**, **3** Elemente, **360°**-Verteilung (6).

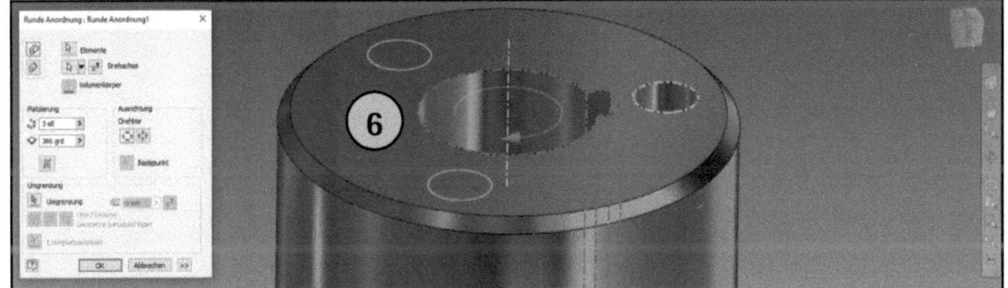

- **Speichern** Sie das neue Bauteil.

2D-Skizze starten

Geometrie projizieren

Linie

Versatz

Stutzen

Bemaßung

Extrusion Differenz

2D-Skizze starten

Linie

Versatz

Punkt

Bemaßung

Bohrung

Runde Anordnung

Speichern unter

5.2.7 Die Antriebswelle Pos. 6, die Bauteilerstellung

5.2.7.1 Die Antriebswelle Pos. 6, Konstruktionsskizze

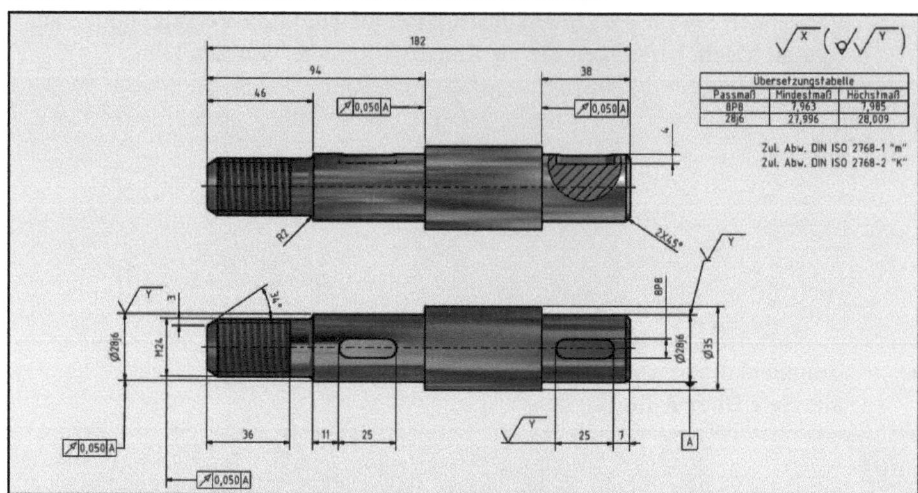

5.2.7.2 Die Antriebswelle Pos. 6, Vorgaben

- Die Welle beginnt mit einem Zylinder Ø**24** mm x **46** mm lang,
- Die Welle wird mit einem Zylinder Ø**28** mm x **48** mm lang fortgesetzt,
- Das Mittelstück wird von einem Wellenteil mit einem Ø**35** mm x **50** mm gebildet.
- Den Abschluss der Welle bildet ein Wellenansatz mit Ø**28** mm x **38** mm.
- Ein Außengewinde **M24** Länge **36** mm wird auf das vordere Wellenelement aufgebracht.
- Die Vorderkante wird mit einer Fase **4,5 x 30°**
  und das Wellenende wird mit **2 x 45°** gebrochen.
- Das Gewinde-Wellenteil wird mit Rundung R = **2** mm und das Wellenmittelstück mit Rundung R = **0,6** mm als Freistich ausgerundet.
- Passfedernuten über **Extrusions-Differenz.**
- Materialzuweisung **Stahl poliert.**

Neu

Engelke-2025
.ipt

Zylinder

5.2.7.3 Die Antriebswelle Pos. 6, Ablauf der Bauteilerstellung

- Erstellen Sie, aus der vorgegebenen Darstellung, auf einem neuen Dokument, ein **Grundkörper Zylinder** mit einer Länge von **46** mm und einen Durchmesser von **24** mm.
- Materialzuweisung **Stahl poliert** (1).

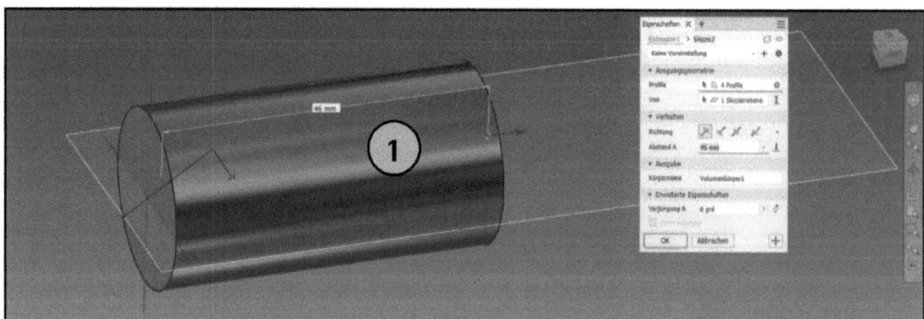

- Verfahren Sie entsprechend mit weiteren Zylindern:
  Länge von **48** mm und einen Durchmesser von **28** mm (2).
  Länge von **50** mm und einen Durchmesser von **35** mm (3).
  Länge von **38** mm und einen Durchmesser von **28** mm (4).

Zylinder

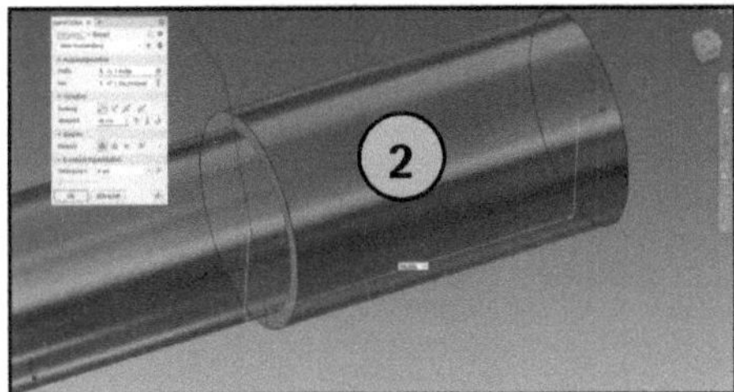

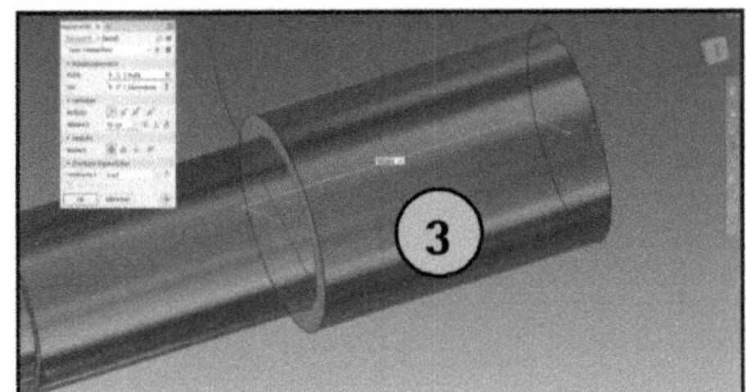

- Setzen Sie auf das Wellenende ein **Außengewinde** Größe **M24**,
  Länge **36** mm (5).

Gewinde

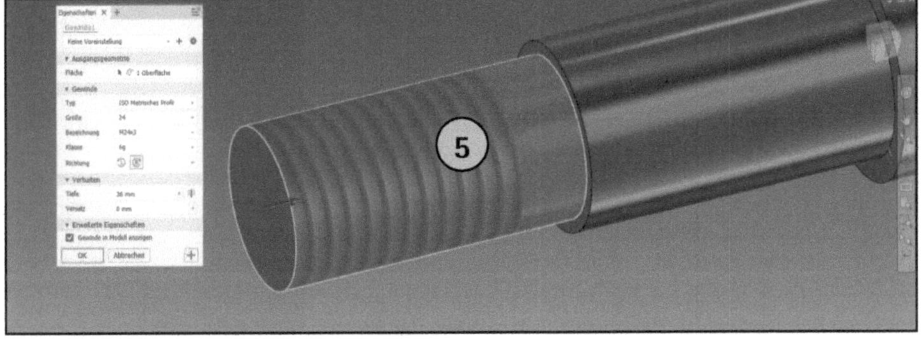

- Die Konturrundung am Ausdrehungsfuß wird über **Rundung**
  mit R = **2** mm (6) und R = **0,6** mm (7, 8) angetragen.

Rundung

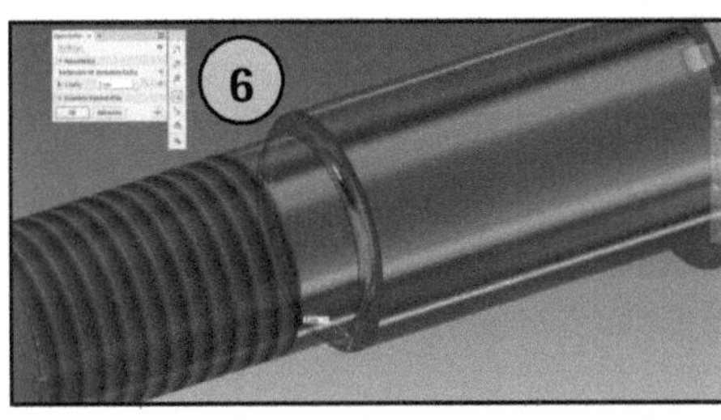

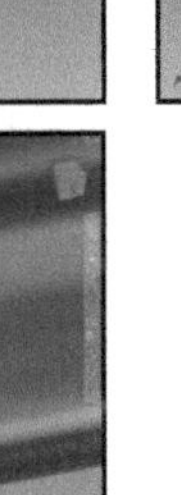

Fase
2 Abstände

Fase

- Die Konturschrägen werden über **Fase, Abstand1 3** mm, **Abstand2 4,5** mm Option **Zwei Abstände** erstellt (9).
- Die Konturschräge wird über **Fase 2 x 45°** Option **Gleicher Abstand** erstellt (10).

Tangential zu
Fläche und pa-
rallel zu Ebene

- Erstellen Sie eine **tangentiale** Arbeitsebene über:
  Wählen Sie die **XY-Ursprungsebene**.
  Wählen Sie den Wellenzylinder für die Passfeder (11).

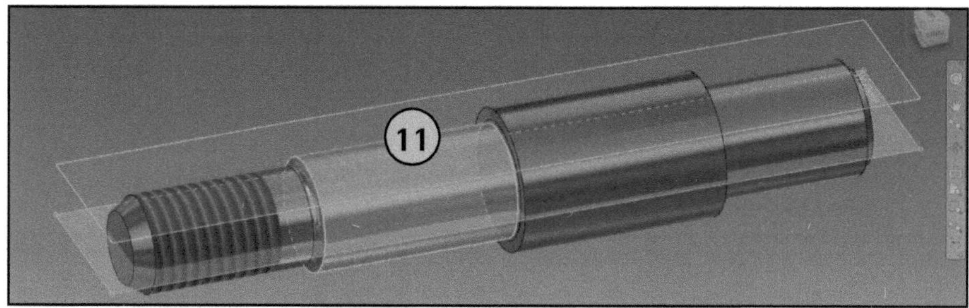

- **Positionieren Sie das Langloch über**:
  YZ-Ebene über **Geometrie projizieren** wählbar gestalten.
- Erstellen Sie eine Passfedernut über (12):

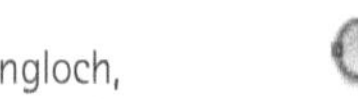
Langloch,
Gesamtlänge

Langloch, Gesamtlänge (Multifunktionsleiste **Skizze**)
Klicken Sie den Linienmittelpunkt der versetzten Linie.
Ziehen Sie den Endpunkt des Langlochs auf **25** mm.
Ziehen Sie die Breite auf **8** mm / Schließen Sie mit **OK**.
Langloch **Symmetrisch** über Mittelachse positionieren.

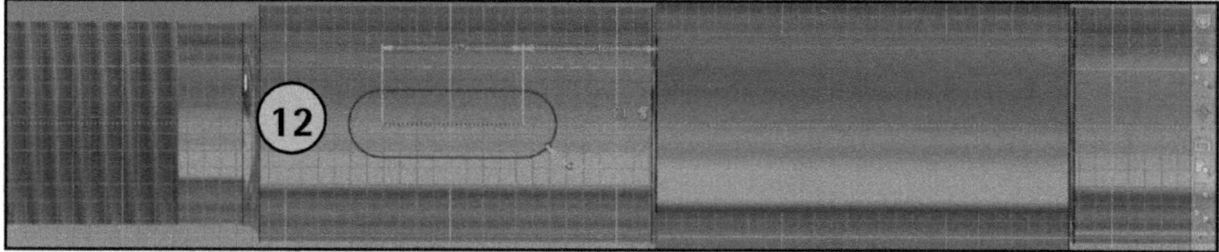

Extrusion
Differenz

- Passfedernut-Erstellung über eine **Differenz-Extrusion** mit Tiefe **4** mm (13).

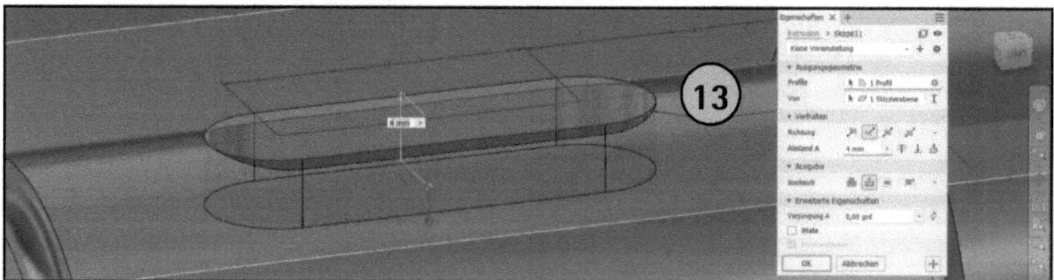

- Verfahren Sie mit der zweiten Passfedernut entsprechend (12, 13).

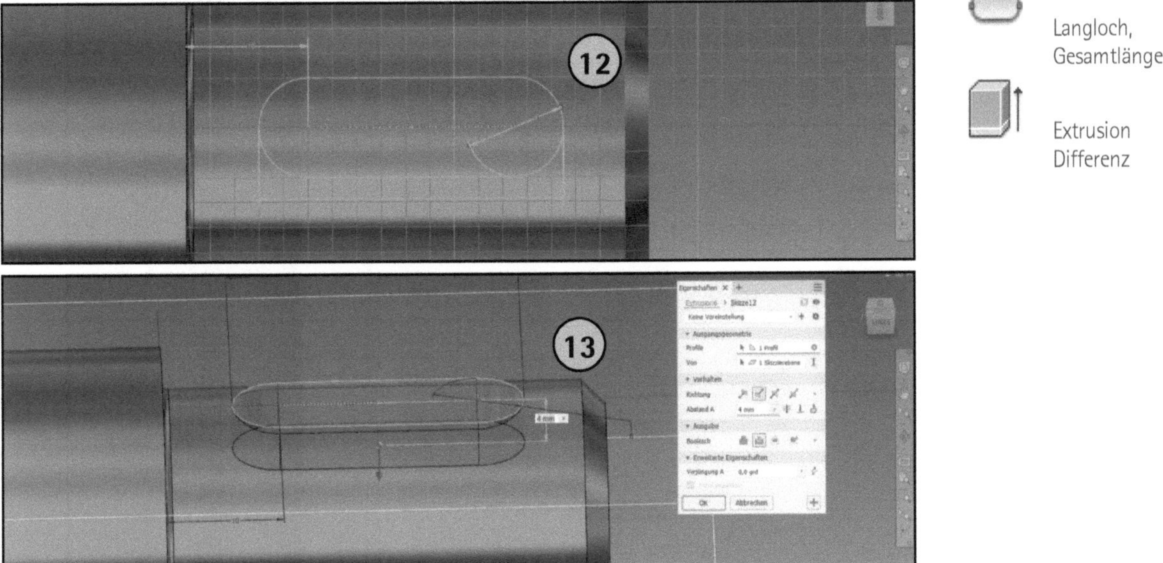

- **Speichern** Sie das neue Bauteil.

Langloch,
Gesamtlänge

Extrusion
Differenz

Speichern
unter

5.2.8 Die Antriebswelle Pos. 7, die Bauteilerstellung

5.2.8.1 Die Antriebswelle Pos. 7, Konstruktionsskizze

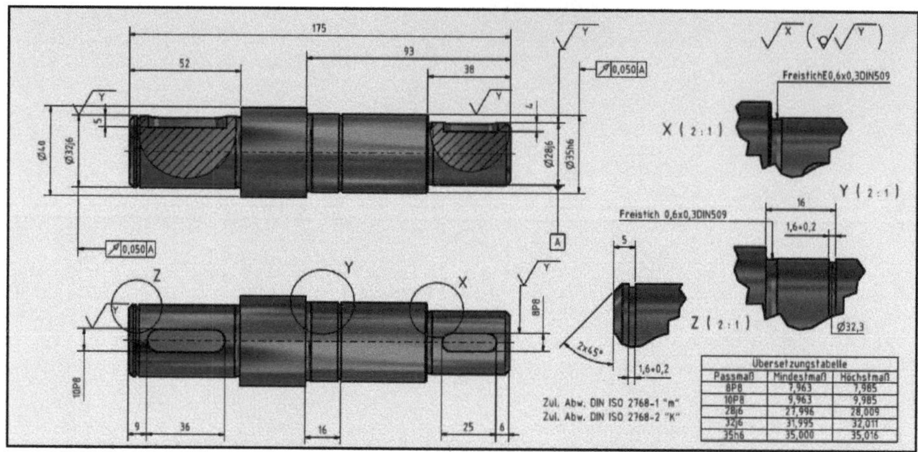

5.2.8.2 Die Antriebswelle Pos. 7, Konstruktion über den „Wellengenerator", Vorgaben

Der Grundkörper setzt sich aus mehreren Einzelschritten zusammen:

- Materialzuweisung **Stahl poliert**.
- **Schritt 1:**

Die Welle beginnt mit einem Zylinder Ø**28** mm x **38** mm lang, die Vorderkante wird mit einer Fase **2 x 45°** gebrochen, das Wellenende wird mit einem Freistich ausgerundet, zum Abschluss wird eine Passfedernut DIN **6885** eingebracht.

- **Schritt 2:**

Die Welle wird mit einem Zylinder Ø**35** mm x **55** mm lang fortgesetzt und erhält einen Einstich für einen Sicherungsring, das Wellenende wird mit einem Freistich ausgerundet.

- Schritt 3:

Das Mittelstück wird von einem Wellenteil mit einem Ø**40** mm x **30** mm Länge gebildet.

- Schritt 4:

Den Abschluss der Welle bildet ein Wellenansatz mit Ø**30** mm x **52** mm Länge, die Vorderkante wird mit einer Fase **2 x 45°** gebrochen, der Wellenansatz erhält einen Einstich für einen Sicherungsring, zum Abschluss wird eine Passfedernut

5.2.8.3 Die Antriebswelle Pos. 1, Ablauf der Bauteilerstellung mit dem „Wellengenerator"

Der Wellengenerator wird nur in der Baugruppen-Umgebung zur Verfügung gestellt.

- Öffnen Sie ein neues Baugruppendokument, Vorlagedatei **Engelke2025.iam**
- **Speichern** Sie dieses leere Baugruppendokument.

5.2.8.4 Bauteilerstellung mit dem Wellengenerator, Aufruf

Wellengenerator (Register **Konstruktion**)

Löschen Sie alle Einträge, bis auf den Grundeintrag.

Neu

Engelke2025
.iam

Speichern
unter

Wellen-
Generator

- **Zylinder1:**

  Zylinder Ø**28** mm x **38** mm lang (1), Fase **2** mm x **45°** (2), Freistich Typ **E DIN 509** (3) Passfedernut nach **DIN 6885**, Breite **8** mm, Tiefe **4** mm, Länge **25** mm (4).

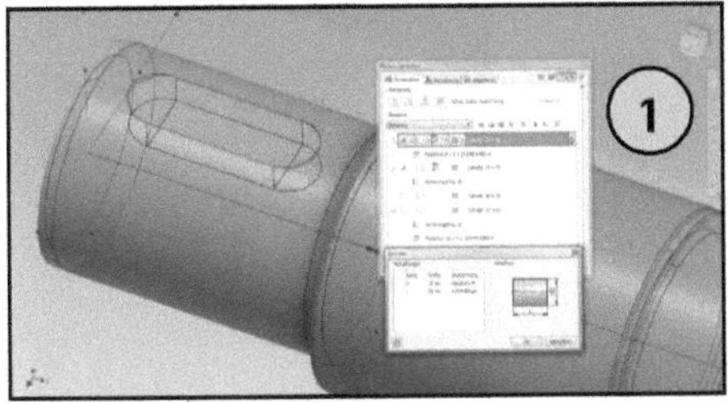 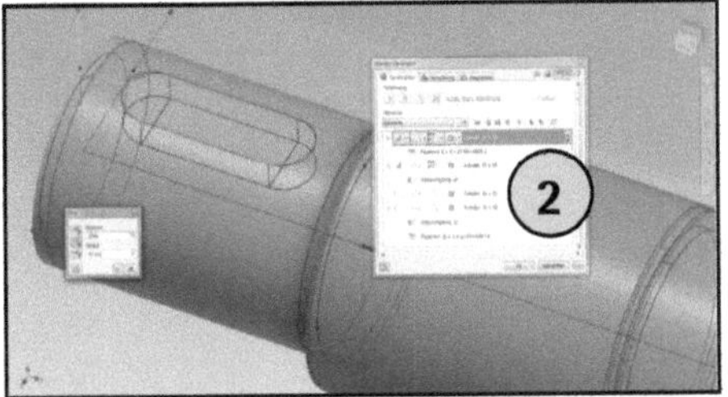 

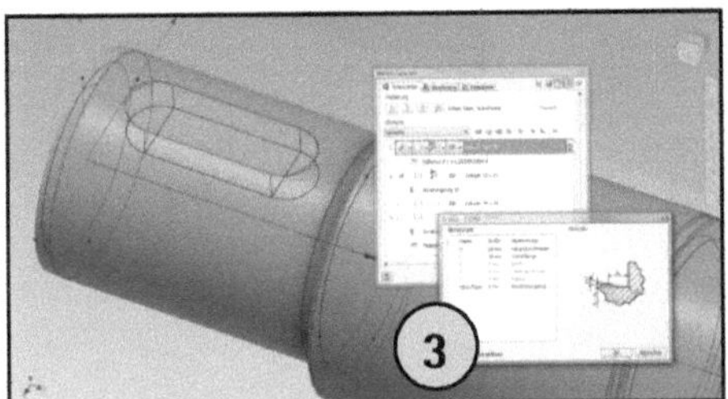 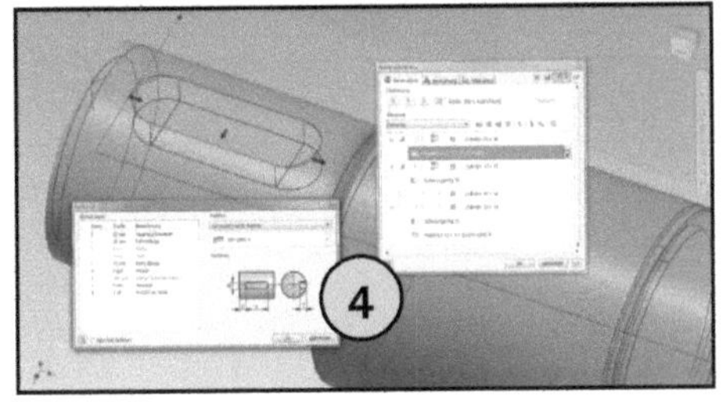 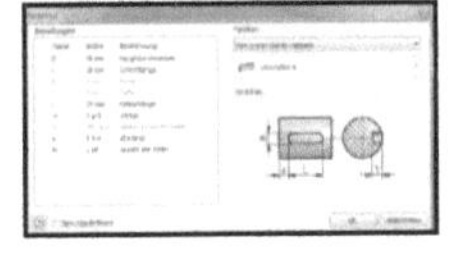

- **Zylinder 2:**

  Zylinder Ø**35** mm x **55** mm lang (5), Einstich für Sicherungsring Breite **1,6** mm (6), Innen-Ø **33,3** mm, Freistich Typ **E DIN 509** (7).

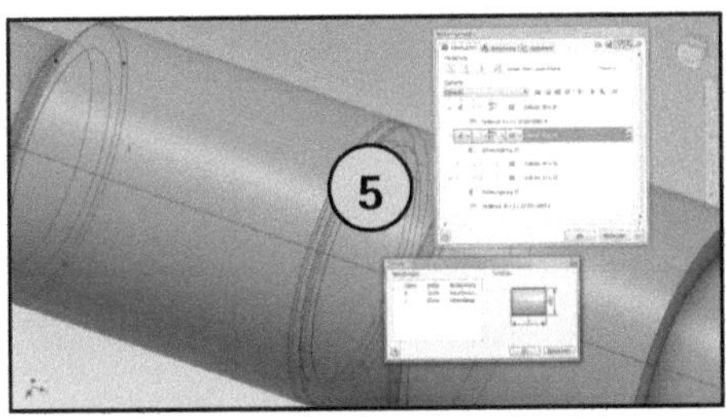 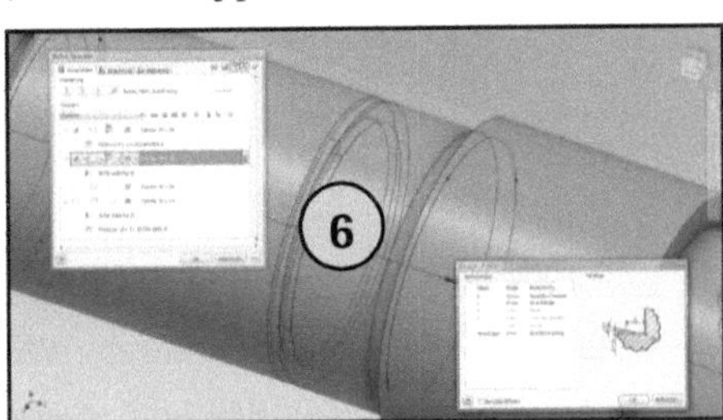

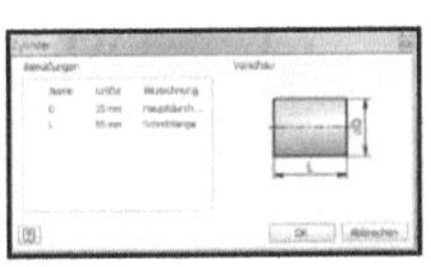

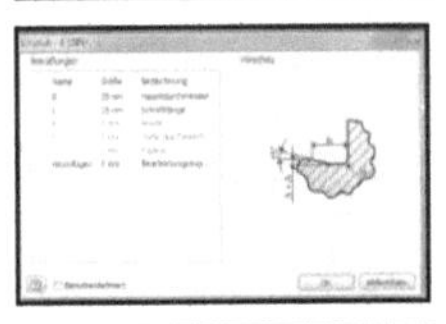

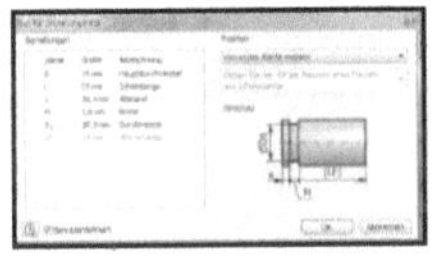

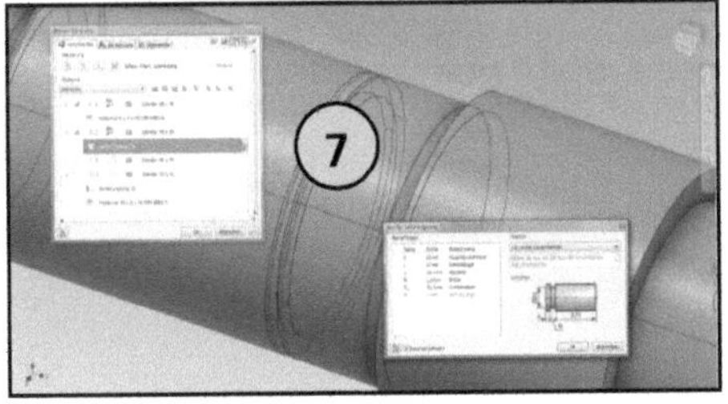

- **Zylinder 3:**

  Zylinder Ø**40** mm x **30** mm Länge (8).

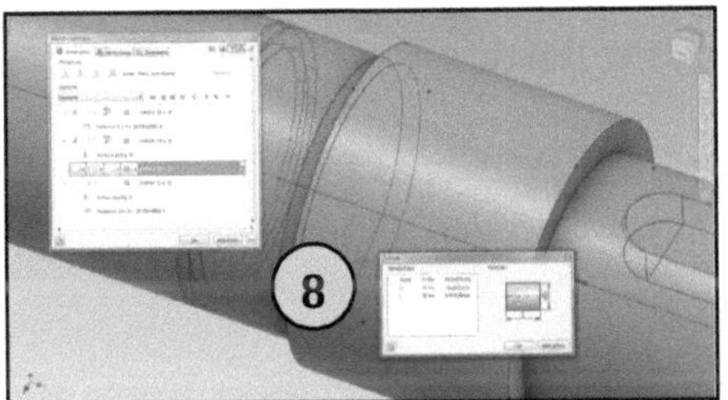

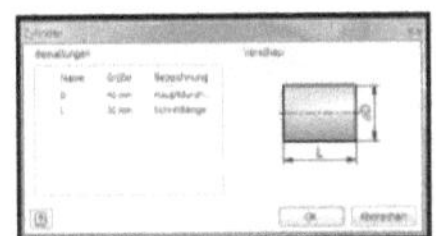

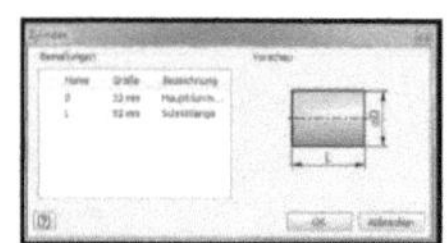

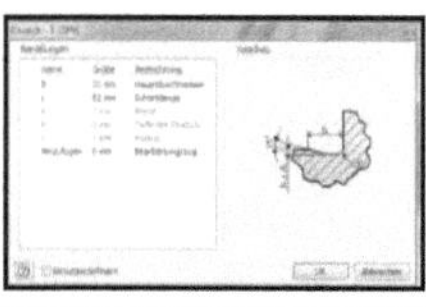

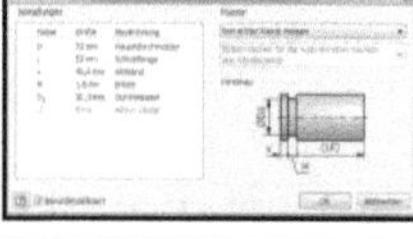

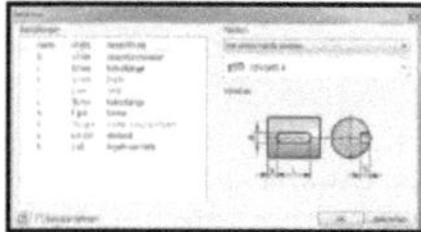

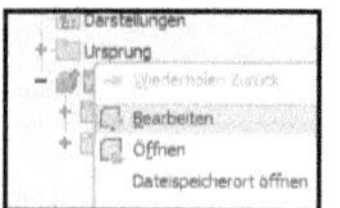

- **Zylinder 4:**
  Zylinder Ø30 mm x **52** mm Länge (9), Fase **2** mm x **45°** (10),
  Freistich Typ **E DIN 509** (11), Einstich für Sicherungsring Breite **1,6** mm
  Innen-Ø **30,3** mm (12), Passfedernut nach DIN **6885**, Breite **10** mm,
  Tiefe **5** mm, Länge **36** mm (13).

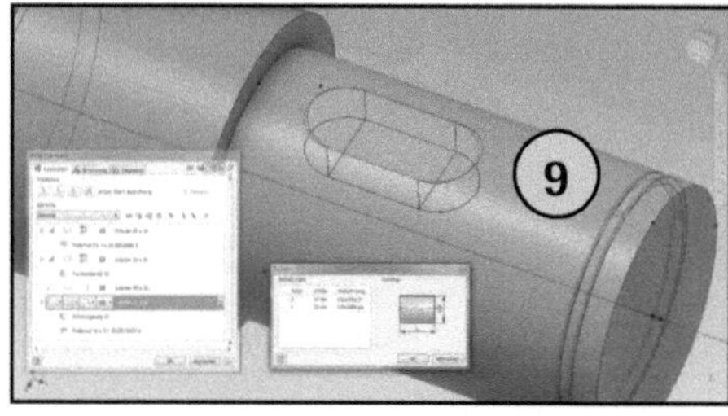

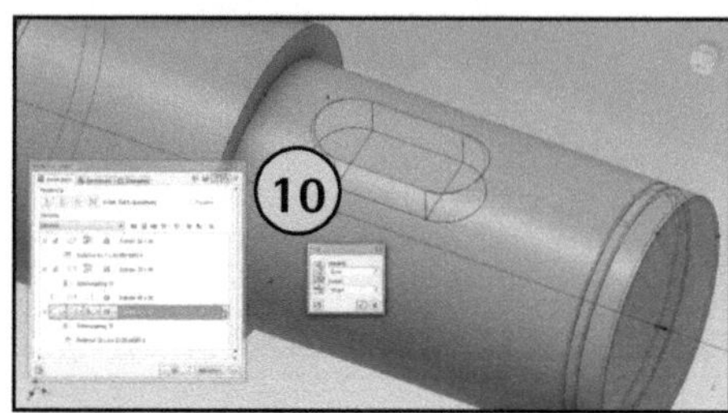

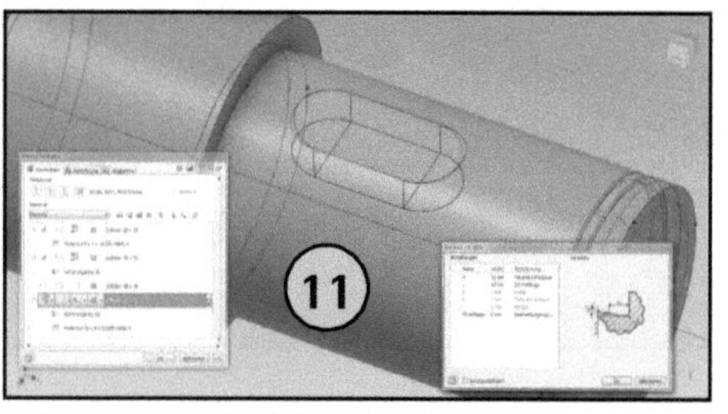

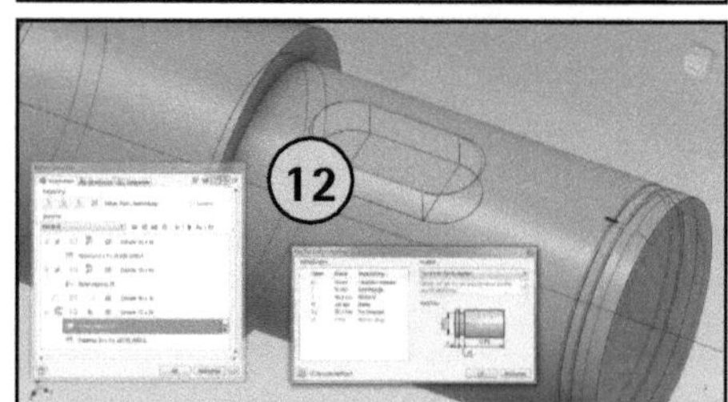

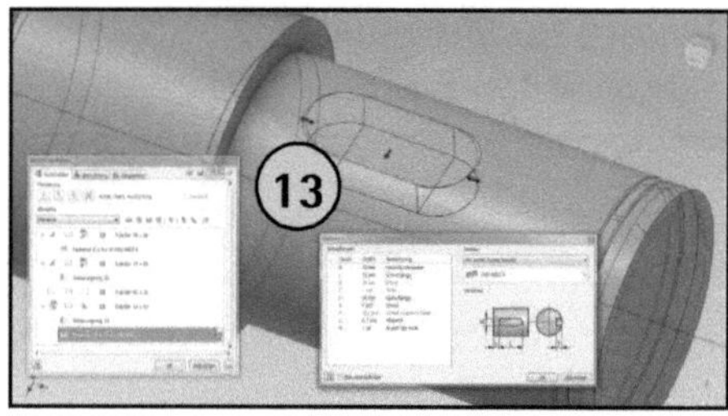

- Beenden Sie die Erstellung der Welle Pos. 7 mit **OK**.
- Wählen Sie im **Baugruppen-Browser** den Eintrag **Welle** an und über das Kontextmenü **Bearbeiten**.
- Weisen Sie der Antriebswelle das Material **Stahl poliert** zu.

5.2.8.5 Baugruppe und Bauteil speichern

Die Speicherung der Baugruppe erzeugt zusätzlich ein Unterverzeichnis
Konstruktions-Assistent mit zwei Einträgen:

> Baugruppendatei: **Welle1.iam**
>
> Bauteildatei   : **Welle1.ipt**

Diese erzeugten Einträge gehören unbedingt zur konstruierten Antriebswelle und müssen immer mitgeliefert werden, um eine Änderung möglich zu machen.

- Aufruf über den **Menü-Browser**, Register **Datei**.

Speichern
unter

Speichern unter
Das Dialogfeld **Speichern unter** wird eingeblendet.
Geben Sie einen Dateinamen Ihrer Wahl ein.

5.2.9 Das Antriebsschneckenrad Pos. 20, die Bauteilerstellung

5.2.9.1 Das Antriebsschneckenrad Pos. 20, Konstruktionsskizze

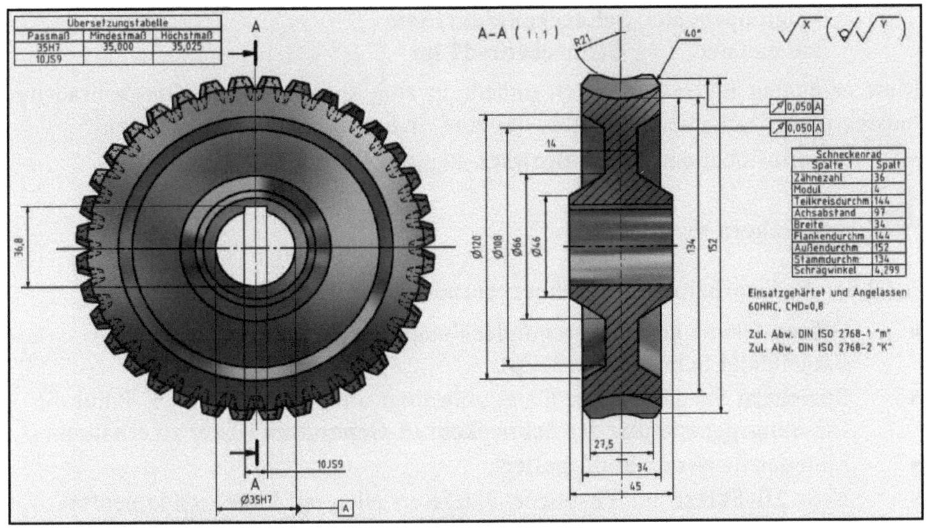

5.2.9.2 Das Antriebsschneckenrad Pos. 20, Vorgaben

Schneckenraderstellung über Schneckenrad-Generator:

- Modul: **4** mm, Zähnezahl: **36**, Zahnbreite: **34** mm
- Materialzuweisung **Stahl poliert**.

5.2.9.3 Das Antriebsschneckenrad Pos. 20, Ablauf der Bauteilerstellung

Der **Schneckenrad-Generator** wird nur in der Baugruppen-Umgebung zur Verfügung gestellt.

- Öffnen Sie ein neues Baugruppendokument,
  Vorlagendatei **Engelke2025.iam**
- **Speichern** Sie dieses leere Baugruppendokument.

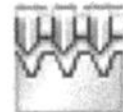

Schneckenräder (Multifunktionsleiste **Konstruktion**)
Schnecke: **keine Komponente erstellen**
Schneckenrad: **Komponente erstellen**
Definition über Option: **Achsabstand**
Schrägungswinkel: **4,5739°**, Modul: **4, 36 Zähne**
Beenden mit **OK** (1).

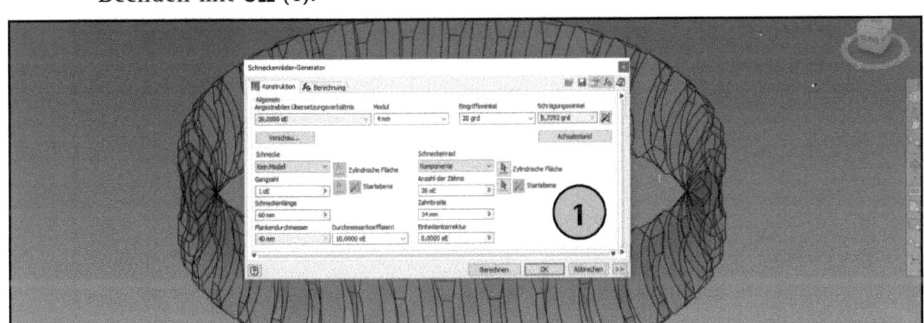

5.2.9.4 Baugruppe und Bauteil speichern

Die Speicherung der Baugruppe erzeugt zusätzlich ein Unterverzeichnis
Konstruktions-Assistent mit zwei Einträgen:

      Baugruppendatei: **Schneckenräder1.iam**

      Bauteildatei   : **Schneckenrad1.ipt**

Diese erzeugten Einträge gehören unbedingt zum konstruierten Schneckenrad und
müssen immer mitgeliefert werden, um eine Änderung möglich zu machen.

-     Aufruf über den **Menü-Browser**, Register **Datei**.

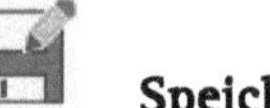 **Speichern unter**

5.2.9.5 Endbearbeitung des Schneckenrades

- **Öffnen** Sie die gemeinsam mit der Baugruppe gespeicherte
  Bauteildatei **Schneckenrad1.ipt**.
- **Speichern** Sie diese Bauteildatei unbedingt unter neuem Namen, damit die
  Ursprungsgenerierung des **Schneckenrad-Generators** weiter zu erhalten.
- Materialzuweisung **Stahl poliert**.
- Neue **2D-Skizze** auf **YZ**-Ebene, Skizze erstellen mit **Linie** und Linientyp
  Mittellinie als Rotationsachse, mit **Allgemeine Bemaßung** vervollständigen
  Radbreitenkorrektur auf **6,5** mm (**46** mm) (2).

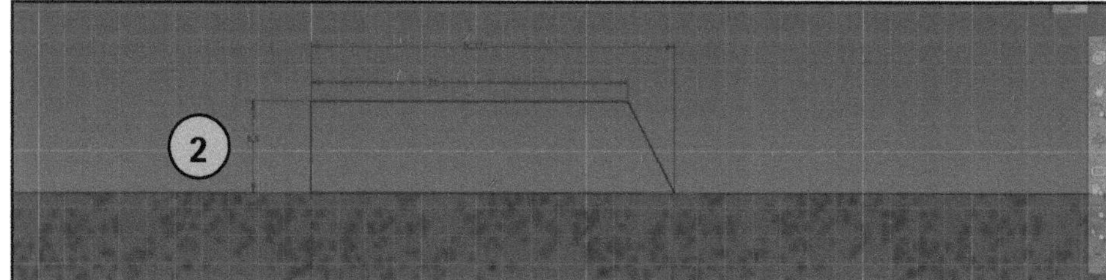

- Volumenkörpererstellung über **Drehung**, Anwahl der Mittelachse als
  Rotationsachse, **Vollkörper** bei **360°** (3)

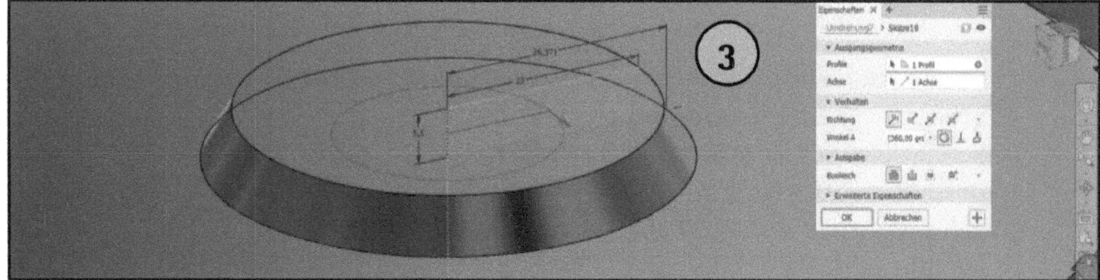

- Wählen Sie den erstellte Volumenkörper, **spiegeln** Sie diesen über die
  XY-Ebene (4).

Speichern
unter

 Öffnen

 Speichern
unter

 2D-Skizze
starten

 Linie

 Versatz

 Stutzen

 Bemaßung

 Drehung

 Spiegeln

- Neue **2D-Skizze** auf **YZ**-Ebene, **Geometrie projizieren**, Skizze erstellen mit **Linie** und Linientyp **Mittellinie** als Rotationsachse, mit **Allgemeine Bemaßung** vervollständigen und Maße **Über Mittellinie** antragen (5).

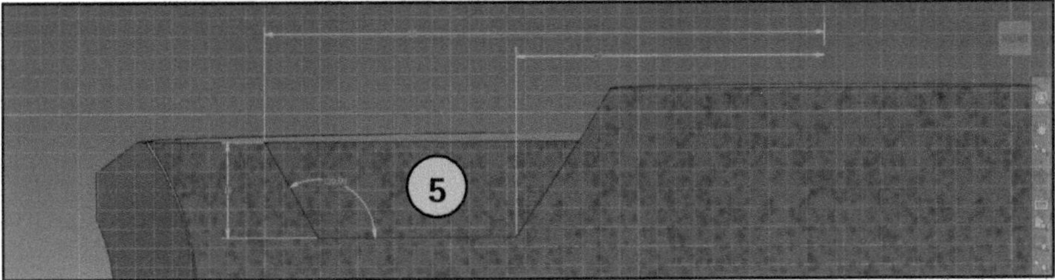

- Differenz-Volumenkörpererstellung über **Drehung**, Anwahl der Mittelachse als Rotationsachse, **Vollkörper** bei **360°** (6)

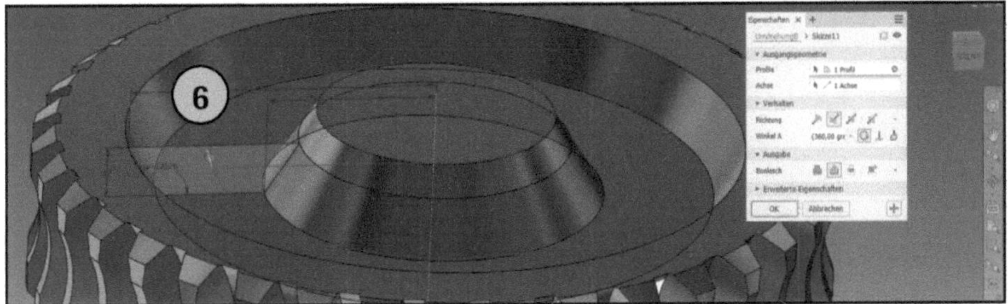

- Wählen Sie den erstellte **Differenz**-Volumenkörper, **spiegeln** Sie diesen über die **XY-Ebene** (7).

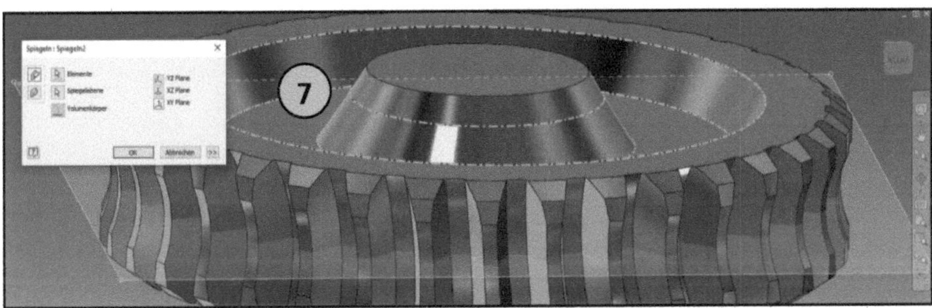

- Setzen Sie eine **Bohrung** Typ **Durchgangsbohrung Ø35** mm, Tiefe **Durch alles**, Platzierung **Konzentrisch**, **konzentrische Referenz** auf Bauteilmitte (8).

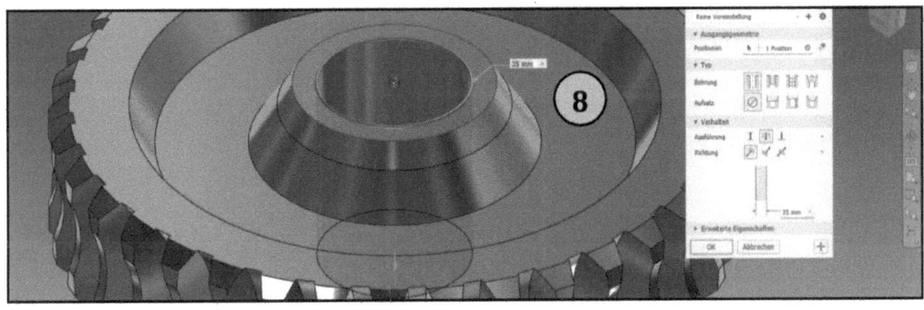

2D-Skizze starten

Geometrie projizieren

Linie

Versatz

Stutzen

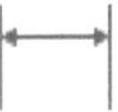
Bemaßung

Drehung Differenz

Spiegeln

Bohrung

2D-Skizze
starten

Geometrie
projizieren

Linie

Versatz

Stutzen

Bemaßung

Extrusion
Differenz

Speichern
unter

- Erstellen Sie, aus der vorgegebenen Darstellung, über eine neue Skizze, über **Geometrie projizieren** anwählbare Arbeitsebenen.
  Tragen Sie die entsprechenden Maße über **Allgemeine Bemaßung** an.
  Verwenden Sie für die Linienkonstruktion die Funktion **Versatz**, Linien auf **Symmetrisch**, bereinigen Sie die Konstruktion über **Stutzen** (9).

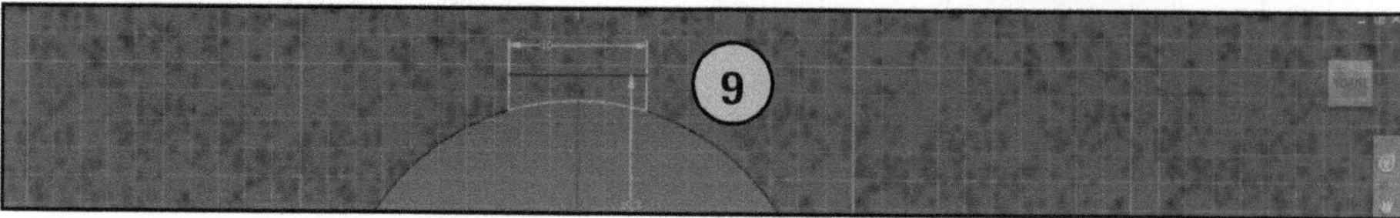

- Volumenkörpererstellung über eine **Differenz-Extrusion** mit Tiefe **Über Alles** (10).

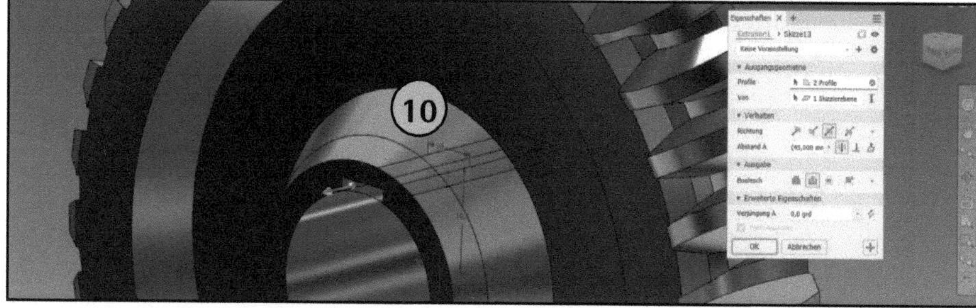

- **Speichern** Sie das neue Bauteil.

5.2.10 Die Wandhalterung, die Bauteilerstellung

5.2.10.1 Die Wandhalterung, Konstruktionsskizze

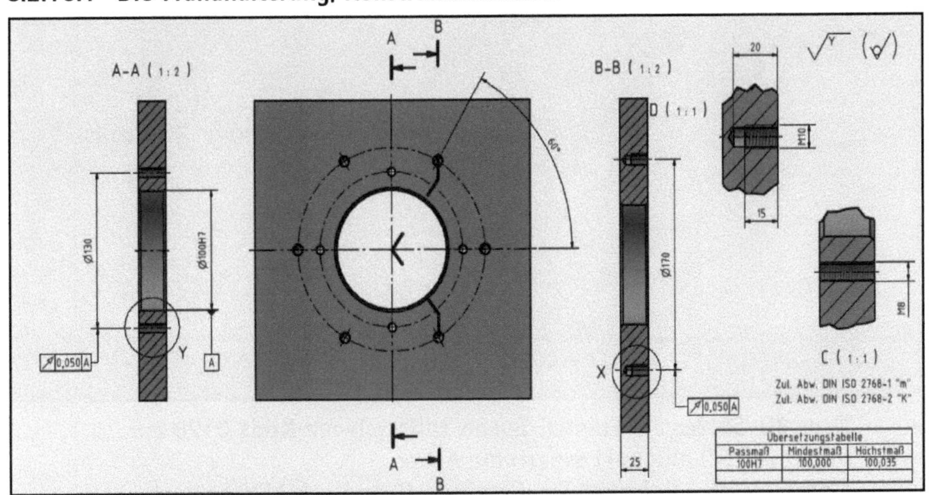

5.2.10.2 Die Wandhalterung, Vorgaben

- Blechelement **250** x **250** x **25** mm dick.

- Montagebohrungen linke Seite Lochkreis Ø**130** mm,
  4 Gewinde-Durchgangsbohrungen **M8**.

- Montagebohrungen rechte Seite Lochkreis Ø**170** mm,
  6 Gewinde-Grundbohrungen **M10 x 15** mm tief, Bohrung **20** mm tief.

- Kantenbrechung **2** x **45°** beidseitig zur Bohrung.

- Materialzuweisung **Stahl**.

5.2.10.3 Die Wandhalterung, Ablauf der Bauteilerstellung

- Erstellen Sie, aus der vorgegebenen Darstellung, auf einem neuen Dokument,
  ein **Grundkörper Quader** mit einer Dicke von **25** mm,
  Länge und Breite **250** mm (1).

- Materialzuweisung **Stahl**.

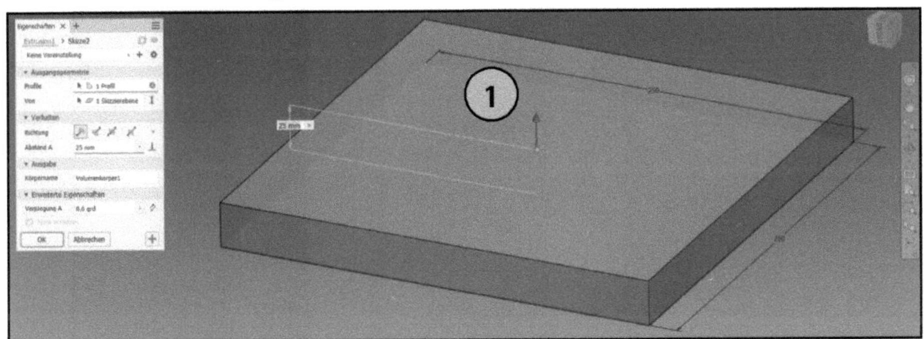

2D-Skizze
starten

Linie

Versatz

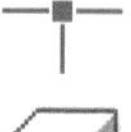

Punkt

Bohrung

- Neue **2D-Skizze** auf Wandhalterungs-Ebene, Hilfskonstruktion über **Geometrie projizieren**, **Versatz** und **Punkt** auf den Schnittpunkt (2).
- Setzen Sie eine **Bohrung** Ø**100** mm, Option **Durch alle** (3).

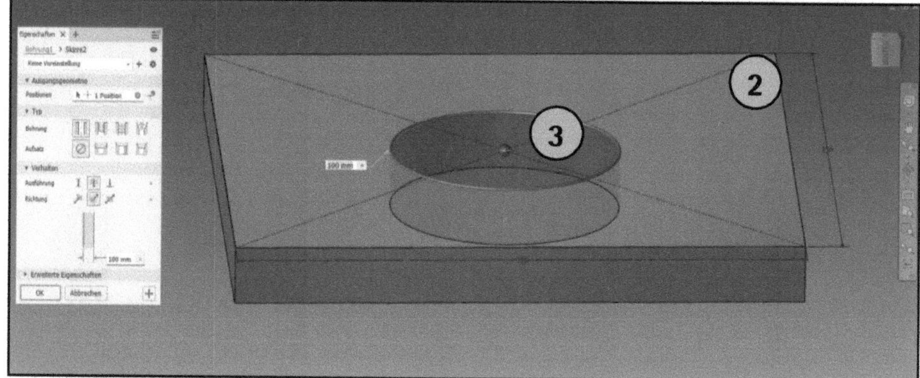

2D-Skizze
starten

Kreis
Mittelpunkt

Punkt

Bohrung

- Neue **2D-Skizze** auf Flansch-Ebene, Hilfskreis mit **Kreis** Ø**170** mm, **Punkt** auf Schnittpunkt senkrechte Achse.
  Setzen Sie eine **Bohrung** Typ **Gewinde-Grundloch M10** mm, Tiefe **15** mm, Bohrungstiefe **20** mm tief, auf diesen **Punkt** (4).

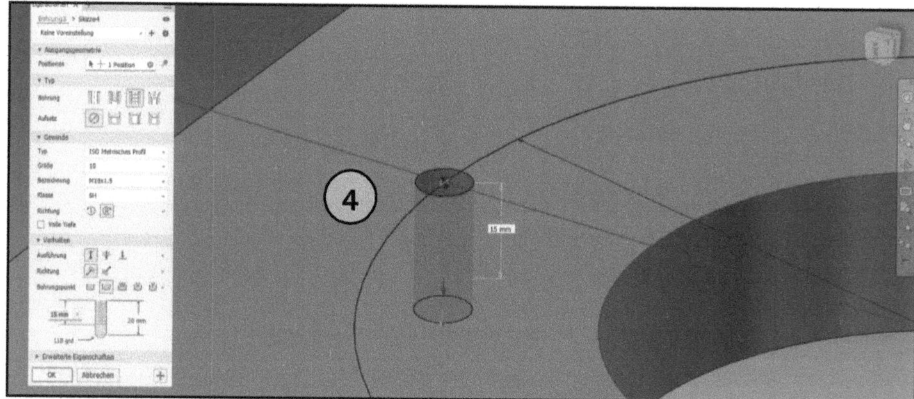

Runde
Anordnung

- **Sechs** Gewindebohrungen über **Runde Anordnung**, **6** Elemente, **360°**-Verteilung (5).

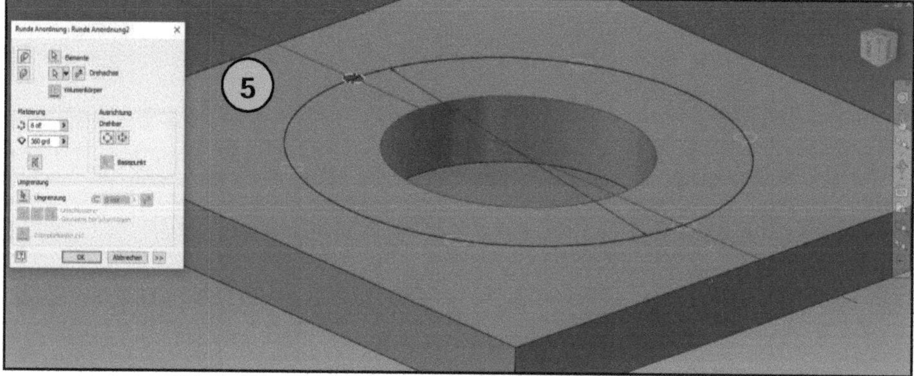

- Neue **2D-Skizze** auf Flansch-Ebene, Hilfskreis mit **Kreis Ø130** mm,
  Punkt auf Schnittpunkt senkrechte Achse.
  Setzen Sie eine **Bohrung** Typ **Gewindebohrung M8** mm,
  Option **durch Alles**, auf diesen **Punkt** (6).

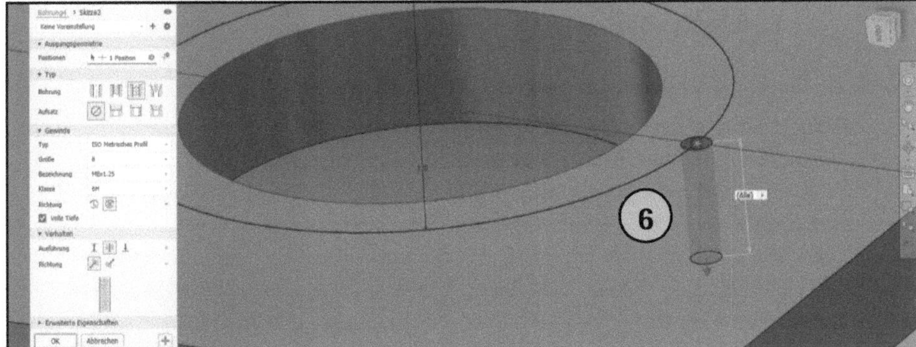

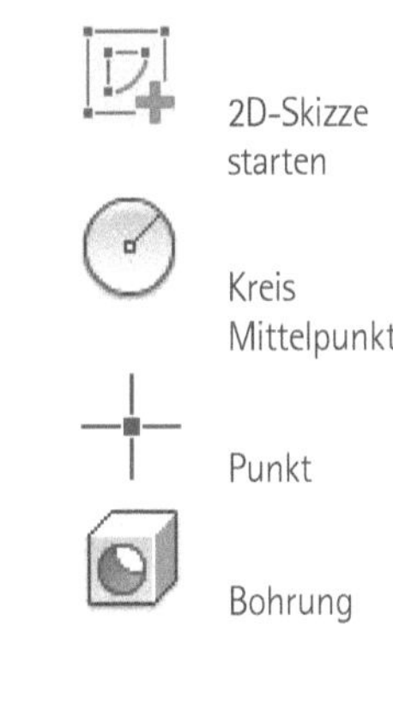

- Vier zylindrische Senkbohrungen über **Runde Anordnung**,
  4 Elemente, **360°**-Verteilung (7).

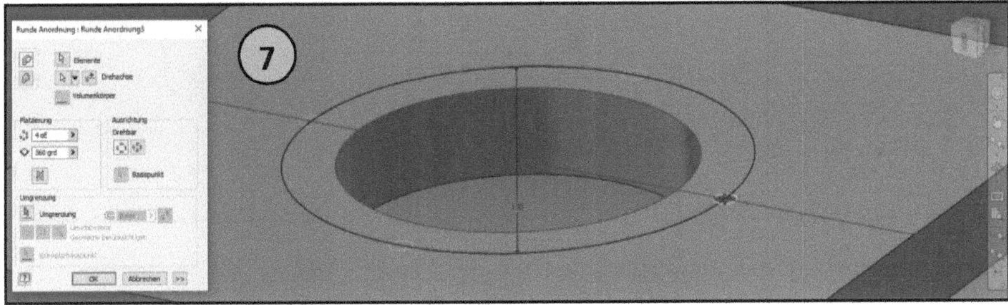

- Die Konturschrägen werden über **Fase 2** mm x **45°**
  Option **Gleicher Abstand** erstellt werden (8).

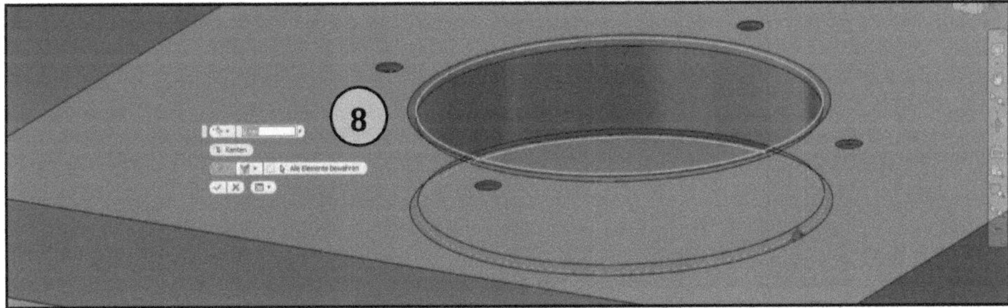

- **Speichern** Sie das neue Bauteil.

5.2.11 Lagerungs-Baugruppe „Lagerung mit Stiftkupplung" Baugruppenmontage

5.2.12 Die Lagerungs-Baugruppe „Lagerung mit Stiftkupplung", der Zusammenbau

5.2.12.1 Die Baugruppendatei bereitstellen

Neu

Engelke2025 .iam

Komponente platzieren

- Öffnen Sie ein neues Baugruppendokument, Vorlagendatei **Engelke2025.iam**
- Wählen Sie, über **Komponenten platzieren**, die **Wandhalterung** (1) und das **Gehäuse** Pos. 1 (2), schieben diese auf die Arbeitsebene.

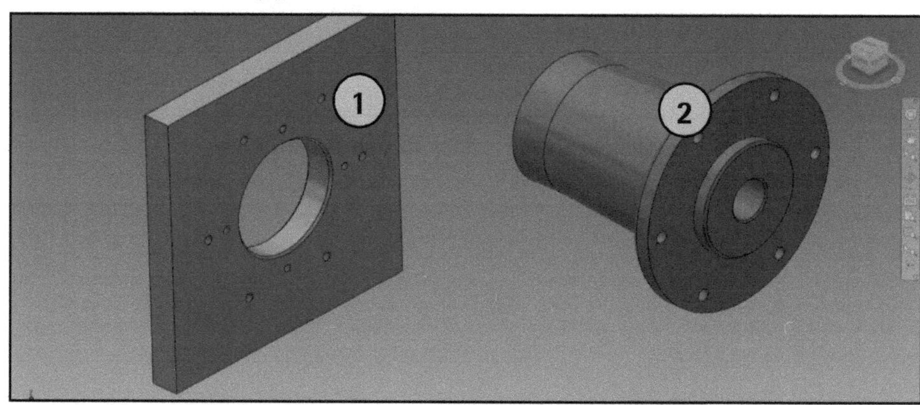

5.2.12.2 Montage des Gehäuses Teil 1 an die Wandhalterung

Verbindung Gelenk

Gelenktyp Drehbar

- Positionieren Sie den Zentrumspunkt der Anlagefläche des **Gehäuses** zur vorderen Bohrung der **Wandhalterung** mit der Verbindung **Gelenk**, Gelenktyp **Automatisch**, Inventor-Auswahl **Drehbar** (3, 4).

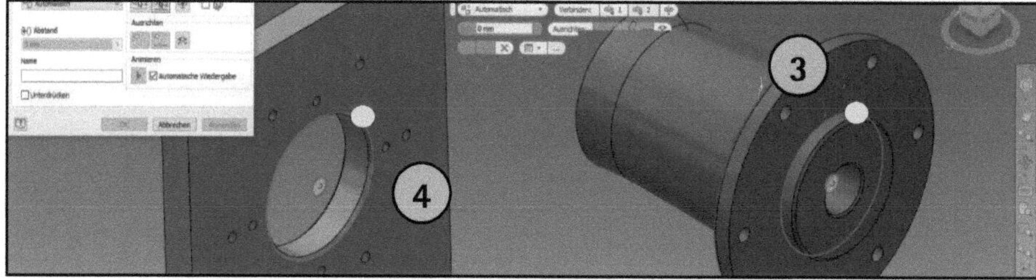

Einfügen

- Nachpositionierung der Montagebohrungen über Abhängigkeit **Einfügen** (5).

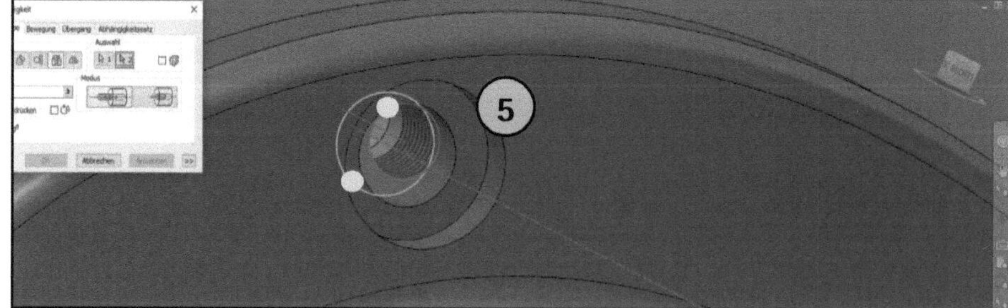

5.2.12.3 Montage des zweiten Deckels Teil 4 an die Wandhalterung

- Wählen Sie, über **Komponenten platzieren**, den **Deckel** Pos. 4, schieben diesen auf die Arbeitsebene.

- Positionieren Sie den Zentrumspunkt der Anlagefläche des Deckels zur vorderen Bohrung der Wandhalterung mit der Verbindung **Gelenk**, Gelenktyp **Automatisch**, Inventor-Auswahl **Drehbar** (6, 7).

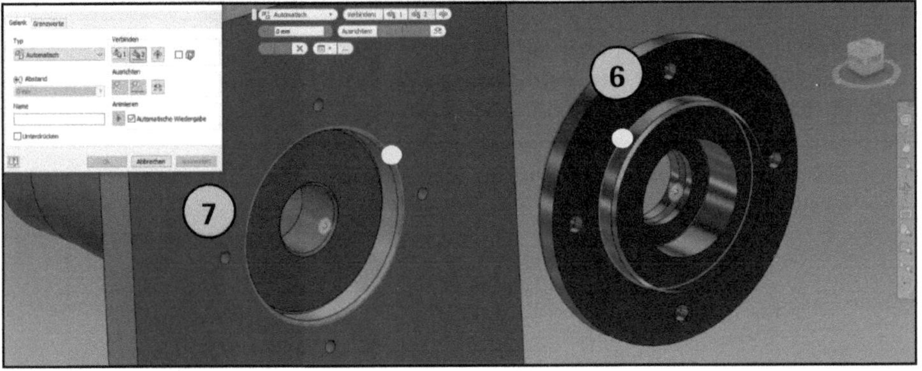

- Nachpositionierung der Montagebohrungen über Abhängigkeit **Einfügen** (8).

5.2.12.4 Verschraubung der Gehäusebauteile an die Wandhalterung
mit Zylinderschraube Pos. 15 und Pos.16

- Wählen Sie mit **Autodrop**, Anwahl der entsprechenden Zylinderposition, aus dem **Inhaltscenter** die Zylinderschraube **M10 x 20**, nach DIN EN ISO **4762**, die Schraube wird automatisch erkannt, die Länge muss geändert werden.

Über die **Komponentenanordnung** werden die **sechs** Schrauben automatisch gesetzt (9).

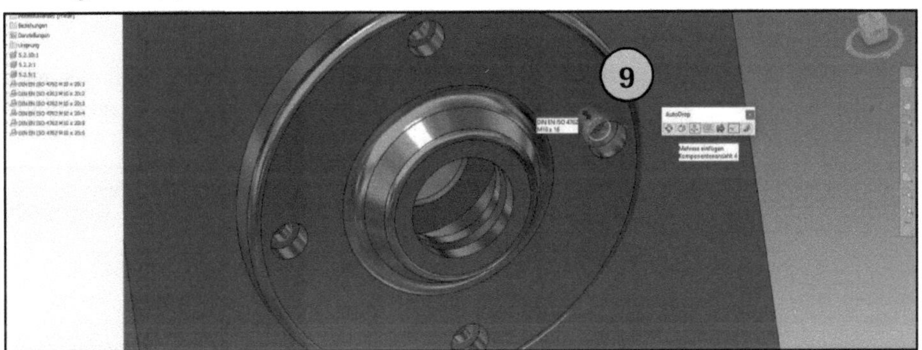

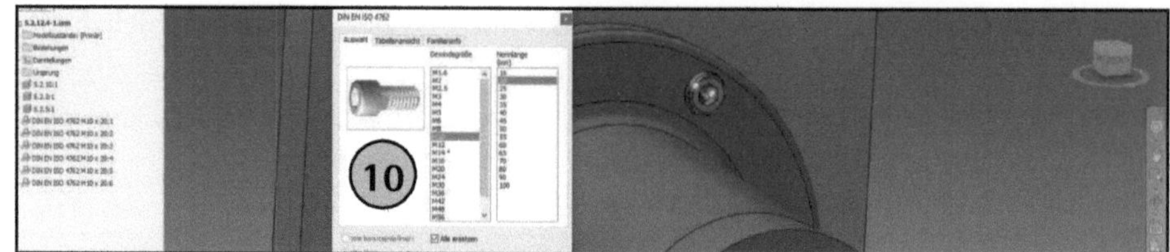

- Ändern Sie die erkannte Länge auf **20** mm, Option **Alle ersetzen** (10).

Aus Inhaltscenter einfügen

DIN EN ISO 4762

- Wählen Sie mit **Autodrop**, Anwahl der entsprechenden Zylinderposition, aus dem **Inhaltscenter** die Zylinderschraube **M8** x **20** mm, nach DIN EN ISO **4762**, die Schraube wird automatisch erkannt, die Länge muss geändert werden.

  Über die **Komponentenanordnung** werden die **vier** Schrauben automatisch gesetzt (11).

Mehrere einfügen

Platzieren

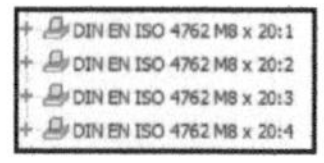

- Ändern Sie die erkannte Länge auf **20** mm, Option **Alle ersetzen** (12).

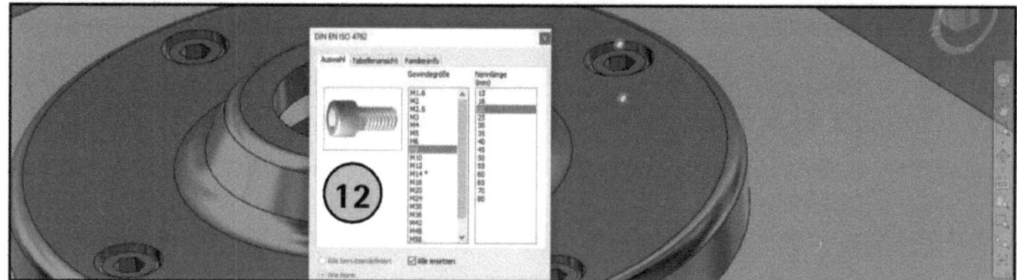

Halbe Schnittansicht

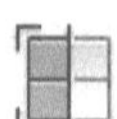

Aus Inhaltscenter einfügen

DIN 625 - T1

5.2.12.5 Montage des vorderen Kugellagers Pos. 9

- Schalten Sie die Ansicht auf **Halbe Schnittansicht**.
- Wählen Sie mit **Autodrop**, aus dem **Inhaltscenter** das Rillenkugellager nach DIN **625 T1,** Anwahl der entsprechenden Zylinderposition und Montagekontur, Größenänderung auf Typ **6010** (13).

Größe ändern

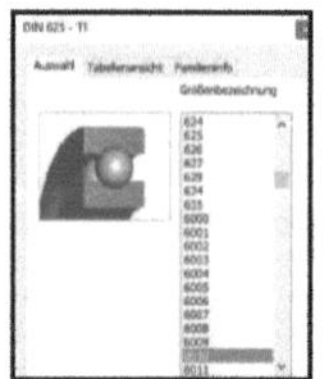

5.2.12.6 Montage des vorderen Kugellagers Pos. 8

*   Wählen Sie mit **Autodrop,** aus dem **Inhaltscenter** das Rillenkugellager nach DIN **625 T1,** Anwahl der entsprechenden Zylinderposition und Montagekontur, Größenänderung auf Typ **6007** (14).

Aus Inhaltscenter einfügen

DIN 625 - T1

Größe ändern

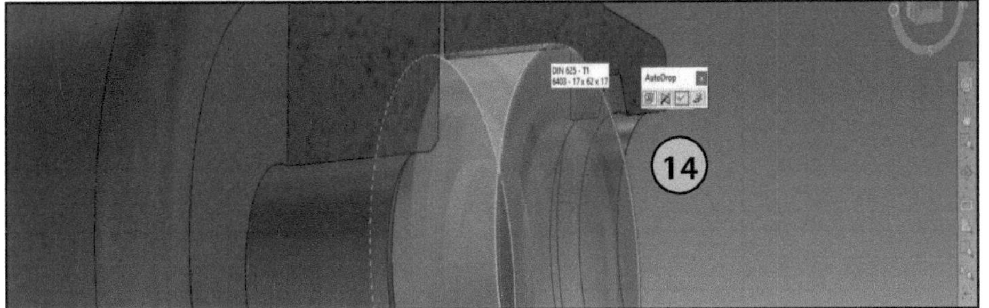

5.2.12.7 Montagekontrolle der Kugellager Pos. 8 und Kugellager Pos. 9 (15)

5.2.12.8 Montage des Flansches Pos. 2

*   Wählen Sie, über **Komponenten platzieren**, den **Flansch** Pos. 2, schieben diesen auf die Arbeitsebene.

*   Positionieren Sie den Zentrumspunkt der hinteren Anlagefläche des Flansches Pos. 2 zur vorderen Bohrung des Lagers Pos. 8, mit der Verbindung **Gelenk**, Gelenktyp **Automatisch**, Inventor-Auswahl **Drehbar** (16, 17),

Komponente platzieren

Verbindung Gelenk

Gelenktyp Drehbar

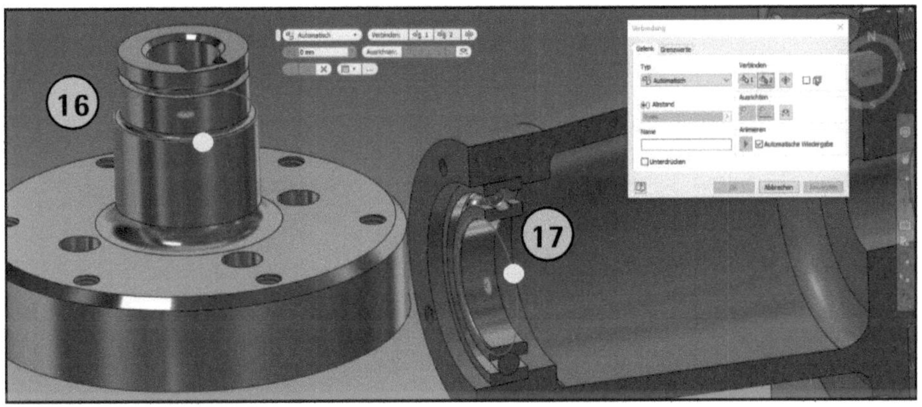

Aus Inhalts-center einfü-gen

Platzieren

5.2.12.9 Montage des Sicherungsrings Pos. 11 in den Flansch Pos. 2

- Wählen Sie mit **Autodrop**, Anwahl der entsprechenden Zylinderposition, aus dem **Inhaltscenter** den **Sicherungsring, Außen**, nach DIN **471**, Größe **50 x 2** mm (18).

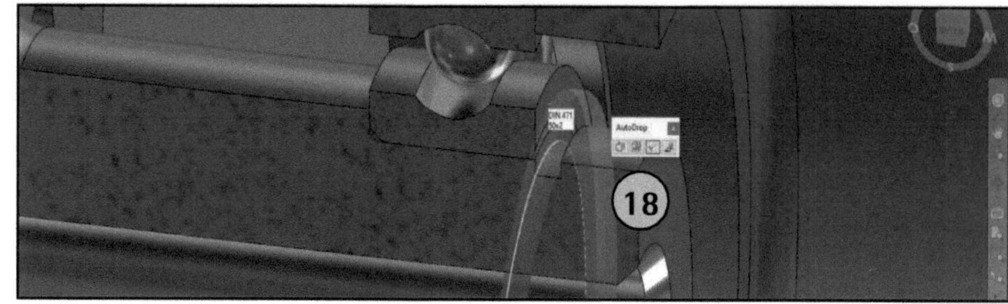

Komponente platzieren

Verbindung Gelenk

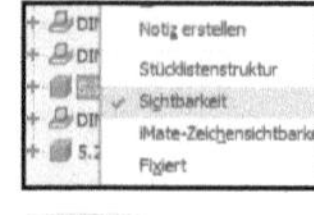
Gelenktyp Drehbar

5.2.12.10 Montage des Deckels Pos. 4

- Wählen Sie, über **Komponenten platzieren**, den **Deckel** Pos. 4, schieben diesen auf die Arbeitsebene.
- Positionieren Sie den Zentrumspunkt der hinteren Anlagefläche des **Deckels** Pos. 4 zur vorderen Bohrung des Lagers Pos. 8, mit der Verbindung **Gelenk**, Gelenktyp **Automatisch**, Inventor-Auswahl **Drehbar** (19, 20).

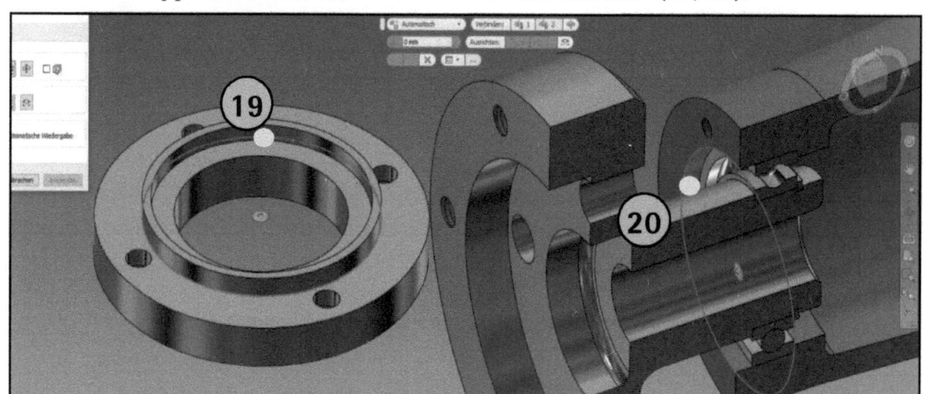

Einfügen

- Schalten Sie bei den störenden Bauteilen die Darstellung **Sichtbar** aus.
- Nachpositionierung der Montagebohrungen über Abhängigkeit **Einfügen** (21).

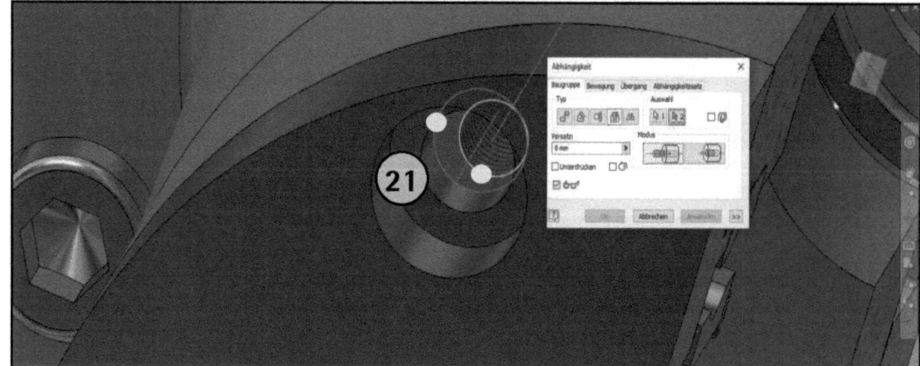

5.2.12.11 Montage der Deckelschrauben Pos. 16 an den Flansch Pos.2

- Wählen Sie mit **Autodrop**, Anwahl der entsprechenden Zylinderposition, aus dem **Inhaltscenter** die Zylinderschraube **M8** x **20** mm, DIN EN ISO **4762**, die Schraube wird automatisch erkannt, die Länge muss geändert werden.
- Über die **Komponentenanordnung** werden die **vier** Schrauben automatisch gesetzt (22).

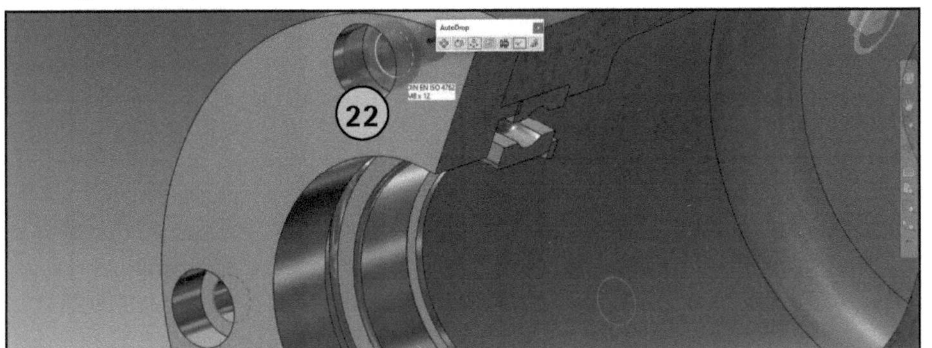

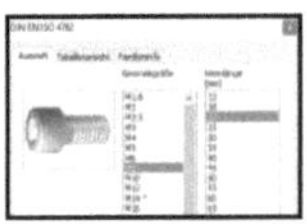

- Ändern Sie die erkannte Länge auf **20** mm, Option **Alle ersetzen** (12).

5.2.12.12 Montage der ersten Antriebswelle Pos. 6

- Wählen Sie, über **Komponenten platzieren**, die **Antriebswelle** Pos. 6, schieben diesen auf die Arbeitsebene.
- Positionieren Sie den Zentrumspunkt des gezeigten Wellenabsatzes zur vorderen Bohrung des Flansches Pos. 2, mit der Verbindung **Gelenk**, Gelenktyp **Automatisch**, Inventor-Auswahl **Drehbar** (23, 24, 25).

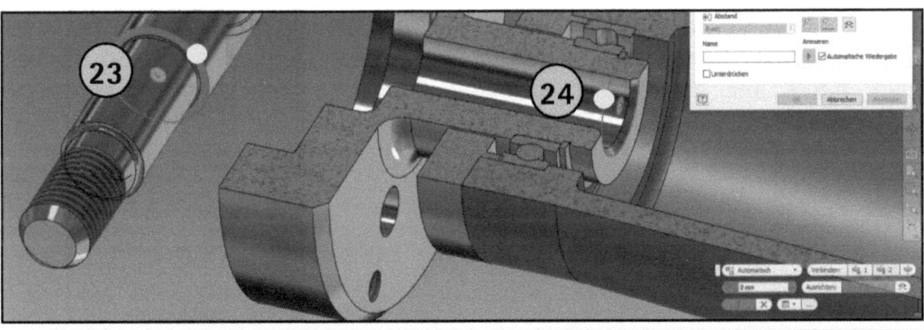

Aus Inhalts-
center einfü-
gen

Platzieren

Aus Inhalts-
center einfü-
gen

Platzieren

Aus Inhalts-
center einfü-
gen

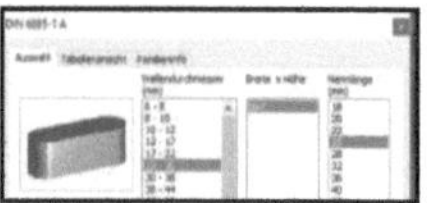

Verbindung
Gelenk

Gelenktyp
Automatisch

Gelenktyp
Starr

5.2.12.13 Verschraubung des Flansches Pos. 2 mit der Antriebswelle Pos. 6 über Federring Pos. 18 und Mutter Pos. 17

- Wählen Sie mit **Autodrop**, Anwahl der entsprechenden Zylinderposition und Konturkante, aus dem **Inhaltscenter** den **Federring**, nach **DIN 128**, Größe **A24** (26).

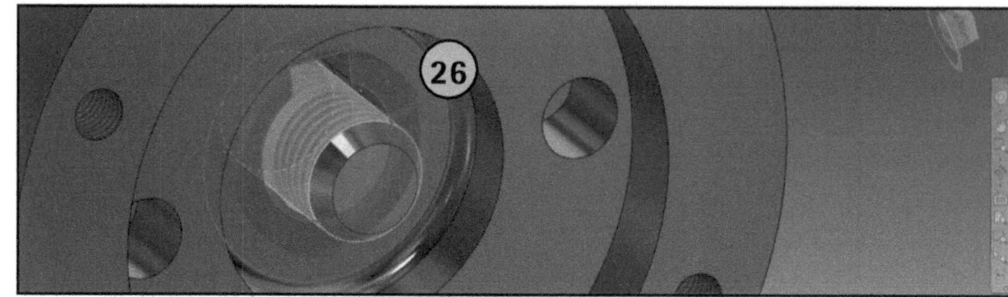

- Wählen Sie mit **Autodrop**, Anwahl der entsprechenden Federring-Zylinderposition, aus dem **Inhaltscenter** die **Sechskantmutter**, Größe **M24** nach DIN EN ISO **24032** (27).

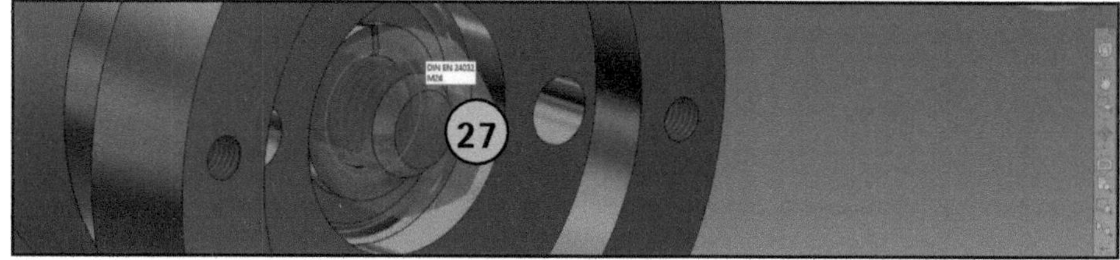

5.2.12.14 Montage der Passfeder Pos. 14

- Wählen Sie aus dem Inhaltscenter Register **Wellenteile** Auswahl **Passfedern Passfeder Rechteckig / Gerundet** DIN **6885A** die Passfeder **22-30** Auswahl **8 x 7** Länge **25** mm und positionieren Sie diese **zweimal** auf die Arbeitsebene (28).

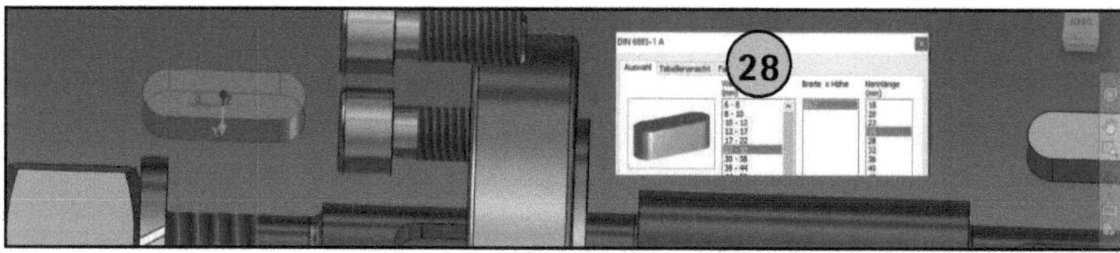

- Positionieren Sie den Zentrumspunkt der gezeigten Passfeder zum Zentrumspunkt der Passfedernut, mit der Verbindung **Gelenk**, Gelenktyp **Automatisch**, wandeln Sie den Gelenktyp auf **Starr** um (29, 30).

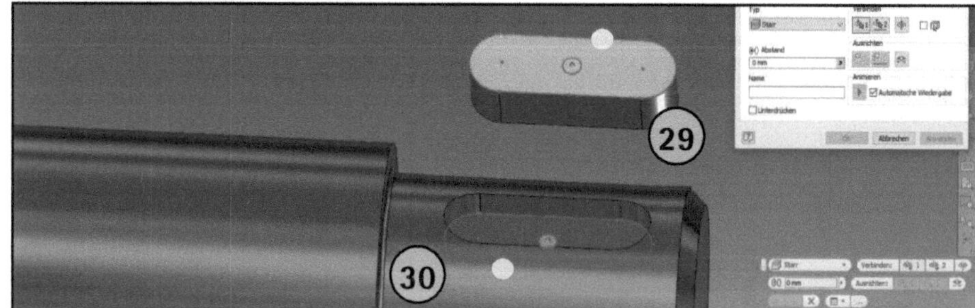

- Verfahren Sie mit der zweiten Passfeder entsprechend (29, 30).

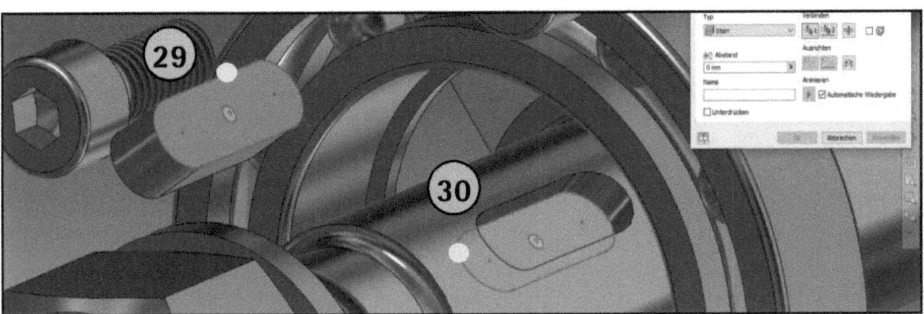

Verbindung
Gelenk

Gelenktyp
Automatisch

Gelenktyp
Starr

Passend

- Für die Sicherstellung einer Drehbewegung ist die Seitenfläche der Passfeder Pos. 14 mit der Seitenfläche der Passfedernut im **Flansch** Pos. 2, mit der Abhängigkeit **Passend**, auszurichten (31, 32).

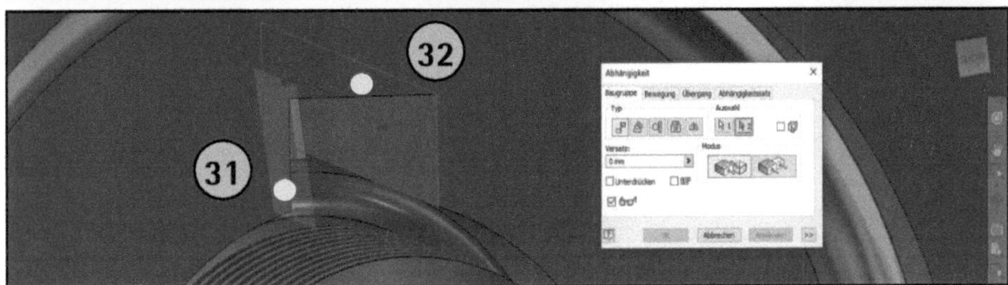

5.2.12.15 Montage der zweiten Antriebswelle Pos. 7

- Wählen Sie, über **Komponenten platzieren**, die **Antriebswelle** Pos. 7, schieben diesen auf die Arbeitsebene.

- Schalten Sie die Baugruppen-Ansicht nach Bedarf, für die Montage, um.

- Positionieren Sie den Zentrumspunkt des gezeigten Wellenabsatzes zur vorderen Bohrung des Lagers Pos. 9, mit der Verbindung **Gelenk**, Gelenktyp **Automatisch**, Inventor-Auswahl **Drehbar** (33, 34).

Komponente
platzieren

Verbindung
Gelenk

Gelenktyp
Drehbar

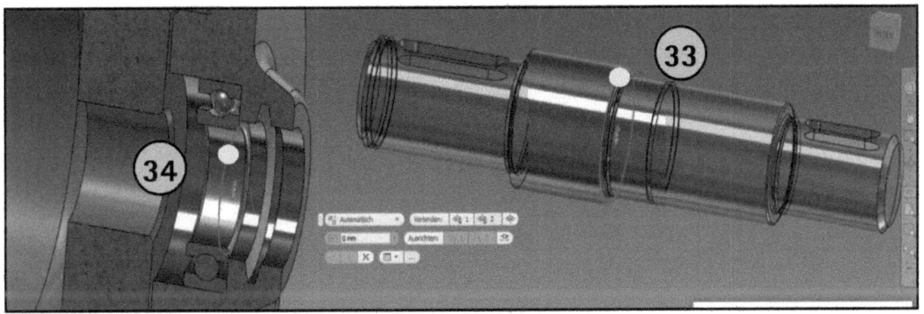

Aus Inhalts-
center einfü-
gen

Platzieren

5.2.12.16 Montage des Sicherungsrings Pos. 12 in die Welle Pos. 7

* Wählen Sie mit **Autodrop**, Anwahl der entsprechenden Zylinderposition, aus dem **Inhaltscenter** den **Sicherungsring, Außen**, nach **DIN 471**, Größe **36 x 1,75** mm (35).

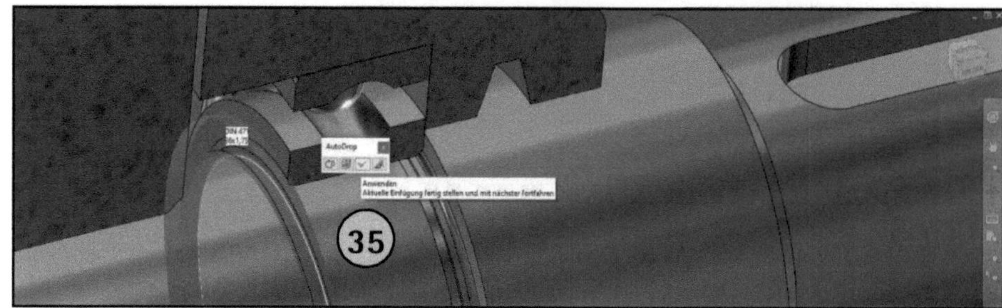

5.2.12.17 Montage der weiteren Passfedern Pos. 13 und 14

* Wählen Sie aus dem Inhaltscenter Register **Wellenteile** Auswahl **Passfedern Passfeder Rechteckig / Gerundet** DIN **6885A** die Passfeder **22-30** Auswahl **8 x 7** Länge **25** mm und positionieren Sie diese beiden Passfedern auf die Arbeitsebene (36).

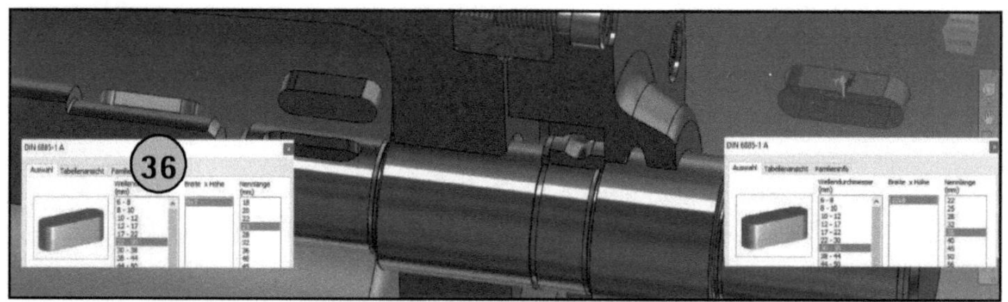

Verbindung
Gelenk

Gelenktyp
Automatisch

Gelenktyp
Starr

* Positionieren Sie den Zentrumspunkt der gezeigten Passfeder zum Zentrumspunkt der Passfedernut, mit der Verbindung **Gelenk**, Gelenktyp **Automatisch**, wandeln Sie den Gelenktyp auf **Starr** um (37, 38).

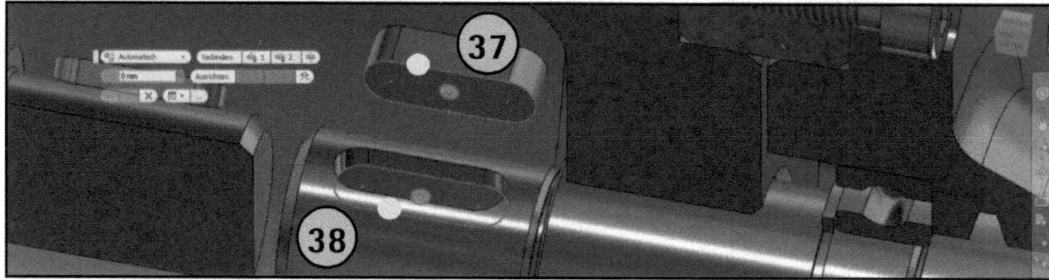

Verbindung
Gelenk

Gelenktyp
Automatisch

Gelenktyp
Starr

* Verfahren Sie mit der zweiten Passfeder entsprechend (37, 38).

5.2.12.18 Montage der beiden Kupplungsscheiben Pos. 5

- Wählen Sie, über **Komponenten platzieren**, die **Kupplungsscheiben** Pos. 5, schieben diesen auf die Arbeitsebene (39).
- Schalten Sie die Baugruppen-Ansicht nach Bedarf, für die Montage, um.

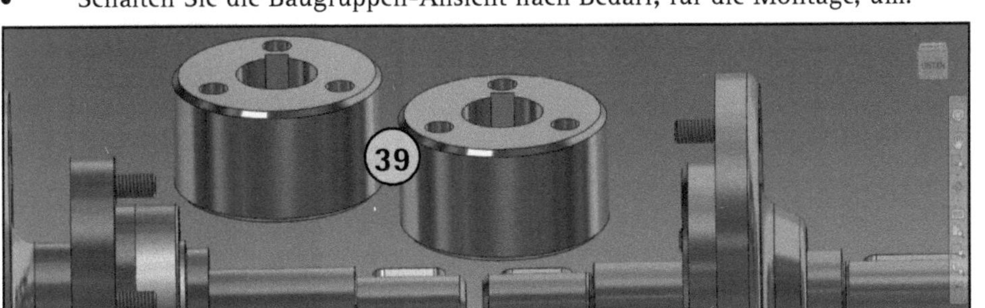

- Positionieren Sie den Zentrumspunkt des gezeigten Wellenabsatzes zur vorderen Bohrung der ersten Kupplungsscheibe Pos. 5, mit der Verbindung **Gelenk**, Gelenktyp **Automatisch**, Inventor-Auswahl **Drehbar** (40, 41).

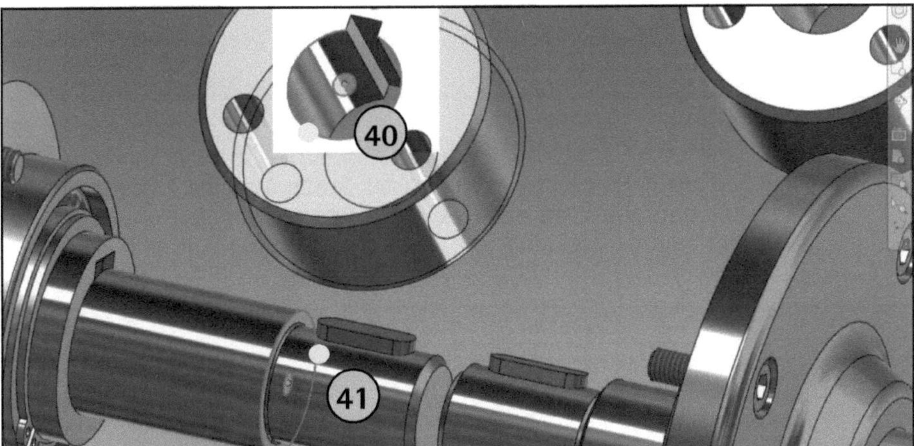

- Verfahren Sie mit der zweiten Kupplungsscheibe entsprechend (42, 43).

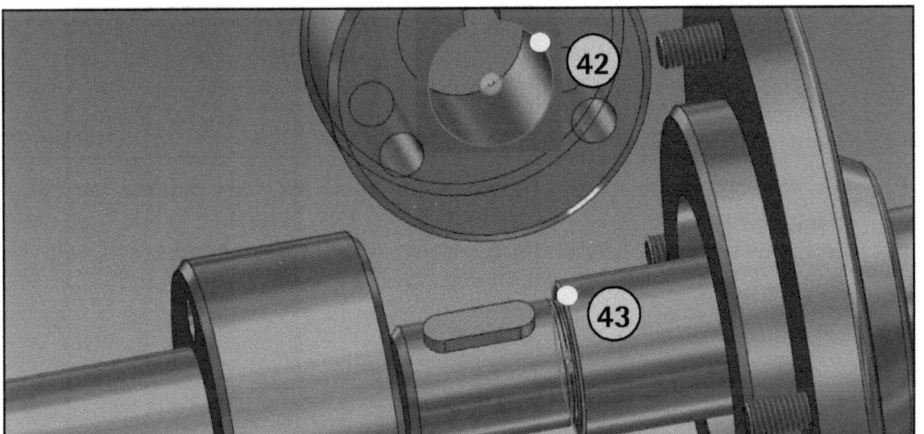

Passend

- Schalten Sie die Ansicht für die störenden Bauteile auf **Nicht Sichtbar**.
- Für die Sicherstellung einer Drehbewegung ist die Seitenfläche der Passfeder Pos. 14 und Pos. 15 mit der Seitenfläche der Passfedernut in den Kupplungs-scheiben, mit der Abhängigkeit **Passend**, auszurichten (44, 45).

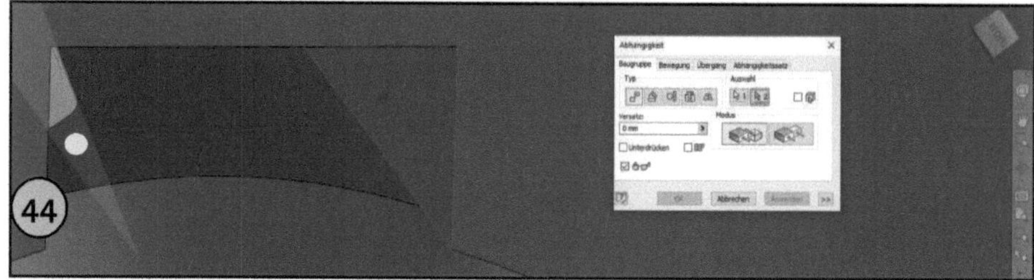

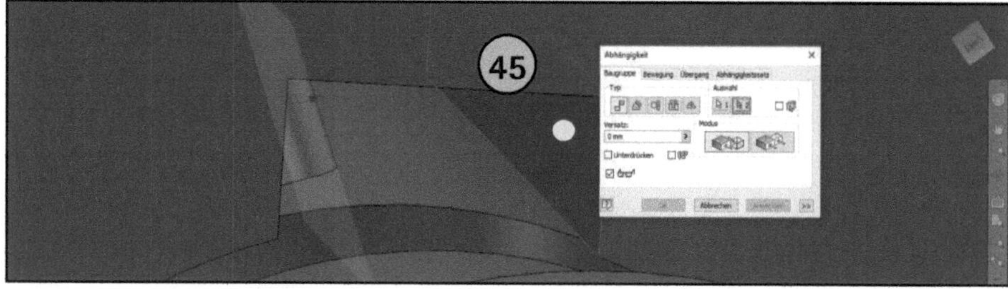

5.2.12.19 Montage des Verbindungsstiftes Pos. 19

Aus Inhalts-center einfü-gen

DIN EN ISO 8734

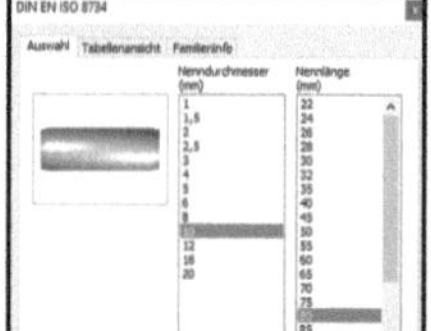

- Wählen Sie aus dem Inhaltscenter Register **Stifte** Auswahl **Zylindrisch** den Zylinderstift Ø**10** mm x **80** mm DIN EN ISO **8734**, Auswahl über **Tabellen-ansicht** (46), und positionieren Sie diesen Stift **dreimal** auf die Arbeitsebene (47).

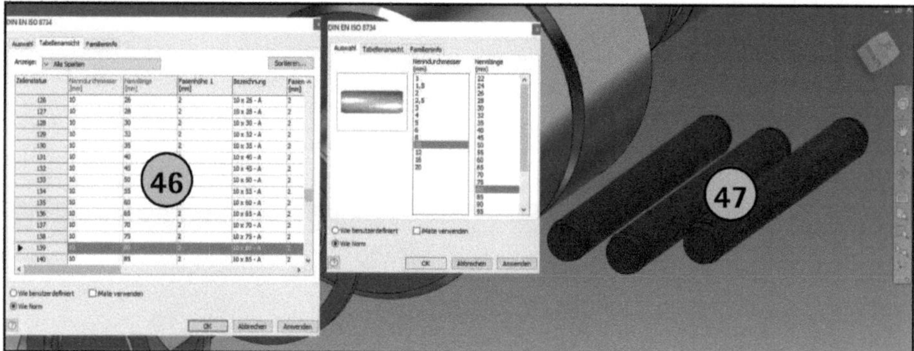

Verbindung Gelenk

Gelenktyp Verschiebbar

- Positionieren Sie den Zentrumspunkt des jeweiligen Zylinderstiftes zur vor-deren Bohrung der ersten Kupplungsscheibe Pos. 5, mit der Verbindung **Gelenk**, Gelenktyp **Automatisch**, eigene Auswahl **Verschiebbar** (48, 49). (zur Sicherung der Drehbewegung der Wellen).

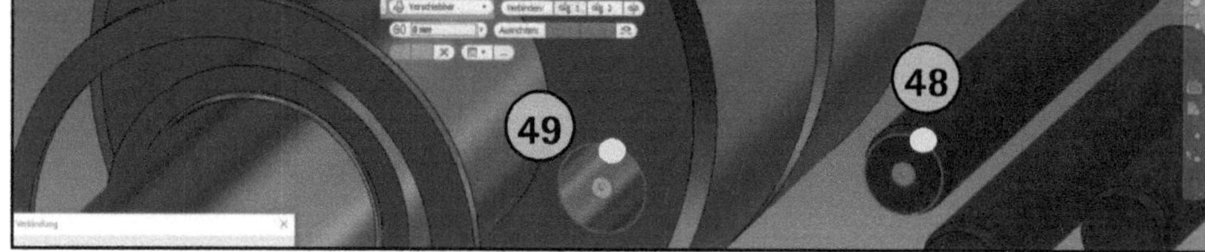

- Verfahren Sie, mit der Montage der anderen Stifte, entsprechend.

- Positionieren Sie den Außenzylinder des jeweiligen Zylinderstiftes zum Bohrungszylinder der zweiten Kupplungsscheibe Pos. 5, mit der Verbindung **Gelenk**, Gelenktyp **Automatisch**, Inventor-Auswahl **Zylindrisch** (50, 51). (zur Sicherung der Drehbewegung der Wellen).

Verbindung
Gelenk

Gelenktyp
Zylindrisch

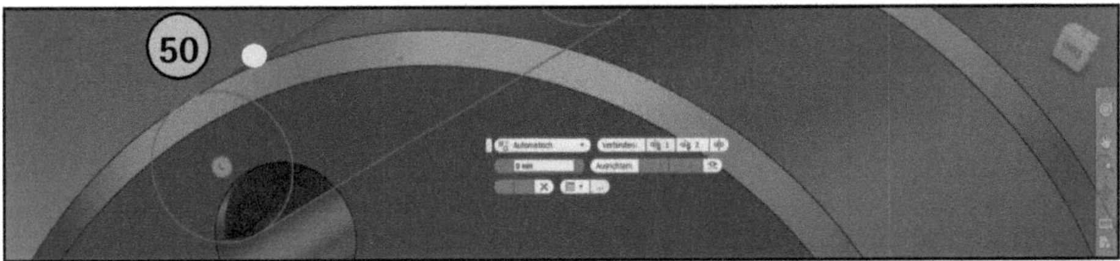

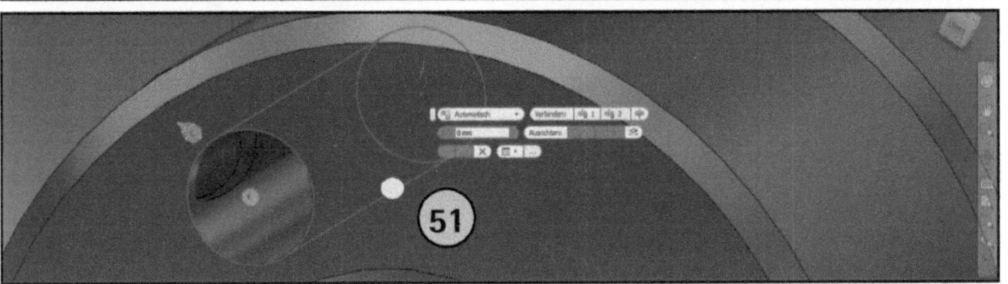

5.2.12.20 Montage des Schneckenrades Pos. 13

- Wählen Sie, über **Komponenten platzieren**, das **Schneckenrad** Pos. 13, schieben dieses auf die Arbeitsebene.

Komponente
platzieren

- Positionieren Sie den Zentrumspunkt der gezeigten Bohrung des Schneckenrades zum Wellenansatz, mit der Verbindung **Gelenk**, Gelenktyp **Automatisch**, Inventor-Auswahl **Drehbar**. (52, 53).

Verbindung
Gelenk

Gelenktyp
Drehbar

- Für die Sicherstellung einer Drehbewegung ist die Seitenfläche der Passfeder Pos. 15 mit der Seitenfläche der Passfedernut in dem Schneckenrad, mit der Abhängigkeit **Passend**, auszurichten (54, 55).

Passend

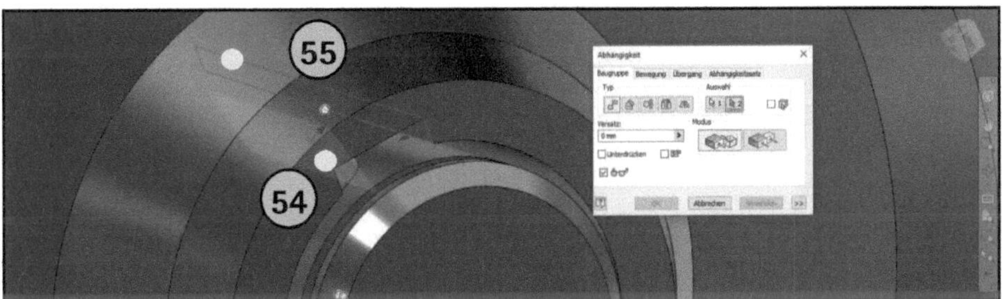

Aus Inhalts-
center einfü-
gen

Platzieren

5.2.12.21 Montage des Sicherungsrings Pos. 21 zur Schneckenradhalterung

- Wählen Sie mit **Autodrop**, Anwahl der entsprechenden Zylinderposition, aus dem **Inhaltscenter** den **Sicherungsring, Außen**, nach DIN **471**, Größe **32** x **1,5** mm (56, 57).

5.2.12.22 Drehbewegung der Baugruppe anpassen

- Schalten Sie nacheinander die Bauteile der Baugruppe wieder **Sichtbar**.
- Aktivieren Sie die Verbindung **Drehbar** über **Bearbeiten**, ändern Sie diesen Eintrag auf **Starr** (58, 59).

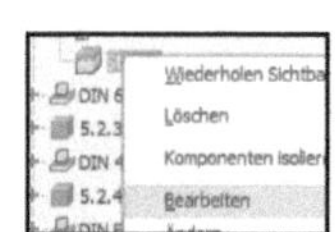

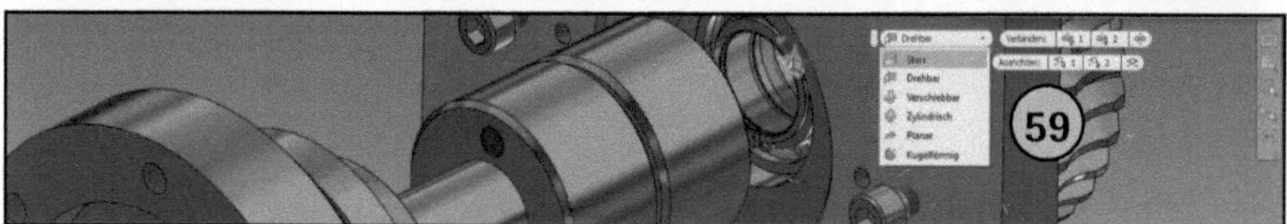

- Testen Sie die Drehbewegung der Wellenlagerung.

5.2.13 Lagerungs-Baugruppe „Lagerungsbeispiel für ein Wellenende"
Datensicherung über „Pack and Go"

Setzen Sie, für alle Bauteile der Baugruppe die Ansicht wieder auf **Sichtbar**.

5.2.13.1 Baugruppe speichern

•   Aufruf über den **Menü-Browser**, Register **Datei**.

Speichern unter

5.2.13.2 Datensicherung über Pack and Go

•   Wählen Sie im Pulldown-Menü **Datei Speichern Unter / Pack and Go**.

•   Geben Sie den Zielordner für die Bündelung an.

•   Klicken Sie auf die Schaltfläche **Jetzt Suchen**,

•   Klicken Sie auf die Schaltfläche **Start**.

•   Schließen Sie diesen Vorgang mit **Fertig** ab (60, 61).

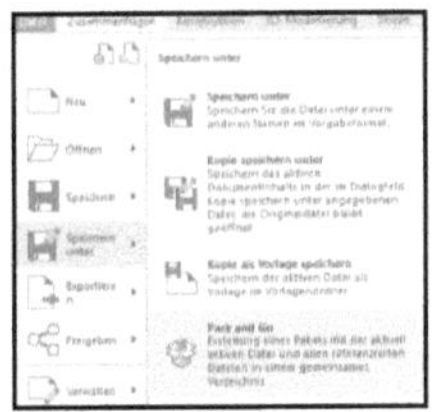

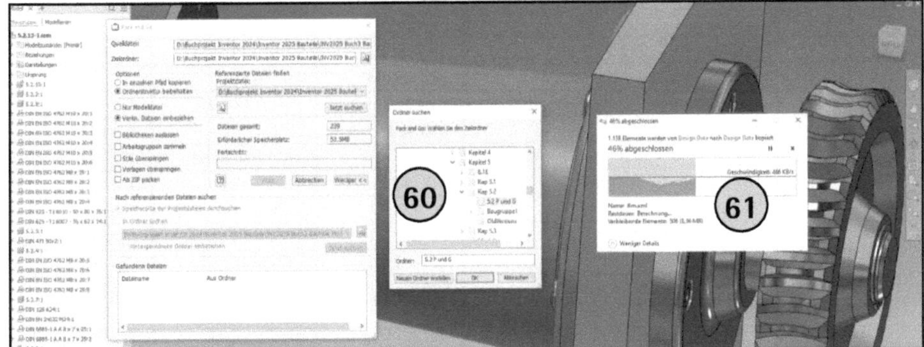

5.3 Lagerungs-Baugruppe „Walzenlagerung"
Baugruppen-Montage mit Unterbaugruppen

Projekte

5.3.1 Lagerungs-Baugruppe „Walzenlagerung", Konstruktionsvorgaben

Erstellen Sie die Baugruppe **Walzenlagerung** aus den vorgegebenen Einzelteilen, mit einer neu angelegten Projektdatei.

Die Baugruppe besteht aus sechs zu erstellenden Bauteilen und verschiedenen Normteilen aus dem Inhaltscenter, entsprechend folgender Stückliste:

5.3.1.1 Lagerungs-Baugruppe „Walzenlagerung", Stückliste

Pos	Stc	Benennung	Kursbez.	Norm	Material
1	1	Brücke	Fl 30 x 5x87	DIN EN 10278	X5CrNi18-10
2	1	Achse	Rd30 x 62	DIN EN 10278	X5CrNi18-10
3	1	Rolle	Rd 63 x 57	DIN EN 10278	X5CrNi18-10
4	1	Flanschplatte	Fl100x8x110	DIN EN 10278	X5CrNi18-10
5	2	Stützelement	Fl 80x10x57	DIN EN 10278	X5CrNi18-10
6	1	Strebe	Fl 40x8x66	DIN EN 10278	X5CrNi18-10
7	1	Rillenkugellager	SKF 6004	DIN 625	
8	1	Rillenkugellager	SKF 6005	DIN 625	
9	8	Zylinderstift	5x20-A	ISO 8734	1.4301
10	2	Zylinderschraube	M5 x 16	ISO 4762	1.4301
11	1	Sechskant-Mutter mit Flansch	M8	DIN EN 1661	1.4301
12	1	Sechskant-Schraube mit Flansch	M8 x 80	DIN 6921	1.4301
13	1	Sicherungsring	20 x 1,2	DIN 471	Ck45
14	1	Sicherungsring	25 x 1,2	DIN 471	Ck45
15	1	Sicherungsring	47 x 1,75	DIN 472	Ck45
15	4	Zylinderschraube	M6 x 12	DIN 7984	1.4301
16	4	Sechskant- Schraube	M5 x 16	ISO 4017	1.4301
16	4	Fächerscheibe	A8,4	DIN 6798A	1.4301

5.3.1.2 Lagerungs-Baugruppe „Walzenlagerung", Zeichnungsableitung, exemplarische

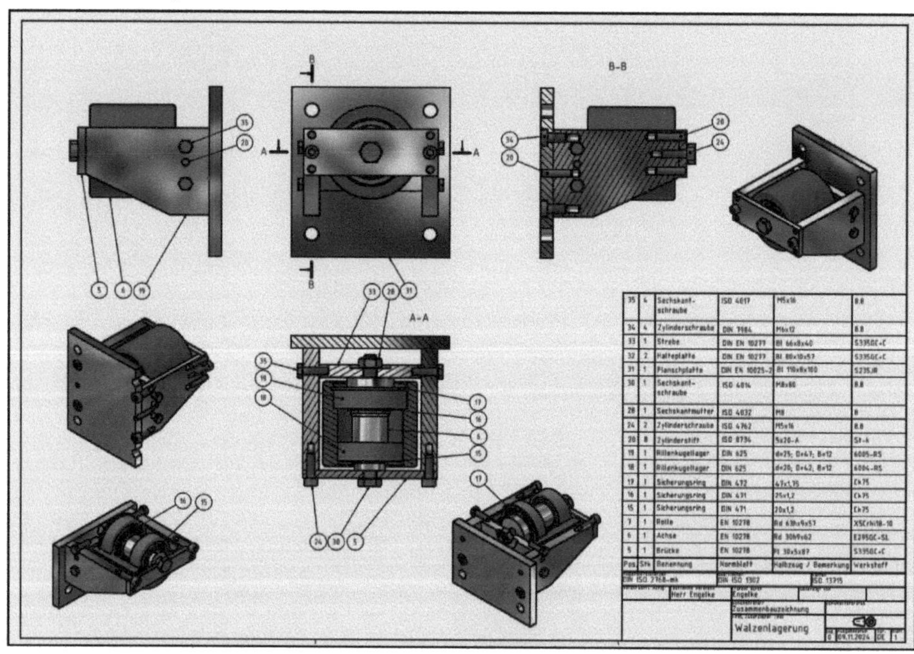

5.3.2 Lagerungs-Baugruppe „Walzenlagerung",
Baugruppen-Darstellungen

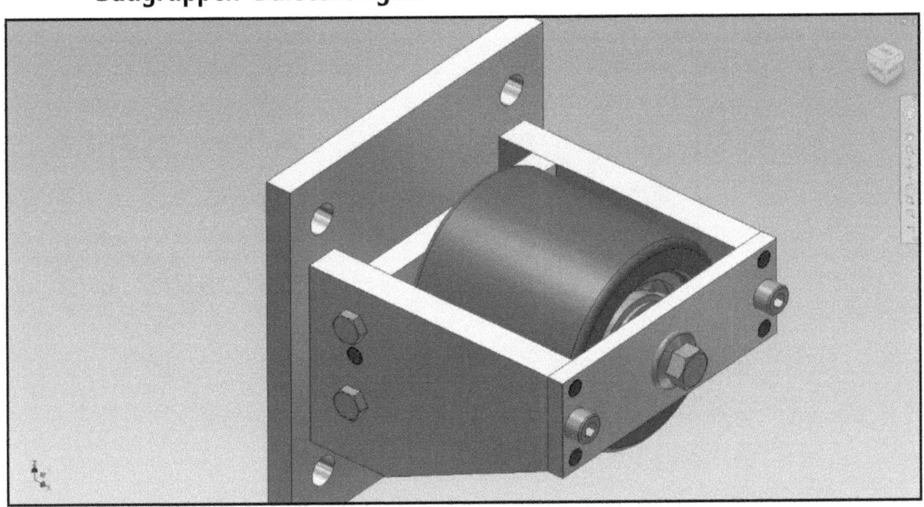

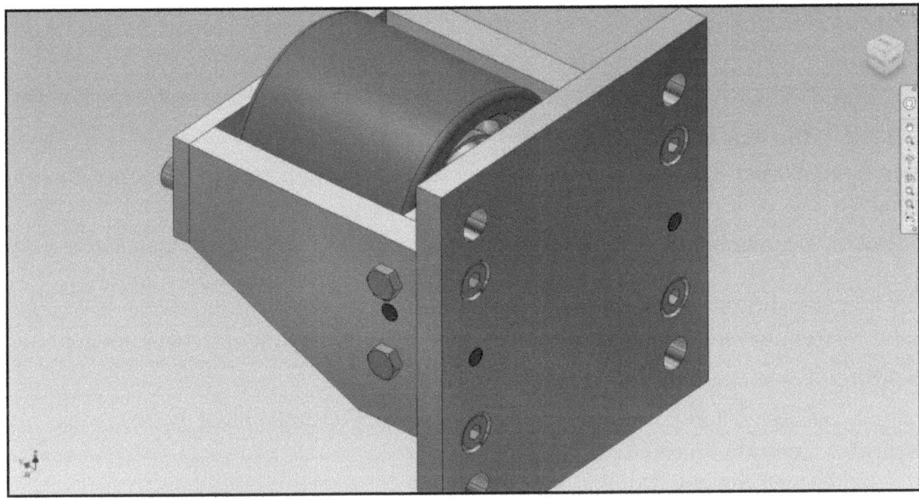

5.3.3 Die Achse Pos. 2, die Bauteilerstellung

5.3.3.1 Die Achse Pos. 2, Konstruktionsskizze

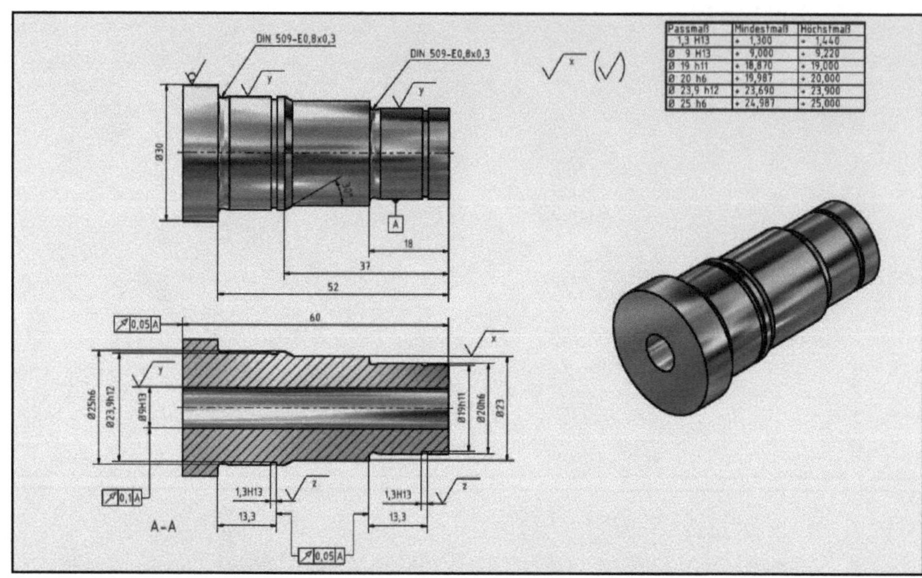

Passmaß	Mindestmaß	Höchstmaß
1,3 H13	+ 1,300	+ 1,440
Ø 9 H13	+ 9,000	+ 9,220
Ø 19 h11	+ 18,870	+ 19,000
Ø 20 h6	+ 19,987	+ 20,000
Ø 23,9 h12	+ 23,690	+ 23,900
Ø 25 h6	+ 24,987	+ 25,000

5.3.3.2 Die Achse Pos. 2, Vorgaben

Der Grundkörper setzt sich aus mehreren Einzelschritten im Wellengenerator zusammen:

Schritt 1, Grundzylinder:

> Zylinder 1 Ø**30** mm x **8** mm lang, Zylinder 2 Ø**25** mm x **15** mm lang,
> Kegel Ø**25** mm zu **23** mm x **2** mm lang,
> Zylinder 3 Ø**23** mm x **17** mm lang, Zylinder 4 Ø**20** mm x **18** mm lang,

Schritt 2, Freistiche und Nut für Sicherungsringe:

> Tragen Sie alle Freistiche und Nuten für Sicherungsringe ein.

Schritt 3, Zentrale Bohrung:

> Setzen Sie eine Durchgangsbohrung in die Achse.

- Weisen Sie dem Bauteil **Achse** das Material **Stahl poliert** zu.
- Speichern Sie das Bauteil **Achse**.

5.3.3.3 Die Achse Pos. 1,
Ablauf der Bauteilerstellung mit dem „Wellengenerator"

Der Wellengenerator wird nur in der Baugruppen-Umgebung zur Verfügung gestellt.

- Öffnen Sie ein neues Baugruppendokument, Vorlagendatei **Engelke2025.iam**
- **Speichern** Sie dieses leere Baugruppendokument.

5.3.3.4 Bauteilerstellung mit dem Wellengenerator, Aufruf

 **Wellengenerator** (Register **Konstruktion**)

Löschen Sie alle Einträge, bis auf den Grundeintrag.

Neu

Engelke2025
.iam

Speichern
unter

Wellen-
Generator

- **Zylinder** 1:
  Zylinder Ø**30** mm x **8** mm lang (1).

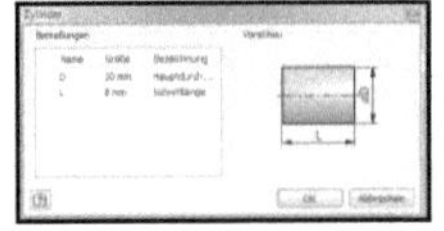

- **Zylinder** 2:
  Zylinder Ø**25** mm x **33** mm lang (2), **Freistich** Typ E DIN **509** (3),
  Nut für Sicherungsring für Ø**23,9** mm Breite **1,3** mm (4).

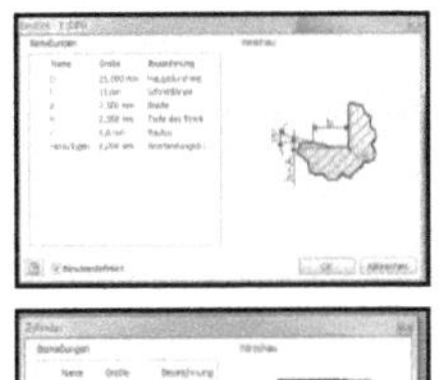

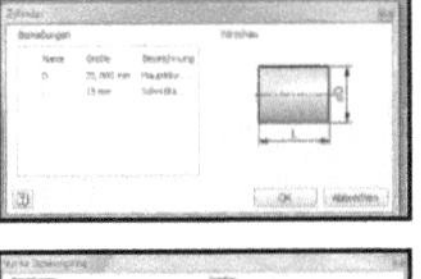

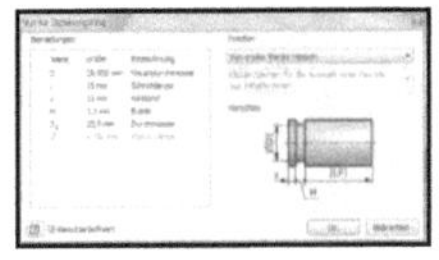

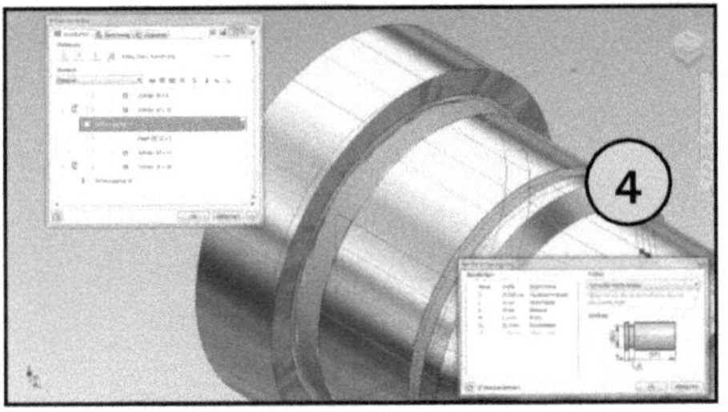

- Kegel:
  Kegel Ø**25** mm zu Ø**23** mm x **2** mm lang (5).

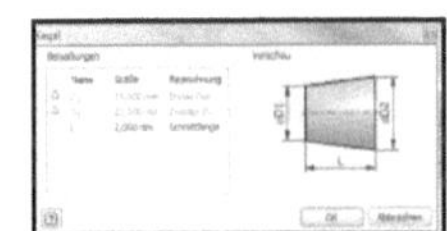

- Zylinder 3:
  Zylinder Ø**23** mm x **17** mm lang (6).

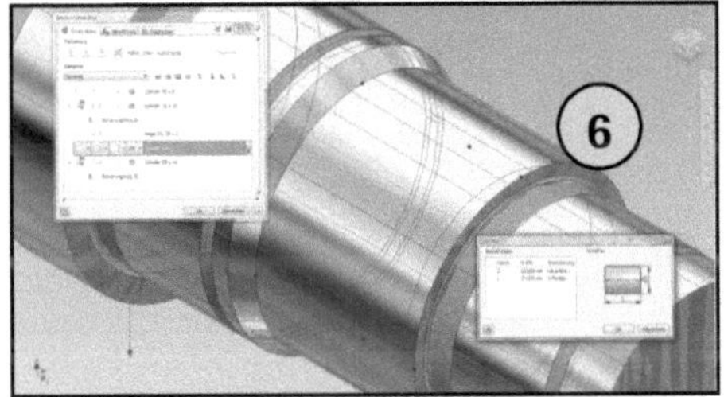

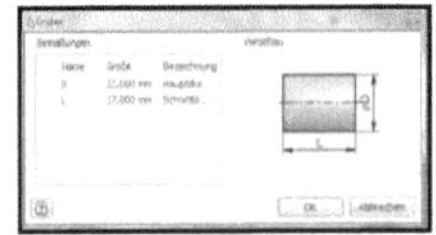

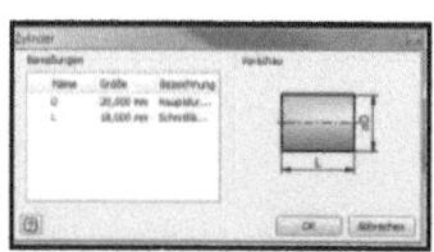

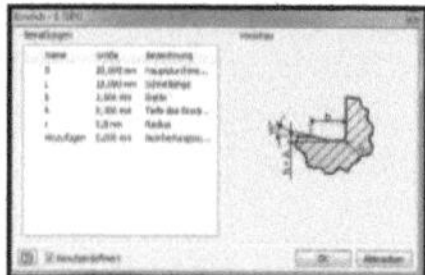

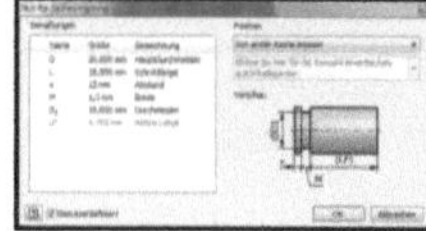

- **Zylinder** 4:
Zylinder Ø**20** mm x **18** mm lang (7), Freistich Typ E DIN **509** (8),
Nut für Sicherungsring für Ø**19** mm Breite **1,3** mm (9).

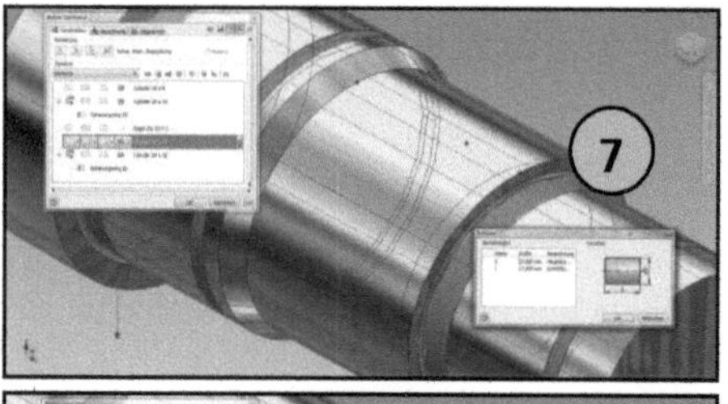

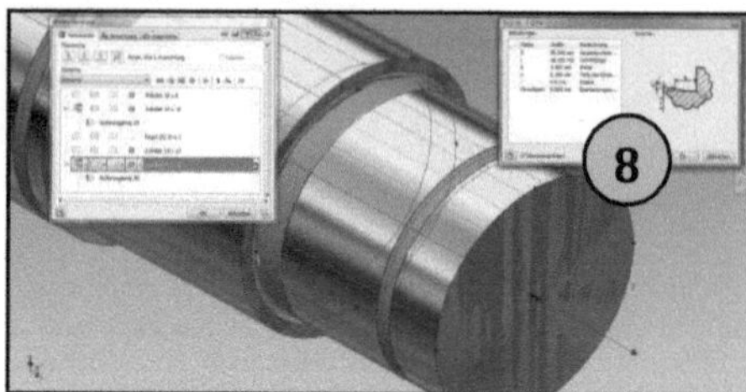

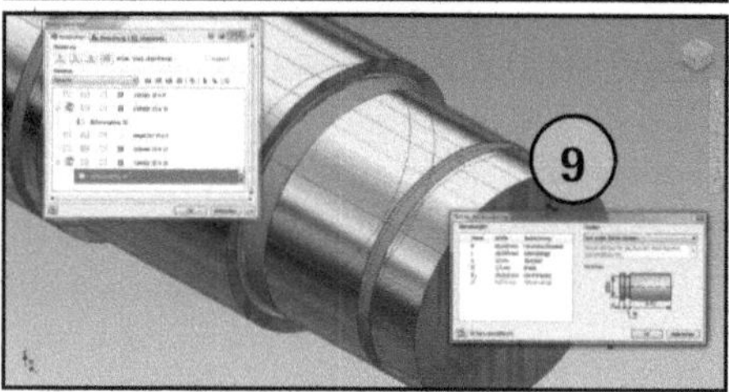

- Beenden Sie die Erstellung der **Achse** Pos. 2 mit **OK**.

5.3.3.5 Baugruppe und Bauteil speichern

Speichern unter

Speichern unter

Die Speicherung der Baugruppe zwei Einträge:

Baugruppendatei: **Welle1.iam** und Bauteildatei: **Welle1.ipt**

Diese erzeugten Einträge gehören unbedingt zur konstruierten Antriebswelle und müssen immer mitgeliefert werden, um eine Änderung möglich zu machen.

5.3.3.6 Die Achse Pos. 2, Durchgangsbohrung

- **Öffnen** Sie die gemeinsam mit der Baugruppe gespeicherte Bauteildatei **Welle1.ipt**.
- **Speichern** Sie diese Bauteildatei unter neuem Namen.
- Materialzuweisung **Stahl poliert**.
- Setzen Sie eine **Bohrung** Typ **Durchgangsbohrung** Ø9 mm Tiefe **Durch alles** Platzierung **Konzentrisch, konzentrische Referenz** auf die vordere Zylinderfläche (10).

Bohrung

- **Speichern** Sie das erstellte Bauteil **Achse** Pos. 2

Speichern unter

5.3.4 Die Brücke Pos. 1, die Bauteilerstellung

5.3.4.1 Die Brücke Pos. 1, Konstruktionsskizze

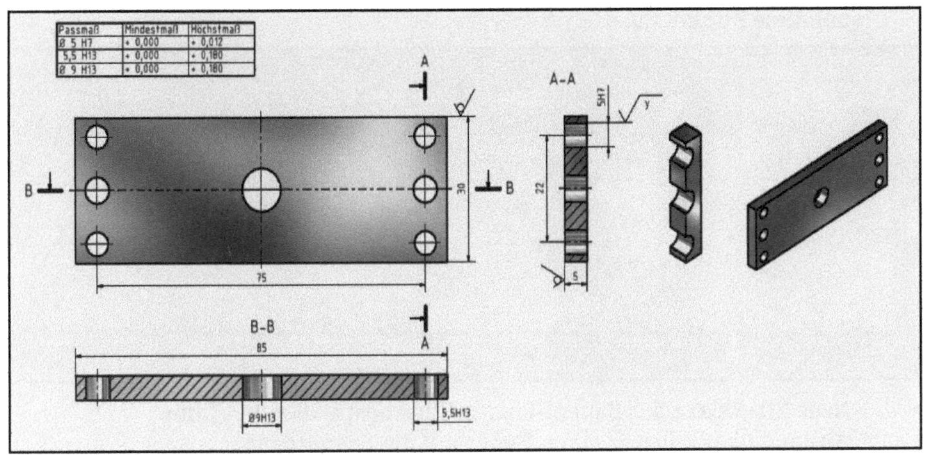

5.3.4.2 Die Brücke Pos. 1, Vorgaben

* Blechelement **85** x **30** x **5** mm dick

* Montagebohrungen **75** mm x **22** mm, vier Durchgangsbohrungen Ø**5** mm.

* Durchgangsbohrung Ø**9** mm, als zentrale Bohrung auf Mitte.

* Montagebohrungen Mittenabstand **75** mm,
  zwei Durchgangsbohrungen Ø**5** mm.

* Weisen Sie dem Bauteil **Brücke** das Material **Stahl poliert** zu.

* Speichern Sie das Bauteil **Brücke**.

5.3.4.3 Die Brücke Pos. 1, Ablauf der Bauteilerstellung

* Öffnen Sie eine neue Bauteil-Vorlagendatei.

* Erstellen Sie aus der vorgegebenen Darstellung, ein **Grundkörper Quader** mit einer Dicke von **5** mm, Länge **85** mm und Breite **30** mm.

* Weisen Sie dem Bauteil das Material **Stahl poliert** zu.

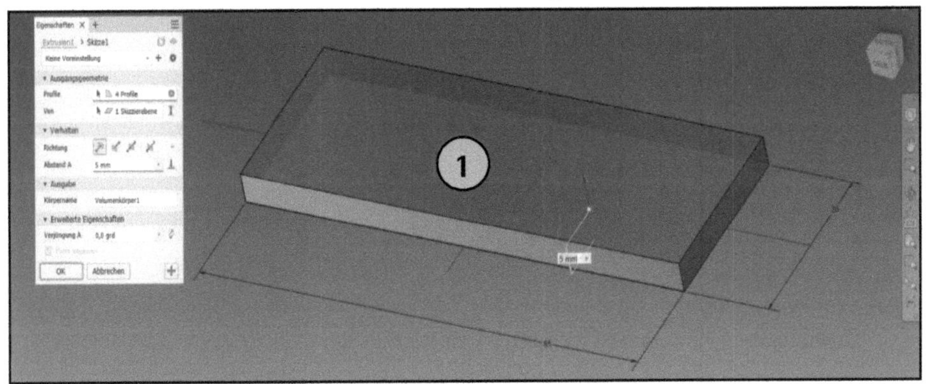

2D-Skizze
starten

Linie

Versatz

Punkt

Bemaßung

Bohrung

2D-Skizze
starten

Linie

Versatz

Punkt

Bemaßung

Bohrung

2D-Skizze
starten

Linie

Versatz

Punkt

Bemaßung

Bohrung

Speichern
unter

- Neue **2D-Skizze** auf Bauteil-Ebene, Hilfskonstruktion mit **Linie**, Abstand über Mitte, je einen **Punkt** auf die Schnittpunkte.
- Setzen Sie je eine **Bohrung** Typ **Bohrung Ø5** mm, Tiefe **Durch alles**, auf diese **Punkte** (2).

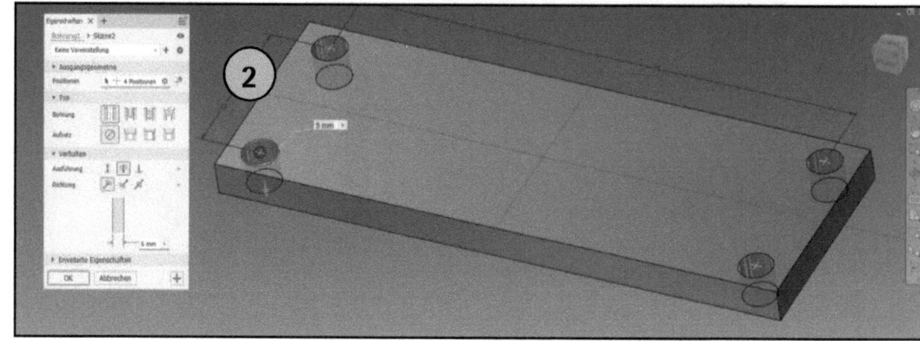

- Neue **2D-Skizze** auf Bauteil-Ebene, Hilfskonstruktion mit **Linie**, Abstand über Mitte, je einen **Punkt** auf die Schnittpunkte.
- Setzen Sie je eine **Bohrung** Typ **Bohrung Ø5,5** mm, Tiefe **Durch alles**, auf diese **Punkte** (3).

- Neue **2D-Skizze** auf Bauteil-Ebene, Hilfskonstruktion mit **Linie**, Abstand über Mitte, einen **Punkt** auf den Schnittpunkt.
- Setzen Sie je eine **Bohrung** Typ **Bohrung Ø9** mm, Tiefe **Durch alles**, auf diesen **Punkt** (4).

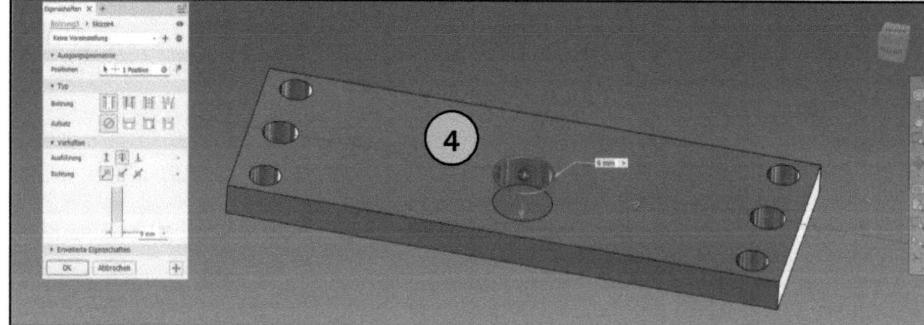

- **Speichern** Sie das erstellte Bauteil **Brücke** Pos. 1.

5.3.5 Die Rolle Pos. 3, die Bauteilerstellung

5.3.5.1 Die Rolle Pos. 3, Konstruktionsskizze

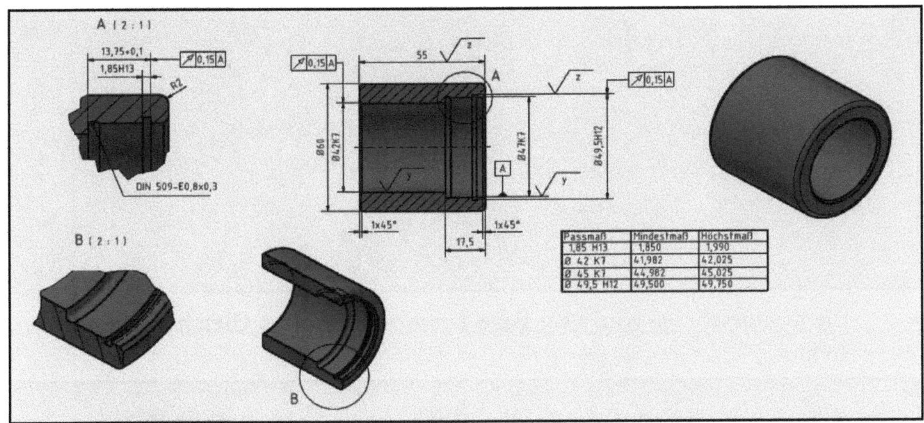

5.3.5.2 Die Rolle Pos. 3, Vorgaben

Die Ausdrehung, **Detail A** findet in dieser Konstruktion keine Verwendung, bei Bedarf ist diese Ausdrehung in den Rotationskörper einzubringen.

- Der Grundkörper entsteht über **Drehung** einer Skizze um **360°**.
- Runden Sie die Außenkontur ab.
- Fasen Sie die Innenkontur an.
- Weisen Sie dem Bauteil **Rolle** das Material **Gummi blau** zu.
- Speichern Sie das Bauteil **Rolle**.

5.3.5.3 Die Rolle Pos. 3, Ablauf der Bauteilerstellung

- Öffnen Sie eine neue Bauteil-Vorlagendatei.
- Neue **2D-Skizze** auf **YZ**-Ebene, Skizze erstellen mit **Linie** und Linientyp **Mittellinie** als Rotationsachse, mit **Allgemeine Bemaßung** vervollständigen und Maße **Über Mittellinie** antragen (1).

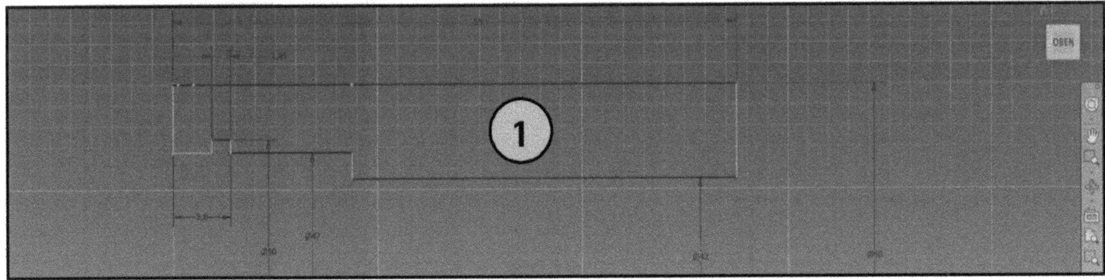

- Volumenkörpererstellung über **Drehung**, Anwahl der Mittelachse als Rotationsachse, **Vollkörper** bei **360°** (2).
- Weisen Sie der Rolle das Material **Gummi blau** zu.

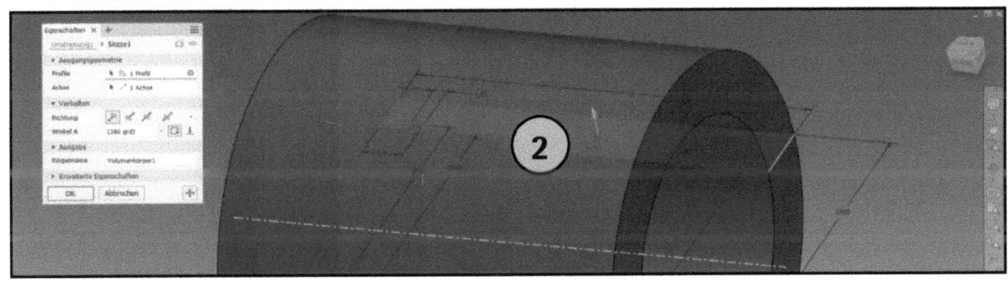

Rundung

- Die Außen-Konturrundung wird über **Rundung** mit R = **2** mm angetragen (5).

Fase

- Die Konturschräge wird über **Fase 1** mm x **45°** Option **Gleicher Abstand** erstellt.

Speichern unter

- **Speichern** Sie das erstellte Bauteil **Rolle** Pos. 3.

5.3.6 Die Flanschplatte Pos. 4, die Bauteilerstellung

5.3.6.1 Die Flanschplatte Pos. 4, Konstruktionsskizze

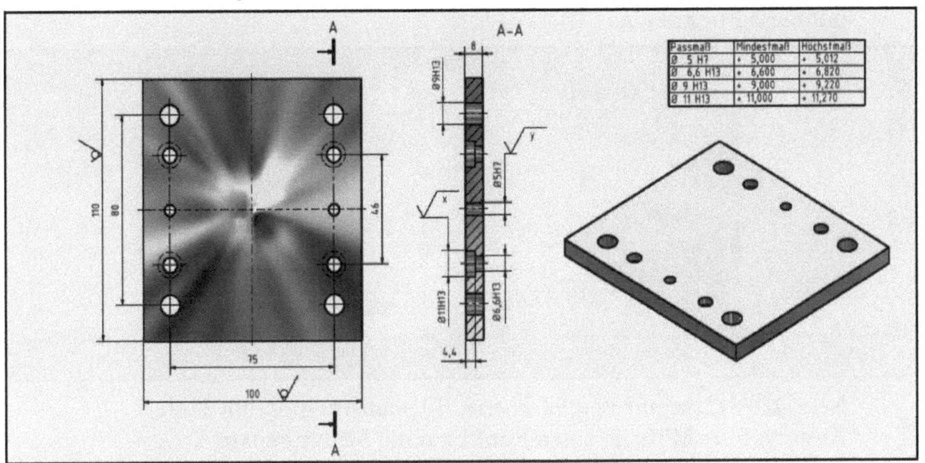

5.3.6.2 Die Flanschplatte Pos. 4, Vorgaben

- Blechelement **100** x **110** mm x **8** mm dick

- Montagebohrungen **75** mm x **80** mm,
  vier Durchgangsbohrungen Ø**9** mm.

- Montagebohrungen Mittenabstand **75** mm x **46** mm,
  vier zylindrische Senkbohrungen Ø**11** mm / Ø**6,6** mm, **4,4** mm tief.

- Montagebohrungen Mittenabstand **75** mm,
  zwei Durchgangsbohrungen Ø**5** mm.

- Weisen Sie dem Bauteil **Flanschplatte** das Material **Stahl poliert** zu.

- **Speichern** Sie das Bauteil **Flanschplatte**.

5.3.6.3 Die Flanschplatte Pos. 4, Ablauf der Bauteilerstellung

- Öffnen Sie eine neue Bauteil-Vorlagendatei.

- Erstellen Sie aus der vorgegebenen Darstellung, ein **Grundkörper Quader** mit einer Dicke von **8** mm, Länge **100** mm und Breite **110** mm.

- Weisen Sie dem Bauteil das Material **Stahl poliert** zu.

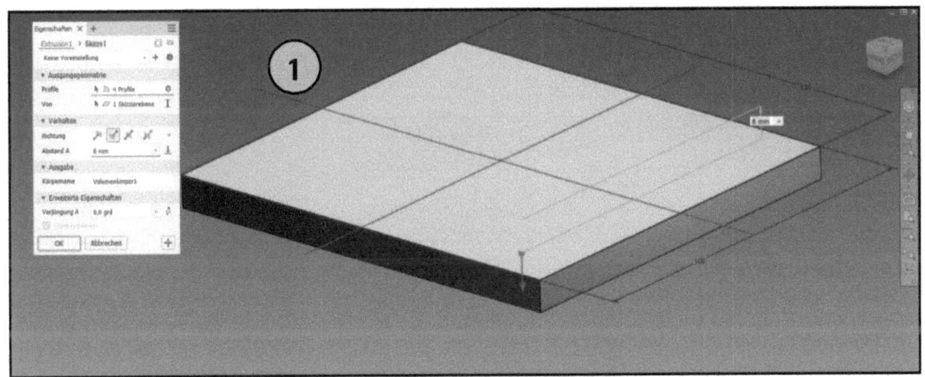

2D-Skizze starten

Linie

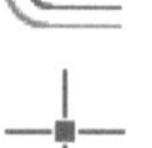

Versatz

Punkt

Bemaßung

Bohrung

2D-Skizze starten

Linie

Versatz

Punkt

Bemaßung

Bohrung

2D-Skizze starten

Linie

Versatz

Punkt

Bemaßung

Bohrung

Speichern unter

- Neue **2D-Skizze** auf Bauteil-Ebene, Hilfskonstruktion mit **Linie**, Abstand über Mitte, je einen **Punkt** auf die Schnittpunkte.
- Setzen Sie je eine **Bohrung** Typ **Bohrung Ø9** mm, Tiefe **Durch alles**, auf diese **Punkte** (2).

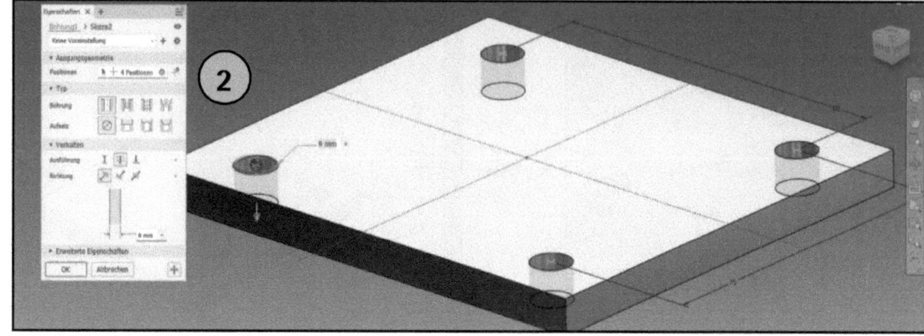

- Neue **2D-Skizze** auf Bauteil-Ebene, Hilfskonstruktion mit **Linie**, Abstand über Mitte, je einen **Punkt** auf die Schnittpunkte.
- Setzen Sie je eine **Bohrung** Typ **Bohrung Ø5** mm, Tiefe **Durch alles**, auf diese **Punkte** (3).

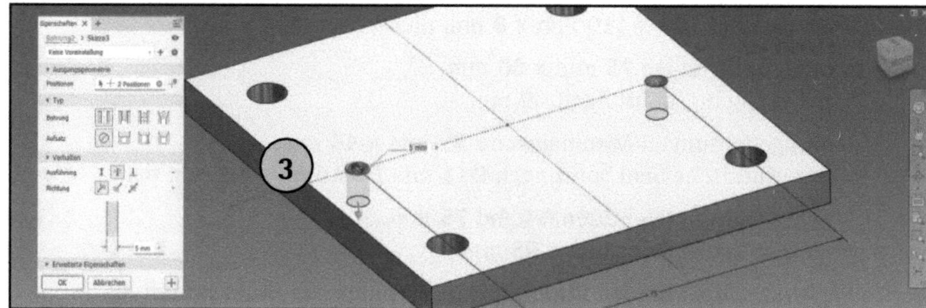

- Neue **2D-Skizze** auf Bauteil-Ebene, Hilfskonstruktion mit **Linie**, Abstand über Mitte, je einen **Punkt** auf die Schnittpunkte.
- Setzen Sie je eine **Bohrung** Typ **Zylindrische Senkbohrung Bohrung Ø6,6** mm, Senkung **Ø11** mm **4,4** mm tief, auf diese **Punkte** (4).

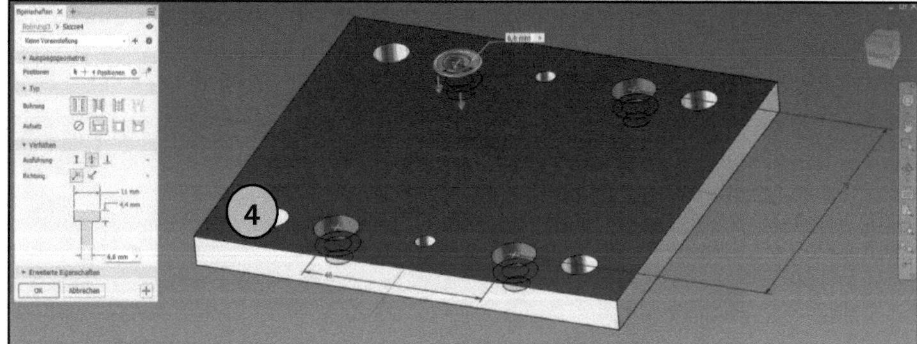

- **Speichern** Sie das erstellte Bauteil **Flanschplatte** Pos. 4.

5.3.7 Das Stützelement Pos. 5, die Bauteilerstellung

5.3.7.1 Das Stützelement Pos. 5, Konstruktionsskizze

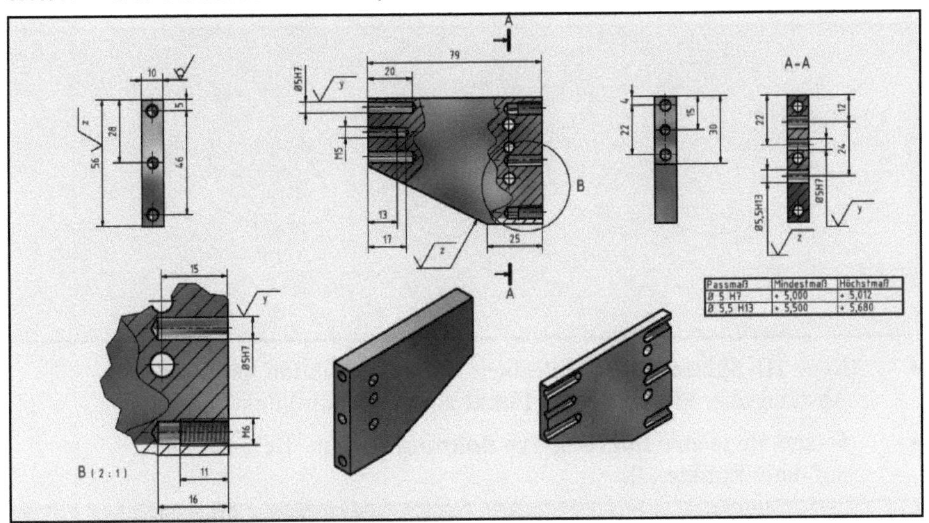

5.3.7.2 Das Stützelement Pos. 5, Vorgaben

- Blechelement **79** x **56** mm x **10** mm dick
- Montagebohrungen Stirnseite zwei Senkbohrungen Ø**5** mm x **20** mm tief.
- Montagebohrungen Stirnseite eine Gewinde-Grundloch
  M5 mm x **13** / **17** mm tief.
- Montagebohrungen Rückseite eine Senkbohrungen Ø**5** mm x **15** mm tief.
- Montagebohrungen Stirnseite zwei Gewinde-Grundlochbohrungen
  M5 x **11** / **16** mm tief.
- Vorderseite eine Montagebohrung Abstand von Oben **22** mm,
  eine Durchgangsbohrung Ø**5** mm.
- Vorderseite zwei Montagebohrungen Abstand von Oben **12** / **24** mm,
  eine Durchgangsbohrung Ø**5,5** mm.
- Weisen Sie dem Bauteil **Stützelement** das Material **Stahl poliert** zu.
- Speichern Sie das Bauteil **Stützelement**.

5.3.7.3 Das Stützelement Pos. 5, Ablauf der Bauteilerstellung

- Öffnen Sie eine neue Bauteil-Vorlagendatei.
- Erstellen Sie, auf einer neuen Skizze mit **Linie** ein Profil für ein **Extrusions-volumen**.

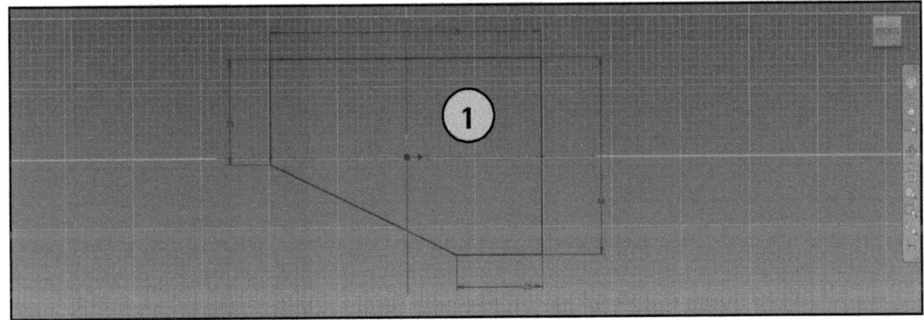

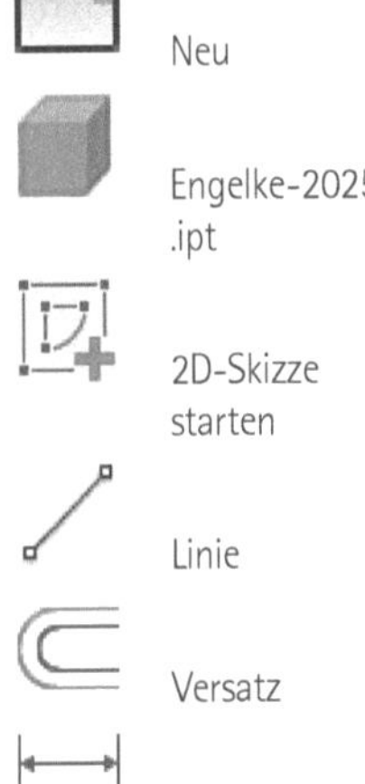

Extrusion

- Bilden Sie eine **Extrusion**, **symmetrischer Abstand 10** mm, aus der erstellten Grundskizze.

- Weisen Sie dem Bauteil das Material **Stahl poliert** zu (2).

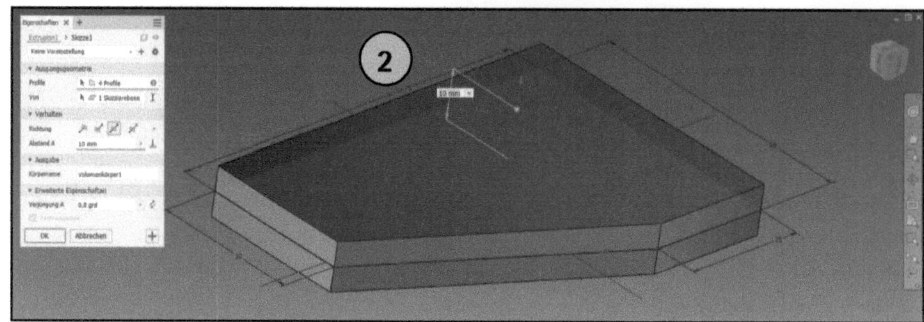

2D-Skizze starten

Linie

Versatz

Punkt

Bemaßung

Bohrung

- Neue **2D-Skizze** auf Bauteil-Ebene, Hilfskonstruktion mit **Linie**, Abstand über Mitte, je einen **Punkt** auf die Schnittpunkte.

- Setzen Sie je eine **Bohrung** Typ **Bohrung Ø5** mm, Tiefe **20** mm, auf diese **Punkte** (3).

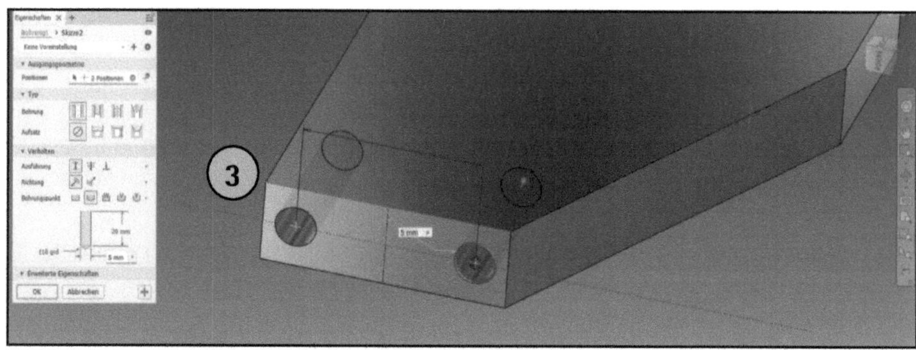

2D-Skizze starten

Linie

Versatz

Punkt

Bemaßung

Bohrung

- Neue **2D-Skizze** auf Flansch-Ebene, Hilfskonstruktion mit **Linie**, Abstand über Mitte, einen **Punkt** auf die Schnittpunkt.

- Setzen Sie je eine **Bohrung** Typ **Gewinde-Bohrung M5**, Gewindetiefe **13** mm, Bohrlochtiefe **17** mm tief, auf diesen **Punkt** (4).

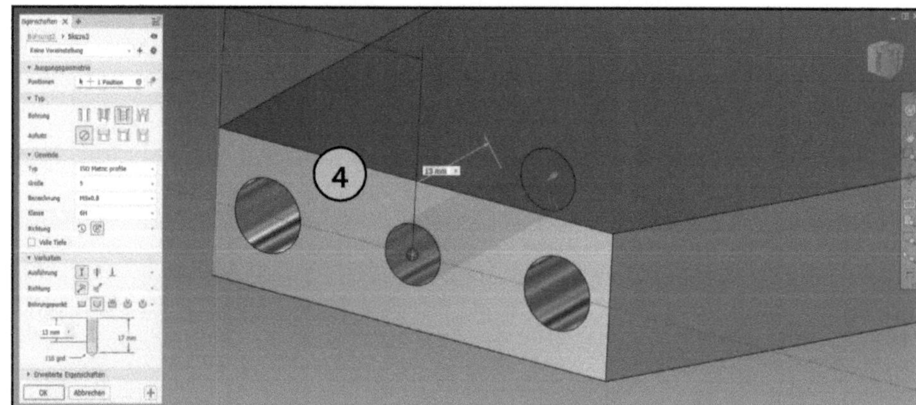

- Neue **2D-Skizze** auf Bauteil-Ebene, Hilfskonstruktion mit **Linie**, Abstand über Mitte, einen **Punkt** auf den Schnittpunkt.
- Setzen Sie je eine **Bohrung** Typ **Bohrung Ø5** mm, Tiefe **16** mm, auf diesen **Punkt** (5).

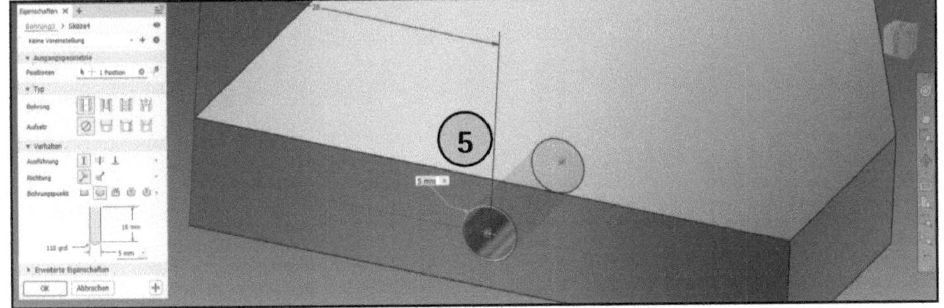

- Neue **2D-Skizze** auf Bauteil-Ebene, Hilfskonstruktion mit **Linie**, Abstand über Mitte, je einen **Punkt** auf die Schnittpunkte.
- Setzen Sie je eine **Bohrung** Typ **Gewinde-Bohrung M6**, Gewindetiefe **11** mm, Bohrlochtiefe **16** mm tief, auf diese **Punkte** (6).

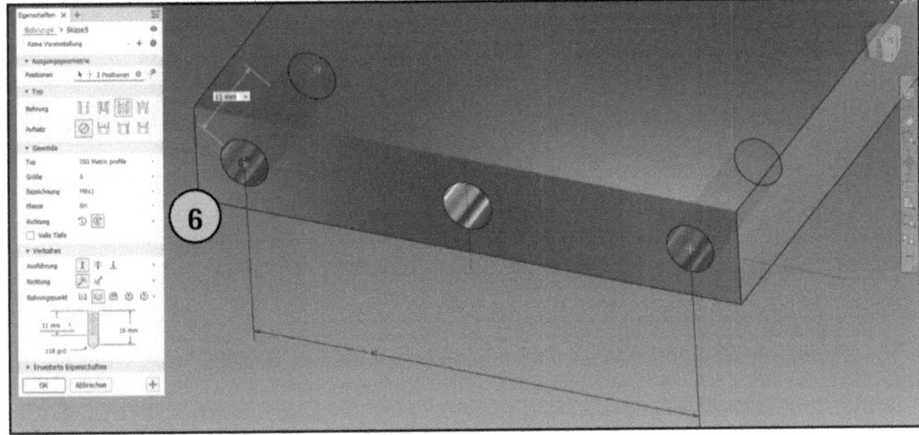

- Neue **2D-Skizze** auf Bauteil-Ebene, Hilfskonstruktion mit **Linie**, Abstand über Mitte, einen **Punkt** auf den Schnittpunkt.
- Setzen Sie je eine **Bohrung** Typ **Bohrung Ø5** mm, Tiefe **Durch alles**, auf diesen **Punkt** (7).

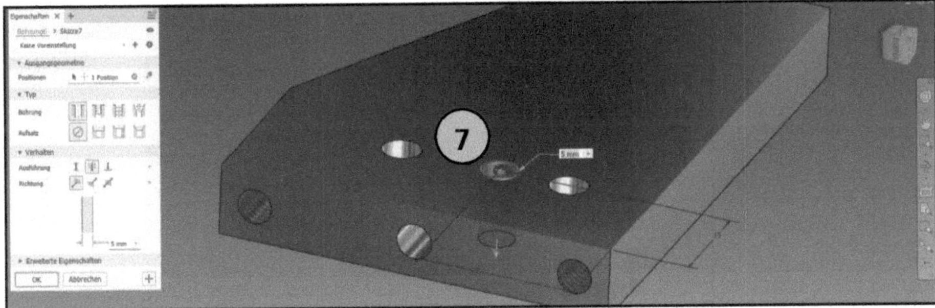

- **Speichern** Sie das erstellte Bauteil **Stützelement** Pos. 5.

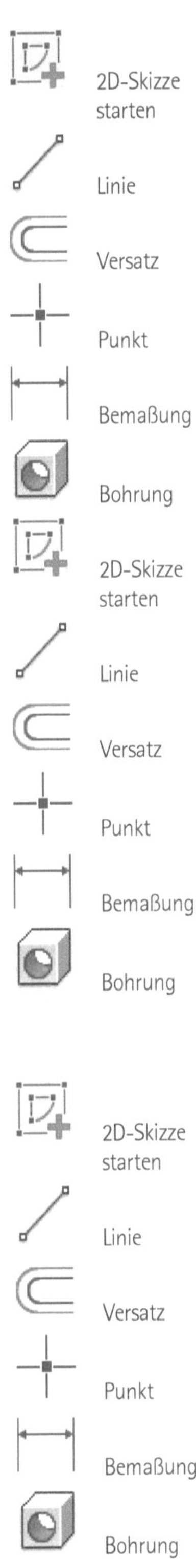

5.3.8 Die Strebe Pos. 6, die Bauteilerstellung

5.3.8.1 Die Strebe Pos. 6, Konstruktionsskizze

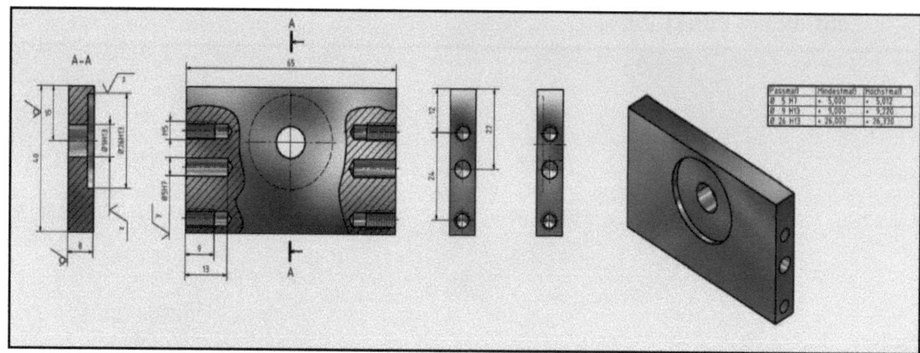

5.3.8.2 Die Strebe Pos. 6, Vorgaben

- Blechelement **65** x **40** mm x **8** mm dick

- Montagebohrungen Stirnseite eine Senkbohrungen Ø**5** mm x **13** mm tief.

- Montagebohrungen Stirnseite zwei Gewinde-Grundlochbohrungen **M5** x **9** / **13** mm tief.

- Zylindrische Senkbohrung Ø**26** mm Tiefe **2** mm, Durchgangsbohrung Ø**9** mm, als zentrale Bohrung auf Mitte.

- Weisen Sie dem Bauteil **Strebe** das Material **Stahl poliert** zu.

- Speichern Sie das Bauteil **Strebe**.

5.3.8.3 Die Strebe Pos. 6, Ablauf der Bauteilerstellung

- Öffnen Sie eine neue Bauteil-Vorlagendatei.

- Erstellen Sie aus der vorgegebenen Darstellung, ein **Grundkörper Quader** mit einer Dicke von **8** mm, Länge **65** mm und Breite **40** mm.

- Weisen Sie dem Bauteil das Material **Stahl poliert** zu.

Neu

Engelke-2025 .ipt

Quader

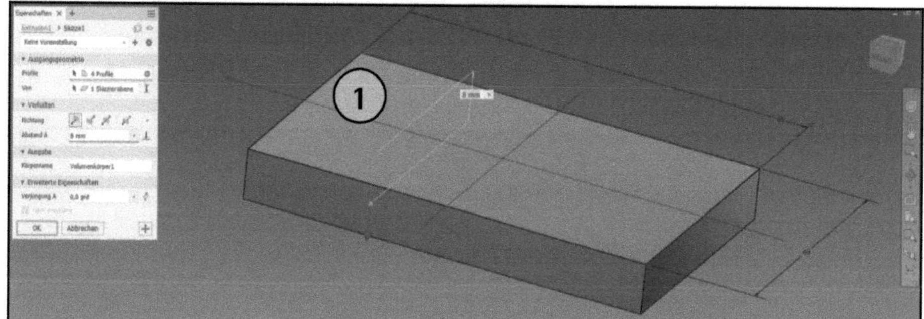

- Neue **2D-Skizze** auf Blech-Ebene, Hilfskonstruktion mit **Linie**, Abstand über Mitte, **Punkt** auf Schnittpunkt.
- Setzen Sie eine **Bohrung** Typ **Zylindrische Senkbohrung** **Bohrung Ø9** mm, Senkung **Ø26** mm **2** mm tief, auf diesen **Punkt** (2).

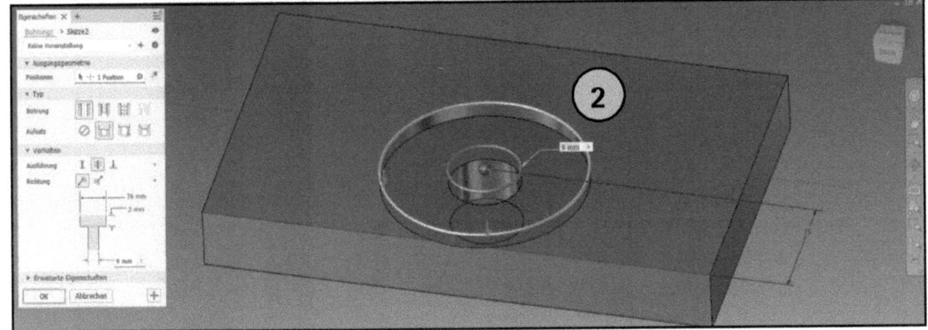

- Neue **2D-Skizze** auf Bauteil-Ebene, Hilfskonstruktion mit **Linie**, Abstand über Mitte, je einen **Punkt** auf die Schnittpunkte.
- Setzen Sie je eine **Bohrung** Typ **Gewinde-Grundloch** **M5**, Gewindetiefe **9** mm, Bohrlochtiefe **13** mm tief, auf diese **Punkte** (3).

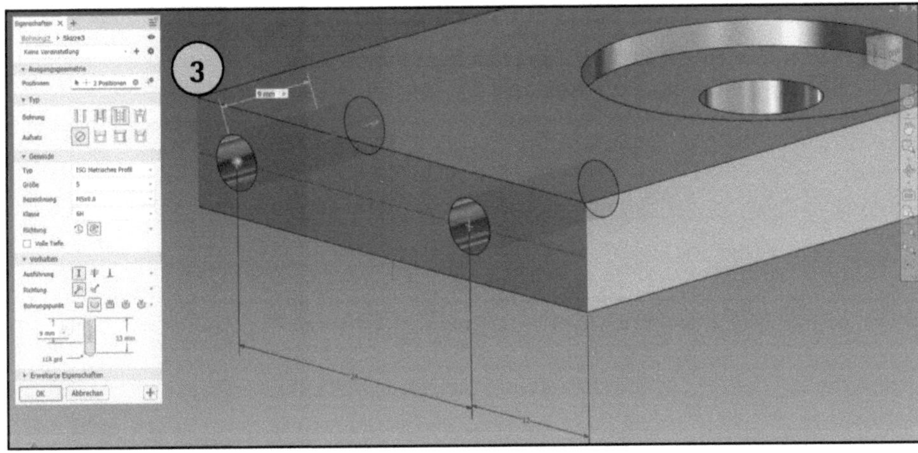

- Neue **2D-Skizze** auf Bauteil-Ebene, Hilfskonstruktion mit **Linie**, Abstand über Mitte, **Punkt** auf Schnittpunkt.
- Setzen Sie eine **Bohrung** Typ **Durchgangsbohrung** **Bohrung Ø5** mm, Tiefe **Abstand 13** mm, auf diesen **Punkt** (4).

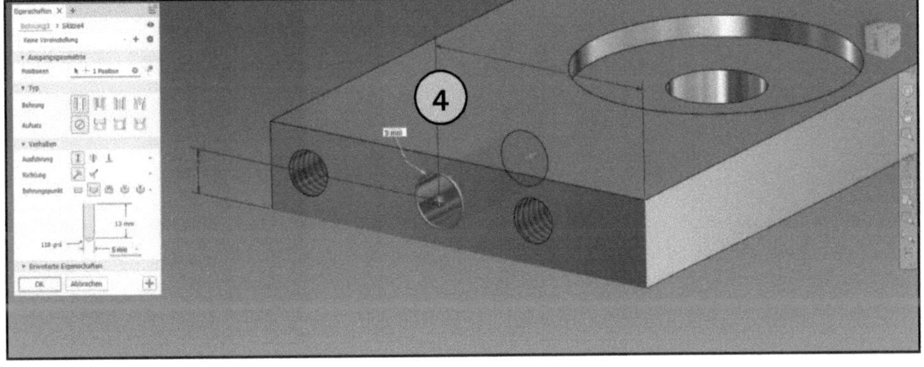

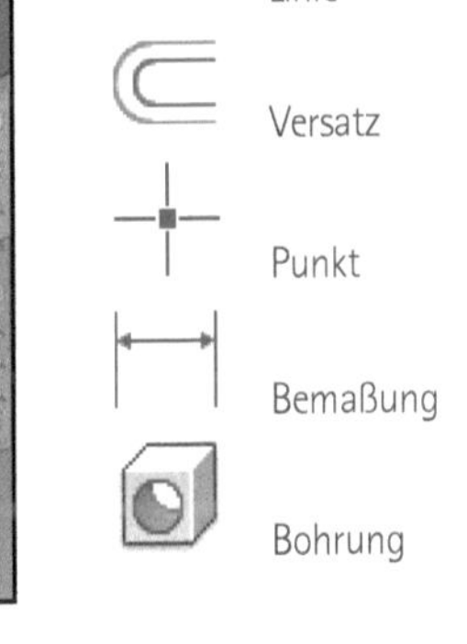

2D-Skizze
starten

Linie

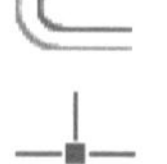

Versatz

Punkt

Bemaßung

Bohrung

2D-Skizze
starten

Linie

Versatz

Punkt

Bemaßung

Bohrung

Speichern
unter

- Neue **2D-Skizze** auf Blech-Ebene, Hilfskonstruktion mit **Linie**, Abstand über Mitte, je einen **Punkt** auf die Schnittpunkte.

- Setzen Sie je eine **Bohrung** Typ **Gewinde-Grundloch M5**, Gewindetiefe **9** mm, Bohrlochtiefe **13** mm tief, auf diese **Punkte** (5).

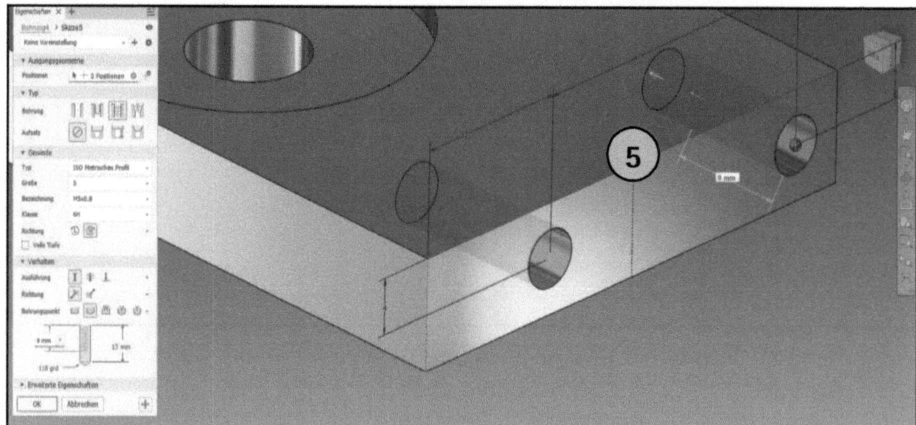

- Neue **2D-Skizze** auf Blech-Ebene, Hilfskonstruktion mit **Linie**, Abstand über Mitte, **Punkt** auf Schnittpunkt.

- Setzen Sie eine **Bohrung** Typ **Durchgangsbohrung** Bohrung Ø5 mm, Tiefe **Abstand 13** mm, auf diesen **Punkt** (6).

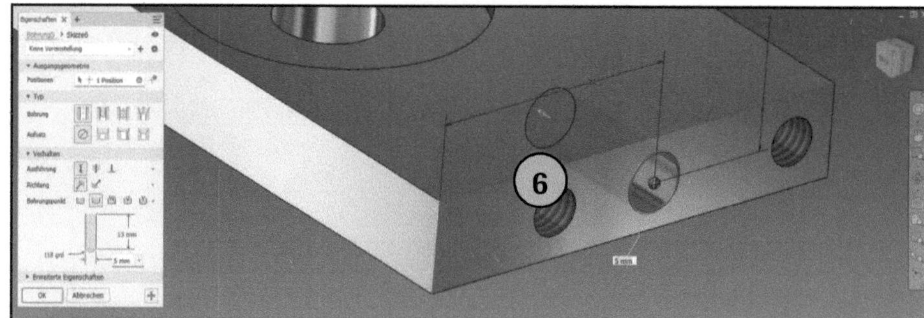

- **Speichern** Sie das erstellte Bauteil **Strebe** Pos. 6.

5.3.9 Die Lagerungs-Baugruppe „Walzenlagerung",
Baugruppen-Montage mit Unterbaugruppen
Montage der Unterbaugruppe „Rolleneinheit"

5.3.9.1 Die Baugruppendatei bereitstellen

* Öffnen Sie ein neues Baugruppendokument,
  Vorlagendatei **Engelke2025.iam**

* Wählen Sie über **Komponenten platzieren** die **Achse** Pos. 2 und schieben
  diese auf die Arbeitsebene.

5.3.9.2 Montage des vorderen Kugellagers Pos. 7

Als Normteile zur Lagerung findet ein das SKF-Kugellager nach DIN **625**
Typ **6004**, aus dem Inhaltscenter Verwendung.

* Wählen Sie mit **Autodrop**, Anwahl der entsprechenden Zylinderposition, aus
  dem **Inhaltscenter** das SKF-Rillenkugellager **6004**, nach **DIN 625** (1).

  Verändern Sie die, von **Autodrop** erkannte Lagergröße, bei Bedarf (2).

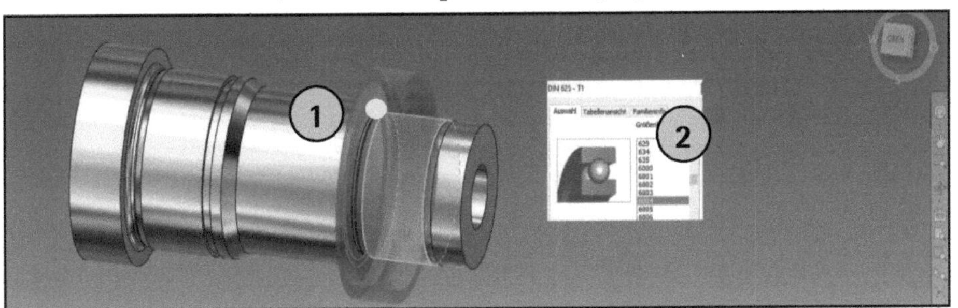

5.3.9.3 Montage des hinteren Kugellagers Pos. 8

Als Normteile zur Lagerung findet ein das SKF-Kugellager nach DIN **625**
Typ **6005**, aus dem Inhaltscenter Verwendung.

* Wählen Sie mit **Autodrop**, Anwahl der entsprechenden Zylinderposition, aus
  dem **Inhaltscenter** das SKF-Rillenkugellager **6005**, nach **DIN 625** (3).

  Verändern Sie die, von **Autodrop** erkannte Lagergröße, bei Bedarf(4).

Neu

Engelke2025
.iam

Komponente
platzieren

Aus Inhalts-
center einfü-
gen

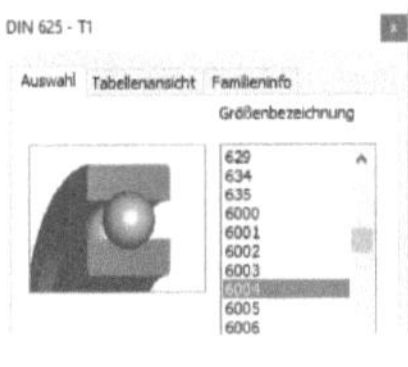

Platzieren

Aus Inhalts-
center einfü-
gen

Platzieren

5.3.9.4 Montage der Sicherungsringe Pos. 13 und 14

Das Rillenkugellager Pos. 7 wird fixiert durch einen Sicherungsring Pos. 13
DIN **471** Größe **20** x **1,2** mm aus dem Inhaltscenter.

Aus Inhalts-
center einfü-
gen

Platzieren

- Wählen Sie mit **Autodrop**, Anwahl der entsprechenden Zylinderposition, aus
  dem **Inhaltscenter** den **Sicherungsring, Außen**, nach DIN **471**,
  Größe **20** x **1,2** mm (5).

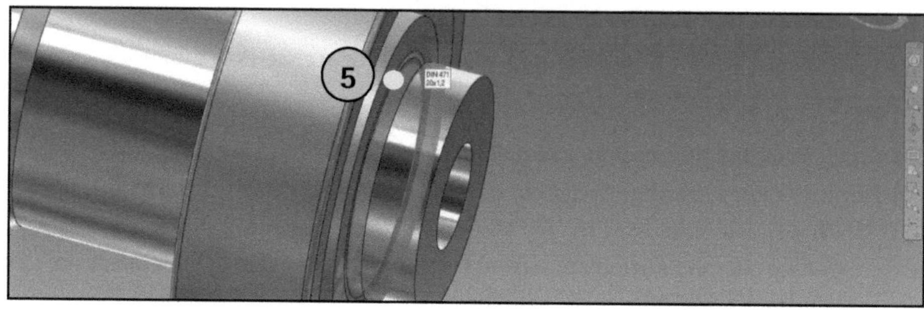

Das Rillenkugellager Pos. 8 wird fixiert durch einen Sicherungsring Pos. 14
DIN **471** Größe **25** x **1,2** mm aus dem Inhaltscenter.

Aus Inhalts-
center einfü-
gen

Platzieren

- Wählen Sie mit **Autodrop**, Anwahl der entsprechenden Zylinderposition, aus
  dem **Inhaltscenter** den **Sicherungsring, Außen**, nach DIN **471**,
  Größe **25** x **1,2** mm (6).

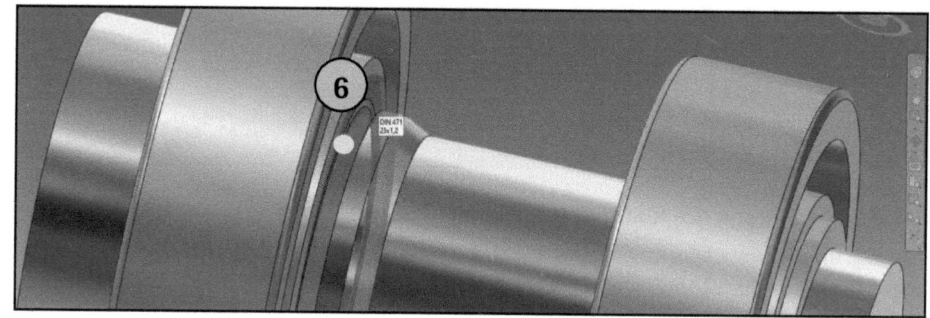

5.3.9.5 Montage der Rolle Pos. 3

- Wählen Sie über **Komponenten platzieren** die **Rolle** Pos. 3 und schieben
  diese auf die Arbeitsebene.
- Schalten Sie, für die Positionierung der Rolle, die Ansicht auf **Halbschnitt**.
- **Speichern** Sie die neue Darstellung (7).

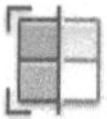
Komponente
platzieren

Halbe
Schnittansicht

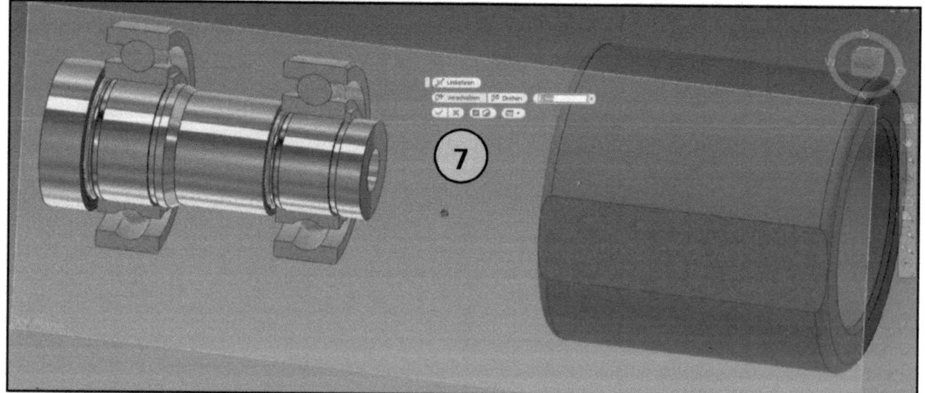

- Positionieren Sie den Zentrumspunkt der gezeigten Lagerkante zum Zentrumspunkt der Rolle, mit der Verbindung **Gelenk**, Gelenktyp **Automatisch** (8, 9)

5.3.9.6   Montage der Sicherungsringe Pos. 15

Die Rolle Pos. 3 wird fixiert durch einen Sicherungsring Pos. 15
DIN **472** Größe **47** x **1,75** mm aus dem Inhaltscenter.

- Wählen Sie mit **Autodrop**, Anwahl der entsprechenden Zylinderposition, aus
  dem **Inhaltscenter** den **Sicherungsring**, **Innen**, nach **DIN 472**,
  Größe **47** x **1,75** mm (10).

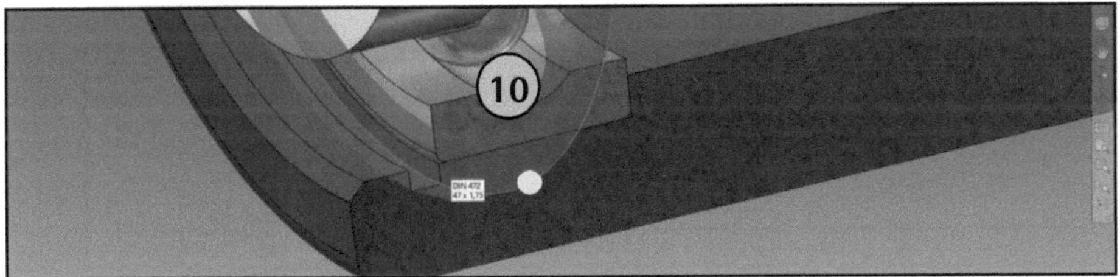

5.3.9.7   Speichern der Unterbaugruppe

- **Speichern** Sie die neue Unterbaugruppe **Rolleneinheit**.

5.3.10 Die Lagerungs-Baugruppe „Walzenlagerung",
Baugruppen-Montage mit Unterbaugruppen
Montage der Unterbaugruppe „Rollenhalterung"
Bauteilmontage

5.3.10.1 Die Baugruppendatei bereitstellen

Neu

Engelke2025 .iam

Komponente platzieren

- Öffnen Sie ein neues Baugruppendokument, Vorlagendatei **Engelke2025.iam**
- Wählen Sie über **Komponenten platzieren** die **Brücke** Pos. 1 (1), die **Flanschplatte** Pos. 4 (2), das **Stützelement** Pos. 5 **zweimal** (3) und die **Strebe** Pos. 6 (4), schieben diese auf die Arbeitsebene.

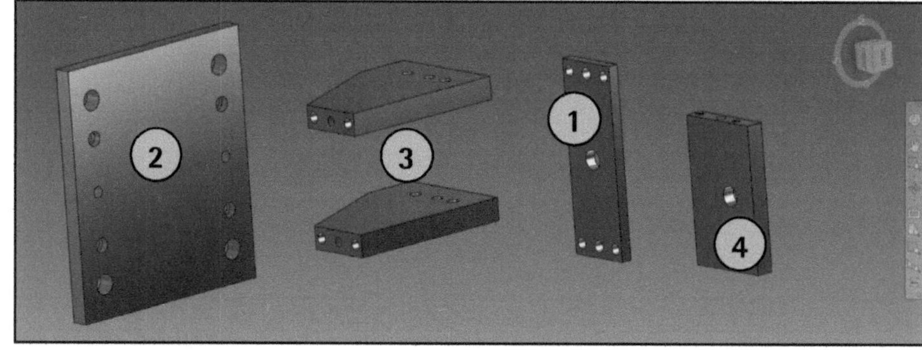

5.3.10.2 Montage der beiden Stützelemente Pos. 5

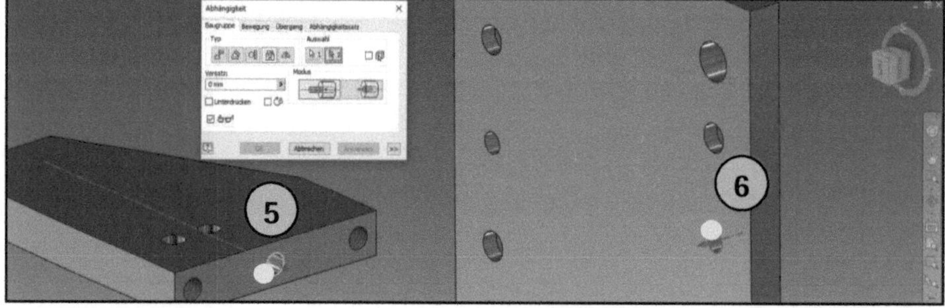
Abhängigkeit Einfügen

- Positionieren Sie die mittlere Bohrung des **Stützelements** zu der mittleren Bohrung der **Flanschplatte** mit der Abhängigkeit **Einfügen** (5, 6).

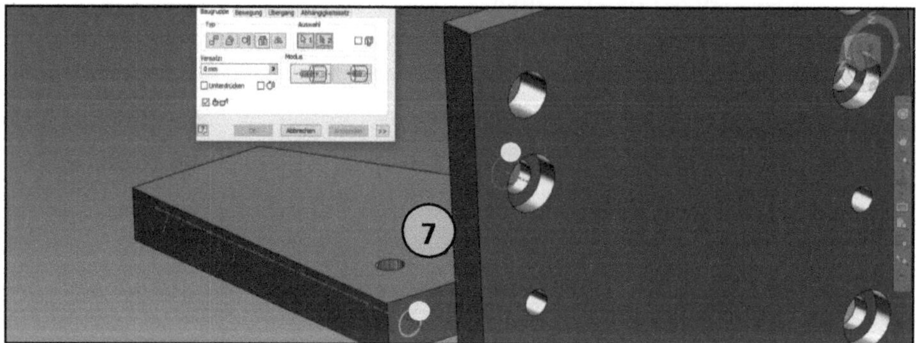
Abhängigkeit Einfügen

- Nachpositionierung der Montagebohrungen über Abhängigkeit **Einfügen** (7).

- Verfahren Sie mit dem zweiten Stützelement entsprechend (8).

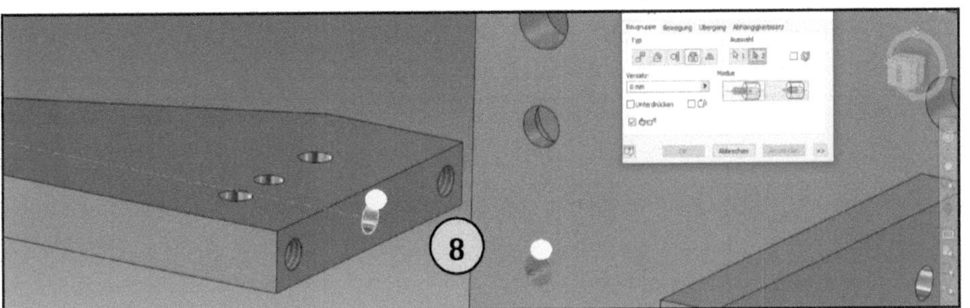

Abhängigkeit
Einfügen

- Nachpositionierung der Montagebohrungen über Abhängigkeit **Einfügen** (9).

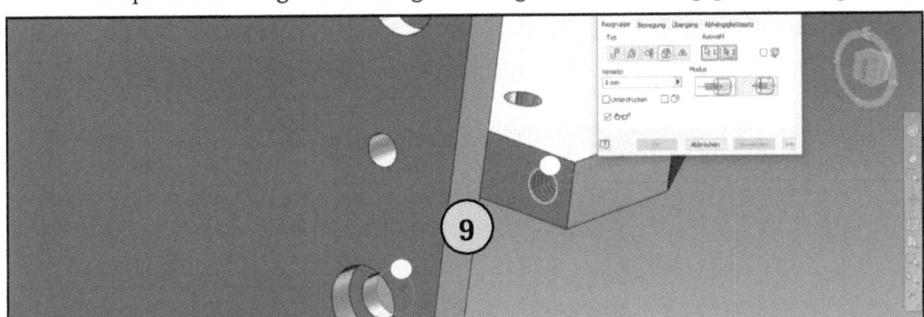

Abhängigkeit
Einfügen

5.3.10.3 Montage der Strebe Pos. 6

- Positionieren Sie die obere Bohrung der Strebe zu der oberen Bohrung des **Stützelements** mit der Abhängigkeit **Einfügen** (10).

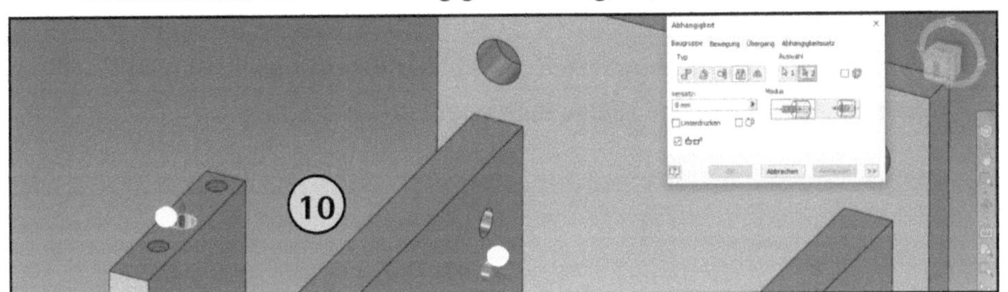

Abhängigkeit
Einfügen

- Nachpositionierung der Montagebohrungen über Abhängigkeit **Einfügen** (11).

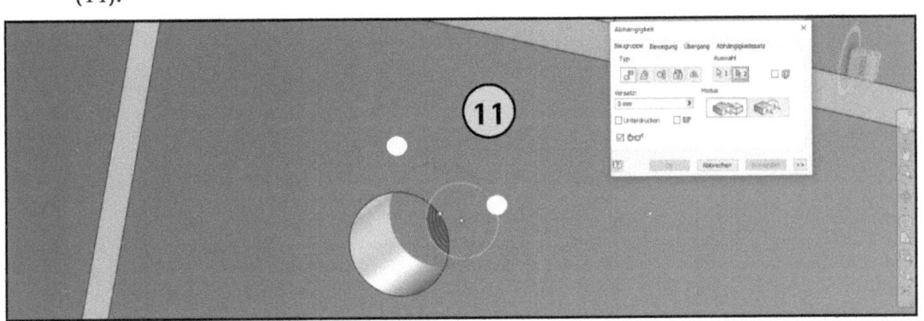

Abhängigkeit
Einfügen

Abhängigkeit
Einfügen

5.3.10.4 Positionierung und Montage der Brücke Pos. 1

- Positionieren Sie die obere Bohrung der Strebe zu der oberen Bohrung des Stützelements mit der Abhängigkeit **Einfügen** (12).

Abhängigkeit
Einfügen

- Nachpositionierung der Montagebohrungen über Abhängigkeit **Einfügen** (13).

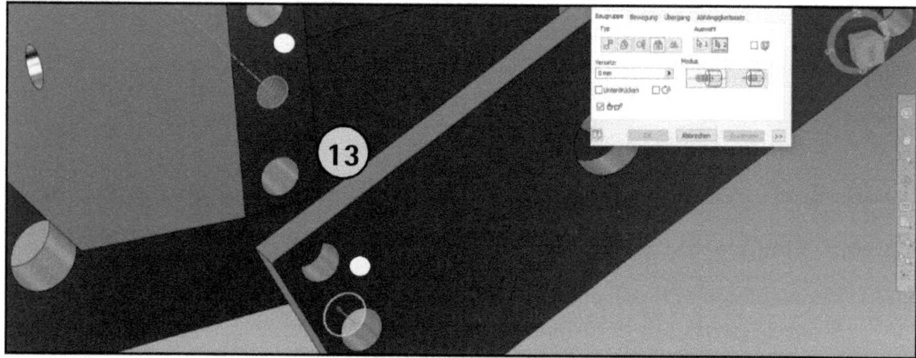

Speichern
unter

5.3.10.5 Speichern der vormontierten Unterbaugruppe „Rollenhalterung"

- **Speichern** Sie die neue Unterbaugruppe **Rollenhalterung**.

5.3.11 Die Lagerungs-Baugruppe „Walzenlagerung",
Baugruppen-Montage mit Unterbaugruppen
Montage der Unterbaugruppe „Rollenhalterung"
Normteil-Montage

5.3.11.1 Innensechskantschraube DIN 7984 Pos. 15 montieren

- Wählen Sie mit **Autodrop**, Anwahl der entsprechenden Zylinderposition, aus
  dem **Inhaltscenter** die **Zylinderschraube M6** x **10** mm, nach
  DIN 7984, die Schraube wird automatisch erkannt,
  Über die **Komponentenanordnung** werden die vier Schrauben automatisch
  gesetzt (1).
- Die Länge muss auf **12** mm geändert werden.

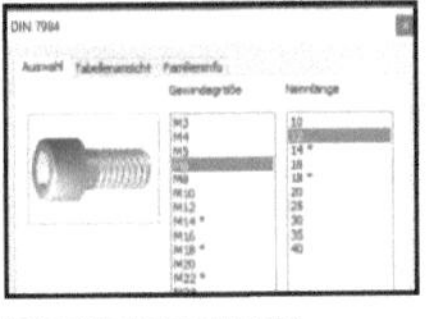

5.3.11.2 Montage der Verbindungsstifte Pos. 9

- Wählen Sie aus dem Inhaltscenter Register **Stifte** Auswahl **Zylindrisch** den
  Zylinderstift Ø5 mm x **20** mm DIN EN ISO **8734** und positionieren Sie diesen Stift **zweimal** auf die Arbeitsebene (2, 3).

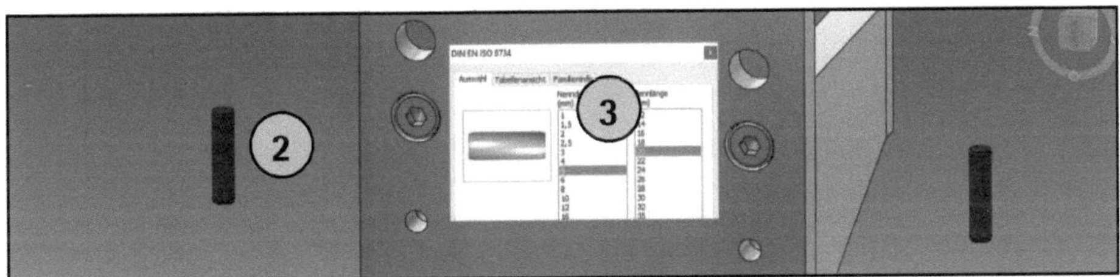

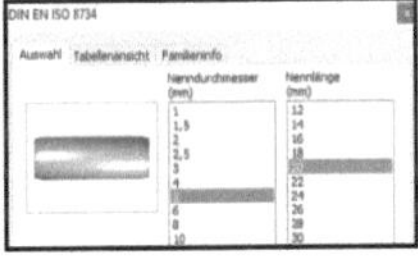

- Positionieren Sie den Zentrumspunkt des jeweiligen Stiftes zur Bohrung, mit
  der Abhängigkeit **Einfügen** (4, 5).

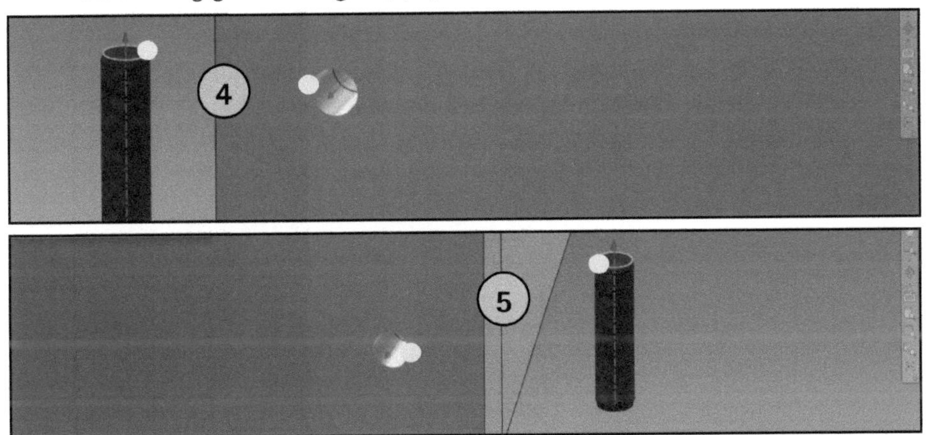

Aus Inhaltscenter einfügen

ISO 4017

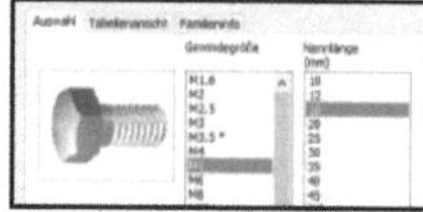

5.3.11.3 Sechskantschraube ISO 4017 Pos. 16 montieren

- Wählen Sie mit **Autodrop**, Anwahl der entsprechenden Zylinderposition, aus dem **Inhaltscenter** die **Zylinderschraube M5** x **10** mm, nach **ISO 4017**, die Schraube wird automatisch erkannt.
  Über die **Komponentenanordnung** werden die vier Schrauben automatisch gesetzt (6).
- Die Länge muss auf **16** mm geändert werden (7).

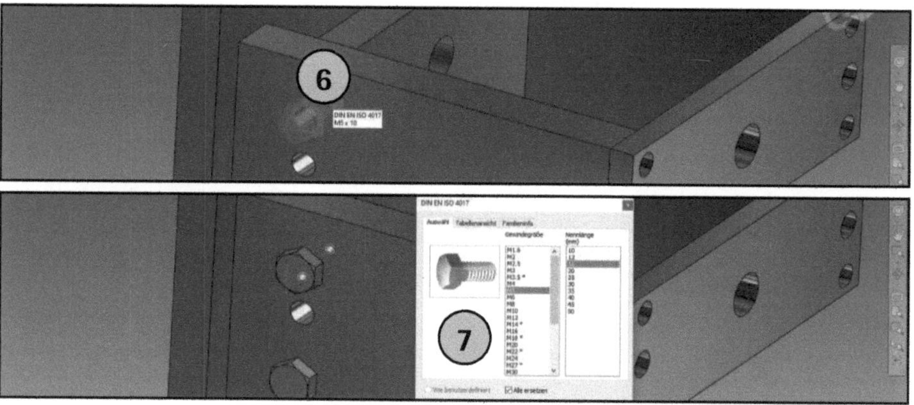

5.3.11.4 Montage des Verbindungsstiftes Pos. 9

Aus Inhaltscenter einfügen

DIN EN ISO 8734

Abhängigkeit Einfügen

- Wählen Sie, aus dem Inhaltscenter Register **Stifte** Auswahl **Zylindrisch**, den **Zylinderstift Ø5** mm x **20** mm DIN EN ISO **8734** und positionieren Sie diesen Stift auf die Arbeitsebene.
- Positionieren Sie den Zentrumspunkt des jeweiligen Stiftes zur Bohrung, mit der Abhängigkeit **Einfügen** (8).

5.3.11.5 Verbindungselemente für die rechte Strebenseite setzen

Komponente spiegeln

- Wählen Sie aus der Multifunktionsleiste **Komponente spiegeln**.
- Wählen Sie die **Sechskantschrauben** und den **Stift** an (9).
- Wählen Sie die mittig liegende Arbeitsebene (10).

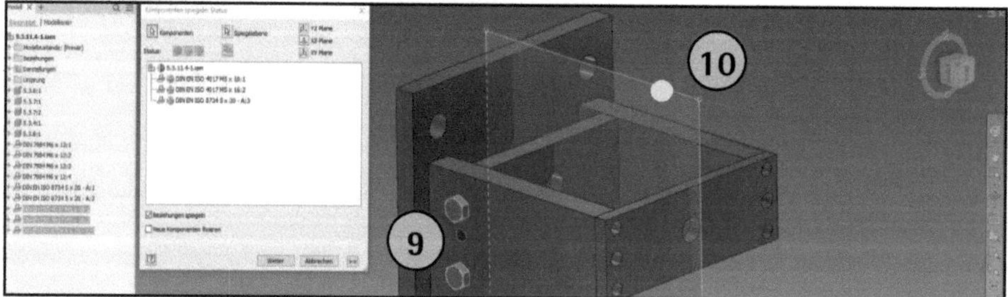

5.3.11.6 Innensechskantschraube DIN EN ISO 4762 Pos. 13 montieren

* Wählen Sie mit **Autodrop**, Anwahl der entsprechenden Zylinderposition, aus dem **Inhaltscenter** die **Zylinderschraube M5** x **8** mm, nach **DIN EN ISO 4762**, die Schraube wird automatisch erkannt (11).
* Über die **Komponentenanordnung** werden die zwei Schrauben automatisch gesetzt (12).
* Die Länge muss auf **16** mm geändert werden.

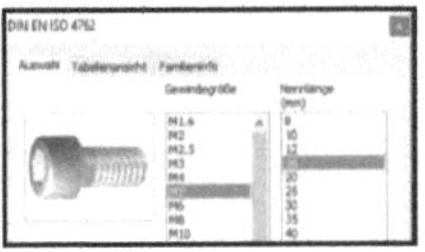

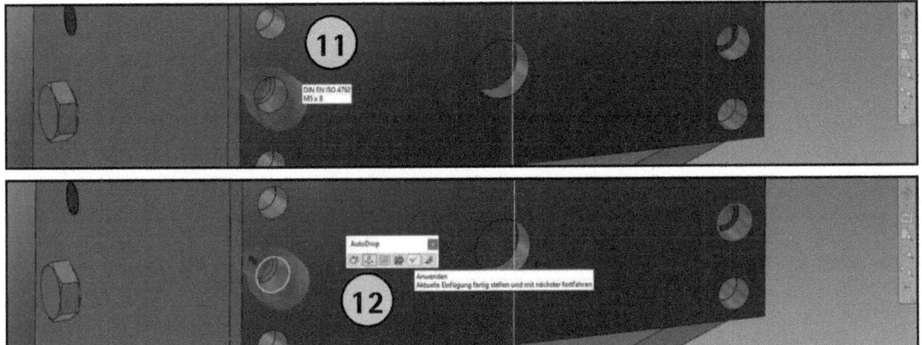

5.3.11.7 Montage des Verbindungsstiftes Pos. 9

* Wählen Sie aus dem Inhaltscenter Register **Stifte** Auswahl **Zylindrisch** den **Zylinderstift** Ø**5** mm x **20** mm DIN EN ISO **8734** und positionieren Sie diesen Stift **zweimal** auf die Arbeitsebene (13, 14).

* Positionieren Sie den Zentrumspunkt des jeweiligen Stiftes zur Bohrung, mit der Abhängigkeit **Einfügen** (15, 16).

Komponente
spiegeln

5.3.11.8 Verbindungselemente für die Brücke spiegeln

- Wählen Sie aus der Multifunktionsleiste **Komponente spiegeln**.
- Wählen Sie die **Stifte** an (17).
- Wählen Sie die mittig liegende Arbeitsebene (18).

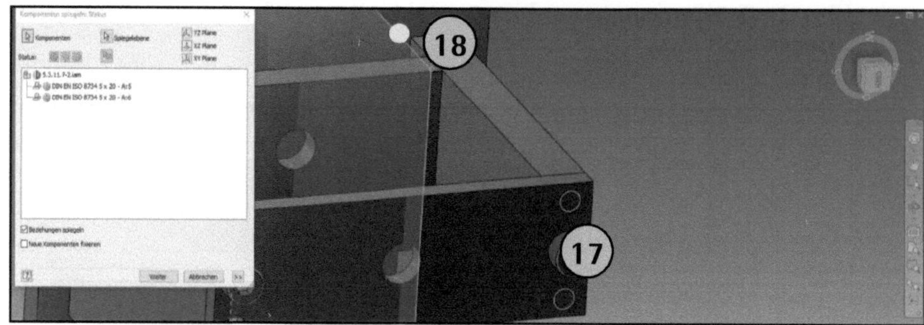

5.3.11.9 Speichern der vormontierten Unterbaugruppe „Rollenhalterung" Normteil-Montage

- **Speichern** Sie die neue Unterbaugruppe **Rollenhalterung, Normteil-Montage**.

Speichern
unter

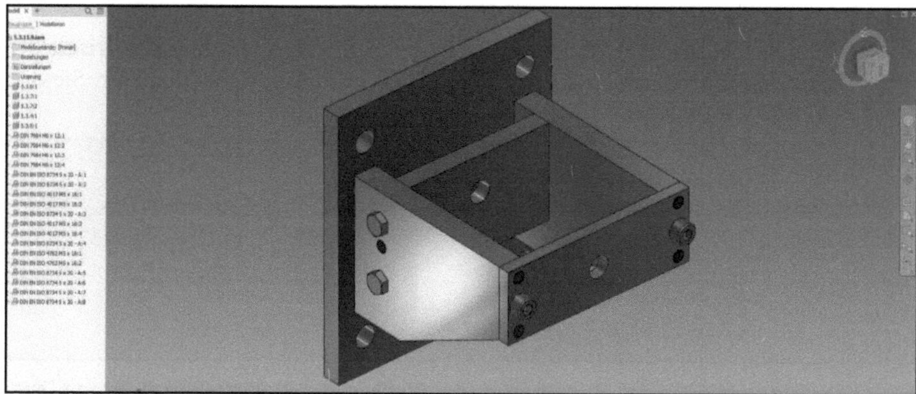

5.3.12 Die Lagerungs-Baugruppe „Walzenlagerung",
Montage der Unterbaugruppen
„Rolleneinheit" und „Rollenhalterung"

5.3.12.1 Die Baugruppendatei bereitstellen

* Öffnen Sie ein neues Baugruppendokument, Vorlagendatei **Engelke2025.iam**
* Wählen Sie über **Komponenten platzieren**
  die Unterbaugruppe **Rollenhalterung** (1) und Unterbaugruppe **Rolleneinheit**
  (2), schieben diese auf die Arbeitsebene.

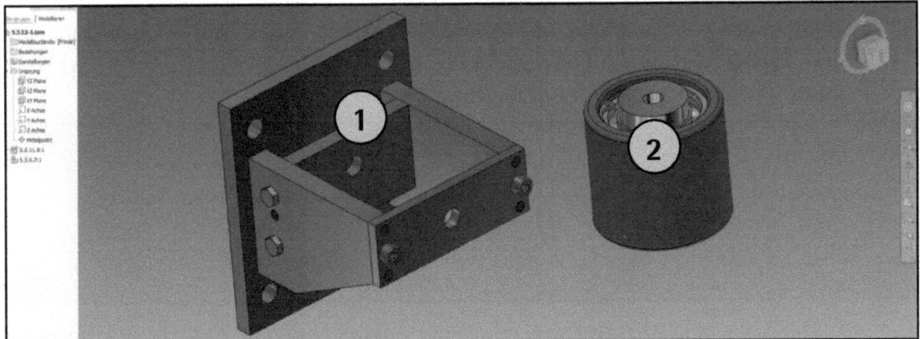

5.3.12.2 Die Baugruppendatei „Rolleneinheit" montieren

* Positionieren Sie den Zentrumspunkt der Unterbaugruppe **Rolleneinheit** zur
  zentralen Bohrung dem Bauteil **Brücke** aus der Unterbaugruppe **Rollenhalterung**, mit der Verbindung **Gelenk**, Gelenktyp **Automatisch**,
  Inventor-Auswahl **Drehbar** (3, 4).

5.3.12.3 Sechskantschraube mit Flansch DIN6921, Pos. 12, montieren

* Wählen Sie mit **Autodrop**, Anwahl der entsprechenden Zylinderposition, aus
  dem **Inhaltscenter** die **Zylinderschraube M8** x **60** mm, nach DIN **6921**, die
  Schraube wird automatisch erkannt (5), die Länge muss auf **80** mm geändert
  werden (6).

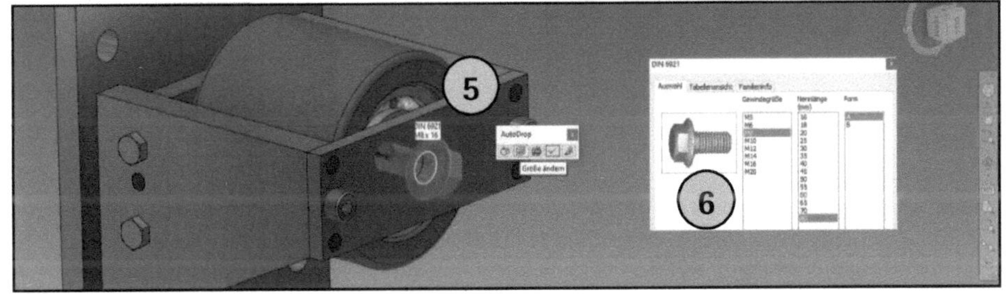

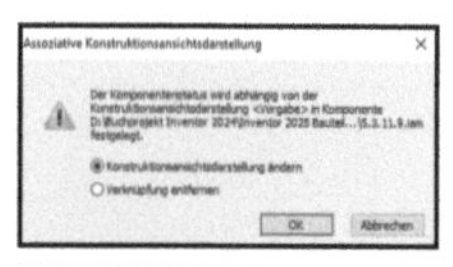

Aus Inhalts-
center einfü-
gen

Platzieren

Aus Inhalts-
center einfü-
gen

Platzieren

5.3.12.4 Sechskantschraube Pos. 12 mit Scheibe und Mutter fixieren.

- Schalten Sie die **Sichtbarkeit** des Bauteils **Flanschlager** aus.
  Aktivieren Sie **Konstruktionsdarstellung ändern** (7).

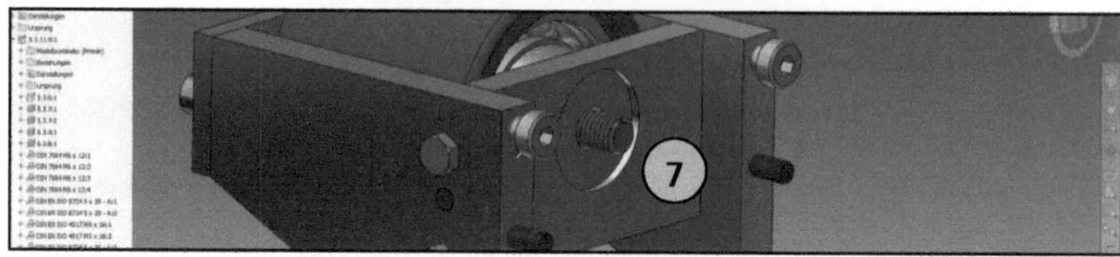

- Wählen Sie mit **Autodrop**, Anwahl der entsprechenden Zylinderposition, aus
  dem **Inhaltscenter** die **Fächerscheibe A8**, nach DIN **6798**, die Größe wird
  automatisch erkannt und die Lage fixiert (8).

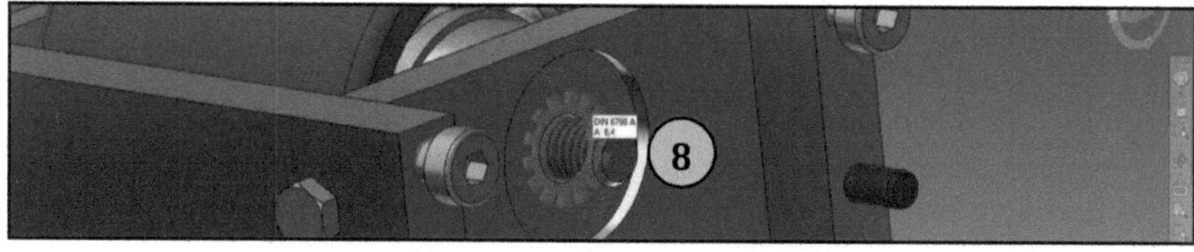

- Wählen Sie mit **Autodrop**, Anwahl der entsprechenden Zylinderposition, aus
  dem **Inhaltscenter** die **Sechskantmutter mit Flansch M8**, nach DIN EN
  1661, die Größe wird automatisch erkannt und die Lage fixiert (9).

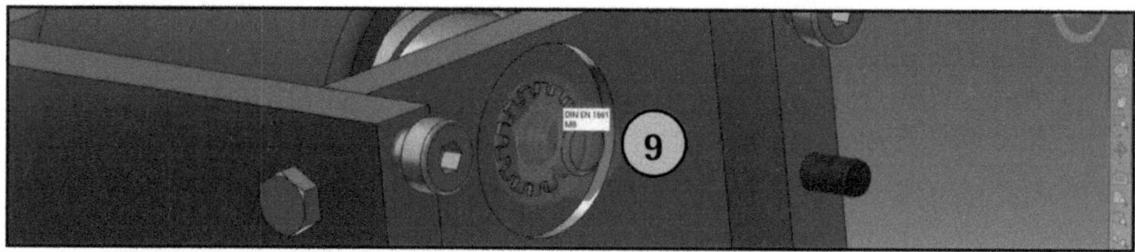

5.3.12.5 Montagekontrolle der Baugruppendatei „Rolleneinheit" (10)

5.3.12.6 Montagekontrolle der kompletten Baugruppe

* Schalten Sie die **Sichtbarkeit** des Bauteils **Flanschlager** ein.
  Aktivieren Sie **Konstruktionsdarstellung ändern**.
* Bilden Sie eine neue, gesicherte Ansicht **Halbe Schnittansicht**,
  Anwahl über **XZ**-Ebene (11, 12).

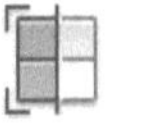

Halbe
Schnittansicht

5.3.13 Lagerungs-Baugruppe „Walzenlagerung"
Datensicherung über „Pack and Go"

5.3.13.1 Baugruppe speichern

* Aufruf über den **Menü-Browser**, Register **Datei**.

Speichern unter

Speichern
unter

5.3.13.2 Datensicherung über Pack and Go

* Wählen Sie im Pulldown-Menü **Datei Speichern Unter / Pack and Go**.
* Geben Sie den Zielordner für die Bündelung an.
* Klicken Sie auf die Schaltfläche **Jetzt Suchen**,
* Klicken Sie auf die Schaltfläche **Start**.
* Schließen Sie diesen Vorgang mit **Fertig** ab (13, 14).

Pack and Go

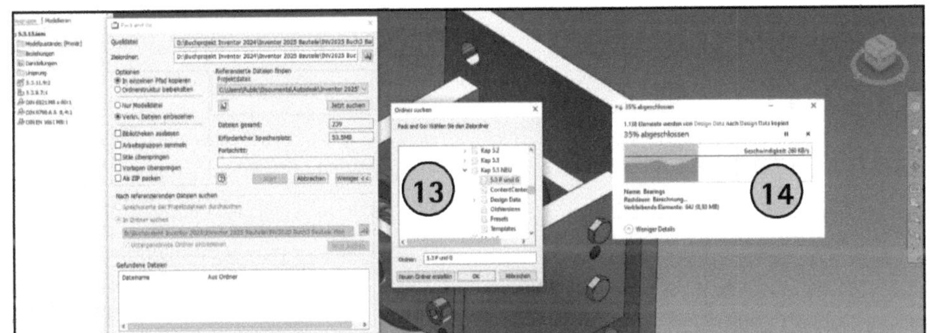

6

AutoDesk
Inventor 2025
Bauteile

Bauteil-Montage

Getriebe-Baugruppen

6 Getriebe-Baugruppen

Projekt VII

Getriebe-Baugruppen

- Getriebe-Baugruppe „Stirnradpaarung"
  Stirnrad-Paarung, geradverzahnt
  Stirnrad-Paarung, manuell montiert
  Stirnrad-Paarung, schrägverzahnt

- Getriebe-Baugruppe „Kegelradpaarung"
  Kegelrad-Paarung, geradverzahnt
  Kegelrad-Paarung, schrägverzahnt,
  Kegelrad-Paarung, manuell montiert

- Getriebe-Baugruppe „Schneckengetriebe"
  Basisbauteile „Radhalter" nachmontiert

- Getriebe-Baugruppe
  „Umlaufgetriebe, Planetengetriebe"

6.1 Basis-Getriebe-Baugruppe „Stirnradpaarung"

6.1.1 Basis Getriebe-Baugruppe „Stirnradpaarung", Vorgaben

Die Baugruppe besteht aus vier Bauteilen, einer Basisbaugruppe von der Buch-DVD und zwei Stirnrädern über den **Stirnrad-Generator** aus dem **Konstruktions-Assistent**.

- Teil 1 und 2, Bauteile von der Buch-DVD.
- Teil 3, Stirnrad, **20** Zähne, Modul **4**, Breite **30** mm, Wellen-Ø **40** mm.
- Teil 4, Stirnrad, **32** Zähne, Modul **4**, Breite **30** mm, Wellen-Ø **40** mm.

6.1.1.1 Darstellung der Stirnräder, Prinzipskizze

Die Abbildungen sind exemplarische Möglichkeiten für Zeichnungsdarstellungen von Stirnrädern. Für die folgende Baugruppen-Konstruktion müssen lediglich die Bohrungs-Durchmesser und die entsprechenden Passfeder-Maße geändert werden.

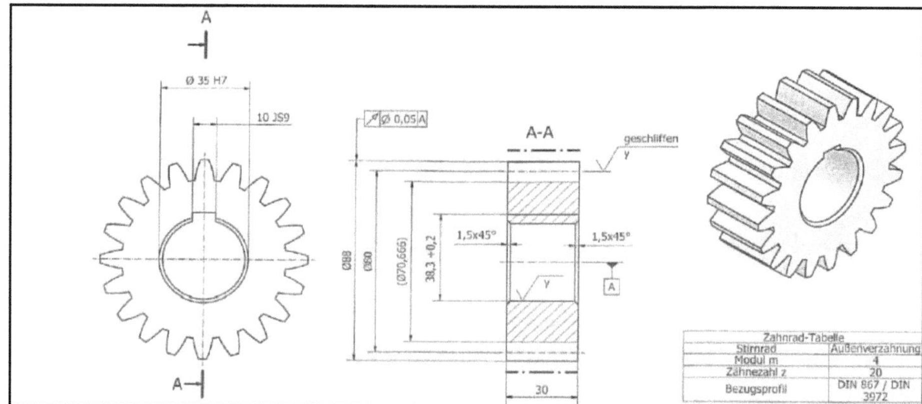

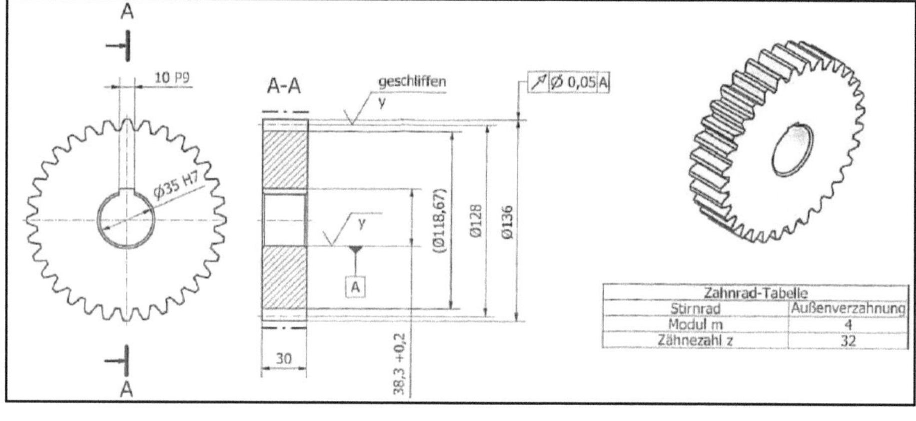

6.1.2 „Stirnrad-Paarung", die Baugruppen-Montage

6.1.2.1 Die Baugruppendatei bereitstellen

* Legen Sie ein **Einzelbenutzer-Projekt** an.
* Öffnen Sie ein neues Baugruppendokument,
  Vorlagendatei **Engelke2025.iam**

6.1.2.2 Einfügen der Grundbauteile

* Wählen Sie über **Komponenten platzieren** das Basisbauteil als Radhalter
  und schieben dieses **zweimal** auf die Arbeitsebene.

6.1.2.3 Positionierung der Radhalter

* Setzen Sie die Seitenflächen mit der Abhängigkeit **Passend-Fluchtend**,
  Abstand **104** mm auf den benötigten Achsabstand (1, 2, 3).
  Berechnungsgrundlage:
  a= (Z1 x 4 (Modul) + Z2 x 4 (Modul) / 2 = (32 x 4 + 20 x 4) / 2 =208 / 2
  = **104** mm.

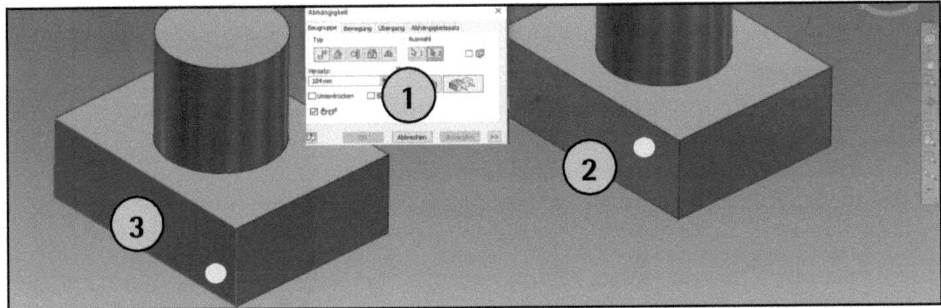

* Setzen Sie die Frontflächen mit der Abhängigkeit **Passend-Fluchtend** auf eine Höhe (3, 4).

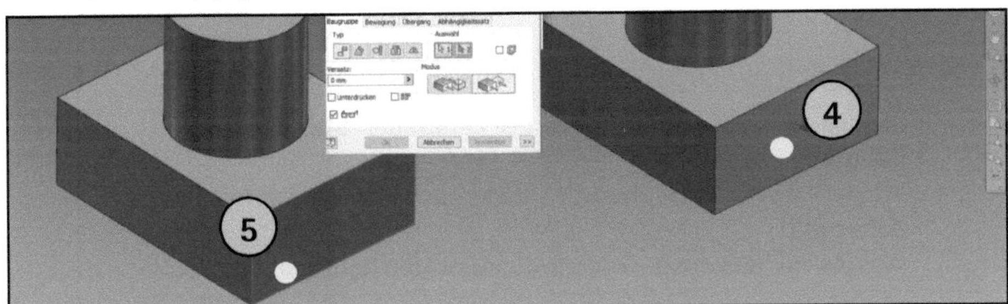

* Setzen Sie die Deckflächen mit der Abhängigkeit **Passend-Fluchtend**
  auf eine Ebene (5, 6).

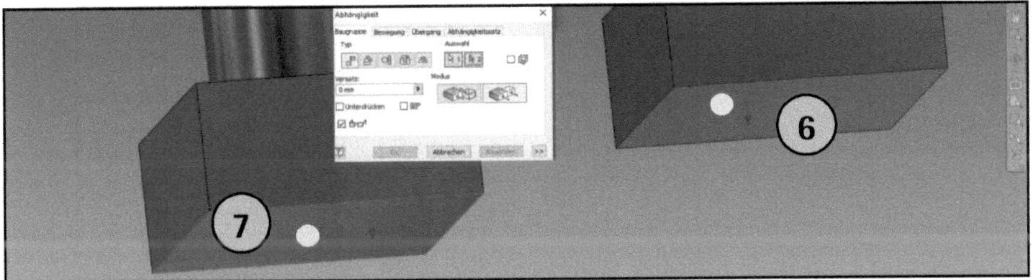

* **Speichern** Sie diese Basis-Baugruppe für die Weiterbearbeitung.

6.1.3 Die Stirnrad-Paarung, Bereitstellung und Montage

Stirnräder

Stirnräder (Multifunktionsleiste **Konstruktion**)
Geben Sie die Werte für den Bereich **Allgemein** ein:
Konstruktionsführung: **Gesamt-Einheitenkorrektur**
Zahnrad1:
Modul: **4**, Zähnezahl: **20**, Zahnbreite: **30** mm (8).
Zahnrad2:
Modul: **4**, Zähnezahl: **32**, Zahnbreite: **30** mm (9).

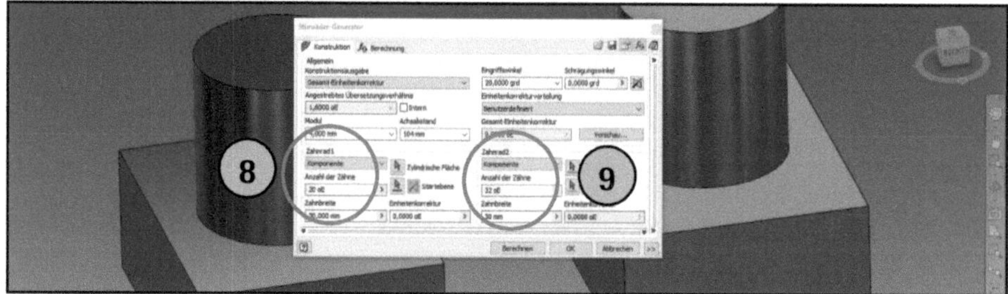

- Klicken Sie die Montagepositionen der Zahnräder, **Zylindrische Fläche**:
Zahnrad1:
Wählen Sie den hinteren Radhalterzylinder (10).
Zahnrad2:
Wählen Sie den vorderen Radhalterzylinder (11).

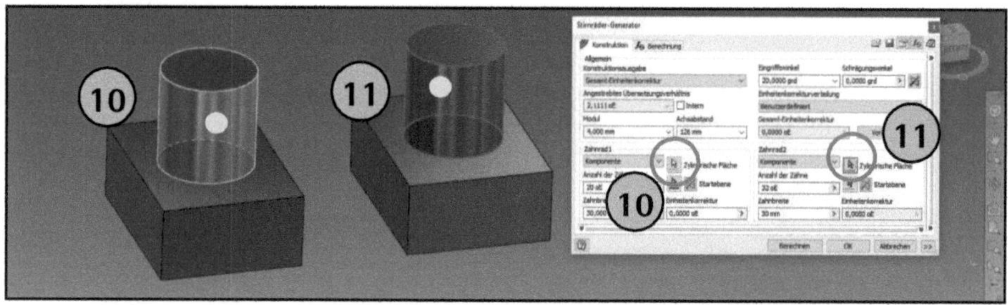

- Klicken Sie die Lagepositionen der Zahnräder, **Startebene**:
Zahnrad1:
Wählen Sie die obere, hintere Quaderfläche des Radhalters (12).
Zahnrad2:
Wählen Sie die obere, vordere Quaderfläche des Radhalters (13).

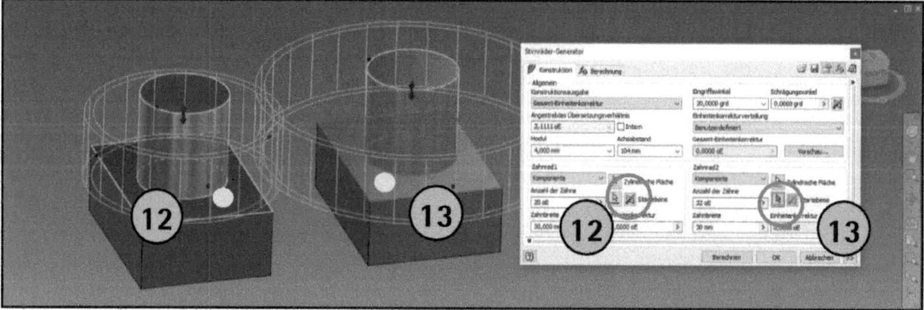

- Schließen Sie die Stirnrad-Generierung mit **OK** ab.

6.1.4 Zentrale Bohrungen setzen

- Deaktivieren Sie die **Sichtbarkeit** für die Radhalter.

6.1.4.1 Zentrale Bohrung für Zahnrad1 setzen

- Aktivieren Sie **Bearbeiten** im Baugruppen-Browser für **Zahnrad1**.

- Setzen Sie eine **Bohrung** Typ **Durchgangsbohrung**
  Ø**40** mm, Tiefe **Durch Alles**, Platzierung **konzentrische Referenz** (14).

- Wählen Sie aus der Multifunktionsleiste **Zurück** um die Bearbeitung zu
  beenden (9).

6.1.4.2 Zentrale Bohrung für Zahnrad2 setzen

- Aktivieren Sie **Bearbeiten** im Baugruppen-Browser für **Zahnrad2**.

- Setzen Sie eine **Bohrung** Typ **Durchgangsbohrung**
  Ø**40** mm, Tiefe **Durch Alles**, Platzierung **konzentrische Referenz** (15).

- Wählen Sie aus der Multifunktionsleiste **Zurück** um die Bearbeitung zu
  beenden (9).
- Aktivieren Sie die **Sichtbarkeit** für die Radhalter.

6.1.4.3 Baugruppe und Bauteil speichern

Die Speicherung der Baugruppe erzeugt zusätzlich ein Unterverzeichnis
Konstruktions-Assistent mit zwei Einträgen:

    Baugruppendatei: **Stirnräder1.iam**
    Bauteildatei   : **Stirnrad11.ipt** und **Stirnrad21.ipt**

Diese erzeugten Einträge gehören unbedingt zum konstruierten Stirnradgetriebe und
müssen immer mitgeliefert werden, um eine Änderung möglich zu machen.

- Aufruf über den **Menü-Browser**, Register **Datei**.

Speichern unter

Bohrung

Zurück   Bearbeitung beenden

Bohrung

Zurück   Bearbeitung beenden

Speichern unter

6.1.5 Kontrolle der mechanischen Drehbewegung

Zur Kontrolle der mechanischen Drehbewegung klicken Sie auf das kleine Zahnrad, linke Maustaste gedrückt halten, Zylinder-Ø damit ziehen. Drehen Sie das kleine Zahnrad um die Auswirkung der Bewegungsabhängigkeit auf das große Zahnrad zu prüfen.

6.1.6 Basis-Getriebe-Baugruppe „Stirnradpaarung Datensicherung über „Pack and Go"

6.1.6.1 Baugruppe speichern

- Aufruf über den **Menü-Browser**, Register **Datei**.

 **Speichern unter**

Speichern
unter

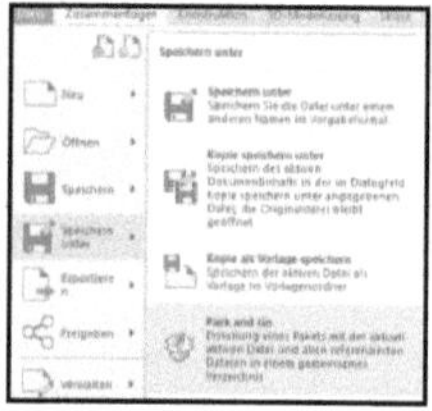

6.1.6.2 Datensicherung über Pack and Go

- Wählen Sie im Pulldown-Menü **Datei Speichern Unter / Pack and Go**.
- Geben Sie den Zielordner für die Bündelung an.
- Klicken Sie auf die Schaltfläche **Jetzt Suchen**,
- Klicken Sie auf die Schaltfläche **Start**.
- Schließen Sie diesen Vorgang mit **Fertig** ab (17, 18).

Pack and Go

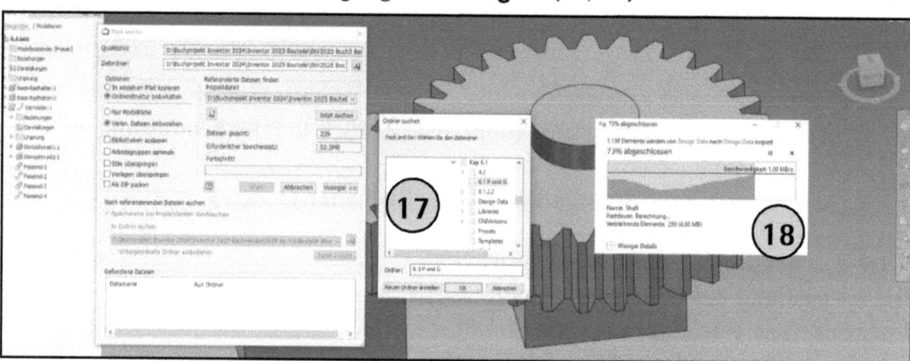

6.2 Basis-Getriebe-Baugruppe „Stirnradpaarung"
Manuelle Montage der Stirnräder

6.2.1 Baugruppe bereitstellen

- Legen Sie ein **Einzelbenutzer-Projekt** an.
- **Öffnen** Sie die Basisbaugruppe von der Buch-DVD (1).

Projekte

Öffnen

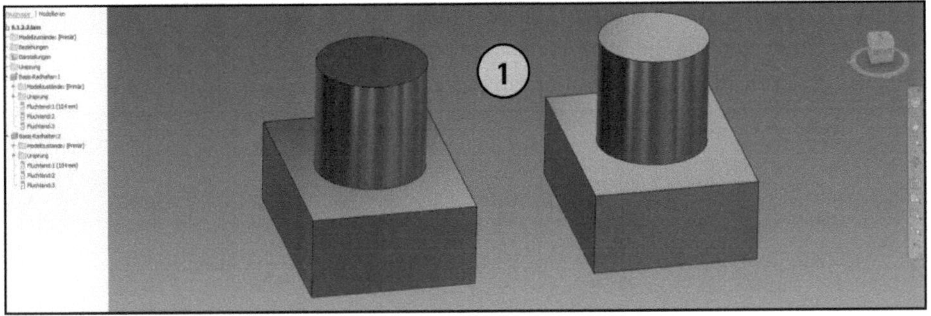

6.2.2 Die Stirnrad-Bereitstellungen

6.2.2.1 Die Stirnrad-Bereitstellungen, Antriebsrad

Stirnräder (Multifunktionsleiste **Konstruktion**)
Geben Sie die Werte für den Bereich **Allgemein** ein:
Zahnrad 1: **Komponente erstellen** / Zahnrad2: **Kein Modell**
Konstruktionsführung: **Gesamt-Einheitenkorrektur**
Modul: **4**, Zähnezahl: **20**, Zahnbreite: **30** mm.

- Schließen Sie den **Stirnrad-Generator** mit **OK** (2).

Stirnräder

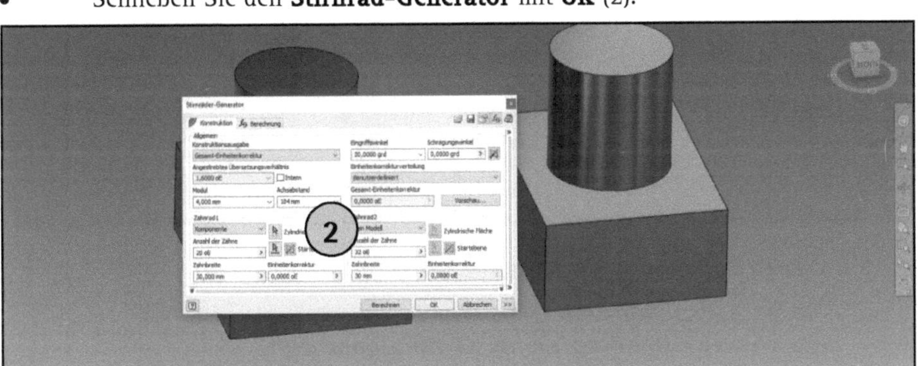

- Quittieren Sie die auch die Dateibenennungs-Dialogbox mit **OK** (3).
- Klicken Sie zur Positionierung des Zahnrades in die Arbeitsebene.

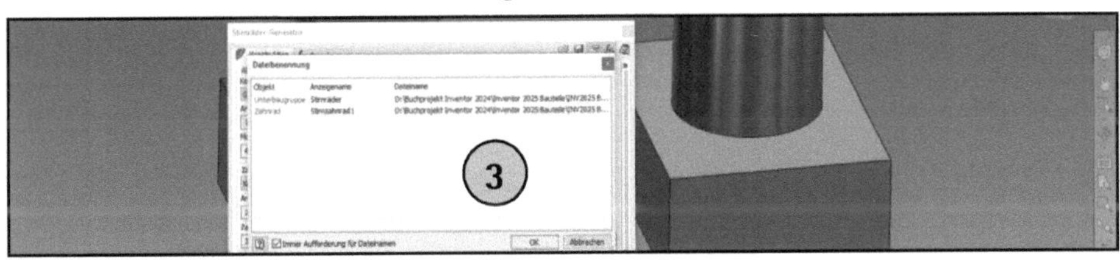

Stirnräder

6.2.2.2 Die Stirnrad-Bereitstellungen, Abtriebsrad

Stirnräder (Multifunktionsleiste **Konstruktion**)
Geben Sie die Werte für den Bereich **Allgemein** ein:
Zahnrad 1: **Kein Modell** / Zahnrad2: **Komponente erstellen**
Konstruktionsführung: **Gesamt-Einheitenkorrektur**
Modul: **4**, Zähnezahl: **32**, Zahnbreite: **30** mm / **OK**

- Schließen Sie den **Stirnrad-Generator** mit **OK** (4).
- Quittieren Sie die auch die Dateibenennungs-Dialogbox mit **OK**.
- Klicken Sie zur Positionierung des Zahnrades in die Arbeitsebene.

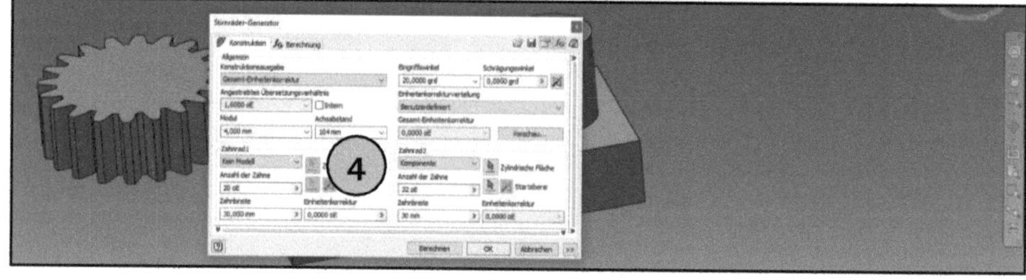

6.2.3 Die Stirnrad-Bearbeitung, Innenbohrung

6.2.3.1 Zentrale Bohrung für Zahnrad1 setzen

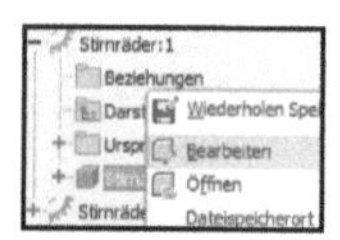

Bohrung

Zurück   Bearbeitung
beenden

- Aktivieren Sie **Bearbeiten** im Baugruppen-Browser für **Zahnrad1**.
- Setzen Sie eine **Bohrung** Typ **Durchgangsbohrung**
  Ø**40** mm, Tiefe **Durch Alles**, Platzierung **konzentrische Referenz** (5).
- Wählen Sie aus der Multifunktionsleiste **Zurück** um die Bearbeitung zu
  beenden.

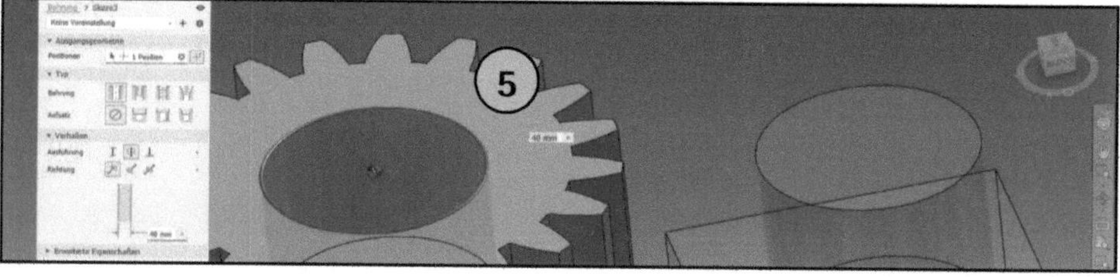

6.2.3.2 Zentrale Bohrung für Zahnrad2 setzen

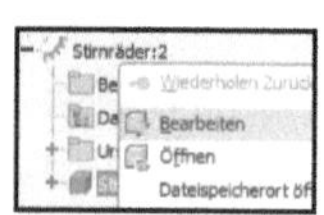

Bohrung

Zurück   Bearbeitung
beenden

- Aktivieren Sie **Bearbeiten** im Baugruppen-Browser für **Zahnrad2**.
- Setzen Sie eine **Bohrung** Typ **Durchgangsbohrung**
  Ø**40** mm, Tiefe **Durch Alles**, Platzierung **konzentrische Referenz** (6).
- Wählen Sie aus der Multifunktionsleiste **Zurück** um die Bearbeitung zu
  beenden.

6.2.4 Die manuelle Montage der Stirnrad-Baugruppe

6.2.4.1 Montage des Antriebsrades

- Positionieren Sie den Zentrumspunkt der Anlagekontur des Antriebsrades zur
  Kontur des Basis-Bauteils mit der Verbindung **Gelenk**,
  Gelenktyp **Automatisch**, Inventor-Auswahl **Drehbar** (7, 8).

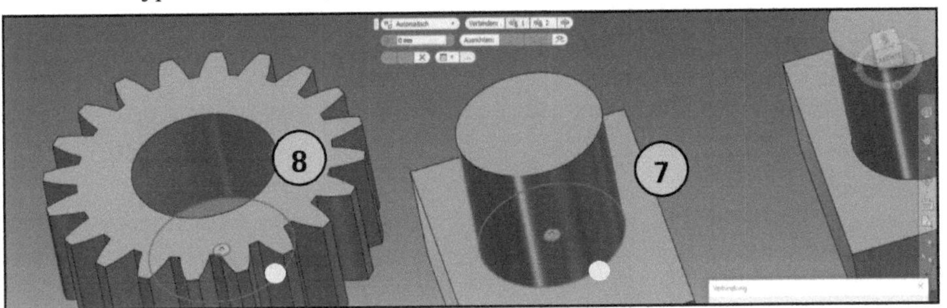

6.2.4.2 Montage des Abtriebsrades

- Positionieren Sie den Zentrumspunkt der Anlagekontur des Abtriebsrades zur
  Kontur des Basis-Bauteils mit der Verbindung **Gelenk**,
  Gelenktyp **Automatisch**, Inventor-Auswahl **Drehbar** (9, 10).

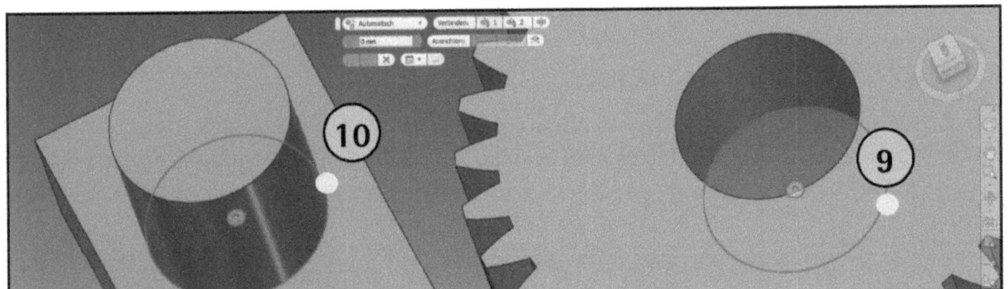

6.2.5 Zuweisung der mechanischen Drehbewegung

6.2.5.1 Ausrichtung der Zähne der Stirnräder

- Drehen Sie ein Zahnrad, so dass ein Kämmen der Zähne sichtbar wird (11).

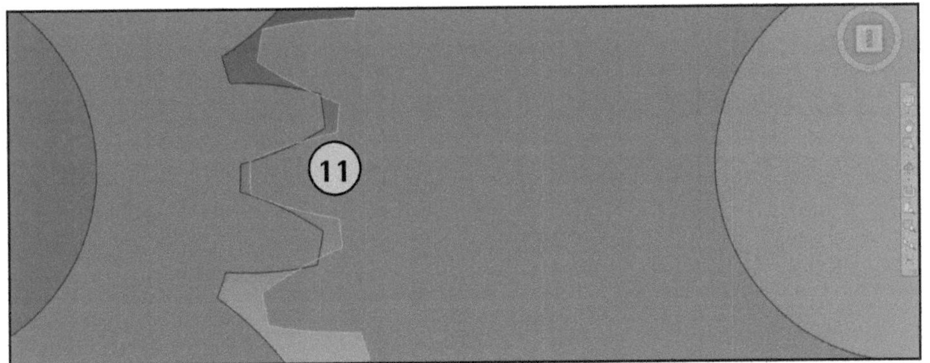

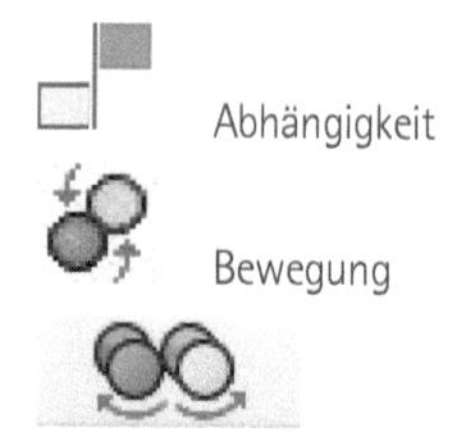

6.2.5.2 Mechanischen Drehbewegung über Abhängigkeit „Bewegung"

Abhängigkeit (Multifunktionsleiste **Beziehungen**)

Abhängigkeit **Bewegung**
Erste Auswahl, zylindrische Fläche wählen, großes Rad (12).
Zweite Auswahl, zylindrische Fläche wählen, kleines Rad (13).
Verhältnis **1,6** (14) / **Modus Vorwärts** (15)
Anwenden / Schließen

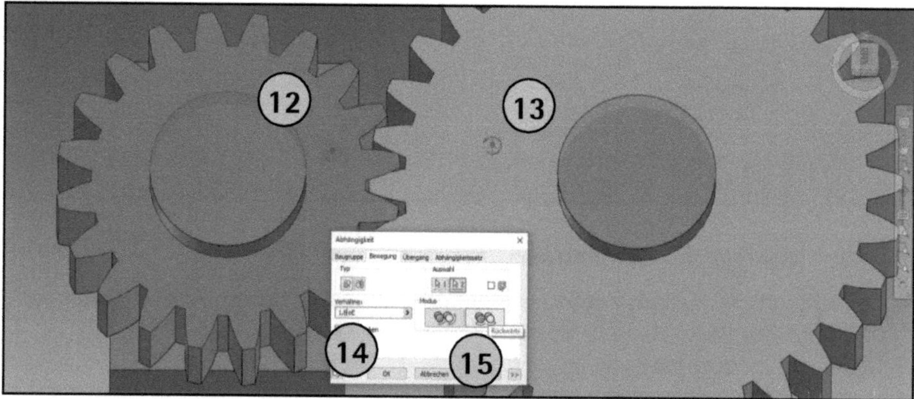

6.2.6 Kontrolle der mechanischen Drehbewegung

Zur Kontrolle der mechanischen Drehbewegung klicken Sie auf das kleine Zahnrad,
linke Maustaste gedrückt halten, Zylinder-Ø damit ziehen. Drehen Sie das kleine
Zahnrad um die Auswirkung der Bewegungsabhängigkeit auf das große Zahnrad zu
prüfen.

6.2.7 Basis-Getriebe-Baugruppe „Stirnradpaarung"
Manuelle Montage der Stirnräder
Datensicherung über „Pack and Go"

6.2.7.1 Baugruppe speichern

- Aufruf über den **Menü-Browser**, Register **Datei**.

 **Speichern unter**

6.2.7.2 Datensicherung über Pack and Go

- Wählen Sie im Pulldown-Menü **Datei Speichern Unter / Pack and Go**.
- Geben Sie den Zielordner für die Bündelung an.
- Klicken Sie auf die Schaltfläche **Jetzt Suchen**,
- Klicken Sie auf die Schaltfläche **Start**.
- Schließen Sie diesen Vorgang mit **Fertig** ab (16, 17).

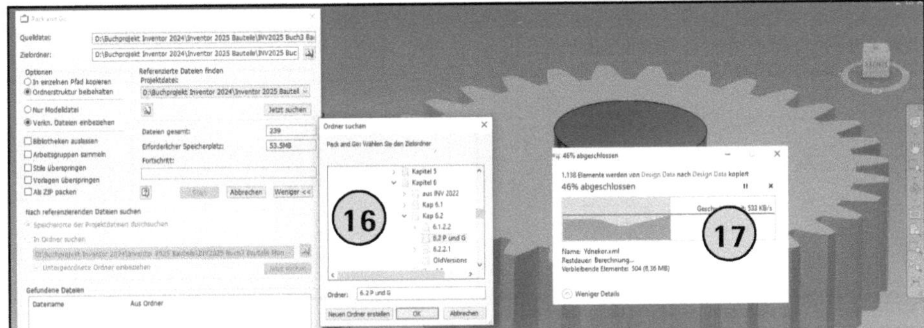

Speichern unter

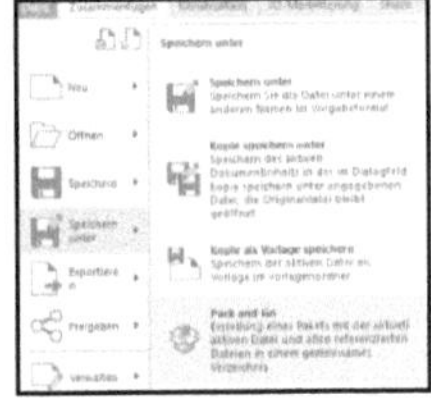

Pack and Go

6.3 Basis-Getriebe-Baugruppe „Stirnradpaarung, schrägverzahnt"

6.3.1 Basis-Getriebe-Baugruppe, „Stirnrad-Paarung schrägverzahnt", Vorgaben

Die Baugruppe besteht aus der Getriebe-Baugruppe Stirnradpaarung geradverzahnt, deren Zahnform auf **Schrägverzahnt** geändert wird.

- Baugruppe **Stirnradpaarung geradverzahnt.**
- Stirnrad1, 20 Zähne, Modul 4, Breite 30 mm, Wellen-Ø 40 mm, Schrägverzahnung **20°**.
- Stirnrad2, 32 Zähne, Modul 4, Breite 30 mm, Wellen-Ø 40 mm Schrägverzahnung **20°**.

6.3.1.1 Darstellung der Stirnräder, Prinzipskizze

Die Abbildungen sind exemplarische Möglichkeiten für Zeichnungsdarstellungen von schrägverzahnten Stirnrädern.

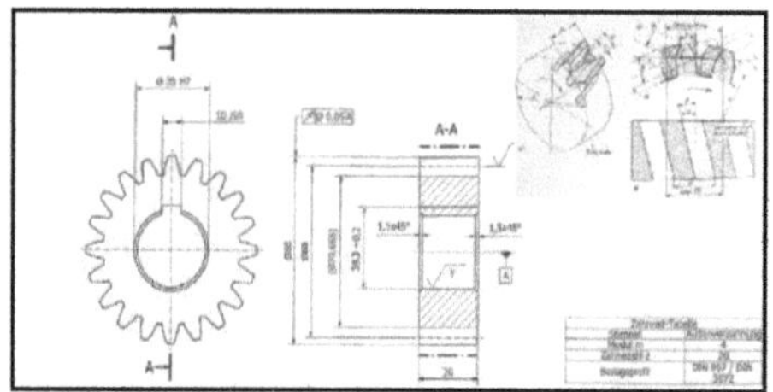
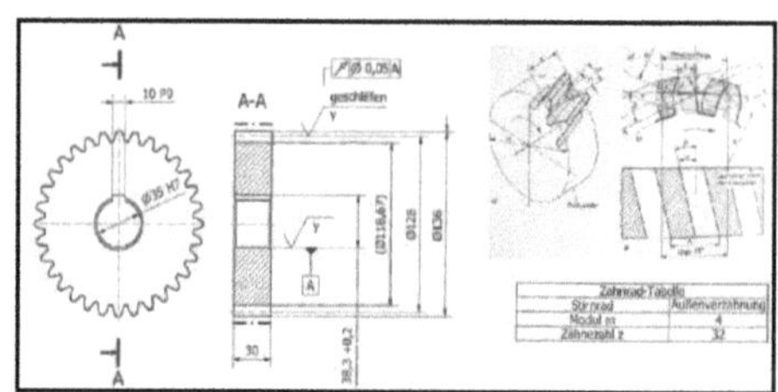

6.3.2 Baugruppe bereitstellen

- Legen Sie ein **Einzelbenutzer-Projekt** an.
- **Öffnen** Sie die Basisbaugruppe von der Buch-DVD.

Projekte

Öffnen

6.3.2.1 Die Anpassung der Basisbaugruppe

Für die Darstellung einer schrägverzahnten Stirnradpaarung habe ich auf eine Veränderung der Zahnraddaten verzichtet, so dass die Basisbaugruppe nicht angepasst werden muss, allerdings muss für die Berechnung des Achsabstandes ein recht komplexes Verfahren angewendet werden.

Berechnungsgrundlage:
(Verzahnungsfaktor 1,065 aus **Roloff Matek**)

$$d_{0Antrieb} = Z1 \times 4 \text{ (Modul)} \times 1{,}065 \text{ (Verzahnungsfaktor)}$$
$$= 20 \times 4 \times 1{,}065 = \text{ca. } 85{,}2 \text{ mm}$$
$$d_{0Abtrieb} = Z2 \times 4 \text{ (Modul)} \times 1{,}065 \text{ (Verzahnungsfaktor)}$$
$$= 32 \times 4 \times 1{,}065 = \text{ca. } 136{,}3 \text{ mm}$$
$$a = (102 + 153) / 2 = \mathbf{110{,}8} \text{ mm}$$

6.3.2.2 Achsabstand anpassen

* Wählen Sie das gezeigte Basis-Bauteil im Baugruppen-Browser und aktivieren Sie **Bearbeiten** durch Klicken.
* Wählen Sie die planare Beziehung mit dem Abstand **104** mm und verändern Sie diese durch die Eingabe **110,8** mm für den Achsabstand der Zahnräder (1).

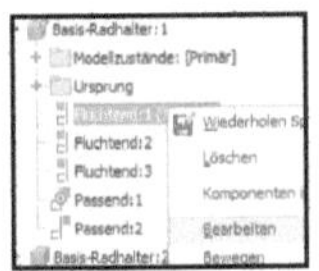

6.3.3 Getriebedaten anpassen

* Klicken Sie im Baugruppen- Browser auf **Stirnräder1**.
* Aktivieren Sie das Kontextmenü über Rechtsklick mit der Maus.
  Mit Konstruktionsassistent bearbeiten.
* Tragen Sie in die Dialogbox **Stirnrad-Generator** unter Schrägungswinkel den Wert **20°** ein (2).
* Tragen Sie unter **Achsabstand** den neu berechneten Abstand **110,8** mm ein (3).
* Beenden Sie die Eintragung über **OK**.

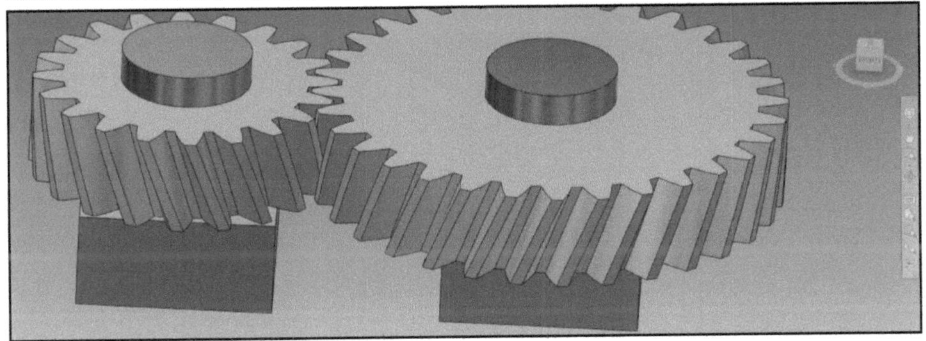

6.3.4 Basis-Getriebe-Baugruppe „Stirnradpaarung, schrägverzahnt" Datensicherung über „Pack and Go"

6.3.4.1 Baugruppe speichern

* Aufruf über den **Menü-Browser**, Register **Datei**.

Speichern
unter

 **Speichern unter**

6.3.4.2 Datensicherung über Pack and Go

* Wählen Sie im Pulldown-Menü **Datei Speichern Unter / Pack and Go**.
* Geben Sie den Zielordner für die Bündelung an.
* Klicken Sie auf die Schaltfläche **Jetzt Suchen**,
* Klicken Sie auf die Schaltfläche **Start**.
* Schließen Sie diesen Vorgang mit **Fertig** ab (4, 5).

Pack and Go

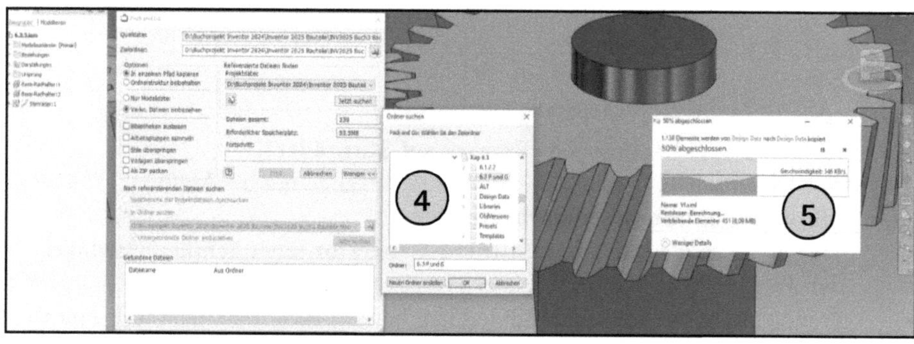

6.4 Basis-Getriebe-Baugruppe „Kegelrad-Paarung"
Basisbauteile „Radhalter" nachmontiert

6.4.1 Getriebe-Baugruppe mit Kegelrädern, Vorgaben

Die Baugruppe besteht aus vier Bauteilen, das Basisbauteil als Radhalter von der Buch-DVD und zwei Geradkegelrädern aus dem **Kegelrad-Generator-Assistenten**.

- Teil 1 und 2, Bauteil von der Buch-DVD.

- Teil 3, Kegelrad1, **26** Zähne Modul **2**, Zahnbreite **14** mm, Wellen-Ø **20** mm, Abstand l_3 ohne Radansatz **39** mm.

- Teil 4, Kegelrad2, **26** Zähne Modul **2**, Zahnbreite **14** mm, Wellen-Ø **20** mm, Abstand l_3 ohne Radansatz **39** mm.

6.4.1.1 Darstellung der „Kegelrad-Paarung", Prinzipskizze

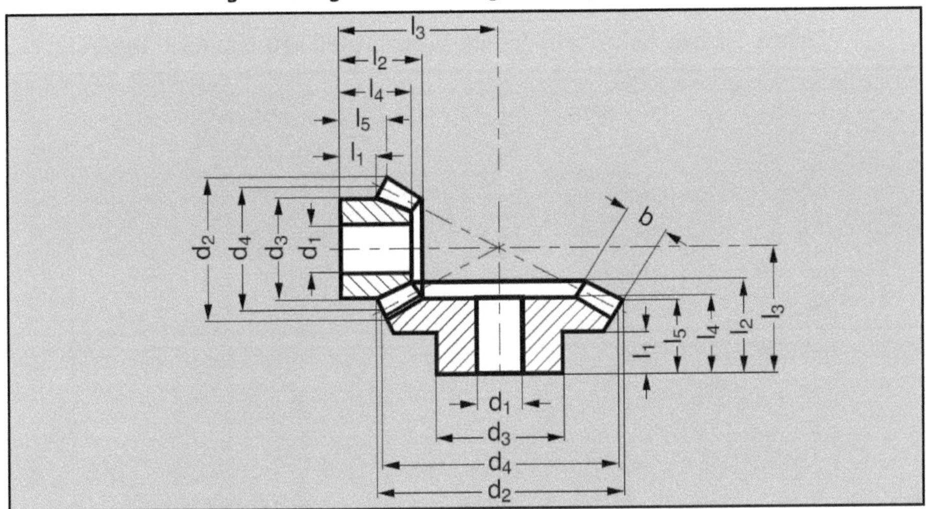

6.4.1.2 Darstellung des verwendeten Kegelrades, Prinzipskizze

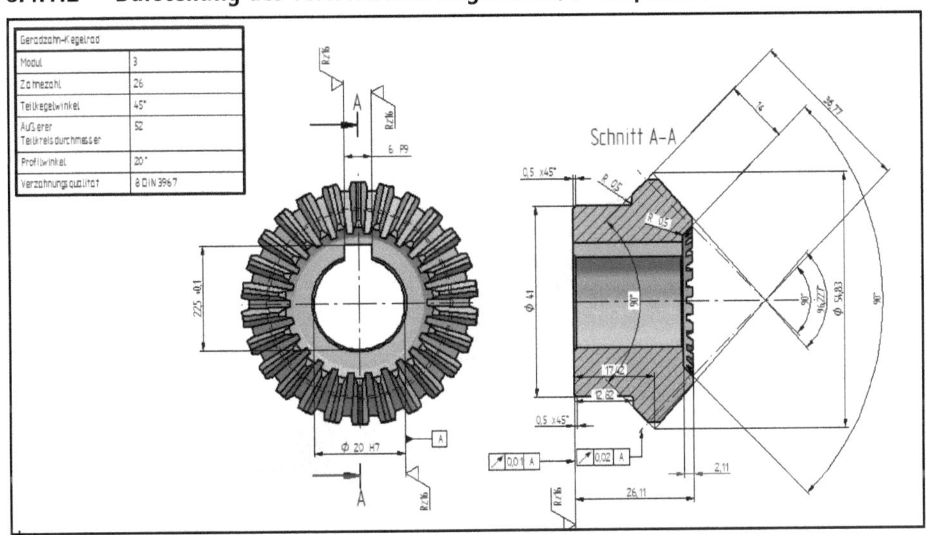

Projekte

Öffnen

Direkt-
bearbeitung

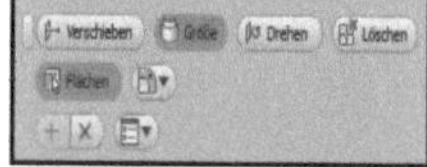

Speichern
unter

6.4.2 Projektdatei anlegen

Legen Sie ein **Einzelbenutzer-Projekt**, im neuen Ordner, an.

6.4.3 Basisbauteil „Radhalter" anpassen

6.4.3.1 Bauteildatei öffnen

* **Öffnen** Sie die Bauteildatei von der Buch-DVD.

6.4.3.2 Bauteildatei „Radhalter" über „Direktbearbeitung" ändern

Direktbearbeitung (Multifunktionsleiste **3D-Modellierung**)

Wählen Sie die Einstellung **Größe**.

Wählen Sie den Außenzylinder (1).

Ziehen Sie den Außenzylinder am Vorgabepfeil **-10** mm nach **Innen** (2).

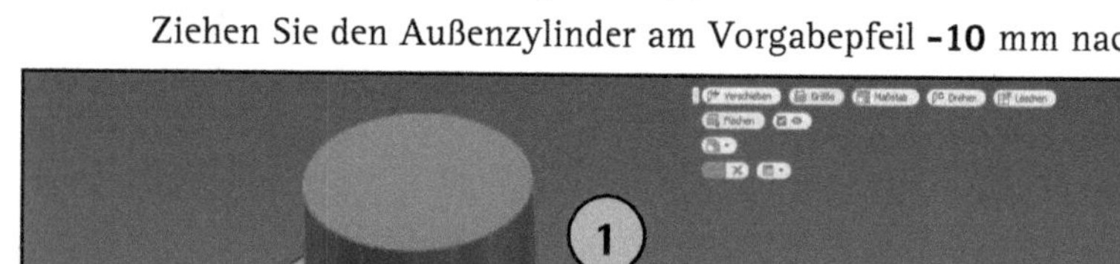

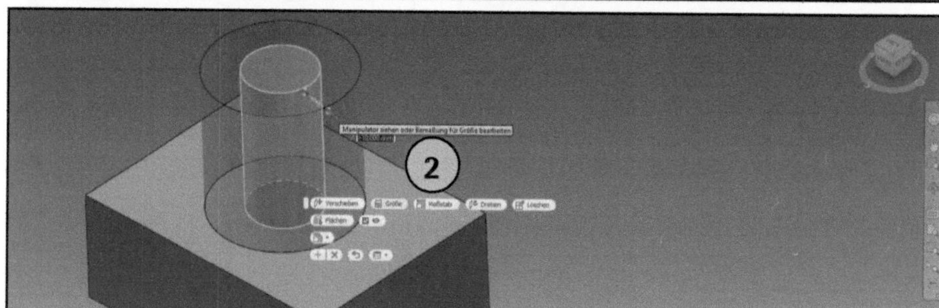

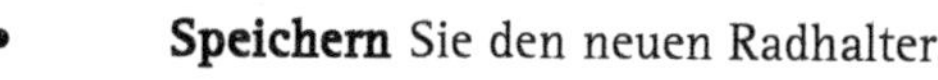

* **Speichern** Sie den neuen Radhalter.

6.4.4 Kegelrad-Paarung über den „Kegelrad-Generator" erstellen

6.4.4.1 Baugruppendatei anlegen

* Öffnen Sie ein neues Baugruppendokument,
  Vorlagendatei **Engelke2025.iam**

6.4.4.2 Kegelrad-Paarung erstellen

Kegelräder (Multifunktionsleiste **Konstruktion**)
Geben Sie die Werte für den Bereich **Allgemein** ein:
Zahnrad 1: **Komponente erstellen**
Zahnrad 2: **Komponente erstellen**
Modul: **3**, Zähnezahl: **26**, Zahnbreite: **14,7** mm, Wellenwinkel: **90°**
Modul: **3**, Zähnezahl: **26**, Zahnbreite: **14,7** mm, Wellenwinkel: **90°**
Schließen Sie den **Kegelrad-Generator** mit **OK** (3, 4).

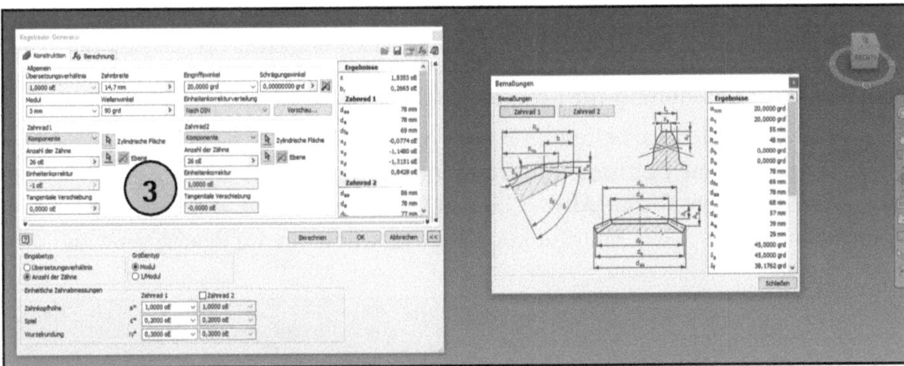

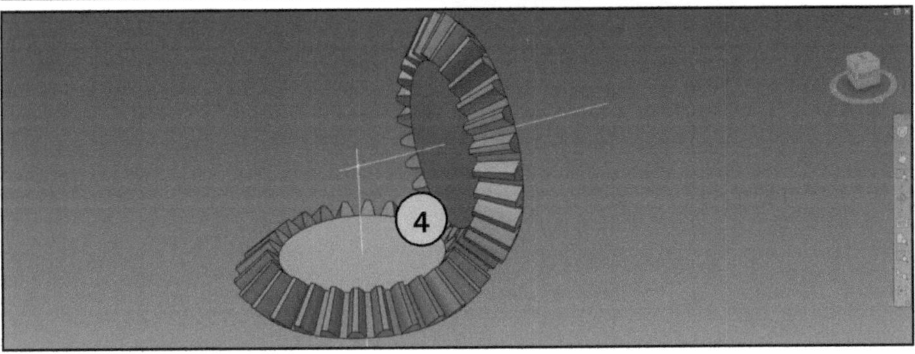

6.4.4.3 Baugruppe und Bauteil speichern

Die Speicherung der Baugruppe erzeugt zusätzlich ein Unterverzeichnis
Konstruktions-Assistent mit zwei Einträgen:

    Baugruppendatei: **Kegelräder1.iam**
    Bauteildatei   : **Kegelrad11.ipt** und **Kegelrad21.ipt**

Diese erzeugten Einträge gehören unbedingt zum konstruierten Stirnradgetriebe und
müssen immer mitgeliefert werden, um eine Änderung möglich zu machen.

* Aufruf über den **Menü-Browser**, Register **Datei**.

Speichern unter

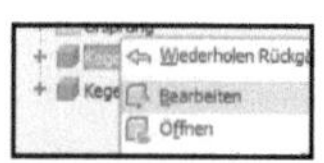

Bohrung

Zurück   Bearbeitung beenden

6.4.5   Innenbohrungen für die Kegelräder setzen

6.4.5.1   Zentrale Bohrung für Kegelrad1 setzen

- Aktivieren Sie **Bearbeiten** im Baugruppen-Browser für **Kegelrad1**.
- Setzen Sie eine **Bohrung** Typ **Durchgangsbohrung**
  Ø20 mm, Tiefe **Durch Alles**, Platzierung **konzentrische Referenz** (5).
- Wählen Sie aus der Multifunktionsleiste **Zurück** um die Bearbeitung zu beenden.

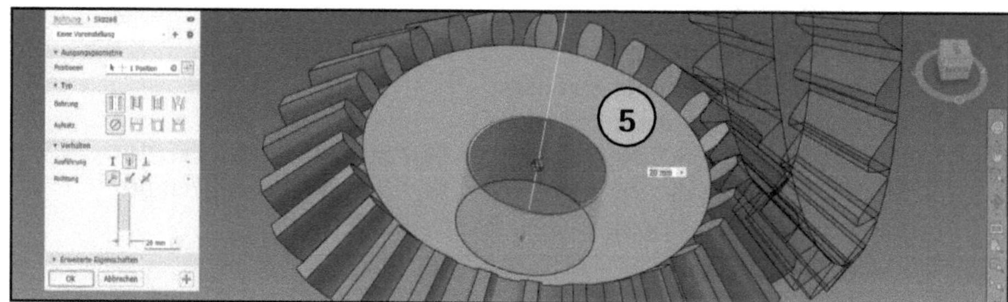

6.4.5.2   Zentrale Bohrung für Kegelrad2 setzen

- Aktivieren Sie **Bearbeiten** im Baugruppen-Browser für **Kegelrad2**.
- Setzen Sie eine **Bohrung** Typ **Durchgangsbohrung**
  Ø20 mm, Tiefe **Durch Alles**, Platzierung **konzentrische Referenz** (6).
- Wählen Sie aus der Multifunktionsleiste **Zurück** um die Bearbeitung zu beenden.

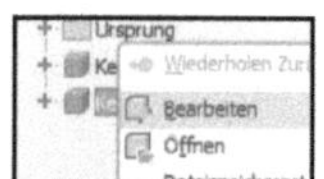

Bohrung

Zurück   Bearbeitung beenden

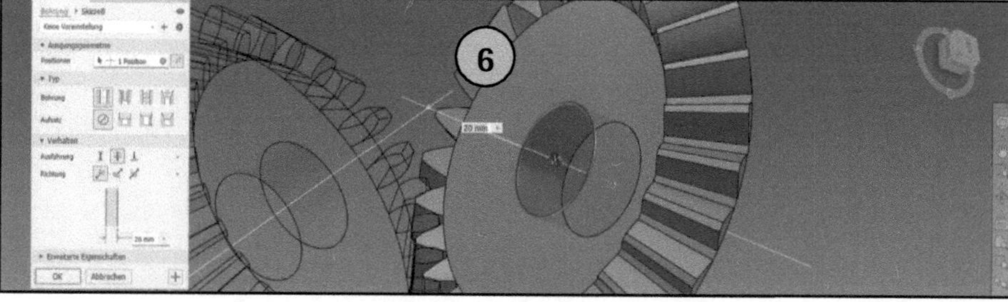

Speichern

- **Speichern** Sie diese Änderungen mit **OK** (7).

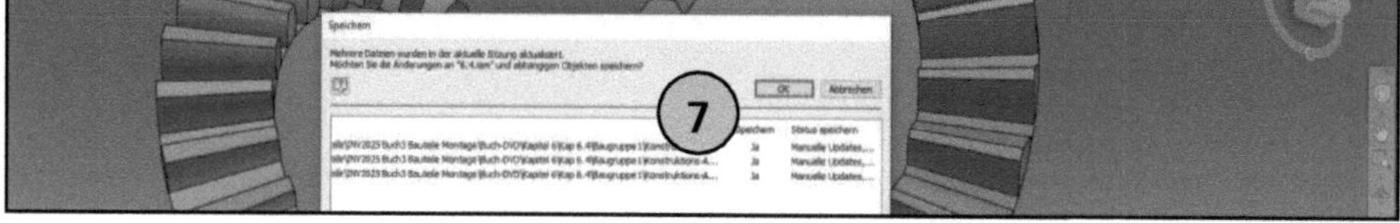

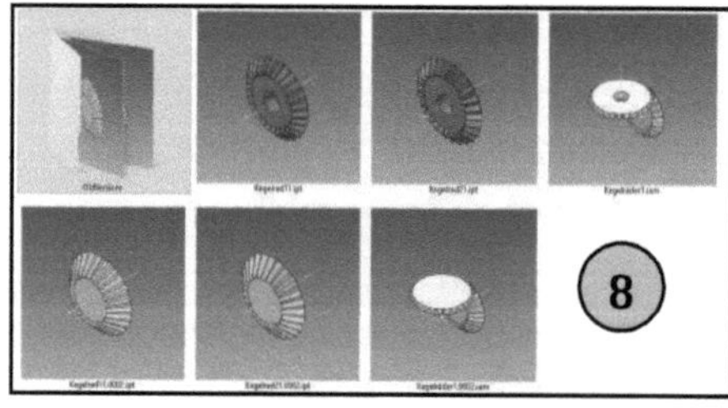

Im Unterordner **Baugruppe1 / Konstruktions-Assistent** werden die aktuell geänderten Kegelräder gespeichert und im Ordner **OldVersions** liegen die unbearbeiteten Kegelräder aus der Generierung über den **Kegelrad-Generator** (8).

6.4.6 Baugruppenmontage des Bauteils „Basis-Radhalter"

6.4.6.1 Einfügen der Grundbauteile

* Wählen Sie über **Komponenten platzieren** den neuerstellten Radhalter.
* Fügen Sie dieses Bauteil zweimal in die Arbeitsfläche ein.

Komponente
platzieren

6.4.6.2 Montage der Grundbauteile

* Positionieren Sie den Zentrumspunkt der Anlagekontur des Radhalters zur
  Kontur des Kegelrades mit der Verbindung **Gelenk**,
  Gelenktyp **Automatisch**, Inventor-Auswahl **Drehbar** (9, 10).

Verbindung
Gelenk

Gelenktyp
Drehbar

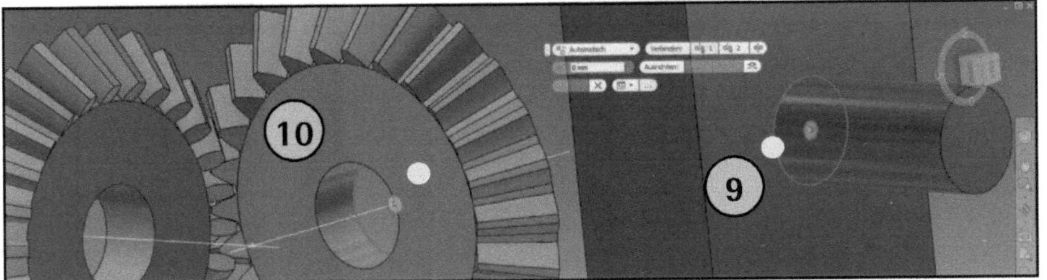

* Verfahren Sie mit dem zweiten Radhalters entsprechend (11, 12).

Verbindung
Gelenk

Gelenktyp
Drehbar

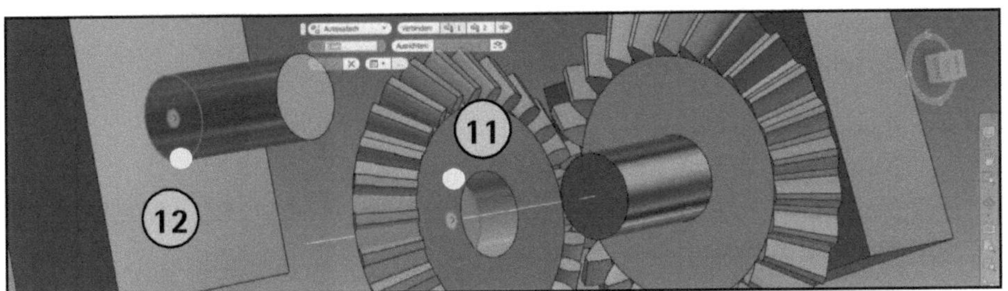

6.4.6.3 Ausrichten der Grundbauteile

* Setzen Sie die **oberen** Flächen der Radhalter (13, 14) auf eine Ebene, mit der
  Abhängigkeit **Passend-Fluchtend**.

Abhängigkeit
Passend /
Fluchtend

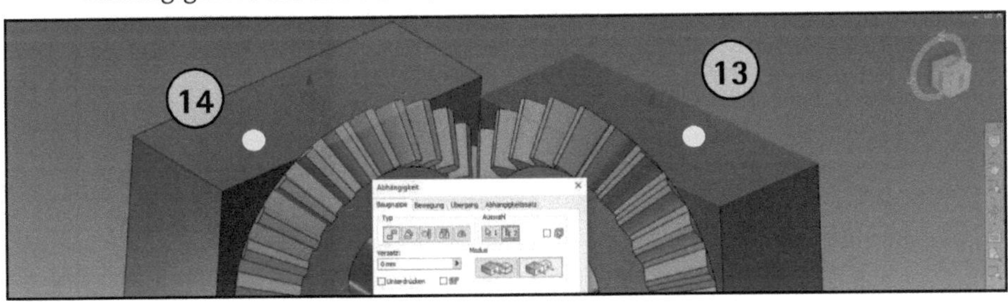

* Setzen Sie die Option **Fixiert** für die beiden Grundbauteile **Radhalter** (15).

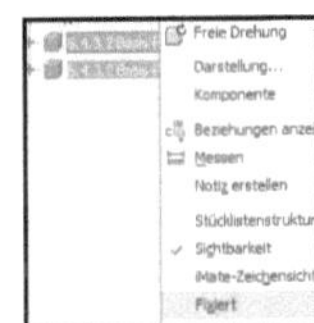

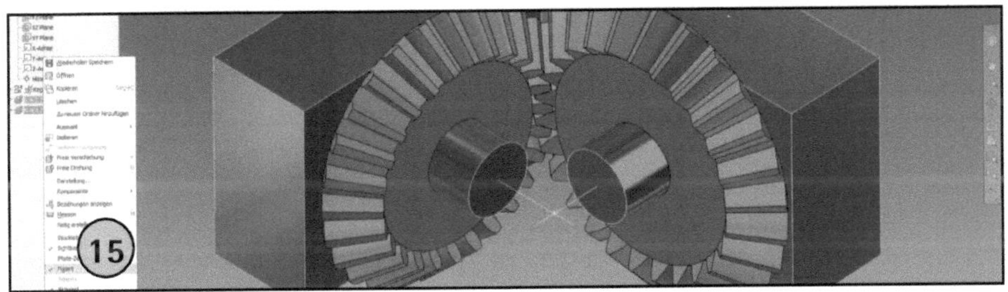

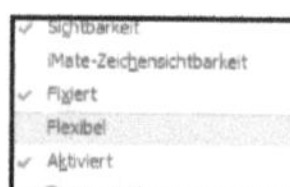

6.4.7 Zuweisung der mechanischen Drehbewegung

- Setzen Sie im Bauteil-Browser für die, mit dem Kegelrad-Generator erstellte Getriebebaugruppe **Kegelräder1** die Option **Flexibel**.
  Mit dieser Option wird die mechanische Drehbewegung automatisch freigegeben.

- Zur Kontrolle der mechanischen Drehbewegung klicken Sie auf das kleine Zahnrad, linke Maustaste gedrückt halten, Zylinder-Ø damit ziehen. Drehen Sie eins der Kegelräder um die Auswirkung der Bewegungsabhängigkeit auf das andere Kegelrad zu prüfen (16).

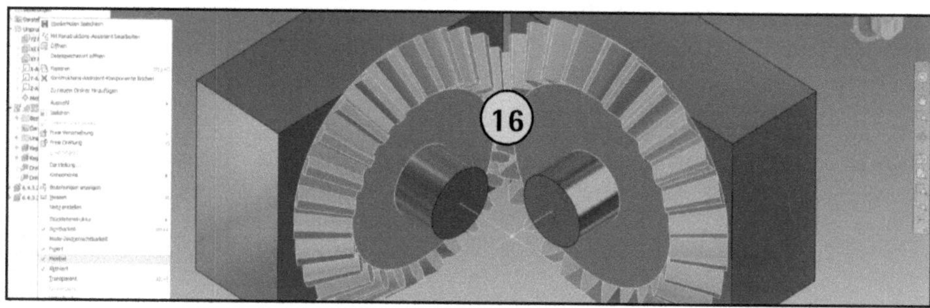

6.4.8 Basis-Getriebe-Baugruppe „Kegelrad-Paarung"
Datensicherung über „Pack and Go"

6.4.8.1 Baugruppe speichern

- Aufruf über den **Menü-Browser**, Register **Datei**.

Speichern
unter

Speichern unter

6.4.8.2 Datensicherung über Pack and Go

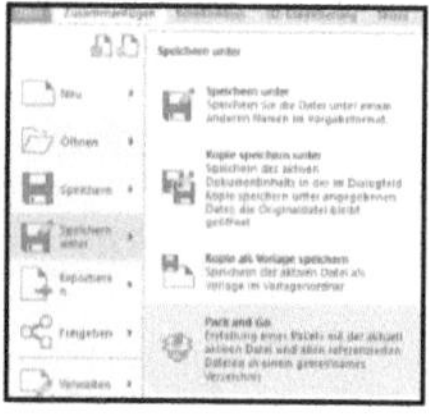

- Wählen Sie im Pulldown-Menü **Datei Speichern Unter / Pack and Go**.
- Geben Sie den Zielordner für die Bündelung an.
- Klicken Sie auf die Schaltfläche **Jetzt Suchen**,
- Klicken Sie auf die Schaltfläche **Start**.
- Schließen Sie diesen Vorgang mit **Fertig** ab (17, 18).

Pack and Go

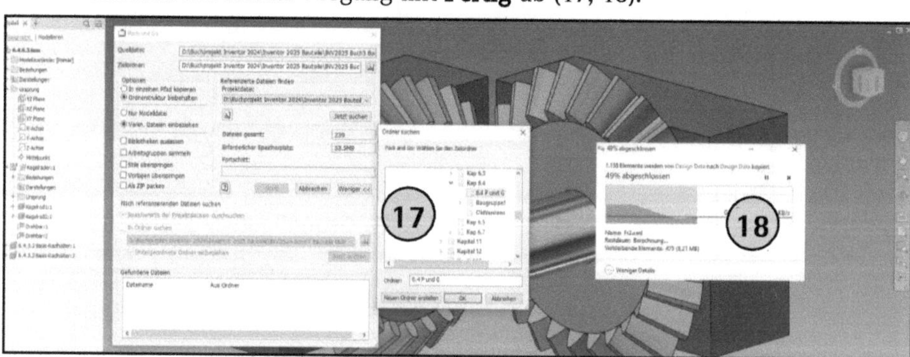

6.5 Basis-Getriebe-Baugruppe „Kegelradpaarung, schrägverzahnt"

6.5.1 Basis-Getriebe-Baugruppe, „Kegelrad-Paarung schrägverzahnt", Grundlagen

6.5.1.1 Basis-Getriebe-Baugruppe, „Kegelrad-Paarung schrägverzahnt", Vorbemerkungen

Für den Umbau der vorhandenen Baugruppe **Kegelrad-Paarung schrägverzahnt** ist ein Eingriff in den Aufbau dieser Baugruppe nötig. Eine einfache Umwandlung, wie in der Stirnrad-Getriebe-Baugruppe, führt zu einer Zerstörung der Montagekombination.

6.5.1.2 Basis-Getriebe-Baugruppe, „Kegelrad-Paarung schrägverzahnt", Geometriedaten

Die Baugruppe besteht aus der Getriebe-Baugruppe **Kegelradpaarung geradverzahnt**, deren Zahnform auf **Schrägverzahnt** geändert wird.

Zahnrad1:
Modul: **3**, Zähnezahl: **26**, Zahnbreite: **14,7** mm, Wellenwinkel: **90°** (8)
Verzahnungswinkel schrägverzahnt **20** grd.

Zahnrad2:
Modul: **3**, Zähnezahl: **26**, Zahnbreite: **14,7** mm, Wellenwinkel: **90°** (9)
Verzahnungswinkel schrägverzahnt **20** grd.

6.5.1.3 Darstellung der Kegelräder schrägverzahnt, Prinzipskizze

Die Abbildungen sind exemplarische Möglichkeiten für Darstellungen von schrägverzahnten Kegelrädern.

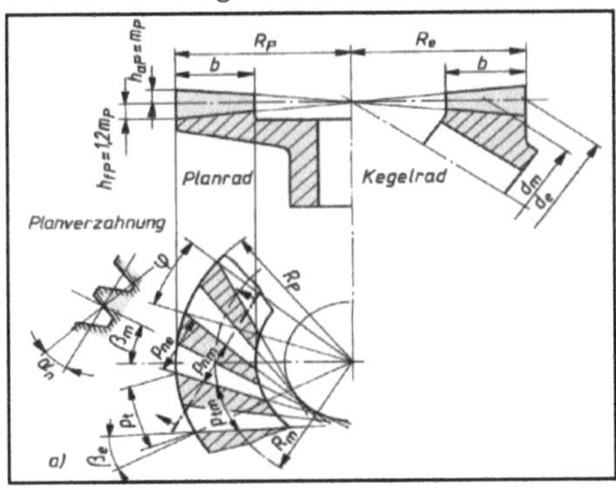

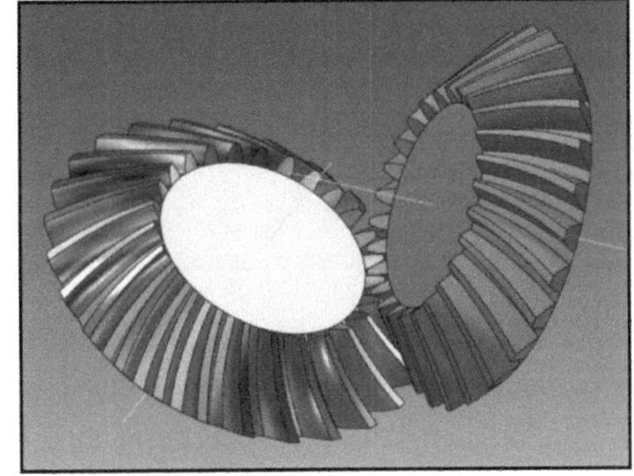

6.5.2 Baugruppe bereitstellen

- Legen Sie ein **Einzelbenutzer-Projekt** an.
- **Öffnen** Sie die Basisbaugruppe von der Buch-DVD (1).

Projekte

Öffnen

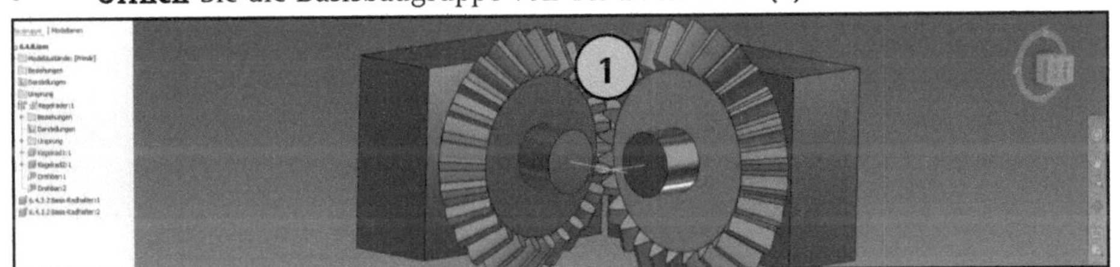

6.5.3 Basis-Getriebe-Baugruppe, „Kegelrad-Paarung schrägverzahnt" anpassen

6.5.3.1 Bauteile Basis-Radhalter „Unterdrücken"

- Aktivieren Sie die beiden Bauteile **Basis-Radhalter** und setzen Sie die Option **Unterdrücken**.
  Die **Stücklisten-Fehlermeldung** ist hier zu ignorieren.

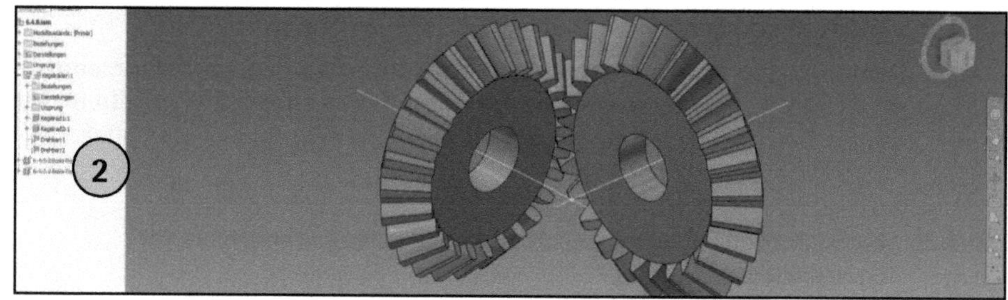

6.5.3.2 Getriebedaten anpassen

Kegelräder

- Klicken Sie im Baugruppen-Browser auf **Kegelräder1**.
- Aktivieren Sie das Kontextmenü über Rechtsklick mit der Maus.
  Mit Konstruktionsassistent bearbeiten.
- Tragen Sie in die Dialogbox **Kegelrad-Generator** unter **Schrägungswinkel** den Wert **20°** ein (3).
- Beenden Sie die Eintragung über **OK**.

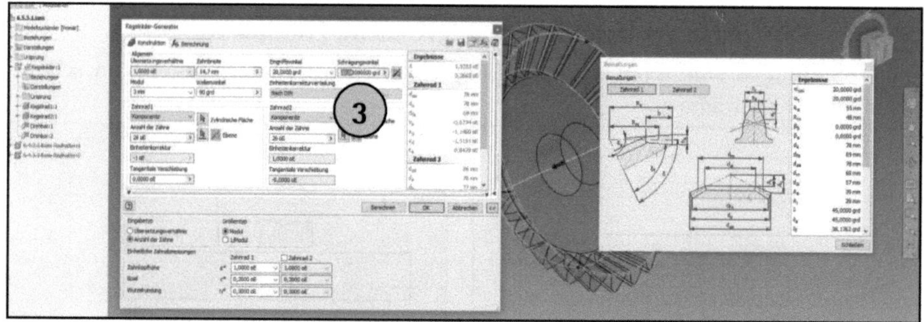

6.5.3.3 Zentrale Bohrung im „Kegelrad1" wieder zuweisen

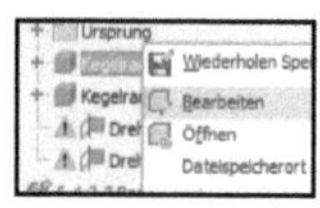
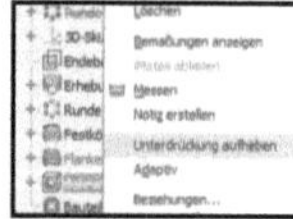

- Aktivieren Sie **Bearbeiten** für den Eintrag **Kegelrad1**.
- Wählen Sie **Unterdrückung aufheben** für die zentrale Bohrung im **Kegelrad1** (4).
- Beenden Sie die **Bearbeitung** über **Zurück** in der Multifunktionsleiste.

Zurück   Bearbeitung beenden

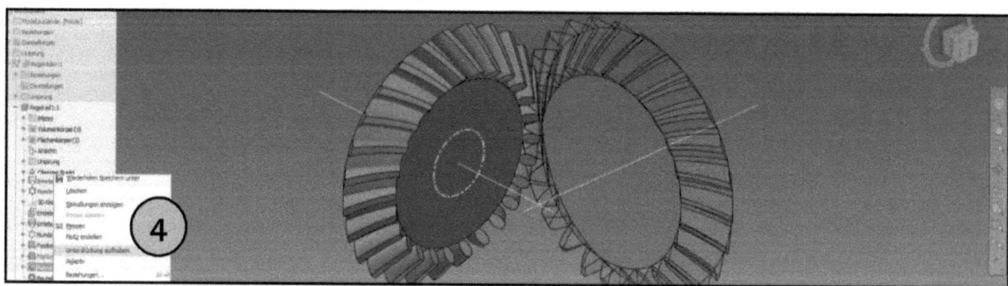

6.5.3.4 Zentrale Bohrung für „Kegelrad2" setzen

Die wieder aktivierte Bohrung im Kegelrad2 erzeugt hier in der Inventor 2025-Version eine chaotische Verzahnung, deshalb wird hier die zentrale Bohrung neu gesetzt.

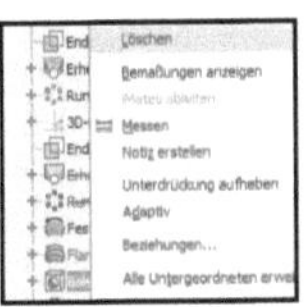

- Aktivieren Sie **Bearbeiten** im Baugruppen-Browser für **Kegelrad2**.
- **Löschen** Sie die vorhandene, unterdrückte Bohrung
- Setzen Sie eine **Bohrung** Typ **Durchgangsbohrung**
  Ø**20** mm, Tiefe **Durch Alles**, Platzierung **konzentrische Referenz** (5).
- Wählen Sie aus der Multifunktionsleiste **Zurück** um die Bearbeitung zu beenden.

Bohrung

Zurück Bearbeitung beenden

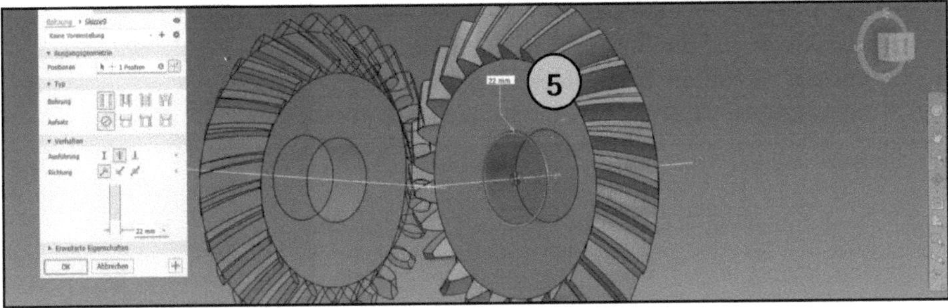

6.5.3.5 Bauteile Basis-Radhalter neu positionieren

- Aktivieren Sie die beiden Bauteile **Basis-Radhalter** und setzen Sie die Option **Unterdrückung aufheben**.
  Die **Stücklisten-Fehlermeldung** ist hier zu ignorieren.
- Schieben Sie das rechte Kegelrad, **Kegelrad2**, ein wenig nach unten (6).

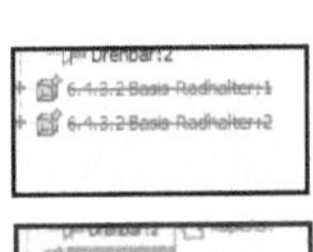

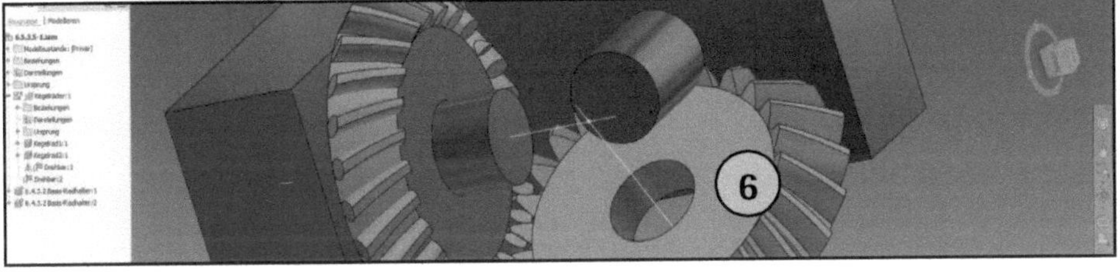

- Aktivieren Sie den Eintrag **Drehbar1**, wählen Sie **Bearbeiten**.
- Wählen Sie die Bohrungskontur im **Kegelrad2** und die Zylinderkontur am Basis-Radhalter nacheinander (7, 8).
  Ignorieren Sie die **Fehlermeldung** über die **Fixierte Komponente**.

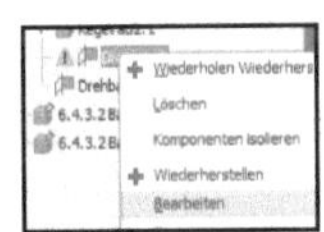

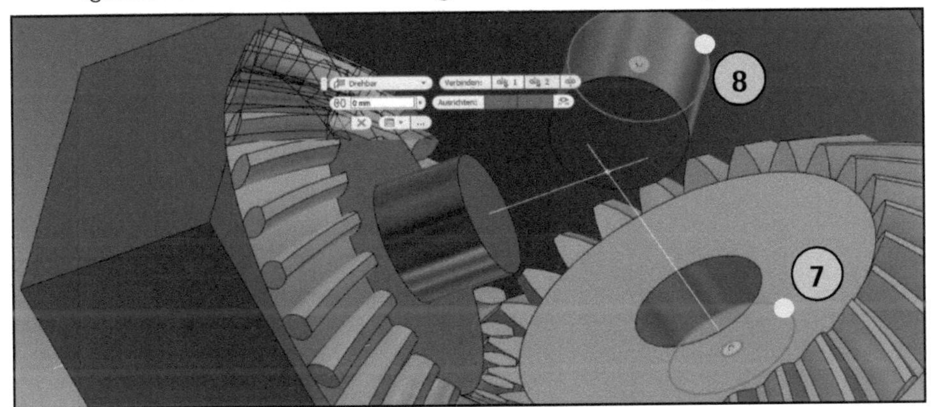

6.5.4 Basis-Getriebe-Baugruppe „Kegelrad-Paarung, schrägverzahnt" Datensicherung über „Pack and Go"

6.5.4.1 Baugruppe speichern

* Aufruf über den **Menü-Browser**, Register **Datei**.

Speichern unter

Speichern unter

6.5.4.2 Datensicherung über Pack and Go

* Wählen Sie im Pulldown-Menü **Datei Speichern Unter / Pack and Go**.
* Geben Sie den Zielordner für die Bündelung an.
* Klicken Sie auf die Schaltfläche **Jetzt Suchen**,
* Klicken Sie auf die Schaltfläche **Start**.
* Schließen Sie diesen Vorgang mit **Fertig** ab (9, 10).

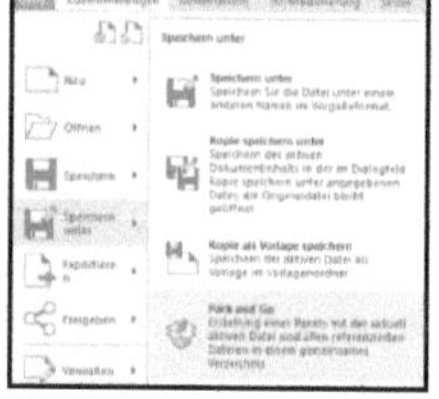

Pack and Go

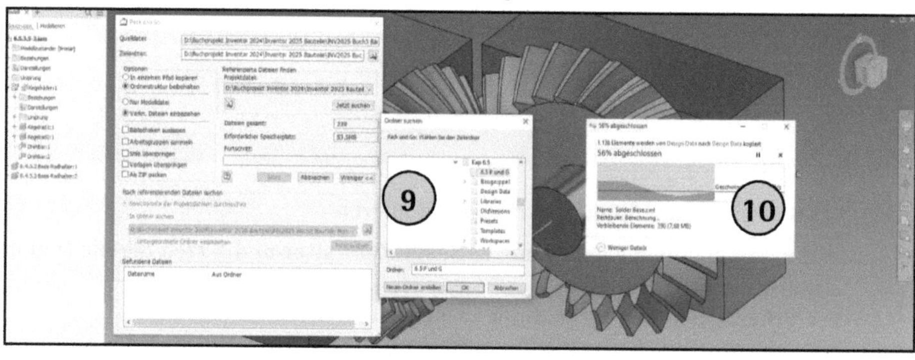

6.6 Basis-Getriebe-Baugruppe „Kegelrad-Paarung"
Manuelle Montage der Kegelräder

6.6.1 Baugruppe bereitstellen

* Legen Sie ein **Einzelbenutzer-Projekt** an.
* Öffnen Sie ein neues Baugruppendokument,
  Vorlagendatei **Engelke2025.iam**

6.6.1.1 Einfügen der Grundbauteile

* Wählen Sie über **Komponenten platzieren** das Basisbauteil als Radhalter
  und schieben dieses **zweimal** auf die Arbeitsebene.
* Schalten Sie die Achsen der Zylinder auf **Sichtbar** (1).

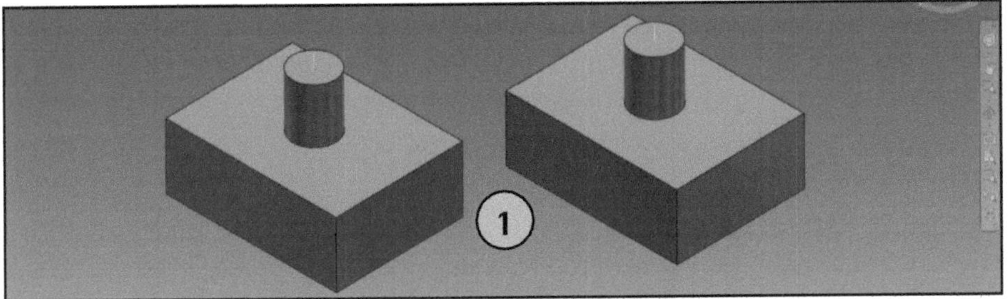

6.6.2 Ausrichtung der Basis-Radhalter

6.6.2.1 Positionierung des Basis-Radhalters zur Ursprungsebene

* Setzen Sie die gezeigte Bodenfläche (2, 3), mit der Abhängigkeit
  Passend-Fluchtend, passend zur Ursprungsebene **XY**.

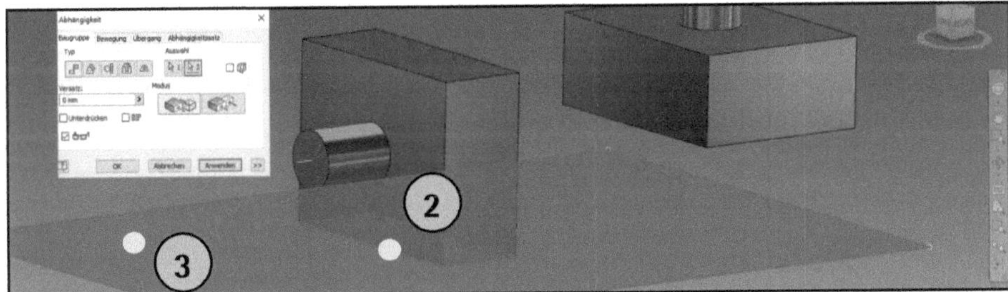

6.6.2.2 Positionierung der Basis-Radhalter-Grundflächen zueinander

* Setzen Sie die gezeigte Bodenfläche (4, 5), mit der Abhängigkeit
  Passend-Fluchtend, passend zur ersten Bodenfläche.

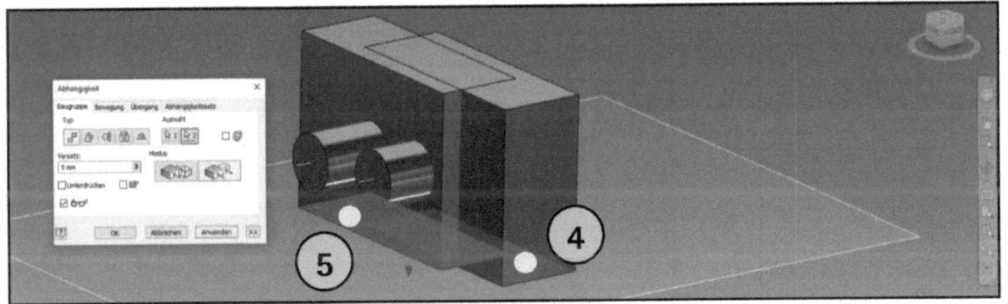

Projekte

Neu

Engelke2025
.iam

Komponente
platzieren

Abhängigkeit
Passend /
Fluchtend

Abhängigkeit
Passend /
Fluchtend

Abhängigkeit
Passend
Abstand

6.6.2.3 Positionierung der Basis-Radhalter Winkellage zueinander

- Setzen Sie die Deckfläche des Basis-Radhalters (6) und die **Achse** des Radhalters (7) mit der Abhängigkeit **Passend**, Eingabe **Versatz 42** mm auf den benötigten Abstand.

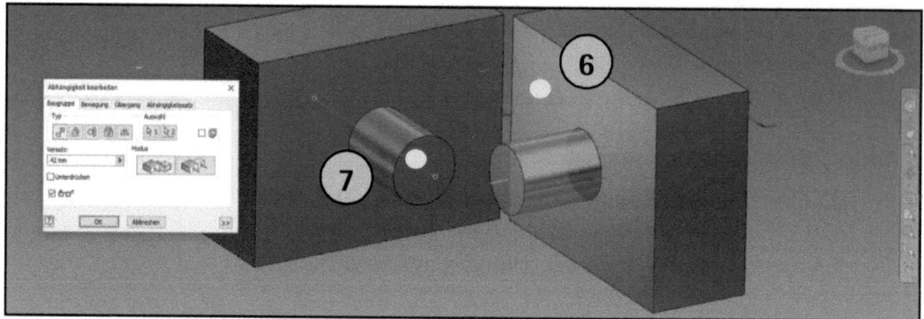

- Verfahren Sie mit der zweiten Lagezuweisung entsprechend (8, 9).

Abhängigkeit
Passend
Abstand

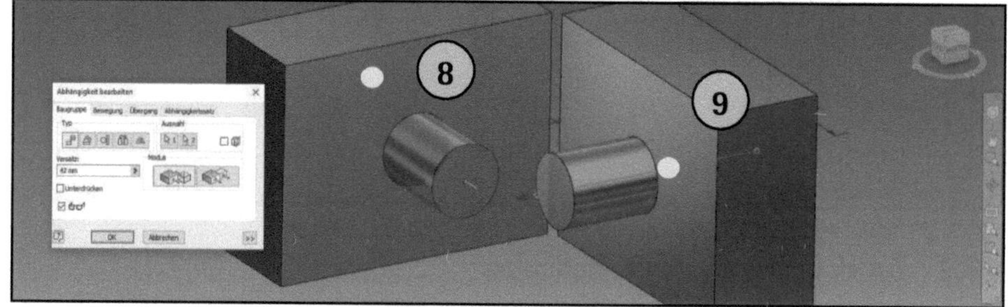

- Setzen Sie, für die beiden Basis-Bauteile **Radhalter**, die Option **Fixiert**.

6.6.3 Die Kegelrad-Paarung, Bereitstellung und Montage

Kegelräder

Kegelräder (Multifunktionsleiste **Konstruktion**)
Geben Sie die Werte für den Bereich **Allgemein** ein:
Konstruktionsführung: **Gesamt-Einheitenkorrektur**

Zahnrad1:
Modul: **3**, Zähnezahl: **26**, Zahnbreite: **14,7** mm, Wellenwinkel: **90°** (10).

Zahnrad2:
Modul: **3**, Zähnezahl: **26**, Zahnbreite: **14,7** mm, Wellenwinkel: **90°** (11).

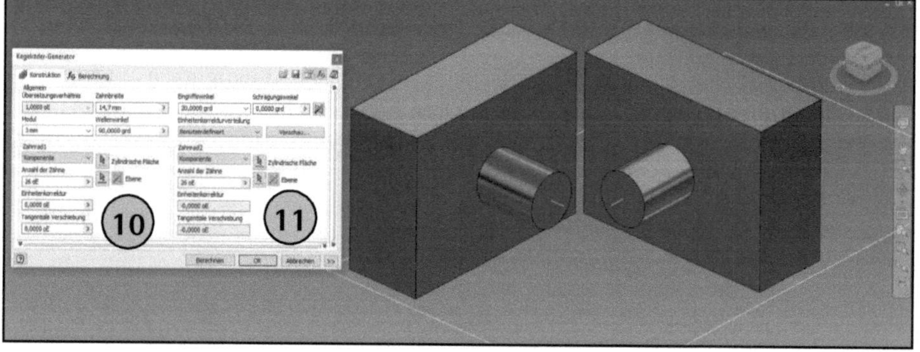

- Klicken Sie die Montagepositionen der Zahnräder, **Zylindrische Fläche**:
  Zahnrad1:
  Wählen Sie den linken Radhalterzylinder (12).
  Zahnrad2:
  Wählen Sie den rechten Radhalterzylinder (13).

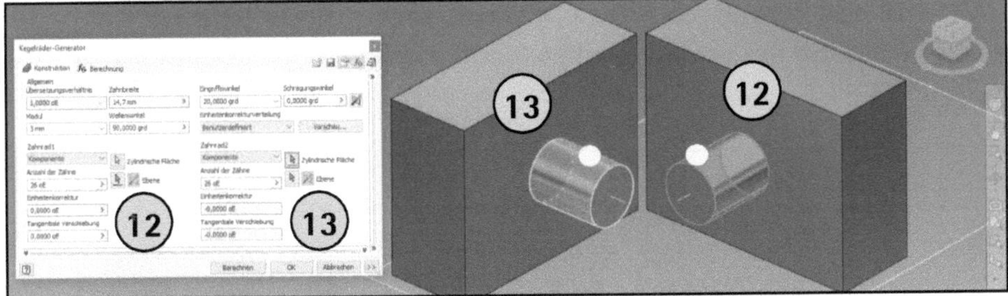

- Klicken Sie die Lagepositionen der Zahnräder, **Startebene**:
  Zahnrad1:
  Wählen Sie die vordere Quaderfläche des Radhalters (14).
  Zahnrad2:
  Wählen Sie die vordere Quaderfläche des Radhalters (15).

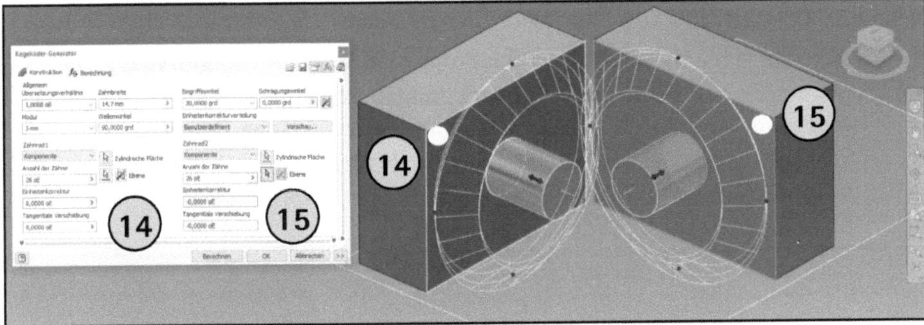

- Schließen Sie die **Kegelrad-Generierung** mit **OK** ab (16).

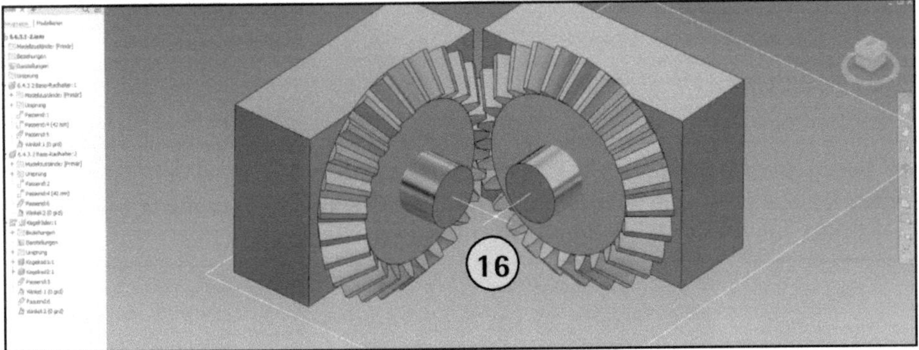

6.6.4 Die Kegelrad-Paarung, Nachbearbeitung der Kegelräder

6.6.4.1 Zentrale Bohrung Kegelrad1

Bohrung

Zurück   Bearbeitung beenden

- Aktivieren Sie **Bearbeiten** im Baugruppen-Browser für **Kegelrad1**.
- Setzen Sie eine **Bohrung** Typ **Durchgangsbohrung** Ø**20** mm, Tiefe **Durch Alles**, Platzierung **konzentrische Referenz** (17).
- Wählen Sie aus der Multifunktionsleiste **Zurück** um die Bearbeitung zu beenden.
- **Speichern** Sie diese Änderungen mit **OK**.

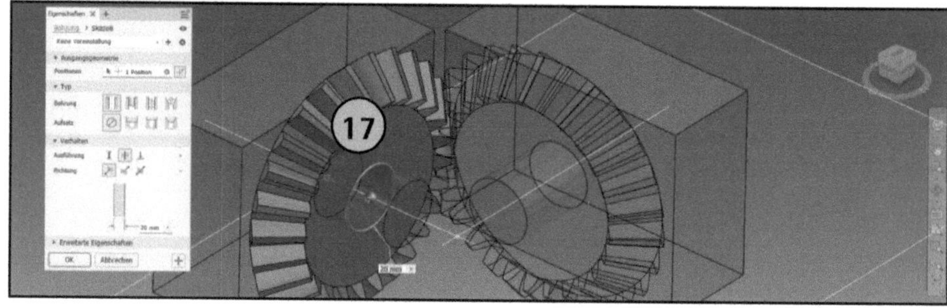

6.6.4.2 Zentrale Bohrung Kegelrad2

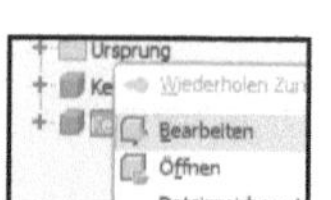

Bohrung

Zurück   Bearbeitung beenden

- Aktivieren Sie **Bearbeiten** im Baugruppen-Browser für **Kegelrad2**.
- Setzen Sie eine **Bohrung** Typ **Durchgangsbohrung** Ø**20** mm, Tiefe **Durch Alles**, Platzierung **konzentrische Referenz** (3).
- Wählen Sie aus der Multifunktionsleiste **Zurück** um die Bearbeitung zu beenden (9).
- **Speichern** Sie diese Änderungen mit **OK**.

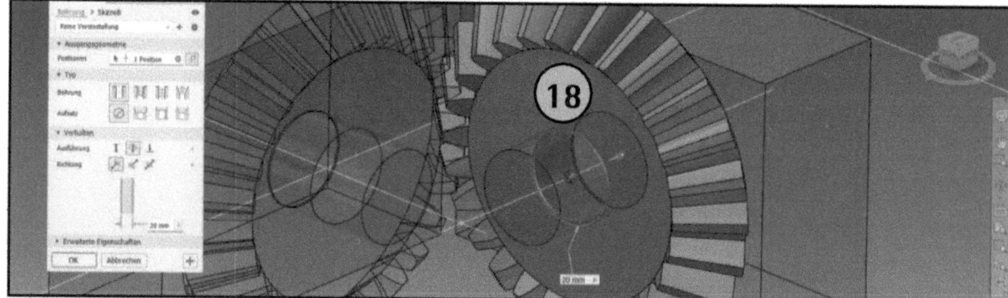

Im Unterordner **Baugruppe1 / Konstruktions-Assistent** werden die aktuell geänderten Kegelräder gespeichert und im Ordner **OldVersions** liegen die unbearbeiteten Kegelräder aus der Generierung über den **Kegelrad-Generator** (19).

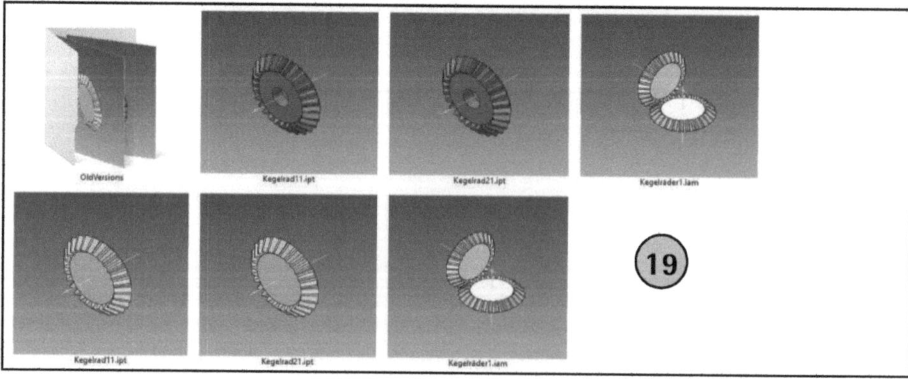

6.6.5 Zuweisung der mechanischen Drehbewegung

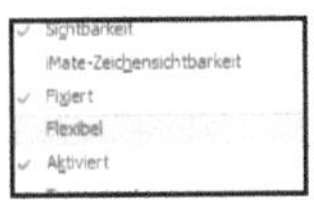

- Setzen Sie im Bauteil-Browser für die, mit dem **Kegelrad-Generator** erstellte Getriebebaugruppe **Kegelräder1** die Option **Flexibel** bei Bedarf.
  Mit dieser Option wird die mechanische Drehbewegung automatisch freigegeben.
- Zur Kontrolle der mechanischen Drehbewegung klicken Sie auf das kleine Zahnrad, linke Maustaste gedrückt halten, Zylinder-Ø damit ziehen. Drehen Sie eins der Kegelräder um die Auswirkung der Bewegungsabhängigkeit auf das andere Kegelrad zu prüfen (20).

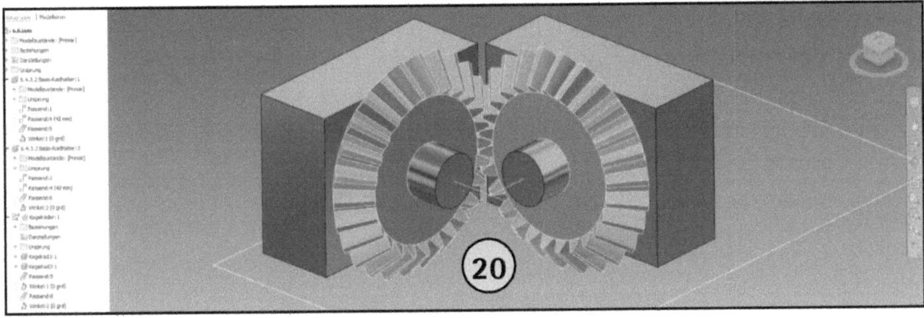

6.6.6 Basis-Getriebe-Baugruppe „Kegelrad-Paarung, manuell montiert" Datensicherung über „Pack and Go"

6.6.6.1 Baugruppe speichern

- Aufruf über den **Menü-Browser**, Register **Datei**.

 **Speichern unter**

6.6.6.2 Datensicherung über Pack and Go

- Wählen Sie im Pulldown-Menü **Datei Speichern Unter / Pack and Go**.
- Geben Sie den Zielordner für die Bündelung an.
- Klicken Sie auf die Schaltfläche **Jetzt Suchen**,
- Klicken Sie auf die Schaltfläche **Start**.
- Schließen Sie diesen Vorgang mit **Fertig** ab (21, 22).

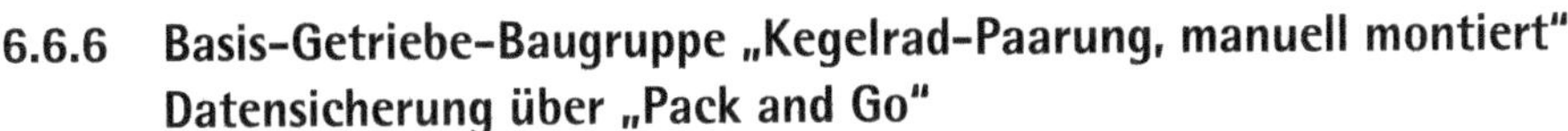

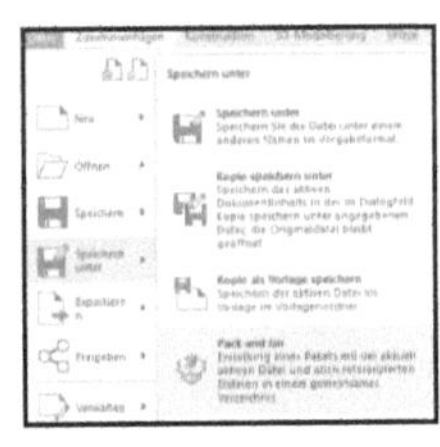

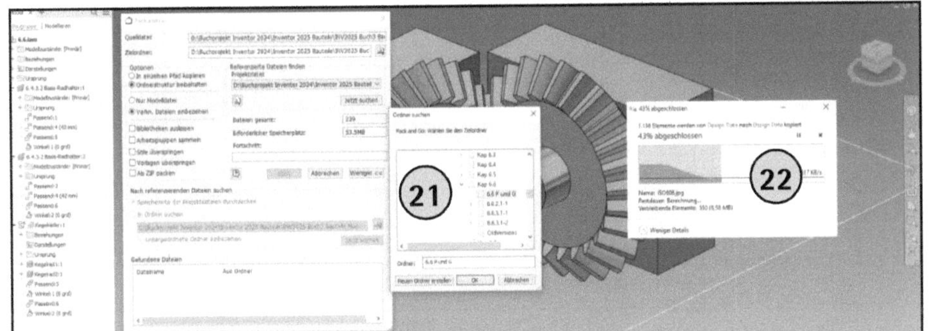

6.7 Basis-Getriebe-Baugruppe „Schneckengetriebe" Basisbauteile „Radhalter" nachmontiert

6.7.1 Getriebe-Baugruppe „Schneckengetriebe", Vorgaben

Die Baugruppe besteht aus fünf Bauteilen, das Basisbauteil als Radhalter von der Buch-DVD dem Schneckenrad und der Schneckenwelle aus dem **Schneckenrad-Generator-Assistenten**.

- Teil 1 und 2, Radhalter mit Bohrung von der Buch-DVD.

- Teil 3, Radhalter mit Aufsatz-Zylinder von der Buch-DVD.

- Teil 4, Schneckenwelle, Modul **4**, Teilkreis-Ø **40** mm, Gangzahl **1**, Schneckenlänge **300** mm mit zwei Wellenenden-Ø **40** mm **50** mm lang an beiden Enden.

- Teil 5, Schneckenrad, **36** Zähne Modul **4**, Breite **30** mm, Teilkreis-Ø **102** mm, Innenbohrung **40** mm.

6.7.2 Darstellung der Schneckenwelle mit Schneckenrad, Prinzipskizze

Die Abbildungen sind exemplarische Möglichkeiten für Zeichnungsdarstellungen

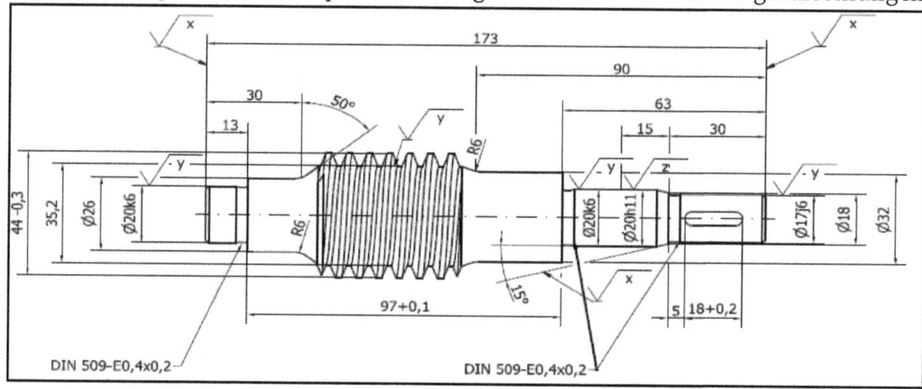

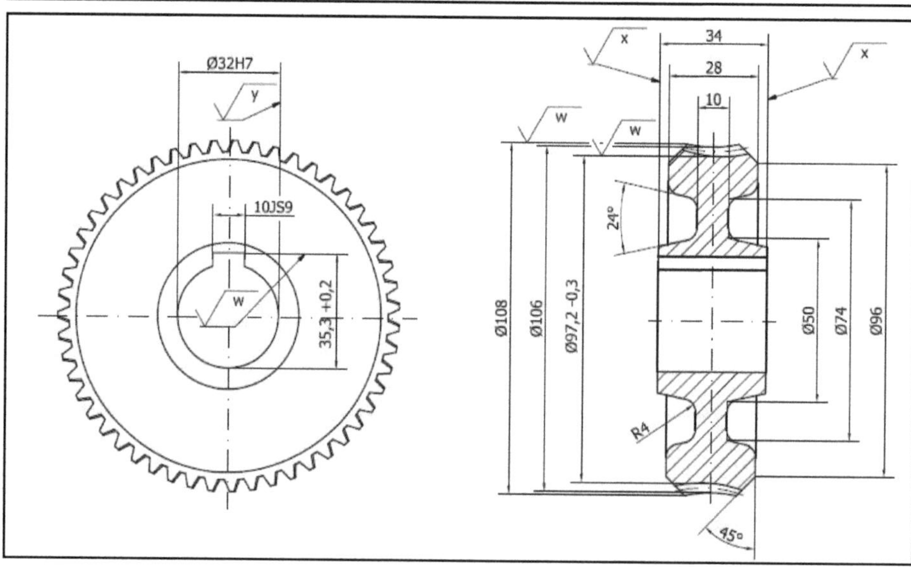

6.7.3 Projektdatei anlegen

Legen Sie ein **Einzelbenutzer-Projekt**, im neuen Ordner, an.

Projekte

6.7.4 Schneckenrad/Schneckenwelle über den „Schneckenrad-Generator" erstellen

6.7.4.1 Baugruppendatei anlegen

* Öffnen Sie ein neues Baugruppendokument,
  Vorlagendatei **Engelke2025.iam**

Neu

Engelke2025
.iam

6.7.4.2 Schneckenrad/Schneckenwelle-Paarung, Parameterauswahl

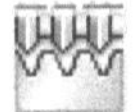

Schneckenräder (Multifunktionsleiste **Konstruktion**)
Geben Sie die Werte für den Bereich **Allgemein** ein:
Zahnrad 1: **Komponente erstellen**
Zahnrad 2: **Komponente erstellen**
Definition über Option: **Achsabstand**.
Eingriffswinkel: 20 grd, **Schrägungswinkel 5,7392** grd
Schneckenlänge **340** mm, Durchmesserkoeffizient **12, 5**
Zahnbreite **34** mm, Übersetzungsverhältnis: **36**
Modul: **4**, Gangzahl: **1**, Flankendurchmesser: **40** mm (1).

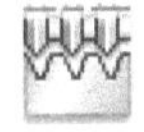
Schnecken-
räder

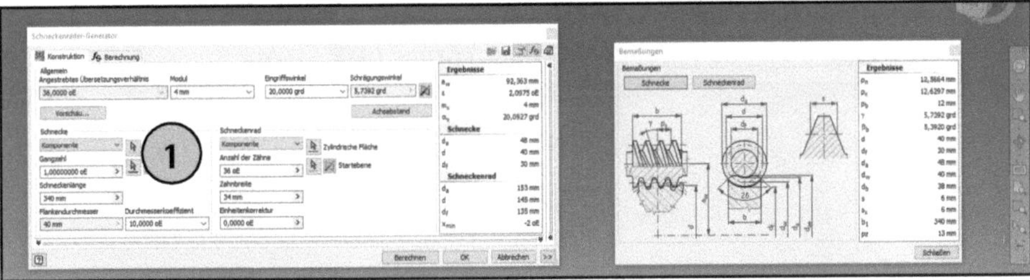

6.7.4.3 Baugruppe und Bauteil speichern

Die Speicherung der Baugruppe erzeugt zusätzlich ein Unterverzeichnis
Konstruktions-Assistent mit zwei Einträgen:

    Baugruppendatei: **Schneckenräder1.iam**
    Bauteildatei   : **Schneckenrad1.ipt** und **Schnecke1.ipt**

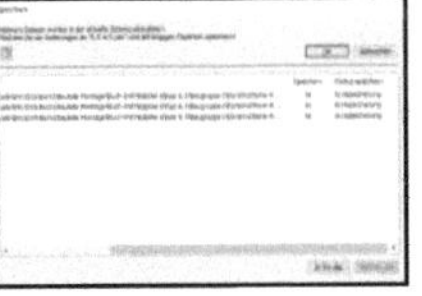

Diese erzeugten Einträge gehören unbedingt zum konstruierten Stirnradgetriebe und
müssen immer mitgeliefert werden, um eine Änderung möglich zu machen.

* Aufruf über den **Menü-Browser**, Register **Datei**.

Speichern unter

Speichern
unter

6.7.5 Erstellte Getriebe-Bauteile anpassen

6.7.5.1 Zentrale Bohrung für Schneckenrad1 setzen

- Aktivieren Sie **Bearbeiten** im Baugruppen-Browser für **Schneckenrad1**.
- Setzen Sie eine **Bohrung** Typ **Durchgangsbohrung**
  Ø**40** mm, Tiefe **Durch Alles**, Platzierung **konzentrische Referenz** (2).
- Wählen Sie aus der Multifunktionsleiste **Zurück** um die Bearbeitung zu beenden.

Bohrung

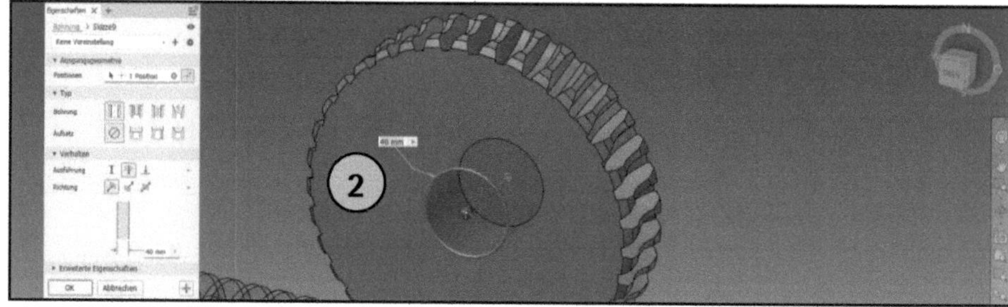

6.7.5.2 Beidseitige Wellenansätze für die Schneckenwelle

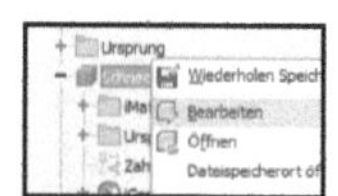

Zylinder (Multifunktionsleiste **3D-Modellierung / Grundkörper**)
Wählen Sie die Arbeitsebene.
Klicken Sie, um die Mitte des Kreises zu definieren.
Geben Sie den Durchmesserwert **40** mm ein.
Abstand / 50 mm / **Neuer Volumenkörper / OK** (3, 4).

Zylinder

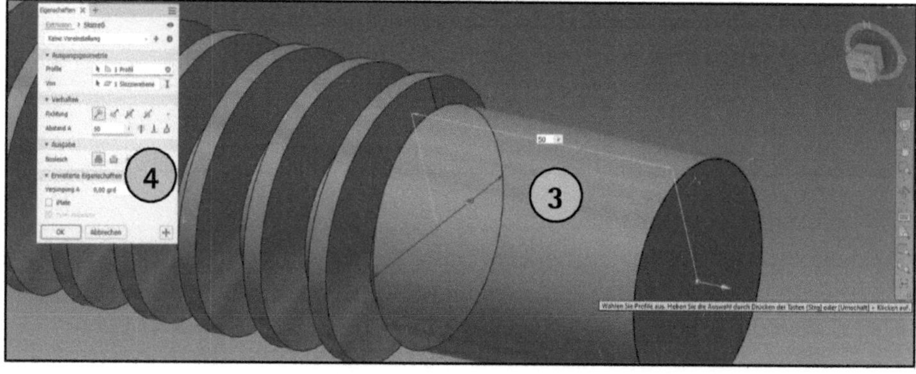

- Verfahren Sie mit der anderen Schneckenwellenseite entsprechend (5, 6).

Zylinder

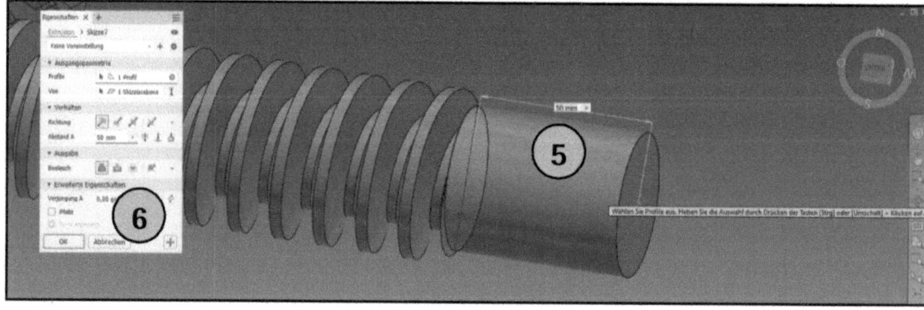

- **Speichern** Sie diese Änderungen mit **OK** (7).

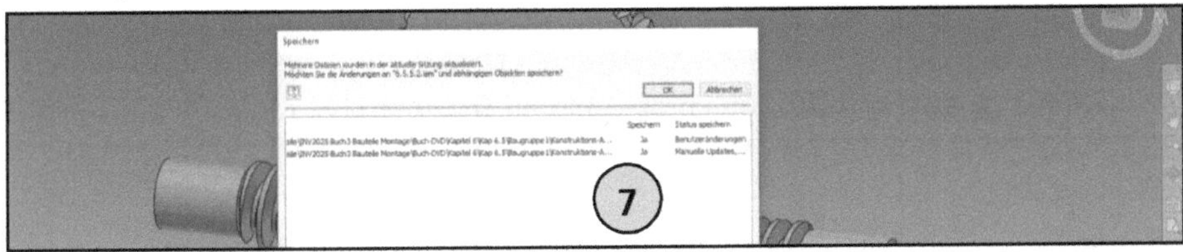

Speichern

Im Unterordner **Baugruppe1 / Konstruktions-Assistent** werden die aktuell geänderten Bauteile des Schneckenräder-Getriebes gespeichert und im Ordner **OldVersions** liegen die unbearbeiteten Bauteile aus der Generierung über den **Schneckenrad-Generator** (8).

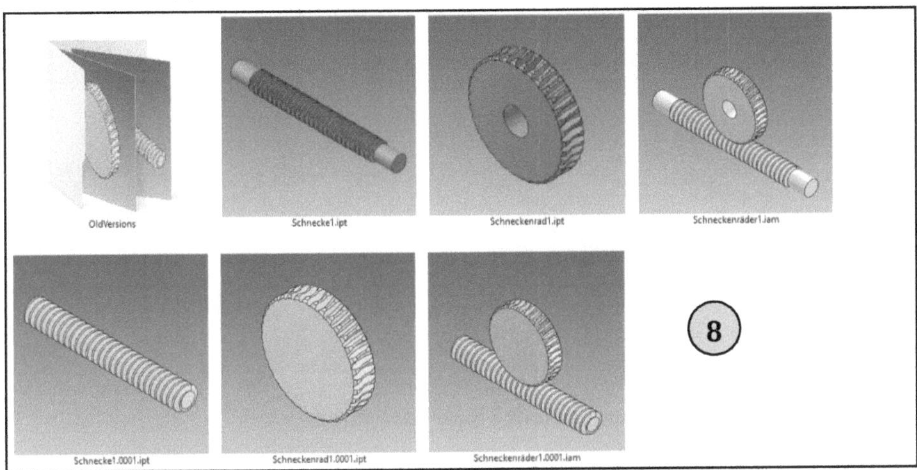

6.7.6 Baugruppenmontage der Bauteile „Basis-Radhalter"

6.7.6.1 Einfügen der Grundbauteile

- Wählen Sie über **Komponenten platzieren** den **Radhalter mit Bohrung**.
- Fügen Sie dieses Bauteil zweimal in die Arbeitsfläche ein (9).
- Wählen Sie über **Komponenten platzieren** den **Radhalter mit Zylinder**.
- Fügen Sie dieses Bauteil in die Arbeitsfläche ein (10).

Komponente platzieren

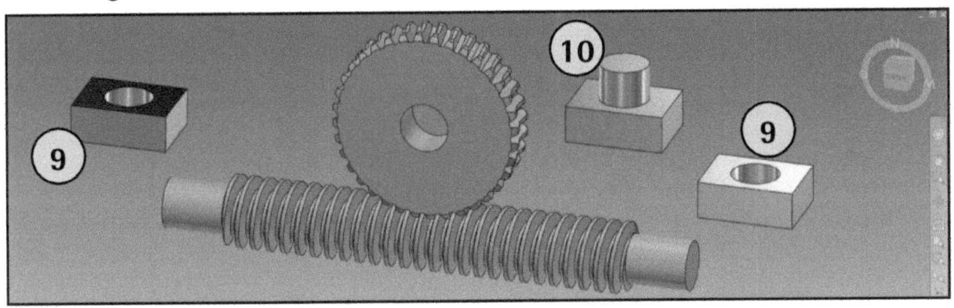

Verbindung
Gelenk

Gelenktyp
Drehbar

6.7.6.2 Montage der Grundbauteile „Radhalter mit Bohrung"

- Positionieren Sie den Zentrumspunkt der Anlagekontur des Radhalters zur Kontur des Kegelrades mit der Verbindung **Gelenk**, Gelenktyp **Automatisch**, Inventor-Auswahl **Drehbar** (11, 12).

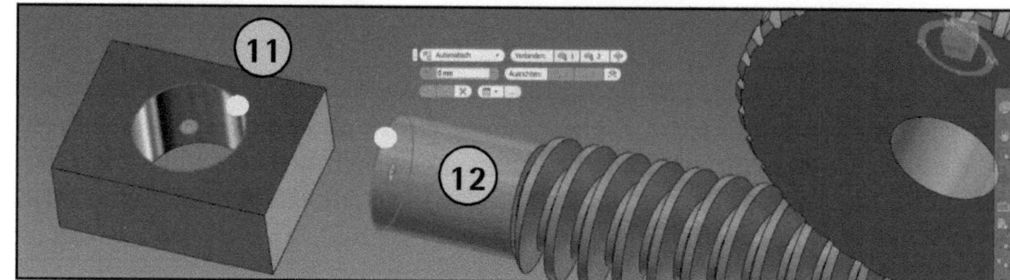

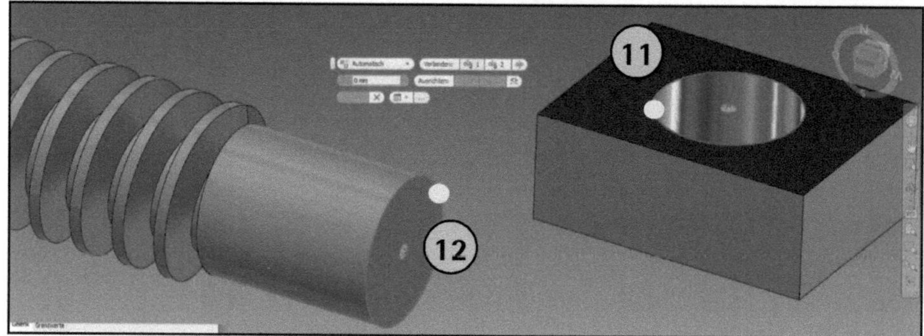

Verbindung
Gelenk

Gelenktyp
Drehbar

6.7.6.3 Montage der Grundbauteile „Radhalter mit Zylinder"

- Positionieren Sie den Zentrumspunkt der Anlagekontur des Radhalters zur Kontur des Kegelrades mit der Verbindung **Gelenk**, Gelenktyp **Automatisch**, Inventor-Auswahl **Drehbar** (13, 14).

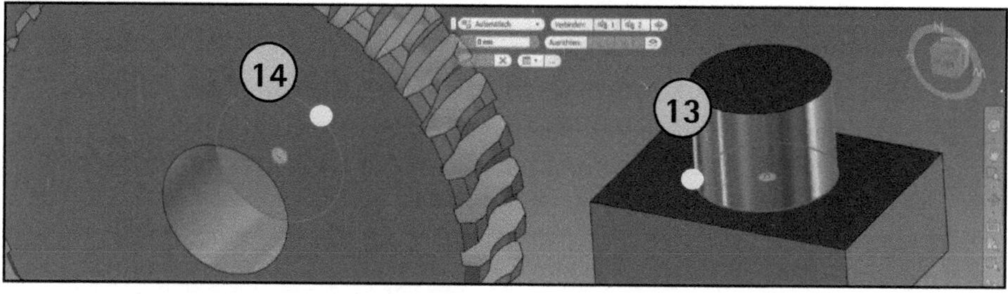

6.7.6.4 Ausrichten der Grundbauteile

- Setzen Sie die gezeigte **untere** Fläche des Radhalters auf die **XZ**-Ursprungsebene, mit der Abhängigkeit **Passend-Fluchtend** (15).

Abhängigkeit
Passend /
Fluchtend

- Setzen Sie die **vorderen** Flächen der Radhalter (4, 5) auf eine Ebene, mit der Abhängigkeit **Passend-Fluchtend** (16, 17).

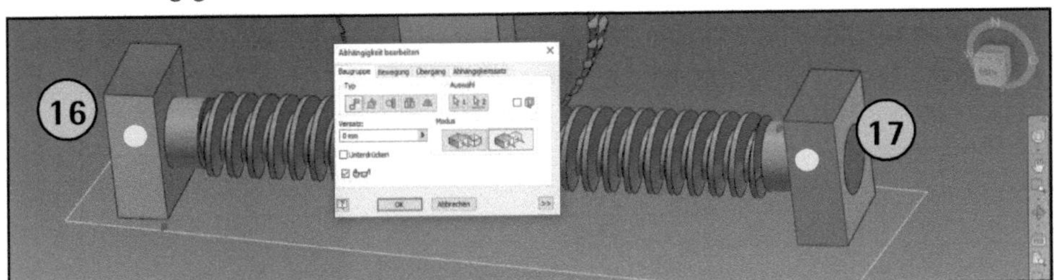

Abhängigkeit Passend / Fluchtend

- Setzen Sie die Option **Fixiert** für die beiden Grundbauteile **Radhalter** (18).

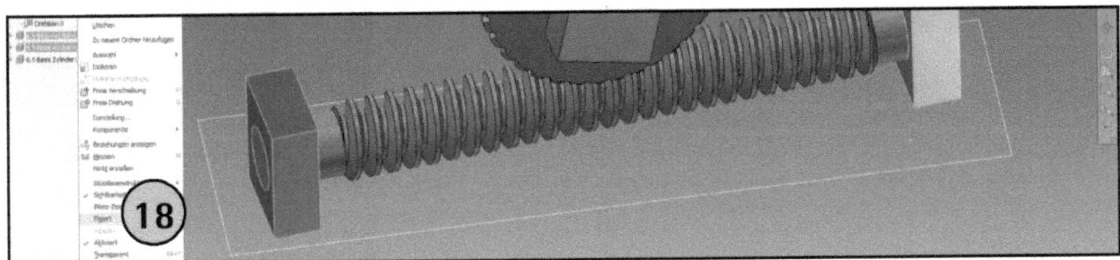

- Setzen Sie die **obere** Fläche des gezeigten Radhalters zur **XZ**-Ursprungsebene mit der Abhängigkeit **Winkel**, Option **Ungerichteter Winkel** mit dem Wert **0** grd (19, 20, 21).

Abhängigkeit Winkel

Ungerichteter Winkel

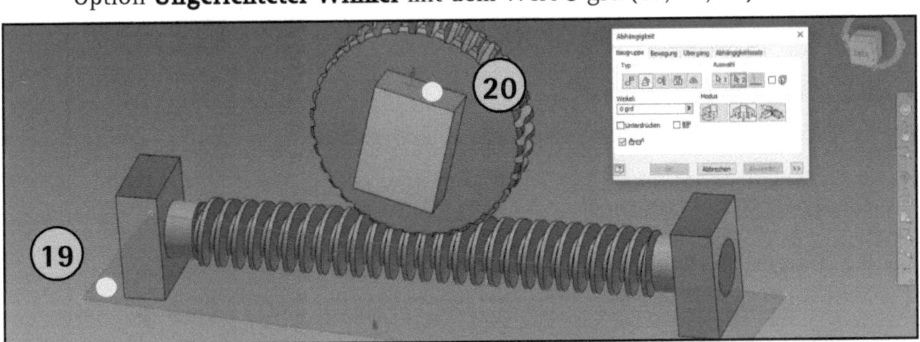

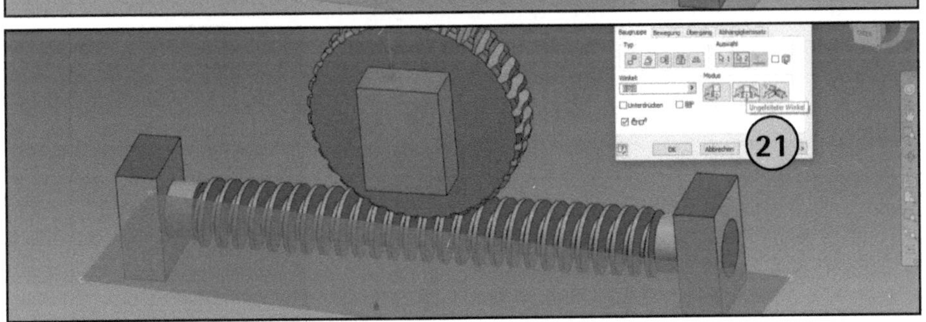

6.7.7 Kontrolle der mechanischen Drehbewegung

Zur Kontrolle der mechanischen Drehbewegung klicken Sie auf die Schneckenwelle, linke Maustaste gedrückt halten, Zylinder-Ø damit ziehen. Drehen Sie die Schneckenwelle um die Auswirkung der Bewegungsabhängigkeit auf das große Schneckenrad zu prüfen.

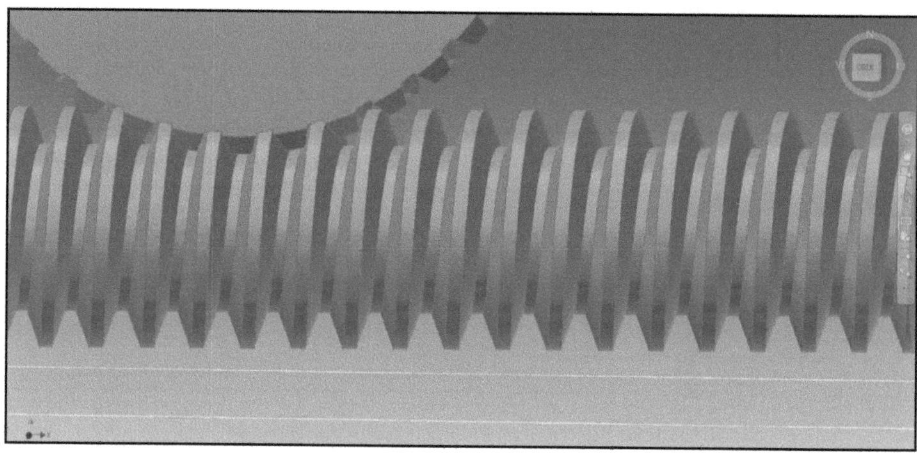

6.7.8 Basis-Getriebe-Baugruppe „Schneckenrad-Getriebe" Datensicherung über „Pack and Go"

6.7.8.1 Baugruppe speichern

* Aufruf über den **Menü-Browser**, Register **Datei**.

Speichern unter

6.7.8.2 Datensicherung über Pack and Go

* Wählen Sie im Pulldown-Menü **Datei Speichern Unter / Pack and Go**.
* Geben Sie den Zielordner für die Bündelung an.
* Klicken Sie auf die Schaltfläche **Jetzt Suchen**,
* Klicken Sie auf die Schaltfläche **Start**.
* Schließen Sie diesen Vorgang mit **Fertig** ab (22, 23).

Speichern
unter

Pack and Go

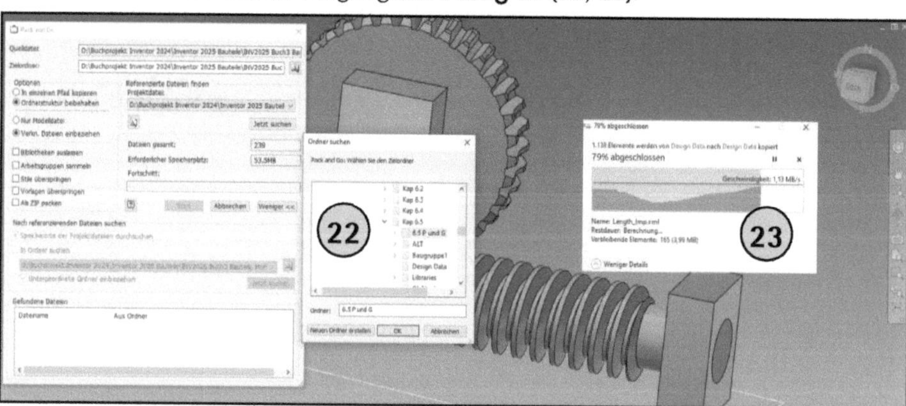

6.8 Getriebe-Baugruppe „Umlaufgetriebe Planetengetriebe"

6.8.1 Getriebe-Baugruppe „Umlaufgetriebe Planetengetriebe", Vorbemerkungen

Leonardo da Vinci schrieb die ersten Theorien und fertigte erste Skizzen über ein Planetengetriebe an. Die Planetengetriebe, wie wir sie heutzutage in verschiedenen Bereichen einsetzen, basieren auf diesen ersten Aufzeichnungen.

Es gibt mehrere Vorteile, die für das Planetengetriebe sprechen, wie große Übersetzung auf kleinem Raum, Wellen werden nur auf Torsion und nicht auf Biegung beansprucht, einzelne Zähne werden aufgrund der Kraftverteilung auf mehrere Planetenräder nur gering belastet, es gibt keine freien Lagerkräfte. Aus den genannten Vorteilen ergibt sich auch ein relativ hoher Wirkungsgrad.

Auf dem nebenstehenden Bild sind folgende Elemente zu sehen: die Planetenräder, das Sonnenrad, das Hohlrad und der Planetenträger. Die Welle des Hohlrades und die des Sonnenrades liegen auf einer Linie. Die Planetenräder sind mit dem Planetenträger verbunden und bilden mit diesem zusammen ein Getriebeelement. Es gibt mehrere Möglichkeiten, wie man ein Planetengetriebe nutzt und demnach auch mehrere Übersetzungen, die daraus resultieren.

Eine davon ist, wenn das Hohlrad feststeht und eine Übersetzung von Sonnenrad zum Planetenträger entsteht. Man kann auch das Sonnenrad festlegen und die Übersetzung mit beispielweise dem Hohlrad als Antriebs-und den Planetenträger als Abtriebswelle nutzen.

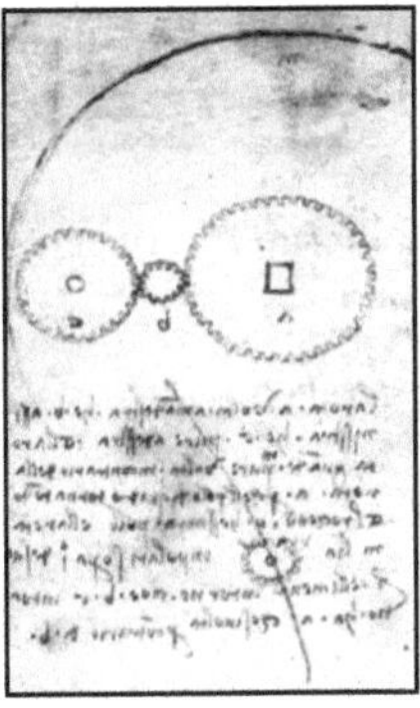

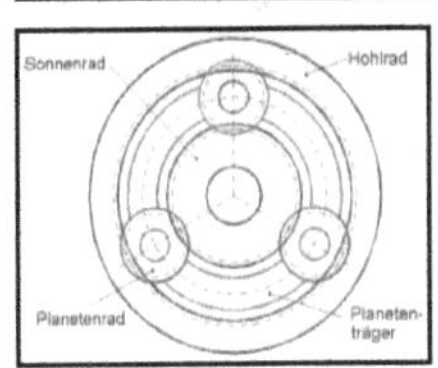

6.8.2 Getriebe-Baugruppe „Umlaufgetriebe Planetengetriebe", Funktionsbeschreibung

Auf dem Schaubild sind folgende Elemente zu sehen: die Planetenräder, das Sonnenrad, das Hohlrad und der Planetenträger. Die Welle des Hohlrades und die des Sonnenrades liegen auf einer Linie, sind aber getrennt. Die Planetenräder sind mit dem Planetenträger verbunden und bilden mit diesem zusammen ein Getriebeelement.

Es gibt mehrere Möglichkeiten, wie man ein Planetengetriebe nutzt und demnach auch mehrere Übersetzungen, die daraus resultieren. Eine davon ist, wenn das Hohlrad feststeht und eine Übersetzung von Sonnenrad zum Planetenträger entsteht. Man kann auch das Sonnenrad festlegen und die Übersetzung mit beispielweise dem Hohlrad als Antriebswelle und den Planetenträger als Abtriebswelle nutzen.

Koppelt man den Planetenträger mit einem der anderen Elemente, so erhält man eine Übersetzung von 1 zu 1 vom Sonnen- zum Hohlrad. Sind alle Elemente frei beweglich, also keins gebremst, gibt es keine Übersetzung, es entsteht ein Leerlauf.

6.8.3 Getriebe-Baugruppe „Umlaufgetriebe Planetengetriebe", Vorgaben

Die Baugruppe besteht aus vier verschiedenen Bauteilen, deren Geometrie nur exemplarisch konstruiert dargestellt wird.

Hier soll das Hauptaugenmerk auf die Montage und Funktion und nicht auf die fertigungstechnische Ausgestaltung gelegt werden. Die Bauteile in Einzelnen:

- Teil 1, der **Planetenradträger**:
  Der Grundkörper ist eine Scheibe Dicke **20** mm Außen-Ø **316** mm,
  einem Wellenansatz von Ø**60** mm Länge von **120** mm, einer Durchgangsbohrung mit einem Ø**40** mm und drei, um **120°** versetzten,
  Zapfen-Ø **40** mm mit Länge **40** mm Mittenabstand **120** mm.

- Teil 2, das **Hohlrad**:
  Die Innenverzahnung besteht aus **84** Zähnen, Modul **4**, d_0 = **336** mm,
  Breite **40** mm.
  Der Außen-Körper ist ein Zylinder mit Ø**400** mm, Länge **140** mm.
  Für den Planetenträger wird eine Ausdrehung mit Ø**300** mm Tiefe **20** mm eingebracht.
  Das Hohlrad hat eine Innen-Bohrung mit Ø**60** mm.

- Teil 3, die **Planetenräder** (3 Stück):
  Die Planetenräder bestehen aus **24** Zähnen, Modul **4**, d_0 = **96** mm,
  Breite **40** mm.

- Teil 4, das **Sonnenrad**:
  Das Sonnenrad besteht aus **36** Zähnen, Modul **4**, d_0 = **144** mm,
  Breite **40** mm.
  Für die Lagerung wird ein Wellenansatz von Ø**40** mm, Länge **100** mm angesetzt.

6.8.4 Getriebe-Baugruppe „Planetengetriebe", Einzelteile, Konstruktion des Planetenradhalters

6.8.4.1 Das Basisprojekt

Projekte

- Legen Sie ein **Einzelbenutzer-Projekt**, im neuen Ordner, an.

6.8.4.2 Die Grundkörper-Erstellung

Neu

Zylinder

- Öffnen Sie eine neue Bauteil-Vorlagendatei.
- Erstellen Sie über **Grundkörper Zylinder** einen Volumenkörper mit einem Durchmesser von **316** mm und einer Dicke von **20** mm (1).

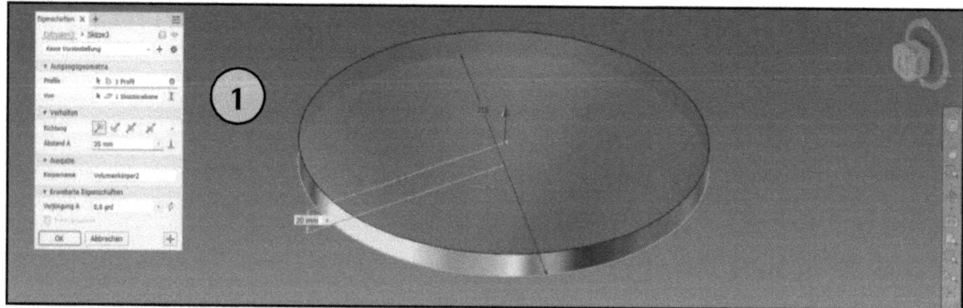

- Weisen Sie dem Planetenradhalter das Material **Chrom poliert** zu.

6.8.4.3 Der Erstellung des Radhalterzylinders

- Wählen Sie in einer neuen Skizze die vordere Fläche und tragen einen **Kreis** von **240** mm ein.
  Berechnungsgrundlage:
  $$D_{ges} = Z_{Sonnenrad} \times m + Z_{Planetenrad} \times m = 36 \times 4 + 24 \times 4 = 144 + 96 = 240 \text{ mm}$$

2D-Skizze

Kreis

Punkt

- Setzen Sie auf dem Schnittpunkt **Kreis** und **Achse** einen **Punkt** (2).

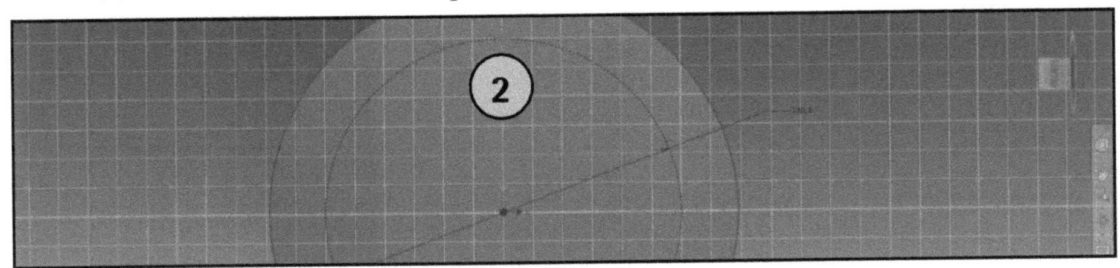

- Schließen Sie die **Skizze** und generieren Sie an diesem Punkt einen **Grundkörper Zylinder** mit Durchmesser **40** mm und Länge **40** mm (3).

Zylinder

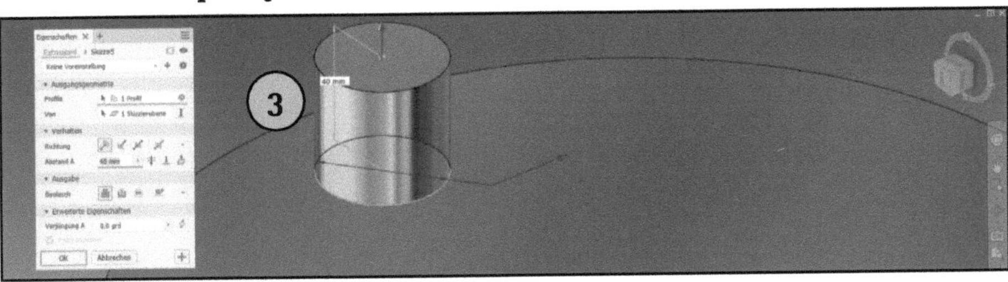

- Verteilen Sie über **Runde Anordnung** den Zylinder **dreimal**, mit Abstand **120°**, auf dem Hilfskreis (4).

Runde Anordnung

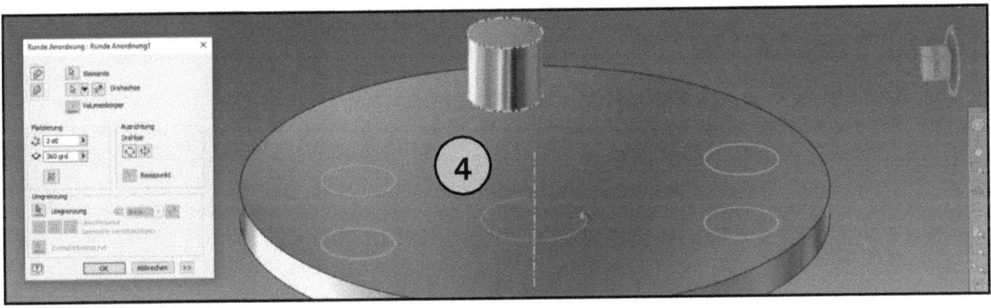

6.8.4.4 Der Führungszylinder mit Innenbohrung

- Setzen Sie auf die Rückseite über **Grundkörper Zylinder** einen Volumenkörper mit einem Durchmesser von **60** mm und einer Länge von **150** mm (5).

Zylinder

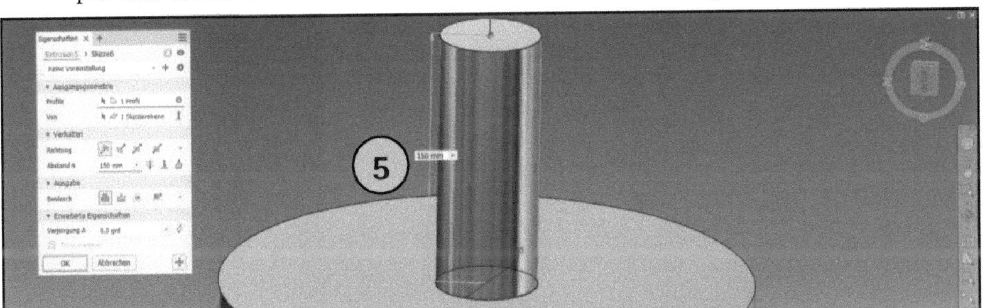

Bohrung

6.8.4.5 Innenbohrung für den Führungszylinder

- Setzen Sie auf die Mitte dieses Zylinders eine **Bohrung** mit Durchmesser **40** mm, Option **Durch alle** (6).

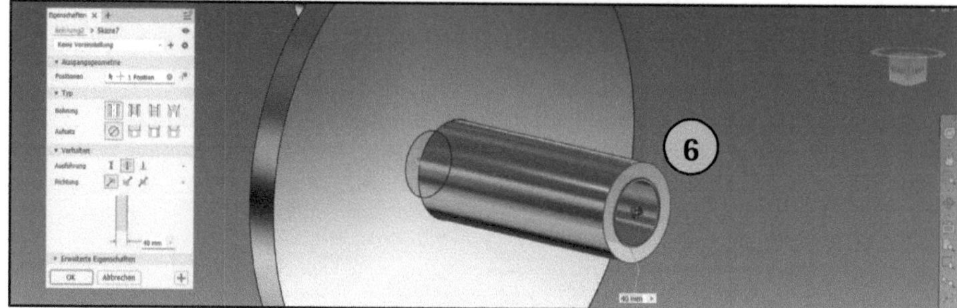

Rundung

6.8.4.6 Der Planetenradhalter, Endbehandlung

- **Runden** Sie alle Konturen mit Radius **2** mm ab (7).

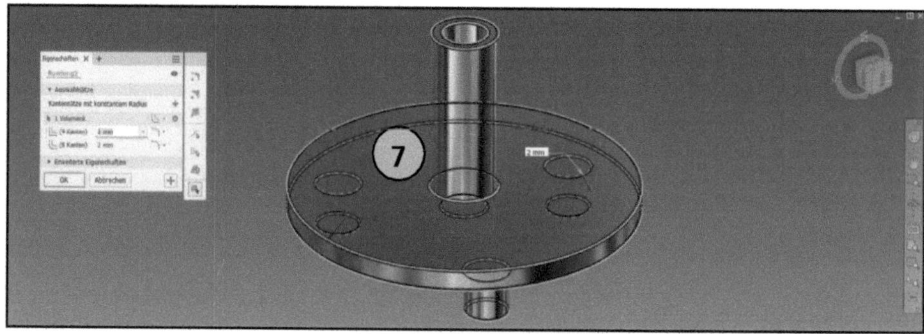

Speichern
unter

6.8.4.7 Datensicherung „Planetenradhalter"

- **Speichern** Sie den erstellten **Planetenradhalter**.

6.8.5 Getriebe-Baugruppe „Planetengetriebe", Einzelteile, Konstruktion des Hohlrades

6.8.5.1 Baugruppenblatt bereitstellen

* Öffnen Sie ein neues Baugruppendokument, Vorlagendatei **Engelke2025**.iam.

6.8.5.2 Die Stirnrad-Bereitstellung, Hohlzahnrad

Stirnräder (Multifunktionsleiste **Konstruktion**)
Geben Sie die Werte für den Bereich **Allgemein** ein:
Zahnrad 1: **Komponente erstellen** / Zahnrad2: **Kein Modell**
Konstruktionsführung: **Achsabstand**
Modul: **4**, Zähnezahl: **84**, Zahnbreite: **40** mm

Achtung, damit ein Hohlzahnrad generiert wird:

Aktivieren Sie die Option **Intern** (1).

Kontrollieren Sie: Gesamteinheiten-Korrektur Wert: **0,00**

Kontrollieren Sie: Übersetzungsverhältnis unter **1** (2).

* Schließen Sie den **Stirnrad-Generator** mit **OK**.
* Klicken Sie zur Positionierung des Zahnrades in die Arbeitsebene (3).

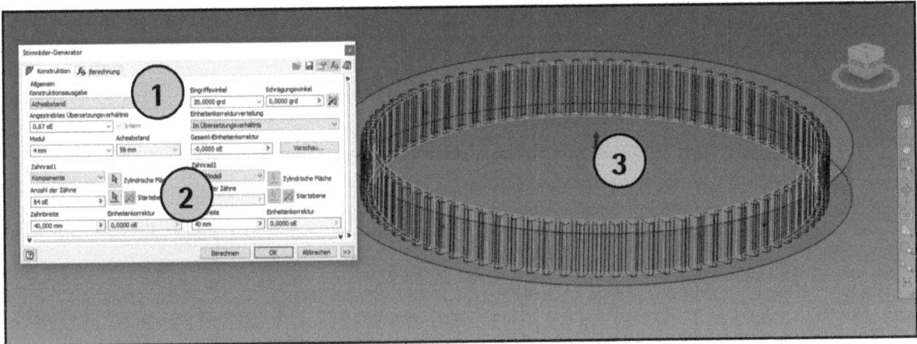

6.8.5.3 Baugruppe und Bauteil speichern

Die Speicherung der Baugruppe erzeugt zusätzlich ein Unterverzeichnis
Konstruktions-Assistent mit zwei Einträgen:

Baugruppendatei: **Stirnräder1.iam**
Bauteildatei : **Stirnrad1.ipt**

Diese erzeugten Einträge gehören unbedingt zum konstruierten Stirnradgetriebe und müssen immer mitgeliefert werden, um eine Änderung möglich zu machen.

* Aufruf über den **Menü-Browser**, Register **Datei**.

Speichern unter

6.8.6 Die Geometriebearbeitung des Hohlzahnrades

6.8.6.1 Das Hohlzahnrad, die Materialzuweisung

Öffnen

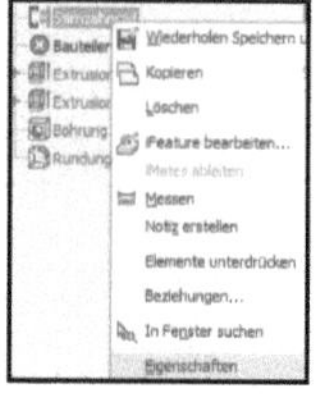
Speichern unter

- **Öffnen** Sie die gemeinsam mit der Baugruppe gespeicherte Bauteildatei **Schneckenrad1.ipt**.
- **Speichern** Sie diese Bauteildatei unbedingt unter neuem Namen, damit die Ursprungsgenerierung des **Schneckenrad-Generators** weiter zu erhalten.
- Weisen Sie dem Hohlrad das Material **Stahl poliert** zu.
- Weisen Sie den **iFeature Stirnzahnrad** über **Eigenschaften** aus dem Kontextmenü des Bauteilbrowsers das Material **Gold Metall** zu, diese Zuweisung soll die Laufflächenhärtung des Zahnkranzes darstellen (4, 5, 6).

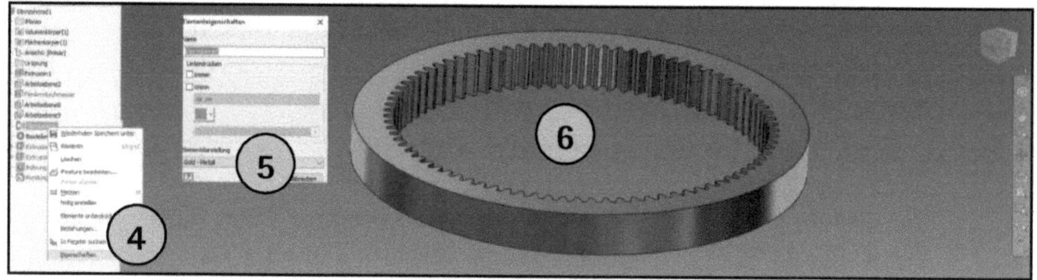

6.8.6.2 Das Hohlzahnrad, Vergrößerung des Außendurchmessers

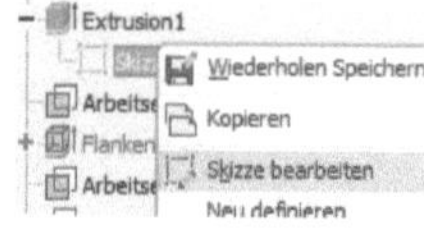

- Aktivieren Sie die **Bearbeitung** des **Stirnrades**.
- Wählen Sie **Bearbeiten**, öffnen Sie über das **+-Symbol** die Bauteilebene.
- Klicken Sie auf die Skizze unterhalb der **Höhen-Extrusion**.
- Wählen Sie **Skizze bearbeiten**.
- Ändern Sie den Formeleintrag des Außen-Ø auf den Wert **400** mm (7).
- Schließen Sie die Skizzenbearbeitung, wählen Sie **Bearbeitung beenden**.

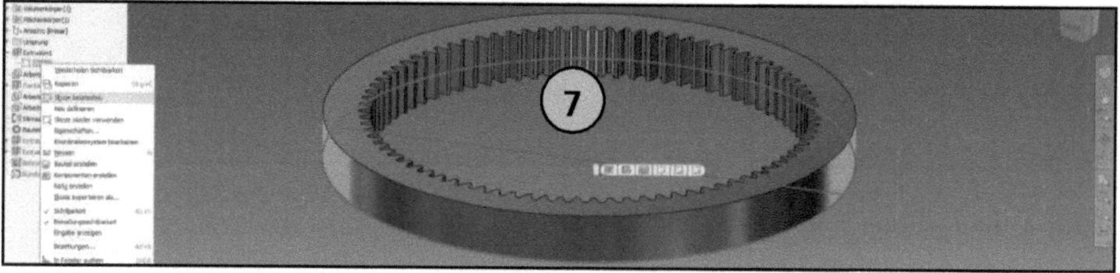

6.8.6.3 Das Hohlzahnrad, Vergrößerung des Grundkörpers

Zylinder

Vereinigung

- Setzen Sie auf die Rückseite des Hohlrades über **Grundkörper Zylinder** einen Volumenkörper mit einem Durchmesser von **400** mm und Länge **100** mm, Option **Vereinigung** (8).

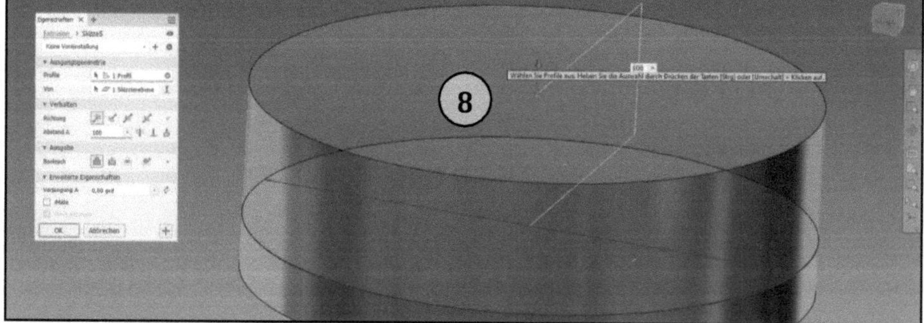

6.8.6.4 Das Hohlzahnrad, Ausdrehung für den Planetenradhalter

* Setzen Sie auf die Innenseite über **Grundkörper Zylinder** einen Volumenkörper mit einem Durchmesser von **316** mm und einer Tiefe von **20** mm.
  Bilden Sie innerhalb dieses Befehls davon eine **Extrusions-Differenz** (9).

Zylinder

Differenz

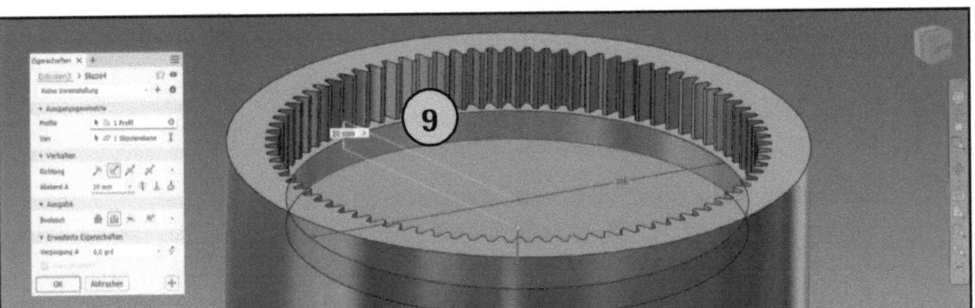

6.8.6.5 Das Hohlzahnrad, Einbringen der Führungsbohrung

* Setzen Sie auf die Mitte der Ausdrehung eine **Bohrung** mit Ø60 mm,
  Option **Durch alle** (10).

Bohrung

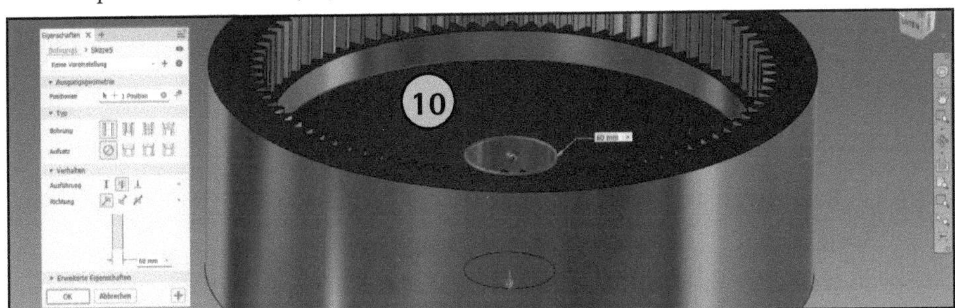

6.8.6.6 Das Hohlzahnrad, Geometrie-Endbehandlung durch „Rundung"

* **Runden** Sie die gezeigten Konturen mit Radius **2** mm ab (11).

Rundung

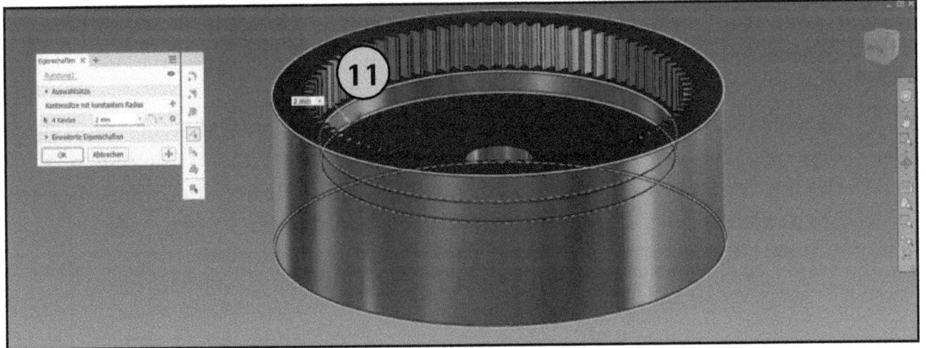

6.8.6.7 Datensicherung „Hohlrad"

* **Speichern** Sie das erstellte **Hohlrad**.

Speichern
unter

6.8.7 Getriebe-Baugruppe „Planetengetriebe", Einzelteile, Bereitstellung und Bearbeitung des Planetenrades

6.8.7.1 Baugruppenblatt bereitstellen

Neu

Engelke2025
.iam

Stirnräder

- Öffnen Sie ein neues Baugruppendokument, Vorlagendatei **Engelke2025**.iam.

6.8.7.2 Die Stirnrad-Bereitstellung, Planetenrad

Stirnräder (Multifunktionsleiste **Konstruktion**)
Geben Sie die Werte für den Bereich **Allgemein** ein:
Zahnrad 1: **Komponente erstellen** / Zahnrad2: **Kein Modell**
Konstruktionsführung: **Achsabstand**
Modul: **4**, Zähnezahl: **24**, Zahnbreite: **40** mm (1).

- Schließen Sie den **Stirnrad-Generator** mit **OK**.

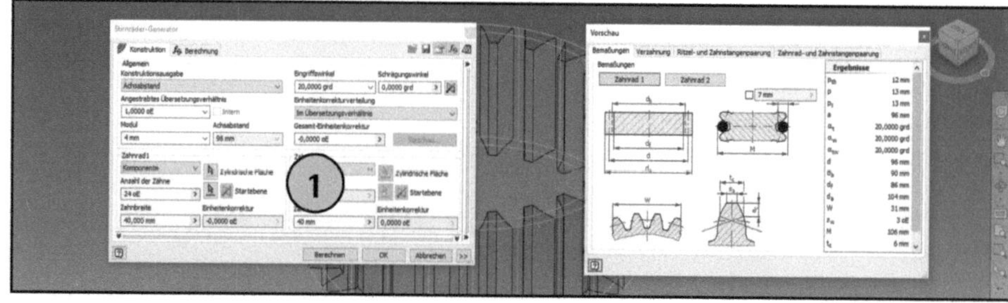

6.8.7.3 Baugruppe und Bauteil speichern

Speichern
unter

- **Speichern** Sie die erstellte **Stirnrad-Baugruppe**.

De Speicherung der Baugruppe erzeugt zusätzlich ein Unterverzeichnis **Konstruktions-Assistent** mit zwei Einträgen.
Diese erzeugten Einträge gehören unbedingt zum konstruierten Stirnradgetriebe und müssen immer mitgeliefert werden, um eine Änderung möglich zu machen.

6.8.7.4 Die Geometriebearbeitung des Planetenrades

- **Öffnen** Sie die gemeinsam mit der Baugruppe gespeicherte Bauteildatei **Stirnrad1.ipt**.
- **Speichern** Sie diese Bauteildatei unbedingt unter neuem Namen, damit die Ursprungsgenerierung des **Stirnrad-Generators** weiter zu erhalten.
- Weisen Sie dem Planetenrad das Material **Stahl poliert** und dem **iFeature Stirnzahnrad** über **Eigenschaften** Material **Gold Metall** zu (2, 3, 4).

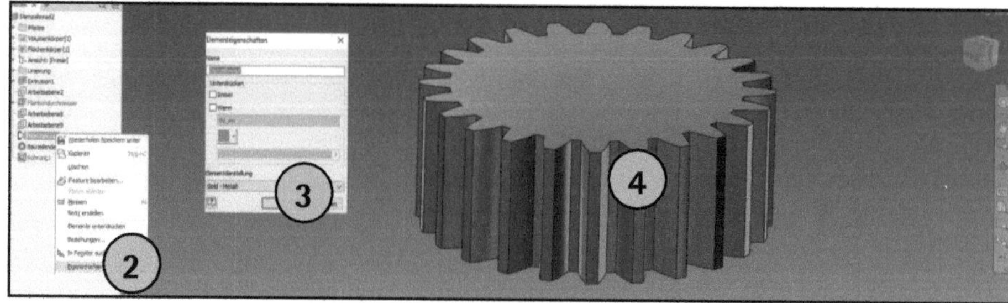

6.8.7.5 Die Planetenrad-Bearbeitung, Innenbohrung

- Setzen Sie auf die Mitte der Ausdrehung eine **Bohrung** mit Ø**40** mm, Option **Durch alle** (5).

Bohrung

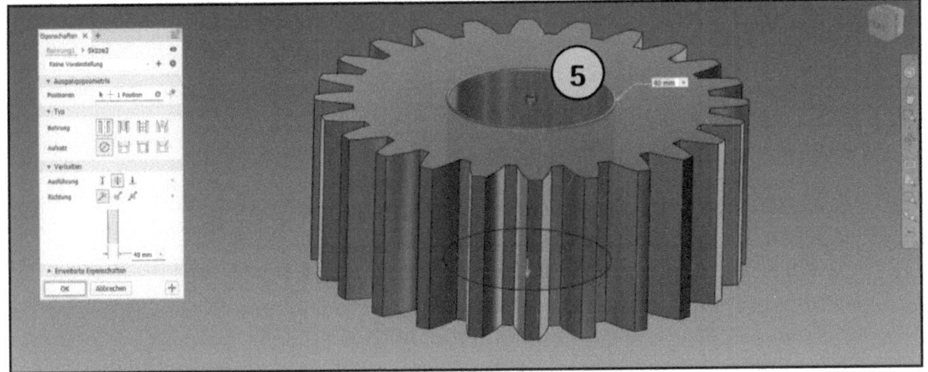

6.8.7.6 Datensicherung „Planetenrad"

- **Speichern** Sie das erstellte **Planetenrad**.

Speichern
unter

6.8.8 Getriebe-Baugruppe „Planetengetriebe", Einzelteile, Bereitstellung und Bearbeitung des Sonnenrades

6.8.8.1 Baugruppenblatt bereitstellen

Neu

Engelke2025 .iam

Stirnräder

- Öffnen Sie ein neues Baugruppendokument, Vorlagendatei **Engelke2025**.iam.

6.8.8.2 Die Stirnrad-Bereitstellung, Sonnenrad

Stirnräder (Multifunktionsleiste **Konstruktion**)
Geben Sie die Werte für den Bereich **Allgemein** ein:
Zahnrad 1: **Komponente erstellen** / Zahnrad2: **Kein Modell**
Konstruktionsführung: **Achsabstand**
Modul: **4**, Zähnezahl: **36**, Zahnbreite: **40** mm (1).

- Schließen Sie den **Stirnrad-Generator** mit **OK**.

Speichern unter

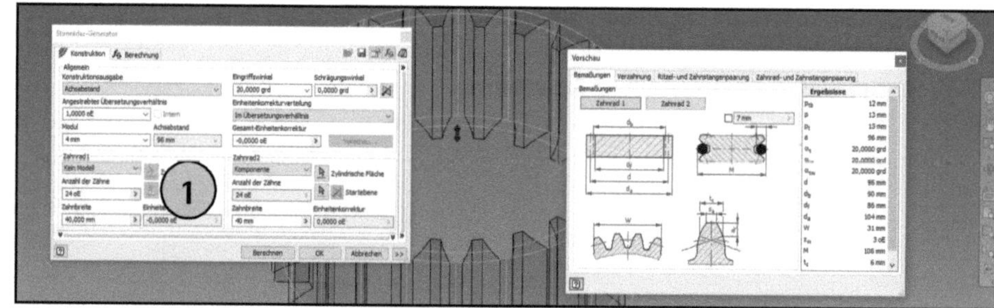

6.8.8.3 Baugruppe und Bauteil speichern

- **Speichern** Sie die erstellte **Stirnrad-Baugruppe**.

De Speicherung der Baugruppe erzeugt zusätzlich ein Unterverzeichnis **Konstruktions-Assistent** mit zwei Einträgen.
Diese erzeugten Einträge gehören unbedingt zum konstruierten Stirnradgetriebe und müssen immer mitgeliefert werden, um eine Änderung möglich zu machen.

6.8.8.4 Die Geometriebearbeitung des Sonnenrades

Öffnen

Speichern unter

- **Öffnen** Sie die gemeinsam mit der Baugruppe gespeicherte Bauteildatei **Stirnrad1.ipt**.
- **Speichern** Sie diese Bauteildatei unbedingt unter neuem Namen, damit die Ursprungsgenerierung des **Stirnrad-Generators** weiter zu erhalten.
- Weisen Sie dem Sonnenrad das Material **Stahl poliert** und dem **iFeature Stirnzahnrad** über **Eigenschaften** Material **Gold Metall** zu (2, 3, 4).

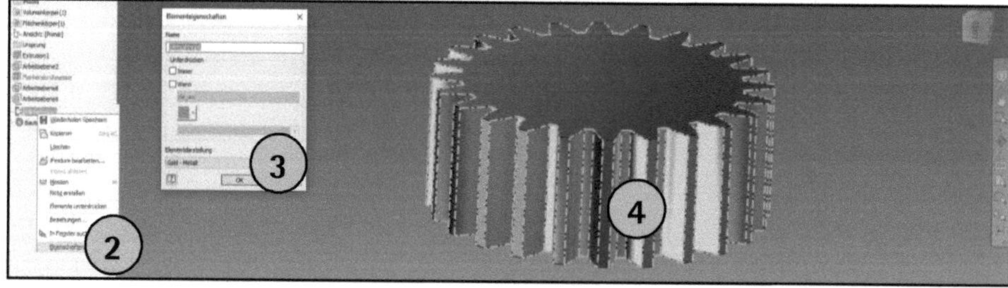

6.8.8.5 Die Sonnenrad-Bearbeitung, Wellenansatz

- Setzen Sie auf die Rückseite über **Grundkörper Zylinder** einen Volumenkörper mit einem Durchmesser von **40** mm und einer Länge von **100** mm, Option **Vereinigung** (5).

6.8.8.6 Das Sonnenrad, Geometrie-Endbehandlung durch „Rundung"

- **Runden** Sie die gezeigten Konturen mit Radius **2** mm ab (6).

6.8.8.7 Datensicherung „Sonnenrad"

- **Speichern** Sie das erstellte **Sonnenrad**.

6.8.9 Getriebe-Baugruppe „Umlaufgetriebe Planetengetriebe" Baugruppenmontage

6.8.9.1 Die Baugruppendatei bereitstellen

Neu

Engelke2025 .iam

Komponente platzieren

- Öffnen Sie ein neues Baugruppendokument, Vorlagendatei **Engelke2025.iam**
- Wählen Sie über **Komponenten platzieren** das **Hohlrad** (1), den **Planetenradhalter** (2), das **Sonnenrad** (3) und **dreimal** das **Planetenrad** (4), schieben diese Bauteile auf die Arbeitsebene.

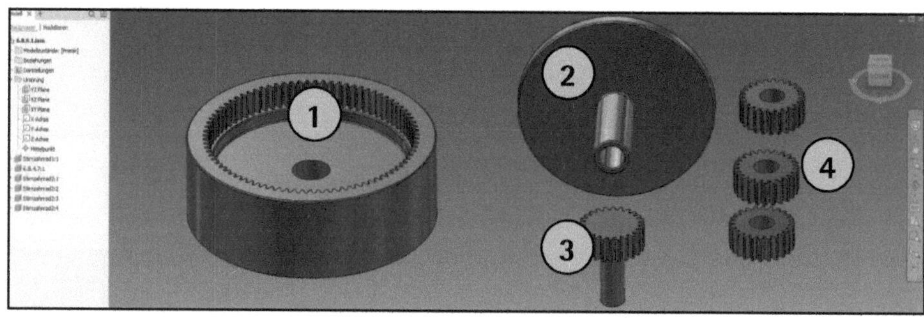

6.8.9.2 Montieren des Planetenradhalters über „Gelenk"

Verbindung Gelenk

Gelenktyp Drehbar

- Positionieren Sie den gezeigten Zentrumspunkt des **Planetenradhalters** zum Zentrumspunkt der Bohrung des **Hohlrades** mit der Verbindung **Gelenk**, Gelenktyp **Automatisch**, Inventor-Auswahl **Drehbar** (5, 6).

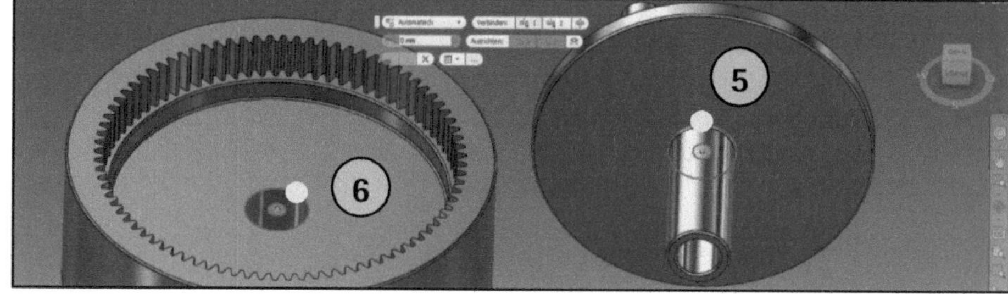

6.8.9.3 Montieren der Planetenräder über „Gelenk"

Verbindung Gelenk

Gelenktyp Drehbar

- Positionieren Sie den gezeigten Zentrumspunkt des **Planetenrades** zum Zentrumspunkt des Montagezylinders des **Planetenradhalters** mit der Verbindung **Gelenk**, Gelenktyp **Automatisch**, Inventor-Auswahl **Drehbar**. (7, 8)

- Verfahren Sie mit der Montage der weiteren **Planetenräder** entsprechend (9, 10).

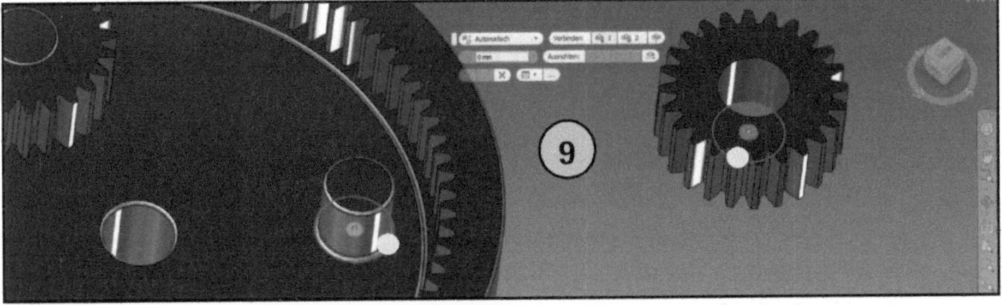

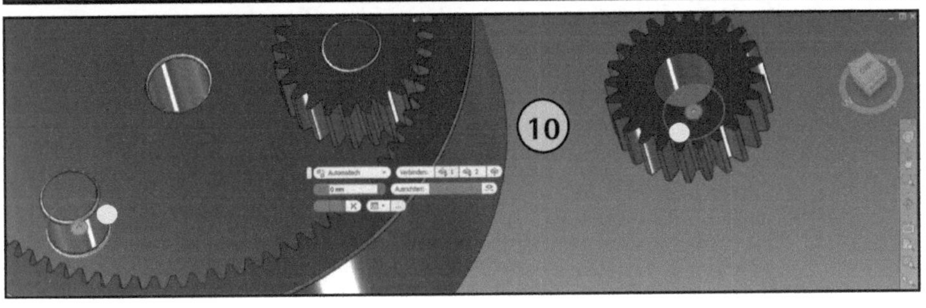

6.8.9.4 Montieren des Sonnenrades über „Gelenk"

- Positionieren Sie den gezeigten Zentrumspunkt des **Sonnenrades** zum Zentrumspunkt der Bohrung des **Planetenradhalters** mit der Verbindung **Gelenk**, Gelenktyp **Automatisch**, Inventor-Auswahl **Drehbar** (11, 12).

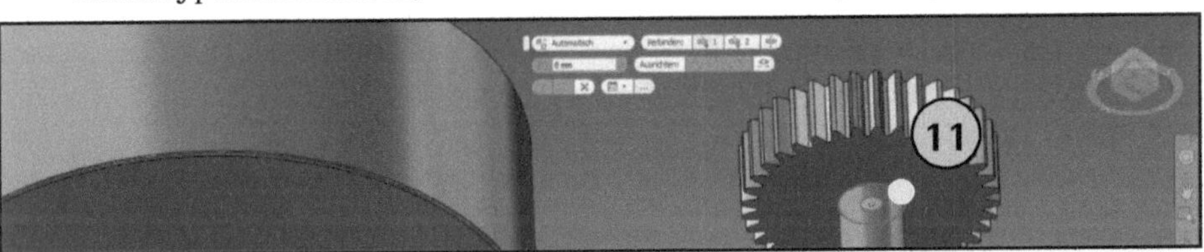

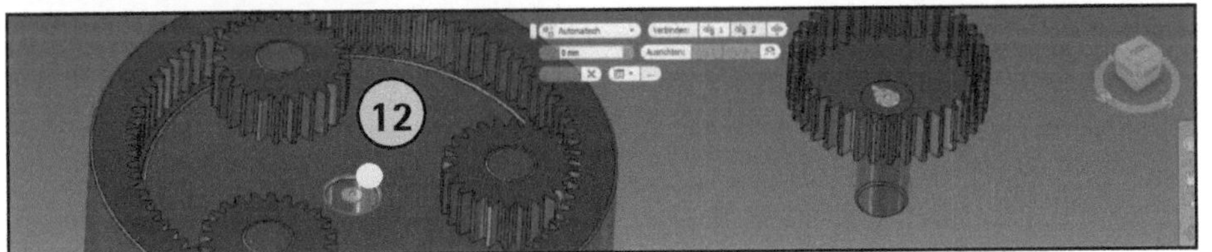

6.8.9.5 Ausrichten des Sonnenrades

- Drehen Sie die einzelnen Zähne des **Sonnenrades** in die Zahnlücken des **Hohlrades** und der **Planetenräder** (13, 14).

6.8.10 Getriebe-Baugruppe „Umlaufgetriebe Planetengetriebe"
Zuweisung der mechanischen Drehbewegung

6.8.10.1 Drehübertragung „Hohlrad auf Planetenräder"

Berechnungsgrundlage:

$$i_{ges} = Z_{Hohlrad} \ / \ Z_{Planetenrad} = 84 \ / \ 24 = 3,5$$

Abhängigkeit

Bewegung

Abhängigkeit **Bewegung** (Multifunktionsleiste **Beziehungen**)

Erste Auswahl: Zylindrische Fläche wählen, **Hohlrad** (15).

Zweite Auswahl: zylindrische Fläche wählen, **Planetenrad** (16).

Verhältnis **1 : 3,5** (17) / **Vorwärts**

Anwenden / Schließen

- Verfahren Sie für die beiden weiteren Planetenräder entsprechend (15, 16, 17).

6.8.10.2 Drehübertragung „Planetenrad auf Sonnenrad"

Berechnungsgrundlage:

$$i_{ges} = Z_{Sonnenrad} \, / \, Z_{Planetenrad} = 36 \, / \, 24 = i_{ges} = 1,5$$

Abhängigkeit **Bewegung** (Multifunktionsleiste **Beziehungen**)

Erste Auswahl: Zylindrische Fläche wählen, Sonnenrad (18).

Zweite Auswahl: Zylindrische Fläche wählen, Planetenrad (19).

Verhältnis **1 : 1,5** (20) / **Modus Rückwärts**

Anwenden / Schließen

6.8.11 Kontrolle der mechanischen Drehbewegung

6.8.11.1 Anpassen der Getriebe-Baugruppe

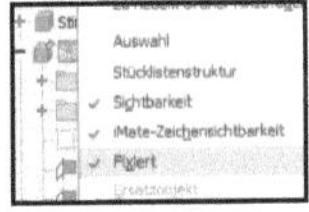

* Setzen Sie die Option **Fixiert** für das Getriebe-Bauteil **Planetenradhalter**.

6.8.11.2 Drehbewegung ausführen

Zur Kontrolle der mechanischen Drehbewegung klicken Sie auf das Sonnenrad, linke Maustaste gedrückt halten, Zylinder-Ø damit ziehen.

Drehen Sie das Sonnenrad um die Auswirkung der Bewegungsabhängigkeit auf die Planetenräder und dem Hohlrad zu prüfen.

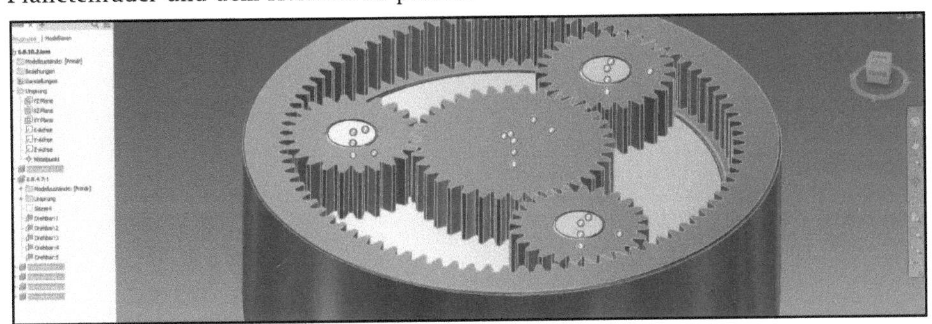

6.8.12 Getriebe-Baugruppe „Umlaufgetriebe Planetengetriebe" Datensicherung über „Pack and Go"

6.8.12.1 Baugruppe speichern

- Aufruf über den **Menü-Browser**, Register **Datei**.

Speichern unter

Speichern unter

6.8.12.2 Datensicherung über Pack and Go

- Wählen Sie im Pulldown-Menü **Datei Speichern Unter / Pack and Go**.
- Geben Sie den Zielordner für die Bündelung an.
- Klicken Sie auf die Schaltfläche **Jetzt Suchen**,
- Klicken Sie auf die Schaltfläche **Start**.
- Schließen Sie diesen Vorgang mit **Fertig** ab (21, 22).

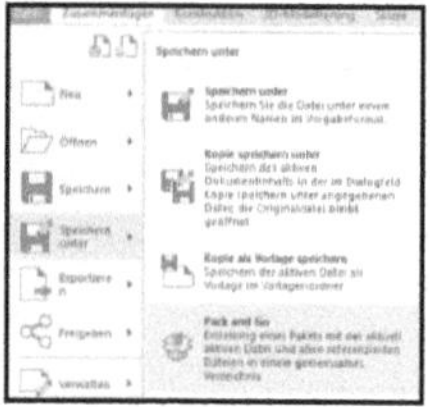

Pack and Go

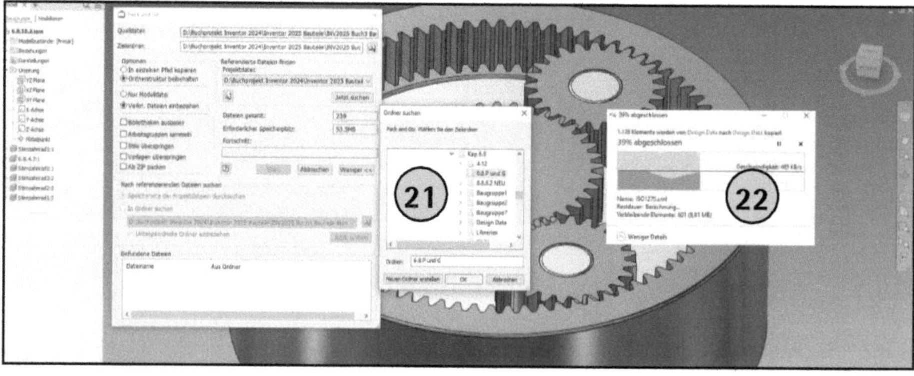

AutoDesk

Inventor 2025
Bauteile

Bauteil-Montage

Die DVD zum Buch
Bestellmöglichkeit

7 Die DVD zum Buch, Bestellmöglichkeit

7.1 DVD zum Buch, Bestellmöglichkeit Vorbemerkungen

Dies Buch erscheint über BOD, da es für Fachbuchverlage nicht gewinnbringend ist, CAD Bücher in hoher Druckqualität für einen kleineren Anwenderbereich zu verlegen. Um dieses Buch auch kostenüberschaubar einem kleineren Anwenderkreis zur Verfügung zu stellen habe ich auf ein Druckformat in Farbe verzichtet.

7.2 Die Buch-DVD, Preis und Bestellmöglichkeit

Für interessierte Käufer dieses Buches biete ich die Möglichkeit an, eine DVD mit allen erstellten Bauteildaten für die Version **AutoDesk Inventor 2025** und der **farbigen** PDF-Ausgabe dieses Buches zu bestellen.
Die Bestellung der Buch-DVD kann per Email, **engelke.cad@web.de**, erfolgen, eine Kaufbestätigung des Buches ist der Email als Anlage der Bestellung mitzugeben, die Lieferung dieser DVD-Version erfolgt kostenfrei.

7.3 Die Buch-DVD, Inhalte im Überblick

7.3.1 Die Buch-DVD, AutoDesk Inventor 2025, Dateien zu den Lerneinheiten

Die Buch-DVD beinhaltet die, in den Kapiteln **3** bis **6** und Kapitel **9** bis **15** beschriebenen Arbeitsdateien, in den Kapitel-Verzeichnissen auf dieser Buch-DVD.

7.3.2 Die Buch-DVD, AutoDesk Inventor 2025, PDF-Dateien

Die komplette Papierausgabe des Buches, sowie alle Support-Kapitel, sind auf der Buch-DVD in einer Farbausgabe, im PDF-Format, beigegeben, um die Nachteile der Graustufen-Ausgabe des Buches zu mildern.

7.3.3 Die Buch-DVD, Auflistung der Inhalte, Kurzüberblick

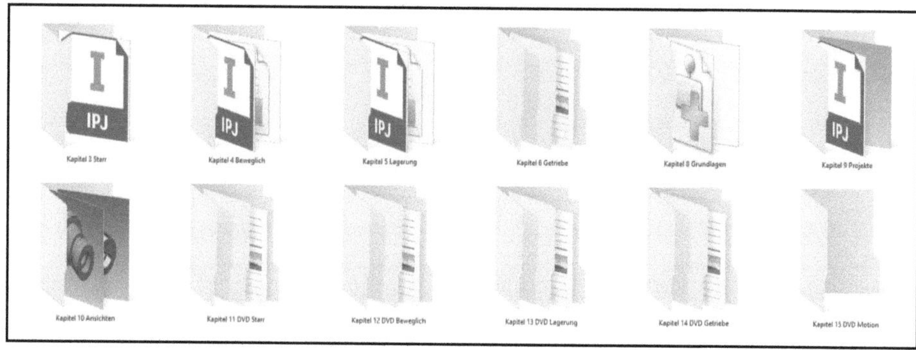

AutoDesk
Inventor 2025

Bauteile

Bauteil-Montage

Buch-Index